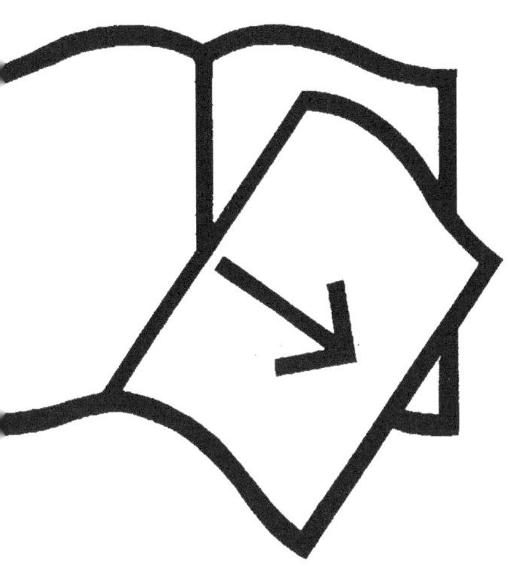

Documents manquants (pages, cahiers...)

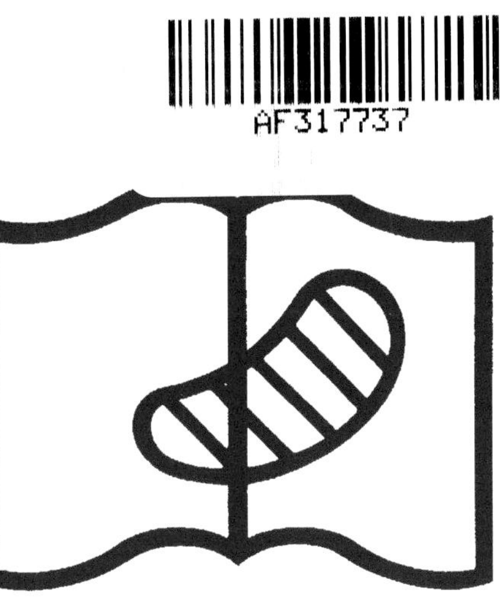

Original illisible

DICTIONNAIRE BIOGRAPHIQUE

DES

HOMMES DE L'EST

COLLECTION DES GRANDS DICTIONNAIRES BIOGRAPHIQUES

Directeur : M. HENRY CARNOY

Professeur au Lycée Montaigne

DICTIONNAIRE BIOGRAPHIQUE

DES

HOMMES DE L'EST

CONTENANT

TOUTES LES PERSONNES NOTABLES DE LA RÉGION
AVEC LEUR PORTRAIT, LEURS NOMS, PRÉNOMS ET PSEUDONYMES,
LE LIEU ET LA DATE DE LEUR NAISSANCE,
LEUR FAMILLE, LEURS DÉBUTS, LEURS FONCTIONS SUCCESSIVES,
LEURS GRADES ET TITRES, LEURS ŒUVRES, LEURS ÉCRITS
ET LES INDICATIONS BIBLIOGRAPHIQUES QUI S'Y RAPPORTENT,
LES TRAITS CARACTÉRISTIQUES DE LEUR TALENT,
LES RENSEIGNEMENTS SUR LEURS TRAVAUX, DÉCOUVERTES, INVENTIONS, ETC., ETC.

PUBLIÉ SOUS LA DIRECTION DE

M. HENRY CARNOY, A. ◊. O. ✠

Professeur au Lycée Montaigne
Directeur de La Tradition *et des* Enfants du Nord

PARIS

IMPRIMERIE DE L'ARMORIAL FRANÇAIS

G. COLOMBIER, 4, Rue Cassette

INTRODUCTION

L'ouvrage que nous mettons sous presse fait partie de la Collection des Grands Dictionnaires biographiques, *dont vingt volumes sont actuellement en souscription.*

Comme son titre l'indique, c'est aux notabilités contemporaines de la région de l'Est, c'est-à-dire aux biographies des hommes des anciennes provinces d'Alsace et de Lorraine, de Bourgogne, de Champagne et de Franche-Comté qu'il est uniquement consacré.

Notre but, en publiant ce travail, n'est pas, on le comprend, de donner sans choix la nomenclature d'une foule de personnes plus ou moins connues, mais de faire connaître les hommes de réelle valeur, arrivés ou d'avenir, nés dans cette région de l'Est, si féconde en personnalités marquantes.

Nous ne nous engageons donc à publier que les biographies des hommes de la région qui, sans conteste, ont rendu des services à notre pays, se recommandent par des œuvres d'un talent consacré, ou par des travaux de début pleins de promesses.

Ecrivains, érudits, savants, artistes, hommes politiques, industriels, agriculteurs, membres des grands corps de l'Etat, en un mot, tous les hommes à bon droit notables, auront leur place marquée dans le Dictionnaire des Hommes de l'Est.

D'autre part, la partie bibliographique de leur œuvre y sera notée aussi complètement que possible.

Notre Dictionnaire, *dont l'utilité et l'importance ne sauraient faire de doute, ne sera pas, nous l'affirmons, l'œuvre d'une société d'admiration mutuelle.*

Les jugements qu'on y portera sur les hommes et les œuvres se distingueront par leur exactitude et leur sobriété, et surtout par une impartialité scrupuleuse.

Le portrait, constituant un précieux document pour les biographes de l'avenir, nous insèrerons tous ceux dont on voudra bien nous fournir une épreuve photographique ou un cliché soigné.

Une épreuve de la notice biographique sera soumise à tout souscripteur au Dictionnaire, *qu'il ait ou non fourni les notes à nos rédacteurs spéciaux.*

Ainsi compris et exécuté, le Dictionnaire que nous publions constituera, croyons-nous, comme le Livre d'Or contemporain de nos provinces de l'Est.

Paris, le 4 novembre 1895.

HENRY CARNOY, A. ⚭, O. ✠
Professeur au Lycée Montaigne
Paris, 128, Boulevard Montparnasse.

MEIXMORON DE DOMBASLE (Charles de), né à Roville (Meurthe-et-Moselle), le 10 novembre 1839, artiste peintre; constructeur de machines agricoles; membre titulaire de l'*Académie de Stanislas*, à Nancy; membre associé de la *Société nationale des Beaux-Arts;* président du *Syndicat agricole de l'arrondissement de Nancy;* ancien président de la *Société lorraine des Amis des Arts;* membre de la *Commission administrative du Musée de peinture et de sculpture de Nancy ;* président d'honneur de la *Société des Artistes lorrains;* président honoraire de la *Société centrale d'Agriculture de Meurthe-et-Moselle;* membre de la Commission de la *Société des Arts décoratifs de l'Est,* du Comité de Nancy de l'*Alliance française,* du comité de la *Société des Amis de l'Université ;* vice-président de la *Société de bienfaisance et d'encouragement pour les campagnes de Meurthe-et-Moselle.*

Adresse : 19, rue de Strasbourg, Nancy (Meurthe-et-Moselle).

M. Charles de Meixmoron de Dombasle est le petit-fils de Mathieu de Dombasle, l'illustre fondateur de l'école de Roville, et aussi le continuateur d'une partie de son œuvre.

Sa maison de construction de machines agricoles, située rue de la Prairie à Nancy, est la plus importante, en ce genre, de la région de l'Est.

Il est fils de M. Ch. de Meixmoron, grand propriétaire bourguignon, qui vint en 1833 suivre les leçons du grand agronome dont il épousa la fille unique.

Le nom de Dombasle, cette gloire agricole toute française, serait donc éteint aujourd'hui si le gouvernement n'avait autorisé en 1863 la famille de Meixmoron à joindre le nom de Mathieu de Dombasle à son nom patronymique. Il est certain maintenant d'être perpétué dans un long avenir, avec les traditions d'honneur, de savoir et de dévouement qui l'ont rendu illustre.

Rien de nos jours ne peut donner l'idée de ce qu'étaient l'école d'agriculture de Roville et l'enseignement qui y était donné. Les élèves eux-mêmes ne se recrutaient pas parmi des enfants d'une vocation encore indécise, mais parmi des jeunes hommes, souvent des hommes faits, déjà versés dans l'étude et la pratique des choses agricoles. Plusieurs étaient gradués en droit, ou pourvus de titres universitaires bien moins communs alors qu'ils ne le sont aujourd'hui. Il fallait ce personnel d'élite pour être à la hauteur de l'enseignement du maître. Lui seul, en effet, professait à l'École.

La ferme, en elle-même, n'était qu'une exploitation ordinaire sagement conduite.

Chaque élève y participait suivant ses goûts, ses forces et ses aptitudes, cherchant à développer son esprit d'observation et à saisir le pourquoi de chaque chose. Le but du maître n'était-il pas de démontrer par une vaste expérience que l'Agriculture est une industrie qui doit être conduite, comme toutes les autres, d'après les principes scientifiques, déduits de l'observation des lois de la nature, que la routine et le hasard doivent être bannis, et que, loin d'être le partage des moins bien doués et des ineptes, elle méritait l'attention des meilleurs esprits ?

Ceci est devenu vérité banale, à force d'être répété ; mais, en ce temps, il fallait une grande hardiesse pour oser la formuler et surtout pour la mettre en pratique.

Ce sera l'éternel honneur de Mathieu de Dombasle d'avoir ainsi devancé son époque, sans craindre de s'abaisser, en appliquant sa grande intelligence à un aussi vaste sujet.

L'enseignement de Roville consistait en causeries familières sur tous les sujets agricoles possibles ; souvent aussi en consultations écrites sur des questions posées par les élèves eux-mêmes.

Les *Annales* imprimées de Roville en ont publié quelques-unes ; mais combien plus nombreuses sont restées inédites, ou ont été dispersées aux quatre coins du monde entre les mains des élèves ou des correspondants sans laisser de traces et sans espoir de retour !

Cet enseignement tout personnel, et que le maître répandait partout sans compter, est sans doute le secret de cette popularité universelle, qu'à un demi-siècle de distance nous avons peine à comprendre.

Tout ce que nous pouvons constater, c'est que, retiré au fond d'une petite bourgade, dont il ne sortait presque jamais, il avait dans toute l'Europe des correspondants, des amis et des admirateurs.

A la mort de Mathieu de Dombasle, l'école fut fermée, et bientôt après la ferme retomba à l'état d'abandon et de friche pour une grande partie, comme avant l'arrivée du grand agronome, c'est-à-dire vingt ans plus tôt.

De l'œuvre de M. de Dombasle, une seule partie a subsisté, c'est la fabrique de charrues et d'instruments agricoles, transportée à Nancy en 1842, à la fin du bail de Roville, et installée sur l'emplacement où nous la trouvons encore aujourd'hui.

Elle fut dirigée par M. Ch. de Meixmoron, devenu le gendre de l'illustre agronome. Il s'adjoignit, comme directeur, M. Noël, formé par M. de Dombasle lui-même. La plupart des ouvriers le suivirent dans ce déplacement, de sorte que la fabrication n'eut pas à en souffrir.

Il faut convenir d'ailleurs que cette fabrication était assez simple à cette date de 1842 ; les cultivateurs n'étaient pas gâtés par la profusion des outils qu'on leur offrait.

La charrue Dombasle, déjà si connue et tellement demandée que l'atelier ne pouvait suffire aux livraisons, ne comportait alors qu'un seul modèle', appelé la *charrue moyenne*.

Après de nombreux essais, on pensait que conduite en araire avec deux chevaux, elle devait suffire à tous les besoins. Mais cette simplicité ne fut pas de longue durée. Pour approfondir la couche arable, suivant les conseils si souvent renouvelés, il fallait créer la *grande*, puis la *relevée*, et bientôt après les *sous-sol*, les *défonceuses*, les *défricheuses* ; puis dans l'autre sens, toute une série de types de plus en plus petits, pour satisfaire les cultivateurs qui n'avaient que de faibles attelages ou des terres légères.

Aux charrues vinrent se joindre les herses, d'abord peu nombreuses, puis de différents calibres, allant des plus légères jusqu'aux scarificateurs.

Les soins à donner à la terre n'étant pas les seuls, il fallut pourvoir aux travaux d'intérieur et créer successivement : *tarares, hache-paille, coupe-racines, machines à battre*.

Tous ces instruments avaient été ébauchés à Roville, mais on ne se figure pas, en les voyant perfectionnés et partout répandus, à quels longs tâtonnements ont donné lieu les premiers essais. Ce serait un musée curieux et instructif que le rapprochement des instruments qui portent le même nom à 50 ou 60 ans d'intervalle.

La fabrique de Nancy ne fut pas la dernière à marcher dans la voie des perfectionnements, et avec un désintéressement dont son fondateur lui avait donné l'exemple, elle n'a jamais cherché à s'assurer la propriété exclusive d'aucun des modèles qu'elle a créés, laissant à chacun la facilité d'en profiter. Aussi sont-ils copiés et imités partout.

En 1830, M. Ch. de Meixmoron, succédant à son père, a pris la direction de l'usine. Son premier soin fut de construire de nouveaux ateliers, et des magasins en rapport avec l'extension de ses affaires.

Un plan d'ensemble bien étudié permet de donner à chaque service de l'air, de la lumière et de l'espace, tout en réduisant les fausses manœuvres et les transports inutiles. Un outillage mécanique complet, mû par la vapeur, remplace en grande partie le travail des bras. La suite des opérations y est si bien ordonnée, que l'on peut prendre les matières brutes à leur entrée dans l'usine et les suivre jusqu'à leur transformation en instrument terminé.

Admirablement doué au point de vue artistique, et quoique son tempérament et ses goûts le portassent vers la peinture, M. Charles de Meixmoron, guidé par les événements, n'en est pas moins devenu un grand industriel ; la mort

de son père, survenue en 1860, en le mettant à
la tête de la fabrique d'instruments aratoires
fondée par Mathieu de Dombasle, l'empêcha
de devenir un peintre de carrière. Est-ce un
bien? est-ce un mal? Soyons optimiste : son
grand bon sens, son esprit de méthode et sa
délicatesse de goût ont très bien trouvé leur
emploi dans l'ordonnance de l'usine; ce ne sont
plus seulement des charrues, mais tout le matériel agricole que l'on trouve à la fabrique de
Nancy. Tout s'est agrandi à l'avenant. Les
magasins, cours et ateliers, quoique situés en
pleine ville, y occupent plus d'un hectare, et
leur visite est aussi intéressante que celle d'une
exposition agricole.

Répandus dans le monde entier, les instruments Dombasle ont été l'objet des plus hautes
récompenses dans tous les concours régionaux
et aux expositions universelles de Paris, où ils
ont obtenu deux fois de suite une médaille
d'or avec objet d'art, distinction très rare qui
n'a été attribuée en 1878 qu'à une seule maison française. Un des collaborateurs industriels
de M. de Meixmoron, M. Noël, fut nommé en
1873 chevalier de la Légion d'honneur.

De 1883 à 1895, M. Ch. de Meixmoron a
été Président de la *Société centrale d'Agriculture de Meurthe-et-Moselle*, dont la fondation
remonte à 1821, et dont le premier président
fut son aïeul Mathieu de Dombasle. Après en
avoir dirigé les travaux dans le sens le plus
conforme aux intérêts agricoles, il a eu la satisfaction de voir la nouvelle législation ratifier
une partie des vœux si souvent renouvelés
pendant sa longue présidence. Orateur très
écouté, il a prononcé pendant cette même
période de nombreux discours et donné communication d'études intéressantes où sous une
forme toujours modérée il n'a cessé de reven-
diquer les droits de l'Agriculture.

En voici les principales :

*Causes des souffrances de l'Agriculture et
les moyens d'y remédier; Améliorations
agricoles; Avantages des Syndicats; Labours
profonds; Culture intensive; Dépopulation
des campagnes; Tarifs de douane; Droits
sur les blés; Assurances rurales contre
l'incendie; Destruction des vers blancs;
Révision des baux de fermes; Traitement
des maladies de la vigne; Rapports entre
les propriétaires et les exploitants du sol;
Droits des bouilleurs de crû; Monopole de
l'alcool; Distillerie agricole*, etc.

Sous la forte impulsion de M. de Meixmoron
de Dombasle la *Société d'Agriculture* de
Meurthe-et-Moselle est devenue une des associations agricoles de province les plus laborieuses et les plus autorisées. C'est grâce à son
influence que les comices du département de
Meurthe-et-Moselle se sont unis à la *Société
centrale* pour soutenir ensemble la cause de la
culture lorraine et ont adopté un organe commun, le *Bon cultivateur*. On trouverait difficilement en France un pareil exemple de cette
union, dont les bons résultats n'ont cessé de
s'affirmer dans la région de Meurthe-et-Moselle.

M. de Meixmoron a en outre constitué à
Nancy, pendant sa présidence, deux importants congrès agricoles régionaux, où les notabilités agricoles les plus réputées sont venues
étudier devant un nombreux auditoire les
questions d'où dépend la prospérité de l'Est de
la France.

La peinture n'a été, pour M. de Meixmoron,
qu'une distraction à laquelle il a seulement
consacré ses loisirs, ce qui n'empêche pas son
œuvre d'être assez considérable et de compter
certaines pages tout bonnement admirables. Il
a ainsi montré que l'art et l'industrie ne sont
pas incompatibles, et cette démonstration était
bonne à faire, trop d'industriels prenant texte
de leurs occupations pour vivre en dehors de
toute joie artistique.

M. Charles de Meixmoron eut pour maitres
M. Le Borne, conservateur du Musée de Nancy,
et M. Palianti. Il débuta aux expositions par
le Salon de 1866, où il envoya : *Forêt près
Martinville* (Haute-Saône). Depuis, il prit part
à plusieurs expositions en province, et notamment à celles de Nancy, où il parut régulièrement.

La création de la *Société nationale des
Beaux-Arts*, dont le règlement est conçu dans
un esprit plus large et plus moderne que celui
de l'ancien Salon, a décidé M. de Meixmoron
à prendre part aux expositions du Champ de
Mars. Il est aujourd'hui membre associé.

Ses envois, depuis 1890, ont été assez nombreux, et plusieurs, mêmes, furent remarqués.
Citons-en quelques-uns : *Le Lac de Gérardmer; Bords du Coney, à Corre* (Haute-Saône);
*Place de l'Académie, à Nancy; Matinée de
Septembre; La Rue des Carmes, à Nancy;
Octobre; Marée basse à Boulogne; Dernières
feuilles; Vallée de l'Ignon, à Diénay* (Côte-
d'Or); *Soleil d'Octobre; La Porte Saint-Geor-
ges, à Nancy; Ecluse du canal, à Corre;
Nuit; Le Petit Pont, à Diénay; Saules sur
l'Ignon; Combe de Marceaux* (Côte-d'Or);
Eglise de Diénay : Soir orageux, etc.

Plusieurs musées de la région de l'Est possèdent des toiles de M. de Meixmoron : *Au fond
du Parc* (Musée de Nancy); *Laveuses* (Musée
de Toul); *Vieille Scierie* (Musée de Longwy).

M. Meixmoron de Dombasle est un grand
collectionneur devant l'Eternel. Doucement, il
s'est mis à la porte de deux habitations assez
vastes de la ville et de la campagne par le flot
montant des bouquins et des bibelots. Il a la
passion de tout ce qui s'accroche et s'entasse,
comme il le dit plaisamment. Nous nous bor-
nons à citer parmi ses pièces de valeur :

TABLEAUX. — 250 environ, dont :

Portrait, par Largillière; *Portrait*, par van
der Helst; *Paysage*, par Boucher; *Bouque-
tière*, par Fragonard; *Le Jeu du Biribi*, par
Salvator Rosa; *Venise*, par Canaletti; *Allégo-
ries*, par Watteau; *Caton*, par Ribera; *Le Me-
nuet*, par Debucourt; *La Cène*, par Del Greco;
Paysage, par Corot; 5 *Paysages*, de Claude

Monet; *Au Jardin*, par Manet; *Jeune Femme*, par Renoir; 2 *Portraits* de Sellier; 5 *Portraits* de Friant, etc.

Livres. — 8 à 10 000 volumes : Livres anciens, reliures, série des livres à gravures sur bois du xix° siècle, livres illustrés du xviii° siècle, publications artistiques, éditions originales.

Gravures. — Plusieurs milliers; gravures en couleurs, eaux-fortes, lithographies, gravures anglaises, estampes japonaises.

Objets d'art et meubles. — Salons Louis XIV et Louis XVI, meubles des xvi°, xvii° et xviii° siècles, grande tapisserie de Beauvais d'après Boucher, ivoires, émaux, lustres, pendules, terres cuites, biscuits, bronzes, faïences, porcelaines, éventails, ferronneries, statues, cadres, trumeaux, objets de la Chine et du Japon, etc.

M. Ch. de Meixmoron est aussi un écrivain délicat et instruit. A l'exemple de son père, il a édité, avec notes et compléments, divers ouvrages de son aïeul; il a également traité, avec sa haute compétence, un grand nombre de sujets touchant l'agriculture, les assurances, la législation, la distillerie agricole, etc.

Il collabore assidûment aux travaux de l'*Académie de Stanislas* de Nancy, dont il est membre titulaire.

Plusieurs brochures sur la peinture du paysage et sur divers sujets artistiques, voyages, biographies, sont très estimés des artistes et des amateurs. On lui doit : *Devilly et l'aquarelle d'après nature; Le Paysage d'après nature; Le Paysage dans l'atelier; La Restauration des tableaux; Autour du Lac de Gérardmer; J.-J. Grandville*, etc. Ces brochures, en dépit des protestations modestes de l'auteur, constituent un véritable enseignement pour le commençant. Les principes, basés sur le simple bon sens, et, partant immuables; les observations, concises, pleines de sagesse et allant droit au but, sont présentés avec une simplicité de bon aloi, une bonhomie souriante, aussi éloignées du dogmatisme revêche que de l'insouciant éclectisme. On peut l'écouter, car il pratique de même qu'il enseigne, avec exactitude, correction et franchise.

« Pour être vraiment artistique, dit M. de Meixmoron, il faut qu'un tableau suscite en nous, dans toute son intensité, les sentiments que nous ressentirions en face de la nature elle-même. »

Voilà, résumée en quatre lignes, toute l'esthétique de l'artiste honnête qu'est M. de Meixmoron, et il ajoute : « Le peintre doit épuiser, sur chaque œuvre, la somme des efforts dont il est capable. » Ces préceptes étaient ceux des primitifs, pour lesquels M. de Meixmoron accuse une grande admiration; ses maîtres préférés sont Poussin, Claude Lorrain, Delacroix, Corot, Rousseau, Millet, Daubigny, Turner, Constable, Manet, et enfin Claude Monet, qu'il affectionne particulièrement.

Mais il aime la nature par-dessus tout, s'efforce de la rendre avec sincérité et y réussit parfois de façon à satisfaire les plus difficiles.

Avec les années, le goût de la nature ne fait que s'accentuer chez M. de Meixmoron, et il aspire au moment où la reprise, par un de ses fils, de l'héritage industriel, lui permettra de vivre une grande partie de l'année à Diénay, son petit village bourguignon, où il découvre toujours de nouveaux sites.

CAULY (Mgr Eugène-Ernest), né à Saint-Etienne-à-Arnes, arrondissement de Vouziers, Ardennes, diocèse de Reims, le 7 septembre 1841, Protonotaire apostolique, Vicaire-général de Reims.

Adresse : 23, rue Ponsardin, Reims.

Mgr Eugène-Ernest Cauly, vicaire-général de Reims, est né dans une modeste et honorable famille de cultivateurs. Par la lignée paternelle, originaire du Petit-Bornand, dans la Haute-Savoie, il remonte à une famille qui, au xvii° siècle, donna à la maison de Savoie un Secrétaire d'Etat, Conseiller des Finances, et un Grand-Aumônier.

Il fit, au Petit-Séminaire de Reims, des études brillantes et acheva ses études ecclésiastiques au Grand Séminaire diocésain de Reims dirigé par Messieurs de Saint-Sulpice.

A l'ordination de Noël 1862, il reçut la tonsure, puis successivement tous les ordres, et enfin, le 10 juin 1865, l'ordination sacerdotale des mains de S. E. le cardinal Gousset, archevêque de Reims.

M. l'abbé Cauly fut nommé Vicaire de Saint-Charles à Sedan. Il cumula ces fonctions avec celles d'aumônier de l'Hôpital militaire, puis du Collège de cette ville. Dans ces multiples fonctions, M. l'abbé Cauly montra un zèle et une activité peu communes, et il acquit par son affabilité et son dévouement de grandes sympathies que le temps n'a pas éteintes. Au moment de la terrible guerre de 1870-71, ses services dans les ambulances, les hospices et les maisons particulières furent signalés au Gouvernement et il obtint de ses chefs hiérarchique les remerciements les plus flatteurs.

Vers la fin de 1872, l'Administration diocésaine, sous le pontificat de Mgr Landriot, appela M. l'abbé Cauly à la cure de Thugny, arrondissement de Rethel. Pendant deux ans, M. l'abbé Cauly répandit sur la population de Thugny les grâces de son enseignement et lui laissa le souvenir, non encore effacé, d'un grand savoir joint à la plus douce bienveillance.

Désigné depuis longtemps à l'attention de ses supérieurs par son intelligence et ses vertus, M. l'abbé Cauly fut nommé aumônier du Lycée de Reims au début de 1875. Il occupa pendant neuf ans ces fonctions délicates. Il quitta le Lycée en 1884, appelé par la bienveillance de S. E. R. le cardinal Langénieux au doyenné de Signy-l'Abbaye, arrondissement de Mézières.

En mars 1888, M. l'abbé Cauly fut nommé curé titulaire de la paroisse Saint-André de Reims. Au mois d'août suivant, Mgr Langénieux l'attachait à l'archevêché en qualité de Vicaire-général agréé par le gouvernement.

Trois ans plus tard, S. S. Léon XIII honorait M. l'abbé Cauly du titre de Protonotaire apostolique, ce qui élevait le distingué Vicaire-général au plus haut degré de la Prélature romaine.

Mgr Cauly fait partie de l'*Académie nationale de Reims*, en qualité de Membre titulaire depuis 1891.

Il a écrit de nombreux ouvrages historiques ou religieux qui ont obtenu une grande faveur auprès du public auquel ils étaient destinés, et qui obtinrent, en 1887, du Souverain Pontife Léon XIII, un bref élogieux. Parmi ces publications nous citerons tout particulièrement : *Histoire du collége des Bons-Enfants de l'Université de Reims* (1 gr. vol. in-8; 1884; ouvrage couronné par l'*Académie nationale de Reims*) ; *Cours d'instruction religieuse* en 4 volumes édités par la maison Poussielgue, à Paris : I. *Catéchisme expliqué* (16 éditions); II. *Histoire de la Religion et de l'Eglise* (4 éditions) ; III. *Recherche de la vraie Religion* (8 éditions) ; IV. *Apologétique chrétienne* (3 éditions), etc.

Lors de son élévation à la Prélature romaine Mgr Cauly s'est choisi des armoiries dont voici la description empruntée au *Bulletin du Diocèse de Reims*, 20 avril 1892 : *De gueules, à la main au naturel, émergeant d'un nuage d'argent tenant un livre ouvert du même, portant:* Véritas, *cantonné à dextre d'un écu d'azur, à la croix grecque d'argent ; au chef d'or, chargé d'un cœur de gueules enflammé et rayonnant du même.*

Devise : *Misericordia et Veritas.*

VALLÉE (George-François-Edmond), I. ☽, ✠, né à Huby-Saint-Leu (Pas-de-Calais), le 25 août 1853, avocat, publiciste, Sous-Préfet de Bar-sur-Aube.

Adresses : à Bar-sur-Aube (Aube), à Hesdin, et à Saint-George, par Le Parcq (Pas-de-Calais).

Neveu de M. Edmond Vallée, avocat à la Cour d'appel de Paris, M. George] Vallée a fait ses études à Paris, puis au Lycée de Douai et à la Faculté de Droit de cette ville. Reçu licencié, il se fit inscrire au barreau de la Cour d'appel de Douai. Il a publié, de 1872 à 1879, dans plusieurs journaux républicains du Nord et du Pas-de-Calais, notamment l'*Ami du Peuple*, de Douai, l'*Echo du Nord*, l'*Avenir*, d'Arras, la *France du Nord*, etc., un grand nombre d'articles de politique, d'histoire et de bibliographie.

Membre de plusieurs Société savantes de la région, de la *Commission des Monuments historiques du Pas-de-Calais*, de la *Société des Etudes historiques*, de Paris, etc., il a publié dans les Mémoires et Bulletins de ces Compagnies, beaucoup de travaux d'histoire locale et d'érudition (voir notamment les Mémoires et Bulletins de la *Société des Antiquaires de Picardie*, de la *Société Académique de Boulogne-sur-Mer*, de la *Société des Antiquaires de la Morinie*, les *Annuaires du Pas-de-Calais*, etc.).

En collaboration avec M. l'Inspecteur des Forêts, Jules Bertin, de Douai, M. Vallée a publié : *Etude sur les Forestiers et l'Etablissement du Comté héréditaire de Flandre* (in-8° ; Arras, Sueur-Charruey, 1876). *Les Saxons Transelbains Scandinaves en Flandre* (in-8° ; Lille, Ducoulombier, 1878).

Nommé en 1876, lors de l'organisation de

l'administration républicaine dans le Pas-de-Calais par M. le préfet Tenaille-Saligny, Délégué pour l'enseignement primaire dans le canton du Parcq, M. Vallée s'est beaucoup occupé des questions relatives à l'instruction populaire, Président de la Délégation cantonale du Parcq, il a publié, en juin 1879, un *Rapport sur les Examens du Certificat d'Etudes primaires* (in-8°).

Après avoir accompli une année de service militaire au 1ᵉʳ régiment du génie, à Versailles, M. Vallée est entré dans l'administration préfectorale, en qualité de chef de cabinet du Préfet du Finistère, le 12 juillet 1879. Nommé Conseiller de Préfecture, à Quimper, le 12 janvier 1880, puis Vice-Président du Conseil de Préfecture du Finistère, il a pris une part active à l'organisation de l'Enseignement laïque dans ce département, où il exerça, pendant son séjour, les fonctions de membre de la Commission d'Examen des Brevets de l'Instruction primaire.

Depuis seize ans, M. Vallée appartient par ses fonctions à la région de l'Est. Il y a rendu de précieux services et a su s'y attacher de vives sympathies

M. Vallée a été nommé Conseiller de Préfecture de 1ʳᵉ classe, à Nancy, le 8 novembre 1882. En avril 1891, un décret de M. le Président de la République l'appelait à la suite de la dissolution du Conseil municipal de Pont-à-Mousson, aux fonctions de Président de la Délégation municipale de cette ville. Parvenu au terme de son administration, M. Vallée a reçu de M. le Ministre de l'Intérieur, en date du 28 mai 1891, une Lettre de félicitations et de remerciements. En décembre 1891, à Nancy, il a publié, à l'Imprimerie nancéienne, en une brochure in-8°, sous le titre de : *Miettes Scolaires et Administratives*, quelques discours et travaux divers. Il a été nommé, le 8 avril 1893, Sous-Préfet de Bar-sur-Aube, avec la seconde classe personnelle. Les journaux du département de l'Aube ont, au cours des années 1893, 1894 et 1895, reproduit un certain nombre d'allocutions et de discours prononcés par M. Vallée, dans différentes Réceptions, Fêtes et Solennités administratives et universitaires.

M. Vallée va publier avec introduction et notes, un curieux manuscrit inédit de la Bibliothèque de Nancy, le *Journal de Marche du Dragon Etienne Marquant, de Commercy, pendant la Campagne de 1792*, qui viendra s'ajouter heureusement à la collection des Souvenirs et Mémoires militaires de la grande époque qui va de 1789 à 1815.

Il fait partie, comme membre associé, de la *Société Académique de l'Aube*.

Officier d'Académie du 14 juillet 1880, M. Vallée a été promu Officier de l'Instruction publique, le 4 mai 1889.

Il a été décoré de l'Ordre du Dragon de l'Annam, le 15 novembre 1887.

BARTH (MARIE-ETIENNE-AUGUSTE), né à Strasbourg le 22 mars 1834, membre de l'Institut; membre de la *Société des Sciences et Arts* de Batavia.

Adresse : 6, rue du Vieux-Colombier, Paris.

M. Barth a collaboré au *Journal Asiatique* (épigraphie cambodgienne), à la *Revue critique* depuis 1872, à la *Revue de l'Histoire des religions*, depuis l'origine, 1880; à *Mélusine*, depuis l'origine, 1877.

Il a publié : *Les Religions de l'Inde* (paru d'abord dans l'*Encyclopédie des Sciences religieuses*, dirigée par M. Lichtenberger ; Paris, Fischbacher, 1879, in-8°, prix, 5 fr., épuisé ; une nouvelle édition est en préparation); *The Religions of India, authorised translation by Rev J. Wood* (London, Trübner and Co, 1882; fait partie de *Trübner's Oriental series ;* in-8°, prix, 18 fr.).— *Inscriptions sanscrites du Cambodge*, fascicule 2 du t. XXVII, 1ʳᵉ partie des *Notices et Extraits des Manuscrits de la Bibliothèque nationale* (Paris, Imprimerie Nationale, 1885; in-4° avec atlas in-folio; prix, 20 fr.); *Inscriptions sanscrites de Campa et du Cambodge, par M. Abel Bergaigne*, fascicule 2 du t. XXVII, 1ʳᵉ partie des *Notices et Extraits des manuscrits de la Bibliothèque nationale* (Paris, Imprimerie nationale, 1893; in-4° avec atlas in-folio; prix, 30 fr.). Cet ouvrage a été préparé par feu Bergaigne, et achevé par M. Barth.

GUYOT (ANTOINE-FRANÇOIS), né au Roulier, canton de Bruyères (Vosges), diocèse de Saint-Dié, le 29 janvier 1822, Docteur en Théologie et en Droit canon, ancien professeur de théologie, chanoine honoraire, curé doyen de Gérardmer.

L'abbé Guyot appartient à une famille honorable et chrétienne. Il compte parmi ses ancêtres grand nombre de prêtres, de confesseurs de la la Foi, comme son aïeul Antoine Guyot, l'abbé Rivat, guillotiné à Mirecourt en 1793, des chrétiens contemporains fort distingués, comme le sénateur Louis Buffet.

L'abbé Guyot commença ses études sous la direction d'un curé de campagne, prêtre très capable, l'abbé Nicole. Il acheva ses études littéraires avec beaucoup de succès au séminaire de Chatel, et fit ses études philosophiques et théologiques au grand séminaire de Saint-Dié.

Ordonné prêtre en 1848, l'évêque de Saint-Dié, Mgr Manglard, le chargea malgré son jeune âge de fonder à Bruyères un collège qui a depuis été transporté à Rambervillers, puis à Epinal. Il sut par son intelligence et une volonté énergique remplir sa mission et triompher de nombreux obstacles.

Lorsque l'établissement de Bruyères fut fondé, il le remit aux mains de prêtres expérimentés qui avaient quitté le collège catholique de Lamarche. Nommé vicaire de Raon-l'Étape, il y déploya son intelligence et son zèle, créa après une mission une conférence de St-Vincent de Paul que dirigea avec persévérance un homme distingué de la région, M. Huin, avec lequel il se lia d'une amitié étroite. C'est lui qui a décidé Mlle Huin à se faire religieuse de la Providence de Portieux dont elle est aujourd'hui la supérieure générale.

En 1851, Mgr Caverot appela l'abbé Guyot à Saint-Dié pour y occuper la chaire de théologie dogmatique que M. l'abbé Joseph Marchal, devenu plus tard archevêque de Bourges, avait été obligé de quitter pour raison de santé. L'évêque dit au jeune prêtre : « Devenez un vrai professeur, à la hauteur de la mission qui vous est confiée. »

Les études philosophiques et théologiques étaient alors en France superficielles. Les cours ne se faisaient pas en latin ; les élèves se contentaient d'apprendre de mémoire des manuels comme Bailly ou Bouvier, sans rien approfondir, sans s'exercer à une argumentation sérieuse. L'abbé Guyot comprenant la faiblesse de cet enseignement se livrait avec une ardeur extraordinaire à l'étude des théologiens les plus célèbres, comme Saint Thomas d'Aquin. Il avait pour collègue dans la chaire de philosophie un prêtre de valeur, esprit vif, aimant à scruter les nouveaux systèmes de philosophie, partisan de l'ontologisme et du traditionalisme. Il y eut entre le professeur de philosophie et de théologie dogmatique des luttes scientifiques qui passionnaient les élèves et sont restées célèbres dans les annales du grand séminaire de Saint-Dié. L'abbé Guyot entretenait des relations avec les professeurs des pays étrangers. Sur la fin de l'année scolaire 1855, il se rendit à Louvain où enseignait le docteur Ubachs, un des défenseurs de l'ontologisme. M. Guyot se fit remarquer en prenant part à une argumentation contre un candidat au doctorat de philosophie. Avec une clarté et une vigueur qui étonnèrent les auditeurs, il attaqua l'ontologisme et força son antagoniste à avouer son impuissance à répondre. Aussi la séance levée, Mgr de Ram, recteur de l'université invita M. Guyot au dîner académique qui suivit cette séance.

Mgr Caverot étant allé à Rome en 1857, visita le séminaire français et à son retour il dit à M. Guyot : « J'ai le dessein de vous y envoyer pour étudier les méthodes d'enseignement théologique et canonique ». Le professeur fut au comble de ses vœux. Mais l'évêque avait compté sans le supérieur du séminaire : ce vieillard respectable, prêtre de mérite, supérieur très régulier, mais sans connaissance sérieuse de la science sacrée, aimait à redire aux professeurs et aux élèves : *Scientia inflat*. Il s'opposa avec passion au départ de M. Guyot pour Rome. L'évêque ne voulant pas paraître subir complètement cette influence déraisonnable demanda au professeur de théologie dogmatique quel élève serait capable de suivre les cours de Rome. M. Guyot indiqua M. l'abbé Grandclaude.

Celui-ci resta deux ans dans la ville éternelle, s'y distingua par son ardeur au travail, sa sagacité et l'élévation de son intelligence. Il revint au séminaire de Saint-Dié, docteur en théologie et en droit canon. Il professa d'abord la philosophie et composa un cours

élémentaire. M. Grandclaude fut nommé professeur de théologie dogmatique ; il est actuellement supérieur du grand séminaire. Il a dirigé pendant de nombreuses années une revue intitulée : *Le Canoniste contemporain*. Il a publié un cours complet de droit canon en trois volumes, cours très savant, trop étendu peut-être comme manuel. Aussi on lui préfère généralement l'ouvrage d'un autre professeur de Saint-Dié, M. l'abbé Huguenin. M. Grandclaude est incontestablement un des premiers canonistes des temps présents, sinon le premier.

Revenons à M. l'abbé Guyot, le promoteur de ce mouvement intellectuel dans le diocèse de Saint-Dié.

L'évêque lui avait promis qu'au retour de M. Grandclaude il irait à Rome. Il rappela cette promesse et au commencement d'octobre 1859 il se rendit au séminaire français. Là il rencontra des élèves aussi âgés que lui, comme le baron de Meneval, qui avait été ministre de France à Munich, M. Albert de Briey, ancien gouverneur du roi des Belges qui fut plus tard évêque de Saint-Dié. Il eut aussi de jeunes et illustres condisciples comme M. l'abbé Turinaz. Ce fut pour M. Guyot une année de travail opiniâtre et de grandes jouissances intellectuelles. Il suivait les cours du Collège romain et les cours de droit canonique de l'Apollinaire. Ses professeurs avaient pour lui des égards et de la considération : ils admiraient le courage qui lui avait fait vaincre de grands obstacles et quitter sa chaire de de théologie pour venir s'initier aux méthodes et aux enseignements de la Ville éternelle. Le père Franzelin, devenu plus tard le cardinal Franzelin, lui donnait fréquemment des audiences dans lesquelles l'élève et le professeur discutaient certaines questions théologiques. A la fin de l'année scolaire, M. Guyot passa avec beaucoup de succès les examens de doctorat en théologie et en droit canon. Ce fut lui qui fut chargé de prononcer le discours de l'inauguration des grades au collège romain. Il choisit pour sujet *le pouvoir temporel du Souverain Pontife*. Avant de quitter l'Italie, il voulut se rendre à Lorette pour y remercier la Vierge de l'appui qu'elle lui avait accordé. Il eut la satisfaction d'y rencontrer l'armée de Lamoricière qui défendit le Pape à Castelfidardo. M. de Ségur dans son livre intéressant : *Les Martyrs de Castelfidardo*, rapporte une lettre dans laquelle M. Guyot retrace ses appréciations et ses impressions sur l'affaire de Castelfidardo.

M. Guyot rentra au séminaire de Saint-Dié où il retrouva le vénéré Supérieur toujours aussi obstiné dans ses idées et ses dispositions à son égard. Il se mit sans retard à composer et à autographier son cours en latin. Les élèves aimaient cet enseignement clair, méthodique et élevé. Ils en ont conservé le souvenir. Si on eût laissé le courageux professeur travailler et réaliser le plan que lui avait tracé le cardinal Gousset, nous aurions pour nos séminaires de France, ce que l'on désire encore aujourd'hui, une théologie complète, dogmatique et morale, rédigée avec des vues d'ensemble et non une compilation indigeste de diverses théologies.

Après quelques années de travail opiniâtre, M. Guyot apprit que son cours autographié était interdit ; ou lui opposa le manuel d'une ancienne théologie de Thomas de Charmes, on lui demanda même de collaborer à la réédition de cette théologie. Il s'y refusa, comprenant que l'évêque voulait sa sortie du Séminaire. C'est ce qui arriva. On proposa à M. Guyot de devenir curé d'une paroisse étendue des montagnes des Vosges, à Gérardmer. Il savait qu'il aurait pu être professeur dans une chaire d'université catholique, mais il préféra rester dans son pays. Donnant l'exemple de l'obéissance à l'autorité, il se mit à évangéliser la paroisse qui lui était confiée. Il organisa vigoureusement les catéchismes, fit un cours suivi de sermons à ses paroissiens, cours que plus tard des hommes compétents l'avaient prié de publier. Quand l'esprit révolutionnaire et impie leva la tête dans la paroisse, le curé sut dans divers journaux du pays déverser le ridicule sur les propagateurs de l'irréligion et détruire leur influence ; puis autant il avait été redoutable et vaillant dans la lutte, autant il se montra bon, conciliant après le combat. Aussi il gagna tous les esprits et tous les cœurs. Il a contribué à la fondation d'un orphelinat, d'une école libre de trois cents élèves et d'un hôpital.

Accoutumé à une vie laborieuse, le curé de Gérardmer se lève de bonne heure, partage son temps entre les occupations de son ministère, ses devoirs de prêtre et l'étude de la science ecclésiastique.

Il a composé divers ouvrages fort estimés. Il a publié d'abord : *La Raison conduisant l'homme à la Foi* (volume in-8° de 450 pages, paru chez Bloud et Barral, Paris) ; une lettre très élogieuse du père Félix est en tête de ce livre qui a fait plus d'une conversion et que l'on veut rééditer.

M. Guyot a publié ensuite un *Cours supérieur de Science Religieuse* à l'usage des hautes classes, des collèges, des lycées, des séminaires. (1 volume in-8° écu, chez Bloud et Barral). Cet ouvrage est à sa deuxième édition il commence à être connu et il est déjà adopté dans beaucoup de grands établissements d'instruction secondaire. Il a reçu de nombreuses approbations. Mgr Turinaz, qui l'a introduit dans la célèbre école de St-Sigisbert, prétend qu'il comble une lacune. C'est le cours de religion le plus complet et en même temps le plus clair et le plus concis. Il traite supérieurement les questions contemporaines. Le cours supérieur de science religieuse de M. Guyot offre l'avantage d'être un thème concis, et bien imprimé, de toute la théologie, cours que le professeur peut développer en puisant aux sources qui lui sont indiquées. Les développements du professeur souvent ne sont pas conservés, mais le livre reste. Nous croyons cet ouvrage appelé à beaucoup d'avenir.

M. Guyot vient de publier encore un *Cours élémentaire de science religieuse*, à l'usage des pensionnats et des catéchismes de persévérance. (1 volume in-18 de 182 pages, chez Bloud et Barral). C'est un résumé clair et précis du cours supérieur. Mgr l'évêque de Saint-Dié lui prédit beaucoup de succès.

SÉNART (Emile-Charles-Marie), né à Reims, le 26 mars 1847 ; Président du *Comice agricole de la Ferté-Bernard*, Membre de l'Institut, Vice-Président de la *Société asiatique de Paris*, Membre d'honneur de la *Société asiatique du Bengale* et de la *Société royale asiatique de Londres*, etc.

Adresse : 18, rue François Ier, Paris ; et château de la Pelice, par la Ferté-Bernard, Sarthe.

M. Emile Sénart, qui est un de nos orientalistes les plus distingués, commença ses études au lycée de Reims et les acheva en Allemagne où il suivit les cours de plusieurs universités.

Epris des langues et de la littérature de l'Inde ancienne, il ne tarda pas à se faire remarquer par de savants travaux. Que de problèmes, en effet, à résoudre quand il s'agit de ces vieilles religions toutes remplies de mystères et de symboles, et quel esprit de critique et d'analyse ne faut-il pas pour s'y diriger, sans s'égarer !

Non seulement M. Emile Sénart ne s'est point égaré, mais il sut diriger les autres ; aussi l'Institut lui a-t-il ouvert ses portes en 1882, c'est-à-dire à l'âge où bien des savants commencent véritablement à apprendre.

Tout en poursuivant ses belles études qui demeureront l'honneur de l'érudition française, M. Sénart s'est occupé d'Agriculture, assez sérieusement, pour avoir été porté dès 1880 à la présidence du *Comité agricole de la Ferté-Bernard*. Quelques années plus tard, c'est-à-dire en 1887, il fonda le *Syndicat des Agriculteurs de la Ferté-Bernard*, qui compte actuellement 1,450 membres.

M. Sénart collabore depuis longtemps à la *Revue des Deux-Mondes* et à différents journaux scientifiques. On cite particulièrement de lui : *Littérature grammaticale du Pali* ; *Essai sur la légende du Bouddha* ; *Les inscriptions de Piyadasi* ; *Notes d'Epigraphie indienne*, etc.

MOUROT (Abbé Victor), né le 23 mars 1843 au village de Grand, département des Vosges.

Adresse : Curé, à Laveline, Vosges.

M. Victor Mourot s'adonna de bonne heure, sous la direction d'un oncle savant et vénéré, mort curé de Beaufremont, à la culture des belles-lettres, de l'histoire et de l'archéologie. A peine sorti du séminaire, le jeune vicaire (qui venait de remplacer son frère, Hippolyte, nommé peu auparavant à la cure de Landaville) publia une intéressante étude sur *Grand et Ste Libaire* à laquelle la *Société d'émulation des Vosges* décerna une de ses médailles au concours artistique de 1874.

Depuis lors, l'infatigable écrivain a rédigé sous sa signature, mais plus souvent sous le voile de l'anonyme, pour le compte des revues et journaux de l'Est, un grand nombre d'articles dans lesquels avec une indéniable franchise, une compétence non contestée et une verve de bon aloi, le polémiste défend avec courage les droits de la religion, de la justice et de la liberté.

Voici les principaux ouvrages de l'auteur qui ont été publiés en brochures ou en volumes :

La Vedette, conseils d'un rural à ses frères (broch. in-8) ; *Qui Vive ?* causeries humoristiques d'un patriote lorrain (in-12) ; *Jeanne d'Arc, Sainteté et Patriotisme*, drame en cinq actes avec chœur (in-12) ; *Sainte Cécile ou Le triomphe de la virginité*, drame en 3 actes (in-12) ; *Marie-Antoinette ou Les sourires et les tristesses*, drame en 3 actes. (Ces trois piè-

ces destinées aux maisons d'éducation de jeunes filles obtiennent un grand succès. L'auteur a également donné, pour jeunes gens, une édition in-8 du drame de *Jeanne d'Arc*) ; *La Terre Sainte et le Pélerinage de Pénitence*, impressions et souvenirs (2 vol. in-12 avec cartes et plans). L'un des ouvrages les plus goûtés

parmi ceux qui ont paru depuis dix ans. *Pourquoi la France demande la canonisation de Jeanne d'Arc* (broch. in-12) ; *La Vierge de Domremy*, biographie populaire de Jeanne d'Arc (broch. in-18) ; *L'authenticité de la maison de Jeanne d'Arc*, étude d'archéologie et d'histoire sur la chaumière de Domremy avec plan et gravures (broch. in-8) ; *Jeanne d'Arc modèle des vertus chrétiennes* (2 vol. in-12 de XXXVI-324 et 346 pages). Ce dernier ouvrage, avec le *Voyage en Palestine*, est celui qui a valu à l'auteur les plus élogieux témoignages. Il a été aussi honoré d'une médaille par la *Société Nationale d'Encouragement au Bien*. Ainsi que le déclarait à juste titre M. Ch. Des Granges, en publiant le portrait et la notice des écrivains sur Jeanne d'Arc :

« Né en plein pays de la Pucelle, près de Neufchâteau, M. l'abbé Mourot a puisé on peut le dire, dès son enfance, dans le sol natal lui-même, les sentiments d'admiration et de dévouement dont ses écrits débordent. Il suffit de les lire pour se convaincre que le Chevalier du Saint Sépulcre a droit aussi à une place d'honneur parmi les chevaliers de Jeanne d'Arc. »

Membre de plusieurs Sociétés archéologiques et littéraires, M. l'abbé Mourot, de concert avec les Missionnaires de Jeanne d'Arc, a fondé le Bulletin mensuel de l'œuvre du monument national de Domrémy qui a pour titre : *La Voix de Jeanne d'Arc*, et qui vient d'entrer dans sa cinquième année, avec le mois d'août 1895.

Naguère encore il publiait une étude magistrale sur la *Renommée universelle de Sainteté de Jeanne d'Arc* (grand in-8 de 32 pages), qui vient de servir d'Introduction à un travail important du même publiciste : l'*Auréole de Jeanne d'Arc ou Choix des meilleurs panégyriques prononcés en l'honneur de la Pucelle* (in-8, chez A. Retaux, à Abbeville).

M. l'abbé Mourot édite en ce moment chez G. Picquoin à Paris, une brochure in-8 de plus de 200 pages : *Jeanne d'Arc la Bonne Lorraine et la Grande Française*, qui est une réponse vigoureuse et très documentée à la *Jeanne d'Arc Champenoise* de M. l'abbé Misset. Deux nouveaux livres paraîtront bientôt : 1° *Histoire du monument national de Domremy, au Bois-Chesnu;* 2° *Idéal et Copie ou Mois de Marie de Jeanne d'Arc* en 31 lectures pour le mois de Mai ou du Saint Rosaire.

Dans ses moments de loisirs, M. l'abbé Mourot s'occupe de collectionner les monnaies et souvenirs romains de son village natal. Il a réuni en Album tout ce que la presse a publié sur Jeanne d'Arc. Le *Répertoire des Collectionneurs* de 1895, signale une série d'environ cinq mille articles qui se complète tous les jours.

Il fut avec M. l'abbé Deblaye, l'un des plus actifs collaborateurs de l'éminent architecte Ch. Fontaine, de Saint-Dié, pour la publication de ses travaux : *Recueil d'anciennes croix et de différents monuments du diocèse de Saint-Dié* (2 vol. in-4, 1875). M. l'abbé Mourot est membre de la *Société française de Numismatique et d'Archéologie de Paris* et de la *Société d'Archéologie lorraine de Nancy*.

C'est dans le même temps que M. l'abbé V. Mourot, pour sauver de la destruction une des anciennes tours du château de Beaufremont où il avait succédé à son oncle, la transforma en chapelle ronde surmontée d'un campanile et la dédia à Saint Joseph. — Dix ans plus tard, lisons-nous dans l'*Étude sur les Vosges*, de M. l'abbé Chapiat : «*le vaillant curé bâtissait une nouvelle église romane, fort jolie, en luttant contre vents et marées, et en domptant des obstacles de toute espèce, à Monthureux-le-Sec.*

En arrivant dans sa nouvelle paroisse de Laveline, limitrophe de l'Alsace, il a senti, plus que jamais, s'aviver en lui, son culte déjà si ardent pour la *Libératrice de la France*. De concert avec les habitants et le concours de l'administration, il vient d'ériger, sur la place publique, une statue de la vénérable héroïne. Au sommet d'une pyramide de granit, sur les faces de laquelle sont inscrits les noms des soldats du pays, morts pour la France, Jeanne d'Arc, les yeux levés au ciel et serrant l'étendard sur son cœur, se dresse maintenant au bord de nos frontières mutilées. C'est la plus digne réponse que puisse faire la France aux ressouvenirs de ses vainqueurs d'hier !

FERTIAULT (François), ❂, né à Verdun-sur-Doubs (Saône-et-Loire), le 25 juin 1814, érudit, poète, écrivain et traditionniste français.

Adresse : 21, rue Clauzel, Paris.

Né dans une fortune modeste, M. Fertiault eut pour père un vieux soldat qui, après vingt ans de services, laissa une réputation de probité proverbiale dans le pays. Le jeune homme fit ses études au collège de Chalon-sur-Saône et, se plaçant d'un bond au rang des meilleurs élèves, se fit connaître bientôt par des poésies insérées dans les journaux du pays. A seize ans, il écrivit son premier poème : *La nuit du Génie*, publié en 1835. Bachelier en 1834, M. Fertiault vient à Paris et, depuis, mène de front les travaux de banque et le culte enthousiaste des vers et des livres. Sa femme, Mme Julie Fertiault, a publié des pages charmantes dans une foule de revues et de journaux, et vient de mettre le sceau à sa carrière littéraire par un livre d'une douce et profonde philosophie : *L'Au-delà de mes Rêves*. M. Fertiault est membre de la *Société des Gens de Lettres*, de la *Société des Traditions populaires*, correspondant des *Académies* de Mâcon, Dijon, Bordeaux, officier d'Académie. A quatre-vingts ans, en pleine vigueur, il donne à tous l'exemple de la droiture et du travail.

Signe particulier : il met à ne pas mélanger ses deux genres de labeur, un amour-propre qui tient à son excessive probité. Les amis de ce poète plein d'humour lui ont souvent entendu dire : «Chez moi, je ne sais pas faire une addition ; au bureau, pas un vers. » C'est retourner sa médaille d'une façon bien rare.

Il a collaboré aux *Français peints par eux-mêmes* (1840), à la *Revue des Traditions populaires*, à la *Revue générale*, au *Bulletin du Bouquiniste*, au *Bulletin de la Société des Gens de Lettres*, au *Paris-Londres*, à la *Revue de la Mode*, au *Conseiller des Dames*, au *Conseiller des Enfants*, à la *Gazette des Beaux-Arts*, la *Biographie Didot*, la *Romania*, *Les Beaux-Arts*, la *Bourgogne*, le *Parnasse contemporain*, la *Revue des Patois*, *Le Moyen-Age et la Renaissance*, etc., etc. Il est un collaborateur assidu du *Moniteur des Arts*, de la *Revue du Monde latin*, du *Réveil Bourguignon*, du *Moniteur de l'Épargne*, etc.

Ses principaux ouvrages sont : *Les Noëls Bourguignons de B. de La Monnoye* (1 vol. in-16, 1re éd., 1842, chez Lavigne et Gosselin; 2e éd. illustrée, 1858, chez A. Rigaud et A. Aubry; *Les Rimes de Dante*, Sonnets, Canzones, Ballades, trad. littérale (1 vol. in-16, 1re éd., 1848, chez V. Lacou; 2e éd., 1854, chez V. Lecou et A. Delahays); *Histoire pittoresque et anecdotique de la Danse* (1 vol. grand in-32, 1854, chez

Didier et Cie) ; *Les petits Drames rustiques* (scènes d'après nature, 1875, chez Didier et Cie, 1 vol. in-16) ; *Les Amoureux du Livre*, Sonnets d'un Bibliophile, etc. (vol. grand in-8. ill. de 16 eaux-fortes de J. Chevrier, 1877, chez A. Claudin) ; *Le Berger du Béage*, roman-biographie de Régis Breysse, petit pâtre ardéchois devenu sculpteur (1 vol. in-16, 1880, chez Didier et Cie) ; *Les Sonnets du Salon*, depuis 1879 (dans le *Journal des Arts* de Paris) ;

Histoire d'un Chant populaire de la Bourgogne (br. in-16, Paris, 1883) ; *Les deux Vignerons*, dialogue en patois bourguignon et en vers (br. in-8, Mâcon, 1884) ; *Les Madrigaux Italiens* (br. in-8, Bourg, 1885) ; *Le Garçon à Sylvain*, roman rustique (*Journal de Forcalquier*, 1886) ; *Les Légendes du Livre*, complément des Sonnets d'un Bibliophile (1 vol. in-8°, Paris, Lemerre, 1886) ; *Dictionnaire du Langage populaire Verduno-Chalonnais* (1 vol. in-8°, sous presse, chez E. Bouillon, Paris) ; *Une Noce d'autrefois en Bourgogne* (br. in-8, Paris, 1892) ; *Croquis d'après nature*, types, scènes, paysages (1 vol. in-18, Lemerre, 1893), etc.

Le *Dictionnaire Verduno-Chalonnais* est une œuvre de grande valeur, qui intéressera tout autant les traditionnistes que les philologues. On peut surtout remercier l'auteur d'un grand travail comparatif, qui permet de rattacher à la plupart des vocables un nombre considérable de congénères. On ne peut nier l'attrait de ces recherches, qui mettent sous les yeux toutes les formes dialectales du mot auquel on s'arrête. Les trois premières livraisons ont paru. (On souscrit chez Bouillon, rue Richelieu, 67, Paris.).

Dans les *Croquis d'après nature*, nous avons l'œuvre d'un dessinateur qui ne dessine plus, mais qui a fait passer dans ses sonnets la précision du trait. Tout son petit pays s'y trouve dessiné en vers. Suivant son expression, M. Fertiault a offert à ses compatriotes un « Album rimé. » — Il nous a paru bon de signaler cette particularité piquante.

GRANDCLAUDE (Mgr EUGÈNE), Prélat de la Maison de Sa Sainteté, Vicaire-Général du diocèse de Saint-Dié et Supérieur du Grand-Séminaire de ce même diocèse, né à Fresse, dans le département des Vosges, d'une famille modeste, mais honorable, le 23 août 1826.

Nous n'avons pas à le suivre ici dans ses premières études. Dans cet article, nous voulons montrer l'influence exercée par un publiciste ecclésiastique sur l'ensemble des sciences sacrées.

« Mgr Grandclaude, après avoir terminé avec éclat ses études philosophiques et théologiques au Grand Séminaire de Saint-Dié, fut envoyé à Rome par Mgr Caverot, dans le but de puiser aux sources les plus pures les méthodes et les doctrines romaines.

« Après quelques années passées dans la Ville éternelle, et employées avec une rare activité, M. l'abbé Grandclaude revint à Saint-Dié, dans le but de réformer d'abord l'enseignement philosophique qui se traînait dans l'ontologisme et le traditionalisme.

« L'enseignement du jeune professeur frappa tous les élèves par sa netteté, sa clarté, sa précision et son exactitude ; aussi Mgr Caverot chargea-t-il M. Grandclaude de rédiger un Manuel de philosophie. Cet ordre a donné lieu à la publication du *Breviarium philosophiæ scholasticæ*, ouvrage qui a été accueilli avec la plus grande faveur dans les séminaires et les écoles ecclésiastiques.

« Huit éditions qui se sont succédées à bref délai, ont montré la réalité de cette appréciation publique. C'est M. l'abbé Grandclaude qui a été le véritable réformateur de la philosophie scolastique en France, car son *Breviarium* a été le premier ouvrage publié parmi nous pour divulguer cette philosophie. Dans de nombreux articles qui parurent habituellement dans la *Revue des Sciences ecclésiastiques*, il a combattu avec énergie l'enseignement philosophique de Louvain, de la Sorbonne, etc. Les Encycliques de Sa Sainteté Léon XIII ont finalement fait disparaître les erreurs que l'éminent publiciste avait si vigoureusement déracinées du sol français.

« Disons encore qu'il a très activement collaboré à la rédaction de l'*Univers* pendant près de dix ans. On n'a pas oublié non plus ses solides et brillants articles dans la *Revue du Monde catholique*, ainsi que dans d'autres revues ecclésiastiques.

« A l'époque si tourmentée du Concile du Vatican, le vaillant professeur de Saint-Dié a été un des plus énergiques champions de l'infaillibilité pontificale. Il publia d'abord un ouvrage qui a pour titre : *Les Principes de 89 et le Concile*, ouvrage vivement combattu par M. Lockroy dans le *Rappel* (30 septembre 1875). Pendant le Concile même parut l'opuscule : *Catéchisme sur l'infaillibilité*, qui a été fort goûté à Rome et a eu sa part d'influence sur les esprits pour les détacher du faux libéralisme qui régnait alors assez largement dans le clergé français. Ces ouvrages ont été suivis d'un autre plus important qui a pour titre : *Les Principes du droit public*.

« M. l'abbé Grandclaude s'est alors adonné avec une grande application aux études canoniques auxquelles il s'est initié à Rome en suivant les cours des célèbres professeurs de Angellis et de Camillis. Il était docteur en droit canonique de la *Faculté de l'Apollinaire*, et docteur en théologie du *Collège Romain*.

« En 1878, il commença la publication de la revue mensuelle : *Le Canoniste contemporain*, qu'il rédigea seul, avec d'énormes fatigues, pendant près de douze ans. Quelques années auparavant, il avait revisé et complété la théologie dogmatique et morale de Thomas de Charmes, ouvrage d'ailleurs excellent, pour la mettre plus parfaitement en harmonie avec le haut enseignement des écoles de Rome.

« Enfin il publia, en 1883, son principal ouvrage qui a pour titre : *Jus canonicum junta ordinem Decretalium recentioribus Sedis Apostolicæ Decretis et rectæ rationi in omnibus consumem*. Ce cours complet de droit canonique (3 vol. grand in-8°) exerça une heureuse influence sur la discipline et fut comme le dernier coup porté au gallicanisme en France. La certitude rationnelle du droit sacré, sur tous les points fondamentaux, est montrée avec une telle évidence, que la plupart des objections vulgaires ne peuvent plus se soutenir, et que l'élévation d'idées qui a présidé à la confection du droit sacré, apparait à tous les regards.

« Des circonstances particulières ont appelé, en ces dernières années, l'attention de l'infatigable champion de la Vérité sur un sujet un peu différent de ceux qui l'avaient occupé jusqu'alors. Le rationalisme faisait invasion dans le domaine de la parole divine, pour en nier plus ou moins la véracité et l'intégrité. Pour prévenir les esprits trop superficiels contre les dangers de cette doctrine, que l'on avait même vue poindre dans quelques-unes de nos universités catholiques, Mgr Grandclaude fit paraitre, en 1893, un opuscule qui a pour titre : *La question biblique d'après une nouvelle école d'apologistes chrétiens*. Certains ecclésiastiques, trop étrangers aux études théologiques, prirent parti pour la fausse science et attaquèrent l'ouvrage ; mais la célèbre Encyclique Pontificale : *Providentissimus Deus*, vint aussitôt imposer silence à cette troupe de censeurs inconsidérés et sans doctrine. Comme ceux-ci avaient voulu parler au nom de la « science » d'ailleurs mal comprise, et des hypothèses plus ou moins aventurées de l'orientalisme, un dernier ouvrage, beaucoup plus considérable que le précédent, montra combien étaient vides et superficielles les nouvelles objections des adversaires. Dans cet écrit intitulé : *La Chronologie biblique des temps primitifs*, le pieux vétéran de l'orthodoxie en France montre quel péril ferait naître pour la vérité révélée l'engouement aveugle pour toutes les théories des orientalistes, et, à cette occasion, il définit avec la dernière précision les caractères intrinsèques de la vraie et de la fausse science. »

Mgr Grandclaude a été nommé chanoine honoraire en 1870, vicaire général, en 1878, et supérieur du Grand Séminaire, en 1882. Enfin, S. S. Léon XIII a daigné l'élever à la Prélature, en le nommant par un Bref des plus honorables, daté du 8 avril 1892, Prélat de sa Maison.

CAHEN (Emile), I. ◊, né le 24 décembre 1839, à Toul, Meurthe-et-Moselle, Grand-Rabbin de la circonscription consistoriale de Lille.

Adresse : Lille.

« M. le Grand-Rabbin Cahen fit ses études secondaires au Collège de sa ville natale. Il les continua à l'Ecole de Théologie israélite de Colmar. De là, il passa à l'école centrale rabbinique de Metz qui, transférée à Paris, prit le nom de Séminaire israélite. M. Cahen y fit d'excellentes études qui le préparèrent merveilleusement aux hautes fonctions qu'il devait occuper plus tard dans le sacerdoce lévitique. En 1864, à peine âgé de vingt-cinq ans, M. Cahen sortit du séminaire avec son diplôme de gradué Grand-Rabbin.

« Il fut nommé aussitôt Rabbin à Verdun

(Meuse), Il y exerça avec succès ses fonctions pastorales et marqua son passage par un discours patriotique prononcé à Wissembourg (Alsace), en 1872, à l'occasion du monument élevé le 4 août à la mémoire du général Abel Douay et des soldats morts en 1870 pour la défense de la Patrie.

« En témoignage de la reconnaissance des Wissembourgeois, M. le Rabbin Cahen reçut une coupe de vermeil, produit d'une souscription ouverte entre les habitants de tous les cultes. Des lettres de félicitations lui furent adressées par Mme Ve Abel Douay et par le général Félix Douay, frère du défunt. Ce discours, imprimé sous le titre de : *Les Morts de Wissembourg*, fut vendu au profit des émigrés alsaciens-lorrains. Une seconde édition a paru depuis reproduisant les lettres de la famille Douay.

« En 1875, le gouvernement désigna M. Cahen comme titulaire du Rabbinat de Reims, créé pour les Alsaciens optants. A côté de ses occupations pastorales, il se voua avec zèle à la cause de l'instruction publique. Il se distingua successivement comme secrétaire de la *Délégation cantonale*, et comme fondateur, secrétaire-général et conférencier de l'*Alliance Française*. En 1880, il publia une notice intéressante sur l'*Alliance Française* (Reims, Matot-Braine, éditeur). A la *Ligue de l'Enseignement*, de Jean Macé, il fit, pendant trois ans, des cours publics sur des sujets de littérature et d'histoire.

« A tous ces titres, M. Cahen ajoutait la publication de différents opuscules et d'un ouvrage de polémique philosophico-religieuse intitulé : *La tolérance religieuse* (Fischbacher, éditeur, 1877). Le ministre de l'Instruction publique récompensa ces services loyaux et désintéressés et ces travaux d'érudition en conférant à M. Cahen les palmes d'officier d'Académie (1880) et la rosette de l'Instruction publique (1890).

« Le Consistoire central de Paris sanctionna ces distinctions en l'appelant, à la suite d'un brillant concours oratoire, au poste de Grand-Rabbin du Consistoire israélite de Lille, vacant par la mort de son titulaire M. Lipman, ancien Grand-Rabbin de Metz (Lorraine). Cette circonscription comprend les départements du Nord, de la Somme, du Pas-de-Calais, de l'Oise, de l'Aisne, des Ardennes et de la Marne, et confère à son chef spirituel le rang d'Evêque.

« A l'occasion du centenaire de 1789, M. Cahen prononça un discours très remarqué, qui parut sous le titre de : *Centenaire de l'ouverture des Etats-Généraux* (Lille, imp. Verly et Cie).

« En octobre 1892, M. Carnot, Président de la République étant allé à Lille à l'occasion du centenaire de la glorieuse défense de cette cité, M. Emile Cahen lui adressa une allocution dont les journaux ont parlé. Nous la reproduisons comme un précieux document pour l'histoire de l'émigration israélite Alsacienne en France.

« Le Grand-Rabbin et les Membres du Consistoire de Lille ont l'honneur de présenter leurs respectueux hommages à l'éminent chef de l'Etat, qui, s'inspirant des grands principes de 1789, de tradition dans son illustre famille, est resté le gardien vigilant de la liberté religieuse, au nom de laquelle nos pères ont conquis la qualité de citoyens français.

« Nous sommes particulièrement les interprètes des nombreux israélites Alsaciens-Lorrains, dont le gouvernement de la République assurait, en 1872, les destinées religieuses par le transfert de Metz à Lille du siège de leur Consistoire.

« C'est avec un soin jaloux qu'ils entretiennent dans leur cœur le sentiment de la reconnaissance et le feu sacré du patriotisme.

« Daignez recevoir, Monsieur le Président, pour la France républicaine de 1789 et de 1870, l'expression de notre culte filial et de notre dévouement le plus absolu. »

M. Carnot a répondu :

« Soyez certain, M. le Grand-Rabbin, que le gouvernement républicain est celui de tous qui protège le mieux la liberté de conscience. »

PIERFITTE (Abbé Marie-Charles), né le 15 février 1847, à Belmont-devant-Darney. Il appartient à cette race vosgienne, forte comme son sol de granit, simple et franche comme la grande nature, vivant d'air pur et d'idées saines. D'abord simple ouvrier, il fait des sabots avec son père jusqu'à l'âge de 16 ans ; il porte sur les bancs du Séminaire ces habitudes de travail obstiné qui finissent par creuser le sillon. Vicaire de Vittel en 1872, il collabore avec son maître, M. l'abbé Chapiat, à une petite monographie de cette station minérale.

Curé d'Anivelle (1877), puis de Portieux (1887), il devint l'un des rédacteurs les plus goûtés de la *Semaine religieuse*, où il se fit rapidement une spécialité dans un genre très ingrat, la *Nécrologie ecclésiastique*. Plusieurs furent tirées en brochures, mais toutes furent remarquées, et l'ensemble constitue un véritable monument élevé en l'honneur du clergé vosgien : *Notice sur l'abbé Thévenot* (Saint-Dié, Humbert, 1883) ; *L'abbé Chapiat, curé de Vittel* (Paris, V. Palmé, 1886) ; *Le R. P. Clerc, provicaire au Sut-Chuen* (Langres, Rallet, 1885) ; *L'abbé Hadol, curé de Mattaincourt* (Saint-Dié, Humbert, 1886) ; *Le R. P. Stundhauser, supérieur de l'Institution Saint-Joseph d'Epinal* (Saint-Dié, Humbert, 1890) ; *M. l'abbé Rémy Corret, curé de Docelles* (Saint-Dié, Humbert, 1892) ; *M. l'abbé Petitnicolas, chanoine de la cathédrale de Saint-Dié* (Saint-Dié, Humbert, 1892 ; *M. l'abbé Lecomte, directeur du couvent de Portieux* (Saint-Dié, Humbert, 1890) ; *M. l'abbé Mathieu, vicaire général honoraire, curé de Rambervilliers* (Saint-Dié, Humbert, 1890) ;

M. l'abbé Fr.-Nic. Maton, curé de Socourt (Saint-Dié, Humbert. 1893); *M. l'abbé A. M. Barbier, provicaire dans la Cochinchine* (Saint-Dié, Humbert. 1894); *M. l'abbé Pitance, curé de Pamxeux* (Saint-Dié, Humbert. 1895);

M. l'abbé Feys, curé de Damvallier (Saint-Dié, Humbert, 1895); *M. l'abbé Vautrin, curé de Vincey* (Saint-Dié, Humbert, 1895).

Presque chacune est un petit chef-d'œuvre en son genre, où l'on ne sait qu'admirer le plus, de la finesse de l'observateur, ou de la délicatesse de l'écrivain, qui sait rajeunir son cadre et mettre de la variété dans un sujet qui semble si peu s'y prêter. C'est dans son cœur naturellement qu'il puise cette éternelle jeunesse de pensée et de sentiment qui font de la plupart de ses petites monographies des pages intimes non seulement vécues, mais vivantes. Et puis, hâtons-nous de l'ajouter, l'auteur ne se contente pas de semer des fleurs sur la tombe de ses confrères dans le sacerdoce, il va cueillir dans le champ qu'ils ont cultivé une gerbe qu'il serre sur les greniers de l'église : c'est ainsi que la vie des prêtres lui sert de cadre où il fait entrer l'histoire du diocèse.

L'histoire de son pays, de ce pays vosgien qu'il aime tant, voilà sa véritable passion. Avec quelle piété filiale il recueille tous les souvenirs du passé, il étudie les monuments d'autrefois! *Le Collège de Rambervilliers et*

M. l'abbé Morel (Saint-Dié, Humbert, 1888); *Le Prieuré de Relanges au XVIᵉ siècle* (Saint-Dié, Humbert, 1895)); *La Justice à Vittel avant 1789* (Saint-Dié, Humbert, 1892); *Saint Faustin et Saint Jovite* (Saint-Dié, Humbert, 1895) ne sont, nous l'espérons bien, que des chapitres détachés de travaux plus importants qui restent en portefeuille.

Dans un autre genre, M. l'abbé Pierfitte avait fait paraître : *Cinq jours à Rome* (Epinal, V. Collot, 1890); *L'Alsace et la Lorraine à Lourdes* (Saint-Dié, Humbert, 1891), récits pleins d'humour et de coloris, où nous retrouvons cette originalité de bon aloi qui donne à M. Pierfitte une physionomie bien accusée. Aussi a-t-on pu dire que ce qui sort de sa plume porte sa griffe : il n'a pas besoin de signer.

Il est de ceux qu'un pseudonyme couvre mal, et il se vit souvent obligé d'en changer, quand il aborda le journalisme, — alors que le ministère d'une petite paroisse lui laissait quelques loisirs. Il se montra un polémiste redoutable: quelques coups de crayon le révélèrent même comme caricaturiste ; mais rien ne put le décider à cultiver ces dernières aptitudes, si grandes fussent-elles. Du journaliste, nous ne relèverons qu'un fait, la part principale qu'il prit à la fondation de la *Croix de Lorraine*, dont il rédigea l'article-programme.

L'homme d'esprit, chez lui, est doublé d'un homme de cœur : sa plume ne lui appartient pas plus que sa bibliothèque et son temps; tout est au service de ses amis, aussi en a-t-il autant que de confrères. C'est peut-être la figure la plus sympathique du clergé vosgien. Ses adversaires eux-mêmes ne lui marchandent pas les témoignages d'estime.

Dans une des dernières séances de la *Société d'Emulation des Vosges* (1894), M. Alfred Bourgeois crut devoir oublier un instant qu'il est rédacteur en chef du *Républicain des Vosges*, pour ne laisser parler que l'amateur d'histoire lorraine :

« Mais, messieurs, disait-il, permettez-moi de m'arrêter plus particulièrement sur une autre catégorie de vos nouveaux confrères, MM. l'abbé Olivier, l'abbé Pierfitte et l'abbé Vairel...

« M. l'abbé Pierfitte est déjà un vieux travailleur vosgien ; mais il est de ces travailleurs généreux qui sèment plus qu'ils ne récoltent ; il fait l'aumône de son labeur ; il ne travaille pas pour lui. Sa prose alerte, parfois mordante, un brin caustique à l'occasion, s'est répandue en feuilles volantes ; ses nombreuses notes, accumulées par de patientes recherches, ont été distribuées à tous ceux qu'il fallait encourager et pousser à l'œuvre.

« Messieurs, c'est un triomphe que de posséder parmi nous M. l'abbé Pierfitte, car c'est une conquête que vous avez faite. Et c'est une conquête qui rapportera : je ne crois pas être indiscret en vous révélant que l'abbé Pierfitte et l'abbé Olivier ont entrepris des recherches préparatoires à une histoire documentaire de la ville de Châtel-sur-Moselle. »

La *Société d'Archéologie Lorraine* dont M. Pierfitte fait également partie, le délégua en 1884 au Congrès de Blois, où il prononça un discours dont on vota l'impression au procès-verbal (Compte-rendu, p. 590 et suivantes). Il ne faisait d'ailleurs que résumer une étude fort curieuse parue dans le journal *Le Vosgien* en 1883, où M. l'abbé Pierfitte revendiquait pour sa chère patrie vosgienne l'honneur d'avoir marché en premier dans le champ de l'instruction populaire et d'avoir donné, dès 1597, par l'organe du R. P. Fourier, curé de Mattaincourt, un cours complet de pédagogie, qui n'a pas vieilli depuis trois siècles !

Faut-il ajouter que M. l'abbé Pierfitte est un bibliophile : au prix de bien des sacrifices, il a formé une belle bibliothèque lorraine. Il est le frère de Nicolas Pierfitte, dont les chansons politiques méritèrent les éloges de Béranger et les persécutions de la police impériale ; et l'oncle de Georges Pierfitte, poète d'avenir, polémiste de talent, fondateur et rédacteur de *l'Éclaireur du Midi.*

BÉRILLON (Docteur Edgar), A. 🌿, né à Saint Fargeau, Yonne, le 23 mai 1859, médecin et psychologue, folkloriste, licencié en droit, inspecteur des asiles publics d'aliénés, professeur libre à l'École pratique de la Faculté de Paris.

Adresse : 14, rue Taitbout, Paris.

Ce n'est pas d'aujourd'hui que l'on a songé à établir un rapprochement entre les phéno-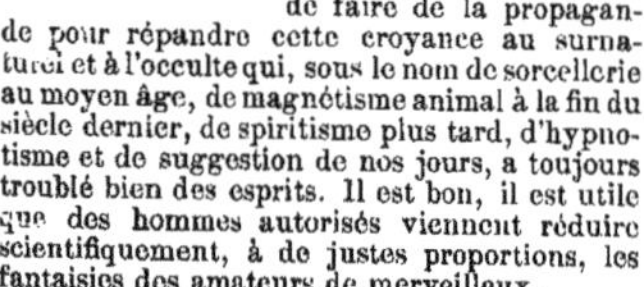mènes souvent mystérieux de l'électricité et les influences occultes qui semblent, dans certaines circonstances, dominer la volonté humaine ; le fameux baquet magnétique de Mesmer en est la preuve. D'abord traité de superstition par les hommes de science, le magnétisme animal a cependant toujours conservé des adeptes fervents qui n'ont cessé de faire de la propagande pour répandre cette croyance au surnaturel et à l'occulte qui, sous le nom de sorcellerie au moyen âge, de magnétisme animal à la fin du siècle dernier, de spiritisme plus tard, d'hypnotisme et de suggestion de nos jours, a toujours troublé bien des esprits. Il est bon, il est utile que des hommes autorisés viennent réduire scientifiquement, à de justes proportions, les fantaisies des amateurs de merveilleux.

Dans ses écrits, comme dans ses conférences, le docteur Bérillon a montré les ressources que l'on pouvait tirer de l'hypnotisme quand on s'en sert dans un but scientifique et surtout thérapeutique. Ses recherches ont porté principale-ment sur les applications de la suggestion à la pédagogie. Le premier, il a appelé l'attention sur ce côté si intéressant de la question.

M. Edgar Bérillon vint se faire inscrire à la Faculté de médecine de Paris à l'âge de dix-sept ans. Pendant son temps d'études, il écrivit des articles scientifiques à la *Réforme économique,* à la *France,* etc. Docteur à vingt-trois ans, il fut attaché au laboratoire de M. Henri Bouley. Ayant, en 1882, subi avec succès les épreuves de concours pour une bourse d'études au Muséum d'histoire naturelle, le docteur Bérillon put suivre son penchant pour l'étude de la Physiologie et de la Pathologie comparée.

Il s'était déjà fait remarquer du monde savant par la hardiesse de sa thèse de doctorat : *De l'indépendance fonctionnelle des deux hémisphères cérébraux* et par des expériences d'hypnotisme faites à la Pitié devant une commission de l'Académie des sciences ; il fit paraître en 1885 : *Hypnotisme expérimental,* la *Dualité cérébrale* et le *Nouveau Manuel de la garde-malade.* L'année précédente, il avait failli être victime de son devoir, ayant été frappé de choléra à Brignoles, durant une mission dans les régions contaminées. Il reçut à cette occasion une médaille d'honneur en or de 1re classe du ministère de l'intérieur.

Chaque année, le docteur Bérillon publie des travaux d'un haut intérêt sur l'hygiène et l'hypnotisme. En 1884, il fondait la *Revue de l'hypnotisme et de la Psychologie physiologique,* pour laquelle il obtint la collaboration des maîtres comme Charcot, Bernheim, Lacassagne, Liégeois, Dumontpallier, Mesnet, Voisin, etc.; cette revue a beaucoup contribué à vulgariser dans le monde médical la connaissance des phénomènes de l'hypnotisme.

M. Bérillon a reçu une médaille d'argent pour son dévouement lors de l'incendie de l'Opéra-Comique, une récompense de l'Académie des Sciences en 1888, les palmes académiques en 1889. Il a inauguré, depuis 1887, à l'École pratique de la Faculté, en même temps que rue Saint-André-des-Arts, n° 49, à l'*Institut psycho-physiologique de Paris,* un enseignement nouveau, celui de l'hypnotisme et de la psychologie physiologique. Ce cours, professé avec éloquence et une grande rectitude scientifique, a rendu et rendra encore dans l'avenir de précieux services aux étudiants et même aux praticiens et aux légistes.

M. le docteur Bérillon a été l'organisateur et le secrétaire général du *Congrès international de l'Hypnotisme* qui s'est tenu à Paris en 1889 et dont le succès a été considérable. Il est le secrétaire général de la *Société d'Hypnologie et de Psychologie* qui comprend dans son sein un grand nombre d'hommes connus par leurs travaux psychologiques.

En dehors des ouvrages cités plus haut, on lui doit encore des études sur les *Applications de la suggestion à la pédagogie et à la pediatrie,* sur les *Phobies,* un travail très personnel sur l'*Onychophagie et les habitudes automatiques chez les enfants*, des mémoires sur le *Sommeil naturel*, sur la *Psychologie de l'intimidation*, sur les *Lois de la suggestion*, etc, etc.

VACANT (Jean-Michel-Alfred), né à Morfontaine, arrondissement de Briey (Moselle), le 23 février 1852, d'une famille de cultivateurs, écrivain ecclésiastique, professeur de dogme au Grand Séminaire de Nancy.

Adresse : Au Grand Séminaire de Nancy.

M. Vacant fit ses études littéraires et philosophiques au Petit Séminaire de Montigny-lès-Metz (1862-1870) et au Grand Séminaire de Metz (1871 et 1872). Son évêque, Mgr Dupont des Loges, l'envoya étudier la théologie à Paris, au Séminaire Saint-Sulpice (1872-1876).

Avant la création de l'Institu catholique de Paris, il existait à Saint-Sulpice, pour les élèves qui avaient terminé leurs études de théologie, un cours supérieur, appelé le *Grand Cours*, dont le programme variait au gré du professeur. M. Vacant suivit ce cours en 1875-1876. Le professeur, M. Renaudet, mit aux mains de ses élèves le *Traité de la foi* du cardinal de Lugo. Cet ouvrage exerça une profonde influence sur l'esprit du jeune étudiant. Les maitres qu'il avait eus à Metz et à Paris, étaient cartésiens, et il avait adopté leurs opinions. Les savantes dissertations du cardinal de Lugo opérèrent une véritable révolution dans son intelligence. Il fut depuis lors un partisan de plus en plus convaincu des théories aristotéliciennes et des doctrines scolastiques.

Cependant il n'avait pu consacrer à la théologie, durant son *Grand Cours*, tout le temps qu'il aurait voulu. On sait que les séminaristes de Saint-Sulpice s'initient à la pratique du saint ministère, dans les célèbres catéchismes de la paroisse de ce nom. De 1872 à 1875, M. Vacant n'avait eu à s'occuper que d'un petit catéchisme. Mais en 1875-76, il fut placé à la tête du catéchisme de première communion, dit *catéchisme de semaine*, et d'un nouveau catéchisme de persévérance, fondé en novembre 1875, le catéchisme du Sacré-Cœur.

Ce fut à la fin de cette année, le 10 juin 1876, qu'il reçut le sacerdoce, des mains du cardinal Guibert.

En exécution d'une clause du traité de Francfort, le Saint-Siège venait de rattacher son pays natal au diocèse de Nancy. L'évêque de Metz désirait néanmoins retenir M. Vacant auprès de sa personne; mais ce dernier tenait à rester Français, et comme il n'avait jamais eu aucun rapport avec le clergé de Nancy, il demanda à rester à Paris. Mgr Foulon, évêque de Nancy, ne voulut point y consentir et revendiqua ses droits sur son nouveau diocésain. Il le destinait à être professeur dans son Grand Séminaire, où il lui confia une chaire de théologie, après deux mois de vicariat à la paroisse Saint-Jacques de Lunéville.

M. Vacant enseigna l'apologétique de 1876 à 1890. En 1888 et 1889, il joignit à cet enseignement, celui de la morale générale. Depuis 1890, il fait le cours de dogmatique spéciale.

Cependant, au moment de sa nomination, le jeune professeur n'avait encore aucun grade. Il demanda donc d'aller passer deux ans au Collège romain. Mgr Foulon ne put l'y autoriser; mais il l'encouragea à composer des thèses dans ses moments de loisir, et à prendre ses grades en France. M. Vacant subit les épreuves du baccalauréat en théologie et en droit canon et de la licence en théologie, devant l'Institut théologique de Poitiers, en 1877 et en 1878. L'année suivante, le 5 août 1879, il subit celles du doctorat en théologie, devant la Faculté de Lille, qui venait d'être érigée canoniquement et dont il fut le premier docteur.

Les thèses qu'il présenta à Poitiers et à Lille offrent un caractère qui se retouve dans la plupart des travaux qu'il a publiés dans la suite. Ce sont des essais de conciliation entre les doctrines admises à diverses époques. Dans sa thèse de licence, il compara les vues des apologistes modernes, qui font ressortir la certitude de la révélation, avec les théories du cardinal de Lugo et des théologiens du dix-septième siècle, qui mettent, au contraire, en lumière la liberté de la foi. Dans sa thèse de doctorat, il compare les théories inspirées par l'Aristotélisme, au sujet de notre connaissance naturelle de Dieu. Il chercha également à concilier les notions du naturel et du surnaturel, adoptées par Saint Thomas d'Aquin et par Duns Scott.

A partir de 1880, il donna un grand nombre d'articles à la *Revue des sciences ecclésiastiques*, dont l'entrée lui avait été ouverte par les professeurs de la Faculté de théologie de Lille.

Toutefois, il désirait se former davantage dans l'art d'écrire et se mettre plus immédiatement en contact avec les opinions contemporaines. C'est dans ce double but, qu'après avoir pris son baccalauréat ès-lettres à Lyon, il suivit deux ans (1882-1884), les cours de la Faculté des Lettres de Nancy, dans la section de philosophie. La consécration de ces nouvelles études lui fut donnée par la Faculté des Lettres de Paris, qui le reçut, dans les premiers rangs, à la session de licence d'avril 1884.

M. Vacant avait trouvé dans M. Victor Egger, qui enseignait alors à la Faculté de Nancy, un maître distingué de psychologie expérimentale. Il reconnut que les développements que cette science a reçus de nos jours, s'harmonisent parfaitement avec la psychologie de Saint Thomas d'Aquin. Il consigna une partie de ses vues à cet égard, dans une série d'articles, qui parurent de 1888 à 1890 dans les *Annales de philosophie chrétienne*, et qui ont été tirés à part sous le titre d'*Etudes comparées sur la philosophie de Saint-Thomas d'Aquin et sur celle de Duns Scott*.

Ces travaux philosophiques ne lui faisaient pas négliger la théologie. En 1886, la revue *La Controverse* mit au concours l'étude du *Magistère ordinaire et universel de l'Eglise*, dont le Concile du Vatican avait affirmé l'autorité. Le jury était composé de professeurs de la Faculté de théologie de Lyon. M. Vacant présenta un mémoire qui obtint le prix. Il se trouva dès lors en rapport avec M. l'abbé J.-B. Jaugey, directeur de *La Controverse*, et avec les professeurs qui avaient été membres du jury. M. l'abbé Jaugey lui demanda des articles importants pour son *Dictionnaire apologétique de la foi catholique*, qui parut en 1889, et pour deux revues : *La Science catholique* et *Le Prêtre*, qu'il fonda en 1888 et en 1890. Les professeurs des Facultés catholiques de Lyon lui demandèrent également sa collaboration pour *La Controverse*, qu'ils avaient achetée à M. l'abbé Jaugey, et à laquelle ils donnèrent le titre d'*Université catholique*. Ils confièrent au professeur de Nancy le soin de rédiger régulièrement dans ce recueil, une revue des questions et des publications théologiques.

A partir de 1890, M. Vigouroux, un de ses anciens maîtres de Saint-Sulpice, lui confia, de son côté, divers articles de son *Dictionnaire de la Bible*.

En s'adonnant à ces œuvres du dehors, ce prêtre zélé n'oubliait point qu'il se devait à ses élèves et à son diocèse. Les travaux des conférences ecclésiastiques sont examinés à Nancy par un comité dont le secrétaire centralise et publie chaque année les appréciations. M. Vacant fut secrétaire de ce comité pendant 14 ans (1877-1889), et s'acquitta, à la satisfaction générale, de cette tâche, parfois délicate. Il acquit la conviction que les prêtres des campagnes ont surtout besoin qu'on mette à leur portée les moyens d'étudier les sciences sacrées et de suivre le mouvement intellectuel contemporain. Encouragé par Mgr Turinaz, qui l'avait nommé chanoine honoraire quelques mois auparavant, il fonda donc, le 21 novembre 1890, une bibliothèque circulante pour le clergé du diocèse de Nancy. Outre les principaux ouvrages, relatifs aux questions actuelles et aux matières traitées chaque année dans les conférences ecclésiastiques, cette bibliothèque possède une trentaine de revues variées, qui passent chaque semaine d'un presbytère à l'autre, moyennant une modique cotisation.

M. Vacant est membre de quelques sociétés savantes; mais l'*Académie de Stanislas* est la seule aux travaux de laquelle il ait pris une part active. Il a été secrétaire de cette Académie en 1891 et vient d'en être élu président pour 1896.

Voici par ordre de dates, ses principales publications : *De certitudine judicii quo assentitur existentiæ revelationis* (thèse de licence en théologie : in-8° de 147 p., Nancy, Wagner; Paris, Taranne; 1878); *De nostra naturali cognitione Dei* (thèse de doctorat en théologie; in-8° de 334 p., Nancy, Wagner; Paris, Taranne; 1879); *Notes sur les Séminaires de philosophie en France* (in-8° de 46 p., Arras, Laroche; 1880); *Le mouvement et la preuve de l'existence de Dieu, par la nécessité d'un premier moteur, d'après la doctrine scolastique* (2 fascicules in-8° de 63 et 174 p., Amiens, Rousseau-Leroy; 1881); *Notes sur de prétendus ouvrages inédits de Bossuet conservés au monastère de la Visitation de Nancy* (in-8° de 16 p., Amiens, Rousseau-Leroy; 1882); *Les versions latines de la Morale à Nicomaque antérieures au XV° siècle*, leur emploi, leurs caractères, leur parenté, leur date, leurs auteurs (in-8° de 65 p., Amiens, Rousseau-Leroy; Paris, Taranne; 1885); *Le magistère ordinaire de l'Eglise et ses organes* (in-16 de 116 p., Paris et Lyon, Delhomme et Briguet; 1887); *Dictionnaire apologétique de la foi catholique*, par J.-B. Jaugey, avec la collaboration d'un grand nombre de savants catholiques (Paris et Lyon, Delhomme et Briguet; 1re édition en 1889; 2e édition en 1891: 31 articles sur Dieu, l'âme, la liberté, la vie future, les fondements de la morale, les miracles); *Renseignements inédits sur l'auteur du Problème ecclésiastique, publié en 1698 contre M. de Noailles, archevêque de Paris* (in-8° de 50 p., Paris et Lyon, Delhomme et Briguet; 1890); *Etudes comparées sur la philosophie de Saint-Thomas d'Aquin et sur celle de Duns Scott* (in-8° de 207 p., Paris et Lyon, Delhomme et Briguet; 1891); *Dictionnaire de la Bible*, publié par F. Vigouroux, avec le concours d'un grand nombre de collaborateurs (Paris, Letouzey et Ané; 1891 et suiv. : articles *Ame, Ange, Baptême, etc.*); *Le cardinal Lavigerie*. Discours de réception à l'Académie de Stanislas (in-8° de 27 p., Nancy, Berger-Levrault; 1893); *Histoire de la Conception du sacrifice de la messe, dans l'Eglise latine* (in-8° de 60 p., Paris et Lyon, Delhomme et Briguet; 1894); *Etudes théologiques sur les Constitutions du Concile du Vatican, d'après les actes du Concile* (tome I et II; in-8° de 720 et 510 p., Paris et Lyon, Delhomme et Briguet; 1895). Ces deux volumes sont consacrés à la constitution sur la foi catholique; ils étudient presque toutes les questions dogmatiques qui ont été agitées depuis cinquante ans. Deux autres volumes seront consacrés à la constitution relative à la primauté et à l'infaillibilité du Souverain Pontife.

BOMPARD (Louis-Jean-Baptiste-Ernest), né à Vitry-le-François (Marne), le 11 novembre 1848, médecin en chef de l'Hôpital-Général de Vitry-le-François et membre de la *Société des Sciences et Arts* de Vitry-le-François, vice-président de la Société locale des Médecins de l'arrondissement de Vitry-le-François, médecin-major de 2e classe de l'armée territoriale.

Le Dr Bompard est le fils d'un ancien pharmacien de Vitry, très aimé et très estimé dans tout l'arrondissement.

Il fit ses études au collège de Vitry-le-François. En philosophie, il eut un accessit d'histoire au Concours académique.

Il vint à Paris en 1867, étudier la médecine, et entra à la Pitié dans le service du professeur Richet, dont il a toujours été un des élèves favoris et pour la mémoire duquel il professe un véritable culte. Il fut reçu externe des hôpitaux dans un bon rang au bout de sa première année. Au moment de la déclaration de guerre, il était externe à Saint-Louis dans le service du Dr Vidal, suppléé par le Dr Constantin Paul. Il passa avec succès un examen au Val-de-Grâce et fut nommé médecin-auxiliaire. Attaché d'abord aux ambulances de l'armée de l'Est, il fut fait prisonnier, s'évada et rejoignit l'armée du Nord où il fut nommé aide-major de 2e classe dans les hôpitaux militaires de Cambrai et d'Arras, et finalement au 33e régiment de ligne.

Après la Commune, M. Bompard reprit ses études interrompues et retourna dans le service du Dr Richet suppléé par le Dr Léon Labbé, dont il est toujours resté l'ami.

Des raisons de famille le décidèrent à terminer rapidement ses études sans passer par l'Internat.

Au mois d'avril 1873, il était reçu docteur avec une thèse sur *Les fractures du fémur au tiers inférieur*, et obtenait la Médaille de bronze des hôpitaux.

Il vint alors s'établir à Vitry où il ne tarda pas à acquérir une belle clientèle.

Il fut nommé médecin en chef de l'Hôpital-général en 1884.

M. le Dr Bompard envoie fréquemment des observations médicales à différents journaux, notamment à l'*Union médicale*, au *Concours médical*, à la *Revue médicale du Nord-Est*, à la *Revue dosimétrique*, etc., etc.

Il a fait *le premier en France* des injections de teinture d'iode dans les cavernes des poumons tuberculeux.

M. Bompard a publié en 1886 un travail sur *les greffes animales et leur application à la*

chirurgie, travail dans lequel il était arrivé aux mêmes conclusions qu'Ollier (de Lyon) dans un mémoire présenté à l'*Académie de Médecine* l'année suivante.

En 1890, il publia les résultats de ses opérations de transfusion du sang de chèvre chez les tuberculeux. Le docteur Bompard a indiqué un des premiers la laparotomie précoce comme le meilleur moyen de traitement dans les péritonites septiques généralisées, et l'a pratiquée plusieurs fois avec succès (*Concours médical, Revue médicale du Nord-Est*).

Marié depuis septembre 1873 avec Mlle Marthe Collot, fille d'un propriétaire d'Outines, il a deux enfants, une fille et un fils qui fait ses études à Sainte-Barbe.

CHAPELIER (Abbé Charles), né à Antony, près Paris, le 6 février 1843, curé-doyen de Lamarche (Vosges), membre de plusieurs sociétés savantes.

M. l'abbé Chapelier était vicaire à Epinal

pendant la guerre franco-allemande. Durant six mois, il fut administrateur de la ville (1870-71). Lors de la conclusion du traité de Francfort, les Allemands ordonnèrent à cette occasion de mettre en branle les cloches de la cité. M. l'abbé Chapelier se refusa énergiquement à cette sonnerie, joyeuse sans doute pour les vainqueurs, mais qui eût ressemblé à un glas pour les oreilles des patriotes. Les Prussiens se vengèrent de ce refus en emprisonnant le digne abbé Chapelier.

En 1892, M. l'abbé Chapelier fut nommé curé-doyen de Lamarche, diocèse de Saint-Dié (Vosges).

M. Chapelier possède de magnifiques collections qu'il a réunies au prix de longues années de recherches et de sacrifices matériels importants.

Ses collections de documents se rattachent à trois questions : l'Histoire de la Lorraine, Jeanne d'Arc et le Bienheureux Pierre Fourier.

Sur l'histoire de la Lorraine, M. l'abbé Chapelier a réuni une collection incomparable. Le curé-doyen de Lamarche a rassemblé tous les documents imprimés touchant à la Lorraine et au moins deux cents manuscrits dont quelques-uns sont de la plus haute valeur.

Sur le Bienheureux Pierre Fourier, sa collection est également unique. Elle comprend tous les imprimés, un grand nombre de manuscrits et 133 gravures du bienheureux en types différents. Cette collection magnifique est évaluée à plus de 15,000 francs.

La collection de Jeanne-d'Arc sera bientôt complète. Il y manque peu d'imprimés. Une des parties les plus importantes est celle des gravures (plus de 4,000) se rapportant à l'histoire de la Pucelle. Ajoutons que M. l'abbé Chapelier a déjà dépensé 27,000 francs pour cette collection.

M. l'abbé Chapelier appartient à de nombreuses sociétés savantes parmi lesquelles nous citerons : l'*Académie Stanislas*, de Nancy, la *Société d'Archéologie lorraine*, la *Société des Lettres, Sciences et Arts*, de Bar-le-Duc, la *Société d'Emulation des Vosges*, la *Société philomathique vosgienne*, etc.

On lui doit des travaux très appréciés du monde savant: *Les Origines d'Epinal* (4 broch.); *Remiremont* (1 vol. in-8°); *Jean Bédel, sa vie et ses œuvres* (1 vol. in-8° de 160 p.). On sait que Jean Bédel fut le premier historien du bienheureux Pierre Fourier.

Ajoutons un grand nombre de brochures consacrées à l'histoire et à l'archéologie et dont le catalogue formerait une longue liste, et de non moins nombreuses études publiées dans les journaux et revues de la Lorraine.

Le clergé vosgien est riche en prêtres de valeur. Des hommes comme M. l'abbé Chapelier sont dignes de l'estime et de l'admiration de tous les travailleurs. Nous sommes heureux, quelle que soit la modestie de l'excellent abbé Chapelier de signaler ici un érudit qui a rendu des services si signalés à la science française.

BUFFENOIR (Hippolyte-François-Philibert) est né à Vougeot (Côte-d'Or) le 16 Octobre 1847. Il habite Paris, rue des Apennins, 15. Pendant l'été, il séjourne en Franche-Comté.

Issu d'une modeste famille de travailleurs, il put, grâce aux sacrifices de ses parents, et à quelques protecteurs éclairés, faire de fortes études classiques et philosophiques au Petit Séminaire de Plombières, près Dijon. Il étudia ensuite, dans cette ville, d'une façon spéciale, la philosophie et les lettres, sous la direction de maîtres habiles.

Avide de mouvement, il ne tarda pas à quitter la Bourgogne, pour venir à Paris, se lancer dans la bataille des idées, et tenter de conquérir gloire et fortune. Disons tout de suite que ni l'une ni l'autre de ces déesses ne se montra pour lui bien cruelle.

Hippolyte Buffenoir entra dans la vie littéraire, en 1876, avec un livre de vers : les *Premiers Baisers*, qui attira l'attention sur le jeune poète. Ce n'était point l'essai banal et impersonnel auquel nous habituent les débutants. La fougue et la précision tout ensemble, qui sont les caractéristiques de cet écrivain, y étaient déjà indiquées. Quelle fraîcheur de sentiments aussi dans ce premier livre! C'est l'élan, l'espérance, et le charme de la vingtième année. On y trouve des cris comme celui-ci:

O Nature, Nature, ineffable maîtresse,
Mais où donc as-tu pris tes Avrils séducteurs,
Tes couchers de soleil, tes matins enchanteurs ?
Où donc as-tu puisé ton éternelle ivresse ?

Puis se succédèrent : les *Allures viriles*, vers et prose alternés ; *Robespierre*, saisissante évocation de la vie du grand tribun, et de tout le mouvement de la Révolution ; la *Vie ardente, Cris d'Amour et d'Orgueil*, poésies passionnées, et enfin *Pour la Gloire*, poèmes d'un lyrisme superbe. Ces trois derniers recueils surtout attestent une maîtrise de pensée et de forme hautement remarquable. Le critique de la *Revue Britannique* salua *Cris d'Amour et d'Orgueil* comme les poésies les plus sincères et les plus touchantes qui aient paru depuis Alfred de Musset. Le vénéré maître Théodore de Banville adressa à l'auteur une lettre qui vaut tous les éloges. La voici :

Paris, le 18 Mars 1887

Monsieur et cher poëte,

Je vous suis très reconnaissant d'avoir bien voulu m'envoyer votre beau livre : *Cris d'Amour et d'Orgueil*, que j'ai lu avec la plus sympathique admiration. Il me semble que jamais votre talent n'a été aussi complet, aussi viril, aussi sûr de lui-même.

Soit que vous vous inspiriez de l'éternel Amour, ou de la Philosophie, ou de l'Histoire, vous trouvez le mot juste qui exprime ce que vous voulez ; vous communiquez au lecteur votre impression vibrante, vivante, et tout entière. C'est beaucoup et c'est tout, d'arriver à créer en soi, et à mettre au service du poëte, un artiste impeccable.

J'aurais voulu vous adresser, il y a bien longtemps déjà, ce sincère remerciement. Hélas ! j'étais depuis longtemps malade, comme je le suis presque toujours.

Croyez, mon cher confrère, à mes sentiments les plus affectueux.

Théodore de Banville

Deux romans : les *Drames de la Place de Grève*, étude historique d'un intérêt captivant, et le *Député Ronquerolle*, scènes de mœurs contemporaines, qui rappellent celles de Balzac et de Stendhal, parurent presque en même temps. La prose, comme les vers de l'auteur, est nerveuse, claire, pleine d'harmonie. On sent là un profond respect de notre belle langue française, et un écrivain de la grande école de Racine, Jean-Jacques Rousseau, André Chénier, Chateaubriand, Musset, Lamartine, Flaubert.

« Ce qui caractérise le talent de M. Buffenoir, dit un critique, c'est un vif sentiment des beautés de la nature, une rare élégance dans le style, un don vraiment remarquable pour peindre les tendresses du cœur, les mélancolies et les tourments de la pensée, les plaisirs de l'esprit, en un mot la vie supérieure des âmes délicates et choisies. »

La presse et l'opinion ont rendu aux différentes œuvres de l'écrivain le juste hommage qu'elles méritent. Mais poëte et romancier, l'auteur de *Cris d'Amour* ne se contente pas de ces titres. Nature vive, généreuse et agissante, M. Buffenoir s'est inquiété des problèmes sociaux actuels, auxquels il faudra, de toute nécessité, trouver bientôt une solution satisfaisante, car les sociétés modernes sont entraînées par eux, et ne peuvent en éviter la fatale influence.

C'est dans cet esprit, avec ce besoin de justice et d'apostolat, peut-on dire, que M. Buffenoir se jeta, il y a quelques années, dans la politique militante, et donna carrière à son talent d'orateur, dans des conférences populaires, et diverses campagnes électorales intéressantes.

Il se retira quelque peu de la lutte, l'homme de lettres l'emporta sur le tribun, le poëte revint à sa lyre, et aujourd'hui il vit occupé plus spécialement de nouveaux poëmes et de travaux historiques qui sont publiés successivement. C'est ainsi qu'il vient de faire paraître en librairie (1895) un nouveau roman contemporain, le *Roman de Sœur Marie, Histoire vraie*, et une étude intitulée : *Jeanne d'Arc*, résurrection puissante de cette héroïne du patriotisme.

Il collabore au *Figaro illustré*, au Supplément littéraire du *Figaro*, à la *Revue du Monde Latin*, à la *Revue de la France Moderne*, à l'*Echo de l'Armée*, à la *Revue Britannique*, au *Monde Moderne*, à la *Nouvelle Revue Européenne*, etc, etc.

M. Buffenoir a beaucoup étudié la figure de Jean-Jacques Rousseau, et a réuni sur le grand écrivain des documents fort importants. Il a fait paraître sur lui un travail déjà devenu introuvable : *Jean-Jacques Rousseau et les Femmes*. Il s'apprête à publier une nouvelle étude : *Une journée à Ermenonville* et *Une Visite aux Charmettes*. Ces pages sont empreintes d'un charme philosophique qui console l'âme, et élève l'esprit et le cœur.

M. Buffenoir qui est membre de la *Société des Gens de Lettres* et de l'*Association des Journalistes Parisiens*, a donné, d'ailleurs, de nombreuses brochures d'actualité, qui contribuent à son renom de philosophe et de lettré. Sa *Conférence sur le « Jésus-Christ » du Père Didon*, et son *Discours en l'honneur d'Alfred de Musset*, qui fut prononcé et parut en 1892, attestent que l'orateur est à la hauteur de l'écrivain. Les *Beaux Jours d'un Poëte* sont un récit charmant de jeunesse. Ce gracieux petit volume est épuisé depuis longtemps.

Nous tenons à citer quelques vers de Hippolyte Buffenoir. Il en a composé qui sont doux comme une brise du printemps, d'autres pleins de vigueur et de force. Parmi ces derniers, mentionnons la pièce : *Devant un vieux bronze représentant César* :

Dans le musée où dort superbement l'Histoire,
Je reconnus de loin le masque de César,
Et je frémis soudain comme si, plein de gloire,
Le héros, revenant de gagner la victoire,
Avait été vivant et debout sur son char.

Qui ne se sentirait l'âme bouleversée
Devant ce fier regard, ce visage guerrier,
Ces traits où l'énergie est noblement tracée,
Devant ce large front, abri de la pensée,
Ceint d'un double rameau de chêne et de laurier ?

Je contemplai longtemps cette tête puissante
Où domine l'orgueil des plans audacieux,
Où rayonne une ardeur fatale et menaçante,
Où se trahit enfin la force éblouissante
Du plus grand des Romains et des ambitieux.

J'admirais ce vieux bronze arraché de la terre,
Respecté par le temps et sauvé de l'oubli :
Et mon avide esprit revenant en arrière,
J'évoquais les splendeurs d'une vaste carrière,
Le tragique destin par César accompli !

Il faudrait pouvoir citer tout le poème qui est d'une ampleur magistrale. C'est après l'avoir lu que Maxime Gaucher écrivait jadis dans la *Revue Bleue* : « Le poète de *Cris d'Amour* admire les grands lutteurs qui ne se sont pas laissé terrasser dans le combat de la vie. Il aime à évoquer de leur tombe les stoïciens fameux dans l'histoire ; il salue en eux les représentants de l'énergie et de la volonté humaine, et en les glorifiant il lui semble glorifier ses propres ancêtres. C'est ainsi que ses cris d'admiration deviennent des cris d'orgueil. »

Hippolyte Buffenoir professe pour son pays natal un amour filial, témoin les strophes émouvantes qui suivent :

Je revois la maison de mon père, au village,
Quand j'étais un enfant, quand j'étais écolier :
Je revois les chemins, le sentier familier
Où j'errais, ressemblant au papillon volage !

Je revois se dresser dans un bouquet d'ormeaux,
Sur la place, une croix de pierre enguirlandée :
Voici l'humble clocher, l'église lézardée :
Voici les cours, les champs, les fermes, les hameaux !

Voici les peupliers gémissant sur la rive
Aux caprices du vent. Sur les coteaux voisins,
La vigne lentement se charge de raisins,
Ou jaunit, attendant que la récolte arrive !

Je revois ton aspect, pays où je suis né,
Bourgogne si féconde, et mon regar . embrasse
Tes bois où ma pensée a jadis frissonné,
Tes vallons où mon pied marquait sa jeune trace !

M. Buffenoir s'apprête à publier les ouvrages suivants entièrement terminés : *Grands Souvenirs*, pages de littérature et d'histoire ; — les *Confessions d'un Homme de Lettres*, impressions et souvenirs de l'auteur depuis son arrivée à Paris, en 1875 ; — *Jugements politiques et littéraires de Napoléon Ier*, mis en ordre et annotés ; — le *Prestige de Jean-Jacques Rousseau*, un fort volume documentaire, avec des gravures ; — enfin *Nos Contemporaines*, biographies de grandes dames, dont une première série a paru déjà, et renferme quinze brochures consacrées à Mesdames la duchesse d'Uzès, princesse de Brancovan, vicomtesse de Trédern, comtesse Greffulhe, baronne Deslandes (Ossit), duchesse de Luynes, comtesse Louis de Vaultier, baronne Double (Etincelle), princesse Alexandre Bibesco, vicomtesse de Grandval, etc. etc. Ajoutons encore : *Un Séjour à Palerme*, notes sur la Sicile.

Au théâtre, M. Buffenoir a donné *Maîtresse et Fiancée*, comédie en un acte jouée avec succès, et la *Décadence*, drame antique en cinq actes en vers, qui attend son tour à la Comédie-Française.

L'œuvre de Hippolyte Buffenoir est donc déjà aussi puissante que considérable : et si le style c'est *l'homme*, comme disait M. de Buffon, ne devons-nous pas reconnaître dans le poète de *Pour la Gloire* un caractère de haute et rare culture ?

M. Fernand Fouquet, un jeune critique de valeur, dans une longue et consciencieuse étude dit :

« Qu'il écrive ou qu'il parle, quatre noms entre mille, qui sont comme les quatre points cardinaux de son âme, lui reviennent sans cesse aux lèvres ou sous la plume : *André Chénier*, *Alfred de Musset*, *Jean-Jacques Rousseau*, *Balzac*. Ces quatre grands hommes sont plus et mieux pour M. Buffenoir que des maîtres vénérés, des compagnons de toutes les heures, des amis inséparables, confidents de ses joies, consolateurs de ses peines. Il sait par cœur des pages entières, peut-être même des chapitres de leurs œuvres, qu'il garde toujours à portée de sa main, et cette préférence qui confond, dans un même culte, quatre génies si différents, nous montre avec l'éclectisme de son goût, la complexité de son « moi ».

« Mondain et laborieux, chevaleresque et positif, sentimental et stoïque, épris de calme dans un siècle agité, et d'action dans une vie méditative, M. Hippolyte Buffenoir joint des délicatesses de raffiné à des ardeurs d'apôtre et de tribun ».

M. Fouquet termine ainsi ses aperçus sur l'écrivain qui nous occupe :

« L'éclectisme est et reste sa caractéristique. Tout ce qui compte dans les arts et dans les lettres, peintres, musiciens, sculpteurs, philosophes, poètes, romanciers, historiens, orateurs, a de plein droit son attention, son respect, ses sympathies, même quand il s'agit de gens n'ayant ni ses convictions, ni ses espérances. Il a la passion de la littérature, l'admiration intransigeante et absolue de la pensée humaine d'où qu'elle vienne, et sous toutes ses formes, et cela suffit à faire de lui une des personnalités les plus sympathiques et aussi, — hélas ! — les plus originales de ce temps. »

Un éminent écrivain italien, M. A. de Gubernatis, dans son *Dictionnaire International* l'a fort bien jugé aussi : « Personnalité curieuse, dit-il, que celle de M. Buffenoir, tourmentée à la fois par le rêve et par l'action, dans laquelle frémissent tour à tour les fièvres de Saint-Preux, les inquiétudes de René, et les souffles justiciers de la Révolution. »

ROBERT (Gustave), né à Metz le 3 avril 1839, ingénieur français.

Adresse : Rue Oberkampf, 149-151 et 153.

M. Robert appartient à une famille de maîtres de forges de la région de l'Est. Il fit toutes ses études secondaires au Lycée de Metz. Il entra ensuite à l'Ecole centrale des Arts et Manufactures pour en sortir en 1859. La métallurgie l'attira. C'est de ce côté qu'il devait trouver le succès et la renommée.

En sa qualité de *Directeur des Forges et Fonderies de Stenay*, M. Robert a, le premier, fait du moulage au convertisseur.

De 1888 à 1890, il fit en Amérique et en Angleterre divers voyages pendant lesquels il dirigea l'installation de son procédé dans plusieurs usines de ces deux pays, où l'industrie métallurgique est si avancée.

En peu d'années, il devint un maître dans l'industrie de l'acier. Il créa une usine à Lens, et une autre à Nantes. Avec celles de Paris et de Stenay, cela lui fait quatre centres de production.

L'acier *Robert* est aujourd'hui universellement connu.

Plus de 800 ouvriers sont employés par ce grand Industriel.

La maison s'occupe tout particulièrement du *matériel de guerre*, des *constructions navales*, des *chemins de fer* et des travaux de tous genres. La France, l'Angleterre, l'Espagne, l'Italie, l'Autriche-Hongrie, la Belgique, l'Amérique, etc., emploient l'acier Robert.

Les brevets de la maison Robert sont nombreux.

A l'Exposition de Bordeaux (1895) M. Robert a obtenu le diplôme d'honneur. M. Robert est l'auteur d'un excellent ouvrage : *Notes sur la Fabrication des fers et aciers. Guide de l'opération* (Paris, 1889). Il appartient à la *Société des Ingénieurs civils de France*.

Le gouvernement ne peut tarder à récompenser, comme il le mérite, ce travailleur infatigable qui fait le plus grand honneur à l'industrie française.

L'importance de la maison Robert nous fait un devoir de donner quelques renseignements complets sur le procédé Robert. Nous emprun-

tons ces détails à l'éminent directeur de l'*Echo des Mines*, M. Francis Laur :

« *Tout par la coulée.* » Telle pourrait être la devise de M. G. Robert dans sa très suggestive Exposition de Bordeaux. — C'est la première fois, je crois, qu'on cherche à démontrer que tout est possible au fondeur d'acier. — *Ense, aratro et quibusdam aliis*, comme dirait Pic de la Mirandole.

« On sait en quoi consistent les procédés Robert. Il est nécessaire de le dire pour bien comprendre tout l'attrait de cette Exposition, qui a du reste une saveur toute virginale, car c'est la première fois que M. G. Robert expose ses produits qui ont acquis une si rapide et si universelle réputation.

« Quelle est donc la caractéristique du procédé Robert? Le moment nous semble venu de le dire à l'heure où l'invention triomphante de toutes les jalousies est entrée dans le grand domaine de la pratique.

« On sait que l'appareil Bessemer ne fut pas seulement une invention remarquable, mais une révolution complète dans la fabrication du fer et de l'acier. Tout y était nouveau : le principe de la méthode, la forme de l'appareil, la rapidité des opérations. Complétée vers 1867 par la fabrication des aciers au four Siemens-Martin, cette invention a transformé rapidement et profondément les conditions économiques de l'industrie métallurgique.

« Il n'y a plus place aujourd'hui pour les fabrications aux bas foyers catalans ou comtois. La disparition du pudlage lui-même n'est plus qu'une question de temps. Les usines de petite et moyenne importance sont menacées dans leur existence, car la lutte ne peut s'établir qu'entre des sociétés métallurgiques dont l'établissement représente des immobilisations énormes de capitaux, ayant pour conséquence de grandes agglomérations d'ouvriers.

« Les fours Martin-Siemens opèrent lentement, exigent de grands approvisionnements de ferrailles, marchandise encombrante et qu'on ne peut toujours se procurer; de plus, ils doivent fonctionner d'une façon continue.

« Le procédé Bessemer, avec soufflage par le fond de la cornue, exige des machines soufflantes et un matériel d'une grande puissance.

« D'un autre côté, l'insufflation du vent à travers la masse a pour effet de mélanger intimement le métal et la scorie et donne lieu à des réactions chimiques mal définies, dont l'opérateur n'est pas le maître, et qui se prolongent jusqu'au moment de la coulée.

« Il ne permet pas d'obtenir des produits de qualité bien régulière, ni de conserver au bain métallique toute la chaleur que les éléments combustibles contenus dans la fonte initiale peuvent donner.

« Les divers essais de cornues à soufflage latéral, qui ont été tentés en vue de diminuer la puissance des machines soufflantes, ont présenté les mêmes inconvénients que le Bessemer avec soufflage par le fond : brassage du métal avec la scorie, formation exagérée d'oxyde de fer, déchet considérable, perte notable de chaleur, irrégularité des produits obtenus,

« Trouver un procédé réunissant les avantages des procédés Bessemer, Martin-Siemens, Pernot, etc., sans en présenter les inconvénients ; donnant économiquement des produits bien réguliers ; permettant d'obtenir, au gré de l'opérateur, toutes les qualités, depuis les fers les plus doux jusqu'aux aciers pour outils ; conservant au bain métallique une température telle que l'on puisse couler en acier doux ou dur les moulages les plus délicats comme les pièces les plus lourdes ; le tout ne demandant qu'une mise de fonds modeste et un outillage restreint, permettant de décentraliser l'industrie du fer et de l'acier et d'apporter en beaucoup d'endroits des sources précieuses de travail et de main-d'œuvre, tel est le problème que M. Robert s'est posé et qui, aujourd'hui, se trouve résolu non seulement dans le laboratoire, mais dans la pratique.

« Le but que s'est proposé l'auteur de la méthode d'opération et de l'appareil qui vont être décrits a été :

« 1° De supprimer le brassage que produit, dans les appareils connus, l'insufflation de l'air à travers la masse, brassage qui a pour effet de mélanger intimement au métal les scories et les excédents d'air, de produire entre la scorie et le métal des réactions mal définies qui se prolongent jusqu'à la fin de l'opération, d'être une grande cause de refroidissement ;

« 2° De favoriser, par un mouvement mécanique imprimé sans frais au bain métallique, la séparation des scories et des gaz à mesure qu'ils se forment dans le métal ;

« 3° De produire à la surface du bain, et à l'aide des éléments combustibles contenus dans la fonte, une atmosphère à température élevée au contact de laquelle le métal, constamment ramené par le mouvement mécanique dont il est animé, vient se réchauffer et atteindre graduellement un degré de pureté et de fluidité tel qu'il se prête à tous les besoins de la coulée ;

« 4° De pouvoir arrêter instantanément l'opération par le dégagement simultané de toutes les tuyères ;

« 5° Enfin, de pouvoir obtenir, directement et au gré de l'opérateur, depuis les fers fondus les plus doux jusqu'aux aciers durs pour outils, ainsi que les moulages les plus divers, ayant les qualités de soudabilité et de malléabilité des pièces forgées.

« Le plus petit appareil permet de traiter des charges de fonte variant de 500 à 2.000 kilog.

« On peut l'établir pour des charges plus fortes en augmentant ses dimensions.

« La cornue, de forme sensiblement elliptique, possède une face plane sur laquelle débouchent des tuyères toujours disposées sur une même ligne horizontale parallèle à l'axe de l'appareil.

« Elle reçoit un mouvement de bascule autour de ses tourillons supportés par des paliers convenables. Ce mouvement peut être obtenu au moyen d'un mécanisme quelconque.

« Les tuyères ainsi placées horizontalement, forment avec la face plane des angles inégaux dont l'ouverture varie avec la forme donnée à la section transversale de l'appareil, et cela dans le but d'imprimer au bain un mouvement giratoire qui amène successivement les molécules du métal sous l'action oxydante du vent.

« Dans ce mouvement de rotation, il se produit un remous qui change méthodiquement de place les molécules des couches en mouvement et empêche l'oxydation trop prolongée d'une même couche de métal.

« Dès que la fonte à traiter est introduite dans la cornue, on redresse cette dernière jusqu'à ce que la fonte vienne affleurer les tuyères et on donne le vent.

« Sous l'action de l'air lancé par la rangée de tuyères diversement inclinées sur la face plane, le mouvement giratoire se produit peu à peu.

« Lorsque ce mouvement, qu'accuse à l'extérieur la forme en hélice du jeu d'étincelles, est bien indiqué, on relève progressivement l'appareil ; mais le bain ne vient pas s'étaler horizontalement ; sa surface s'incline sur l'horizon et prend la position inclinée, sous l'influence des forces agissantes.

« Les molécules de métal viennent donc successivement et à plusieurs reprises se soumettre à l'action de l'air soufflé. La scorie et les gaz, par suite de la différence de densité, se séparent du métal, et le mouvement giratoire imprimé à la masse favorise cette séparation.

« Par suite de la position des tuyères, une partie, seulement, de l'air introduit près de la surface constamment renouvelée du bain agit sur le carbone de la fonte pour le transformer en oxyde de carbone. Cet oxyde de carbone s'élevant dans l'appareil y rencontre immédiatement un excédent d'air et produit de l'acide carbonique avec grand dégagement de chaleur. L'air étant lancé obliquement, il se produit un mélange intime des gaz, et la combustion s'opère à la surface même du bain où règne une atmosphère à haute température, au contact de laquelle les molécules de métal viennent constamment se réchauffer.

« Il est facile de comprendre que, en inclinant plus ou moins le convertisseur et en agissant sur la valve d'admission de l'air, l'opérateur pourra, à sa volonté, soit faire varier le volume et la pression de l'air injecté, suivant les besoins correspondant aux différentes phases d'une opération, soit arrêter instantanément l'opération, lorsqu'à l'aspect de la flamme il la jugera assez avancée.

« Les indications générales que nous venons de donner s'appliquent indistinctement au convertisseur à garniture acide et au convertisseur à garniture basique.

« Tel est le résumé de ce procédé, perfectionnement scientifique et rationnel du grand procédé Bessemer, qui a révolutionné l'industrie de l'acier.

« Seulement Bessemer avait centralisé, M. Robert décentralise, démocratise cette industrie, ce qui est un point très important.

« Entrons maintenant dans le détail de la magnifique Exposition de Bordeaux.

« Au fond, sur un panneau, se trouve la pièce maîtresse, un gouvernail en acier, coulé brut de fonderie pour croiseur du 2ᵉ classe. C'est une pièce splendide, avec ses 10 cloisons à jour, son prolongement courbé à l'arrière. Cette pièce, qui mesure 3ᵐ sur 3ᵐ environ, pèse 2,000 kilog. C'est ce que l'on peut faire de plus délicat et de plus monumental en fait de pièces d'acier coulées.

« A côté, à gauche, on remarque un arbre à 6 manivelles et 18 coudes! en acier coulé brut de fonderie forgé et soudable. On le voit, M. Robert jongle avec la difficulté.

« Tout à côté, il y a un trépan en acier coulé brut dur, à la tête duquel on peut souder une tige de la douceur et de la longueur qu'on désire. — Des volants à main ajustés, des engrenages bruts, des roues à gorge, des petits rochets microscopiques complètent ce côté, où l'on peut remarquer, par un contraste voulu, la plus grosse pièce à côté de la plus petite, mais ce n'est là qu'un commencement.

« A droite, un nouveau tour de force paradoxale : on voit une fine roue d'un faible diamètre à 300 dents, soudée par un de ses segments à une roue de grande horloge à échappement, le tout soudé à une clef à écrou de dimension énorme, quelque chose comme une clef avec un bras de levier de 1ᵐ50! Cet imbroglio bizarre est très remarquable, en ce sens qu'il prouve que l'on peut amalgamer, par la soudure, les pièces les plus délicates avec les plus massives.

« Tout à côté, sur la droite du panneau, se trouve une spécialité de M. Robert, les roues et centres servant pour mines, wagons, tramways et usines, en acier coulé brut de fonderie.

« Sur le même panneau de droite, faisant retour sur celui du fond, figurent les toutes petites pièces faisant l'étonnement de tous les visiteurs par leurs variétés et leurs dimensions diverses.

« Ce sont d'abord les socs, avant-corps de charrues, pièces d'outils d'agriculture en acier coulé forgé, soudables, prenant la trempe. — Puis les chaînes, les outils creux de tous les corps de métiers, les marteaux, manettes, pioches, pics et affûts, tout jusqu'aux plus petites haches, outils, clefs et barres d'attelage transformées, soudées et formant par leur réunion une gigantesque cuiller à pot, un ensemble qui indique la parfaite malléabilité du merveilleux métal Robert. Des petites clefs anglaises microscopiques à main, des bouts de timon pour attelages.

« Que sais-je! c'est à n'en plus finir comme nomenclature. — Tout ce qui peut servir à l'homme dans ses divers métiers est là. J'oublie des soleils de casse-coke, des coupe-ardoise, des haches, des boucles, etc.

« Passons maintenant aux objets de plus grosse importance, exposés sur le parquet même de cette *exhibition*, comme disent les Anglais.

« Tout d'abord, en commençant par la droite, ce sont des hélices de bateau à vapeur, depuis la plus petite de 50 centimètres de diamètre jusqu'à la plus grosse de près de 2 mètres ; le tout d'une seule coulée.

« Une pièce colossale, un pivot de grue mobile, d'une seule venue, avec ses colliers alésés et les différents organes ajustés qui le traversent.

« Un affût d'artillerie d'un seul morceau pour canon de tir de l'artillerie de marine.

« Puis viennent les centres de roues de locomotives, une crosse de piston, toujours en acier coulé.

« Un chemin de fer de mouillage à chaîne, de 96 millimètres, acier coulé brut pour croiseur de 3ᵉ classe, nécessaire quand on a assez de chaîne de mouillée pour former frein dans les navires.

« Deux grands collecteurs de chaudières tubulaires pour Belleville ou autres Babcock-Wilcox, très réussie et très délicate.

« Puis vient un fond de cylindre de locomotive acier coulé.

« Un cylindre de laminoir en acier coulé.

« Un trou d'homme à tubes de chaudières et tuyaux de communication de conduite d'eau et de vapeur à triple tubulure.

« Puis voici venir un induit de dynamo en métal très doux et acier coulé. C'est là une des spécialités reconnues et presque impossible à remplacer de l'aciérie Robert. Ce métal est d'une douceur absolue. C'est le *glaseisen* théorique.

« Tout à côté, un engrenage à chevron de 1ᵐ10 à 1ᵐ20, et des petits pignons d'angle tout délicats.

« Un autre châssis d'affût pour canon de 14 allongé, toujours en acier.

« Autre spécialité originale sur laquelle nous appelons l'attention :

« Une cloche de 100 kilog. en acier coulé, au son fort et argentin étonnant, et une autre de 60 kilog. Le son de ces cloches est plus puissant que celui de cloches de bronze de même poids. Cette fabrication par l'économie qu'elle procure prend un grand développement.

« Enfin, dans une vitrine spéciale, non encore tout à fait remplie d'objets microscopiques, nous voyons des maillons de chaîne à crémaillère, des hachettes affûtées, avec des pièces détachées de vélocipède et d'armurerie.

« En dessous, enfin, comme un bouquet, des boîtes à graisse de wagon pour toutes les compagnies françaises; c'est une des spécialités de la Maison Robert. La boîte à graisse en acier coulé a détrôné définitivement la boîte en fonte, et elle a été adoptée par toutes les Compagnies.

« Un essieu monté sur roues en acier coulé, pour wagonnet, termine cette exposition de chemins de fer.

« Nous ne pouvons terminer sans signaler

l'étonnante panoplie de petites pièces soudées, destinée à montrer la parfaite ductilité du métal et la nature de tous les objets possibles et imaginables qu'on peut produire et associer. C'est une fantaisie métallurgique du plus saisissant effet.

« En résumé, toutes les branches de l'industrie humaine, du luxe humain, toutes les spécialités, marine, artillerie, chemins de fer, vélos, outils de tous les métiers, armes, machines, rien n'est oublié, tout figure dans ce musée nouveau de l'acier. La devise que nous signalions en commençant : « Tout par la coulée » est donc devenue une réalité. La forge, la fonderie de fonte, la fonte malléable ont vécu.

« La classification des aciers fondus Robert est la suivante : A1, A2, A3. A4, A5.

« A1 Convient pour broyeurs à quartz et à minerais, concasseurs, moules, trépans de sondage, etc., *se forge rouge sombre, se trempe très sombre, faire revenir bleu.*

« A2 Convient pour broyeurs à quartz et à minerais, concasseurs, meules, trépans de sondage, outils de mine, etc., *se forge au cerise sombre, se trempe au rouge sombre, faire revenir gorge de pigeon.*

« A3 Convient pour roues d'engrenage, pignons, glissières, matrices, marteaux, outils de mine, pics, pioches, harminettes, rivelaines, etc., socs de charrue, galets, etc., matrices, etc., *se forge cerise, se trempe au cerise sombre, faire revenir au jaune paille; — soudables avec précautions.*

« A4 Convient pour pièces de pilons, étampes, marteaux et pièces mécaniques, hélices, pièces d'affût, pièces des constructions navales, etc., *se forge au blanc, se trempe au rouge cerise sans faire revenir. — Soudable.*

« A5 Qualité spéciale pour pièces travaillant à la traction et à la flexion, arbres, bielles, manivelles, supports, etc. Remplaçant les pièces en fer forgé, *se forge au blanc soudant, peut être ressué, prend une trempe légère au rouge blanc. — Soudable.*

« En outre des cinq qualités qui précèdent, il est fabriqué une qualité spéciale pour Electros de dynamos en acier doux, sans manganèse et jouissant d'un pouvoir magnétique considérable.

« Tous les moulages d'acier se forgent sans précaution autre que celle qu'indique leur dureté. — Les qualités A3, A4, A5, se soudent à elles-mêmes ou au fer. La qualité A5 est un véritable fer fondu.

« Voici le tableau des résistances et allongements pour les aciers de chacune des cinq catégories de la classification; ce sont évidemment des *minima*, car M. Robert ne veut garantir que ce qui est absolument livrable.

	Résis'ance par m/m c.	Allongement sur 100 m/m.
A1	70 à 90 k.	12 à 5
A2	65 à 75 k.	15 à 8
A3	55 à 65 k.	20 à 12
A4	48 à 55 k.	28 à 20
A5	48 à 48 k.	32 à 25

« Essais faits sur éprouvettes tournées et n'ayant subi aucun travail de forge.

« Dimensions des éprouvettes : Diamètre, 13 à 15 m/m; longueur utile, 100 m/m.

« Chose bien curieuse, la densité du métal Robert simplement coulé a été trouvée exactement la même qu'après forgeage; on a fait officiellement les expériences en découpant exactement des cubes identiques dans les deux matières coulées et forgées. Cela prouve que les hautes températures *forgent les métaux*, si l'on peut s'exprimer ainsi, c'est-à-dire que les propriétés physiques des aciers ne sont pas les mêmes que pour les aciers produits à température plus basse.

« Ainsi, l'on obtient un métal à 65 et 70 kil. de résistance par m/m c. absolument soudable, ainsi que le vérifie l'expérience.

« Le métal destiné à remplacer la pièce de forge donne, brut de fonderie, sans laminage, 50 à 55 kil. par m/m c., avec 25 à 20 0/0 d'allongements sur barreaux découpés à froid dans la masse.

« On le voit, c'est un métal qui surpasse le fer et l'acier en même temps.

« Tout cela a-t-il un passé qui se perd dans la nuit des temps? Ce grand progrès, qui va abaisser dans de si notables proportions le prix de revient de toutes les pièces mécaniques, en en augmentant la durée et la qualité, date-t-il de bien longtemps?

« Ce progrès est d'hier, et il faut pour notre histoire métallurgique que nous en retracions rapidement les grands traits pour l'avenir.

« En 1885, Robert avait, le premier, fait du moulage au convertisseur aux forges et fonderies de Stenay, dont il était le directeur.

» De 1888 à 1890, il fit en Amérique et en Angleterre divers voyages pendant lesquels il dirigea l'installation de son procédé dans deux usines de ces deux pays. Quand il revint, il réunit en un seul faisceau la Société de Stenay et la Société Berges de Paris, à laquelle il avait donné une licence de son procédé. En trois ans, avec son travail, il augmenta ses moyens de production en créant l'usine de Lens, où il coule des pièces de 15,000 kil., et l'usine de Nantes, avec celle de Paris; il a ainsi trois centres de production lui permettant de satisfaire à tous les besoins, quelque nombreux et variés qu'ils soient.

« Bref, aujourd'hui il est le maître de son industrie après l'avoir reconquise pour ainsi dire. Il a créé des filiales en Angleterre chez Brown et Cie, à la Société de la Viscaya, dont le dernier rapport indiquait qu'elle fabriquait des lingots de métal Robert à raison de cent tonnes par dix heures de travail et 25 m/m de pression de vent. Des pourparlers sont entamés avec l'Amérique, avec la Russie, etc.

« L'industrie de l'acier Robert a maintenant son droit de cité dans le monde.

« En résumé, l'Exposition de Bordeaux consacre solennellement trois choses :

« Une invention théorique et pratique de premier ordre.

« Les résultats de la lutte d'un homme de travail et de foi contre tous les éléments contraires.

» La bonté incontestée de produits sidérurgiques appliqués à toutes les branches de l'industrie humaine.

« Nous serions étonnés que le jury de Bordeaux et le gouvernement ne donnassent pas une des premières récompenses au travailleur et à l'homme d'énergie dont nous venons d'apprécier l'œuvre. »

CHEVALLIER (Abbé Alfred-Adolphe), né à Saint-Masmes, canton de Beine (Marne), le 19 juin 1845, curé de Montbré et de Trois-Puits (Marne).

Adresse : Montbré, près Reims (Marne*)*.

M. l'abbé Chevallier fit ses études au Séminaire de Reims, et fut ordonné prêtre, le 8 avril 1871, par Mgr Landriot. Le 15 avril suivant, il était nommé curé de Cuisles, Baslieux et Jonquery.

Pendant les quatorze ans qu'il passa dans ce poste, il recueillit de nombreuses notes et plus de 400 dessins sur les églises du canton de Châtillon-sur-Marne, et sur les carreaux vernissés encore nombreux dans la contrée. Ces notes lui valurent trois récompenses à l'*Académie de Reims* (Médailles d'or, de vermeil et d'argent) et une médaille de vermeil à l'Exposition scolaire d'Epernay, en 1884.

En 1882, M. l'abbé Chevallier fut reçu membre de la *Société française d'Archéologie* que dirige si heureusement M. le comte de Marsy.

Le 28 janvier 1885, il fut nommé curé de Tramery, Bouleuse et Poilly.

Pendant les huit ans et demi qu'il occupa ce poste, il recueillit de nombreuses notes et plus de 900 dessins sur les 38 communes du canton de Ville en Tardenois. Pendant ce temps, il publia une *Description du carrelage émaillé trouvé en 1888 rue du Cardinal de Lorraine, 5, à Reims*, publication accompagnée d'une magnifique reproduction du carrelage.

Il a publié également une *Description de la vallée de l'Ardres*, en un volume d'environ 160 pages in-8, accompagné d'une soixantaine de planches. Il a aussi rédigé une *Étude sur les carreaux vernissés*, avec un album renfermant plus de 700 dessins de pavés, étude qu'il publiera prochainement.

Tous ces travaux le firent déclarer hors concours par l'*Académie nationale de Reims* dont il était membre correspondant depuis le 22 novembre 1887.

En 1885, M. l'abbé Chevallier fut reçu membre associé du *Conseil héraldique de France*.

Par ses travaux, il collabore à la rédaction et à l'illustration du *Répertoire archéologique de l'arrondissement de Reims*.

En 1893, le 19 juin, il fut nommé curé de Montbré et de Trois-Puits.

Là, il a commencé l'étude des édifices du canton de Verzy et il rédige pour le Petit-Séminaire de Reims un *Album d'archéologie diocésaine* qui renfermera de 12 à 1,500 dessins tous pris dans le diocèse de Reims.

M. l'abbé Chevallier a fait paraître dans l'*Almanach de la Marne, de l'Aisne et des Ardennes pour 1896* une *Description du Rétable de Montbré* avec une vue de ce rétable. Il continue toujours ses études historiques et archéologiques.

« M. l'abbé Chevallier, nous écrivait dernièrement un des plus célèbres savants français, est un des meilleurs archéologues de la Champagne. Qu'il continue son œuvre fructueuse pour la plus grande gloire de l'Eglise et de la Science. »

RIGAUX (Eugène), né à Amanty (Meuse), le 26 juin 1850, d'une famille d'agriculteurs.

Adresse : Professeur départemental d'Agriculture à Mende (Lozère).

M. Rigaux se destina d'abord à l'enseignement : il exerça pendant treize ans dans des établissements d'instruction primaire et secondaire, mais sans oublier la profession paternelle. Il ne cessa de faire de l'Agriculture théorique et appliquée ; il publia même une brochure sur le fumier de ferme, qui lui valut une médaille d'or de la *Société centrale d'Agriculture de l'Aude.*

Nommé professeur à l'Ecole pratique d'Agriculture d'Écully, près Lyon, en 1883, il put donner un libre cours à ses goûts agricoles ; par son exemple, son enseignement, ses travaux, il contribua pour une large part au succès de l'Ecole dont les débuts avaient été difficiles. Après quatre années de travail, sans le secours de personne, il se présenta aux examens du professorat départemental ; il soutint avantageusement la lutte avec des élèves sortis de l'Institut agronomique et des Ecoles nationales d'Agriculture : étant muni de son titre, le ministère lui confia, en 1887, la chaire de la Haute-Savoie.

Là, tout était à faire ; grâce à son activité, les Sociétés d'Agriculture reprennent vie, un Syndicat départemental est créé ; un *Bulletin agricole* mensuel est fondé. Cette publication rédigée très simplement, par le professeur, guide pas à pas les Agriculteurs les plus humbles, les moins instruits, dans la voie nouvelle. L'enseignement agricole dans les écoles est transformé ou plutôt créé. Bientôt, c'est par centaines qu'on compte les instituteurs et les élèves qui aspirent aux prix fondés à leur intention.

L'exploitation du lait est l'industrie par excellence des montagnes des Alpes. L'Administration départementale confie à M. Rigaux la mission d'établir quatre fromageries-écoles. Six mois s'étaient à peine écoulés que ces établissements fonctionnaient dans les quatre arrondissements, avec une organisation simple, mais complète, des cours théoriques et pratiques faits de toutes pièces par le professeur. Son ouvrage principal sur la laiterie était primé en 1890 par la *Société laitière suisse*, qui le faisait imprimer, puis distribuer dans ses écoles de laiterie.

La Haute-Savoie comptait en 1887, 233 fruitières ou fromageries à gruyère, fonctionnant assez mal et donnant des produits médiocrement côtés.

M. Rigaux entreprit de régénérer cette industrie. En 1893, on comptait 328 fromageries, la plupart très florissantes, dont les produits, ayant acquis une plus-value considérable, étaient capables de supporter la comparaison avec leurs analogues de la Suisse et de la Franche-Comté !

Grâce à une étude approfondie des caractères et des origines de la remarquable vache d'Abondance, faite par le professeur départemental, on put obtenir le classement de cette race, sollicité depuis plus de trente ans.

Sans cesse en voyage, le conférencier portait le bienfait de son enseignement même dans les plus humbles villages de la montagne. Plusieurs années de suite, il donna jusqu'à soixante-quinze conférences par an, suivies par plus de sept mille Agriculteurs. Afin de rendre toujours possible la mise en pratique des conseils donnés, un opuscule renfermant le texte des conférences était distribué aux auditeurs et répandu dans toutes les écoles.

Sous l'influence de cette vigoureuse poussée, s'est organisé, en 1892, le *Concours régional d'Annecy,* le plus brillant qu'il y ait jamais eu en ce département, et qui est le plus beau succès qu'un professeur puisse jamais obtenir.

Préoccupé de laisser des traces durables de son enseignement et de ses travaux, le professeur consacrait ses rares moments de loisir et ses veilles à la rédaction, non seulement du

Bulletin agricole et de ses Conférences, mais encore de brochures, notamment sur l'industrie laitière, qui, par leur clarté, leur précision, ont conquis la faveur du public agricole et ont reçu l'approbation et les récompenses de nombreuses Sociétés, ainsi que dans les Expositions et Concours, tant en France qu'à l'Étranger.

Nous citerons entre autres ouvrages dus à la plume de ce travailleur infatigable :

Manuel de la fabrication du Gruyère; id., des fromages en général; id., des fromages à pâte molle; Étude sur les laiteries coopératives; Les Epreuves du lait; Simples notions sur les Fourrages, la Zootechnie et l'Alimentation; Le Cidre et sa fermentation; Azote et Nitrification; Chlorophylle et Chlorose; Avortement épizootique; Reconstitution du vignoble; Les Engrais de la Vigne, etc., etc.

Trente-trois prix, diplômes d'honneur, médailles ou prix en argent ont consacré la valeur des travaux de ce maître en l'art de parler et d'écrire pour les petits, les humbles, dont l'instruction primaire a été négligée ou nulle.

Les Sociétés agricoles du département, MM. les Instituteurs, ont eu à cœur de témoigner au Professeur, en lui offrant des médailles commémoratives, la haute estime en laquelle ils le tenaient. Cette manifestation de reconnaissance est, sans contredit, le plus beau titre de gloire, le plus grand témoignage de satisfaction qu'un professeur puisse ambitionner.

Membre de nombreuses Sociétés scientifiques, tant en France qu'à l'étranger, M. Rigaux tient honorablement son rang au milieu de la pléïade de ses savants confrères, par la publication de travaux originaux, toujours d'un vif intérêt.

Désigné en 1894 pour la chaire de la Lozère, M. Rigaux a déjà su, dans son nouveau poste, faire apprécier sa haute valeur. Il s'est imposé la tâche d'élever ce département au niveau de ses voisins. A cet effet, il a entrepris, outre le service de ses conférences, la rédaction d'un *Bulletin agricole départemental*, la confection de la *Carte agronomique* et du programme agricole de chacune des régions géologiques. Mais son œuvre de prédilection réside dans la création de nombreux établissements de laiterie qui, bien conduits, apporteront le bien-être dans cette partie du Plateau central un peu déshéritée de la nature. M. Rigaux prépare un ouvrage spécial sur l'industrie laitière de ce pays. Nous ne doutons pas qu'il ne conduise à bonne fin ses projets. Nous ne pouvons que féliciter les Agriculteurs lozériens d'avoir à leur tête un tel maître en Agriculture, doublé d'un homme d'une activité sans pareille et d'un dévouement à toute épreuve.

BOURGEOIS (Alexandre-Louis-Félix), ✳, I. ✿, O. ✠, ✠, 🐚, né à Arras (Pas-de-Calais), le 3 septembre 1850 ; ancien médecin militaire, médecin oculiste à Reims.

Adresse : rue des Consuls, 2, Reims.

M. A. Bourgeois, après ses études secondaires faites au Lycée de Strasbourg, suivit les cours de l'Ecole de Médecine militaire de cette ville. Il prit part au siège de 1870 dans les ambulances. Après la reddition de Strasbourg, il continua ses études à l'Université de Montpellier, pour les terminer à Paris.

Il fut reçu docteur en Médecine en janvier 1874, avec une thèse intitulée : *De la terminaison de l'érysipèle par des éruptions cutanées.*

Après être sorti du Val-de-Grâce en 1874 dans un bon rang, il fut attaché comme médecin aide-major aux hôpitaux de la division de Constantine.

Rentré en France au bout de trois ans, il repartit en 1881 pour la campagne de Tunisie, à la suite de laquelle il fut promu au choix médecin-major de 2e classe.

Nommé à la Légion de la Garde Républicaine, puis au 7e régiment de Cuirassiers à Paris, il épousa la fille du Général Azaïs, ancien Colonel de la Garde Républicaine. Profitant de son séjour à Paris pour se perfectionner dans l'étude des maladies des yeux, il se fit agréer comme chef de clinique du docteur Gillet de Grandmont. Après avoir exercé sa spécialité en province, étant en garnison à Sainte-Menehould (Marne), il songea à quitter

l'armée active en 1890, pour pouvoir s'adonner plus complètement et plus librement à la pratique de l'ophtalmologie. Il n'en resta pas moins dans l'armée territoriale, à laquelle il appartient comme médecin-major de 1re classe.

Il a pris à Reims la succession du docteur Delacroix, qui, le premier, a fondé dans la région une clinique pour le traitement des maladies des yeux. Cette clinique a été transformée en 1895 en *Institut ophtalmique*, pour lui donner une extension répondant mieux aux besoins d'une clientèle nombreuse et croissante.

Nous citerons parmi les travaux les plus importants du docteur Bourgeois :

De l'emploi du permanganate de potasse en thérapeutique (in *Bulletin de thérapeutique médicale et chirurgicale ;* 1880) ; *Essai sur l'hygiène intérieure des appartements* (in *Annales de la Société de Médecine d'Anvers ;* 1880) ; *Manuel d'hygiène et d'éducation de la première enfance* (Brochure ; O. Doin, éditeur, Paris ; 1883) ; *Le même ouvrage* traduit en espagnol par le docteur Gonzalès Alvarez, de Madrid ; 1886) ; *De la vaccination par injection sous-épidermique* (in *Bulletin général de thérapeutique médicale et chirurgicale ;* 1884) ; *De la fièvre typhoïde atténuée et de l'atténuation de la fièvre typhoïde* (in *Bulletin général de thérapeutique ;* 1889) ; *Recherches sur les relations qui existent entre la courbure de la cornée, la circonférence de la tête et la taille* (in *Annales d'oculistique ;* 1886) ; *Luxation métatarso-phalangienne du gros orteil droit* (in *Archives de Médecine militaire ;* 1888) ; *Coup de feu de la région cardiaque, guérison* (in *Archives de Médecine militaire ;* 1890) ; *Appareil pour la stérilisation des instruments d'oculistique* (in *Bulle-*

tin de la Société française d'ophtalmologie; 1889); *De la Kystectomie dans l'opération de la cataracte* (in *Bulletin général de thérapeutique;* 1890); *Désordres cérébraux consécutifs à l'opération de la cataracte* (in *Union médicale du Nord-Est;* 1890); *Traumatismes graves guéris par la suture de la cornée* (in *Recueil d'ophtalmologie,* 1891); *Périoptométrie pratique* (in *Recueil d'ophtalmologie;* 1892); *Traitement du décollement de la rétine* (in *Union médicale du Nord-Est;* 1892); *Petit précis de thérapeutique oculaire usuelle* (2e édition, O. Doin; Paris; 1893); *Le même ouvrage* traduit en espagnol par le Docteur Rodolfo del Castillo de Madrid (1894); *Blépharoplastie par greffe cutanée* (in *Recueil d'ophtalmologie;* 1893); *Traitement opératoire du strabisme* (*Recueil d'ophtalmologie;* 1893); *Traitement des affections des voies lacrymales par les méthodes conservatrices et antiseptiques* (in *Union médicale du Nord-Est;* 1894); *Procédé simple pour certaines extractions dans la chambre antérieure* (in *Recueil d'ophtalmologie;* 1894); *Lunettes pour opérés de cataracte* (in *Recueil d'ophtalmologie;* 1894); *Diagnostic et traitement des paralysies des muscles de l'œil* (Brochure, avec pl.; O. Doin; Paris; 1895); *Résultats de l'opération de l'entropion et du ptosis par les procédés de Gillet de Grandmont* (in *Recueil d'ophtalmologie;* 1895); *Note pour servir à l'histoire de l'ophtalmie sympathique* (in *Union médicale du Nord-Est;* 1895); *De l'avancement musculaire* (in *Recueil d'ophtalmologie;* 1895); *De l'électrolyse en thérapeutique oculaire* (in *Union médicale du Nord-Est;* 1896); etc, etc...

Les récompenses suivantes ont été décernées au docteur Bourgeois :

Médaille d'or (1er prix) de la *Société de Médecine d'Anvers* (1878); Médaille d'argent de la *Société protectrice de l'Enfance de Lyon* (1881); Médaille d'argent de l'*Académie de Médecine de Paris* (1886); Médaille de bronze de l'*Académie de Médecine de Paris* (1883); Mention honorable de la *Société médico-chirurgicale de Paris* (concours de 1885); Médaille d'argent de la *Société française de tempérance* (1889).

Décorations :

Chevalier de la Légion d'honneur (9 juillet 1895); Officier d'Académie (14 juillet 1880); Officier de l'Instruction publique (1er janvier 1895); Officier de l'Ordre du Nicham Iftikar (5 décembre 1879); chevalier de l'Ordre royal d'Isabelle-la-Catholique (10 juin 1889); Médaille coloniale (Tunisie; 1er septembre 1894). Le docteur Bourgeois fait partie de plusieurs Sociétés savantes. Il est : Membre titulaire de la *Société de Médecine publique et d'hygiène de Paris;* de la *Société française d'ophtalmologie;* de la *Société de Médecine de Reims,* dont il a été Président en 1895 ; de la *Société d'hygiène* de Reims, et autres associations savantes de cette ville ; il est membre correspondant des *Sociétés de Médecine* d'Anvers, de Rouen, de Nancy; de la *Société de Thérapeutique* de Paris; de la *Société Médico-chirurgicale* de Paris; de la *Société d'ophtalmologie* de Paris, etc., etc.

BOECKEL (Dr JULES), ✱, né à Strasbourg (Bas-Rhin), le 26 octobre 1810, docteur en médecine, chirurgien des hôpitaux civils de Strasbourg, membre correspondant de l'*Académie de médecine* de Paris.

Adresse : 2, quai Saint-Nicolas, Strasbourg (Alsace-Lorraine).

M. le Dr Jules Boeckel, l'une des notabilités du monde de la chirurgie, appartient à une famille de médecins, puisque deux de ses oncles et deux de ses cousins sont entrés dans la carrière médicale.

Le Dr Jules Boeckel, ses études secondaires achevées, suivit, à partir de 1866, les cours de la Faculté de médecine de Strasbourg. Externe de l'hôpital civil de Strasbourg en 1868, il entra dans le service des professeurs Sédillot et Rigaud. — Interne en 1870, il suivit le service du professeur Gross et celui du Dr E. Boeckel. Il fut le dernier interne du professeur Schützenberger. La guerre de 1870 survint. M. J. Boeckel fut nommé aide-major au 8e Dragons, à l'armée de la Loire (1870-1871), après avoir fait le bombardement de Strasbourg comme interne à l'hôpital civil. M. J. Boeckel fut reçu docteur en médecine à Nancy en 1872 avec une thèse intitulée : *Etude clinique et expérimentale sur les battements du tissu médullaire des os.* Cette thèse fut couronnée par la Faculté. Le jeune médecin fut nommé chef interne et chirurgien de l'hôpital de Strasbourg, la même année. Depuis 1874, le Dr J. Boeckel est le Directeur de la *Gazette médicale de Strasbourg,* le seul organe français paraissant en Alsace, et qui a 54 ans d'existence (1841). Lauréat de l'*ancienne* Faculté de médecine française de Strasbourg pour sa thèse de doctorat ; membre correspondant national de la *Société de chirurgie de Paris* (1878) ; ex-président de l'ancienne *Société de médecine française de Strasbourg* (1884); correspondant des *Sociétés de médecine* de Nancy et de Lille, de la *Société des Sciences médicales et naturelles* de Bruxelles, de l'ancienne *Société de médecine du Haut-Rhin; Lauréat de l'Académie de Paris :* Prix Godard (1889 ; *résection du genou*); Récompense (concours Goda d, *kystes hydatiques du rein,* 1887) ; Prix Laborie (mention honorable, *kystes du pancréas,* 1891) ; Prix Laborie, (encouragement, de 1,000 francs); Lauréat de la Faculté de Paris : Prix Chateauvillard (*résection du genou,* 1890) ; Lauréat de la *Société de chirurgie* de Paris : Prix Laborie (mention honorable, 600 francs, *kystes pancréatiques,* 1889); Prix Gerdy (*Travail sur la cure radicale de la hernie ombilicale,* 1895) ; Lauréat de l'Institut de France (Prix Barbier, 1895); Chevalier de la Légion d'honneur (1891) pour ses travaux de chirurgie et sa participation au Congrès français de chirurgie depuis sa fondation : Président d'honneur du 7e Congrès de chirurgie de Paris ; Correspondant national de l'*Académie de médecine de Paris* (février 1895). 2e division : chirurgie, élu par 65 voix sur 66 votants.

Le Dr J. Boeckel est l'auteur d'un grand nombre de mémoires et travaux, publiés ordinairement dans la *Gazette médicale de Strasbourg*, parmi lesquels nous citerons :

Exam. crit. des doct. de la trépanation dans les plaies de la tête (1873) ; *Contrib. à l'hist. du pansement ouaté* (1874) ; *Cont. à l'hist. des résections de l'omoplate* (1875) ; *Coxalgie grave traitée par la résection de la hanche ; Observ. et réflex. sur les greffes dermo-épidermiques et les greffes animales ; Ankylose angulaire coxo-fémorale, Corps étrangers du rectum ; Eléphantiasis du clitoris ; Les hôpitaux et les chirurgiens anglais ; Laryngite ecthymateuse dans le cours d'un ecthyma cutané* (1876) ; *Trois nouveaux cas de trépanation du crâne ; Lymphômes malins du cou* (1872) ; *Observ. et consid. sur l'opération de la boutonnière dans la contusion du périnée ; Corps étrangers de la vessie ; Cas de pourriture d'hôpital ; Fracture compliquée du pariétal droit* (1877) ; *Deux opérations pratiquées au thermo-cautère de Paquelin ; Anévrismes du pli du coude traités par la ligature antiseptique ; Traitement des pseudarthroses de l'humérus ; De l'utilité d'immobiliser le membre dans l'extension, à la suite de la résection du coude ; Trachéotomies pratiquées pendant les années 1876-1877 ; Quelques malades traités par la traction continue au moyen de l'appareil à sparadrap* (1878) ; *Inclusion pé-*

ritesticulaire. Castration. Guérison. (Soc. de chir.) ; *Faits pour servir à l'hist. de la trachéotomie par le thermo-cautère ; Cancroïde du nez. Rhinoplastie. Greffes cutanées à l'aide d'un prépuce d'enfant, opéré de phimosis* (1879) ; *Nouv. consid. sur l'ostéotomie dans les incurvations rachitiques des membres ; De l'ovariotomie antiseptique* (Soc. de chir. (1879) ; *Ligature antiseptique des gros troncs artériels dans la continuité ; Occlusion intestinale par bride épiploïque* (Soc. de chir. (1880) ; *Hernie ombilicale épiploïque. Sympt. d'étranglement ; Laparotomie antiseptique. Guérison ; Rhinoplastie pour un cancroïde du nez, de la joue et de la presque totalité de la lèvre supérieure ; Thyroïdectomie pour goître suffoquant ; Traitement du genou valgus chez l'adulte par l'ostéotomie extra-articulaire* (Acad. de méd. 1880) ; *Thermo-cautère dans la trachéotomie ; Des traumatismes chirurgicaux graves sous le pansement de Lister ; Désarticulation coxo-fémorale ; Ligature et résection des grosses veines ; Cas d'étranglement interne, guéri par la laparotomie* (Congrès d'Alger 1881) ; *Accidents par réduction du pédicule ovarique ; Résection antiseptique du genou* (Soc. de chir. de Paris 1881) ; *Résection antiseptique de la hanche* (1882) ; *Arthrotomie antiseptique ; Stat. des résections articulaires* (avril 1874 à octobre 1881) ; *Stat. des résections osseuses non articulaires et des évidements osseux ; Ovariotomie et hystérectomie antiseptiques ; Trépanation préventive dans les fractures compliquées du crâne ; Fractures compliquées des membres ; Cure radicale de l'hydrocèle par l'incision antiseptique ; Cure radicale des hernies ; Abcès froids et abcès ossifluents* (1883) ; *Tumeurs ; Nouveaux faits d'ostéotomie ; Cystotomie suspubienne* (1884) ; *Note sur 85 cas de thermo-trachéotomies ; Résultat du pansement à l'iodoforme pendant les années 1882-1884 ; Extirpation totale d'un utérus cancéreux* (Soc. de chir. de Paris, 1884) ; *Ostéotomie et ostéoclasie* (id.) ; *Nouv. procédé de débridement des abcès profonds de la base de la langue dans la glossite phlegmoneuse ; Nouv. observ. d'ovariotomie* (1885) ; *Cure des abcès ossifluents volumineux de la cuisse* (1er Cong. fr. de chir.) ; *Abcès tuberculeux de la région sus-claviculaire ; Des pansements rares en chirurgie ; Trépanation préventive dans les traumatismes du crâne* (1er Cong. fr. de chir.) ; *De la cholécystostomie appl. au traitement des calculs biliaires* (1er Cong. fr. de chir.) ; *Traumatisme de la vessie dans l'ovariotomie et l'hystérectomie ; Observations d'ovariotomie ; Opérations pratiquées sur le larynx (laryngotomie)* (1886) ; *Extirpation totale du larynx* (1886) ; *Études sur les kystes hydatiques du rein au point de vue chirurgical* (ouv. réc. par l'Acad. de méd. de Paris ; prix Godard, 1887) ; *Stat. et résultats éloignés des résections orthopédiques* (2e Cong. fr. de chir., 1888) ; *Cons. sur une série de*

17 cas de thoracotomie (2ᵉ Congrès fr. de chir.) *Cure radicale des hernies* (3ᵉ Congrès fr. de chir., 1889) ; *Récidive des néoplasmes opérés* (3ᵉ Congr. fr. de chir.) ; *De la résection du genou* (ouv. cour. par l'Ac. de méd. de Paris ; Prix Godard, 1889) ; *Tolérance des tissus pour les corps étrangers*, *Traitement des anévrismes des membres par la ligature antiseptique ; Stat. génér. des résections du genou* (1890) ; *Résultats immédiats et éloignés de 204 cas d'amputations et de résections pratiquées pour des tuberculoses locales* (4ᵉ Congr. fr. de chir.) ; *Études sur les kystes du pancréas* (ouv. réc. par la Soc. de chir. de Paris ; prix Laborie, 1889) ; *Entérostomie temporaire dans les laparotomies pratiquées pour occlusion intestinale* (com. à l'Ac. de méd., 29 avril, 1890) ; *Pièce dentaire avalée. Laparotomie exploratrice* (En collab. avec Hedrich, interne) ; *Entérorraphie pour un anus contre nature* (com. à la Soc. chir. de Paris, 30 avril, 1890) ; *De l'évidement méthodique du sein* (Acad. de méd. de Paris, 30 avril, 1889) ; *Consid. sur la résection du genou* (Congr. fr. de chir.) ; *Chirurgie du rein, néphrectomie et néphrostomie* (in Gaz. de méd. de Strasbourg, 1892) ; *Des indications de l'hystérectomie vaginale en dehors du cancer* (Com. à l'Ac. de méd., 31 mars 1891) ; *Observ. d'arthrotomie* (Gaz. méd. de Strasb., 1892) ; *Traitement des rétrécissements cicatriciels de l'œsophage par l'électrolyse combinée à la dilatation* (ibid. (in-8) ; *Cinquantenaire de la Gazette médicale. — La Gazette médicale de Strasbourg. — Sa participation au mouvement scientifique de 1841 à 1891* (broch. in-8 Strasbourg, 1892) ; *Extirpation d'une matrice et d'une trompe herniée chez un homme* (Acad. de méd., 18 avril 1872) ; *Des corps fibreux de l'utérus et de leur traitement par l'hystérectomie abdominale* (Gaz. méd. de Strasb., 1892) ; *Obser. et réflex. sur sept cas de cholécystostomie* (Com. au 6ᵉ Cong. fr. de chir. 1892) ; *Statistique raisonnée des opérations pratiquées pendant l'année 1892* (Gaz. méd. de Strasb, 1893) ; *Taille sus-pubienne* (ibid.) ; *Note sur 34 opérations de goître, extirpation et énucléation* (Com. à l'Acad. de méd., avril, 1893 ; broch., in-8, Strasbourg, 1893) ; *Note sur une série de 20 fibro-myomes de l'utérus traités par l'hystérectomie et l'hystérotomie. Résultats éloignés* (Com. au 7ᵉ Cong. fr. de chir., avril, 1893) ; *Note sur les résultats éloignés de 30 ostéo-arthrites tuberculeuses du pied traitées par la tarsectomie* (Com. au 7ᵉ Cong. fr. de chir., avril, 1893) ; *Chirurgie sans drainage* (Gaz. méd. de Strasb., 1893-1894) ; *De la résection du genou chez les personnes âgées et les vieillards* (Cong. de Rome, avril, 1894 et Gaz. méd. de Strasbourg, 1894) ; *Cure radicale de la hernie ombilicale* (Mém. couronné par l'Institut, prix Barbier, 1895, et par la Société de Chirurgie prix Gerdy, 1893 et broch. in-8, chez Alcan, 1895) ; *Kyste suppuré de l'ovaire chez une femme de 73 ans. Ovariotomie avec résec. de l'intestin, enténorraphie et suture de la vessie, blessée au cours de l'opération. Guérison* (Com. au Cong. de Gynécologie de Bordeaux, août, 1895) ; *Intervention opératoire précoce et tardive dans les solutions de continuité des os (69 cas)* (Cong. fr. de chir., octobre 1895) ; *Amputation inter-scapulo-thoracique. Guérison* (9ᵉ Cong. fr. de chir., 1895).

HENROT (Docteur Henri, ✶. I. ✪. ✪. né à Reims (Marne), le 22 mai 1838, docteur en médecine, membre du *Conseil supérieur de l'Assistance publique*, membre correspondant de l'Académie de médecine, membre du Conseil académique de Paris, membre correspondant des sociétés médicales de Nancy, d'Alger, de Bordeaux, de Bruxelles, de Liège.

Adresse : Reims (Marne).

Le père du docteur Henri Henrot était entré lui-même dans la carrière médicale ; il avait pris part aux campagnes d'Allemagne et d'Espagne pendant l'épopée napoléonienne. Son fils fit de bonnes études au lycée de Reims. Porté par ses goûts vers la carrière médicale, il se fit inscrire aux cours de l'Ecole de médecine de sa ville natale, puis vint compléter ses études à Paris.

En 1863, M. Henri Henrot fut reçu à l'internat des Hôpitaux. Cette même année, il obtint une Médaille d'argent (Premier prix).

Le docteur Henrot soutint, en 1865, devant la Faculté de médecine de Paris, une thèse très remarquée sur les *Pseudo-étranglements de l'intestin*, qui lui valut une Médaille de bronze.

Le jeune docteur reprit le chemin de sa ville natale où il s'installa. Il y fonda presque aussitôt un cours très utile d'Hygiène populaire qu'il professa à la *Société industrielle*.

En 1867, le docteur Henrot était nommé professeur suppléant à l'Ecole de médecine, après un brillant concours; cette suppléance devait se transformer bientôt en titulariat.

Nommé médecin titulaire de l'Hôtel-Dieu de Reims, le docteur Henrot se fit connaître du monde médical par des travaux de haute valeur scientifique dont nous donnerons plus loin un résumé.

L'Association française pour l'avancement des sciences avait ouvert ses rangs au docteur Henrot. Au Congrès de Grenoble, en 1885, l'éminent médecin fut élu Président de la Section des Sciences médicales et Président de la Section d'Hygiène au Congrès de Besançon (1893).

De 1878 à 1882, le docteur Henrot avait présidé la *Ligue de l'Enseignement*. Un arrêté du ministre le nomma officier de l'Instruction publique en 1882.

Nul ne s'est montré plus ardent que le docteur Henrot pour entreprendre et poursuivre la transformation de l'enseignement.

Les travaux du docteur Henrot ont trait, pour la plupart, à la médecine et à l'hygiène. Quelques-uns se rapportent spécialement à l'enseignement, à l'administration et à l'histoire de Reims.

Conseiller municipal en août 1870, il se mit à la disposition de la *Société de secours aux blessés* pour aller à Gravelotte. A partir du 4 Septembre, date de l'entrée de l'ennemi, il s'installa à l'Hôtel-de-Ville. Le 16 novembre, l'autorité militaire allemande fit arrêter M. le docteur Henrot comme conseiller municipal, avec les docteurs Brébant et Thomas, pour machinations contre l'ennemi. Ils restèrent prisonniers d'Etat dans la citadelle de Magdebourg jusqu'à la mi-février 1871.

A son retour à Reims, M. Henri Henrot fut nommé adjoint. L'Ordre moral le destitua. Il resta néanmoins conseiller municipal. En 1881, il fut nommé premier Adjoint et enfin Maire de Reims en mai 1884.

Le docteur Henrot a travaillé sans relâche à l'assainissement et à l'embellissement de la vieille cité champenoise, si fière de son passé historique et de sa prospérité actuelle.

Il a fait agrandir et améliorer les écoles existantes. Il a créé de nouveaux locaux scolaires, construits d'après toutes les règles de l'hygiène. Il a installé un Lycée de jeunes filles qui, dès la seconde année, recevait 220 élèves et dont le succès s'accroit de jour en jour. Les eaux d'égout ont été épurées pour servir aux irrigations agricoles. La Vesle a été assainie. Une foule de questions intéressant la ville ont été résolues au mieux des intérêts de la population rémoise.

Au mois de septembre 1887, à l'issue du concours de gymnastique organisé par l'*Association* et la *Fédération de l'Est*, le préfet de la Marne annonça, aux applaudissements de toute l'assistance, que le Gouvernement nommait M. le docteur Henri Henrot chevalier de la Légion

d'honneur en récompense des nombreux services qu'il avait rendus « comme médecin, comme patriote et comme administrateur.. » La nouvelle, rapidement connue de toute la vaillante population rémoise, fut accueillie avec enthousiasme, tellement sont grands et unanimes les sentiments de sympathie qui unissent le maire de Reims à ses concitoyens.

Nous donnons, pour terminer cette courte notice, la liste des principaux ouvrages du docteur Henrot :

Des pseudo-étranglements que l'on peut rapporter à la paralysie de l'intestin (thèse, 1865) ; *Cours d'hygiène fait à la Société industrielle* (1866) ; *Discours de rentrée de l'Ecole de médecine* (1867) ; *Communications faites à la Société médicale* (1865-1874) ; *Vaporarium et œdème de la glotte. Urémie et morphine*, etc. *Résumé du cours de clinique* (1873) ; *Théorie et traitement de certaines formes d'infection purulente et de septicémie* (1875) ; *Lymphorrhagie bronchique. Traitement des kystes du foie. Expériences physiologiques sur un suplicié* (1876) ; etc. *Transfusion du sang ; Métrorrhagies incoercibles, localisations cérébrales, injections sous-cutanées de sang humain* (1877); *De l'électrisation dans l'occlusion mécanique et dans la paralysie de l'intestin. Du respirateur à ouate comme moyen préventif des maladies miasmatiques, infectieuses et virulentes*, etc. (1878); *Des troubles hémi-thermiques. Maladie d'Addison. Des ponctions capillaires dans l'ascite* (1879); *Anévrisme de l'aorte (électrolyse). Du transfert de l'hémichorée* (1880) ; *Traitement du goître vasculo-kystique par l'électrolyse capillaire. De l'hémoglobinurie*, etc (1881); *Rapport sur la situation de l'hygiène publique à Reims. Création d'un bureau d'hygiène. Rapport sur l'assistance publique. (Assistance à domicile. Dispensaires.) Nature du myxœdème* (1882) ; *De la valeur sém:iologique et thérapeutique du taxis abdominal dans l'étranglement interne. Influence de la presse sur la criminalité. Assainissement des salles d'hôpital par les pulvérisations phéniquées* (1883) ; *Traitement des kystes hydatiques du foie par l'électrolyse capillaire* (1884) ; *De l'enseignement national dans ses rapports avec l'hygiène publique (surmenage)* (1884); *De l'anémie pernicieuse progressive. De la liberté individuelle dans ses rapports avec les maladies contagieuses* (1886) ; *Des limites que dans un intérêt général l'Etat peut apporter à la liberté individuelle ; Projet d'organisation de l'hygiène publique en France ; Projet d'organisation d'une Société d'hygiène ; Compte moral et administratif (Etude d'hygiène appliquée); Monographie de la ville de Reims (1889); Compte moral et administratif de la ville de Reims (de 1884 à 1892); Procédés d'assainissement* (Congrès de Londres) ; *Nécessité de créer des Bureaux d'hygiène départementaux; Création d'un laboratoire de bactériologie ; Pro-*

phylaxie du paludisme ; (*Acad. de méd.*, 24 septembre 1895); *Epidémie de fièvre typhoïde à Reims* (1895).

Sources : *Dict. de la Marne* (de Jouve); *Le Travail* (1887); *Notes de médecine et d'hygiène* (1865-1885) du docteur Henrot; et les journaux locaux.

SCHLAGDENHAUFFEN (le professeur), ✳, I. ◯, né à Strasbourg, le 7 janvier 1830, docteur ès-sciences, docteur en médecine, pharmacien de 1re classe, agrégé des Facultés de médecine de Strasbourg et de Nancy, directeur de l'Ecole supérieure de pharmacie de Nancy, membre de plusieurs Sociétés savantes.

Adresse : Nancy, Meurthe-et-Moselle.

Né à Strasbourg, Frédéric Schlagdenhauffen commença ses études au Gymnase protestant et les termina au Lycée, alors Collège royal. Nanti de ses deux diplômes de bachelier ès-lettres et ès-sciences en 1847, il suivit les cours de la Faculté des sciences où professaient alors Daubrée (minéralogie et géologie), Fargeaud (physique), Lereboullet (histoire naturelle), Persoz (chimie), Sarrus (mathématiques), Schimper (paléontologie), tous savants du plus grand mérite dont le seul survivant est l'ancien professeur de géologie, inspecteur général des mines et membre de l'Institut.

Le jeune étudiant montra de bonne heure une préférence marquée pour la chimie et conçut l'idée, comme plusieurs de ses condisciples, d'entrer dans l'industrie; cependant la difficulté d'arriver à une position honorable, après un apprentissage sérieux dans l'une ou l'autre des grandes maisons de Mulhouse, de Wesserling ou de Thann, si florissantes alors, le fit renoncer à cette carrière.

Il commença son stage officinal et se fit inscrire comme élève de l'Ecole de Pharmacie, où il occupa, durant une partie de sa scolarité, les fonctions de préparateur.

A cette époque, la chimie était professée à l'Ecole de Strasbourg par Gerhardt, la pharmacie par Opperman et l'histoire naturelle par Kirschleger. A côté de ces trois chaires magistrales, il y avait deux chaires d'adjoints, occupées, l'une par M. Loir, plus tard professeur et doyen à la Faculté des Sciences de Lyon, l'autre par M. Béchamp, depuis lors doyen de la Faculté catholique de Lille.

Reçu pharmacien de 1re classe en septembre 1854, F. Schlagdenhauffen prend part, trois mois après, à un concours d'agrégation pour une place vacante à l'Ecole supérieure de Pharmacie (section de toxicologie et physique) et sort victorieux de la lutte. Il participe à l'enseignement immédiatement après sa nomination, par arrêté du 9 janvier 1855.

Appelé à Paris par son ancien maître, le professeur Persoz, nous le voyons en 1856 remplir les fonctions de préparateur du Cours de teinture au Conservatoire des Arts et Métiers; mais son congé d'un an étant expiré, il dut retourner de nouveau à l'Ecole de Strasbourg. Il s'était fait recevoir entre temps licencié-ès-sciences, puis docteur-ès-sciences physiques à la Faculté des Sciences de Nancy.

Par arrêté ministériel en date du 14 janvier 1857, il fut nommé suppléant de la chaire de toxicologie et physique, et le 15 juillet 1861, professeur-adjoint de la même chaire.

Après avoir terminé ses études médicales en 1863, il se présenta à un concours d'agrégation à la Faculté de médecine pour la section de physique et de chimie. Mais vivement disputée par ses deux compétiteurs, la place fut accordée au docteur Monoyer.

Il prit part à un nouveau concours en 1869 et fut reçu cette fois, à l'unanimité des suffrages; c'était la dernière lutte universitaire de l'ancienne Faculté de Strasbourg qui, à l'apogée de sa gloire, comptait alors 256 élèves civils et 346 élèves militaires!

Après 1870, il fit partie de l'Ecole libre de médecine en même temps que d'autres professeurs de l'ancienne Faculté, sous la direction de Schutzenberger; il contribua à l'enseignement pharmaceutique et remplit les fonctions de pharmacien en chef des hospices civils jusqu'au 1er octobre 1872.

Lors du transfert à Nancy de la Faculté de

Médecine et de l'École supérieure de Pharmacie, il entra en exercice à la nouvelle Faculté et y fut chargé pendant trois ans de conférences de physique. Par décret du 31 janvier 1873, sa chaire à l'École de Pharmacie fut élevée au titulariat.

En 1886, en vertu d'un nouveau décret, ses collègues de l'École, appelés à faire au ministre des propositions pour le choix d'un directeur, reportèrent sur lui la totalité de leurs suffrages. Le ministre ratifia ce choix et par un arrêté, en date du 15 octobre suivant, désigna M. Schlagdenhauffen comme directeur de l'École de Pharmacie, fonctions qu'il occupe actuellement.

Il fait partie du Conseil Général des Facultés et a été nommé Vice-Président de cette Assemblée dans la séance du 27 juillet dernier.

M. Schlagdenhauffen est officier de l'Instruction publique et chevalier de la Légion d'honneur.

Il se livra de bonne heure à des recherches personnelles et donna le jour à des publications scientifiques nombreuses, insérées dans les revues périodiques de pharmacie et de chimie, dans les Annales de physique et de chimie, et dans les Comptes Rendus de l'Académie des Sciences.

Nous ferons remarquer principalement : sa thèse du concours d'agrégation à l'École de Pharmacie de Strasbourg (1854) : *Des rapports de la Chimie, de la Physique et de la Toxicologie;* ses thèses pour le Doctorat ès-Sciences (Nancy, 1857) : *Essai sur la polarisation du quartz; Recherches sur le sulfure de carbone;* sa thèse pour le Doctorat en médecine (1863) : *Faits relatifs à l'histoire de quelques composés du cyanogène;* sa thèse des concours d'agrégation à la Faculté de médecine : *De l'intervention des forces physiques dans les phénomènes d'absorbtion* (1863); *Appréciation de l'état actuel de l'électro-physiologie* (1869); La traduction du *Traité d'analyse chimique appliquée à la physiologie et à la pathologie de Hoppe-Seyler* (Paris, 1877); La traduction du *Traité de chimie physiologique de Gorup-Besanez* (Paris, 1880); La traduction de l'*Analyse chimique des végétaux de Dragendorff* (Paris, 1885); Le *Traité d'Analyse chimique des liquides et des tissus de l'organisme,* en collaboration avec le docteur Garnier (Paris, 1888).

A côté de ces travaux de longue haleine, nous citerons encore les suivants : *Observations sur quelques décompositions au moyen de la pile* (in *Journal de Chimie et de Pharmacie,* 1857); *Expériences sur la pile* (in *Ann. de Physique et de Chimie,* 1857); *Essai sur la marche générale des franges dans les lames minces de quartz et de spath taillées sous un angle quelconque par rapport à l'axe optique,* en coll. avec M. Freyss (*Comptes Rendus,* 1858); une série de notes sur le *Sous-nitrate de bismuth,* le *rhizome du petasites vulgare,* l'*huile de fenugrec,* le *principe actif des coronilles,* publiées en commun avec M. Reeb, son ami et ancien collègue de l'école autonome de Strasbourg; il a complété, dans ces derniers temps, avec M. Reeb, l'étude du *Genre Coronilla,* au point de vue botanique, chimique, physiologique et thérapeutique, et ouvert un champ nouveau aux cliniciens et médecins praticiens, qui trouveront, sans aucun doute, dans l'emploi de la *coronilline* — le principe actif de ces plantes — un succédané avantageux de la digitale; divers mémoires relatifs à l'*étude de la glycérine* et de la *pyruvine* (in *Union pharmaceutique* et *Bulletin de la Soc. chim.,* 1872); Un *mémoire de mécanique physiologique sur les muscles* (in *Journ. d'Anatomie et de Physiologie,* 1873); en collaboration avec son regretté collègue et ami, le professeur Oberlin, une suite de travaux sur l'*Écorce d'angusture vraie,* sur la *localisation du tannin dans les végétaux,* le *Schotia latifolia,* les *principes actifs des écorces de la famille des Diosmées,* sur les *eaux de Schinznach et de Baden, en Suisse.*

Enfin, avec son ancien collègue, M. le professeur Heckel, actuellement à Marseille, avec lequel il se lia d'une étroite amitié lors de son court passage à l'École de Pharmacie de Nancy en 1875, bon nombre de mémoires d'un grand intérêt, parmi lesquels nous devons mentionner l'*étude des Kolas africains,* celle du *Doundake* ou *Quinquina africain;* des *Globulaires;* du *M'boundou ou poison d'épreuve du Gabon;* des *Graines de Fedegosa;* des *Graines de Chaulmoogra et de Bonduc;* de l'*écorce, des feuilles et du fruit de Baobab;* du *vrai et d'un faux Jequirity;* des *principes immédiats des Araucarias;* des *Guttas des Sapotées;* du *Batjintjor et de son principe actif.*

A l'Exposition universelle de Paris en 1889, MM. Heckel et Schlagdenhauffen ont obtenu une médaille d'or pour leurs beaux produits extraits des plantes que nous venons de signaler.

Depuis lors ils n'ont cessé de travailler dans la même voie et d'étudier, tant au point de vue botanique que chimique, les végétaux de nos colonies en vue de leur emploi industriel et thérapeutique. — En collaboration avec son élève, M. Braun, de 1888-1892, un certain nombre de sujets relatifs à l'*absorption de l'iode et du brome par les corps gras et les essences,* et deux notes très étendues sur l'*emploi des réactifs indicateurs et la solubilité de l'iode dans divers véhicules.*

Disons en terminant que sa haute compétence en matière de toxicologie a fait désigner M. Schlagdenhauffen, en maintes circonstances, soit seul, soit en commun avec l'un ou l'autre de ses collègues de l'École de Pharmacie, de la Faculté de Médecine ou de la Faculté des Sciences, quand il s'agissait d'éclairer la justice dans des cas d'empoisonnement.

En somme, nous trouvons ici une carrière bien remplie et nous espérons que la science

enregistrera pendant de longues années encore
les recherches intéressantes de cet infatigable
travailleur.

L'HUILLIER (Abbé), hagiographe, prêtre
habitué, à Charmes, Vosges.

L'abbé L'huillier a reçu le jour, au commen-
cement de 1826, dans la petite commune de
Regney, relevant au spirituel de la paroisse de
Betteguey-Saint-Brice, dans les Vosges.

Après avoir pris ses premières leçons de
langue latine auprès du bon curé de son pays
d'origine, — leçons, dans ce cas, bien souvent
incomplètes, — il fut envoyé au Petit Séminaire de Senaide, et présenté pour entrer en
classe de quatrième. Sa prodigieuse mémoire
et son jugement droit et ferme ne manquèrent
pas de le faire remarquer, tant de ses condisciples que de ses professeurs, principalement
dans les cours supérieurs de philosophie et de
théologie. On peut dire qu'il fut un des élèves
de prédilection de MM. Sublon et Marchal, qui
enseignaient alors avec distinction dans les
chaires du Grand Séminaire de Saint-Dié, celui-ci les vérités dogmatiques, et le premier les
règles de la morale. L'un et l'autre devaient
se retrouver ensemble vicaires généraux de
Mgr Caverot qui avait succédé, comme évêque
du diocèse, à Mgr Manglar. M. Marchal était
destiné à devenir un peu plus tard évêque de
Belley et ensuite archevêque de Bourges.

La trempe d'esprit de M. l'abbé L'huillier
s'était déjà révélée dès ses basses classes par
son goût et ses aptitudes pour les sciences
exactes.

Ce fut presque au sortir des bancs du Grand
Séminaire, et sans avoir eu besoin de se livrer
à des études supplémentaires dans ce but, que
M. l'abbé L'huillier fut reçu licencié en théologie à la célèbre Université Catholique de
Fribourg-en-Brisgau. Il aurait alors désiré pouvoir continuer ses cours de science ecclésiastique et obtenir le complément de ses grades.
Mais c'est à peine si, à cette époque, on avait
seulement connaissance de l'existence du Séminaire français à Rome, et aucun membre du
clergé vosgien n'avait encore pris le chemin de
la Ville Éternelle, en vue d'y poursuivre ses
études théologiques. Ce ne fut qu'une douzaine
d'années plus tard que M. l'abbé Grandclaude,
qui y fut envoyé par Mgr Caverot, devait voir
dans la suite un certain nombre de prêtres
déodatiens s'engager sur ses traces glorieuses
et entraînantes. Tous ces ecclésiastiques sont
revenus portant au front la couronne distinc-
tive et symbolique du docteur, et forment
actuellement, dans le Diocèse de Saint-Dié,
autour de leur chef, non moins modeste qu'illustre, Mgr Grandclaude, un auguste Sénat
de savants distingués dans la pure et saine
doctrine de l'Église Catholique Romaine.

Par la nécessité des circonstances, M. l'abbé
L'huillier dut donc alors se consacrer exclusivement aux travaux du ministère paroissial.

Au lendemain de son ordination de prêtrise,
il fut envoyé comme auxiliaire à M. le curé de
Mattaincourt pour administrer la paroisse pendant que le titulaire et ses vicaires successifs
prenaient le bâton de pèlerin pour parcourir la
France et une partie de l'Europe, en vue de
recueillir les offrandes des fidèles, nécessaires
à l'édification de l'église monumentale qu'on
élevait sur le tombeau du Bienheureux Pierre
Fourier. Chaque fois qu'on eut besoin de lui
pour remplir le même office, — ce qui se répéta
à différentes reprises, — on savait le découvrir
partout où il avait été envoyé, et le faire revenir à Mattaincourt.

Quand la basilique élevée en l'honneur du
saint prêtre de la Lorraine fut terminée,
M. l'abbé L'huillier se vit nommer curé de
Frain, où il eut le bonheur de faire construire
une belle église gothique à la place de la véritable grange qui avait servi jusque-là d'édifice
religieux. Et ce qu'il y a de tout particulièrement à noter dans cette construction de l'église
de Frain, c'est que ce sont les hommes qui
ayant été nommés tout exprès, à une époque
d'élections survenue dans les circonstances,
membres du Conseil municipal, dans un sentiment d'hostilité contre le projet d'une nouvelle
église, furent amenés par le zélé et conciliant
pasteur à réaliser et à conduire à bonne fin
l'œuvre susdite. Ce fut à force d'attentions et
de saintes industries de la part de M. l'abbé
L'huillier envers ces nouveaux édiles que fut
remportée la consolante victoire qui aboutit à
les embraser d'un zèle admirable pour la réussite d'une entreprise qui, à l'origine, avait fait
l'objet de leur non moins fervente opposition.

Après un ministère de douze ans, exercé
dans cette première paroisse, l'administration

diocésaine, dont faisait partie M. Marchal, en qualité de vicaire général, songea à transférer M. l'abbé L'huillier à la cure de Provenchères-sur-Fave. On crut sans doute qu'il fallait à cette paroisse une main non moins ferme que douce et prudente pour la remettre complètement sur pied, et refaire une nouvelle paroisse avec ce qui n'en était plus qu'un lambeau, car elle venait d'être partagée en deux, par la distraction de la *Petite-fosse*, qui en était, ainsi qu'on l'a justement dit, le plus beau et le plus riche fleuron.

M. l'abbé L'huillier se trouvait à Provenchères en l'année terrible 1870, lorsque après la reddition de Strasbourg, l'armée badoise, qui en avait fait le siège, s'avançait triomphalement dans l'intérieur de la France. Elle faisait son entrée dans les rues de Provenchères, le 6 octobre, sur les trois heures de l'après-midi, par un soleil splendide, sous les rayons duquel brillaient d'une *grise blancheur* le casque, le sac et tout l'uniforme des soldats prussiens, couverts d'épaisses couches de poussière.

L'effroi qui précédait la marche envahissante de l'ennemi était extrême. Le maire était alité, l'adjoint avait disparu; l'instituteur avait pris la fuite, dans la conviction que ces hommes du Nord se saisissaient de tous les instituteurs qu'ils rencontraient et les forçaient de marcher avec eux.

Voyant qu'on ne trouvait aucun représentant de l'autorité civile à qui il pût adresser la parole, le général de Verder commençait à s'irriter, à faire des menaces et à laisser entendre qu'on allait mettre le feu à la localité. C'est alors que quelques paroissiens eurent l'heureuse idée de courir au presbytère, et de prier M. le Curé de s'avancer sur la voie publique pour recevoir les interrogations du chef de l'armée badoise. Après les réponses pleines de calme et brillantes de sincérité et de franchise de M. l'abbé L'huillier aux questions qui lui furent faites, un ton visible de sérénité et d'apaisement parut sur le front et sur les lèvres du vainqueur de Strasbourg, et la paroisse de Provenchères n'eut à déplorer aucun désastre causé par le passage de l'armée ennemie, qui, le lendemain, allait livrer le combat de la Bourgonce.

Devenu curé de Bussang quelques années après, M. l'abbé L'Huillier fut assez heureux pour réussir à recouvrer et à reconstituer le capital des fondations religieuses, qui, à son arrivée dans la paroisse, se trouvait totalement fondu et englouti, ayant été imprudemment engagé dans de folles opérations industrielles.

Au cours de leurs longs pèlerinages à Notre-Dame de Lourdes, les pieux fidèles d'Alsace-Lorraine ont eu, plusieurs années de suite, l'édifiante satisfaction d'entendre, en différents endroits, la belle et éloquente parole de M. l'abbé L'huillier : à Tours, dans la basilique de Saint-Martin; à Paris, au Sacré-Cœur de Montmartre, et à la Grotte de la Vierge miraculeuse, au pied des Monts Pyrénéens. Ces instructions remar-

quables furent honorées des éloges publics de plus d'un prince de l'Eglise.

Infatigable au travail, M. l'abbé L'huillier consacrait les loisirs que lui laissaient ses occupations pastorales à se livrer à des études approfondies sur les origines religieuses et les premiers témoins de la foi dans cette partie de la Gaule-Belgique qui devait former plus tard la noble terre de Lorraine. Approuvés par l'Autorité diocésaine, les fruits de ses patientes recherches ont été livrés à l'impression et forment deux splendides volumes in-8° de plus de quatre cents pages chacun. Cet ouvrage, intitulé : *Vie de Saint Libaire*, qui a mérité les attentions des savants, est aujourd'hui entièrement épuisé. Les trois cents exemplaires ont été rapidement enlevés. Les amateurs, prêtres et laïques distingués, qui se sont empressés d'en faire l'acquisition, habitent, pour le plus grand nombre, les villes de Nancy, Lunéville, Toul, Epinal, Saint-Dié, Rambervillers, Bains et Plombières.

Membre de la *Société d'Archéologie lorraine* de Nancy, M. l'abbé L'huillier n'aurait-il pas eu tort, quoiqu'il eût agi dans un humble sentiment de lui-même, de ne pas s'empresser de répondre aux offres qui lui ont été faites, de plus d'un côté, par d'autres Sociétés savantes?

Adresse : L'abbé L'huillier, prêtre habitué à Charmes, Vosges.

L'HÔTE (abbé Jean-Baptiste-Edmond), né à Plainfaing, canton de Fraize (Vosges), le 9 janvier 1846, professeur au grand séminaire de Saint-Dié, chanoine honoraire de la cathédrale, écrivain, hagiographe.

Adresse : Saint-Dié, Vosges.

M. l'abbé Edm. L'hôte, né de parents chrétiens, fit ses études classiques dans les petits séminaires du diocèse. Il entra ensuite au grand séminaire de Saint-Dié, où il se fit remarquer par son travail et son intelligence. Il fut ordonné prêtre le 31 juillet 1870, à la veille des terribles événements de la guerre franco-allemande.

Nommé vicaire à Gérardmer en 1870, il resta dans ce poste jusqu'en 1872. A cette époque, il fut envoyé par son évêque à Neufchâteau, paroisse Saint-Nicolas (1872-1874).

L'attention de ses supérieurs avait été attirée sur ce jeune prêtre laborieux et savant. En 1874, Mgr Caverot nomma l'abbé L'hôte professeur au grand séminaire, fonctions qu'il a toujours conservées depuis.

M. l'abbé L'hôte est doublé d'un écrivain de valeur. Il s'est appliqué aux études historiques locales et tout particulièrement à l'hagiographie du diocèse de Saint-Dié.

La plupart de ses travaux ont paru dans la *Semaine religieuse* de Saint-Dié depuis 1877, et comprennent près de 1.200 pages de texte compact. On y remarque, en 1894, une solide et complète réfutation de *Jehanne des Armoises* de M. Gaston Save, et, en 1895, une réponse très complète à la *Jeanne d'Arc Champenoise* de M. l'abbé E. Misset. M. l'abbé L'hôte réfute les unes après les autres toutes les assertions de son éminent adversaire. M. l'abbé Misset a répondu dans deux brochures à M. l'abbé L'hôte. Ce dernier a continué cette lutte courtoise par deux *Réponses* au directeur de l'Ecole Lhomond (v. *Sem. rel.* de Saint-Dié, 1895).

Les *Analecta Bollandiana* ont inséré deux des travaux du savant professeur de Saint-Dié : *Præfitio in Vitam sancti Deodati; les Reliques de saint Dié.*

L'abbé L'hôte a publié, à l'occasion du 12e centenaire de la mort de saint Dié, une brochure intitulée : *Notice sur la Vie et le Culte de saint Dié* (1879).

Il a été fait un tirage à part du *Père Sigis,* épisode de la Révolution (in-8, 80 p.) et de l'étude sur *Notre-Dame de Saint-Dié* (in-8 de 100 p.), parue d'abord dans la *Semaine religieuse.* Ce dernier ouvrage, illustré, remanié et complété, a donné une nouvelle édition grand in-8 de 16 pages (1894). Une troisième édition (1894) contient, de plus, un récit des fêtes célébrées cette même année à l'occasion de la réouverture de l'église Notre-Dame à Saint-Dié.

M. l'abbé L'hôte publie actuellement dans la *Semaine religieuse* un travail de longue haleine, solide, consciencieux, digne en tous points de l'éminent érudit : *La vie des saints, bienheureux, vénérables et autres pieux personnages du diocèse de Saint-Dié.*

Ce travail comprend environ une centaine de notices. On en fait un tirage à part.

M. le chanoine L'hôte a pris pour sa devise d'écrivain et d'historien : *Des faits, non des phrases.* Les amis des lettres ne peuvent que l'en féliciter.

BARTH (MARIE-ETIENNE-AUGUSTE), né à Strasbourg le 22 mars 1834, membre de l'Institut; membre de la *Société des Sciences et Arts* de Batavia, etc.

Adresse : 6, rue du Vieux-Colombier, Paris.

M. Barth a collaboré au *Journal Asiatique* (épigraphie cambodgienne), à la *Revue critique* depuis 1872, à la *Revue de l'Histoire des religions*, depuis l'origine, 1880; à *Mélusine*, depuis l'origine, 1877.

Il a publié : *Les Religions de l'Inde* (paru d'abord dans l'*Encyclopédie des Sciences religieuses*, dirigée par M. Lichtenberger ; Paris, Fischbacher, 1879, in-8°, prix, 5 fr., épuisé ; une nouvelle édition est en préparation); *The Religions of India, authorised translation by Rev. J. Wood* (London, Trübner and Co, 1882; fait partie de *Trübner's Oriental series;* in-8°, prix, 18 fr.).— *Inscriptions sanscrites du Cambodge*, fascicule 2 du t. XXVII, 1re partie des *Notices et Extraits des Manuscrits de la Bibliothèque nationale* (Paris, Imprimerie Nationale, 1885; in-4° avec atlas in-folio; prix, 20 fr.);

Inscriptions sanscrites de Campa et du Cambodge, par M. Abel Bergaigne, fascicule 2 du t. XXVII, 1re partie des *Notices et Extraits des manuscrits de la Bibliothèque nationale* (Paris, Imprimerie nationale, 1893; in-4° avec atlas in-folio; prix, 30 fr.). Cet ouvrage a été préparé par feu Bergaigne, et achevé par M. Barth.

CHASSIGNET (LOUIS-MAXIMILIEN-MODESTE), O. ✶, ✶, ✶, ✶ ✶, né le 11 juillet 1827, à Jarville (Meurthe); ancien élève de l'Ecole polytechnique, licencié en droit, membre de l'Académie de Stanislas, correspondant de l'Académie de Metz; ancien capitaine d'artillerie, ancien sous-intendant militaire, etc.

Adresse : rue de Boudonville, 18, Nancy.

Ayant perdu son père dès le bas-âge, il fut élevé chez son aïeul maternel, M. Gillet, sous la direction d'un oncle, jurisconsulte et numismate très érudit, mort, en 1865, conseiller à la Cour de Nancy et membre de l'Académie de Stanislas. Originaire du Perthois, la famille Gillet y jouissait d'une estime attestée, de longue date, par ses fonctions électives conférées à plusieurs de ses membres : de 1678 à 1770, six d'entre eux furent échevins de Vitry-le-François et, jusqu'au terme d'une existence plus qu'octogénaire, le bisaïeul de M. Chassignet ne cessa pas, comme conseiller, adjoint ou maire, d'appartenir au corps municipal de cette ville, sauf une courte interruption, où il passa de l'hôtel de ville à la prison, sous la Terreur. Son fils aîné, le président Gillet, siégeait au Conseil municipal et, soit comme titulaire, soit comme honoraire, au tribunal de Vitry depuis l'an 1800, quand il mourut, en 1859, dans sa quatre-vingt-treizième année, officier de la Légion d'honneur, conseiller général et ancien député de la Marne.

Dans la ligne paternelle non plus, M. Chassignet n'est pas de souche lorraine ; sa famille est d'origine franc-comtoise et, dès le XVIIe siècle, s'honorait d'avoir produit un poète lyrique, Jean-Baptiste Chassignet, — avocat fiscal de son métier, — qui a laissé trois recueils d'odes et sonnets, intitulés : *Mépris de la vie et Consolations contre la mort*, Besançon, 1594 ; *Paraphrases sur les douze petits prophètes ;* Besançon, 1600 — *Paraphrases sur les psaumes de David ;* Lyon, 1613, — écrits dans une langue énergique et savoureuse, mais déparée par des images risquées, dénotant un disciple de Ronsard plutôt qu'un précurseur de Malherbe. La famille Chassignet comptait encore parmi ses membres un bénédictin érudit, Dom Albert, prieur, vers 1700, de l'abbaye de Poligny, dont il écrivit l'histoire, ainsi que celle d'autres monastères bourguignons.

Admis, en 1847, à l'Ecole Polytechnique, M. Chassignet, à la Révolution de 1848, se jeta, comme la plupart de ses camarades, dans le mouvement avec un juvénile enthousiasme. Il inclina même vers les doctrines phalanstériennes, alors en vogue. Toutefois, cet engouement fut passager : des principes catholiques, solidement inculqués dès l'enfance, et un examen moins superficiel du système fouriériste, le ramenèrent bientôt à des idées différentes. Il comprit qu'en matière d'organisation sociale, ce n'était pas dans les conceptions purement théoriques, mais dans les données judicieusement interprétées de l'expérience, qu'il fallait chercher les améliorations de bon aloi. Ces tendances présageaient un futur disciple du grand sociologiste F. Le Play.

Sorti de l'Ecole Polytechnique, le jeune officier, après deux années passées à l'Ecole d'Application, dans cette chère ville de Metz, à laquelle son mariage devait plus tard le rattacher si étroitement, rejoignit, comme lieutenant, le 12e Régiment d'artillerie, dans notre regrettée Strasbourg, où habitait alors sa tante paternelle, veuve et nièce du général baron Gruyer, dont le souvenir n'était pas encore effacé chez les vieux Strasbourgeois qui lui avaient témoigné de si chaleureuses sympathies lors de sa détention à la citadelle, en 1816. Mais quoique le cordial accueil des populations rendît particulièrement agréable aux militaires le séjour des garnisons alsaciennes, M. Chassignet, désireux de faire campagne, formula aussitôt que possible une demande pour l'armée d'Afrique. Sa requête ayant été promptement agréée, il participa, de 1853 à 1857, dans les provinces de Constantine ou d'Alger, à plusieurs expéditions, dont celle de la grande Kabylie, en 1857, lui valut d'être promu capitaine, au choix. Rentré alors en France, il ne passa que quelques mois à la manufacture d'armes de Tulle, où, abandonnant un projet de retour en Algérie, il se décida, non sans grandes hésitations et certains regrets, à se

présenter pour l'Intendance militaire qui, chargée, en ce temps-là, du contrôle administratif, avait un rôle supérieur avec des attributions plus étendues qu'actuellement et où l'avancement était moins lent que dans l'artillerie. Admis aussitôt la clôture du concours (mars 1859), il fut envoyé d'abord à Mézières, puis au camp de Châlons et, en 1860, attaché au corps expéditionnaire de Syrie. Il fut embarqué, avec le 5e de ligne, sur *le Gange*, qui ayant subi, dans la traversée, de graves avaries, se vit réduit à demander la remorque, vers le port le plus proche, à un paquebot autrichien, rencontré par hasard. On aborda ainsi à Navarin et le gouvernement hellénique ayant gracieusement accordé l'autorisation de débarquer les troupes, on parvint à installer un campement provisoire jusqu'à la venue du remorqueur expédié de Marseille. Le reste du voyage se passa bien et le corps expéditionnaire étant complété par l'arrivée du 5e de ligne, le général en chef put, quelques jours après, partir, pour le Liban, à la poursuite des Druses, avec une colonne mobile que M. Chassignet eut à accompagner. Il fut ensuite désigné pour diriger les services administratifs au camp permanent installé près de Kab-Elias, village de la Bekaâ à mi-chemin entre Beyrouth et Damas, ainsi que dans les postes annexes de Beït-Eddin et Zaahlé. Les rigueurs d'un hiver exceptionnel, dans ces climats, accrurent singulièrement les difficultés de cette mission ; de violentes tourmentes ayant renversé les abris, construits avant la mauvaise saison, pour divers magasins, et les amoncellements de neige ayant, durant trois semaines entières, interrompu toute communication avec Beyrouth, centre de ravitaillement. Cependant les distributions régulières aux troupes ne manquèrent jamais. Au retour en France, nommé Chevalier de la Légion d'honneur (août 1861), décoré du Medjidié et promu adjoint de première classe, grade assimilé à celui de chef d'escadron, M. Chassignet fut appelé à la Sous-Intendance de Sarreguemines, d'où, après avoir épousé, à Metz, la fille d'un ancien officier supérieur d'artillerie, il passa, en février 1864, à Nancy. Promu, en 1867, sous-intendant militaire (rang de lieutenant-colonel), il fut, vers la fin de l'année, détaché au corps d'occupation envoyé pour défendre Rome contre les bandes garibaldiennes. Après leur défaite, à Mentana, il rejoignit son ancienne résidence et s'y trouvait encore lorsque survint la néfaste guerre de 1870. Il eut alors à prendre, dans les circonstances les plus critiques, les dispositions nécessaires pour assurer la subsistance des nombreuses troupes traversant sa circonscription et ne quitta Nancy qu'à la veille de l'invasion, pour se replier sur Toul. Cette place ayant été contrainte de capituler, après une honorable défense, M. Chassignet fut conduit en captivité à Neubourg (Bavière). Rentré, en France, dès la signature des préliminaires de paix, en mars 1871, il fut immédiatement réintégré en fonctions par décision ministérielle, afin de veiller, avant la création de la commission spéciale, installée plus tard à Lunéville, au rapatriement des prisonniers de guerre, affluant à Nancy, dans le plus complet dénûment, quoique leur entretien fût encore, d'après le droit des gens, à la charge de la Prusse. Il reçut ensuite la délicate mission de faire appliquer, en se conformant aux instructions du ministre plénipotentiaire, comte de Saint-Vallier, dans les places de Nancy, Toul, Pont-à-Mousson et annexes, les clauses, parfois ambiguës et soulevant avec l'Etat-major allemand de fréquentes contestations, de la convention conclue pour l'occupation prussienne. Le territoire enfin libéré, M. Chassignet, promu officier de la Légion d'honneur (décembre 1872), rentra dans le service normal; mais quoique objet de propositions pour l'avancement, aux inspections générales de 1874 et 1875, des convenances personnelles le décidèrent à solliciter, au commencement de 1876, sa mise en disponibilité: puis, à réclamer, en 1878, son admission à la retraite, bien avant l'âge réglementaire. Il fut alors nommé sous-intendant de première classe (rang de colonel) dans l'armée territoriale. Entièrement rendu plus tard à la vie civile, il ne jugea pas devoir persévérer dans l'abstention politique qu'il avait observée, par sentiment de discipline, tant qu'il appartenait à l'armée et, en 1889, accepta les candidatures au Conseil général et à la députation que lui offrait le Comité conservateur de Nancy. Combattu par l'Administration, il ne parvint à réunir que d'honorables minorités et, sa dette civique personnelle ainsi acquittée, rentra dans son obscure indépendance, sans rien abandonner de ses opinions, pour continuer dans la retraite, à s'occuper des travaux littéraires qui l'ont fait admettre, en 1882, comme membre titulaire, à l'Académie de Stanislas.

Avant son entrée dans cette Compagnie, créée, en 1753, par le roi Stanislas, duc de Lorraine, M. Chassignet avait publié : *Le Journal d'une excursion en Palestine* (Nancy, 1862); *Essais historiques sur les Institutions militaires*, ouvrage cité à la tribune nationale par le général de Chanal, et dont la 2ᵉ édition — V. Rozier, Paris, 1871 — avait été augmentée d'un *Plan de Constitution militaire*, appendice rédigé pendant les tristes loisirs de sa captivité en Allemagne, et des *Etudes sur la Réforme militaire*, Berger-Levrault (Paris, 1880). Depuis, il a fait insérer, dans les Mémoires de l'Académie, en 1883, les *Invalides de l'armée*, et des *Souvenirs du Liban;* en 1885, *Un Soldat lorrain, dans la seconde moitié du XVIIIᵉ siècle*, notice biographique sur le général Houchard; en 1887, *Souvenirs du camp de Kab-Elias et d'une excursion aux ruines de Balbeck;* en 1890, *Un essai historique sur les foires françaises au moyen âge*, et un *Rapport sur les prix de Vertu* décernés par la Compagnie, en cette année. Enfin, en 1895, des *Souvenirs d'une expédition en Kabylie*, Il a aussi fait paraître, dans la *Réforme sociale*, organe de la Société d'Economie sociale de Paris, dont il est membre, deux monographies : sur la *Cristallerie de Baccarat* (1882), et sur les *Maronites du Liban* (1886) et donné aux *Ouvriers des Deux Mondes*, publication de la même Ecole, chez Firmin-Didot, *Monographie d'un allumeur de réverbères de Nancy* (1895). En outre, il a publié une *Notice biographique sur le général de Vercly*, chez Berger-Levrault (Paris et Nancy, 1893).

M. Chassignet est officier de la Légion d'honneur, décoré de la médaille coloniale, de la médaille de Mentana, de la Croix *pro Ecclesia et Pontifice*, et de l'ordre ottoman du Medjidié.

BARBIER DE LALOBE DE FELCOURT (Etienne-Julien), C. ✠ (Commandeur de Saint-Grégoire-le-Grand), né à Vitry-le-François (Marne), le 29 avril 1841; Président du *Comice agricole de Vitry-le-François* et de la *Société mixte de Tir*, vice-président de la *Société hippique de la Marne*, membre du Conseil d'administration de la *Société des Agriculteurs de France* et du Conseil de l'*Union des Syndicats*, etc., etc. Adresse : Maisons, par Loisy-sur-Marne (Marne).

M. de Felcourt est un des hommes qui ont le plus fait pour le développement de notre Agriculture. Aidé de son père, Théobald de Felcourt, il a consacré sa vie entière à des dessèchements et à des plantations dans leur beau domaine de *Maisons*, travaux des plus remarquables qui leur ont valu la Médaille d'or (Prime d'honneur affectée à ce genre d'amélioration) au Concours régional de la Marne, 1883.

Doué d'une parole facile et convaincue, M. de Felcourt a fait un grand nombre de conférences à Châlons, Troyes, Charleville, Paris (Hôtel Continental), en 1878 et 1879. Toutes sont relatives au régime protecteur, mais protectionniste modéré il a toujours demandé pour l'Agriculture française une protection équitable et a constamment repoussé les exagérations qui aboutissent à la prohibition.

Ancien Conseiller général, ancien Président de la *Société des Sciences et des Arts de Vitry-le-François*, Secrétaire général-adjoint de la Section française à l'*Exposition universelle d'Hygiène et de Sauvetage*, à Bruxelles, en 1876, Commissaire à l'*Exposition universelle de 1878*, Membre du jury dans les Concours régionaux pendant neuf ans, M. de Felcourt a toujours prodigué son temps et ses forces quand il pensait avoir quelque bien à faire. Son dévouement n'a jamais eu d'égal que sa modestie.

M. de Felcourt a été, en outre, en 1874, rapporteur de l'enquête sur le bétail dans le département de la Marne, et rapporteur de la Commission des laines de la *Société des Agriculteurs de France* devant la Commission douanière de la Chambre des Députés en 1879.

M. de Felcourt est maire de Maisons. Il est licencié en droit.

Il a publié une brochure très remarquable sur l'*Agriculture en Prusse pendant les années 1878, 1879, 1880, d'après les documents officiels du Ministère de l'Agriculture en Prusse* (Imp. de la Société de Typographie, 8, rue Campagne-Première, Paris, 1882).

GUYOT (Charles), né à Mirecourt (Vosges), le 5 novembre 1845. M. Guyot a été reçu en 1865 à l'*Ecole forestière de Nancy*. Au sortir de cette Ecole, il a rempli les fonctions actives de l'Administration des forêts jusqu'en 1873.

Adresse : 10, rue Girardet, Nancy.

Appelé alors à Nancy auprès de ses anciens maîtres, il y acheva ses études de droit en se faisant recevoir docteur en 1876. Il fut nommé successivement professeur suppléant du cours de Droit à l'Ecole lors de la retraite d'Ed. Meaume, puis professeur titulaire au moment où M. Puton arriva à la direction. Il remplit, de plus, depuis 1893, les fonctions de sous-directeur.

Dans l'accomplissement de son devoir professionnel, M. Guyot s'est efforcé de suivre la voie brillamment ouverte à l'Ecole de Nancy par ses prédécesseurs, E. Meaume et A. Puton, dont il a prononcé successivement l'éloge funèbre.

Parmi ses publications juridiques, on peut citer sa thèse pour le doctorat : *Des droits d'emphytéose et de superficie* (Nancy, 1876); puis un ouvrage composé en collaboration avec A. Puton : *Contrainte par corps en matière criminelle et forestière* (Nancy,1880). Il a, de plus, collaboré à plusieurs recueils périodiques. C'est de lui que proviennent les articles concernant les forêts dans le nouveau *Répertoire de Jurisprudence*. Il va faire prochainement paraître une histoire de cette Ecole forestière, dont il est un des chefs, école unique en France, créée en 1824, et dont il raconte les développements et les vicissitudes.

Les études juridiques sont loin d'avoir absorbé l'activité de M. Guyot. Il s'est aussi laissé attirer par la littérature, et, notamment, par l'histoire de son pays de Lorraine. Introduit de bonne heure par son compatriote et parent, Ch. Leprevote, numismate et collectionneur distingué, auprès de Henri Lepage, l'émule de Digot et de Guerrier de Dumast, il fut bien accueilli du vieil archiviste qui le mit en rapport avec les membres de la *Société d'archéologie*, qu'il présidait et lui donna le goût des recherches sérieuses. Vers cette époque, l'*Académie de Stanislas*, ayant mis au concours une étude sur la *Condition des classes agricoles en Lorraine avant 1789*, Ch. Guyot déposa un volumineux mémoire auquel le prix fut décerné. Ce mémoire, que l'auteur n'estimait pas assez complet, n'a pas été publié, mais il en a déjà extrait plusieurs parties qui peuvent

faire juger du mérite de l'œuvre : ainsi, *Les forêts lorraines* (in-8° de 410 p. 1886); *Histoire d'un domaine rural en Lorraine* (in-8° de 127 p., 1887); *Essai sur l'aisance relative du paysan lorrain à partir du XV° siècle* (in-8°) de 133 p.); etc. D'autres pourront suivre.

A signaler encore parmi les nombreuses brochures qui portent le nom de M. Ch. Guyot, une série d'études consacrées à sa ville natale, et, notamment, une notice historique sur l'*Hôpital de Mirecourt*, (in-8°, 131 p., 1894). L'auteur s'occupe de continuer l'histoire de Mirecourt, que Ch. Leprevoté a composée jusqu'en 1766, et de la conduire notamment pendant la période révolutionnaire, si fertile en trouvailles intéressantes.

Tous ces travaux ont signalé Ch. Guyot a l'attention des Lorrains, et, dès 1883, l'*Académie de Stanislas* l'a appelé dans ses rangs; il en a été le président en 1893. Enfin, à la mort de M. Lepage, il a été choisi pour lui succéder à la présidence de la *Société d'archéologie lorraine*, et là, depuis 1888, aidé d'amis vaillants et dévoués, il s'efforce de développer les études locales, en groupant autour de lui les bonnes volontés de tous ceux qui ont conservé l'amour de la patrie lorraine.

FRICOTTEAU DE PARGNY (Alphonse), né au lendemain de la deuxième République, en ce charmant coin des Ardennes, dit les *Quatre-Vallées*, qu'a si justement vanté l'his-

torien Jean Hubert, est le descendant d'une famille de négociants-meuniers cultivateurs qui, au XV° siècle, marquait déjà son existence en ce même lieu.

Adresse : Reims (Marne).

Alphonse Fricotteau compte, parmi ses grands et proches parents, de nombreuses notabilités très en vue, notamment les Fricotteau, volontaire rémois en 1791 et 1792, — Watrin, général de la première République et de l'Empire, — Rivolet, l'une des lumières et ancien bâtonnier du barreau parisien, — Watrin, le célèbre examinateur à la Sorbonne, etc., etc.

Son père, esprit bon, serviable et libéral, tout en suivant les traditions de ses aïeux, ne voulut jamais d'aucune fonction élective, voire des plus honorables ; aussi la main du riche comme celle du pauvre ne cessa-t-elle de se tendre vers la sienne : celle du pauvre surtout qu'il avait nourri lors des tourmentes de 1848, et de celles des années qui suivirent.

M. Alphonse Fricotteau avait à peine quinze ans lorsqu'il perdit son père. Deux années ne s'étaient pas écoulées qu'il perdait également son estimable mère.

Resté seul, sans guide, sans conseil, Alphonse Fricotteau s'élève de lui-même, un peu à la diable. Des collèges de Rethel et de Charleville, — où comme partout ailleurs, du reste, son doux et loyal caractère lui vaut l'estime de tous ses camarades, — il commence à envoyer de petites communications à différents journaux littéraires et même politiques. Il passe sa jeunesse en compagnie de Molière, Chateaubriand, Lamartine, Victor Hugo, Désaugiers, Pierre Dupont, Béranger, ses auteurs préférés qu'il va chérir, dissimulé, sous les pommiers et les cerisiers fleuris du vallon natal et au bruit du tic-tac cadencé du moulin paternel. C'est alors, qu'avec ses amis du village, il organise des sociétés musicales et théâtrales qui font les délices de la contrée et qui obtiennent de très beaux succès dans divers concours. Alphonse Fricotteau conduit ainsi de front les arts, la politique, le commerce.

En 1869, lors des élections législatives, comme en 1870 à l'occasion du plébiscite, favorisant l'opposition, alors qu'on le savait en relations suivies avec Th. Karcher, journaliste, exilé en 1851, il a le petit ennui d'être filé par le sous-préfet de Rethel qui, devant l'estime générale dont jouit le jeune politicien, se contente, bien en vain, de lui faire des remontrances par voie indirecte.

En 1871, en pleine occupation allemande, il est un des premiers à concourir à la fondation du *Nord-Est*, dont il devient dévoué collaborateur, vaillant journal qui, par sa droiture, sait en fort peu de temps gagner l'esprit ardennais à la République. Zélé propagateur de la Ligue de l'Enseignement, dont il est plus tard l'un des bibliothécaires, il ne cesse de prêter son concours à la création de comités dans la région, tout en écrivant des chants patriotiques et rustiques pour le peuple et tout en travaillant à la fois, à un moment donné, pour douze ou quinze journaux dans lesquels il traite, d'une façon autorisée, les questions foncièrement démocratiques, sociales et économiques.

Mais ces féconds travaux n'empêchent pas Alphonse Fricotteau de s'apercevoir que dans son entourage, comme autrefois dans celui de son père, il se trouve des gens qui, les suites de la guerre aidant, auront bientôt raison de sa situation commerciale. Prenant alors une pénible mais énergique résolution, la mort dans l'âme, il quitta le domaine paternel et vint se fixer à Reims. Là, il fréquente encore quelque peu les cercles politiques, mais irrégulièrement, ses idées sur la valeur des hommes s'étant singulièrement modifiées. Il n'en est pas de même de ses convictions qui n'ont jamais varié et qu'il aime à faire respecter comme il sait respecter celles des autres, quelles qu'elles soient, dès qu'il les croit sincères.

En revanche, tout en élevant paisiblement sa petite famille qu'il destine au commerce local, il aime comme son grand'père à chanter en paix, la nature, la vie, la femme, le vin, etc.

Nous l'avons vu, en moins de deux ans, figurer dans cinquante concours où nous pouvons dire qu'il fut cinquante fois l'un des premiers lauréats, aussi bien pour la poésie légère que pour différentes pièces de théâtre. Il n'est pas un compositeur qui ne lui ait demandé des paroles, qui ne fût épris de son style clair et naturel.

Nous espérons que M. Alph. Fricotteau de Pargny voudra bien encore nous donner quelques-uns des beaux chants rustiques ou autres dont il a la spécialité et semblables à ceux que son heureuse inspiration nous a permis d'entendre en ces temps derniers, tels que *La Champenoise*, chant populaire, *J'aime à rêver*, mélodie, etc., dans lesquels il excelle à célébrer les charmes des beautés et du vin.

Bien qu'absorbé par les affaires, M. Alphonse Fricotteau de Pargny n'en dirige pas moins, avec tact, quelques revues, entre autres : *Le Touriste de la Meuse*, promenade hebdomadaire (de Charleville à Givet et Namur) dans la vallée de la Meuse et le journal *Le Vin de Champagne*, organe à la fois commercial, agricole, humoristique, littéraire et mondain.

MATHIOT (Charles-Eugène), né le 25 août 1864, à Epinal (Vosges), avocat à la Cour d'appel de Paris, écrivain, voyageur et homme politique.

Adresse : 2, rue de Clichy, Paris; et Guerbigny, près Montdidier (Somme).

M. Charles Mathiot, le très distingué avocat à la Cour d'appel de Paris, appartient, comme l'indique la désinence de son nom, à une vieille famille républicaine de l'Est, originaire de Remiremont, dans les Vosges. Son père, M. Mathiot, avait épousé M⁰ᵉ Langlet, la fille de riches commerçants picards, établis à Amiens.

M. Charles Mathiot, orphelin dès l'enfance, fut élevé dans sa famille maternelle, à Guerbigny, auprès de son oncle, M. Langlet, à Amiens, où il étudia, et à Warloy-Baillon (Somme), où sa grand'-mère possédait une magnifique villa.

C'est donc un enfant du pays picard et c'est à ce titre que le *Cercle des Francs-Picards*, à Paris, a le plaisir de le compter parmi ses membres. Nous savons que les Vosges ne le renient pas, et l'Association vosgienne de Paris l'a inscrit parmi ses sociétaires.

M. Mathiot fit d'excellentes études secondaires (lettres et sciences). Il se prépara pour l'École forestière et sa fit inscrire aux cours des

Facultés des Lettres et de Droit. Reçu licencié en droit, il entra chez un avoué de Paris et devint principal clerc d'une des plus importantes études de la capitale. Avocat à la Cour d'appel le 15 octobre 1887, il se fit admettre (1890) dans dans cette phalange du Secrétariat de la *Conférence des Avocats*, qn'on a justement qualifiée d' « École de guerre du barreau », et qui a compté parmi ses membres tant d'illustres hommes politiques : Grévy, Gambetta, Madier de Montjau, Allou, Picard, Jametel, Durier, J. Ferry, Méline, Decrais, Ribot, Develle, Charles Graux, Flourens, Poincaré, Barthou, pour ne citer que les noms qui viennent au bout de notre plume, et des avocats tels que Barboux, Pouillet, Demange, Danet, etc...

Sa place était prête au barreau. L'ancien ministre, M⁰ Waldeck-Rousseau, un des premiers avocats de notre époque, choisit M. Charles Mathiot comme l'un de ses secrétaires. M. Mathiot étudia auprès de lui les plus grosses affaires, et ne tarda pas à se faire une place honorable au Palais.

Il réalisait ainsi très rapidement la prédiction que lui avait faite Jules Ferry, lors de son élec-

tion au secrétariat : « Vous avez franchi seul, sans famille, à Paris, les années périlleuses de la vie, et, par votre volonté, vous êtes devenu un homme. Travaillez et vous réussirez, je vous l'affirme. «

Le 4 mars 1893. M. Charles Mathiot était nommé, par arrêté ministériel, avocat-conseil du Sous-Secrétariat des Colonies ; l'année suivante (17 juillet 1894), il fut désigné comme secrétaire du Comité consultatif du contentieux auprès du même ministère.

M. Mathiot s'occupe beaucoup des nombreuses questions soulevées por la politique d'expansion coloniale. Travailleur acharné, doué d'un grand esprit d'assimilation, il se tient au courant de tout ce qui intéresse notre grand domaine colonial. Dans ses délicates fonctions au Ministère des Colonies, et, principalement dans les affaires de concessions, il a fait apprécier son savoir et son habileté.

Au Palais, M. Charles Mathiot s'occupe tout particulièrement dans les affaires de Sociétés, de travaux publics, de Bourse et de banque, qu'il a pu apprendre et pratiquer au milieu des importants dossiers confiés à M. Waldeck-Rousseau, ce qui ne l'empêche de plaider avec esprit et grand talent les questions artistiques et littéraires.

Nous pourrions ajouter à ce propos — et pour la note gaie — que M. Charles Mathiot eut l'occasion de défendre devant les tribunaux, le gentilhomme Rodolphe Salis, du *Chat-Noir*, seigneur de Chatnoirville-en-Vexin et autres lieux, dont le prochain départ plonge actuellement Montmartre dans une profonde désolation. M. Mathiot a plaidé dans les affaires d'Estournel, de Biré, etc.,

L'avocat, en M. Mathiot, est doublé d'un écrivain et d'un artiste.

M. Charles Mathiot a collaboré, ou collabore, à plusieurs journaux ou revues, parmi lesquels nous citerons ; la *Revue de Psychiâtrie et de Neurologie*, de Paris, la *Moskofski Lujtok*, de Moscou, l'*Aftonbladet*, de Stockholm, etc. Il a donné de nombreuses chroniques dans divers journaux de Paris et de la province.

On lui doit une intéressante étude sur l'*Hypnotisme et ses relations avec la loi*. Il prépare un travail qui sera intitulé : *Des Coulissiers, leur rôle, leur utilité*.

Dès ses débuts à Paris, M. Charles Mathiot fréquenta assidûment les ateliers de peinture. Il manie habilement le pinceau. Il a donné des études sur Charles Chaplin et mis au point les écrits du *Peintre de la Femme* et ses notes sur Millet, Courbet et Manet.

M. Mathiot possède une belle collection d'eaux-fortes, de gravures sur bois, d'*états*, etc.

Le jeune avocat a entrepris d'importants voyages d'études, dont il a rapporté des notes et des documents intéressants. Il a parcouru l'Angleterre, l'Allemagne (3 voyages), le Danemark, la Suède, la Russie, la Finlande (Albo, Helningfors, Jmatra), la Turquie, l'Asie Mineure, la Grèce (Athènes, Corinthe, Patras,

Olympia, Delphes, l'Italie, l'Espagne.

Il était en Russie au moment de Cronstadt. Il fut un des rares Français qui allèrent saluer le czar Alexandre III à son arrivée sur le sol danois, quelques jours après Cronstadt. Il fut des privilégiés qui rencontrèrent l'empereur dans le parc du château de Fréderiksborg. En Espagne, M. Mathiot fut présenté à Emilio Castelar, le puissant orateur.

A la mort de M. le Dr Leroy, député, M. Ch. Mathiot se présenta aux élections législatives du 19 janvier 1896, dans la circonscription de Montdidier, Somme. Il eut pour concurrents M. Klotz, du *Voltaire*, M. Nicoullaud, de la *Gazette de France* et M. Hennard, agriculteur. M. Mathiot se proclama de l'école de Gambetta et de Waldeck-Rousseau. Dans son programme, il se déclara : « Un travailleur et non un politicien », ajoutant : « Je veux la Paix, l'Ordre, le Progrès, l'Honnêteté. »

Cette élection législative restera célèbre dans l'arrondissement de Montdidier. Les concurrents de M. Mathiot firent un effort suprême, et M. Mathiot ne fut pas élu. Au deuxième tour, il reporta ses voix sur M. Hennard et contribua ainsi à la victoire de ce dernier.

Ce n'est que partie remise pour M. Mathiot. Il fera mentir le proverbe : *Nul n'est prophète en son pays*. Ses compatriotes picards ne pourront trouver, aux prochaines élections, un député plus digne, plus honnête, un représentant plus instruit, plus dévoué.

DECHARME (CONSTANTIN), ✿, I. ✿, né à Breuvannes (Haute-Marne), le 30 septembre 1815, Docteur ès-sciences physiques. Professeur de physique de l'Université, en retraite à Amiens; membre de l'*Académie des Sciences, des Lettres et des Arts* d'Amiens, et de plusieurs autres Sociétés savantes ou industrielles.

Adresse : 8, rue Saint-Louis, Amiens (Somme).

M. C. Decharme fit ses études au collège d'Autun; il fut reçu bachelier ès-lettres en 1836 et bachelier ès-sciences en 1840. Après avoir suivi les cours scientifiques de la Sorbonne, il conquit ses grades de licencié ès-sciences mathématiques et de licencié ès-sciences physiques, en 1843-1844. En 1863, il était reçu docteur.

Dans l'Université, il fut successivement professeur de mathématiques et de physique au Collège d'Abbeville de 1847 à 1852, et au Lycée d'Amiens de 1852 à 1864, et de 1864 à 1879, professeur à l'Ecole supérieure des Sciences et au Lycée d'Angers, c'est là qu'il prit sa retraite.

Parmi les nombreux travaux scientifiques de M. Decharme, on peut citer principalement ses *Mémoires* (au nombre de 18) insérés, en partie, dans les *Annales de chimie et de physique* : 1° Sur la *Capillarité dynamique*: mouvement spontané des liquides dans les tubes capillaires et les corps poreux, de 1872 à 1874 (trois mémoires formant 1 vol. in-8 de 345 pages avec 11 grandes planches hors texte); suivi des *Effets frigorifiques* produits par capillarité et évapora-

tion ; 2° sur les *Formes vibratoires* des corps solides, des liquides, des bulles et des pellicules de liquide glycérique, de 1879 à 1882 (1 vol. in-8 de 100 pages, avec 11 planches); 3° *Expériences hydrodynamiques*: Imitation par les courants liquides ou gazeux des phénomènes d'électricité et de magnétisme, de 1882 à 1885 (trois mémoires de 381 pages contenant 208 fi-

gures dans le texte et deux planches hors texte). Les mémoires complets ont été publiés dans les *Mémoires de la Société académique d'Angers* de 1873 à 1879 et dans ceux de l'Académie d'Amiens, de 1883 à 1886. Mentionnons encore *Précision dans les Sciences expérimentales* (4 lectures à l'*Académie d'Amiens*, en 1892-94, 380 pages in-8).

M. Decharme a communiqué à l'Académie des Sciences 90 notes et mémoires, insérés en partie ou en totalité dans les Comptes-rendus, parmi lesquels on remarque, outre les Notes sur les mémoires précédents : *Recherches expérimentales sur la vitesse du flux thermique dans une barre de fer* ; relation entre les températures des métaux et leurs *colorations thermiques*; nouvelles *flammes sonores* : *qualités sonores* comparatives des métaux, des bois et des pierres; *anneaux colorés thermiques et chimiques* ; *Points critiques des métaux sonores* ; divers phénomènes météorologiques ; *Courbes magnétiques* ; Expériences d'aimantation, etc.

M. Decharme a publié un grand nombre d'articles scientifiques sur la physique, la chimie, la météorologie dans différentes revues : la *Picardie*, le *Journal de l'Instruction publique*, la *Revue scientifique*, le *Journal de physique*, la *Nature* et spécialement dans la

Lumière électrique (de 1885 à 1892) principalement sur les sujets suivants : Expériences d'imitation des anneaux électro-chimiques. par les courants d'eau continus ou discontinus ; comparaison entre le mode de propagation de la chaleur, de l'électricité et du magnétisme ; hydrodiapasons; Application de l'électricité à l'étude des *formes vibratoires* des corps solides, des liquides et des bulles de savon, et à celle du *mouvement spontané* des liquides dans les *tubes capillaires; Fantômes magnétiques* (16 articles) ; Courbes magnétiques (isogoniques, isoclines, isodynamiques); sur le rôle de l'électricité dans la cristallisation ; Analogies et différences entre l'électricité et le magnétisme (6 articles) ; Différence entre l'électricité positive et l'électricité négative (13 articles); Du *retard* de l'effet d'une force dans les phénomènes physiques ; *Points critiques* dans les phénomènes physiques (7 articles), Expériences d'*aimantation transversale ; Procédés indirects* dans les sciences physiques (5 articles) ; Inversion. réciprocité, réversibilité ; Le *hasard* et l'imprévu dans les découvertes et les recherches scientifiques (3 articles). En tout, jusqu'au 14 octobre 1892, 47 sujets, ayant donné lieu à 124 articles, formant un total de plus de 1.400 colonnes de la *Revue*, contenant plus de 1,000 fig.

M. Decharme a collaboré au *Dictionnaire encyclopédique et biographique de l'Industrie*, en 8 volumes et supplément de E. O. Lami, de 1883 à 1891. Il y a traité plus de 350 mots, dont 57 biographies parmi lesquelles on voit figurer : Chevreul, Dumas, Gay-Lussac, Lavoisier, Pasteur, Payen, Pelouze, Pouillet, Regnault, Rubmkorff, Barral, Blavier, Jamin, Péligot, Planté, Verdet, etc.

Les articles traités dans ce dictionnaire avec le plus d'étendue sont les suivants :

Chaleur (36 colonnes); Couleur et contraste simultané (37 colonnes) ; Cristallographie (11 colonnes); Ébullition ; Hygrométrie; Liquéfaction ; Magnétisme; Métalloïdes; Paratonnerres; Photométrie ; Physique industrielle ; Pneumatique ; Pyromètre ; Régulateur; Spectroscope; Thermochimie ; Vapeur; Alcoomètre; Balances; Bobines d'induction ; Boussoles ; Calorimétrie ; le tout formant un total de 760 colonnes de ce Dictionnaire.

M. Decharme a publié : *De l'électricité et de ses principales applications* (1 vol. in-12; Abbeville, 1852); *Thèse de chimie* : De l'opium indigène extrait du pavot œillette ; de l'identité de sa morphine avec celle du pavot exotique ; des formes hémiédriques de la morphine et de quelques sels nouveaux de cet alcaloïde. *Thèse de physique* : Sur de nouveaux baromètres à maxima et à minima, précédée d'une revue critique des formes barométriques ; Sur la simplicité et la généralité prétendues des *Lois du monde physique* (in-8 de 100 pages, Angers, 1865); Discours de réception à l'*Académie d'Amiens : Sur les applications de la chimie* (1853) ; Discours sur l'*Attrait des sciences*, prononcé à la séance publique de l'*Académie d'A-*

miens en 1858 (en qualité de président) ; Sur un ouvrage de M. Berthelot : *Chimie fondée sur la synthèse* (Mémoires de l'*Académie d'Amiens*, 1861) ; De l'*Introduction de la méthode historique* dans l'enseignement des sciences (Amiens 1864). M. Decharme a publié en outre, de nombreux articles de vulgarisation scientifique dans les journaux d'Abbeville, d'Angers et d'Amiens.

M. Decharme a fait à la *Société industrielle d'Amiens*, de 1886 à 1892, *dix-huit lectures* en assemblée générale. sans compter celles qu'il a faites au Comité de physique, dont il a été plusieurs fois président ; ces lectures portent sur les sujets suivants :

Transport de la force à grande distance par l'électricité ; Sur les applications de la méthode graphique aux sciences, aux arts et spécialement à l'industrie ; Sur le rôle des sciences dans l'industrie; Sur les moyens de rendre les tissus et les bois ininflammables ; Sur les incendies, leurs causes, les moyens de les prévenir et de les éteindre ; Des forces perdues au point de vue industriel et de quelques moyens de les utiliser ; Des forces à conquérir au point de vue industriel; La question des paratonnerres; Avertisseurs électriques d'effraction et d'incendie ; La lumière électrique et ses principales applications (2 lectures) ; Rapports nécessaires entre la *théorie* et la *pratique* dans l'industrie et les arts industriels ; Du hasard dans les découvertes et les inventions scientifiques ; Les inventeurs malheureux (2 lectures) ; Les victimes de la science et de l'industrie (2 lectures).

Comme on le voit, par cette brève énumération, M. Decharme est un des savants qui font le plus honneur à notre pays. En sa retraite charmante d'Amiens, il continue à travailler et à écrire, dans la plénitude de sa force et de son intelligence. Sa fille, sous le pseudonyme de *Lucia*, vient d'obtenir au concours de l'Académie littéraire et artistique de *Paris-Province*, le 2ᵉ prix de poésie (médaille d'argent). Nous aurons l'occasion de nous en occuper plus loin.

CHABEUF (Joseph-Pierre-Auguste-Henri), né à Dijon le 10 octobre 1836, fit ses études au lycée de Dijon, son droit à la Faculté de la même ville et prêta serment comme avocat en 1858. En février 1865, il fut nommé conseiller de préfecture à Perpignan d'où il passa en mai 1869 à Chambéry, puis en février 1870 à Dijon et donna sa démission en octobre suivant.

M. Chabeuf s'est tenu depuis à l'écart de la vie publique pour se consacrer tout entier à des études historiques, littéraires et artistiques. En 1879, la ville de Cannes ayant mis au concours l'*Éloge de lord Brougham*, qu'elle considérait à bon droit, comme le premier auteur de sa prospérité en tant que ville d'hiver, M. Chabeuf eut l'honneur de voir son discours, sa première œuvre, remporter le premier prix. L'année suivante, le 1ᵉʳ août, il était nommé

membre de la *Commission départementale des
Antiquités de la Côte-d'Or* et, le 22 juin 1882,
prenait séance à l'*Académie des Sciences et
Belles Lettres* de Dijon, dont il devenait secrétaire le 18 janvier 1888.

Du 14 décembre 1887 au 11 décembre 1891,
M. Chabeuf a été président de la *Société
bourguignonne de Géographie et d'Histoire*
et vice-président du 11 décembre 1891 au 14
décembre 1894.

Le 15 décembre 1891 il était fait vice-président de la Commission des Antiquités, puis
président le 15 décembre 1895. Le 15 janvier
1896, il fut promu vice-président de l'*Académie*. M. Chabeuf fut en outre secrétaire,
puis vice-président, enfin en décembre 1888
président de la *Société de Lecture* de Dijon,
l'une des bibliothèques de prêt les plus importantes qui soient en France, la plus ancienne à
coup sûr, puisqu'elle a été fondée en 1826 à
l'imitation de celle de Genève. Il est membre
de la Commission du musée et de la bibliothèque publique de Dijon.

En mai 1892 il a reçu pour l'ensemble de ses
travaux artistiques et littéraires la médaille
d'or de la *Société d'encouragement au Bien*,
enfin, en 1895, l'*Académie française* lui a
décerné un prix Therouanne fondé « en faveur
des meilleurs travaux historiques publiés dans le
cours de l'année précédente » — pour un grand
ouvrage — *Dijon. Monuments et Souvenirs*.

M. Chabeuf habite Dijon, rue Legouz-
Gerland, 5, et Saint-Seine-l'Abbaye (Côte-d'Or).

Il a publié, de 1879 à 1896 : *Eloge historique
de lord Brougham*, couronné aux fêtes du
centenaire de Cannes ; *L'Exposition de la
Société des Amis des Arts de la Côte-d'Or
en 1880 ; Discours de réception à l'Académie ; Notice sur M. J.-B. Liégeard, ancien
maire de Dijon ; Le Parlement à l'Estable*,
noël satirique du siècle dernier ; *Notice sur
Félix Trutat, peintre, élève de l'Ecole des
Beaux-Arts de Dijon*, avec deux eaux-fortes ;
*Notice sur le général Dufour ; Catalogue de
la collection de M. F. Borthon* (gr. in-8° ill.)
— *Dijon. Monuments et Souvenirs* (in-4° de
440 pp. illustré de 140 photogravures).

Dans les mémoires de l'Académie, mais tirés
à part à très petit nombre et absolument
épuisés : *Voyage d'un délégué suisse au
Chapitre général de Cîteaux en 1867 ; Louis
Bertrand et le romantisme à Dijon ; Jean
de La Huerta, Antoine Le Moiturier et le
tombeau de Jean sans Peur*.

M. Chabeuf a encore rédigé en entier les
rapports sur les prix décernés par l'*Académie* :
Sciences (année 1884); Beaux-Arts (années 1885,
1888, 1891); Lettres (années 1886, 1889) et pour
partie les rapports de 1892 et 1895 (Lettres) et
1894 (Beaux-Arts). Ces rapports ont été imprimés tant dans les mémoires qu'en brochures.

Dans les mémoires de la Commission des
Antiquités, M. Chabeuf a publié et fait tirer à
part : *Histoire d'une église — monographie
historique et descriptive de l'église bénédictine*

de *Saint-Seine l'Abbaye* (in-4° de 198 p. avec
nombreuses illustrations); *Notice sur l'hôtel
Joly de Blaisy, à Dijon, et le château de
Blaisy ; La croix-reliquaire de Rouvres*, notice sur une croix en orfévrerie du xiii° siècle
conservée en l'église de Rouvres (Côte-d'Or);
*Les Tapisseries données par le chanoine
Hugues Le Coq en 1500 à l'« insigne » collégiale Notre-Dame de Beaune* (avec planches), sans compter de nombreuses communications non tirées à part.

Dans les mémoires de la *Société bourguignonne de Géographie et d'Histoire : Plan
de monographie communale ; Discours prononcé en prenant possession du siège de la
présidence le 11 janvier 1888; Réclamations
en matière d'impôt aux xiv°, xv° et xvi° siècles;
Documents inédits sur la Révolution et
l'Empire ; Trois sceaux cisterciens ; Deux
portraits bourguignons du xv° siècle* (avec
deux eaux-fortes et trois photogravures); *Une
légende dijonnaise ; Un épisode de l'invasion
de Gallas en Bourgogne. 1636; Napoléon à
Autun en 1815*. Les *Mémoires* de la Société
renferment en outre d'importantes communications non tirées à part : Sur le sculpteur
Claus Sluter, imagier du duc Philippe le Hardi
et son école ; sur le vignettiste Clément
Marillier et le graveur Rajon, nés l'un et l'autre
à Dijon, sur Léouzon-Leduc, etc., etc.

M. Chabeuf collabore depuis 1880 au *Journal
des Arts* où il signe André Arnoult ; il écrit
aussi sous la signature H. C. des articles de
littérature, d'histoire et d'art dans le *Bien
Public* de Dijon; enfin il a inséré sous son nom,
dans la *Revue de l'Art chrétien*, de nombreuses
monographies dont plusieurs ont été tirées à
part mais ainsi que toutes les autres non mises
dans le commerce : *Une excursion à Beze
(Côte-d'Or); Le vitrail de Turcey (Côte-d'Or);
Peintures murales du xv° siècle, à Dijon;
Les peintures de l'église de Chambolle-Musi-
gny ; Les minutes des notaires aux archives
de la Côte-d'Or ; L'église Saint-Benigne de
Dijon*, etc.

M. Chabeuf est encore un collaborateur
assidu de l'*Intermédiaire* et des *Archives de
la Société française des collectionneurs d'Ex-
libris*.

Le portrait de M. Chabeuf a été gravé à
l'eau-forte par son compatriote et ami M. Victor
Fouillon, un hors concours aux Salons de
Paris.

BOURS (Victor-Eugène), I. ✦, auteur dramatique, né à Reims (Marne), le 14 juin 1848.
Adresse : Ministère de la Guerre, Paris.

M. Bours débuta tout d'abord dans la banque,
en province, puis vint à Paris, vers 1866, où,
en dehors de ses occupations bureaucratiques,
il s'adonna à des travaux littéraires. Le théâtre eut particulièrement ses préférences.

Sa première pièce — un acte — allait être
jouée au théâtre des « Jeunes artistes », d'assez

lointaine mémoire, lorsque la conscription l'appela sous les drapeaux.

En 1870, Bours, fait prisonnier à Metz, à la reddition de cette place par le maréchal Bazaine, fut interné dans une enceinte fortifiée, à Neisse (Silésie), où il fit connaissance avec le fils d'Hyacinthe, le comique du Palais-Royal, alors sergent dans les chasseurs de la garde. Ce fut le fils du comédien, aidé de deux ou trois prix de comédie du Conservatoire, qui interpréta la première œuvre de notre auteur, sur une scène improvisée dans un baraquement accordé par le commandant du fort, sollicité par ses officiers alléchés par cette distraction inattendue.

Un dessinateur fit les programmes, qui furent achetés à coups de thalers par les officiers prussiens; un peintre décorateur brossa, sur des toiles de tentes militaires, les décors nécessaires à la pièce; tous ces artistes étaient amenés là par le sort des batailles.

Bours remporta un succès très vif près des trois mille soldats internés avec lui.

Pendant sa captivité, le jeune dramaturge composa une pièce en quatre actes, ayant pour titre : *Les honnêtes gens*, critique violente des mœurs de l'empire écroulé et qu'il rapporta à son retour en France.

De nouveau incorporé, en 1871, dans un régiment de ligne, et nommé sergent-major dans la compagnie d'un capitaine bonapartiste, Bours ne put cacher sa comédie à la curiosité de son supérieur. De là, guerre déclarée entre le capitaine et son sous-ordre. La victoire ne serait certainement pas restée à ce dernier, si, quelques mois plus tard, il n'avait été libéré du service militaire.

Rentré dans sa ville natale, Bours poursuivit ses essais au théâtre.

En 1875, il donna son premier grand drame : *Le siège de Reims* (1359), qui reçut un chaleureux accueil de ses concitoyens.

Cette heureuse tentative le décida à retourner à Paris. Il y subit bientôt le calvaire réservé à tous ceux qui, sans appui, sans fortune, cherchent à se faire une place au soleil. Toutes ses pièces, présentées aux directions de drame et de comédie furent repoussées ; on ne les lut même pas!

Sur ces entrefaites, il entra en relations avec un sous-chef de bureau au ministère de la Guerre, chansonnier à ses heures et grand ami des directeurs des théâtres de Belleville et du Montparnasse. Ce sous-chef s'offrit, à des conditions acceptées par Bours, de le piloter près de ces directeurs.

Alors, successivement, furent représentées,

avec un même bonheur que pour sa première pièce : *La nuit de Noël*, drame populaire en cinq actes, sur le théâtre de Belleville; *La petite Patriote*, pièce historique en six tableaux, et *Le briseur de chaînes*, étude sociale en cinq actes, sur la scène du Montparnasse.

Le bouton de Brioux et *La mort de César*, bouffonneries en un acte, firent la joie des cafés-concerts pendant plusieurs années.

Enfin, M. Bours vient de faire paraître : *Tête-Rouge*, drame en cinq actes et sept ta-

bleaux, mettant en scène un des épisodes des guerres de religion sous Charles IX.

Cette dernière pièce, tour à tour acceptée par la direction de Beaumarchais et du Château-d'Eau, ne fut jamais jouée, par suite de la déconfiture de ces directions.

La *Cravache parisienne* a encore publié de V. Bours un drame en un acte : *L'inceste*, et le journal *L'Ami de la maison* une série de *Contes militaires*.

M. Bours est, depuis plusieurs années, officier de l'Instruction publique.

LHOTE (Joseph-Amédée), né à Châlons, le 7 juillet 1829. Ancien sous-bibliothécaire de sa ville natale, membre de la *Société Académique de la Marne* (1890), de l'*Académie* nationale de Reims, de la *Société des Sciences et Arts de Vitry-le-François*, de la *Société Académique de l'Aube*, etc.

Adresse : rue du Parlement, 7, Châlons-sur-Marne (Marne).

Issu d'une famille chargée d'enfants, J.-Amédée Lhote ne reçut qu'une instruction primaire. Le père était perruquier : le fils embrassa la profession paternelle. Tout en s'occupant de raser et de coiffer ses clients, Amédée Lhote révélait ses goûts de chercheur. Il se créait une bibliothèque de tout ce qui avait paru jusqu'alors d'ouvrages curieux sur son art autrefois si considéré.

En 1865, les lettrés, qui avaient compris M. Lhote, le firent entrer à la Bibliothèque de sa ville natale. Ces fonctions contribuèrent à développer ses aptitudes naturelles. Le jeune bibliothécaire prit pour objectif de ses recherches tout ce qui concernait la vieille province de Champagne et particulièrement la ville de Châlons. Il fit ses débuts dans la littérature par une excellente *Biographie Châlonnaise*, ouvrage orné de portraits et d'armoiries gravés par A. Varin (Châlons; Martin, 1870, grand in-8°). Ce précieux travail, qui n'avait pas demandé à son auteur moins de dix ans de recherches ardues, fut couronné par la *Société Académique de la Marne*. Le succès encouragea M. J.-Amédée Lhote. Il fit suivre sa *Biographie Châlonnaise* de plusieurs notices biographiques insérées dans les journaux de la localité ou dans les *Annuaires de la Marne*, dont M. Lhote publia en 1892 la Table analytique. Citons tout particulièrement les notices sur le peintre en miniature *Maxime David*, né à Châlons en 1798, mort à Paris en 1870 (in *Journal de la Marne*, 28 novembre 1871); sur le publiciste *J.-L. Guérin*, châlonnais (*id.*, 24 octobre 1872); sur le controversiste *Jacques Dueil*, curé de Lépine, né à Vitry-le-François en 1680, mort à Châlons en 1760 (*id.*, 1873); sur le mosaïste *Claude Vallon*, né à Epernay en 1790, mort à Paris en 1857 (*Almanach-annuaire de la Marne, l'Aisne et les Ardennes*, 26 avril 1876); sur le vétérinaire militaire *Augustin-Alexandre Lhote* (*Indépendant Rémois*, 16 février 1878); sur le savant médecin *Pierre Briquet*, châlonnais (*Annuaire de la Marne*, 1883); sur *Claude Chastillon*, ingénieur topographe du roi, né à Châlons, 1560, mort même lieu, le 27 avril 1616 (*Bulletin des Beaux-Arts, Répertoire des Artistes français*, Paris, 1885-1886).

Entre temps, M. Lhote publiait ses *Recherches sur les Centenaires nés ou morts dans le département de la Marne* (Châlons, Le Roy, 1875, in-12), ouvrage qui eut deux éditions (la 2ᵉ, Reims, Matot-Braine, 1878, in-8°); il faisait des recherches généalogiques et historiques sur les familles des Alfeston, des Dunolinet, des Gargam, des Varin, etc.; il reconstituait la liste des chanoines de la Cathédrale et de Notre-Dame de Châlons (*Annuaire de la Marne*, 1881), celle des *Imprimeurs, Libraires*

et *Relieurs de la ville de Châlons* (Châlons, Martin, 1872, in-8° ; deuxième édition, mise au point, grand placard, 1893); il donnait au

Moniteur de la Coiffure, et à *La Coiffure illustrée* des articles sur *Quelques illustrations de la Barbe et de la Perruque* (juillet, août 1883).

Après vingt-six ans passés à la Bibliothèque, années durant lesquelles il se fit apprécier des érudits et des chercheurs aussi bien que des simples lecteurs, M. Lhote, élégamment entouré dans son cabinet d'amateur de tous les documents relatifs à son ancienne profession et à son pays, continue infatigablement son œuvre. Il vient de publier son *Histoire de l'Imprimerie de Châlons*, notices biographiques et bibliographiques sur les Imprimeurs, Libraires, Relieurs et Lithographes (1 vol. in-4°), avec les titres des principaux ouvrages sortis de leurs presses, et la reproduction de leurs meilleurs bois anciens gravés.

Un chapitre est consacré à la *Lithographie*. Une belle place, dans l'histoire de cet art, est réservée à la ville de Châlons. Au point de vue documentaire, le travail est complet. L'auteur y a résumé le fruit de vingt années de recherches opiniâtres dans les dépôts publics de Châlons et d'ailleurs. Plus de 800 titres d'ouvrages imprimés à Châlons font de ce volume, qui n'a d'ailleurs pas la prétention d'être complet à ce point de vue, une intéressante *Bibliographie locale*.

L'œuvre est remarquable sous le rapport typographique. L'impression est soignée ; elle

est ornée d'une belle chromolithographie et de
plusieurs fac-simile de pièces curieuses ; elle
renferme la reproduction d'environ 150 bois
originaux existant à Châlons, et les écussons
des treize évêques de Châlons depuis 1341.

Un avant-propos de M. Armand Bourgeois
et une préface rédigée avec clarté résument
les principaux faits de l'introduction de l'imprimerie à Châlons. Une collection de *pièces
justificatives* offre un vaste champ d'études
et de dissertations. Telle est l'œuvre que
M. Amédée Lhote offre aux Champenois, aux
bibliophiles, aux érudits.

Ajoutons que M. Lhote possède de magnifiques collections.

JEANDET (Jean-Pierre-Abel), A. ☉, né
le 17 septembre 1816 à Verdun-sur-le-Doubs
(Saône-et-Loire), homme de lettres, médecin,
membre de plusieurs sociétés savantes.

Adresse : Verdun (Saône-et-Loire).

M. Abel Jeandet fit ses premières études de
médecine à Dijon et les mena de front avec de
patientes recherches entreprises sur sa ville
natale aux archives du département. Il était
filleul du savant orientaliste Abel Rémusat,
dont la mort prématurée fut un malheur pour
lui. Bien différente aurait été sa destinée, désormais limitée à l'horizon étroit de la vie provinciale, si cet appui ne lui eût manqué au
seuil de sa vie laborieuse.

Bachelier ès lettres et ès sciences, il fit ses
études médicales à Dijon et à Paris, fut attaché comme externe à l'hôpital de la Salpêtrière et prit le grade de docteur en 1851. Dès
longtemps il avait fait de nombreuses incur-
sions dans le domaine des idées religieuses, politiques et sociales; aussi salua-t-il avec joie
l'avènement de la République en 1848. Membre des bureaux, délégué et vice-président des
comités électoraux du XIIᵉ arrondissement de
Paris, il fut désigné, par la démocratie parisienne, au choix des électeurs de son département. Sa candidature à la Constituante n'eut
qu'un demi-succès, et celle pour la Législative,
posée trop tard, fut retirée par lui. Désabusé,
d'ailleurs, de la vie publique par les excès, les
faiblesses et les apostasies de son entourage
politique, il rentra dans son pays natal après
le coup d'Etat et partagea avec son père, ancien chirurgien des armées, ancien maire de
Verdun et médecin distingué, les fatigues de
sa délicate profession. Le conseil municipal de
Verdun leur vota à tous deux des remercî-
ments pour leur courageuse conduite pendant
l'épidémie cholérique de 1854. A la mort de son
père, en 1860, il lui succéda dans diverses fonctions gratuites et charitables. Il présenta au
conseil municipal, en 1861, un mémoire relatif
à la fondation, dans la petite ville de Verdun-
sur-le-Doubs, d'une bibliothèque populaire et
d'un musée d'histoire locale, appuyé de l'offre
gratuite de sa propre bibliothèque et de ses précieuses collections bourguignonnes, fruits de

vingt ans de recherches et de soins. Il est parlé
avec éloges de cette proposition généreuse et
démocratique dans les *Annales du bibliophile*
de Louis Lacour (1862) et dans le *Journal des
connaissances médicales* du docteur Caffe

(1862). M. Abel Jeandet a été nommé médecin
cantonal, pour le traitement gratuit des indigents, en 1860. Elu vice-président de la société
de secours mutuels de Verdun, puis conseiller
municipal, il eut à remplir, comme adjoint, les
fonctions de maire, et fut nommé maire en
1871. Pendant le rude hiver de 1870-1871, il
transforma sa maison en ambulance, pour y
soigner les blessés et les malades de nos armées
de la Loire et des Vosges. En 1870, on lui offrit de poser sa candidature à la députation et
au conseil général; mais il refusa en ces termes : « Fatigué par vingt années de luttes incessantes que j'ai soutenues sans succès pour
l'avénement pacifique des vrais principes républicains, je me sens fléchir sous les coups du
sort qui accablent notre malheureuse et coupable patrie. Certes, ma foi n'est pas éteinte, mais
mes forces sont épuisées; mon âme est triste
jusqu'à la mort. Placé entre le chaos du passé
et l'obscurité de l'avenir, je médite et j'étudie
de nouveau, au milieu de l'anarchie dissol-
vante du présent, les questions politiques et
sociales que je croyais avoir résolues dans ma
jeunesse. »

La réputation du laborieux travailleur s'é-
tait répandue, et le 1ᵉʳ avril 1873, il était
nommé conservateur des Archives historiques
de la ville de Lyon. Ce fut une grande mais
courte joie pour M. Jeandet; cinq mois plus

tard, pour des raisons que nous n'avons pas à apprécier, cet emploi était supprimé par arrêté préfectoral. M. Jeandet dut donc rentrer à Verdun.

L'approbation générale qu'avait reçue la nomination de M. Jeandet au poste de conservateur des archives historiques de la ville de Lyon fait pressentir les sympathies que sa brutale destitution lui valurent. Les témoignages qu'il reçut en cette occasion fournissent, pour sa biographie, des pages touchantes. Nous ne pouvons résister au désir d'en reproduire ici au moins deux comme un pieux hommage que nous aimons à rendre à la mémoire de ses amis :

« Château de Cissey, 5 septembre 1873.

« Bien cher compatriote et ami,

« J'arrive d'un long voyage en Savoie... J'ouvre votre lettre et j'y trouve l'affreuse nouvelle qui me désespère.

« Notre chagrin est réel, croyez-le...

« Dois-je vous dire que ma dernière visite à Lyon a été pour vous et que M. N. m'avait promis très positivement votre conservation... Je croyais qu'il avait plus qu'il ne fallait pour ne pas laisser commettre un tel acte de barbarie...

« Je crois que Ducros ne doit faire qu'à sa tête ; c'est une barre de fer... Si je savais pouvoir obtenir le retrait de sa mesure, je me mettrais en cent pour cela...

« Mon parent le général, bien loin d'avoir de l'influence aujourd'hui, est pour ainsi dire traité comme vous. Croyez que je ferais l'impossible pour vous ramener là d'où l'on vous renvoie si sottement au préjudice de Lyon, qui perd un archiviste modèle. Croyez bien que nul ne souffre plus de votre disgrâce que moi et les miens : nous en sommes accablés.

« A vous de cœur, à la vie et à la mort.

« Louis DE CISSEY.

« P.-S. — Excusez la rapidité de ces lignes ; je suis accablé ; il est tard, mais je tiens à vous serrer la main en frère et en ami véritable. »

« Paris, 9 septembre 1873.

« Eh ! quoi ! mon brave confrère, on vous a brutalement destitué, sans tenir compte de votre passé, de vos travaux, de votre notoriété !

« Ce serait à n'y pas croire, si tout n'était possible avec ces gens-là... Mais votre philosophie prendra le dessus. Je vais voir votre fils ; je vais le consoler ; ne doutez pas de la sympathie que vous et votre fils méritez à tant de titres.

« A vous de tout cœur,
« Dr Achille CHEREAU,
« Lauréat de l'Académie de médecine,
« Chevalier de la Légion d'honneur. »

Le préfet Ducros, en traitant Abel Jeandet comme un employé subalterne auquel on donne son congé, avait commis une faute grossière et une grande injustice. C'est ce que Jeandet lui prouva dans une protestation très sérieuse et nourrie de faits qu'il publia sous ce titre : *Cinq mois aux Archives de la ville de Lyon, 1er avril-30 août 1873*, avec cette épigraphe, empruntée à Victor de Tracy : « Avoir raison tout seul, n'est-ce pas la même chose que d'avoir tort ? »

Cette publication, *accablante* pour le préfet Ducros, fit le plus grand honneur à Jeandet, qu'elle nous montre travaillant activement à l'inventaire des Archives et en relations pleines de cordialité avec les Lyonnais les plus distingués de cette époque, tels que : Vital de Valons, le digne conservateur de la bibliothèque du Palais des Arts ; Joséphin Soulary, l'un des plus grands sonnettistes connus ; le Dr Monfalcon, conservateur de la grande bibliothèque de Lyon et auteur de l'*Histoire monumentale* de cette ville, en 8 volumes in-4. Cet ouvrage, qui ne se trouve plus dans le commerce, a été donné à Jeandet, comme le prouve cette dédicace autographe : « Exemplaire n° 96. Offert, au nom de la ville de Lyon, à Monsieur Abel Jeandet, conservateur des Archives de la ville, *en considération* de son dévouement à ses fonctions et aux lettres.

Lyon, 15 mai 1873.

Signé : « J.-B. MONFALCON,
« *Bibliothécaire.* »

Abel Jeandet ne tarda pas à être dédommagé de son injuste destitution par les sympathies que lui témoigna l'honorable M. Martin, maire de Mâcon, en le choisissant pour remplir les fonctions de bibliothécaire et d'archiviste de cette ville. En même temps, le fils d'Abel Jeandet venait l'y rejoindre et prenait la direction du journal l'*Union républicaine*, où il se fit remarquer en traitant des questions politiques, sous le titre de *Carillons*, et en publiant chaque jour une éphéméride historique ou littéraire.

D'un autre côté, l'Académie de Mâcon, dont Abel Jeandet était lauréat depuis 1859, l'accueillait avec un empressement et une cordialité auxquels il répondit d'une manière digne de l'Académie et de lui, par l'intérêt de ses communications.

L'année 1883 fut des plus favorables à Jeandet. Son séjour à Mâcon lui porta bonheur. Le conseil municipal de cette ville, sur la proposition de M. Martin, maire, lui vota une augmentation de traitement, « pour lui témoigner sa satisfaction du zèle et du dévouement qu'il apportait dans ses fonctions de bibliothécaire-archiviste. »

Le 21 juillet de cette même année, il était nommé officier d'Académie *en récompense des services qu'il rendait à la science et à la cause du progrès* (sic). Lorsque Jeandet résolut de prendre sa retraite, M. Vallier, alors maire de Mâcon, lui délivra, le 25 juillet 1884, un certificat dans lequel il attestait que M. Jeandet « n'avait cessé de donner des preuves de dévouement à tous ses devoirs dans le pénible exercice de sa profession, comme médecin du service gratuit des indigents et des épidémies, ainsi que dans les fonctions municipales gratuites de conseiller, d'adjoint au maire et de maire, qu'il a remplies pendant treize ans, enfin dans celles de bibliothécaire-archiviste de la ville de Mâcon, et que, dans sa longue carrière, il s'est concilié l'estime et la considération générales. »

L'Académie de Mâcon s'empressa de s'associer à ce concert d'éloges dans sa séance du 25 mars 1885, où son président, M. C. Deton, rédacteur en chef du *Journal de Saône-et-Loire*, se fit l'interprète, en ces termes, des regrets que causait à tous le départ de M. Abel Jeandet :

« Par sa rare érudition, par son talent d'écrivain, par son aménité et sa courtoisie, a-t-il dit, M. le Dʳ Abel Jeandet s'était acquis parmi nous une place à part, et nous avons plus d'une fois applaudi ses savants et remarquables travaux. Ce qui peut adoucir le regret que nous cause ce départ, c'est l'espoir que M. le Dʳ Jeandet nous continuera sa précieuse collaboration et se souviendra toujours, dans sa retraite, qu'il compte parmi nous de bons amis. » Extrait du *Journal de Saône-et-Loire* du 28 mars 1885.)

Nous ne pouvons terminer cette biographie, trop longue pour l'espace que nous avons à notre disposition, mais trop courte pour faire connaître la vie et les travaux d'Abel Jeandet, sans signaler deux articles, d'une facture spéciale, qui lui ont été consacrés, l'un, dans un grand journal de Paris, *la Patrie* (nᵒ du 12 mars 1884), l'autre, dans une revue provinciale, *le Causeur bourguignon*. Cette publicité donnée à la personnalité d'Abel Jeandet, médecin de campagne, est un fait rare qui mérite d'être signalé.

Le journal *la Patrie*, sous la rubrique *Gazette de Paris* et sous ce titre étrange : *Un Héros de Balzac*, ouvrit ses colonnes à cet article humoristique dont l'extrême bienveillance n'exclut point la vérité, en rappelant les travaux incessants, le patriotisme et le dévouement du Dʳ Abel Jeandet, ainsi que celui de son digne père, savant modeste, qui fut honoré de l'amitié d'Abel Rémusat, parrain de celui qui est le sujet de cet article. L'article du journal *la Patrie*, en inspira un autre du même genre sous ce titre : *le Médecin de campagne*, et sous la signature *Sam*, qui parut dans *les Tablettes nationales* du mois d'avril 1884.

M. Abel Jeandet est lauréat de l'*Académie des Inscriptions et belles-lettres* et de celle de Mâcon, membre non résidant de l'*Académie de Dijon*, correspondant de la *Société des sciences historiques et naturelles de l'Yonne*, de l'*Académie de l'Aube*, de la *Société d'histoire, de littérature et d'archéologie de Beaune*, des *Sociétés académiques* de Semur-en-Auxois et d'Autun, de la *Société des antiquaires de la Côte-d'Or*, ancien membre de la *Société française pour la conservation des monuments historiques*, etc. Ses travaux historiques, scientifiques et littéraires et son dévouement à la chose publique lui ont valu de flatteuses distinctions. Il a donné le concours de sa collaboration active et désintéressée aux *Annuaires*, aux *Almanachs historiques* et à l'*Album de Saône-et-Loire*, de 1841 à 1854, au *Dictionnaire géographique des communes de France*, de Girault de Saint-Fargeau (1846), à l'*Histoire des villes de France* (1846), aux *Annales du bibliophile* (1863) et à *la Bourgogne*, revue provinciale (1868-1870). De plus, il a fourni beaucoup d'articles concernant l'histoire, la biographie, la bibliographie et la littérature de sa province, ainsi que la politique et la médecine, à plusieurs revues et journaux, tels que le *Feuilleton de Paris*, le *Journal des Connaissances médicales et pharmaceutiques*, la *Mouche de Saône-et-Loire et de l'Ain*, le *Patriote* et le *Démocrate* de Saône-et-Loire, la *Revue bourguignonne*, la *Revue d'Autun*, le *Courrier de Saône-et-Loire*, la *Revue des provinces*, le *Progrès de Saône-et-Loire*, etc. Il est aussi l'un des collaborateurs de la *Nouvelle Biographie générale* de Didot, du recueil *les Poètes français*, etc. Voici comment M. F. Fertiault s'exprimait en juin 1861, dans le *Bulletin de l'Union des poètes*, sur le compte de M. Jeandet (de Verdun) : « Quel est donc, pourra-t-on nous demander, ce consciencieux travailleur? Dans quelle bibliothèque vit donc ce chercheur infatigable qui sait mettre au jour ce que nul n'a connu avant lui? Ce travailleur n'a à sa disposition que le petit monticule de livres qu'un amateur éclairé peut amasser pour son usage lorsqu'il se trouve relégué dans une ville de 1.900 âmes. Ajoutez que l'auteur de *Pontus de Tyard* est loin de posséder tous ses loisirs. Absorbé par une profession dont il sent toute l'importance, il est le docteur de son endroit et n'ambitionne rien de plus que la modeste appellation, dans son sens patriarcal et dévoué, de médecin de campagne. Oui, c'est quand il a couru la journée, qu'il s'est levé la nuit, qu'il a visité les ouvriers, les enfants souffreteux, les mères pauvres, les vieillards impotents, c'est en revenant de ses longues courses, de ses tournées aussi fatigantes que désintéressées, qu'en guise de repos il compulse ses documents et nous prépare quelques-unes de ces pages où la clarté et l'esprit le disputent au savoir. » Beaucoup de littérateurs et de savants distingués ont parlé, dans le même sens, de la personne et des œuvres de M. Jeandet (de Verdun). Les travaux publiés par cet écrivain sont très nombreux et très variés. Leur liste, fort considérable, se trouve dans la plupart des catalogues de librairie. Voici ceux qui ont été plus particulièrement remarqués :

Promenade historique sur la Saône, de Chalon à Verdun, en 1841; *Fragments historiques sur Verdun* : Un Concile pour la pacification de la Bourgogne; *Le Prévôt des Seigneurs de Verdun; au XVᵉ siècle; Le Président Jeanin, d'Autun* : Notice biographique; 3ᵉ *fragment historique sur Verdun* : Guerre de la Réunion de la Bourgogne à la France, en 1477; *Notice historique et biographique sur la Famille Du Blé D'Huxelles* (1843); *Notice* historique sur *Verdun* (in *Ann^re de Saône-et-Loire*, 1843); autre *Notice sur Verdun* (3e édition, augmentée, 1846); *Discours sur le courage civil* (Paris, 1848); *Profession de foi politique à mes concitoyens de Saône-et-Loire* (1848); *Notice historique sur le village de Pierre* (Saône-et-Loire); *Notice biographique sur le capitaine Dury; Galerie historique de la Bourgogne*, 1re livraison, xvie siècle; *Guerriers : Héliodore de Thiard de Bissy et Marguerite de Busseul, son épouse* (1854, in-4°; 2e édit. augm. 1856, in-4°); *Une page de l'histoire inédite de Verdun, en Bourgogne : Lettre sur les armoiries de cette ville* (1854, in-8°); *Un petit Souvenir, s. v. p., à Claude-Robert*, premier auteur de la *Gallia Christiana* (1857); *Les Noëls Bourguignons, de Bernard de la Monnoye*, suivi des *Noëls Mâconnais*, avec traduction, par F. F. Fertiault, esquisse littéraire et critique (1858); *Lettre sur les richesses historiques de la Bourgogne* (3e édit., 1841, 50 et 59; avec une préface par F. F. Fertiault (Paris, Aug. Aubry; 1859, XI-43 pages in-8°). Cet ouvrage a valu à son auteur l'honneur d'une délibération du Conseil municipal de la ville de Saint-Jean-de-Losne, par laquelle il vote, à l'unanimité, des félicitations et des remerciements à M. Abel Jeandet. *Etude sur le XVIe Siècle. France et Bourgogne. Pontus de Tyard*, Seigneur de Bissy, évêque de Chalon-sur-Saône (1 vol. in-8° de XII-24 pages). Cet ouvrage, couronné par l'*Académie de Mâcon*, en 1859, et honoré d'une mention de l'*Institut*, a obtenu un tel succès qu'un bibliophile a composé un petit volume avec les articles qui lui ont été consacrés par divers critiques. *Pontus de Tyard, Seigneur de Bissy, et Etienne Tabourot, Seigneur des Accords : esquisses biographiques et littéraires.* (Extrait de l'ouvrage *Les Poëtes Français*, publié par M. E. Crepet, Paris, Gide, 4 vol. in-8°, 1861); *Quelques Réflexions à propos du Secret médical dans la question du Mariage:* Lettre au Dr Caffe (1863); *Pages inédites d'histoire provinciale : Annales de la ville de Verdun, en Bourgogne, 1600-1642.* (In *Revue des Provinces*, d'Edouard Fournier, 1864-65); *Introduction*, en tête des *Gerbes déliées*, poésies par L. Goujon (1865); *Avis aux Electeurs*, en tête du petit *Manuel électoral* de Landa (1870); *Post-Face*, en tête du splendide volume de Jules Chevrier : *Chalon-sur-Saône pittoresque et démoli* (in-4° orné de 50 grandes planches à l'eau-forte et d'une centaine de dessins dans le texte (Paris, Quantin, 1883); *Recherches bio-bibliographiques*, pour servir à l'histoire des Sciences naturelles en Bourgogne, et particulièrement dans le département de Saône-et-Loire, depuis le xvie siècle jusqu'à nos jours. (Lu dans la séance générale de la *Société* du 19 septembre 1880, chap. 1er, Chalon-sur-Saône, imp. L. Marceau, 52 p. in-4°); le Dr Abel Jeandet a publié une seconde édition de cet ouvrage en 1892, en un charmant volume imprimé par MM. Protat frères, à Mâcon (in-8° de 133 p.). Quelques exemplaires de choix

sont précédés d'une *Chronique littéraire* intitulée : *Savant et Patriote*, par M. Ch. Deton, rédacteur en chef du *Journal de Saône-et-Loire*. L'auteur a joint à cet ouvrage une notice très complète sur la vie et les tavaux de Leschenault de la Tour, naturaliste-voyageur et agronome, directeur du Jardin botanique de Pondichéry. Il a donné une généalogie de la famille du naturaliste Leschenault de la Tour, à laquelle Abel Jeandet est allié par sa femme: *Un Peintre Mâconnais inconnu* (lecture faite dans la séance publique de l'*Académie de Mâcon*, du 17 juin 1882 (Mâcon, Protat frères, gr. in-8° de 19 pages); suite d'articles sur l'*Hygiène de l'Enfance*, causerie d'un vieux médecin aux jeunes mères (in *Tablettes nationales* des années 1885-86); *Biographies : Illustrations Bourguignonnes anciennes et modernes* (P. A. Cap, pharmacien-chimiste et littérateur (23 p. in-8°); *Le général Thiard*, ancien député de Saône-et-Loire (Chalon, Landa, 1869, avec une lettre du comte d'Estampes, petit-fils du général Thiard, à son ami, Abel Jeandet, 59 p. in-8°); *Le Marquis de Thiard*, historien et philologue (Mâcon, impr. Durand, 1884, in-4°, 30 p.); *Hygiène de l'Enfance* (suite), in *Le Causeur Bourguignon* (Mâcon, 1884); *Mélanges scientifiques, historiques et biographiques*, (Extrait du *Journal d'un vieux médecin de campagne*, chap. 11; Paris, Schlaeber, 1887, 15 p. in-18); *Souvenir du Siège de St Jean-de-Losne, en 1636; Méthode à suivre* pour la composition des monographies historiques de nos villes et de nos villages. (Rapport lu à la séance de l'*Académie de Mâcon* du 26 août 1886, extrait des *Annales de l'Académie*, Mâcon, Protat frères, 1888, in-8°); *Mort de Marguerite de Busseul*. (Lecture faite à la séance publique annuelle de l'*Académie de Mâcon* du 26 mai 1888, 11 pag. in-8°); *Le vicomte de Turenne* (Lecture faite à la séance publique annuelle de l'*Académie de Mâcon* du 19 avril 1890, Mâcon, Protat frères, in-8°, 10 p.); *Mâcon au XVIe siècle. Aperçu historique et littéraire.* (Extrait des *Annales de l'Académie de Mâcon*, 1 vol. in-8° de 247 pages). Ce travail sur l'histoire de la ville de Mâcon est le premier de ce genre qui ait été composé sur cette ville, qui n'a jamais eu d'historiens sérieux et compétents : Il a le mérite d'être le fruit de recherches consciencieuses faites dans les archives de Mâcon, et de fournir des documents inédits et authentiques pour l'histoire de cette ville. Le premier essai sur ce sujet intéressant est le discours d'Abel Jeandet, prononcé lors de sa réception à l'*Académie de Mâcon*, le 31 mai 1883. C'est ce discours, augmenté de notes aussi nombreuses qu'importantes, qui lui a fourni la matière du volume : *Mâcon au XVIe siècle*, mentionné ci-dessus; l'auteur en a fait tirer quelques exemplaires de choix; *Pages inédites d'histoire de Bourgogne au XVIe siècle :* Fragments des *Annales* de la ville de Verdun-sur-Saône-et-Doubs (Dijon, Darantière, 1892, 1 vol. in-8° de XXXII-470 pages). Cet ouvrage est dédié par son auteur à la mémoire de son fils unique et bien-aimé, tué le 2 septembre 1890, au Sénégal, au cours d'une mission diplomatique et militaire. Il était administrateur et commandant des contingents indigènes. La distinction dont la commission des *Antiquités de la Côte-d'Or* a honoré cet ouvrage, en lui décernant le prix *Saint-Seine*, dans sa séance du 1er mai 1893, nous dispense de lui donner des éloges. Pour juger de la valeur de ce prix, fondé en 1865, par le marquis de Saint-Seine, il faut savoir qu'il n'est décerné, au concours, que tous les cinq ans, à l'auteur du meilleur travail publié sur l'histoire de la Bourgogne, pendant une période de cinq années consécutives.

Nous rappelons qu'Abel Jeandet n'est resté étranger à aucune des manifestations patriotiques et généreuses de son époque.

Nous le voyons en 1863 et 1864 prêter son concours au Comité franco-polonais, en ouvrant une souscription pour venir en aide à ces héroïques victimes que nous nommions,alors, *nos frères du Nord*.

Eu 1866, il recueille des souscriptions pour le rachat de la Tour de Jeanne d'Arc, à Rouen.

En 1876, il répond à l'appel du Comité de l'Union franco-américaine, pour l'érection d'un monument à l'occasion du centième anniversaire de l'Indépendance des Etats-Unis d'Amérique, à laquelle nos pères avaient contribué.

Sources : *Biogr. et Dict. des Littérateurs et des Savants Français contemp.*, de Guyot de Fère (Paris, 1859-63); *Biogr. nationale des Contemp.* (Paris, Glaser et Cⁱᵉ, 1872); A. de Gubernatis, *Dict. internat. des Ecrivains du jour* (Florence, 1888); *Mémoires de l'Acad. des Sc., Arts et Belles-Lettres de Dijon* (T. 2, 4ᵉ série, Darautière, 1890, etc.).

JEANDET (François-Abel), est né le 6 février 1852 à Verdun-sur-le-Doubs (Saône-et-Loire); il fit de fort bonnes études au collège de l'Arc, à Dôle (Jura). A l'âge de seize ans, il eut le courage de sauver deux personnes qui se noyaient dans le Doubs. Le ministre de l'instruction publique adressa ses félicitations à ce jeune homme, dont la noble action fut mentionnée au *Bulletin de l'Instruction publique*. Reçu bachelier ès lettres et bachelier ès sciences, il se destina à la médecine. Ses études furent interrompues par la guerre de 1870. Il revint à Verdun seconder son père, qui avait établi dans sa maison et à ses frais une ambulance, où il contracta la variole. Le zèle, l'intelligence, le patriotisme et les connaissances médico-chirurgicales dont il fit preuve dans ces circonstances lui valurent une lettre de félicitations du Dʳ Riant, médecin-inspecteur des ambulances de l'Est.

Abel Jeandet s'engagea le 6 octobre 1873, « petit soldat de la défaite, écrivait-il, quand je rêvais d'être celui de la revanche ».

Il devint vite sous-officier et fut libéré du service le 19 septembre 1877. Il reprit à Paris ses études de médecine, qui furent interrompues avant le doctorat par son mariage avec la fille du général belge comte Van der Meere de Cruyshautem, qu'il perdit après treize mois de mariage. Il renonça à la médecine et chercha sa voie dans le journalisme. Il collabora comme principal rédacteur à *l'Union républicaine* de Mâcon, où il publia, sous le titre de *Carillons*, des articles politiques fort remarqués. Il donna aussi de nombreux articles à la *Médecine populaire* du Dʳ Félix Bremond, de Paris, et fonda une feuille littéraire : *le Causeur bourguignon*. Il fut reçu membre de la *Société des Sciences naturelles* de Saône-et-Loire, membre correspondant de l'*Académie* de Mâcon et de l'*Académie* de Vaucluse, dont il était lauréat.

Eu 1882, l'*Académie* de Vaucluse avait ouvert un concours. Le sujet était *l'Eloge de Philippe de Girard*. Quinze compositions furent adressées à l'*Académie*. Celle de M. Jeandet obtint la première médaille. M. Duhamel disait, en parlant du mémoire de M. Jeandet : « Le dévouement et le patriotisme de Philippe de Girard trouvent en M. Jeandet un admirateur fervent. Après avoir raconté les malheurs de l'inventeur, il s'écrie : « Alors cet homme, jusque-là si fort, se courba « sous le vent de l'adversité. Il faillit abandonner la lutte, délaisser cette part d'héritage qu'il avait engagée pour la gloire de la « France, fuir pour toujours le sol natal, en « lui jetant, comme le vainqueur de Carthage, « une suprême malédiction dans un dernier « sanglot. Mais son amour de la patrie, de la « famille, du foyer domestique, avec le souve-

« nir de ses joies, de ses douleurs elles-mêmes,
« releva son courage abattu. Au lieu d'une
« malédiction, ses lèvres ne laissèrent échapper
« qu'un cri d'espérance : *Moriar in patria.*»

Le jour où, disant adieu à la France,
à sa famille, à son foyer, Abel Jeandet s'embarqua pour le Sénégal, il a dû s'écrier lui
aussi, comme son héros Philippe de Girard :
Moriar in patria, Mais les trois mots qui
pourraient être inscrits en tête de cette notice
sont : *Moriar pro patria*. Si Abel Jeandet
n'eut pas le bonheur de mourir dans sa patrie,
il eut le glorieux honneur et cette rare fortune
de mourir pour elle.

Auteur d'écrits distingués, parmi lesquels
je citerai *le 18e de ligne*, œuvre d'une délicatesse exquise et d'un charme infini, où il
avait mis tout son cœur, toute la finesse
de son esprit, Abel Jeandet aurait pu marquer
sa place dans la pléiade de nos jeunes écrivains
de la bonne école et de la saine littérature.
Telle n'était pas sa destinée.

En août 1884, Abel Jeandet devint chef du
cabinet de M. René Laffon, préfet de Saône-et-
Loire. En novembre, il fut appelé auprès de
M. Schnerb, préfet de la Gironde, puis dans les
Pyrénées-Orientales, dont M. Mordon était préfet. Ce poste fut pour son titulaire la réalisation
d'un rêve : la bienveillance de son préfet, l'estime et l'amitié qu'il lui témoigna, réjouirent
son cœur aimant en lui rappelant les intimités
de la vie de famille. M. Mordon fut nommé
l'année suivante trésorier général du département de Vaucluse ; il se sépara de M. Jeandet
avec regret, et celui-ci accepta une place
d'administrateur commandant au Sénégal, qui
lui était offerte par M. René Laffon, son premier préfet. Avant de quitter la France, Abel
revint en Bourgogne prendre congé de ses parents ; il les quitta le 2 novembre 1886, et le 5
s'embarqua à Bordeaux à bord du *Congo*. A
son arrivée au Sénégal, il fut nommé commandant de cercle à Louga.

Les pages suivantes sont extraites textuellement des notes officielles de M. Clément Thomas, gouverneur du Sénégal :

« Le cercle de Louga comprenait : le
N'Diambour et le Guick Mérina Diop.

« Jeandet acquit promptement, bien que débutant dans le pays et ayant pour ses débuts
un terrain neuf, une autorité et une influence
considérables.

« Le bour (roi) du N'Diambour, Ibrahima
N'Diaye, le Bay Sol, chef du N'Guick Mérina
Diop, Madior Toro, leurs principaux kangam
(grands officiers) l'adoraient, comme, du reste,
le dernier homme du peuple.

« Il y avait peu de temps qu'il commandait
ce cercle lorsque fut décidée la colonne du Rip,
contre Saër Maty, qui menaçait le Saloum,
après s'être rendu maître du Rip et d'une
bonne partie du Niani. Le bruit courut bientôt
que Aly Boury N'Diaye, bourba (roi) du D'yoloff, avait l'intention de faire cause commune
avec le marabout du Rip. Les renseignements

fournis par les espions envoyés par Jeandet
confirmèrent tous ces bruits.

« Jeandet reçut l'ordre de mettre sur pied
les contingents des deux provinces placées
sous son commandement et d'aller se porter sur
la frontière du côté du D'Yoloff, pour le menacer d'une invasion et l'obliger à rester tranquille.

« Pendant trois mois, Jeandet dut se tenir
dans ce poste périlleux. Il mit ce temps à profit pour étudier et organiser le pays et pour y
établir notre influence. En même temps, il ha-
bitua les contingents indigènes à obéir au commandement et à exécuter certaines manœuvres; il avait tellement assoupli ces guerriers
si indisciplinés que, plus de deux ans après,
leur ensemble faisait encore dire qu'ils manœu-
vraient comme de vrais soldats.

« Peu de temps après sa rentrée à Louga,
Jeandet fut appelé à Saint-Louis à la direction
des affaires politiques.

« Il en sortit pour aller prendre le commandement du cercle de Podor, dans le Toro, qui
avait alors pour lam (roi) Boubakar Sidirck.

« La mission de Jeandet consistait principalement à faire rentrer sous l'autorité du Lam
Toro le groupe important des Alaïbés, qui ne
pouvaient se faire à l'autorité brouillonne, pil-
larde et indigne du lam, dont les séparait déjà
la différence d'origine et de race.

« Jeandet réussit, tout en se faisant des amis
de tous les notables Aleïbés, à leur faire accepter quelque temps encore le commandement du
lam Sidirck Boubakar. Mais, au cours de sa
tournée, Jeandet avait pu voir, malgré le mu-
tisme épeuré des gens du Toro, que le lam Sidirck Boubakar était profondément innopu-
laire et qu'il accablait le pays de ses exactions,
de ses pillages et de ses vols. Un rapport nourri
de faits, rédigé par Jeandet et envoyé au gouverneur, amena la déposition de Boubakar Sidirck et obligea de procéder à l'élection d'un
autre chef à sa place.

« En attendant le moment où les nouvelles
élections devaient avoir lieu, Boubakar Sidirck,
qui avait de nombreux amis, des parents même
dans Saint-Louis, essaya de faire jouer ces influences pour obtenir d'être nommé de nouveau
par le gouverneur. Les chefs d'une grosse maison de Saint-Louis essayèrent d'influencer
Jeandet. Le lam Boubakar Sidirck, qui jugeait
probablement tout le monde d'après son propre niveau moral et celui de quelques-uns de
ses souteneurs, fit offrir à Jeandet une forte
somme d'argent et de riches cadeaux s'il voulait bien ne pas s'opposer à sa réélection. Inutile d'ajouter pour qui connaissait Jeandet que
toutes ces insinuations furent repoussés avec
mépris. Se doutait-il, ce noble cœur, qu'il venait de s'attirer des haines à Saint-Louis et
dans le Toro, des haines qui ne devaient pas
désarmer? Mais l'eût-il su, qu'il n'aurait point
hésité davantage.

« Quelque temps avant la destitution de
Boubakar Sidirck, Jeandet avait eu une mis-

sion périlleuse à remplir. Il s'agissait d'aller arrêter, au milieu du village de Paté Gallo, un nommé Edy, traitant de Saint-Louis, qui, quelque temps auparavant, avait ameuté les habitants du village contre un petit détachement de spahis et les avait même déterminés, donnant lui-même l'exemple, à tirer des coups de fusil sur nos soldats.

« Il était audacieux de procéder à l'exécution du mandat d'amener dans les conditions où se trouvait placé le commandant Jeandet, sans troupe, sans gendarmerie, sans police même, il n'avait à compter que sur son courage, son énergie, son adresse. Jeandet, sans hésitation aucune, sans présenter la moindre observation, sauta immédiatement à cheval, accompagné de son interprète et de quelques indigènes de bonne volonté. Par une marche forcée qui fut extrêmement pénible à cause de la chaleur qui s'ajoutait aux pluies torrentielles de l'hivernage, sans s'être arrêté autrement que pour faire souffler et boire un peu les montures, sans prendre lui-même de nourriture, il arriva au milieu de la nuit à Gallo Paté. Après avoir fait reconnaître les environs du village, puis le village lui-même, par un des hommes qui l'accompagnaient et dont la présence toute naturelle ne pouvait donner l'éveil, Jeandet entra lui-même le sabre à la main, le revolver au poing, et se rendit tout droit à la case du chef du village, qu'il obligea à lui montrer l'endroit où habitait Edy. Au milieu des gens de la case qui commençaient à se réveiller en grommelant, Jeandet, saisissant Edy par le bras, le força à se lever et à marcher devant lui, en lui déclarant qu'au moindre cri, au moindre mouvement de fuite, il lui brûlait la cervelle. Quelques minutes après, on était hors du village et on avait rejoint le petit groupe de cavaliers d'escorte. On se remit aussitôt en selle pour éviter une poursuite des gens de Gallo Paté, qui, réveillés et prévenus par le chef, pouvaient essayer de reprendre le prisonnier, et l'on ne s'arrêta que deux heures plus tard, après le passage d'un marigot. Hommes et bêtes, rompus par la fatigue, avaient le plus grand besoin d'un instant de repos et d'un peu de nourriture.

« A la fin de 1888, Jeandet rentrait en France pour y jouir d'un congé de convalescence, après avoir assuré l'élection d'un nouveau Lam Toro et avoir procédé à son installation.

« Rentré au Sénégal en mars 1889, Jeandet prenait le commandement de Saint-Louis et de sa banlieue, auquel on adjoignait encore le commandement du N'Diambour et du Guick Mérina Diop.

« Peu de temps après, Jeandet était envoyé en mission sur la rive droite du fleuve, où les Maures Trarzas allaient, d'accord avec les Maures Dowich, écraser les derniers restes des Maures Braknas. Il réussit à les faire rester tranquilles et à obtenir des promesses formelles du maintien de la paix.

« Au mois de juin, Jeandet prenait de nouveau la direction des affaires politiques du Sénégal et dépendances et, peu de temps après, partait en mission dans le D'Yoloff, dont le bourba (roi), sous l'influence et l'habile politique de Jeandet, cherchait depuis quelque temps à conclure un traité de paix avec nous. Jeandet, sur la demande du bourba, fut chargé d'aller le négocier et d'établir sur ce vaste royaume le protectorat de la France, qu'il réussit à faire accepter. Ce succès important nous fut fort utile plus tard, par les relations que Jeandet se créa dans ce pays; il en profita pour l'étudier et le connaître, ce qui, lors de la colonne du D'Yoloff, le mit à même d'être fort utile, indispensable même au colonel Dodds.

« Au mois de septembre de la même année, Jeandet prenait le commandement du Cayor, du N'Guick Mérina et du N'Diambour. Là, comme partout, il se fit adorer et respecter des indigènes. *Il est impossible, d'ailleurs, d'entrer dans le détail des services qu'il rendit.*

« Signalons les efforts qu'il fit, avec beaucoup d'intelligence et de courage, pour faire rentrer le M'Basvar, province où des intrigues partant de Saint-Louis, comme les intrigues en faveur de Boubakar Sidirck, entretenait une certaine agitation et la non-reconnaissance du système du gouvernement installé par nous. Jeandet réussit pleinement dans cette difficile et périlleuse mission; mais là encore, et comme dans la révocation du lam, il soulevait des animosités et des haines du parti antifrançais, animosités et haines qui essayèrent de se faire jour par de basses calomnies; mais ses chefs connaissaient le dessous des cartes, et calomnies et calomniateurs furent écartés avec mépris, tandis que Jeandet recevait des encouragements et des félicitations.

« Signalons encore l'aide et le concours intelligents et infatigables qu'il apporta à l'œuvre de pacification et de transformation du Baol en mobilisant les contingents du Cayor pour la surveillance de la frontière et en s'emparant du roi de ce pays et de tout son entourage : 200 cavaliers. Le commandant Jeandet accomplit cet acte de bravoure et d'audace, sans tirer un coup de fusil, n'ayant avec lui qu'une trentaine de cavaliers. Puis ses efforts pour créer des routes dans le Cayor; et nous arrivons à la part qu'il prit à la colonne du D'Yoloff. Chargé de réunir et de commander les contingents du N'Diambour et du Cayor pour coopérer à l'expédition commandée par le colonel Dodds, Jeandet se mit en campagne, et l'autorité qu'il avait sur les indigènes se fit bientôt sentir aux yeux des plus prévenus. Il nous a été donné d'entendre des officiers de troupes exprimer leur étonnement en voyant des Gaums Wolofs obéir au commandement et faire preuve d'un tel esprit de discipline qu'on put soulager les troupes d'infanterie de marine en faisant faire par les gens du Cayor une forte partie du service de garde, service auquel ils sont le plus réfractaires.

« Voici ce qu'à la fin de la colonne, le commandant supérieur des troupes, colonel Dodds, écrivait au gouverneur du Sénégal :

« Je crois devoir vous signaler comme méri- « tant particulièrement d'être récompensée la « conduite de M. le commandant Jeandet.

« Chargé, au début des opérations, de la « concentration et de l'organisation des con- « tingents du Cayor, puis, dans le D'Yoloff, de « la direction générale des auxiliaires réunis, « M. Jeandet a rempli sa mission avec une rare « intelligence et une grande énergie; pendant « toute la durée de la colonne, son zèle ne s'est « pas démenti un seul instant. Dans toutes les « circonstances, il n'a cessé de me prêter un « concours aussi actif que précieux et dévoué. « Je considérerai comme une récompense per- « sonnelle tout ce que vous voudrez bien faire « en faveur de M. Jeandet, et *je demande* « *pour lui la croix de la Légion d'honneur.*»

« Un mois à peine après son retour du D'Yo- loff, un nouvel appel était fait à l'intelligence et au dévouement de Jeandet.

« Sous l'influence des excitations religieuses et politiques venues du royaume de Ségou et du Fouta central, le Toro, dont le lam élu à l'époque du commandement de Jeandet était mort, commençait à s'agiter et à présenter de nombreux symptômes d'une véritable hostilité.

« Par sa connaissance antérieure du pays, par l'autorité qu'il y avait conquise, par les sympathies qu'il y avait laissées, Jeandet était plus à même que qui que ce fût de ramener la paix et la confiance, de préparer et d'établir une nouvelle constitution, d'inaugurer la nou- velle ligne politique dont le besoin se faisait si vivement sentir.

« C'était un dur sacrifice, nécessitant une bien grande abnégation, qu'on lui demandait; les pluies étaient commencées, la saison des fièvres était dans son plein et Jeandet était as- sez fatigué pour songer à rentrer en France en congé de convalescence.

« Cependant il n'eut pas un instant d'hési- tation et se mit en route. Après des marches et contre-marches pénibles, des palabres inter- minables et fatigants, il réussissait à obtenir dans une assemblée générale des chefs et des notables de tout le Toro la promesse de vivre en paix, de nous payer un léger tribut, de coo- pérer avec nos troupes contre tout agitateur toucouleur. En même temps, les lam (rois) du Toro étaient supprimés et chaque groupe de- venait indépendant.

« Cette transformation ne pouvait être du goût de tout le monde : Boubakar Sidirck, qui avait toujours espéré redevenir lam un jour, quelques ambitieux qui nourrissaient l'espoir de succéder à Sidi Abdoul, qui, comme son prédécesseur, mourait *phtisique* ou plus pro- bablement empoisonné, ne pouvaient accepter gaîment le nouveau régime, qui dérangeait à jamais leurs projets ambitieux et rendait inu- tiles leurs intrigues.

« Après cette mission, Jeandet rentrait se re- poser un peu à Podor. Il était assez malade

pour n'avoir pu envoyer qu'un simple résumé télégraphique de son œuvre. Mais il était trop énergique pour se laisser abattre ; il se relevait, et sur ses propres indications, sur sa propre demande, on lui donnait à nouveau l'ordre de se mettre en route.

« Il s'agissait, cette fois, de grouper rapide- ment les contingents du Toro et de se porter sur la frontière orientale, de façon à être prêt, selon les événements, soit à menacer le Fouta central, sur la rive gauche, soit à courir à la poursuite de l'éternel agitateur toucouleur Abdoul Boubakar.

« C'est au moment où il venait de réunir les contingents à Aéré, où il attendait les ordres définitifs, qu'il fut assassiné, non pas, comme depuis on a essayé de le faire croire, par une vengeance personnelle, mais victime d'un com- plot politique dont Boubakar Sidirck était une des têtes.

« Boubakar Sidirck n'avait pu pardonner ni sa révocation ni le régime nouveau, et comme il attribuait l'un et l'autre à la seule influence de Jeandet, il avait voulu le faire disparaître : stupide aberration d'une brute qui nous a fait perdre un homme de tant de valeur intellec- tuelle et morale. »

M. Clément Thomas, gouverneur du Sénégal, fit annoncer en ces termes la mort d'Abel Jean- det dans le *Journal officiel du Sénégal et dé- pendances* du jeudi 4 septembre 1890, avec en- cadrement de deuil :

« Le 2 septembre, à 9 heures du matin, M. Jeandet (Abel), administrateur colonial commandant le cercle de Podor, a été assas- siné, au Grand-Aéré, par un Toucouleur nommé Baydi Katié. Une pluie battante avait obligé tous les gens qui entouraient M. Jean- det à se disperser pour se mettre à l'abri. Baydi Katié s'approcha de sa case où, près de la porte, M. Jeandet s'était allongé en fumant sa cigarette, et lui déchargea son fusil chargé de trois balles, à bout portant, dans l'aisselle gau- che; les balles sortirent de l'autre côté de la poitrine. La mort fut instantanée.

« M. Jeandet, administrateur d'une grande valeur, était aimé et estimé de ses chefs, qui savaient tout ce qu'on pouvait attendre de lui ; de ses collègues, qui trouvaient en lui un ca- marade dévoué et sûr; de la population euro- péenne, qui rendait justice à ses qualités d'homme privé et de fonctionnaire, et enfin de tous les indigènes, qui sentaient en lui un chef qui, tout en sachant les commander, les aimait.

« Doué d'une grande bravoure, d'une intel- ligence vive et souple, d'une instruction bril- lante et étendue, sachant manier l'indigène, M. Jeandet, successivement administrateur des cercles de Louga, Podor, Tivavouane, et direc- teur des affaires politiques, avait été souvent chargé de missions délicates ou périlleuses dont il s'était tiré à son honneur. Aussi, récemment le gouverneur demandait-il pour lui, au dépar- tement, la croix de la Légion d'honneur, qui certes n'aurait jamais reposé sur un cœur plus noble.

« Puissent les regrets universels causés dans la colonie par la mort de Jeandet adoucir un peu pour ses parents, si justement fiers de leur fils et qui l'entouraient d'une si vive et si tendre affection, l'amertume de la cruelle perte qui vient inopinément les frapper. »

Parmi les nombreux journaux qui ont entretenu leurs lecteurs de la mort funeste du commandant Jeandet, nous citerons le *Gil Blas* et le *Salut public*, qui ont publié un article de M. Fernand Xau, rempli de détails curieux.

Ce ne serait pas une notice, mais un livre entier qu'il faudrait pour contenir le récit de tous les actes de bravoure accomplis par le commandant Abel Jeandet.

Abel Jeandet est un véritable héros de roman, un preux des anciens jours, un chevalier sans peur et sans reproche; nous ne saurions mieux terminer l'esquisse biographique que nous lui consacrons qu'en racontant, d'après le *Journal officiel du Sénégal*, l'inauguration du monument élevé à sa mémoire dans la colonie à laquelle il s'est sacrifié :

« Le 11 avril 1894 a eu lieu à Podor l'inauguration du monument élevé à la mémoire d'Abel Jeandet, administrateur colonial, tué à Aéré le 2 septembre 1890. Les événements qui ont précédé la colonne du Fouta sont encore trop récents pour qu'il y ait lieu d'en rappeler les détails. C'est au moment où Jeandet, suivant les instructions qu'il avait reçues, allait à la tête des contingents du Toro opérer sa jonction avec l'administrateur de Saldé pour procéder à une démonstration dans le Bosséa, qu'il fut assassiné par Baïdi-Katié, indigène de Guia (canton de Guédé).

« Les officiers de la *Salamandre*, les fonctionnaires qui se trouvaient à Podor, les chefs du Toro et les principaux traitants et notables de l'escale se sont réunis à dix heures du matin autour du monument commémoratif. Le directeur des affaires politiques, délégué spécialement par M. le gouverneur du Sénégal, a retracé en quelques mots la carrière d'Abel Jeandet et a fait l'éloge des qualités de ce fonctionnaire; il a terminé son allocution par la lecture d'une lettre de M. Clément Thomas, actuellement gouverneur de l'Inde, gouverneur du Sénégal au moment où fut tué Jeandet. Puis M. Guillaumet, jeune explorateur qui se rend au Soudan, a lu un sonnet en l'honneur de Jeandet :

Jeandet, humble héros que tout le pays pleure,
C'est le cœur triste et fier que nous venons ici
Évoquer ta mémoire et te dire merci!
A toi dont l'âpre mort fit trop tôt sonner l'heure!

Mais l'immortalité, qui dans ce jour t'effleure,
Saura nous consoler de notre amer souci,
Car faisant ton devoir, tu nous appris ceci :
Vivre droit, bien mourir, le reste n'est qu'un leurre!

S'il est un autre monde où vivent les élus,
Tu veilleras sur nous et nous ne craindrons plus
De blessure nouvelle à la France meurtrie!

Renais donc! pour garder ton dévouement si beau,
C'est toute l'âme en deuil de la mère patrie
Que nous laissons fidèle au seuil de ton tombeau!

« Puis M. Merlin, directeur des affaires politiques, lut la lettre suivante adressée à M. de Lamothe, par M. Clément Thomas :

« J'apprends à l'instant que l'inauguration « du monument d'Abel Jeandet doit avoir lieu « très prochainement. L'administrateur Abel « Jeandet a été assassiné au cours d'une im- « portante et périlleuse mission que je lui « avais confiée en 1890, alors que j'étais gou- « verneur du Sénégal.

« Groupés autour du monument qui va être « élevé à sa mémoire, tous ceux qui ont connu « Abel Jeandet sentiront leur cœur battre « d'émotion au souvenir du brillant fonction- « naire mort victime de sa chevaleresque ar- « deur, de celui dont on peut dire justement : « il joignait à un courage héroïque le cœur le « plus noble et le plus généreux.

« Je tiens à m'associer de loin aux regrets et « aux sympathies de tous, et je vous serais « très reconnaissant, monsieur le gouverneur, « si vous vouliez bien charger un de vos délé- « gués de lire ces quelques mots au pied du « monument du brave Abel Jeandet le jour de « son inauguration. »

Ce monument, élevé sur la principale place de Podor, se compose d'une pyramide en marbre blanc d'Italie, avec l'inscription suivante gravée en lettres d'or :

A la mémoire d'Abel Jeandet
administrateur colonial, directeur des
affaires politiques du Sénégal et dépendances
assassiné le 2 septembre 1890 à Aéré
en service commandé
victime de son devoir et de son patriotisme.
Le Sénégal l'a pleuré et honore sa mémoire.

ROCHET (Louis-Joseph-Victor), né le 28 juin 1864 à Pont-de-Roide (Doubs), membre de la *Légion archéologique de France*, du *Club alpin*, etc., Directeur de la revue : *Collectionneurs-Annonces*.

Adresse : domicilié tantôt au Russey et à Saint-Julien, son pays d'adoption, puis à Besançon, rue d'Anvers, 5.

Orphelin de bonne heure, M. Rochet fut recueilli par ses parents paternels, bourgeois aisés, très considérés dans le pays. A treize ans, il dut cesser ses études pour cause de santé. Il ne brillait guère, paraît-il, que par les nombreux pensums infligés à ses originalités de jeune collectionneur. Son bureau était une vraie ménagerie d'insectes, où l'on trouvait également fossiles et minerais.

La traditionnelle collection de timbres-poste n'était pas négligée; son album était un des meilleurs. Continuant assidûment quelques années encore, il la cédait à divers amateurs bisontins au moment où la panique s'emparait des timbrophilistes lors des émissions de timbres à surcharges variées venant des colonies.

Un ami lui avait révélé le négoce éhonté, but principal de ces émissions. A cette époque, son album comprenait près de quatre mille timbres différents. Plusieurs nationalités étaient au complet.

Il lui fallait un autre but de travail. L'approche de la vingtième année lui mettait en tête les goûts militaires. Il se mit à rechercher les armes de toutes provenances. Dans l'espace de quatre à cinq ans, grâce à la publicité, il avait acquis plusieurs collections et pratiquait des échanges suivis avec nombre d'amateurs.

Ces goûts se sont développés et étendus aux livres d'art moderne, aux tableaux et gravures sur la chasse et le sport, comme aux bibelots et meubles anciens dispersés dans ses garçonnières.

Nous citerons entre autres un beau dressoir de forme ogivale xve siècle (école de Troyes), d'une bonne conservation, ainsi qu'un coffret à bijoux gothique en chêne sculpté, avec sujet mythologique. Aussi une paire de bois de fauteuil chêne du xvie siècle, d'un beau fouillé.

Les armes ne manquent pas. Citons également un fusil à pierre Louis XV, aux canons de damas incrustés argent, à crosse richement fouillée et filigranée argent; une arbalète à galets (xvie siècle) et un énorme mousquet de rempart ciselé, crosse incrustée os; des éperons d'argent portés par Charles X; des épées et sabres de diverses époques, français et étrangers. Dans ces derniers, tout d'abord, une importante collection de cent cinquante pièces bizarres d'armes du centre africain, Oubanghi, Niger, etc.; armes de jet et instruments de supplice, boucliers en peau de rhinocéros translucide, chevilles de pied ivoire d'une seule pièce, bâton de commandement très ancien (pesant 1 kilogr.), également en ivoire; coutelas à fourreau garni en peau de boa, colliers de dents humaines et de lion, flèches, sagaies.

L'Inde est également représentée par une jolie armure ancienne incrustée argent, une série complète de lances de formes variées, sur hampes en bois de fer, un kouttar à trois lames damasquiné argent, et un couteau de circoncision hindou, lame à deux tranchants, monture argent ciselé, sur manche dent de tigre royal, enfin, quelques ossements fossiles trouvés dans ses fouilles, ainsi que quelques beaux silex de l'âge de la pierre polie.

La bibliothèque est également bien garnie, en bons livres modernes sur les beaux-arts, la chasse et les sports, un bon Brunet et supplément en belle reliure, en tout, plus de six cents volumes.

Un très joli pastel, *Femme sortant du bain* (sans doute la Pompadour), dans un cadre vieux chêne sculpté et doré, d'une seule pièce; diamètre : 0^m,55; signé sur la gauche en bas : De Latour, appartient également à M. Louis Rochet. La glace ancienne ayant été brisée, il en résulte que le coloris délicat a souffert légèrement près du nez et de la bouche, (côté droit), et que les couleurs chair sont devenues un peu ternes sur certaines parties de l'épaule et du bras droit. Cette belle étude n'en est pas moins remarquable.

En 1894, ses nombreuses relations avec les amateurs lui suggérèrent l'idée de fonder chez MM. Ducret frères, imprimeurs (5, rue d'Anvers, à Besançon) un journal de transactions directes entre amateurs. Nombre de personnalités ont répondu à l'appel, et le *Collectionneurs-Annonces* est un journal qui reçoit chaque jour des adhésions nouvelles.

Nous croyons bien faire de reproduire ci-après l'article de bienvenue de M. Fernand de Jupilles (n° du 28 février 1894) :

« L'éminent collaborateur du *Journal des Artistes*, M. Paul Eudel, devait présenter ce nouveau-né aux collectionneurs du monde entier : un deuil l'en empêchant, je prends la plume à sa place.

« C'est, en vérité, une excellente idée que vient d'avoir M. L.-J. Rochet de fonder un journal éclectique et international qui a pour but de servir, en quelque sorte, de trait d'union entre les collectionneurs d'armes, objets d'art, livres, monnaies, timbres, etc.

« Nous sommes, en effet, des milliers, dans tous les pays du monde, qui souffrons d'un isolement absolu, nous mettant dans l'impossibilité d'acheter ou d'échanger les objets dont nous pouvons désirer la possession, ou de vendre ceux que nous avons en double ou qui ont cessé de nous plaire.

« Il y avait là, évidemment, une lacune à combler, et nous ne saurions trop féliciter le fondateur de cette feuille de ne pas avoir reculé devant les difficultés sans nombre qu'il doit fatalement rencontrer au début, mais qui s'aplaniront d'elles-mêmes, au fur et à mesure des services rendus.

« Être utile à tous les collectionneurs, en leur fournissant presque pour rien un organe spécial dont les annonces seront à très bas prix et les renseignements d'une absolue sûreté, tel est le but que M. Rochet se propose d'atteindre et qu'il atteindra, nous en sommes persuadé.

« C'est à nous, collectionneurs, de l'aider, non-seulement en apportant notre souscription à cette œuvre désintéressée, mais encore en collaborant à un journal dont les colonnes seront ouvertes à toutes les idées nouvelles et pratiques, à tous les renseignements utiles et à toutes les annonces ayant pour but, comme je le disais plus haut, de nous servir de trait d'union entre tous, à la légion des collectionneurs.

« Sur ce, bonne chance et longue vie au nouveau-né, dont le père, homme aussi intelligent qu'érudit et désintéressé, a toutes nos sympathies, peut compter sur notre humble collaboration.

« Fernand DE JUPILLES. »

LAURENT (JEAN-PAUL), A. ⚜, né à Dommery (Ardennes), le 21 juillet 1860, ancien archiviste de l'Aude, archiviste des Ardennes.

Adresse: 15, avenue de Saint-Julien, Mézières.

M. J.-P. Laurent est le fils de Joseph-Jules Laurent et de Clémentine Thomas. Son père (mort en 1895), instituteur à Dommery pendant trente ans, puis maire de cette commune, sut, malgré son rôle modeste, rendre de grands services à l'enseignement et à sa localité d'adoption.

M. Laurent fit ses études aux collège et lycée de Charleville. Ses goûts l'attiraient vers les études historiques. Il se présenta à l'École des Chartes, à Paris, où il fut admis par arrêté du 26 novembre 1880. M. Laurent suivit, en même temps que les cours de l'École des Chartes, ceux de l'École pratique des Hautes-Études, où il fut nommé élève titulaire par arrêté ministériel du 14 septembre 1881. Ses études achevées, M. Laurent fut reçu Archiviste-Paléographe à la promotion du 22 janvier 1884, après avoir soutenu une thèse intitulée : *Étude sur les institutions de la ville de Mézières*, suivie du *Cartulaire municipal*.

Par suite de la démission de M. Alaus, le poste d'archiviste du département de l'Aude était vacant. M. Laurent y fut nommé par arrêté du 6 août 1884. Dans ce poste, il eut pour adjoint un jeune homme des plus distingués, M. Léonce Laurenç, devenu depuis vice-président du Conseil de Préfecture de l'Aude.

En dehors de ses travaux professionnels, M. Laurent fit profiter le public des documents intéressants conservés dans son dépôt.

Dans l'Aude, M. Laurent fut souvent en relations, pour ses recherches historiques, avec M. Cornet-Peyrusse, de Carcassonne ; et à Narbonne, avec M. Hippolyte Faure, administrateur honoraire des Hospices, et M. Louis Narbonne, avocat, membre de la *Commission archéologique* de cette ville.

Pendant son séjour dans ce département, M. Laurent fut membre du Comité d'inspection de la Bibliothèque de Carcassonne, membre résidant et archiviste de la *Société des Arts et Sciences* de Carcassonne, dont il est resté Membre correspondant.

Au mois d'avril 1887, lors de la mort de M. Sénemaud, archiviste du département des Ardennes, M. Laurent demanda à passer de Carcassonne à Mézières, pour se rapprocher de sa famille et de son pays natal.

Il eut le plaisir d'être nommé archiviste des Ardennes, par arrêté du 3 mai suivant.

Le départ de M. Laurent donna lieu à d'unanimes regrets. Les journaux de l'Aude de cette époque firent les plus grands éloges du dévoué archiviste et rappelèrent les travaux si intéressants qu'il avait entrepris dans le département. « Sa très courte carrière dans notre département, écrivait un journal de Narbonne, fut très consciencieusement et très utilement remplie... Ces excellentes qualités, M. Laurent va les consacrer désormais à un pays qui lui est cher et auquel des liens puissants le rattachent. Tout en le félicitant d'avoir obtenu un déplacement qui était dans ses désirs, envions la bonne fortune du département qui va posséder notre ancien et distingué archiviste et souhaitons à ce dernier de recueillir dans son nouveau poste (ce qui, du reste, arrivera), le même nombre de sympathies qui l'ont accueilli à son arrivée dans notre département et qui lui font escorte à son départ. »

Dès qu'il fut installé dans son nouveau poste, M. Laurent poursuivit les travaux de classement et d'inventaire commencés par M. Sénemaud et il enrichit le dépôt des Archives par d'importantes réintégrations. Il est secondé par un auxiliaire actif et dévoué, M. Kèwe, entré au Service des Archives, en 1874.

Depuis son arrivée dans les Ardennes, M. Laurent a été nommé : membre du Comité d'inspection de la Bibliothèque de Mézières (29 juillet 1887) ; membre correspondant de l'*Académie de Reims* (22 mars 1889) ; correspondant du Ministère de l'Instruction publique pour les travaux historiques (30 août 1889); officier d'Académie (31 décembre 1889); délégué cantonal des écoles de Mézières (23 mars 1893).

Dans les Ardennes, comme dans l'Aude, M. Laurent utilise ses heures de loisir par des publications d'histoire locale, éditées ordinairement chez Alphonse Picard, à Paris. Ses travaux reposent toujours sur des documents d'archives indiscutables. Il semble avoir pris pour devise : *Historia per documentum*.

Ses recherches de prédilection ont porté tout d'abord sur les œuvres inédites de Dom Ganneron, chartreux du Mont-Dieu. D. Ganneron est un historien de mérite, d'un style original, d'une lecture agréable, que les travaux de l'archiviste des Ardennes ont tiré de l'oubli. Il est né, vers 1590, à Dammartin-en-Goële (Seine-et-Marne), et mourut, au Mont-Dieu, en 1668.

M. Laurent a donné ensuite divers ouvrages et notices sur la ville de Mézières, publiés à part ou insérés dans la *Revue de Champagne et de Brie*.

En 1890, il entreprit la série des *Variétés historiques ardennaises*, dont la collection complète forme 12 livraisons. L'intérêt de ces *Variétés* n'est pas seulement local, il est général.

Dès la 6e livraison, M. Laurent avait introduit des modifications dans les *Variétés historiques ardennaises* par l'addition d'un *Supplément* composé de *Mélanges, Bibliographie et Chronique*. C'étaient tous les éléments constitutifs d'une Revue, sauf le titre. Après la 12e et dernière livraison (fin de l'année 1893), la transformation fut définitive. M. Laurent fit un appel aux érudits de la région, pour fonder la *Revue historique ardennaise* dont la première livraison parut le 1er janvier 1894. Cette Revue est publiée tous les deux mois, par fascicules in-8, sur papier vergé, en caractères elzéviriens; elle est illustrée de photogravures et de phototypies. C'est une véritable édition de luxe, imprimée (comme les *Variétés*), d'abord par M. Blind, à Dôle (Jura), et aujourd'hui, par M. Bernin, son successeur.

Dans la préface de la 1re livraison, le but de la *Revue* était ainsi exprimé :

« Si le département n'a pas de Société historique (ce qui n'est peut-être pas autant à regretter qu'on le pense), il possède de nombreuses bonnes volontés, pleines d'initiative, mais isolées.

« Le but de la *Revue historique ardennaise* est de réunir ces forces éparses, animées toutes, au suprême degré, du culte de la petite patrie. »

Ce but est atteint. La *Revue*, qui est dans sa 3e année (1896), a déjà publié des articles de nombreux collaborateurs, dont les noms suivent :

MM. Albot, Baudon, Brincourt, Carlier, Chuquet, Demaison, Goffart, Graffin, Dr Guelliot, Haudecœur, Henry, Hubignon, Jadart, Lacaille, Lannois, Laurent (de Rethel), Moranvillé, Dom Noël, Pélicier, Pellot, Roland, Baron F. Seillière, Souchon, Dr Vincent.

Les Revues sont souvent éphémères ; mais, en ce qui concerne la *Revue historique ardennaise*, la composition de la liste ci-dessus et l'esprit de suite de M. Laurent sont un sûr garant pour l'avenir.

Donnons, en terminant, la bibliographie des travaux de M. Laurent :

ARCHIVES. — *Rapports sur la situation des Archives de l'Aude* (1885-1886, 2 br.) *et des Ardennes* (1887-1896, 10 br.) ; — *Répertoire des Archives communales de l'arrondissement de Castelnaudary antérieures à 1790*, (cantons Nord et Sud de Castelnaudary, 1885 ; cantons de Belpech, Fanjeaux et Salles-sur-l'Hers, 1886) ; — *Inventaire des Archives anciennes de l'Aude* (commenc. de la série G, 1887) et *des Ardennes* (collabor. aux tomes 1 & 4, 1888-1890 ; en cours d'impr. t. III, t. III et IV Suppl.) ; — *Inventaire des Archives anciennes de l'hospice de Mézières*, 1891 : — *Inventaire des Archives historiques de Charleville* (ville et hospice, 1895).

AUDE. — *Notes archéologiques sur la cité de Carcassonne*, 1885 ; — *Testament de Jean Sésale, curé de Fanjeaux*, 1886 ; — *Livre vert de l'Archevêché de Narbonne*, 1886 ; — *Notes sur quelques rétables de l'ancien diocèse de Narbonne*, 1887 ; — *Annales du couvent des Ursulines de Carcassonne*, 1887 ; — *Documents inédits sur la cathédrale Saint-Just de Narbonne*, 1887.

ARDENNES. — *Annales de Dom Ganneron :* Notes inédites sur la vie et les œuvres de Dom Ganneron, Chartreux du Mont-Dieu, 1887; les Moissons de Thiérache, 1893 ; Synopsis PP. Visitatorum provinciæ Picardiæ, ordinis Cartusiensis, 1893; Les Antiquités de la Chartreuse du Mont-Dieu, 1893 ; Centuries du pays des Essuens, 1894. — *Notices historiques sur la Ville de Mézières :* Les anciennes rues de Mézières, 1888 : les Francs-Archers de Mézières, 1888 : la Léproserie de Mézières, 1889 ; Mézières illustré, 1889 ; Statuts et Coutumes de l'échevinage de Mézières, 1889. — *Variétés historiques ardennaises :* Les deux plus anciens documents en latin et en français conservés aux Archives des Ardennes, 1890 ; Avant et après la bataille de Rocroi, 1890; Souvenirs de l'Abbaye de Signy, 1890 ; Arrestation de Louis XVI à Varennes, 1891; l'Histoire des Ardennes de l'abbé Boulliot, 1891 ; le

Livre des Statuts d'Ivois-Carignan, 1891; *Fragment d'un registre du comté de Rethel*, 1892 ; *Correspondance de Frédéric II avec Duban de Jandun*, 1892 : *la Pomme de terre dans les Ardennes avant Parmentier*, 1892 : *les Préliminaires de Valmy*, 1892; *Mézières pendant la défense de Bayard*, 1893 ; *le Droit d'asile à Charleville, au xviie siècle*, 1893. — Divers : *la Culture du tabac à Charleville au xviiie siècle*, 1883 ; *Biographie de Jean de Jandun*, 1883 ; *Inventaire du mobilier de l'Abbaye de Signy en 1790*, 1883; *les Arquebusiers de Mézières au tir général de Saint-Quentin, en 1774*, 1884; *le Prix des vivres à Mézières en 1566*, 1884; *Mémoire de Dom Boisset, prieur, sur le spirituel et le temporel de l'Abbaye de Signy, au xviiie siècle*, 1884; *Découverte d'un nouveau combustible à Chagny, en 1784*, 1886; *Wagnon ou La Rozière, de 1781 à 1790*, 1886 ; *Construction d'un pont entre Charleville et Mézières en 1675*, 1888; *la Bastille et le patriote Palloy ou notes inédites sur un modèle de la Bastille conservé aux Archives des Ardennes*, 1889 ; *le Cœur de Turenne*, 1890 ; *Note sur l'identification des lieux dits* Plerinacum *et* Vacculiacum, *mentionnés dans le Testament de saint Remi*, 1890 ; *une Sorcière à Gitret, en 1613*, 1890 ; *Centenaire de la création du Conseil général des Ardennes*, 1890 ; *Nicolas Philbert, évêque constitutionnel des Ardennes*, 1891 ; *les Remèdes populaires dans le canton de Chaumont-Porcien, au xviie siècle*, 1891 ; *la Fosse-au-Mortier*, 1892 ; *Notes inédites sur le général Du Merbion et la famille militaire Jadart*, 1895 ; — *Revue historique ardennaise* (1894-1896, 3 vol.)

HAHN (François-Louis), I. ✪, médecin et naturaliste contemporain, né à Strasbourg (Bas-Rhin), le 16 décembre 1844.

Adresse : Ecole de médecine, Paris.

Après de bonnes études littéraires et scientifiques au lycée de sa ville natale, il subit avec succès en 1869 les épreuves de la licence ès-sciences physiques, et en novembre de la même année fut nommé professeur de mathématiques au collège de Bouxwiller. Après la guerre de 1870-71, il renonça à la carrière de l'enseignement et accepta le 1er janvier 1872 une délégation à la bibliothèque de la Faculté de médecine de Paris. Reçu docteur en médecine en juillet 1874, il fut nommé, le 1er janvier 1877, bibliothécaire-adjoint de la Faculté de médecine de Paris. Les services dévoués qu'il a rendus à la bibliothèque, ses aptitudes spéciales, ses connaissances vraiment encyclopédiques, et en particulier sa connaissance approfondie des langues et de la littérature étrangères, le désignaient tout naturellement pour la place de bibliothécaire en chef vacante par suite du décès du docteur Chéreau et à laquelle il a été nommé le 24 février 1885. — Le docteur Hahn est membre de la Société de médecine publique et d'hygiène professionnelle depuis 1880 et officier de l'Instruction publique depuis 1886.

Les publications du docteur Hahn sont nombreuses. La première en date est sa thèse inaugurale, intitulée : *Des complications qui peuvent se présenter du côté du système nerveux dans la phtisie pulmonaire chronique* (Paris, Asselin, 1874, in-8°); cette thèse

qui a été honorée d'une médaille de bronze décernée par la Faculté, a été le premier travail d'ensemble sur ce sujet difficile et le point de départ d'une série de publications analogues. — Vient ensuite la traduction d'un ouvrage anglais : G. HARLEY, *De l'urine et de ses altérations pathologiques*, etc. (Paris, A. Delahaye, 1875, in-18); d'un ouvrage allemand : P. GUTTMANN, *Traité du diagnostic des maladies des organes thoraciques et abdominaux*, (Paris, V. A. Delahaye et Cie, 1877, in-18); d'un autre de F. SCOEN, la *Glycogénie animale*, (Paris, G. Masson, 1890, in-8°), et du texte de l'important *Atlas de médecine légale* de Lesser, (Paris, G. Masson, 1890-93). Il a publié la sixième édition d'A. BECQUEREL, *Traité élémentaire d'hygiène privée et publique*, (Paris, Asselin, 1877, in-8), suivie elle-même d'une septième édition considérablement augmentée et remise au niveau de la science (Paris, Asselin et Cie, 1883, in-8°). En 1875, le docteur Hahn devient le secrétaire et en 1886 le co-directeur avec le Dr Lereboullet du *Dictionnaire encyclopédique des sciences médicales* Dechambre, ou *Dictionnaire en 100 volumes*; il a publié dans cette œuvre grandiose une foule d'articles, parmi lesquels *Coumarine, Créatine, Cyclamine, Delphine, Diffusion, Douves* (avec M. Edouard Lefèvre), *Embaumements, Formique* (Acide), *France* (Faune, Invertébrés) en commun avec M. Edouard Lefèvre, puis *Fumigations, Galien, Gerhardt* (Charles), *Glace, Gommes, Gœthe, Gras de cadavre, Gravelle, Oxalurie, Ozone, Paracelse, Peintres, Schizomycètes, Soranus, Spiritisme* (avec le docteur L. Thomas), *Teinturiers, Térébenthine, Tœnia,* etc., etc.

Nous devons en outre mentionner un mémoire qui lui est commun avec le docteur L. Thomas et intitulé : *Du rôle du thymus dans la pathogénie des tumeurs du médiastin* (*Archives générales de médecine,* mai 1879), également tiré à part (Paris, P. Asselin et Cie, 1879, in-8°); puis un *Vocabulaire médical allemand-français,* (Paris, Steinheil, 1887, in-18); une revue générale sur la *Tuberculose congénitale et la tuberculose héréditaire* (Paris, Masson, 1895, in-8° (extrait de la *Revue de la tuberculose*); enfin une *Etude historique sur la dernière épidémie de choléra en France* (1884-85) adressée en 1889 à l'Académie de médecine qui a récompensé d'une médaille d'argent ce mémoire actuellement sous presse.

Le docteur Hahn a pris encore une très large part à la rédaction du *Dictionnaire usuel des sciences médicales* publié en 1883-84, chez G. Masson, sous la direction des docteurs Dechambre, Mathias Duval et Lereboullet; il a rédigé entre autres, pour cette publication, la plupart des articles de physique et de chimie, et une partie de ceux d'histoire naturelle et de pathologie. Enfin, il fait partie du comité de direction de la *Grande Encyclopédie* éditée par H. Lamirault, à laquelle il a également donné un très grand nombre d'articles.

LÉVY (Joseph), né le 28 octobre 1859, à Zimmerbach, près de Colmar (Haute-Alsace), curé de Lorenzen (Basse-Alsace).

M. l'abbé Joseph Lévy appartient à une de ces vieilles familles israélites d'Alsace dont les mœurs curieuses ont été si bien décrites par Daniel Stauben. Ses ancêtres se convertirent au catholicisme. Ils reçurent l'instruction religieuse au couvent de Marbach, près d'Egisheim, et furent baptisés à Soultzbach (vallée de Münster), le 1er février 1733, comme le montre le curieux document ci-joint :

« Extractus e libro baptismali Ecclesiæ (tunc) parochialis ad Sanctum Joannem-Baptistam in Sulzbach, de capitulo ultra Colles Othonis-Buhl, in valle Sancti Gregorii Monast.

« Hodie prima Februari, anni millesimi septingentesimi trigesimi tertii, baptizatus est Philippus Josephus, filius legitimus, ætatis suæ quatuor annorum, Joannis Theobaldi Levi (hodie cum suo infante baptizati et infra inscripti)

et defunctæ Judææ nomine Judula Israel conjugum. Patrini fuerunt prænobilis et clarissimus Philippus Stephanus Larcher, Præfecturarum vallium Orbeys uti et Heiteren satrapa et ornata et pudica virgo Magdalena Wimpf ex Munster. *Sign. :* Philippe-Etienne Larcher;

Magdalena Wimpf;

Ettlin, ut parochus baptizans.

« Eodem die mensis et anni ut supra, baptizatus est Joannes Theobaldus. Judæus ex Hœusseren, ætatis suæ viginti septem annorum, uxoratus, doctrina orthodoxæ fidei in inclyta abbatia Marbacensi sufficienter imbutus, filius legitimus Samuelis Levi et Rachaelis Levi adhuc Judæorum conjugum, in pago Hagenthal, Didionis Pfirtensis habitantium. Patrini fue-

runt, plurimum spectabilis, honestus et perdoctus Dominus Joannes Theobaldus Beck, archigrammateus in oppido Weybr, et praefectura inde dependente, et honesta ac honorata Domina Joanna Francisca Baudinot uxor Domini Valentini Wimpf, Archigrammateus in civitate et valle Munster.

J. Beck;

Jeanne-Françoise Baudinot;

Ettlin, ut parochus baptizans.

« Præsentes extractus e libro supra nominato de verbo ad verbum fideliter transcripti sunt, quod propriæ manus subscriptione et sigilli consueti appositione attestor.

« Datum in Sulzbach, die XX nov. 1892.

Grad, par. succ. »

M. Joseph Lévy fit d'excellentes études classiques au Gymnase catholique de Colmar et au Collége libre de Lachapelle-sous-Rougemont (territoire de Belfort), de 1871 à 1878. Il fit sa rhétorique auprès de M. Burtz, curé de Wihrau-Val, ancien professeur au Petit Séminaire de Zillisheim. De là, il passa au Grand Séminaire de Strasbourg (1879 — août 1885). Ses études furent malheureusement interrompues, à plusieurs reprises, par la maladie. M. Joseph Lévy fut ordonné prêtre, le 19 décembre 1885, par Mgr Stumpf. Le jeune abbé fut nommé maître d'études au Petit Séminaire de Zillisheim (11 janvier 1886 — août 1886), puis vicaire à Herbitzheim (14 octobre 1886 — 31 juillet 1893). A cette dernière date, l'Administration diocésaine chargea de la cure de Lorenzen, M. l'abbé Lévy qui avait choisi cette petite paroisse pour pouvoir continuer ses études historiques et archéologiques.

M. l'abbé Joseph Lévy est l'auteur d'un grand nombre de travaux de haute valeur, qui l'ont classé parmi les savants alsaciens les plus appréciés.

On lui doit : *Geschichte des Klosters, der Vogtei und Pfarrei Herbitzheim* (1 vol. de 298 p., avec 3 grav. et 1 plan : Strasbourg, 1892); au commencement de 1896, il a ajouté un supplément à cette histoire d'Herbitzheim (Sarreguemines). Le *Bonus Pastor*, de Trèves, dit que l'Histoire d'Herbitzheim *est un travail de bénédictin*. Le *Polybiblion* de mai 1893 en donna un compte rendu très élogieux. « Herbitzheim, dit le critique du *Polybiblion* est une modeste paroisse du diocèse de Strasbourg, sur la Sarre, dans l'arrondissement de Saverne. Un monastère y fut fondé vers 740; la cure actuelle date, comme construction, de 1597. La prétendue Réforme y pénétra dès 1522. Vicaire actuel, M. Lévy a reconstitué l'histoire de cette petite localité et l'a dédiée à son curé. C'est d'un fort bon exemple. Dans bien des diocèses, les ordonnances synodales prescrivent aux desservants de recueillir les souvenirs de leurs paroisses respectives; ces prescriptions donnent lieu à la publication de bien peu de monographies. Je donnerai volontiers celle de M. Lévy comme un modèle de recherches persévérantes et fructueuses : bonne division, tableaux chronologiques, pièces justificatives, rien n'y manque, pas même une lettre de félicitations d'un professeur du Grand Séminaire de Strasbourg. »

M. l'abbé Lévy a reçu une récompense de 1,000 francs du gouvernement allemand, après la publication de son *Histoire de Herbitzheim*. Le même travail le fit recevoir membre correspondant de l'*Académie de Metz* (séance du 26 avril 1894).

En 1895, M. l'abbé Lévy publia ses *Notes sur l'ancien archiprêtré de Bouquenom* (Saarunion); Rixheim; broch. de 41 p. L'auteur se propose de traduire, en le complétant, ce travail en allemand. Il a sous presse : *Der Convertit Johann Heinrich Winzheimer, gewesener evangelischer Pfarrer in Bockenheim* Vers la fin de la présente année, paraîtra son *Histoire de Saarunion* et les *Droits des catholiques dans l'ancien bailliage de Harskirchen*. M. Lévy a collaboré aux journaux suivants : *Numismatisch-sphragistischer Anzeiger* (Hannover, 1888); *Elsaessisches Samstagsblatt* (Strasbourg, 1889, 1890 et 1891); *Bulletin ecclésiastique de Strasbourg* (1891); *Stimmen aus dem Elsass* (1892), Strasbourg; *Metzer katholisches Volksblatt* (1892), *Saargemünder Zeitung* (1893-96), *Volksfreund* (1894, Strasbourg), *Revue catholique d'Alsace* (1895), le *Katholik* de Mayence (1896). Il y a publié des études importantes, parmi lesquelles nous citerons : *Le Testament de Jean Waldt*, curé de Zillisheim, 1608; *Le Tabernacle de l'église de Domfessel*, 1826; *La collégiale de Münster* (Lorraine); *Les héroïnes de l'Alsace-Lorraine*; *Le nombre Sept*; *Les reliques de N. S. Jésus-Christ*; *Le pays de la Saare*; *L'église de Saint-George et la chapelle de la Croix de Zimmerbach*, son pays natal; *La conversion de mes ancêtres*, etc.

M. Lévy possède une belle collection de monnaies et une collection de timbres-poste.

Pendant son séjour à Herbitzheim, en septembre 1889, M. l'abbé Lévy a découvert, auprès du village, un autel païen dédié à la Victoire; il envoya ce monument au Musée de la *Société archéologique et historique de l'Alsace*.

Le 29 avril 1893, il a donné également au Musée de Colmar un grand tableau en bois sculpté du xviie siècle, représentant *L'Assomption de la Sainte Vierge*, et provenant de l'ancienne abbaye des bénédictins de Münster. Au mois de décembre 1892, M. l'abbé Lévy s'adressa au Collège romain de Rome pour son doctorat, mais sa santé ne lui permit pas de se préparer à cet examen. Au commencement du mois de janvier 1893, il a prononcé un discours au café Stoskopf de Sarreguemines; il y parla des salines de Salzbronn.

A Lorenzen était un cimetière mixte. En 1895, M. Lévy demanda une place pour la sépulture des catholiques; on la lui accorda. Une belle croix en pierre ombragera sous peu les tombes de ses chers défunts.

A Mackwiller, annexe de Lorenzen, se trouve une église mixte. M. Lévy fit des démarches auprès de l'autorité épiscopale pour avoir un sanctuaire entièrement catholique. On lui accorda quelques milliers de marcs; la commune vota également 1,500 marcs; une quête faite en Lorraine devra couvrir le reste du montant. Encore quelques mois et les catholiques de Mackwiller auront leur propre église sous la protection de saint Gall.

L'érudit abbé a fait de nombreux voyages en Alsace et en Lorraine allemande. Il a vu, pour ainsi dire, tous les endroits importants des deux provinces. Il a fait de nombreux pèlerinages : à Notre-Dame-des-Ermites (Suisse); à Notre-Dame de la Pierre, près de Bâle (Suisse); à la procession dansante d'Echternach (grand-duché du Luxembourg); à Trèves (Exposition de la sainte Robe de N. S., 1891).

Dans ses *Voyages scientifiques*, il a vu, Allemagne : Sarrebrück, Trèves, Coblenz, Arenberg, Wiesbade, Francfort-sur-le-Mein, Mayence, Worms, Kaiserslautern, Deux-Ponts, Fribourg,

Karlsruhe, Rastadt, Stuttgart, etc. *France :*
Nancy, Pont-à-Mousson, Sedan, Reims, Sois-
sons, Paris, Versailles, Saint-Germain-en-Laye,
Poissy-sur-Seine, Belfort, etc. ; *Luxembourg :*
Luxembourg, la capitale du duché ; *Belgique :*
Arlon ; *Suisse :* Bâle, Zurich, le mont Rigi,
Küssnacht, Lucerne, Zug, etc.

Il a vu également les expositions de Paris
(1889), l'exposition des timbres-poste de Paris,
septembre 1892, l'exposition de Coblenz, 1891 ;
l'exposition des tableaux de Stuttgart, 1895 (je
ne parle pas des expositions du pays annexé).
M. Lévy est membre de la *Société des monuments historiques de l'Alsace* et de la *Société
historique de Sarrebrück* (Prusse).

MUGNIER (L'abbé Arthur-Marie-Lucien-
Théodore-François-Xavier), né le 27 novembre
1853, à Lubersac (Corrèze), prédicateur, conférencier, écrivain, second vicaire de Notre-
Dame-des-Champs (Paris).

M. l'abbé Mugnier appartient à une vieille
et honorable famille originaire de la Lorraine.
Après de brillantes humanités au Petit-Séminaire de Nogent-le-Rotrou, il obéit à une vocation fermement arrêtée et entra, la guerre
de 1870-71 terminée, au Grand-Séminaire
d'Issy et de Saint-Sulpice, où il compléta ses
études. Ordonné prêtre en 1877, M. l'abbé
Mugnier exerça, pendant trois ans, les fonctions de professeur au Petit-Séminaire de
Paris.

S. E. le cardinal Guibert l'appela bientôt au
ministère paroissial en le nommant vicaire à
Saint-Nicolas-des-Champs.

Il occupa ce poste pendant dix-huit mois et
passa ensuite à Saint-Thomas-d'Aquin où il
resta douze années.

Dans cette paroisse importante, il sut me-
ner de front avec un égal succès les occupations les plus variées. Ayant succédé à Mgr de
Ségur, à la tête de l'*Association des jeunes
gens du Faubourg Saint-Germain*, il organisa des retraites des fêtes, des banquets, des
conférences qui furent suivis par la jeunesse
de ce quartier et qui lui acquirent une grande
popularité.

L'abbé Mugnier dirigea avec non moins de
succès une Conférence de jeunes gens appartenant aux meilleures familles de la paroisse
et dont le but est le soulagement des pauvres
de Belleville et de la Villette. Avec le concours
de nos artistes parisiens les plus distingués, il
organisa des fêtes de charité pour procurer à
cette œuvre les ressources qui lui étaient
indispensables. Pendant ce temps, M. l'abbé
Mugnier trouvait encore le moyen de prêcher
dans différentes églises de Paris, de collaborer
à plusieurs journaux et revues et de faire des
conférences historiques et littéraires, dans
l'œuvre des *Conférences de Sainte-Geneviève*,
rue de Rennes, puis plus tard, au Cercle
catholique des Étudiants du Luxembourg.

Il y parla successivement avec une magnifique éloquence servie par des connaissances littéraires élevées et par un goût judicieux, d'*Octave Feuillet*, d'*Émile Augier*, des *Mémoires
écrits par les femmes au XVIIe et au XVIIIe
siècle*, des *Sœurs des grands hommes*, des
Femmes sur l'échafaud, il y a cent ans, de
Mme Récamier et de *Mme Swetchine*, de *Bour-
daloue et de ses admiratrices*, du *sentiment
de la nature dans les auteurs mystiques*,
etc., etc., etc. Quelques-unes de ces conférences ont été réunies en volumes par leur auteur.

On trouve à la librairie Pillu-Vuillaume (9,
rue Soufflot, Paris), les conférences qu'il a publiées sur la *Baronne de Krudener*, sur l'*Enthousiasme*, sur *Mme Craven* et sur *Mlle de
Lamartine*.

L'abbé Mugnier, en rapport depuis longtemps avec l'auteur des *Récits d'une sœur* et
la nièce du grand poète, a communiqué au public ses souvenirs personnels. La plupart des
journaux, le *Figaro*, le *Gaulois*, l'*Univers*, le
Monde, ont rendu hommage, en de nombreux
articles, à ces conférences et au conférencier.

L'une de ces conférences-études, consacrée à
la *Musique religieuse de Richard Wagner*, a
été, sur l'initiative de la veuve de l'illustre
compositeur, traduite dans la célèbre revue
allemande : *Bayreuther Blatter*, par le fils du
baron Franckenstein, l'ancien chef du centre
à la Diète germanique.

Au mois de mars 1895, à l'apparition du roman : *En Route*, qui fit tant de tapage, le
public lettré se demandait si M. J. Karl Huysmans était réellement converti, comme son
livre semblait l'indiquer. M. l'abbé Mugnier,
qui avait envoyé l'auteur à la Trappe d'Igny,

trois ans auparavant, et qui avait gardé avec le néophyte les meilleures relations, fit alors, pour éclairer l'opinion, une conférence qui eut un grand retentissement en France et à l'étranger.

Tout en accentuant de nombreuses réserves et en déclarant que le roman renfermait bien des pages qu'il eût voulu déchirer, l'orateur affirmait que Durtal et M. Huysmans ne font qu'un et que l'auteur avait certainement opéré une évolution, dans l'ordre religieux. Les incrédules durent enfin battre en retraite lorsque l'ancien disciple de Zola écrivit, quelques mois après, la préface d'un *Catéchisme liturgique* en collaboration avec un directeur du Séminaire de Saint-Sulpice.

Bordeaux voulut entendre l'abbé Mugnier traiter le même sujet. M. l'abbé Mugnier déféra à ce désir. Une foule immense remplissait, le 6 mars 1896, la grande salle de l'Athénée choisie par le conférencier. Tous les journaux résumaient le lendemain les impressions bordelaises : L'orateur s'est distingué par « l'originalité de la forme et du fond, comme « par la délicatesse spirituelle des analyses. Il « a une langue ferme et châtiée, un sentiment « très pénétrant de l'œuvre, d'heureuses trou- « vailles expressives. » (*Gironde*, *Nouvelliste*, etc.).

Un an après la mort du regretté abbé Charles Perraud, M. l'abbé Mugnier prononçait, dans la chapelle des Frères de Saint-Jean de Dieu, l'éloge funèbre de son maître et ami.

Ces pages émouvantes ont été publiées en brochure chez Téqui (29, rue de Tournon).

Enfin nous retrouvons l'orateur sacré à Nohant (Indre), bénissant, avec l'assentiment de Mgr l'archevêque de Bourges, une cloche offerte à l'église de son pays par la belle-fille de George Sand. Il fit, à cette occasion, un discours plein de tact et d'éloquence qui eut le don de réunir les suffrages les plus divers.

En juillet 1893, M. l'abbé Mugnier était, en récompense de son zèle, nommé second vicaire dans la paroisse lettrée de Notre-Dame-des-Champs, où il prouvait, de toutes manières, que l'aptitude aux travaux de l'esprit n'est pas incompatible avec les fonctions administratives et qu'un écrivain peut se doubler d'un apôtre.

JADART (Charles-Henri), I. ✪, né à Rethel (Ardennes) le 17 novembre 1847, bibliothécaire de la ville de Reims (Marne), secrétaire général de l'Académie de Reims, correspondant du ministère de l'instruction publique et des beaux-arts, associé-correspondant de la Société nationale des Antiquaires de France, membre de la Société française d'archéologie, membre correspondant de l'Académie de Stanislas, à Nancy, etc.

Adresse : 15, rue du Couchant, Reims.

Après avoir fait ses études classiques au collège de sa ville natale et ses études de droit à la faculté de Nancy, M. Henri Jadart fut nommé, en 1873, juge suppléant au tribunal de Rethel, puis occupa les mêmes fonctions au tribunal de Reims, de 1878 à 1886. Il avait été, dans l'intervalle, élu membre titulaire, secrétaire archiviste et secrétaire général de l'Académie nationale de Reims, ainsi que membre du comité d'inspection de la bibliothèque et du musée de la ville de Reims. Il fut nommé, en 1886, conservateur-adjoint de ces établissements et, en 1895, conservateur titulaire. Il a reçu, en 1896, les palmes d'officier de l'Instruction publique au Congrès des Sociétés savantes.

Ses publications concernent uniquement l'histoire, la biographie et l'archéologie de son pays d'origine, la région rémoise et ardennaise qui formait la partie septentrionale de la Champagne, comprise aujourd'hui dans le diocèse de Reims, et les départements de la Marne et des Ardennes. C'est ainsi qu'il a collaboré particulièrement aux *Travaux de l'Académie de Reims* (tomes LX à C), à la *Revue de Champagne et de Brie* (années 1876 à 1896), à la *Revue historique ardennaise*, à l'*Almanach-Annuaire de la Marne, de l'Aisne et des Ardennes*, au *Bulletin monumental*, au *Bulletin du Comité des Travaux historiques* et aux *Réunions des Sociétés des Beaux-Arts*. Il a tiré à part de ces recueils et d'autres analogues un grand nombre de notices et mis au jour quelques autres volumes imprimés à ses frais ou par voie de souscription.

Nous citerons, pour la biographie, ses études sur *Robert de Sorbon, Jean Gerson, Dom Mabillon, Dom Ruinart, Dom Marlot*, le héraut *Emond du Boullay*, le jurisconsulte *J.-B. Buridan*, la famille *de La Salle*, les peintres *Wilbault*, les sculpteurs *Jacques*, l'architecte *Jean Bonhomme*, l'imprimeur *N. Bacquenois*, et sur plusieurs membres de l'Académie de Reims, MM. *Louis Paris, Ch. Loriquet, V. Tourneur, F. Lefort* et *Pr. Soullié*. On lui doit pour l'histoire locale l'édition des *Mémoires de Jean Maillefer*, marchand bourgeois de Reims, et de la *Chronique de Jean Taté*, greffier de l'hôtel de ville de Château-Porcien; — *Jeanne d'Arc à Reims*; — *Louis XIII et Richelieu à Reims*; — *Pierre le Grand à Reims*; — *Chronique ardennaise et Chronique rémoise de la fin du* xviiie *siècle*; — *La Population des arrondissements de Reims et de Rethel*; — *Les Postes et les Messageries à Reims*; — *Les débuts de l'Imprimerie à Reims*; — *Les Bibliophiles rémois*; — *Excursions en Champagne et en Argonne*; — la *Bibliographie rethéloise* et *Les Arquebusiers de Rethel*, ce dernier travail en collaboration avec M. H. Lacaille. Enfin, pour l'archéologie régionale, il a donné, en collaboration avec MM. Ch. Givelet et L. Demaison, trois fascicules du *Répertoire archéologique de l'arrondissement de Reims* (paroisses de Reims, cantons de Reims et canton d'Ay); *Le Bourdon de Notre-Dame de Reims*; —

*Les Statues de Reims; — Les Reliquaires de
Martin; — Les Inscriptions de l'église de
Mézières; — Les Inscriptions du prieuré de
Binson; — Les Portraits rémois du musée
de Reims; — Les Tables de l'Hôtel-Dieu de
Reims,* — et plusieurs descriptions d'églises
rurales de la Marne et des Ardennes *(Novy,
Revin, Barby, Hautvillers, Villedommange,
Asfeld, Aire* et *Villers-devant-le-Thour).*

Depuis 1882, M. Henri Jadart écrit le compte
rendu annuel des travaux de l'Académie de
Reims; il a publié la table générale de ses volumes et publications en 1883; — l'inventaire
de ses archives en 1886, — et la liste récapitu-
lative de ses membres en 1891, à l'occasion du
cinquantenaire de la société.

Comme travaux professionnels, nous indi-
querons en dernier lieu : le *Catalogue de la
bibliothèque du tribunal de Reims;* — l'*Inventaire de la chalcographie de la ville de
Reims;* — *Les Portraits historiques du musée de Reims;* — le *Catalogue du musée lapidaire,* avec MM. Charles Givelet et L. Demaison; — *Les Anciennes Bibliothèques de
Reims;*—le *Catalogue du cabinet de Reims,*en
collaboration avec MM. Courmeaux,Duchénoy
et Henri Menu;—le *Bulletin des dons et achats
de la bibliothèque de Reims* et le *Bulletin du
musée de Reims.* Il a, en outre, participé à
l'érection de plusieurs monuments commémoratifs, au classement et au catalogue de plusieurs collections privées ou publiques, ainsi
qu'à l'organisation de l'Exposition rétrospective
de Reims en 1895.

JOCHUM (Edouard-Alexandre), A. ✪, né à
Nancy (Meurthe-et-Moselle) le 2 février 1839,
peintre-céramiste et dessinateur-chromiste.

Adresse : 64, avenue Victor Hugo, Boulogne-sur-Seine.

M. Jochum fait de la chromolithographie;
mais son cas est singulier, en ce sens que son
travail, qui sort de la presse lithographique
imprimé sur un papier spécial, ne donne son
plein effet qu'après avoir été reporté sur porcelaine ou faïence et cuit au feu de four et de
moufle.

Jochum est un *chromiste-céramiste* qui, par
sa lithographie et sa manière de faire, a
ajouté la coloration aux planches gravées par
Bracquemond, Boilvin, Somm, Léon Petit,
Valentin, etc. Ses images ne prennent pas
place, il est vrai, dans les portefeuilles d'amateurs, mais sur les tables, dans les buffets des
porcelaines et des collections. Quoi qu'il en
soit, une histoire complète de la lithographie
devra toujours mentionner la part que ce procédé a fourni à l'ornement des porcelaines, la
méthode et l'école nouvelle de l'application de
cet art perfectionné par Jochum.

Officier d'académie, titulaire de plusieurs
diplômes dans les expositions, ses recherches
approfondies et son habileté l'ont désigné et
mis en vedette. Collaborateur de Bracquemond

et de Chaplet dans la manufacture Haviland
et Cie, de Limoges, il fut distingué par ces industriels et mis à la tête de la succursale
d'Auteuil comme directeur de cet établissement. On cite ses *Oiseaux* et ses interprétations des *Fleurs Saxe* de Pallandre, des *Œuvres* de Bracquemond, des *Têtes de femmes*
de Boilvin, des *Algues marines* et des *Co-
quillages* de Pallandre, des *Fruits* et des
Fleurs du même peintre, des *Japonaises*
d'Oulevey, des *Scènes de campagne* de Léonce
Petit, des charmants sujets de Mme M. Bracquemond et de ceux de Somm, etc. Nous pourrions faire beaucoup d'autres citations, mais
à quoi bon lorsque l'on connaît la somme de
travail consciencieux de cet artiste toujours
sur la brèche et ne faiblissant pas dans la rude
tâche de sa direction, travailleur infatigable
dans ses recherches toujours heureuses.

Entré à l'âge de quinze ans dans la céramique, et dans l'atelier du céramiste Nansot, il
fut un de ses brillants élèves. Il acquit auprès
de ses camarades une réputation justement
méritée. La peinture sur porcelaine devenait
un art nourrissant difficilement son homme,
car les imitateurs en chromo faisaient une terrible concurrence, vu la modicité des prix.
Jochum se créa une place dans la lithographie, il fit lui-même le report de ses dessins sur
pierre et passa maître dans ce genre nouveau
de chromiste-céramiste, qui fut une révélation
lors des Expositions de 1878 et de 1889. D'ailleurs, ce laborieux artiste ne cesse de s'entou-
rer de documents de toute nature, dont il a
réuni de véritables collections. Philanthrope
aux idées libérales, il sait être dans sa direction bienveillant et affable, qualités rares à

rencontrer dans ce poste difficile. Aussi est-il aimé et très estimé de ceux qui travaillent sous ses ordres. Ses concitoyens viennent, aux dernières élections, de lui donner un éclatant témoignage d'estime en le choisissant comme maire de la ville de Boulogne (Seine).

M. Jochum est président de la Société de tir *la Patriote* ; président d'honneur de la Société vélocipédique de Boulogne, la *S. V. B.* ; vénérable de la Loge de Boulogne, membre de beaucoup d'autres Sociétés. Il est également professeur et conférencier à l'Association Polytechnique de Paris, où il traite avec une grande compétence toutes les questions artistiques et industrielles se rattachant à la céramique.

DOBY (L'abbé Auguste-Jean-Baptiste), vicaire à la paroisse Saint-Roch, né à Bourbonne-les-Bains, le 26 novembre 1843 naturaliste, collectionneur, écrivain, membre de plusieurs Sociétés savantes.

Les ancêtres de M. l'abbé Doby vinrent s'établir à Bourbonne vers 1630. Son père, Barthélemy Doby, né le 8 novembre 1819, est aujourd'hui le seul survivant d'une famille de six enfants, tous garçons, dont l'aîné, Dominique Doby, a rempli avec éclat, pendant de nombreuses années, les fonctions d'adjoint au maire de Bourbonne. Sa mère, Marguerite Maillard, morte le 17 mai 1884, appartenait à une des plus anciennes familles de Bourbonne, et était cousine-germaine de Mme l'amirale Pierre. M. l'abbé Doby commença ses humanités à Bourbonne, mais le mauvais état de sa santé l'obligea à venir les achever à Paris, au Petit-Séminaire de Notre-Dame-des-Champs, les médecins ayant déclaré que le climat de Langres lui serait nuisible. Doué d'un remarquable esprit d'observation, il se distingua de bonne heure par ses aptitudes pour les Sciences naturelles, particulièrement pour la Géologie. Ses meilleures récréations étaient celles qu'il prenait, les jours de congé, dans les galeries du Muséum d'Histoire naturelle.

Ses humanités terminées, M. l'abbé Doby entra au Séminaire de philosophie à Issy, où, pendant deux années, les élèves étudient la philosophie et les sciences naturelles. C'était bien le milieu qui convenait à son genre d'esprit et à ses goûts. Dès les premières leçons, le professeur, étonné des connaissances de son nouvel élève, le nomma aussitôt préparateur du cours de Sciences naturelles, et le chargea d'organiser les excursions géologiques que les séminaristes font, pendant l'année, aux environs de Paris.

Ce n'est pas sans regrets que, sa philosophie terminée, M. l'abbé Doby quitta Issy pour venir à Paris, au Séminaire de Saint-Sulpice. Il savait que, dans cette maison, il lui faudrait abandonner ses études scientifiques pour se consacrer exclusivement à la théologie. Il fit résolument ce sacrifice et s'appliqua si bien à l'étude des Sciences ecclésiastiques qu'il fut nommé, l'année suivante, maître de chapelle au Séminaire.

Ordonné prêtre le 18 décembre 1869, M. l'abbé Doby fut envoyé à l'École des Carmes pour préparer sa licence ès-sciences naturelles. Admis bientôt à l'École pratique des Hautes-Études, il se livra avec tant d'ardeur au travail que ses professeurs le jugèrent capable de se présenter à l'examen de la licence à la fin de l'année. Mais la guerre, déclarée au mois de juillet, vint renverser ces beaux projets. Dès la nouvelle de la déclaration de guerre, M. l'abbé Doby demanda à partir comme aumônier. Il fut alors envoyé à Bourbonne en qualité d'aumônier de l'Hôpital militaire. Il y resta tout le temps que dura la guerre, prodiguant, avec un zèle souvent téméraire, ses soins aux blessés. Nous trouvons dans les archives de l'Hôpital militaire le document suivant qui montrera beaucoup mieux que nous ne pourrions le faire les dangers auxquels sa bravoure l'exposa :

« L'officier d'administration comptable de l'Hôpital militaire de Bourbonne atteste et certifie que M. l'abbé Doby, aumônier de cet établissement, s'est trouvé, en remplissant les devoirs de son ministère, dans les conditions suivantes :

« Le 15 novembre 1870, M. l'abbé Doby avait accompagné une évacuation de blessés ou malades sur l'hospice de Langres, avec mission de revenir le jour même continuer son service au milieu des blessés et varioleux dont l'Hôpital était rempli à cette époque. La statistique médicale accuse 434 cas de variole épidémique.

« A son retour, M. l'abbé Doby tomba dans une embuscade prussienne, composée de près de 500 hommes qui, au village de Bânes, près de Langres, surveillait les avant-postes de cette ville avec l'intention de s'en emparer, si la vigilance eût pu être mise en défaut.

« Par un hasard malheureux pour lui, les forts de la ville ayant connu la présence de l'ennemi, firent tonner le canon au moment où M. l'abbé Doby, revenant de Langres, traversait le village de Bânes.

« Furieux de se voir découvert, le colonel prussien, qui avait reconnu dans le jour la présence à Bânes de deux ecclésiastiques venus de Langres, crut à une trahison, et, sous l'influence de cette idée, fit arrêter M. l'abbé Doby, revêtu de sa robe de prêtre et porteur du brassard de Genève.

« Grossièrement interrogé et ne soupçonnant pas la terrible situation où il se trouvait, M. l'abbé Doby chercha en vain à s'expliquer. Colère, emporté et d'une violence extrême, le colonel prussien le condamna à être passé immédiatement par les armes.

« Saisi aussitôt, il fut traîné au milieu des boulets français qui pleuvaient sur le village, poussé le long d'un mur, et allait être fusillé, lorsque, par un miracle providentiel, les deux ecclésiastiques firent leur apparition, amenés par le bruit de cet événement.

M. l'abbé Doby, reconnu innocent, ne fut libre qu'après de longs pourparlers, et arriva à Bourbonne encore tout ému de cette scène où sa vie avait été si grandement en danger.

« Pour compléter le compte rendu de ce fait où M. l'abbé Doby joua sa vie, il peut être ajouté que, dans l'exercice de ses fonctions d'aumônier, il contracta dans les salles de l'Hôpital, la variole qui, très mortelle à cette époque, mit de nouveau ses jours en danger.

« *Signé :* E. Mouscadet.

« Le sous-intendant militaire : H. Létang. »

Après la Commune, M. l'abbé Doby rentra à Paris, à l'Ecole des Carmes, et l'année suivante, au mois de juillet, il se présentait à l'examen pour la licence. Quelques semaines après, M. Jules Simon, alors ministre de l'Instruction publique, le chargeait, sur la proposition de ses professeurs, d'accompagner dans les Basses-Alpes la *Société géologique de France*. Mais M. l'abbé Doby était prêtre, et le feu sacré de la science avait fait place à un autre feu plus sacré : l'amour des âmes. Quand sa mission fut terminée, il écrivit à l'archevêque de Paris pour lui demander d'entrer dans le ministère, non pas comme vicaire dans une paroisse, mais comme aumônier dans une communauté religieuse où il pourrait tout à la fois s'occuper des âmes et continuer ses travaux scientifiques. Après deux mois d'attente, l'abbé Doby reçut sa nomination non pas d'aumônier, comme il l'espérait, mais de vicaire à Sainte-Marie des Batignolles. Malgré ses répugnances pour le ministère paroissial et la crainte de ne pas réussir, n'ayant pas dirigé ses études de ce côté, il accepta et prit possession au mois de janvier 1873. C'était une nouvelle vie qui s'ouvrait pour lui et de nouvelles études qu'il fallait entreprendre. Il laissa de côté la science, se remit à la théologie qu'il avait un peu oubliée, étudia l'Ecriture sainte, les Pères de l'Eglise, et se lança ensuite dans le ministère avec une ardeur d'autant plus grande qu'elle avait été plus longtemps contenue. Les paroissiens de Sainte-Marie se rappellent encore ce jeune prêtre, vif, alerte, toujours courant, et dont la parole convaincue les a si souvent remués. Malgré ses longues stations au confessionnal, la visite des malades et les œuvres nombreuses dont il était chargé, M. l'abbé Doby trouvait encore le temps de publier des articles dans le *Petit Journal* et d'assister aux examens de l'Hôtel-de-Ville pour l'obtention du certificat d'études primaires. Mais la meilleure santé ne pouvait résister à ce surmenage. L'estomac, qu'il avait toujours eu délicat et qui l'avait forcé, à plusieurs reprises, d'interrompre ses études au Petit-Séminaire, fut atteint de nouveau, et, cette fois, si gravement, que les médecins lui ordonnèrent une année de repos. M. l'abbé Doby sollicita alors un congé. Il avait demandé au ministre de l'Instruction publique d'accompagner, comme géologue, la mission scientifique chargée d'observer le passage de Vénus sur le soleil; mais la place étant déjà donnée, il se rendit en Espagne, où il suivit, pour le compte de deux journaux français, les opérations de la guerre carliste. Au mois d'octobre 1875, sa santé s'étant rétablie, il fut rappelé par son archevêque et envoyé, comme vicaire, à Saint-Thomas-d'Aquin. La loi sur la liberté de l'Enseignement supérieur venait d'être votée. Une assemblée d'Evêques avait

décidé la création à Paris d'une Université libre. Mgr d'Hulst, qui connaissait la valeur scientifique de M. l'abbé Doby, le chargea de seconder M. de Lapparent dans la formation des collections de Minéralogie et de Paléontologie. M. Doby accepta avec enthousiasme la proposition du Recteur et consentit même à se dépouiller de la riche collection de roches et de fossiles qu'il possédait, précieux souvenir de ses joies d'autrefois. La moitié des échantillons fut envoyée à l'Institut Catholique et forma le noyau de cette collection sans rivale qui fait aujourd'hui la gloire de cet établissement; l'autre moitié fut partagée entre la Sorbonne, le Muséum et l'Ecole communale de Bourbonne-les-Bains. M. l'abbé Doby voulait ainsi payer à ces divers établissements la dette de reconnaissance qu'il leur devait pour les services qu'ils lui avaient autrefois rendus. Ce don d'une collection de roches à l'école primaire de Bourbonne fut mentionné avec éloges par le *Petit Journal* et ensuite par toute la presse parisienne. Les collectionneurs eurent à cœur d'imiter cet exemple, et c'est ainsi que, sur l'initiative de l'abbé Doby, les musées scolaires furent créés en France. Le maire de Bourbonne adressa au sujet de cet envoi, la lettre suivante à M. Doby :

6

« Bourbonne, le 17 juillet 1876.

« Monsieur l'Abbé,

« Vous avez bien voulu donner à la Bibliothèque scolaire de Bourbonne une importante et très précieuse collection de minéralogie. Je viens vous en faire, au nom des maîtres, des familles et de tous ceux qui s'intéressent au développement de l'instruction, mes remerciements les plus vifs.

« Votre don est à lui seul tout un Musée. Nous n'avions qu'une bibliothèque assez modeste, la voici tout d'un coup richement dotée. Je suis d'autant plus heureux de cette bonne pensée et de cette bonne fortune, que je fais tous mes efforts pour développer ici le goût de l'étude et assurer à nos classes une sérieuse action. Ma tâche serait bien facilitée par des actes de générosité éclairée comme celui que vous venez d'accomplir en notre faveur.

« Veuillez agréer, monsieur l'Abbé, l'assurance de mes sentiments les plus distingués.

« Le maire de Bourbonne,

« Th. Ymbert. »

Pendant cinq années, M. l'abbé Doby s'occupa activement des collections de l'Institut Catholique, achetant de ses deniers des échantillons de roches ou de fossiles pour combler les vides, et, quand sa caisse était épuisée, provoquant des souscriptions pour en acquérir de nouveaux.

En même temps, il s'efforçait par des articles dans le *Journal Officiel*, le *Bulletin français* et l'*Illustration*, en les accompagnant de gravures, de ramener l'attention publique sur la station thermale de Bourbonne-les-Bains, autrefois florissante, mais abandonnée depuis l'Empire, pour les stations similaires du Midi de la France. L'idée de cette réclame lui était venue à la suite de découvertes gallo-romaines faites dans l'établissement des Thermes civils. Tous les journaux de la Haute-Marne ont reproduit ces articles et en ont parlé avec éloges. Nous citons entr'autres l'*Union* :

« C'est à M. l'abbé Doby, écrit ce journal, que l'on doit de connaître, dans le monde savant, les découvertes qui ont été faites à Bourbonne. Nous renvoyons pour plus amples détails à la collection du *Journal officiel*. Trois articles de M. Doby ont paru au sujet des fouilles de Bourbonne, dans ce journal. Ces articles, on les retrouvera aux dates des 19 janvier, 6 avril 1875 et 12 février 1876. M. l'abbé Doby n'a signé qu'un de ces articles, le second n'est suivi que de ses initiales, le troisième a paru sans signature. Ils ont été reproduits par plusieurs journaux de France, l'*Illustration* entre autres, et de l'étranger. Nous n'en pouvons malheureusement donner, dans ce supplément, qu'un résumé succinct. M. l'abbé Doby a rendu, dans cette circonstance, non seulement un grand service à la science, mais encore à sa ville natale dont il a fait connaître, dans une large mesure, l'excellence des eaux thermales consacrée par une réputation de plus de deux mille ans. M. l'abbé Doby nous

permettra de le remercier d'avoir bien voulu nous donner la possibilité de publier ses savantes études. »

L'effet de ces articles fut tout autre que celui qu'il en attendait. Ils ne réveillèrent pas l'attention publique; ils excitèrent la curiosité des savants et particulièrement de M. Léon Renier, qui y fit une abondante moisson de documents précieux pour son important ouvrage sur les *Inscriptions latines de la Gaule*, en même temps que l'illustre savant découvrait dans l'auteur de ces articles un archéologue de valeur. Sur le conseil de M. Léon Renier, M. l'abbé Doby s'adonna à cette science avec l'ardeur qu'il met en toutes choses; et, en 1877, obligé, pour raisons de santé, de passer l'hiver dans l'extrême Midi, il eut la bonne fortune de découvrir, dans les environs de Fréjus, plusieurs inscriptions latines inédites, et sur des fragments de poterie samienne, vingt-quatre noms de potiers gallo-romains que M. le baron de Witte communiqua, en son nom, à l'*Académie des Inscriptions et Belles-Lettres*. Les richesses minérales que renferme l'Esterel révélèrent bientôt à M. Doby que son amour pour la Géologie n'était pas éteint. Pendant plusieurs semaines, il explora ces montagnes et envoya à M. de Lapparent la série la plus complète des porphyres de cette région, plus deux cents espèces fossiles du quaternaire de Biot.

A son retour du Midi, M. l'abbé Doby continua de s'occuper de l'Institut Catholique; mais bientôt les fidèles de Saint-Thomas-d'Aquin, qui venaient à lui chaque jour plus nombreux, lui firent comprendre qu'il leur devait tout son temps. Il prit donc congé de M. de Lapparent et se donna tout entier à sa paroisse. Il fut chargé d'un grand nombre d'œuvres : l'Œuvre des Tabernacles; l'Adoration nocturne; le Comité des Ecoles de l'ancien X⁰ arrondissement; etc. Jamais les Œuvres ne furent aussi florissantes que de son temps. Il en fonda même de nouvelles, entre autres, la *Confrérie du Saint-Sacrement pour les hommes*, qui comptait cent vingt membres, et dont le règlement sert vit de modèle à tous ceux qui ont été faits depuis dans les diverses paroisses de Paris. La place de second vicaire de la paroisse étant devenue vacante, les fidèles de Saint-Thomas-d'Aquin espéraient que l'administration diocésaine, en récompense des services immenses que M. l'abbé Doby avait rendus, lui donnerait cette place; M. Doby n'étant que quatrième vicaire, pour le nommer second, il fallait le faire passer pardessus le troisième; l'administration diocésaine n'avait aucune raison d'agir de la sorte envers un prêtre qui n'avait pas démérité. Le troisième vicaire fut donc nommé second, et, au mois de février 1890, M. l'abbé Doby reçut à son tour sa nomination de second vicaire de la paroisse Sainte-Elisabeth. C'était un titre seulement que l'administration diocésaine voulait lui donner en récompense de ses nombreux services. Elle savait que la paroisse de Sainte-Elisabeth, envahie depuis longtemps par le haut commerce et par les Juifs, où le ministère actif est à peu près nul, ne convenait ni à ses aptitudes ni à son zèle. Aussi se promettait-elle de le rappeler, soit à Saint-Thomas-d'Aquin, soit dans une des paroisses voisines, dès qu'une place de second ou de premier vicaire serait vacante. M. Doby attendit cette place pendant trois ans, consacrant les nombreux loisirs que lui laissait son ministère à la composition d'un ouvrage sur la *Numismatique Romaine*, et aux paroissiens de Saint-Thomas-d'Aquin, qui ne pouvaient se passer de sa direction et de ses conseils. Enfin, au mois de décembre 1893, une place de second vicaire étant devenue vacante à Saint-François-Xavier, à la suite de la nomination du titulaire à la cure de Montrouge, M. l'abbé Doby fut nommé dans cette paroisse.

M. Doby ne passa que deux années à Saint-François-Xavier. Il fut chargé d'un grand nombre d'œuvres, qu'il réorganisa et auxquelles il imprima un élan qu'elles n'avaient pas eu depuis longtemps. Il fonda, à l'école libre des Frères des Écoles chrétiennes, un fourneau où plus de cinquante enfants, dont les parents étaient retenus tout le jour à l'atelier, prenaient gratuitement le repas de midi. L'administration diocésaine ayant besoin pour l'importante paroisse de Saint-Roch d'un vicaire actif et intelligent, retira M. l'abbé Doby de Saint-François-Xavier et le nomma, le 7 juin 1896, premier vicaire de Saint-Roch.

M. l'abbé Doby est membre actif d'un grand nombre de Sociétés savantes, parmi lesquelles : la *Soc. de l'Histoire de Paris et de l'Ile de France*, la *Soc. française de Numismatique et d'Archéologie*, la *Soc. des Cent Bibliophiles*, etc.

M. l'abbé Doby est auteur d'une *Etude épigraphique sur Bourbonne-les-Bains*, d'un *Traité de Numismatique* qui va prochainement paraître, et de nombreux articles publiés dans des Revues et Journaux scientifiques.

Dans le cours de ses voyages, M. l'abbé Doby a réuni un grand nombre de souvenirs, dont il a composé un curieux musée. Plus de douze cents pièces de monnaies grecques, gauloises, romaines et françaises, un grand nombre d'assignats et la série complète des assignats de cent francs; des vases grecs, étrusques et gallo-romains, des émaux de Limoges, etc. Nombreux documents sur la Révolution.

Nous citerons parmi les collections de M. l'abbé Doby :

MANUSCRITS. *Bible* (Ancien et Nouveau-Testament du xiiie siècle, magnifique in-octavo, avec toutes les initiales peintes. — *Vita Christi*, du xive siècle, in-4° de 133 pages, relié en peau de truie, fermoir du temps. — *Bréviaire du Mans* du xive siècle, initiales dorées, superbe écriture et parfaite conservation. — *Livre d'Heures* du xve siècle, douze grandes miniatures et treize petites, reliure du temps. — *Recherches sur Bourbonne-les-Bains*, sans nom d'auteur, manuscrit in-8° de 313 pages, probablement du commencement de ce siècle,

relié en veau. — *Avertissement pour les officiers des Bailliages et Siège Présidial de Langres, contre M. Gilbert de Montmorin de Saint-Hérem, évêque de Langres, pair de France;* in-folio de 66 pages; nombreuses corrections, signé Tarjet. — *Lettre des Capucins de Bourbonne à Mgr d'Orléans, régent de France, lui demandant sa protection pour les faire mettre sur l'état des aumônes de sel que Sa Majesté donne à tous les couvents de Capucins de France*, signée F. Joseph de Nogent, prêtre capucin, Xénon de Bourbonne, prêtre capucin; in-4° de 2 pages, 18 septembre 1728. — *Obituaire fait en exécution et la Conformité du Règlement de Mgr l'Archevêque de Besançon, du 20 septembre 1740, pour les annonces du prône de chaque dimanche.* — *Registre des places de l'Eglise de Bourbonne en 1780.* — *Extrait des Gros fruits du bailliage de Langres;* curieux manuscrit donnant l'indication des fruits et de leur prix, de l'année 1700 à 1793 inclusivement.

LIVRES IMPRIMÉS. Collection de Bibles, depuis les commencements de l'imprimerie jusqu'en 1700; ouvrages et documents nombreux sur Bourbonne, Langres et le département de la Haute-Marne.

OUVRAGES SUR BOURBONNE. Aimoin; Bacot; Callet; *Lettre de M. Baux, fils, de la ville de Nismes, sur l'analogie des eaux de Bourbonne-les-Bains en Champagne à celles de Balaruc en Languedoc, écrite à M. Gautier, inspecteur des Grands Chemins, Ponts et Chaussées du Royaume*, Lettre de 11 pages. Journal des Savants. — *Relation du grand incendie arrivé à Bourbonne-les-Bains, en Champagne, le premier mai de cette année 1717.* In-4° de 7 pages. — Baudry, 3 exemplaires; Don Calmet; Charles; — *Factum pour Messire Nicolas Desmaretz, ministre d'Etat, commandeur des ordres de Sa Majesté, chevalier, marquis de Maillebois, de Bains, etc., et dame Magdeleine de Béchameil, son épouse. Parties saisies, Deffendeurs et Demandeurs, Contre les Pères Supérieur et Religieux de Saint-Antoine de Besançon, soi-disans Propriétaires des Domaines et biens dépendans de l'Hôpital de Saint-Antoine de Bourbonne, opposans à fin de charge et de réformation de la saisie réelle de la Terre et marquisat de Bourbonne, Demandeurs et Défendeurs; Et les Curé, Syndics et Communautés des Habitants et Directeurs de l'Hôpital de Bourbonne-les-Bains, opposans aussi à fin de Charge, Intervenans, Demandeurs et Deffendeurs. Mai 1718;* in-folio de 46 pages de l'imprimerie Knapen, à Paris; — *Réponse aux Mémoire et sommaire imprimez des Religieux de Saint-Antoine de Besançon. signifiez le 6 mai 1719. Pour messire Nicolus Desmaretz, ministre d'Etat,* etc., *et Dame Madeleine de Béchameil, son épouse, Défendeurs et Demandeurs. In-folio de 17 pages, de l'imprimerie Knapen.* —Juvet, *Termis de Borboniensibus apud Campanos specimen me-*

dio-practicum, sive de legitimo circa illos tractatu-practico prolegomena; in-4° de 86 pages, 2 exemplaires. — *Réponse pour le sieur Chevalier, négociant à Bourbonne-les-Bains, à un mémoire de l'adjudicataire général des Fermes;* in-4° de 42 pages. MDCCLXX. — *Précis pour le sieur Voillequin, archer, Garde de la Connétablie et maréchaussée de France, résidant à Bourbonne-les-Bains, accusé et appelant; contre M. le Procureur-Général, 1783.*

Règlement concernant le mode d'administration de l'établissement thermal. 1819. — Mongin-Montrol; Prat; Petitot, Renard; Le Molt; Ballard; Bergef de Xyvrey (lettre à M. Haas; 2 exemplaires; Album des Baigneurs de Bourbonne-les-Bains, 12 lithographies par Richome; Souvenir de l'Etablissement militaire de Bourbonne-les-Bains, 9 lithographies par Richome; — Rhodes; Athénas (Guide général des Baigneurs aux eaux minérales de Bourbonne-les-Bains); Magnin, Cabrol et Tamisier; E. Renard; E. Bongard (Des eaux salines chaudes de Bourbonne-les-Bains); Drouot; E. Bougard (Essai de Bibliographie et d'Histoire); Roret; Causard (Bourbonne et ses eaux minérales, 1re, 2e et 3e édition); Emile Magnin; Chabouillet; Lacordaire (Les Seigneuries et Féaultés de Bourbonne); E. Bongard (Annuaire-Guide); E. Bongard (La Cure thermale à Bourbonne-les-Bains); Causard (Bourbonne, son avenir); Constantin; Mercier; Balley.

Environs de Bourbonne. *Observations pour le syndic et habitants de Coiffi-le-Château, prenant le fait et cause du sieur Jenniot, leur ancien syndic; Contre Me Nicolas Besoncenet, avocat à Langres;* in-4° de 11 pages; 1784. *Précis pour le syndic et habitans de Coiffi, prenant le fait et cause du sieur Jenniot, leur ancien syndic; Contre Me Thomas, procureur en la Prévôté royale de Coiffi,* in-4° de 17 pages; 1784. — *Arrest de la Cour du Parlement qui condamne Jean-Baptiste Pierron à être pendu, par l'Exécuteur de la Haute-Justice, à une potence qui, par cet effet, sera plantée dans la Place publique de Coiffy-le-Château, pour vols domestiques et avec effraction, de denier comptant;* in-4° de 4 pages; 1779. — *Arrest de la Cour du Parlement qui condamne Pierre Champion, vigneron; Jean Claude Thomas et Antoine Thomas (tous trois de Melay) à être pendus en la place publique dite Champeau, de la ville de Langres, pour vols avec effraction.* In-4° de 4 pages; 1780. — *Mémoire pour le sieur Milleton, Prieur du prieuré de Saint-Pierre de la Ferté, et, en cette qualité, curé Primitif et gros Décimateur de Soyer, intimé, contre M. Jean Gy, vicaire perpétuel de Soyer, appelant.* In folio de 7 pages; 1748. — *Mémoire pour le sieur Milleton, Prieur Commandataire du prieuré de Saint-Pierre de la Ferté-sur-Mauce, et, en cette qualité, seigneur de Soyer, intimé; Contre le sieur Gy et la demoiselle sa femme, appelant d'une*

sentence du bailliage de Langres. In-folio de 9 pages; 1750. — *Mémoire pour le sieur Milleton, Prieur et intervenant et appelant comme d'abus; Contre Léger Philibert, prêtre-chapelain de l'Eglise de Saint-Martin de Langres, ci-devant secrétaire de M. l'Evêque de Langres, se disant pourvu du Canonicat qui a vaqué par la mort du sieur Charles, Défendeur et intimé.* In-folio de 16 pages; 1751.

Langres. *Arrest du Conseil d'Etat du Roy qui supprime les droits de péage et rouage... du lieu appelé la Croix-de-Mendres, près la ville de Langres.* In-4° de 4 pages; 18 janvier 1729. — *Arrest du Conseil d'Etat du Roy, qui condamne les Curé, Chapelains, Clercs et Marguilliers de l'Eglise de Saint-Pierre et Saint-Paul de la ville de Langres, à payer la somme de trois cents livres pour droit d'amortissement, au cinquième du terrage qu'ils ont acquis, quoique par la Contrainte, le Droit n'eût été tiré qu'au sixième; et attendu que le terrage est en Franc-alleu Roturier. Du 27 juin 1730.* In-4° de 7 pages. — *Arrest du Conseil d'Etat du Roy, qui ordonne... que tous Bourgeois et Habitans de la Ville de Langres, tenans Pensionnaires au jour, mois, semaine et à l'année, soit que lesdits Pensionnaires soient Etudians ou non au Collège public de ladite Ville, payeront les Droits de Détail de tous les vins, tant de crû que d'achat, qui seront consommés dans leurs maisons, et souffriront les visites et exercices des Commis. Du 11 septembre 1753.* In-4° de 7 pages. — Arrest de la Cour de Parlement qui condamne Juré, prêtre, chapelain de la Paroisse Saint-Pierre de la ville de Langres; Neret, vicaire général du diocèse de Langres; Nincy et Hutinet, à aumôner au pain des prisonniers de la Conciergerie du Palais, Chacun la somme de trois livres. Du 11 septembre 1755. Curieuse pièce in-4° de 4 pages. — Ordonnance du bailliage et siège présidial de Langres, enjoignant aux supérieures et religieuses des Maisons Conventuelles de la Visitation, des Annonciades, des Ursulines et des Dominicaines de cette ville qui auroient entre les mains des Lettres ou Escrits tendans à former une Association en faveur de la ci-devant Société de Jésus, de les remettre incessamment au greffe du Tribunal, à peine d'être réputées complices de ladite Association. Du 11 décembre 1762. In-4° de 4 pages. — *Mémoire pour M. l'Evesque, Duc de Langres, Pair de France; Contre les Notaires Royaux établis à Langres, Demandeurs et Défendeurs. En présence des Doyens, Chanoines et Chapitre de l'Eglise de Langres,* etc. In-4° de 39 pages; 1763. — *Lettres patentes du Roy, contenant Confirmation et Règlement pour l'administration du Collège de la Ville de Langres. Données à Compiègne, au mois d'août 1763.* In-4° de 8 pages. — *Lettres patentes du Roy, portant Règlement pour le Collège de la Ville de Langres. Données à Versailles le 10 avril 1783.* In-4° de 4 pages, 2 exemplaires. —

Compte Rendu aux Chambres assemblées, par M. Delaverdy, concernant le Collège que les ci-devant soi-disant Jésuites possédaient à Langres. Du 19 mars 1763. In-4° de 14 pages. — Arrest de la Cour du Parlement qui homologue et ordonne l'exécution d'une ordonnance rendue par les officiers du Bailliage de Langres, par laquelle il est fait défense de sonner les cloches pendant les orages. 21 mai 1784. In-4° de 4 pages. — Au Roy et à Nosseigneurs les Commissaires généraux, députez par Sa Majesté, par arrêt du 30 avril 1737. In-folio de 10 pages; 1740. L'Evêque de Langres contre les Pères de l'Oratoire. — Loi relative à l'organisation du troisième bataillon de la Garde nationale de Langres. Du 19 août 1792. In-4° de 2 pages. — Décret de la Convention nationale du 24 octobre 1792. Répartition des prisonniers de guerre, qui ont été mis en dépôt à Langres. In-4° de 2 pages. — Mémoire à l'appui de la demande formée par la ville de Langres, afin d'obtenir l'érection du Collège communal en Collège royal. In-4° de 11 pages sans date. — *Arrest de la Cour du Parlement, qui condamne Madeleine Demongeot à être pendue et étranglée, jusqu'à ce que mort s'ensuive, par l'Exécuteur de la Haute-Justice, à une potence qui sera plantée dans la Place publique de Chaumont en Bassigny, pour avoir, le 1er février dernier, homicidé l'enfant mâle dont elle est accouchée, et avoir persévéré dans l'intention de cet homicide depuis le moment qu'elle s'est reconnue enceinte.* In-4° de 3 pages; 1778. — Arrêté du Directoire du département de la Haute-Marne, concernant le retour du Roi à Paris. — Du 23 juin 1791, huit heures du soir. In-4° de 4 pages.

Nombreux documents concernant Chaumont, Vassy, Saint-Dizier, etc.

RÉVOLUTION. Plusieurs numéros de tous les journaux qui ont paru, entre autres : *Le Père Duchesne*, 34 n.; *Journal du Diable*, 18 n.; *Le Vieux Cordelier*, de Camille Desmoulins, 29 n.; *La Chronique scandaleuse*, 60 n.; *Journal du Palais-Royal*, 3 n.; *Fusée volante*, 7 n.; *Journal de France.* 2 n.; *Journal de la Râpée*, 6 n.; *La Tribune du Peuple*, 3 n.; *Le Contempteur*, 1 n., le seul paru; *Le Contre-Poison des Jacobins*, 8 n.; *Le Déclin du jour*, 6 n.; *Ecouteur aux portes*, 2 n., complet; *Encore un*, 3 n.; *Esprit public*, 6 n.; *Evangéliste du jour*, 7 n.; *L'Ingénu*, 3 n.; *Sottises et Vérités de la semaine*, 5 n.; *Procureur général du Peuple*, 7 n.; *Diminution des vivres*, 1 n.; *Confédération nationale du 14 juillet 1790.* 2 n.; *Le Fouet national*, complet. — Journaux et documents complets : *Le Journal de Marat; Le Mercure de France; L'Abréviateur universel; Le Réviseur impartial; Le Journal à deux liards; Le Contre-Poison; L'Orateur plébéien,* par Feuillette et autres; *Le Journal des Débats,* depuis sa fondation jusqu'en 1792; *L'Ami des Patriotes; Journal de Sabatier,* du 9 juillet au 15 octobre 1796; *Opinions des députés sur le Jugement de Louis Capet; Liste générale de tous les conspirateurs qui ont été condamnés à mort par le Tribunal Révolutionnaire; Bulletin du Tribunal Révolutionnaire; Liste générale de tous les condamnés par les Tribunaux Révolutionnaires à Paris et dans les principales villes de France; Almanach des Prisons; Tableau des Prisons de Paris; Calendrier du Père Duchesne; Almanach des honnêtes gens;* Liste générale de tous les membres composant le Consulat. le Sénat-Conservateur; le Tribunat; le Corps Législatif; le Ministère et le Conseil d'Etat; Dix cartons de documents divers sur la Révolution. Pièce rare et curieuse : un bonnet de nuit en batiste ayant servi à Louis XVI, dans la prison du Temple, quelques jours avant sa mort. — Journaux de 1848; *Journal Officiel de la Commune* et *le Père Duchesne.* — pièces de cinq francs en argent frappées par la Commune, 1871.

NUMISMATIQUE. Deniers de 145 familles consulaires, quelques pièces rares. Série complète des Empereurs romains, depuis Auguste jusqu'à Honorius, et d'Honorius jusqu'à Valentinien III, pour les empereurs d'Occident; série dans les trois métaux. Plusieurs pièces rares, entre autres, un médaillon d'Hadrien du plus grand module. Monnaies grecques et gauloises dont un grand nombre en or. Monnaies françaises, depuis Charlemagne jusqu'à Napoléon 1er.

ÉMAUX. Mise au tombeau par Pierre Reymond; émail de Limoges du xvie siècle. Plaque rectangulaire, H. 0,204. — L. 0,170. — Coupe du xviie siècle; au fond de la coupe, sujet religieux (l'Annonciation); à l'extérieur, sujet mythologique (Amour semant des cœurs). Très belle pièce d'un émailleur limousin.

CÉRAMIQUE. Assiettes à fond jaune avec personnages, vieux Chine, plats, assiettes, soupières, vases, commode en faïence de Strasbourg, porcelaines du Japon; vases et bustes en porcelaine de Sèvres.

M. l'abbé Doby, comme le lecteur a pu s'en convaincre, est l'un des prêtres les plus intelligents et les plus laborieux du diocèse de Paris. Il était juste de l'indiquer ici.

COLLOT (FRANÇOIS), ✠, ✠, ✠, ✠, ✠, né à Rambucourt (Meuse), le 25 juin 1825, ancien industriel, homme politique, maire de Châtillon-sous-Bagneux (Seine); membre de plusieurs Sociétés philanthropiques, militaires, etc.

Adresse : 4, rue des Ecoles à Fontenay-aux-Roses (Seine).

La carrière de M. Collot est un magnifique exemple de ce que peut l'intelligence servie par une volonté inébranlable.

Les parents de M. Collot étaient d'honnêtes cultivateurs au pays meusien, vivant de l'exploitation d'un modeste domaine. A douze ans, M. F. Collot perdit son père et dut quitter — à son grand regret — l'école communale pour aider sa mère, restée veuve avec six enfants. En

1845, M. Collot vint tenter la fortune dans la capitale, où il fut successivement ouvrier, employé de confiance (puis cocher à la Compagnie l'Alliance. Marié en 1849, il s'établit l'année suivante marchand de vins et loueur de voitures. A l'ouverture de la ligne de Bretagne, il débuta au service de la Petite Vitesse en qualité de piqueur au camionnage et chef de la manutention.

En 1854, il acheta un terrain, rue de l'Armorique, à l'entrée de la gare, sur lequel il fit bâtir une maison et installa un commerce de

vins (gros et détail) plus important. Ses affaires prospérèrent.

En 1860, il fonda un établissement de camionnage et transit, qui fut transféré, en 1873, pour cause d'agrandissement, rue du Cotentin, 26, à l'entrée de la gare.

Cette entreprise, devenue une des plus importantes de Paris, comprend l'agencement de vastes magasins et un entrepôt de marchandises de toute espèce, ainsi qu'un agencement pour la bluterie des farines, constructions et installations dues à son initiative.

Retiré des affaires en avril 1881, M. Collot vint habiter, en 1884, rue du Plateau, à Châtillon-sous-Bagneux, villa des Rochers.

En maintes circonstances, M. Collot avait donné des gages de ses convictions républicaines. C'est ainsi qu'il avait déjà pris part aux évènements de février 1848. Il en a conservé un parfait souvenir. Louis-Philippe refusait des réformes et le peuple s'insurgeait. On venait d'incendier la prison du Cherche-Midi, lorsque M. Collot vint se mêler aux républicains à 9 heures du matin, à la barricade du carrefour Buci ; il se joignit aux élèves de l'Ecole Polytechnique ; sur le Pont-Neuf, puis à la place

du Louvre, et à la place du Châtelet, il rencontra le préfet de police Caussidière, qui allait, à cheval, exhortant le peuple au calme et faisant, au nom du Roi, des promesses accueillies par cette clameur : « Il est trop tard ! »

Le 24 février, M. F. Collot, à 11 heures du matin, quittait la barricade de la Fontaine Molière pour aller aux Tuileries prêter son concours à éteindre les toitures en feu. Sur les marches de l'estrade du trône, il put entendre ces paroles prononcées par Cavaignac en tenue de général : « Braves citoyens de la ville de Paris, voilà donc la race exécrable et maudite des Bourbons chassée et bannie du trône de France pour jamais ! »

Quelques coups de fusil imprudemment tirés brisèrent à ce moment les lustres et les glaces. Cavaignac s'interrompit un instant, puis, au milieu du bruit, continua. enflant la voix dans un grand effort : « Plus de trône ! à bas le trône ! vive la République ! » Et donnant l'exemple à la foule, il commença de briser le trône et d'arracher les draperies frangées d'or. Ce fut la première fois que M. Collot entendit acclamer la République.

Pendant la funeste guerre de 1870, M. Collot accepta de l'Intendance la lourde responsabilité des transports pour les réquisitions de céréales et les approvisionnements des avant-postes de l'Ouest. L'ennemi faillit s'emparer, le 19 septembre 1870, au plateau de Châtillon, d'une de ses voitures chargées de vivres. En 1871, lors d'une sortie en ravitaillement, quatre voitures furent réquisitionnées par l'ennemi. hommes et chevaux, à Garancières (Seine-et-Oise).

Sous la Commune, M. F. Collot voulut bien courir les risques de transporter à Versailles les caractères et le matériel complet de l'imprimerie du *Journal Officiel*.

Protégé par un laissez-passer, dont la seule valeur était due à l'initiative habile de son propriétaire, M. Collot rendit des services inappréciables.

Ajoutons qu'il trouva le moyen, en bravant des difficultés que tout autre aurait estimées insurmontables, de faire entrer dans Paris les denrées alimentaires tant désirées par la population qui n'avait pu quitter la ville avant l'investissement.

Plus tard, en récompense de ses services et de sa louable conduite, le directeur de l'*Officiel* voulut le faire décorer. Il refusa catégoriquement. « Je suis suffisamment récompensé, dit-il, par l'estime des compatriotes que j'ai obligés indistinctement. »

En 1892, M. Collot fut nommé membre de la Commission de classement et réquisition en cas de mobilisation. A l'Exposition universelle de 1889, il fut membre de la Commission d'admission pour les espèces chevalines et asines.

Bien des fois M. Collot fut sollicité d'entrer dans la vie publique.

En 1888, une délégation d'électeurs châtillonnais lui offrit la candidature aux élections municipales. Il ne voulut pas accepter. Pour donner une sanction à son refus, il se fit inscrire sur les listes électorales de Fontenay-aux-Roses. Ses concitoyens ne se tinrent pas pour battus. Ils le portèrent candidat malgré lui, et au dépouillement du premier scrutin du 6 mai, il fut élu, et ses collègues du conseil municipal, par un vote unanime, l'installèrent à la mairie le 19 mai.

M. Collot démissionna le 3 juillet 1891, mais il dut céder aux nombreux témoignages de sympathie de ses administrés, aux pétitions de tous ses collègues du conseil municipal, des habitants et des corporations, aux démarches officieuses et au refus du préfet de la Seine d'accepter sa démission.

Maire de Châtillon-sous-Bagneux, M. Collot s'employa à améliorer l'administration de cette commune. Républicain et libéral, il fit respecter la liberté, la conscience et les convictions politiques de chaque citoyen.

Dès son entrée aux affaires communales, il s'occupa de la mise en viabilité de plusieurs chemins et du percement de nouvelles rues. Il compléta par le gaz l'éclairage de la commune, si défectueux auparavant; il fit poser des bouches d'eau et construire des égouts; il réorganisa tous les services, apporta des améliorations à l'organisation des écoles et du cimetière et transforma la mairie. Et, malgré ces nombreux travaux, dus à son initiative, il put diminuer notablement les impôts.

M. François Collot a donné, par son initiative, à la commune de Châtillon un essor de progrès et de bien-être inconnu avant son arrivée aux affaires.

Le décret du 29 juillet 1890, qui donne une tête de ligne permanente à Châtillon, est dû à ses efforts.

C'est sur sa proposition qu'eut lieu la transformation des voies du tramway placées actuellement sur le bas-côté de la route départementale n° 54 (voir procès-verbal, commission d'enquête, 12 décembre 1889).

Les excellents rapports qu'il entretient avec la préfecture de la Seine lui ont permis d'obtenir en plusieurs occasions des subventions relativement élevées.

M. Collot s'intéresse aux déshérités de la fortune. Nombre d'indigents ont été placés par ses soins dans les maisons alimentaires de l'Assistance publique et du Département. Sa philanthropie, pour n'être pas réclamiste, n'en est pas moins bien connue de ceux qui lui ont fait appel.

Les Châtillonnais se souviendront longtemps du concours de gymnastique scolaire du 17 mai 1891, cérémonie sans précédent, et qui a été tellement imposante que le conseil municipal, dans sa séance du 5 février 1892, a voté l'achat d'un tableau commémoratif exposé dans la salle des mariages.

Réélu conseiller municipal, le 1er mai 1892, par 299 voix au premier tour, et réélu maire le 15 du même mois, M. Collot continue, avec l'activité dévorante qu'on lui connaît, la série des améliorations entreprises pendant sa première gestion. Il apporte actuellement ses soins au projet de construction d'une salle des fêtes de gymnastique, répétitions de musique, etc., ainsi qu'à celui de la création d'une nouvelle rue.

M. Collot a pris l'initiative d'ériger dans le cimetière de Châtillon un monument pour y recevoir les restes des soldats français tués pendant la guerre de 1870-71. L'inauguration a eu lieu le 2 juillet 1893 sous la présidence de M. Poubelle, préfet de la Seine; plusieurs corps militaires, musiques et drapeaux, sous les ordres du général Haubt, y rendaient les honneurs. *(Officiel du 3 juillet 1893.)*

Aux fêtes franco-russes, M. Collot fut choisi pour la garde du drapeau brodé par les dames françaises en l'honneur de la Russie. C'est le 29 octobre, à la mairie, entouré des délégations de sauveteurs venus des départements, qu'il en a fait la remise au président des sauveteurs de Meurthe-et-Moselle, qui, à son tour, l'a remis à l'amiral Avellan comme hommage des Sociétés humanitaires françaises. Avec l'autorisation de l'impératrice de Russie, ce drapeau flotte aujourd'hui au musée de la Croix-Rouge de Samara (Russie).

Le 4 mai 1894, M. F. Collot a rempli la délicate mission de laïciser l'école des filles, après le décès de la sœur chargée de la direction.

En 1896, M. Collot a restauré l'usage de la fête champêtre du plateau de Châtillon, que les tristes événements de la guerre de 1870 avaient interrompue.

Ajoutons qu'il a opéré le classement et l'ouverture de plusieurs voies urbaines, et que cette année (1897) il a obtenu l'édification d'un groupe scolaire de garçons, d'une dépense de 100,000 fr., avec des secours importants de l'État et de la préfecture de la Seine. Il poursuit activement, on le voit, un programme visant à la prospérité de la commune qui a la bonne fortune de l'avoir pour premier magistrat.

L'existence de M. F. Collot, faite de travail soutenu, d'efforts obstinément redoublés, mis au service d'une intelligence très vive et d'un remarquable esprit d'à propos, démontre évidemment combien la persévérance est nécessaire à qui veut atteindre l'idéal rêvé, et doit servir d'exemple aux jeunes gens qui pensent arriver facilement à la fortune.

M. Collot est président honoraire de plusieurs Sociétés de sauveteurs.

Le 25 novembre 1895, il a été nommé chevalier du Mérite agricole.

Quoiqu'il s'en défende, et que son unique ambition se donne la tâche d'être utile à ses concitoyens, nous croyons que les indéniables qualités d'administrateur de M. Collot l'obligeront à accepter, quelque jour, la récompense qu'il a trop modestement refusée en 1871 et à laquelle le temps ne fait que lui apporter de nouveaux droits.

ARNOULD (Jean-Baptiste-Joseph-Charles),
né à Reims (Marne), le 24 février 1847, négociant en vins de Champagne, viticulteur,
homme politique.

Adresse : Reims (Marne) et Birkadem (Algérie).

M. Ch. Arnould fit ses études successivement
au lycée de Reims, puis au lycée d'Alger, où
sa famille s'était rendue pour raisons de santé,
et enfin au collège Sainte-Barbe, à Paris, où il
eut pour maîtres des hommes comme MM. Deschanel, Despois, etc., qui avaient refusé de
prêter serment à l'Empire, et professaient des
idées républicaines que M. Arnould prit pour
guides dans sa vie.

Se destinant au commerce, M. Ch. Arnould
pensa avec raison qu'il lui serait utile d'apprendre les langues étrangères les plus usuelles.
Il passa, à cet effet, quelques années à Francfortsur-le-Mein et à Londres.

En 1866, il revenait à Reims et faisait son
apprentissage du commerce dans la grande
maison de vins de Champagne de Saint-Marceaux et Cᵉ. On sait qu'il est actuellement à la
tête de cette importante maison, l'une des plus
renommées de la Champagne.

M. Arnould est aussi propriétaire-viticulteur
en Algérie, à Caïd-el-Bab, près Birkadem, où
il a de magnifiques vignobles.

Dès 1869, M. Ch. Arnould, se mêla vivement
au mouvement politique d'opposition contre
l'Empire. Jules Simon, s'étant présenté à Reims
contre le candidat officiel, le jeune homme prit
une part active à la lutte électorale.

L'année suivante (1870), au moment du plébiscite, M. Ch. Arnould fut, avec M. Gustave
Isambert, l'un des secrétaires du Comité rémois
anti-plébiscitaire.

La guerre néfaste survint. M. Ch. Arnould,
bien que réformé, s'engagea au 75ᵉ régiment
de ligne et fit la campagne de la Loire. Il s'y
conduisit si bravement qu'il obtint les galons
de sergent.

Après la signature de la paix, M. Ch. Arnould se mêla plus que jamais au mouvement
politique.

Comme secrétaire du Comité démocratique,
il prit part à toutes les élections dans lesquelles
le parti républicain se trouva engagé.

En 1877, après le 16 mai, M. Ch. Arnould se
rangea avec le parti radical. Il fut désigné
comme président du Conseil central des Comités
républicains radicaux de Reims.

M. Ch. Arnould, en philosophie est un matérialiste convaincu. Conséquent avec ses opinions
il refusa, en 1886, devant la Cour d'assises de
la Marne, où il siégeait comme juré, de prêter
le serment imposé « devant Dieu ». Il fut pour
ce fait condamné à 500 fr. d'amende. Il est actuellement président de la *Ligue de la Libre
Pensée* de Reims.

En 1888, M. Ch. Arnould fut nommé Conseiller municipal de sa ville natale. Il prit une
part importante aux délibérations de cette
Assemblée, notamment dans la discussion du
budget, la laïcisation des hospices, les travaux
de voirie, les questions d'enseignement, etc.
Ses nombreuses occupations l'empêchèrent de
demander, en 1892, le renouvellement de son
mandat édilitaire.

Sur les instances du Comité radical socialiste
du 4ᵉ canton de Reims, M. Ch. Arnould posa
sa candidature au Conseil général pour ce canton. Il fut élu, au 2ᵉ tour de scrutin, par une
belle majorité, conseiller général de la Marne,
en novembre 1894.

Les opinions politiques et philosophiques de
M. Ch. Arnould ont pu lui créer de nombreux
adversaires, mais elles ne lui ont rien enlevé
des précieuses sympathies qui l'ont toujours
entouré dans la vieille cité champenoise.

MARELLE (Charles-Marie), né à Méry-sur-
Seine, le 2 février 1827, poète et folkloriste,
professeur de littérature à l'académie Humboldt et au lycée Victoria, de Berlin.

Adresse : 6, Schellingstrasse, Berlin (Allemagne).

M. Charles Marelle peut être classé parmi les
précurseurs français des études traditionnistes.

Un des premiers en France il attira l'attention du public sur le charme et l'intérêt de la
poésie populaire. Il jugea avec raison que les
mères de famille aussi bien que les maîtres devaient, comme on le fait depuis longtemps en
Angleterre et en Allemagne, développer l'imagination, exercer la mémoire des enfants en
leur donnant les premières leçons sous la forme
naïve des formulettes, des devinettes, des refrains populaires, des rondes et des contes em-

pruntés à la littérature orale ou composés en s'en inspirant. La tentative était assez difficile. D'un côté, nous n'avions pas encore en France cette collection de rimes de l'enfance qu'ont entreprise postérieurement Eugène Rolland, Paul Sébillot, Henry Carnoy, Bladé et les folkloristes qui les ont suivis dans la *Tradition*, *Melusine* et la *Revue des Traditions populaires*. D'un autre côté, l'imitation des thèmes poétiques populaires exige plus de talent qu'un vain peuple le pense.

M. Charles Marelle obtint en ce genre un succès remarquable. Son *Petit Monde, chansons, fabulettes et contes pour l'amusement et l'éducation des enfants petits et grands*, dont la quatrième édition illustrée de cent gravures vient de paraître (Paris, Firmin-Didot et Cⁱᵉ, a été couronné par l'Académie française.

Ce vrai livre de première éducation donna sans doute l'idée à M. Philippe Kuhff, professeur au collège Chaptal, de publier ses *Enfantines du bon pays de France*, recueil de pièces populaires de source strictement orale, sauf quelques-unes reproduites suivant le texte que M. Marelle a retouché, achevé dans une intention esthétique et pédagogique parfaitement justifiable dès qu'il nous en avertit dans sa préface.

M. Marelle s'était déjà montré, en 1858, poète habile en donnant ses *Poésies choisies de Henri Heine*, traduites en vers, et qui sont peut-être la meilleure traduction qui existe de Heine.

On lui doit en outre : *Variétés littéraires*, recueil d'études sur les contes et les chants populaires français, allemands, italiens, etc. (1876); — *Eva, Affenschwanz, Queue d'chat*, contes et chansons populaires, 4ᵉ édition (1896); — *Essais sur la prononciation française, notamment sur l'e muet et les* MOTS A PÉDALE (un terme de son invention très expressif : âme, pâme, ombre, sombre, etc.) *dans la haute diction oratoire, prosodique et musicale*, 1880, 1894.

M. Charles Marelle a été pendant longtemps correspondant du *Journal des Débats*, du *Temps* et du *Daily Chronicle*.

Il est membre de la *Société philosophique* et de la *Société* « für Volkskunde » de Berlin.

A l'occasion du soixante-dixième anniversaire de M. Marelle, le 2 février 1897, la *National Zeitung*, de Berlin, écrivait les lignes suivantes :

« Par ses travaux sur le terrain des contes et des chants populaires, Charles Marelle s'est fait en Allemagne, de même qu'en France, un bon renom. On admire beaucoup chez nous son charmant *Petit Monde*, où figure plus d'une pièce d'origine allemande transformée de main d'artiste. »

THUILLIER (HENRI-JOSEPH), O. ✳, né à Reims (Marne), le 2 avril 1857, ancien Négociant en laines, Propriétaire-viticulteur, Membre de plusieurs sociétés artistiques, agricoles ou savantes.

Adresse : rue Saint-Pierre-les-Dames, à Reims (Marne); — et à Meurad (Algérie).

M. H. Thuillier fit ses études au Lycée de Reims. Possesseur d'une belle fortune et grand négociant en laines, il a su se rendre indépendant et prendre une place honorable dans le monde commercial, agricole et viticole, ainsi que dans le monde artistique.

Membre de toutes les sociétés littéraires et artistiques de Reims, M. Henri Thuillier est le président de la musique municipale. Cette société lui doit une bonne part de sa prospérité.

M. H. Thuillier, d'autre part, a consacré ses efforts et son activité au développement colonial du pays.

Très mêlé au mouvement d'expansion de la France, il a étudié les questions coloniales actuelles avec l'intention de se servir de ses recherches pour ajouter sa pierre à l'édifice qui sera l'une des grandes œuvres de la fin du XIXᵉ siècle.

Après mûres enquêtes et recherches, M. Thuillier voulut expérimenter par lui-même.

Dans ce but, il visita l'Algérie et s'y rendit acquéreur d'anciens terrains. Il s'appliqua à y planter de la vigne. L'exploitation viticole qu'il entreprit ne tarda pas à couronner ses efforts.

Les résultats qu'il a obtenus sont si encourageants que M. Henri Thuillier est disposé à développer ses plans primitifs.

Nous croyons intéressant de nous arrêter un peu longuement sur cette entreprise qui comptera dans la mise en valeur et la colonisation de notre grande colonie méditerranéenne.

C'est en 1887, à la suite d'un voyage en Algérie, que M. Henri Thuillier devint propriétaire à Meurad. La richesse du sol, la beauté du pays, l'avaient décidé à coloniser dans le vrai sens du mot.

Bien des capitalistes ont acheté des propriétés toutes faites, où le capital engagé trouvait de suite un intérêt rémunérateur. M. Thuillier n'a pas agi de la sorte, il a créé de toutes pièces des vignobles, des cultures de céréales, des plantations d'amandiers, de caroubiers, d'oliviers, de sapindus, dans des terrains couverts de palmiers nains, de lentisques, de broussailles.

A la suite du défrichement, M. Thuillier défonça, pour la plantation de la vigne, à la main, à la vapeur, et avec le treuil à traction animale. La profondeur du défoncement atteignait une moyenne de 60 centimètres.

Les deux fermes de M. H. Thuillier, par acquisitions successives, ont chacune aujourd'hui une superficie de 400 hectares. Sur l'une d'elles, qui porte le nom de sa fille Marguerite, se trouve sa résidence, une villa style mauresque, avec rez-de-chaussée, premier et terrasse, minaret à l'Ouest, marabout à l'Est.

Les bâtiments d'exploitation se trouvent de chaque côté d'une cour de 100 mètres de largeur et de 200 mètres de longueur. Cette cour est entièrement plantée de caroubiers, ce qui procure fraîcheur et rapport.

A l'Est se trouvent les chais ayant 75 mètres de longueur et 20 mètres de largeur. Pour obtenir le plus de fraîcheur possible, M. Thuillier a fait planter des rideaux de casuarinas, dont l'effet pittoresque est admirable et dont l'utilité est considérable.

A l'Ouest se trouvent la maison du gérant, les écuries, les étables et enfin la bergerie en seconde ligne.

Toutes les écuries et étables sont disposées de façon à être ventilées par un courant d'air passant au-dessus de la tête des bêtes. Le sol est pavé en dalles de ciment, de manière à pouvoir recueillir tous les purins et les conduire à une fosse d'où on les distribue sur les fumiers.

Un bassin, d'une contenance de 100 mètres cubes, donne de l'eau sous pression à la cave, aux écuries et dans les maisons d'habitation; une pompe et une source, dérivée de 1,500 mètres, donnent à la ferme l'eau qui lui est nécessaire.

Des maisons ouvrières à rez-de-chaussée, dissimulées dans les plantations, forment le complément de la ferme Marguerite.

On trouve assez facilement, en Algérie, des sarments de vignes pour faire d'importantes plantations ; mais quand on veut planter par dizaines de mille des amandiers, des oliviers, des caroubiers, des sapindus (savonnier), il faut créer soi-même les pépinières nécessaires.

M. Henri Thuillier a créé une pépinière de 40,000 amandiers, 10,000 oliviers, 100,000 caroubiers et 10,000 sapindus. C'est dans ces pépinières que M. Thuillier prend à mesure de ses besoins tous les arbres qu'il veut planter.

Comme essences forestières, M. Thuillier a des pépinières de frênes, de casuarinas, de cyprès.

Les vignobles, situés en montagne, sont composés exclusivement de plants fins. Pour les rouges : Morvèdre Cabernet, Carignan, Cinsault. Pour les blancs : Clairette et Ugni blanc.

Les produits de M. Thuillier présentés à tous les expositions ou concours ont obtenu les plus hautes récompenses depuis la Médaille de bronze jusqu'aux Diplômes d'honneur.

Depuis plusieurs années, comme membre du jury, M. Thuillier est placé hors concours.

Il a fait des essais de vins mousseux avec les vins de ses cépages blancs, et à l'heure actuelle, en France, en Asie, en Amérique et surtout en Algérie, ce vin mousseux commence à trouver des débouchés réguliers, des consommateurs fidèles.

Tel est le chemin parcouru par M. Thuillier après douze années d'efforts opiniâtres.

Une des richesses des fermes de M. Thuillier c'est d'avoir de l'eau en abondance : des sources, des puits, au nombre de six, à chacune d'elles assurent l'alimentation en eau potable et d'irrigation.

L'amande est un fruit d'exportation.

L'huile d'olive également, bien qu'une partie de la production de M. Thuillier trouve écoulement sur place.

Le caroubier produit un fruit charnu très nutritif pour l'alimentation des bêtes, ce qui est une précieuse ressource dans les années où le fourrage fait défaut.

Quant au fruit du sapindus, espèce de baie de la grosseur d'une cerise, il est vendu pour la droguerie sur la place d'Alger.

Peut-être deviendra-t-il un article d'exportation quand cet arbre sera cultivé plus généralement en Algérie.

Les deux fermes de M. Henri Thuillier, Marguerite et Tamelaht, ont chacune un vignoble de 100 hectares, par conséquent, sur l'une et l'autre, il a dû construire un chai, installer des cuves et le matériel le plus perfectionné pour la vinification.

C'est poussé par le désir de faire le mieux possible, et d'obtenir des produits capables de trouver une place très marquée à côté des produits de la France, que M. Thuillier a construit des cuves en ciment verré à l'intérieur ; ces cuves, dues à l'intelligente initiative de M. Louis Meley, un des amis de M. Henri Thuillier, ont opéré une véritable révolution dans l'art de la vinification.

Avec ces cuves, il n'y a plus à redouter le moindre mauvais goût ; on les lave comme les vitres d'une fenêtre ; de plus, on peut s'en servir indistinctement pour rouge et blanc alternativement.

Un des grands obstacles à la réussite des vins en Algérie c'est la chaleur, qui ne permet pas au moût de transformer tout le sucre qu'il contient en alcool ; de là résultent des vins doux avec tendance à l'acétisme. Le moyen infaillible de triompher de cette grande difficulté, c'est d'installer dans la cave des réfrigérants à eau, au travers desquels le moût circule à l'abri de l'air pour retourner à la cuve à la température de 28° centigrades.

Le moût reprend alors sa marche normale comme fermentation, le sucre se transforme complètement, entièrement en alcool, et l'on obtient des vins limpides et solides.

Depuis quelques années, M. H. Thuillier a monté un moulin pour la fabrication de l'huile d'olive avec les fruits provenant de ses plantations et de celles du voisinage, car aucun autre moulin à huile n'existe dans la contrée.

Le fruit du caroubier se récolte avec la plus grande facilité et pour ainsi dire sans frais. Quand il est mûr, il suffit de battre les branches avec des roseaux ; les fruits tombés sont laissés sur le sol un ou plusieurs jours, puis ramassés et expédiés, ou mis à l'abri pour la consommation des bêtes de la ferme.

La récolte du sapindus a lieu en février ; ce fruit a besoin d'être séché puis exposé.

Tels sont les genres de cultures auxquels M. H. Thuillier s'est adonné et qui semblent devoir récompenser les efforts de ceux qui s'y livreront.

M. Henri Thuillier a vu, du reste, les produits de ses domaines d'origine obtenir les premières récompenses aux Expositions. Citons : Diplôme d'honneur (Anvers, 1894); — Diplôme d'honneur (Bordeaux, 1895); — Vice-président du jury, hors concours (Rouen, 1896); — membre du jury, hors concours (Concours général agricole, Paris 1897); — Membre du jury, hors concours (Exposition de Bruxelles, 1897). etc.

Chevalier du Mérite agricole en 1892, M. Thuillier a été nommé Officier de cet ordre en 1897.

M. Thuillier a été élu membre du Conseil municipal de Reims en 1888 et réélu jusque maintenant ; — élu conseiller général du département d'Alger en 1898.

Il est membre des sociétés suivantes :

Président d'honneur de la société mutuelle l'*Union des Travailleurs* ; secrétaire du comité rémois de l'*Alliance française* et de l'*Association amicale des anciens Elèves du Lycée ;* membre du Conseil d'administration du Lycée, des *Agriculteurs de France*, de la *Société de Géographie d'Alger*.

On voit par ces quelques notes rapides ce que peut donner l'intelligence servie par l'énergie et l'esprit d'initiative. L'exemple donné par M. Thuillier vaut d'être signalé. Si les capitaux français se portaient vers nos colonies plutôt que vers des mines imaginaires et des entreprises fantastiques et fantaisistes, notre domaine d'outre-mer deviendrait le plus florissant du monde. Ce serait l'honneur de la France et l'intérêt bien entendu des capitalistes aussi bien que des hardis pionniers de l'Agriculture et de l'Industrie qui l'auraient entrepris.

NOBLEMAIRE (Joseph-Philippe-Gustave), C. ✻, C. ✠, ✠, ✠, etc., né en Lorraine, à Dieuze (Meurthe), le 27 avril 1832. Ingénieur en chef des mines, Directeur de la Compagnie des Chemins de fer Paris-Lyon-Méditerranée membre de la Chambre de Commerce de Paris, membre de plusieurs sociétés savantes.

Adresse : rue de la Boëtie, 58, Paris

La vie de M. Noblemaire est celle d'un laborieux qui a gravi tous les échelons jusqu'à occuper le plus élevé.

Fils d'un officier, Joseph-François Noblemaire, et de Victorine Malot, M. Noblemaire commença ses études au Collège d'Auxonne (Côte-d'Or), et les acheva à Dijon. Admis en 1851 à l'Ecole Polytechnique, il en sortit en 1853 avec le n° 3.

Le 15 novembre de la même année, M. G. Noblemaire était reçu élève-ingénieur des Mines. Le 10 janvier 1857, il fut nommé Ingénieur ordinaire de 3e classe. Il passa à la 2e classe le 29 décembre 1859, et à la première le 30 juillet 1867.

Ingénieur en chef le 13 décembre 1880, M. Noblemaire avait été directeur des Chemins de fer du Nord de l'Espagne de 1862 à 1869, puis attaché à la Compagnie Paris-Lyon-Méditerranée qui le chargea de la direction de ses Chemins de fer algériens.

M. Noblemaire fut l'un des auxiliaires les plus dévoués, les plus actifs et les plus intelligents de Paulin Talabot.

Depuis longtemps, M. Paulin Talabot avait désigné M. Noblemaire, au Conseil d'administration de la Compagnie, comme le plus digne.

En 1882, M. Noblemaire fut appelé au poste

de Directeur en remplacement de M. Paulin
Talabot, nommé Directeur honoraire.

M. Noblemaire a consacré à la mémoire de
l'homme éminent, qui fut son maitre et son
ami, un véritable culte qui leur fait honneur
à tous les deux.

Joignant à ses qualités professionnelles un
véritable talent d'artiste, M. Noblemaire a exécuté le buste de son prédécesseur : ce buste
orne la salle des délibérations du Conseil d'administration de la Compagnie P.-L.-M. On peut
en voir une reproduction dans la belle salle des
Pas-Perdus de la gare de Marseille.

Lorsque M. Noblemaire fut appelé à la tête
de l'importante Compagnie, la situation était
fort grave. Le nouveau Directeur justifia
pleinement la confiance de M. Talabot et des
administrateurs, notamment dans la discussion
des Conventions de 1883 et dans l'établissement du nouveau système de tarification
imposé aux Compagnies, dont il a atténué avec
une remarquable habileté les inconvénients
reconnus. Par son attitude à la fois ferme et
conciliante, il a pu dissiper bien des préven-
tions et sauvegarder, dans la mesure du possible, les importants intérêts qui lui étaient
confiés. Tous les hommes compétents en la
matière s'accordent à reconnaitre que dans
cette période critique, son prédécesseur n'eût
pas autrement agi, ni obtenu de meilleurs
résultats, — et ce n'est pas là, on le devine, un
médiocre éloge.

M. Noblemaire, signalé par sa participation
aux travaux des comités et réunions des Directeurs et Ingénieurs des Chemins de fer, a
présidé, au mois d'août 1892, le *Congrès international* tenu à Moscou par les principaux
représentants de cette branche importante de
l'industrie.

Chevalier de la Légion d'Honneur en 1869,
Officier le 18 janvier 1881, M. Noblemaire a été
nommé Commandeur le 6 juillet 1889. Il est
décoré de plusieurs ordres étragers ; c'est ainsi
qu'il est Commandeur des ordres d'Isabelle-la-
Catholique et de Charles III, du Christ, de la
Conception de Villaviciosa, de Saint-Michel de
Bavière, de Saint-Stanislas de Russie et des
SS. Maurice et Lazare d'Italie.

Collaborateur de la *Revue des Deux Mondes*
et de revues techniques, M. G. Noblemaire est
l'auteur de nombreux discours, d'une remarquable étude sur la *Vie et les Travaux de
Didion*, l'ami et digne collaborateur de M. Paulin Talabot, et d'une *Notice biographique sur
Alexandre Sarrel*, un vaillant de la première
heure.

Il a publié également : *Les Prix de revient
sur les Chemins de fer et la répartition du
trafic* Paris, Dunod, 1887) ; — *Les Chemins
de fer départementaux* (Dunod, 1889) ; — *La
Tarification sur les Chemins de fer et les
Tarifs de pénétration* (Revue des Deux
Mondes, 1890).

Ces études sont des résumés historiques, aussi
instructifs qu'attrayants, des débuts difficiles

et vite glorieux de l'industrie des Chemins de
fer en France.

Ces travaux prouvent aussi que M. Noblemaire est à l'occasion un orateur habile et un
écrivain distingué, aussi bien qu'un admini-
trateur et un économiste de premier ordre.

Le décret présidentiel du 6 juillet 1887, qui
l'éleva au grade de Commandeur de la Légion
d'Honneur, fut rendu « pour services au département de la Guerre comme membre de la
Commission militaire supérieure des Chemins
de fer ». M. Noblemaire comptait déjà à cette
époque 36 ans de service.

Le Directeur de l'immense réseau P.-L.-M.
a sous ses ordres un personnel — une armée —
de 60.000 hommes : ingénieurs, employés d'administration, mécaniciens et ouvriers. Tous les
services doivent être réglés et gouvernés avec
une précision absolue, depuis les plus humbles
jusqu'aux plus élevés. Dans ce rôle écrasant,
M. Noblemaire se meut avec aisance. C'est le
« right man in the right place ». Son éloge
comme administrateur n'est plus à faire.

Il y a deux ans, un écrivain donnait ce portrait de M. Noblemaire :

« Au physique, c'est en plus petit un portrait
frappant du Prince-Président de 1856 ; mêmes
moustaches guerrières et barbiche pareille.
L'allure militaire, comme il convient. Suffisamment autoritaire, ce qui ne l'empêche pas
d'être aimé et respecté de tous ses subordon-
nés. C'est un « bon patron. »

On ne peut faire un meilleur éloge de cet
homme de valeur qui honore si grandement sa
Patrie.

RISTELHUBER (Paul), né à Strasbourg, le
11 août 1834, érudit, écrivain et polygraphe.

Adresse : 7, rue de la Douane, Strasbourg,
Alsace-Lorraine.

M. Paul Ristelhuber termina à Paris ses études commencées dans sa ville natale. A vingt-
deux ans, il publia son premier volume : c'é-
taient des vers, comme il sied à la jeunesse.

Mais bientôt il se passionna pour les recherches ardues de l'érudition et de la curiosité. Il
publia le *Liber vagatorum*, ou Livre des
Gueux, précédé d'une notice littéraire et bibliographique sur l'argot des bords du Rhin et
terminé par un vocabulaire des mendiants.

« On approuva, dit un critique (in *les Alsaciens illustres*), l'idée de traduire et d'annoter
ces curiosités et de leur donner du relief par
un extérieur élégant. Ces publications sont
intéressantes pour l'histoire, surtout pour l'histoire naturelle du peuple, qui se montre le
même dans tous les temps et dans tous les
lieux. L'érudition y trouve également son
compte en même temps que l'occasion favorable de se produire à son aise. »

Le *Liber vagatorum* fut suivi de *Faust
dans l'histoire et dans la légende*, un des
meilleurs ouvrages qui aient été écrits sur ce
sujet. Le *Faust* de M. Ristelhuber démontre :

t que Faust est un humaniste; 2° que la légende greffée sur le personnage historique est d'origine luthérienne. M. Ristelhuber y traite également des représentations graphiques du sujet; des personnages qui, avant ou après Faust, ont conclu un pacte avec le Diable et ont été rapprochés du Docteur; de ce qui distingue l'imprimeur du xv° du magicien du xvi°; enfin, il poursuit la légende sous ses formes lyrique, narrative et scénique.

M. Ristelhuber se tourna ensuite vers l'histoire locale. En 1865, il publia l'*Alsace ancienne et moderne*, sur le cadre bien incomplet fourni par Bagnol. L'édition nouvelle inscrivait, à côté du nom moderne des localités, les noms anciens, la date de leur apparition et l'indication des sources qui les donnent. Elle s'attachait aussi à rechercher l'origine de ces noms.

D'autres travaux alsatiques suivirent. On les trouvera à la bibliographie.

C'est dans le genre narratif et dans la littérature comparée que M. Ristelhuber s'est fait la renommée la plus étendue. Ses meilleures éditions dans cet ordre de travaux sont celles des *Contes de l'abbé Galiani*, des *Contes de Pogge*, de l'*Elite des Contes du sieur d'Ouville*, de l'*Apologie pour Hérodote*, d'*Arlotto*, etc. Ce qui est curieux, c'est que des éditeurs récents ont *réinventé* bien bravement, après M. Ristelhuber, dont ils semblaient ignorer les travaux, l'abbé Galiani, le Pogge et d'Ouville!

M. Ristelhuber s'était servi du pseudonyme Paul de Lacour pour son premier ouvrage intitulé : *Bouquet de Lieder*. Il avait composé aussi une *Marie Stuart* et un *Faust* qui ne furent pas agréés par la Comédie-Française. Il était en train de publier annuellement une *Bibliographie alsacienne* lorsque la municipalité strasbourgeoise lui demanda son concours pour la reconstitution de la bibliothèque détruite le 24 août 1870, et le nomma bibliothécaire, fonction qu'il remplit jusqu'au mois de mars 1873. Le cinquième volume de la *Bibliographie* susnommée lui valut un procès. Le 16 janvier 1875, il fut arrêté, et le 19 condamné à quatre mois de forteresse pour avoir offensé l'empereur dans l'écrit *Bibliographie alsacienne*, 5° série, par la reproduction et l'approbation formelle de vers de l'*Offrande* :

Non, nous n'oublierons pas, rois, ce que vous cher-
| chez,
jusqu'à :

Eternel souvenir! Guerre! Guerre! Revanche!

Rendu à la liberté, M. Ristelhuber se remit au travail, et, en 1879, il fit paraitre une édition de l'*Apologie pour Hérodote*, de Henri Estienne, édition la seule complète et accompagnée d'un commentaire qui élucide une foule de questions d'histoire, de linguistique et de philologie.

Il lui donna pour pendant en 1885 la réimpression des *Deux dialogues du nouveau langage françois italianizé*, livre unique pour la saveur gauloise et la bonne humeur, dont la réapparition valut à l'auteur une couronne académique.

Les études de littérature comparée consacrées par M. Ristelhuber à *Galiani, Pogge, Arlotto, d'Ouville*, avaient montré chez notre auteur la tendance à tenir compte des données traditionnistes. Elle se précisa lorsque les Revues de MM. Gaidoz, Sébillot et Carnoy ouvrirent leurs colonnes aux chercheurs de bonne volonté et aboutit à la publication de trois petites séries de *Contes alsaciens* (1888, 1889, 1891) dont le faible tirage à part fait une rareté. Un des derniers travaux de M. Ristelhuber relève de la littérature grecque et a pour objet : les *Mimes de Hérodas*, traduits et commentés (Paris, Leroux, 1893, in-8).

Voici comment M. Rocheblave apprécie cet ouvrage dans la *Revue internationale de l'Enseignement* : « Comme le nouveau traducteur est surtout un érudit, il a encadré sa version de notes explicatives et d'une introduction critique qui constituent un véritable petit travail de savant et mettent M. Ristelhuber côte à côte avec ses meilleurs devanciers... La discussion sur Philadelphe, Apelle et l'Asclépicion est curieuse et probante. Quant à la traduction, elle a beaucoup de franchise et de verdeur. Les notes multiplient les rapprochements et montrent un critique très versé dans la littérature grecque, qui ne se prive pas d'en aborder d'autres à l'occasion. L'auteur ne nous renvoie-t-il pas jusqu'à Alfred de Musset? »

De ce qui précède on peut conclure aux aptitudes variées de M. Ristelhuber, mais c'est aux spécialistes que vont les honneurs et les distinctions.

M. Ristelhuber appartient à de nombreuses Sociétés savantes ou littéraires. Il a collaboré à une foule de revues et de journaux. Sa vie est tout entière consacrée aux Lettres. Les Lettres portent en elles-mêmes leur récompense. M. Ristelhuber fait honneur à l'Alsace. Aussi Strasbourg le compte-t-elle avec raison comme l'un de ses enfants les plus dignes et et les plus respectés.

BIBLIOGRAPHIE. — Poésie. — *Bouquet de Lieder*, choix de ballades, chansons et légendes traduites des poètes de l'Allemagne contemporaine par Paul de Lacour (Paris, Berger-Levrault, 1856, in-12); *Intermezzo*, poème de Henri Heine, trad. en vers français (Paris, Poulet-Malassis, 1857, in-16); *Héro et Léandre*, poème de Musée, trad. en vers français (Strasbourg, Berger-Levrault, 1859, in-8); *Marie Stuart*, drame en cinq actes en vers, d'après Schiller (Paris, Delahays, 1859, in-16); *Faust*, tragédie en cinq actes adaptée à la scène française, d'après Gœthe pour la première fois (Paris, Poulet-Malassis, 1861, in-18); *Rhythmes et refrains* (Paris, Aubry; impr. de Perrin, de Lyon, 1864, pet. in-8); *Quatre ballades*, suivies de notes (Genève, Georg, 1876, in-8); *Amours et voyages* (Paris, chez les bons libraires, 1889, in-8).

Histoire, biographie et bibliographie. — *L'Alsace ancienne et moderne*, dictionnaire du Haut et du Bas-Rhin (Paris et Strasbourg, 1865, 1 vol. in-8 avec planches); *Lettre sur les archives de la ville de Strasbourg* (Paris, Duprat, 1866, in-8); *L'Assassinat de Rastatt*, étude historique (Paris, Thorin, 1870, in-8); *Bibliographie alsacienne, 1869-1873* (5 vol. in-8; Paris, Fischbacher, 1870-1874); *L'Alsace à Morat* (Paris, Champion, 1876, in-8); *L'Alsace à Sempach*, avec 2 pl. d'armoiries (Paris, Leroux, 1886, in-8); *Le Château de Spesbourg* (Mulhouse, impr. Bader, 1880, in-8); *Biographies alsaciennes*, avec portraits en photographie, deux séries (Colmar, Meyer, 1883-1884, in-8); *Heidelberg et Strasbourg*, recherches sur les étudiants alsaciens immatriculés à l'université de Heidelberg de 1386 à 1662 (Paris, Leroux, 1888, in-8); *Strasbourg et Bologne*, recherches sur les étudiants alsaciens immatriculés à l'université de Bologne de 1289 à 1562 (Paris, Leroux, 1891, in-8); *Histoire de la formation de la bibliothèque municipale créée à Strasbourg en 1872* (Paris, Champion, 1895, in-12).

Littérature comparée, folklore, éditions, etc. — *Liber vagatorum*, le Livre des Gueux, précédé d'une notice littéraire et bibliographique sur l'argot des bords du Rhin et terminé par un vocabulaire des mendiants (Strasbourg, Berger-Levrault, 1862, in-16); *Faust dans l'histoire et dans la légende*, essai sur l'humanisme superstitieux du xvi siècle et les récits du pacte diabolique (Paris, Didier, 1863, in-8); *De Herus et Leandri historia heroïca* (Argentorati, 1863, Silbermann, in-8); *Contes, lettres et pensées de l'abbé Galiani*, avec introduction et notes (Paris, Lemerre, 1866, in-12); *Les Contes de Pogge, Florentin* (Paris, Lemerre, 1867, in-12); *Les Contes et facéties d'Arlotto de Florence* (Paris, Lemerre, 1873, in-12); *L'élite des contes du sieur d'Ouville* (Paris, Lemerre, 1876, in-12); *Les Contes et vers d'Andrieux*, suivis de lettres inédites (Paris, Charavay, in-12); *Apologie pour Hérodote* (satire de la société au xvi siècle), par H. Estienne, nouvelle édition faite sur la première et augmentée de remarques, avec trois tables (Paris, Liseux, 1879, 2 vol. in-8); *Deux dialogues du nouveau langage françois italianizé*, par Henri Estienne, avec introduction et notes, couronné par l'Académie française (Paris, Lemerre, 1885, 2 vol. in-8); *Une Fable de Florian*, étude de litt. comparée (Paris, Baur, 1881, in-8); *Contes alsaciens*, trois séries (Paris, bureaux des revues folkloristes, 1888, 1890, in-8); *Les Mimes de Hérodas*, traduits du grec en français, avec introduction et notes (Paris, Leroux, 1893, in-12); *Livres et images populaires; l'imagerie de Wissembourg* (Paris, Lechevallier, 1894, in-8).

CANET (Jean-Baptiste-Gustave-Adolphe), O. ✶, A. ●, C. ✠, ✠, O. ✠, ✠, etc., né à Belfort (Haut-Rhin), le 29 septembre 1846; directeur de l'artillerie de MM. Schneider et Cie.

Adresse : 1, boulevard Malesherbes, Paris.

M. G. Canet, ses études secondaires terminées, entra à l'École Centrale des Arts et Manufactures de Paris. Il en sortit en 1869, avec le diplôme d'ingénieur-mécanicien. Au moment où la guerre franco-allemande survint, M. Canet venait d'entrer, avec le grade de lieutenant d'artillerie, dans la Garde mobile du Haut-Rhin. Il participa au siège de Neuf-Brisach après avoir collaboré à l'armement de la place; il fut fait prisonnier de guerre à Leipsick.

La paix signée, il partit pour l'Angleterre où il étudia la fabrication du matériel de guerre. Collaborateur de M. Vavasseur, il s'occupa avec lui de toutes les questions se rattachant à l'artillerie.

En 1881, M. Canet rentra en France, après avoir signé un traité avec la Société des Forges et Chantiers de la Méditerranée, dont il devenait l'associé en même temps que le directeur de l'artillerie; c'est alors qu'il entreprit de créer de toute pièce un important service d'artillerie, qu'il développa pendant les seize années qu'il demeura aux Forges et Chantiers.

La puissante société qui, jusque-là, avait construit des navires de guerre qui devaient ensuite aller chercher leur artillerie chez les constructeurs spéciaux, put désormais les armer complètement avec du matériel construit dans ses propres ateliers.

La loi de 1885 permettant la libre fabrication des armes de guerre en France, donna un grand essor à son service de l'artillerie.

Nous devons citer parmi les principaux travaux ou perfectionnements de M. Canet :

La création d'un matériel d'artillerie de campagne à tir rapide sans recul ni soulèvement, à grande vitesse initiale; celle d'un système d'artillerie complet de marine, de siège et de place, de côte et de montagne; l'invention des canons à tir rapide de gros calibres, adoptés par les gouvernements Français, Russe, Portugais, Espagnol, Grec, Chilien; Japonais; l'invention d'un grand nombre de fermetures de culasses.

M. Canet a le premier conçu et expérimenté des canons de grande longueur, donnant 1.100 mètres de vitesse initiale.

Il a inventé et perfectionné le système de tourelles à chargement central dans toutes les positions, adopté pour les navires suivants :

FRANCE : Cuirassés *Marceau, Jauréguiberry, Saint-Louis*; canonnières *Achéron, Styx, Cocyte, Phlégéton*; croiseurs cuirassés *Pothuau, Latouche-Tréville, d'Entrecasteaux*. — ESPAGNE : Cuirassés *Pelayo, Carlos V*; croiseurs *Cardenal Cisneros, Princesa de Asturias, Cataluña*. — RUSSIE : Cuirassés *Gangoute, Georgyi, 3 Apôtres, 3 Evêques*. — CHILI : Cuirassé *Capitan Prat*. — DANEMARK : Cuirassés *S'Kjold, Erluf Trolle*. — GRÈCE : Cuirassés *Hydra, Psara, Spetzia*. —

Suède : Cuirassé *Oden*. — Japon : Garde-côtes cuirassés *Matsushima, Itsukushima, Hashidaté*.

Il est l'inventeur des tubes lance-torpilles dont sont munis les navires suivants :

France : *Indomptable, Terrible, Amiral Baudin, Hoche, Cécille, Sfax, Formidable, Requin*. — Russie : *Amiral Kornilow*. — Japon : *Chishima-Ran, Itsukushima, Hashidaté, Matsushima*. — Chili : *Almirante Cochrané, Présidente Errazuirz, Présidente Pinto, Capitan Prat*. — Grèce : *Hydra, Psara, Spetzia*. — Norwège : *Nabuca, Sneul, Borul, Viking*.

Il est l'inventeur des tubes lance-torpilles sous-marins en service à bord du :

Jauréguiberry, Charles Martel, d'Entrecasteaux.

Il a armé de son artillerie, les navires suivants :

Japon : *Matsushima, Itsukushima, Hashidaté*. — Grèce : *Hydra, Psara, Spetzia*. — Haïti : *Toussaint-Louverture*. — Portugal : *Cacongo, Massabi* et deux croiseurs en construction. — République Dominicaine : *El Presidente*. — Mexique : *Zaragosa*. — Chili : *Capitan Prat, Errazuriz, Présidente Pinto*.

On se souvient encore du grand succès qu'obtenaient en 1889 le divers types de son matériel qui figuraient à l'Exposition universelle dans le Pavillon du Ministère de la Guerre.

M. Canet est membre du Comité de la *Société des Ingénieurs civils de France*, membre associé de l'*Institution of Civil Engineers de Londres*, membre de la *Société des Amis des sciences*, de la *Société de Mathématiques*, de la *Société de Physique*, de la *Société des Electriciens*, de la *Société d'Encouragement pour l'Industrie nationale*, de la *Société des Chaudronniers, Mécaniciens et Fondeurs*, de l'*Association Technique Maritime*, de l'*Imperial Institute*.

Il est titulaire des décorations suivantes : Chevalier de la Légion d'Honneur (24 juin 1886) ; Officier d'Académie (1888) ; Commandeur de l'ordre du Christ de Portugal ; Grand Officier du Mérite naval d'Espagne ; Grand Officier de Stanislas de Russie ; Commandeur du Soleil Levant du Japon ; Chevalier de l'ordre de Danebrog de Danemark ; Officier de l'ordre de Takovo de Serbie ; Officier de la Légion d'Honneur (26 décembre 1894).

Depuis le mois de janvier 1897, MM. Schneider et Cie du Creusot désirant fonder en France un grand ensemble pour la fabrication du matériel de guerre, ont acheté les ateliers d'artillerie de la Société des Forges et Chantiers de la Méditerranée, au Havre, qu'ils ont réunis à leurs propres ateliers spéciaux qu'ils possédaient déjà, créant ainsi un service d'artillerie unique en France, disposant de moyens de production très importants et qui a été placé sous la direction de M. Canet.

CARRÉ-PERSEVAL (Edmond-Théodore), né à Reims, le 30 avril 1851, directeur de la maison des Grands Vins de Champagne Carré-Perseval et Cie.

Adresse : 50, rue Talleyrand, à Reims (Marne). — Magasins de vente et caves : 6, rue Noël, Reims — et Rilly. — Maison à Londres : 26, Crutched Friars, E. C.

L'importante maison de champagne Carré-Perseval et Cie fut fondée près de Reims en 1803, par M. Jean-Baptiste Perseval et continuée par M. Pr. Carré-Perseval son petit-fils. Elle ne tarda pas à prendre un grand développement et à faire apprécier sa marque en France et à l'étranger. Sous la direction actuelle de M. Ed. Carré-Perseval, fils du fondateur, la maison a étendu considérablement son chiffre annuel de vente, en même temps qu'elle obtenait les plus hautes récompenses pour la qualité de ses produits.

Rappelons ses derniers succès : Médaille d'or à l'exposition d'Anvers (1888) ; Médaille d'or à l'exposition de Liverpool (1888) ; Grands Diplômes d'honneur aux expositions de Paris (1888), de Melbourne (1888-1889), de Rochefort (1898), de Bordeaux (1897).

Renommée par ses grands champagnes, la maison Carré-Perseval s'est mise hors de pair pour la préparation et la vente des champagnes hygiéniques qui sont sa propriété et sa spécialité.

Par lui-même, le vin de Champagne jouit de propriétés hygiéniques et thérapeutiques universellement reconnues. Il rend de grands services en médecine pour le rappel de l'énergie vitale dans les affaiblissements consécutifs aux hémorrhagies et aux opérations chirurgicales, dans les consomptions, la dyspepsie, dans les péritonites, dans les vomissements incoercibles de la grossesse, dans l'anémie, etc.

M. Carré-Perseval, avec la collaboration de M. le Dr Seuvre, ancien Président du corps médical de Reims, a tourné ses recherches vers la préparation de champagnes doués de propriétés hygiéniques et thérapeutiques nouvelles.

M. le Dr Seuvre, se basant sur les travaux du savant professeur Bourquelot, pharmacien en chef de l'hôpital Laënnec, sur les ferments solubles, et du professeur Albert Robin sur le traitement de la dyspepsie, entreprit de rechercher les conditions dans lesquelles la pepsine pouvait produire son maximum d'effets utiles. Il reconnut que le vin de Champagne des grands crûs est le meilleur excipient de la pepsine.

L'emploi de la pepsine extractive pure en paillettes de première qualité — la pepsine la plus active — permet d'employer des doses modérées pour obtenir cependant les effets les plus surprenants.

MM. Carré-Perseval et Cie, appliquant cette découverte du Dr Seuvre, furent bientôt en état de livrer au public le « Champagne bipepsiné » qui, expérimenté depuis dans les cliniques et les hôpitaux, a donné des résultats prodigieux ; il est prescrit constamment par les maitres de l'hygiène et de la thérapeutique.

Agréable et tonique, le « Champagne bipepsiné » de la maison Carré-Perseval et Cⁱᵉ est un vin eupeptique et réparateur par excellence. Contrôlé par un docteur expérimenté et additionné en proportion convenable de pepsine, digestif puissant, il combat efficacement la dyspepsie, la neurasthénie; il entretient la nutrition et rappelle l'énergie vitale. Il est excellent dans tous les autres cas qui demandent l'emploi du champagne et combat efficacement la dilatation de l'estomac et l'atonie de l'intestin. On le recommande dans les maladies graves, dans les fièvres infectieuses et dans les affections de poitrine.

Le vin de Champagne, même des grands crûs, a très souvent un peu d'acidité. Il arrive qu'après quelques jours d'usage, le malade se plaint de l'irritation de ses voies digestives. Chose curieuse, dès qu'il est pepsiné, le champagne est maitre de tout acide. De plus, tout en ayant conquis de précieuses qualités hygiéniques et thérapeutiques, le champagne pepsiné Carré-Perseval ne perd rien de sa limpidité, de son aspect général, de son goût et de toutes les brillantes qualités qu'il avait avant sa préparation. Il est délicieux, avec plus de moelleux et de velouté.

Encouragés par le succès du champagne bipepsiné, MM. Carré-Perseval et Cⁱᵉ se sont attaqués à un autre problème qu'ils ont résolu tout aussi brillamment.

Des industriels ont lancé dans le public des vins à base de coca et de kola destinés généralement à remplacer le quinquina, la précieuse écorce américaine qui a fait ses preuves depuis longtemps. Les résultats obtenus sont très discutés.

Par contre, l'union intime du quinquina et des grands vins français est d'usage courant. Certains organismes, d'autre part, ne peuvent supporter les vins de Bordeaux et de Malaga. MM. Carré-Perseval et Cⁱᵉ ont songé au vin de Champagne, accepté par tous les organismes.

Voici ce qu'écrivait récemment M. Lecomte à ce sujet :

« Le Kina-Champagne, préparé par la maison de Reims que nous avons déjà citée, est un vin de choix, pétillant et léger; il est particulièrement précieux comme apéritif, pour réveiller les estomacs atones ou pour stimuler l'appétit, ainsi que comme fébrifuge, pour prévenir et maîtriser la fièvre. Il est également très recommandé comme tonique, pour combattre l'anémie, la consomption et l'affaiblissement nerveux. Mais son emploi ne s'impose pas seulement aux malades. Comme préservatif, en effet, on peut dire qu'il convient à tout le monde; car il ne s'agit pas seulement de se soigner quand on est malade, il est encore plus sage de prévenir les maladies dans la mesure du possible. Pris quelques minutes avant les repas, ou même dans l'intervalle des repas, il est d'une efficacité remarquable pour garantir des mille indispositions qui nous guettent perpétuellement. »

Comme les précédentes, cette préparation de la maison Carré-Perseval et Cⁱᵃ est exécutée suivant la formule du Dʳ Seuvre de Reims, et la dose incorporée au vin est soigneusement contrôlée.

En préparant ces vins — le champagne bipepsiné et le Kina-champagne — la maison Carré-Perseval a rendu un grand service.

Elle apporte à cette fabrication un soin méticuleux qui assure la livraison de produits de haute valeur.

Les résultats obtenus par la maison Carré-Perseval sont, comme on vient de le voir, d'une importance capitale.

La devise de la maison Carré-Perseval est : *Dieu en soit garde!*

La firme est bien gardée, car sa renommée ne fait que s'étendre chaque jour.

Et M. Carré-Perseval ne paraît pas encore avoir dit son dernier mot.

COLLARD (Léon), né à Saint-Germain-la-Ville (Marne), le 28 novembre 1856, agriculteur, fabricant de blanc de craie de Champagne, érudit, membre de la *Société académique de la Marne.*

Adresse : Saint-Germain-la-Ville (Marne).

M. Léon Collard appartient à une honorable famille établie à Saint-Germain-la-Ville, depuis le commencement de ce siècle. Son grand-père, Sébastien Collard (1794-1883), né à Vilseneux, fut instituteur à Saint-Germain de 1818 à 1855. Son père, Alexandre Collard, comme conseiller municipal de Saint-Germain de 1860 à 1892, réélu conseiller le 10 mai 1896, et comme maire de 1871 à 1888 a rendu de grands services à la commune. On lui doit une école de garçons (1879), le pont sur la Marne entre Saint-Germain et Mairy (1883), le chemin vicinal entre ces deux communes (1884), le bureau télégraphique (1885) et la halte du chemin de fer de l'Est (1887). Agriculteur émérite, il développa, dès 1856, l'exploitation de ses parents et contribua à la prospérité des cultivateurs de la vallée de la Marne en écoulant sur Paris le lait de leurs fermes. En 1873, il fonda une importante usine à vapeur pour la fabrication du blanc de craie de Champagne. Le 23 août 1888, la *Société académique de la Marne* lui décerna une médaille d'argent pour le récompenser de la bonne qualité des produits de son usine.

Ajoutons aussi ces titres qui honorent M. Collard père :

Délégué cantonal pour l'instruction primaire, depuis 1878; — Membre fondateur de la Caisse d'épargne (Succursale de Pogny), en 1876. — En 1873, il a fondé la fanfare *Les Enfants de la Marne,* dont il reste président. — En 1879 a fondé la Société de Secours Mutuels dite des *Sapeurs-Pompiers de Saint-Germain-la-Ville* dont il est toujours le Président; par décret du 14 juillet 1892, une mention honorable lui a été accordée pour le récompenser de ses bons efforts pour la prospérité de la Société. Membre du Comité d'organisation de l'Exposition universelle de 1900 (Comité de l'arrondissement de Châlons-sur-Marne). — Nomination du Ministre du Commerce du 30 octobre 1896.

Lors de la guerre 1870-1871, M. Collard a fait partie du Comité de la Défense nationale pour le département de la Marne, et il a dirigé le déraillement de Montjalons, près Châlons-sur-Marne.

M. Léon Collard fit ses études au collège de Châlons-sur-Marne. Il y obtint de nombreux succès. Le 28 octobre 1875, il fut reçu bachelier ès-lettres par la Faculté de Nancy.

Quelques jours plus tard (le 2 novembre 1875), il entrait au 8e régiment d'artillerie, en qualité d'engagé conditionnel. Il en sortit dans les premiers rangs, ce qui lui a valu le grade d'officier de l'Armée territoriale. (Il est actuellement lieutenant au 6e régiment territorial d'artillerie.)

M. Léon Collard a été, depuis cette époque, le collaborateur de son père dans son exploitation agricole et dans son usine de blanc de craie de Champagne.

Les progrès qu'il a réalisés dans la fabrication industrielle de ce dernier produit lui ont valu une médaille de bronze à l'Exposition universelle de 1889, dans la section des blancs minéraux. — Médaille d'argent (Exposition universelle, Anvers, 1894).

M. Léon Collard emploie ses rares loisirs à des travaux litttéraires et historiques qui lui ont valu d'être élu, le 15 février 1886, membre de la *Société académique de la Marne*.

Le passé de sa commune natale a été l'objet de ses recherches. Avec beaucoup de bons esprits, il a pensé que chaque commune de France doit avoir son histoire, et que ce sont ces histoires locales qui seules permettront de tracer le tableau exact de l'histoire provinciale et, partant, de la grande histoire nationale. Il a dépouillé les archives de Saint-Germain, les minutes des notaires, les documents conservés dans les manuscrits, il a interrogé les vieillards et et a pu, enfin, publier, en 1887, une *Histoire de Saint-Germain-la-Ville* (1 vol. in-8°) qui a été l'objet de nombreuses appréciations et qui peut servir de modèle pour des monographies locales.

Il a collaboré à la fondation de la *Ligue agricole de la Marne*, dont, pendant de nombreuses années, il a été le dévoué et désintéressé trésorier.

BESSERAT (Edouard-Victor), né à Ay (Marne), le 8 mai 1872, propriétaire-viticulteur, négociant en vins de Champagne, lauréat de plusieurs expositions.

Adresse : Ay (Marne).

La renommée des vins blancs de la Champagne remonte à une époque déjà bien éloignée. Il est certain qu'au moyen-âge, la faveur des grands s'était portée vers les crûs des coteaux crayeux champenois. Les rois de France et d'Angleterre s'approvisionnaient aux environs de Reims de *vin paillé* et de *vin gris*. C'était de ces deux noms qu'on désignait les produits vinicoles de la Champagne. Charles-Quint, François Ier, Henri VIII d'Angleterre peuvent être cités parmi les amateurs de *vin paillé*.

Mais, à cette époque, les grands vins de la Champagne n'étaient pas bus mousseux. Ce fut un moine de l'Abbaye de Hautvillers, dom Parignon, qui découvrit l'art de rendre mousseux et d'éclaircir le vin gris. Cette découverte fut le point de départ de la renommée universelle du champagne.

Les vins des coteaux champenois sont classés en plusieurs crûs en tête desquels figurent Ay, Bouzy, Verzenay, puis Vertus, Ambonnay, Mareuil, Cumières, Hautvillers, Dizy, Rilly, Avenay. On cultive généralement le *pineau* et le *vert doré* pour les raisins noirs, et le *mêlier* pour les blancs.

Le vin doit être de bonne garde, ferme et vineux, surtout pour les réserves et pour les cuvées destinées à l'exportation.

D'autre part, la préparation du champagne, les soins apportés à sa fabrication, le choix judicieux des raisins, l'outillage perfectionné, les caves, etc., sont des facteurs importants qui assurent le succès des marques réputées.

Parmi les firmes les plus recherchées, figure depuis quelques années celle de M. Edouard Besserat, d'Ay. Cette maison de premier ordre, dirigée par le plus jeune négociant de la Champagne, a su, en peu de temps, s'imposer par la valeur de ses produits.

M. Edouard Besserat appartient à une très ancienne famille de la Champagne, originaire d'Hautvilliers, dont l'Abbaye fut, comme nous le disions plus haut, le berceau du vin célèbre.

Son père, Edmond Besserat, fonda la maison en 1842. Propriétaire de très importants vignobles, il s'occupa de spéculation. On entend par ce mot, en Champagne, la composition des cuvées qui sont ensuite revendues aux maisons d'expédition.

C'est ainsi que plusieurs marques sont celles de négociants qui n'ont jamais eu un arpent de vignobles !

Après la mort de son père, M. Edouard Besserat, qui était allé à Londres et à Hambourg, pour se perfectionner dans la connaissance de l'Anglais et de l'Allemand, et qui venait de terminer son service militaire — il est actuellement Officier de réserve — ne se contenta pas de la spéculation. Il voulut trouver un débouché aux produits de ses vignes dans l'expédition de sa propre marque, certain qu'il était de livrer à la consommation un vin authentique rivalisant avec les premiers grands crûs.

M. Edouard Besserat a vu ses efforts couronnés par le succès. Sa marque s'est imposée sur nombre de marchés dont les principaux sont l'Angleterre, l'Australie, le Transvaal, la République-Argentine, l'Indo-Chine, etc.

Paris est aussi l'un des principaux acheteurs des champagnes Edouard Besserat. La marque du jeune négociant se trouve sur la carte de tous les grands hôtels et restaurants de la Capitale fréquentés par la clientèle élégante française, et étrangère : Grand-Hôtel, Hôtel Ritz, Restaurant des Ambassadeurs, Maire, Paillard, Sylvain, Café de Paris, etc.

L'établissement de M. Edouard Besserat est à Ay ; il est agencé d'une façon exclusivement moderne et pratique. D'immenses berceaux de caves, passant sous les jardins, font communiquer de plain-pied les deux parties de l'établissement, le cellier de dégorgement et les halliers d'emballage, et réduisent la main-d'œuvre à sa plus simple expression.

Cette situation exceptionnelle permet à la maison Edouard Besserat de fournir par sa production et son organisation, la clientèle d'élite très étendue, dont elle a su mériter la confiance et les sympathies.

Entre autres récompenses obtenues par M. Besserat, citons : le Grand Diplôme d'honneur (Paris, 1896), la plus haute récompense accordée aux vins de Champagne et qui suffirait pour attester la valeur toute particulière des produits de la maison d'Ay.

La réception la plus cordiale est réservée aux visiteurs qui, désirant s'initier aux détails de l'industrie des vins de Champagne, s'arrêtent à Ay et viennent visiter l'établissement et les vignobles de M. Edouard Besserat.

Et c'est de grand cœur qu'en dégustant les excellents vins de réserve, ils boivent au succès toujours croissant du sympathique propriétaire et à la gloire des nobles vins de France.

LIÉGEARD (François-Emile-Stéphen), ✠. ◊ I., commandeur de la Rose du Brésil, officier de St-Charles, chevalier de St-Grégoire-le-Grand, du Venezuela, etc ; né à Dijon (Côte-d'Or) ; écrivain et poète, homme politique, docteur en droit, Président de la Société Nationale d'Encouragement au Bien, etc.

Adresses : 21, rue de Marignan, Paris ; — Château de Brochon, par Gevrey-Chambertin (Côte-d'Or), et villa des Violettes, à Cannes (Alpes-Maritimes).

M. Stéphen Liégeard fit de brillantes études classiques au lycée de sa ville natale où il remporta les prix d'honneur de rhétorique et de philosophie, comme il remportait plus tard, à la Faculté de droit, la médaille d'or au concours du Doctorat.

Il débuta avec éclat, au barreau, en 1854, dans une retentissante affaire d'assises, mais entra bientôt dans la carrière administrative, en qualité de Conseiller de Préfecture de la Drôme (1856). Il fut nommé successivement sous-préfet de Briey (Moselle), de Parthenay (Deux-Sèvres) et de Carpentras (Vaucluse).

Démissionnaire en 1867, il fut élu, la même année, député de la 2e circonscription de la Moselle. En effet, mis d'abord en lumière par une importante monographie sur le *Partage* et par un poème : *Les Abeilles d'or*, et l'honneur de l'Empire et des Napoléon, il avait été désigné, le 24 mars 1867, sur la demande d'un grand nombre d'électeurs, comme candidat officiel au corps législatif dans la seconde circonscription de la Moselle, Briey-Thionville, qui l'élut au premier tour de scrutin, après une lutte très vive et superbement menée contre M. le baron de Gargan et M. le comte d'Hunolstein.

M. Stéphen Liégeard siégea dans la majorité dynastique. Son début, à la tribune, fut une improvisation brillante (décembre 1867) sur la réorganisation de l'armée.

Durant les trois ans qu'il siégea au Corps législatif, il prit souvent la parole avec succès et força l'attention par ses discours empreints d'un libéralisme auquel les esprits n'étaient pas encore accoutumés.

On peut citer, en particulier, ses discours en faveur de l'instruction publique, de l'amélioration du sort des instituteurs et des facteurs ruraux, sur les questions budgétaires, etc.

Loin de nuire à sa fortune politique, ses idées lui conservèrent l'appui du Gouvernement et la faveur de ses électeurs. Il fut réélu, le 24 mai 1869, à l'unanimité des suffrages (27,000 voix).

Dans la nouvelle Assemblée, il se signala comme un des membres les plus actifs du fameux groupe des 116. Il signa la demande d'interpellation de ce groupe et fut du « Tiers parti libéral ». Il se prononça *pour* la responsabilité ministérielle, *pour* le choix des maires dans les conseils municipaux, *pour* la révision de la législation sur la presse.

Entre temps, il s'occupait du budget, des questions de tarifs, d'instruction, etc. A la suite d'un de ses discours (14 juillet 1869, veille de la déclaration de guerre), Gustave Lambert obtint de la Chambre les 100,000 francs nécessaires à l'expédition du pôle Nord. Le 4 septembre le rendit à la vie privée. Depuis lors, M. Stéphen Liégeard, malgré l'offre de candidatures à succès complètement certain, s'est complètement adonné aux Belles Lettres. Le culte des Muses n'a pas de serviteur plus dévoué, de disciple plus fidèle. Tout jeune, M. Liégeard avait été couronné sept fois, en trois ans, aux Jeux Floraux de Toulouse, et il avait obtenu des Lettres de Maître ès-Jeux. Sous le titre de : *Le Verger d'Isaure*, il a publié le recueil de ses pièces couronnées et de ses premiers essais. Membre de l'*Acad.* de Dijon, de l'*Acad. des Jeux floraux* de Toulouse, de la *Soc. philotech.* de Paris, de l'*Institut historique*, Président de la *Soc. nat. d'Encouragement au Bien*, en remplacement de Jules Simon, etc., M. Stéphen Liégeard a fait paraître, outre le recueil précité et sa thèse de Doctorat en droit sur le *Partage* : *Le Crime du 4 septembre* (1871) ; *Une Visite aux Monts Maudits* (1872) ; *Trois ans à la Chambre*, recueil de ses travaux parlementaires (1873) ; *Vingt journées au pays de Luchon* (1874) ; *Livingstone*, poème couronné par l'Académie française (1876) ; *A travers l'Engadine, la Valteline, le Tyrol*, plu-

sieurs fois réédité (1877) ; *Les Grands Cœurs*, volume de poésies couronné d'un prix Montyon par l'Académie française (1882, cinq éditions) ; *Au caprice de la Plume*, études, fantaisies et critiques (1884) ; *La Côte d'Azur* (magnifique volume in-4° illustré), couronné par l'Académie française, prix Bordin (1888) ; nouvelle édition, Paris, Quantin (1893) ; *Rêves et Combats*, volume de poésies (1893) ; *L'Ode à la Bourgogne* (17 janvier 1897) ; etc., etc.

Chargé par une flatteuse délégation des Facultés de parler au nom de la Bourgogne, lors de la récente installation de l'Université de Dijon, M. Stéphen Liégeard a dit lui-même, au Grand Théâtre de sa ville natale, devant l'élite des délégués de la province, une ode au souffle puissant qui a été acclamée et lui a valu, de la part de ses compatriotes, une véritable ovation.

Plus récemment encore (30 mai 1897), Paris lui renouvelait cette ovation, au grand Cirque d'Hiver, où six mille auditeurs saluaient de leurs applaudissements prolongés le discours magistral par lequel, succédant à Jules Simon, il inaugurait sa présidence de la Société d'Encouragement au Bien.

M. Stéphen Liégeard a écrit de nombreux articles de critique littéraire ou d'impressions de voyages dans le *Pays*, l'*Autorité*, etc. Il se propose d'ailleurs de réunir prochainement en volumes ces pages où « le goût et la finesse d'un commentateur émérite, d'un touriste à qui rien n'échappe, s'allient à la plus heureuse expression de la pensée ».

De temps à autre, il envoie au *Figaro* un de ces charmants sonnets dans lesquels il excelle:

Témoin celui-ci pris au hasard, et publié au mois de septembre dernier.

Les Saisons et les Mois vont d'ailleurs paraître bientôt en un exquis volume illustré par un de nos maîtres aquafortistes :

SEPTEMBRE

Pampre au front, serpe en main, voici venir Septembre...
D'un vol prompt sur ses pas s'élance la Chanson;
Il vient par les coteaux, le divin échanson,
Mêler ses clairs rubis aux grains dorés de l'ambre.

Son chaume est le sarment, le raisin, sa moisson :
Fier du gai vendangeur qui sous l'osier se cambre,
Il dit au buveur d'eau : « Courbe-toi, froid Sicambre! »
Il tend au vieux Burgonde un cep pour étançon.

Par lui le pressoir craque et bout à flots la cuve ;
Déjà des flancs rougis de l'odorante étuve
Jaillit l'esprit subtil, feu follet du succès :

Car Septembre du thyrse arme plus d'un athlète,
Car, donnant force au preux et génie au poète,
Du sang pur de la vigne il fait le sang français !

Terminons cette courte notice en citant cette appréciation de l'auteur des *Profils contemporains* :

« C'est une personnalité curieuse et sympathique que M. Stéphen Liégeard, un des derniers fidèles du régime impérial, ce qui faisait dire à M. de la Sizeranne : « Dans cette nuit, on aperçoit vaguement une ruine qu'un lierre cherche à voiler et à poétiser. Cette nuit, c'est la défaite; cette ruine, c'est l'Empire; ce lierre, c'est Stéphen Liégeard. »

« M. Stéphen Liégeard, bien qu'ayant délaissé la politique active, est, en effet, de ceux qui ont la mémoire du cœur. Très chevaleresquement attaché à ses Empereurs morts et à l'Impératrice survivante, il a gardé intacte sa foi politique, mais depuis les évènements du 4 septembre 1870, il s'est exclusivement consacré aux Lettres. Poète, il l'est de toutes les fibres de son âme. Il a chanté toutes les tendresses en une langue sonore et riche, avec des enthousiasmes exquisement naïfs. Aussi lorsque le tour des poètes sera venu, nul doute que M. Stéphen Liégeard n'aille siéger sous la Coupole dont la porte lui a déjà été entr'ouverte en mai 1891. »

SOURCES : Glaeser, *Dict. des Contemporains* 1876) : Rienzi, *Profils contemporains* ; Larousse, *Gr. Dict. Univers.* ; Vapereau, *Dict. des Contemporains* ; Le Cholleux, *Rev. biog.* ; Angelo de Gubernatis, *Les Ecrivains du jour* : etc.

FREUND-DESCHAMPS (CHARLES), né à Brandys-sur-Elbe (Bohème), le 24 décembre 1846, naturalisé Français par décret du 10 mars 1885, industriel, membre de plusieurs sociétés savantes, maire de Lisle-en-Rigault (Meuse).

Adresse : Avenue Niel 23, Paris; — et : Vieux Jeand'heurs (Meuse).

En 1856, les frères Jules, Louis-Narcisse et Paul Deschamps fondaient à Vieux Jeand'heurs une usine pour la fabrication industrielle de l'outremer.

L'outremer, ou lapis-lazuli, avait été réservé, avant les travaux de la chimie moderne, aux peintures de prix. Il était d'une extrême rareté et, conséquemment, d'un prix presque inabordable : 4.000 fr. le kilogramme. Les frères Deschamps devaient changer complètement l'emploi de l'outremer en arrivant à le produire industriellement dans des conditions de bon marché extraordinaire.

De la peinture, l'outremer a passé au service d'une foule d'industries : azurage des fils, du linge, du papier, de l'amidon, du sucre, badigeon, coloration des cuirs, des papiers peints, impression sur étoffes, etc.

Cette extension dans l'usage de l'outremer se fit remarquer dès la fondation de l'usine de Vieux Jeand'heurs, qui produisit le bleu en quantités considérables et le mit à la portée de tous les consommateurs.

MM. Deschamps frères s'efforcèrent, dès les débuts, de perfectionner l'outremer qui manquait encore des qualités exigées pour son usage industriel : la finesse et la résistance. Par leurs recherches, ils trouvèrent la solution absolue du problème, tout en conservant les autres qualités du bleu industriel. Dès 1862, les outremers Deschamps purent être employés en papeterie, sans que l'on eût à redouter l'action de l'alun. La finesse fut obtenue sans nuire à l'éclat, par des procédés chimiques et mécaniques.

En 1862, l'usine n'occupait que 25 ouvriers, avec une force motrice de 40 chevaux, pour une production annuelle de 95.000 kilos. Cinq ans plus tard, les frères Deschamps durent acquérir une seconde usine à Renesson, à 2 kilomètres de la première, pour suppléer à l'insuffisance de celle-ci. Ils employèrent alors une centaine d'ouvriers, avec une force motrice de 135 chevaux, pour une production annuelle de 400.000 kilos.

Les qualités de leurs produits, chaque jour plus appréciés, leur permirent de donner une nouvelle extension à leurs usines. En 1872, ils employaient 120 ouvriers avec une force motrice de 210 chevaux pour une production de 600.000 kilos, dont 1/3 pour l'exportation.

M. Freund-Deschamps, le chef actuel, emploie 230 ouvriers, 350 chevaux de force hydraulique, 400 chevaux de force-vapeur.

La production totale de l'outremer en France est d'environ 2.500.000 kilos.

Les établissements Deschamps fournissent à eux seuls plus de 1.000.000 de kilogrammes, pour une valeur de 1.200.000 francs. 600.000 kilos sont vendus en France, 400.000 kilos à l'étranger.

Les sortes vendues à l'étranger sont principalement employées en industrie : papeterie, sucrerie, impression sur étoffes, etc.

Aussi les sortes B P, A P, P F N, spéciales pour l'emploi en papeterie, sont d'un usage universel.

La régularité des molécules, indispensable pour l'obtention d'une belle nuance, facilite

l'emploi de l'outremer en papeterie, impression
et azurage. La composition chimique de
l'outremer résistant a permis à MM. Deschamps
d'obtenir cette qualité en même temps que la
finesse et la belle nuance.

Cette régularité moléculaire est d'autant
plus précieuse qu'elle permet de livrer constamment à la consommation des produits donnant
toujours les mêmes résultats avec le même
dosage.

Indépendamment de ses bleus résistants, la
maison fabrique des bleus *bleus* et *clairs* aussi
bien que des verts d'outremer et des outremers
pour l'azurage du linge sous forme de boules,
cylindres, pastilles, etc., etc.

Dans le *Dictionnaire de Chimie industrielle*
de Muspratt (Brunswick ; C. A. Schwetschke et
fils, 1880), ouvrage qui fait autorité, on trouve
s. v. OUTREMER une statistique très complète
indiquant toutes les fabriques du monde et
leur production. La maison Deschamps y occupe
le premier rang.

MM. Deschamps, d'autre part, étaient par-
venus à régulariser la fabrication du violet et
du rouge d'outremer qui n'avaient été avant
eux obtenus qu'accidentellement. Lorsqu'ils
voulurent faire breveter leurs procédés, ils
constatèrent qu'une fabrique étrangère avait
pris depuis quelques mois des brevets pour des
violets et rouges d'outremer obtenus par des
procédés différents. Afin d'éviter tout conflit,
une entente eut lieu entre les deux fabriques
qui se partagèrent l'Europe pour cette exploitation.

Les violets et rouges d'outremer résistent
bien à la lumière, au savon, aux alcalis, aux
acides étendus et à l'alun. Ils ne coagulent pas
l'albumine et s'impriment facilement. On les
emploie en impression sur tissus, en papeterie,
en droguerie, papiers peints ou de fantaisie.

Exposition de Londres 1862 : « Les Outremers Deschamps ont été reconnus supérieurs
à tous les produits similaires exposés. » *(Rapport officiel de M. Balard, professeur au
Collège de France, membre de l'Institut).*

Exposition de Chicago 1893 : « La maison
Deschamps frères tient certainement la tête de
colonne dans le monde entier pour la fabrication des Bleus d'Outremer. » *(Rapport officiel
du Commissaire général du Gouvernement
français, pages 246 et 247.)*

Partout, du reste, cette supériorité a été
reconnue, notamment aux expositions de Bordeaux (1859), de Londres (1862, Prize Medal),
de Paris (1867), de Vienne (1873), de Melbourne
(Australie) (1880), de Londres (1885), de Varsovie (1888, Médaille d'or), de Paris (1878,
Médaille d'or et Croix de la Légion d'honneur),
de Barcelone (1888, Médaille d'or), de Paris
(1889, Médaille d'or pour leurs usines françaises
et Médaille d'or pour l'usine de Siétoune, près
de Moscou), de Chicago (1893, hors concours),
Exposition universelle de Lyon (1894, hors
concours, membre du jury), Exposition nationale et coloniale de Rouen (1896, hors concours,

membre du jury, 2e Médaille de collab.), de
Bruxelles (1897, hors concours, membre du
jury, 4 médailles de collaborateur), etc., etc.

En dehors de ses recherches sur les procédés particuliers de fabrication, la maison Deschamps s'est occupée d'améliorer la situation
de son personnel. Les cours et ateliers sont
traversés par des chemins de fer pour le transport des matières premières. Une société de
secours mutuels met les ouvriers à l'abri du
besoin en cas de maladies, d'infirmités ou de
vieillesse. Ils sont, de plus, assurés contre les
accidents aux frais de la maison depuis une
douzaine d'années.

La maison a des dépôts dans tous les centres
industriels de France et de l'étranger.

Le directeur, M. Charles Freund-Deschamps,
est entré dans la maison comme intéressé en
1878. En 1884, il devint associé et cessionnaire
de la part sociale de M. Paul Deschamps qui
s'était retiré pour raison de santé. Il avait
épousé la fille de M. Louis-Narcisse Deschamps.

En 1893, par la mort de M. Louis-Narcisse
Deschamps, son beau-père et associé, M. Charles
Freund-Deschamps devint le seul chef de la
maison Deschamps frères.

Membre du Comité d'organisation de l'Exposition du Travail à Paris en 1891, et membre du
jury ; membre du jury à l'Exposition du Travail (1893), à l'Exposition universelle de Lyon
(1894), à l'Exposition nationale et coloniale de
Rouen (1896) ; membre du jury à l'Exposition
internationale de Bruxelles de 1897.

Un décret du Président de la République en
date du 31 mai 1888, l'a autorisé à joindre le
nom de Deschamps à son nom patronymique :
Freund.

Aux élections du 1er mai 1892, M. Freund-Deschamps fut élu premier conseiller municipal de Lisle-en-Rigault et de Trémont. Il opta pour Lisle-en-Rigault et fut élu maire le 15 mai 1892. Il a été délégué sénatorial le 25 février 1894 et le 26 février 1896. Réélu 1er conseiller de Lisle-en-Rigault le 3 mai 1896, le 17 mai il fut choisi de nouveau comme maire.

Le 14 mars précédent il avait été élu président de la Société de secours mutuels de Saudrupt (utilité publique). Cette société comprend la population ouvrière de la région.

M. Freund-Deschamps a dans ses usines 23 contre-maîtres et ouvriers qui ont la médaille de 30 ans.

Il est membre du *Comité de la Grande Industrie chimique*, membre de la *Chambre syndicale des produits chimiques*, membre du *Comité départemental pour l'Exposition de 1900*.

Le personnel d'élite des usines Deschamps a pour directeur commercial M. Émile Prévot, ancien directeur des forges de Dammarie (Meuse); le directeur technique est M. Reichmann, ancien directeur de la fabrique de Moscou, Tchèque d'origine, naturalisé Français, appartenant à l'armée de réserve.

La marque de fabrique de la maison porte l'écusson de la " Croix de Lorraine " avec les lettres DF.

M. Freund-Deschamps a le droit d'être fier du succès commercial obtenu par sa fabrication. Les témoignages d'affection que lui donnent les populations lorraines sont la récompense d'une popularité honnêtement acquise et d'un dévouement sincère à la classe ouvrière et à la cause républicaine. Lors de sa première élection, une haute personnalité Jeune-Tchèque lui adressa le télégramme de félicitations suivant : « Avec la sympathie qui unit les deux nations, l'élection d'un de nos enfants nous est doublement chère. » Puis celui-ci : « Remplis d'orgueil, nous partageons votre satisfaction de votre élection comme maire. La patrie tchèque bénit son enfant qui a su conquérir la confiance des citoyens de la noble France. Vive la France ! »

Enfin cet autre : « La Société de gymnastique les Sokols, envoie à M. Freund-Deschamps ses plus chaleureuses félicitations au sujet de son élection comme maire de Lisle-en-Rigault. Vive la France ! »

La maison Deschamps frères est en bonnes mains. M. Ch. Freund-Deschamps continue les habitudes de ses prédécesseurs pour conserver à sa maison la bonne réputation qui la consacre sans rivale sur le marché européen.

PAPELIER (Pierre-Albert), O. ✠, né à Nancy (Meurthe-et-Moselle), le 5 décembre 1845, homme politique, économiste et négociant français, député de Meurthe-et-Moselle.

Adresses : 10, avenue de l'Alma, Paris ; — et, 45, avenue de la Garenne, à Nancy (Meurthe-et-Moselle).

M. Albert Papelier, après d'excellentes études classiques au lycée de Nancy, fut admis en 1865, à l'École spéciale militaire de Saint-Cyr. Sa vocation fut contrariée par une grave maladie qui obligea M. Papelier à renoncer à la carrière des armes.

M. Papelier se fit inscrire aux cours de l'École de Droit. Il terminait ses études quand éclata la guerre de 1870-71. Il fit partie de l'armée assiégée dans Paris.

Après la signature de la paix, M. Papelier retourna dans sa ville natale où son père possédait une importante maison de graines fourragères et légumes secs. Sous la direction commune de MM. Papelier, la maison prit un nouveau développement. M. Albert Papelier s'ouvrit des débouchés à l'Étranger. Il fonda les « Docks Nancéens » et publia dès cette époque un certain nombre de travaux sur l'agriculture et l'économie politique, dont nous donnerons la liste plus loin. Comme conseiller municipal de la ville de Nancy, pendant dix ans, comme administrateur du Mont-de-Piété et de la Caisse d'épargne de Nancy. M. Albert Papelier avait rendu de grands services à la cause ouvrière, aussi, en 1889, les électeurs nancéens chargèrent-ils M. Papelier de les représenter à la Chambre des Députés.

Après avoir jusqu'en 1889 résisté aux sollicitations de ses amis, M. Albert Papelier se présenta aux élections législatives du 22 septembre 1889, dans la 2e circonscription de Nancy avec un programme nettement républicain progressiste et protectionniste. C'était au moment de l'agitation boulangiste. Le général Boulanger venait d'être nommé conseiller général à Nancy. Le parti du général lui opposa M. Welche, ancien ministre réactionnaire et M. Paul Adam, au 2e tour de scrutin; M. Papelier fut élu par 6,749 voix contre 4,128 obtenues par son adversaire.

Au renouvellement de la Chambre des Députés, le 20 août 1893, M. Papelier fut réélu, cette fois sans concurrent, par 8,285 suffrages.

Le 8 mai 1898, M. le Dr Baraban, conservateur, essaya de lutter contre le distingué député sortant; M. Albert Papelier fut réélu. Il obtint 8,170 voix contre 3,834 attribuées au Dr Baraban.

M. Papelier a été membre de grandes commissions parlementaires, telles que celle des Chemins de fer, de la Navigation intérieure. des Chambres d'agriculture (1890), des Patentes (1893), des Douanes, du Commerce, de Prévoyance (1898), etc.

Il a fait diverses propositions de lois ayant pour objet l'organisation d'une Caisse de retraites (1890) et d'une Caisse d'épargne-retraite (1891) ; il a été chargé de nombreux rapports, notamment sur la proposition de loi de M. Laisant tendant à instituer une Caisse nationale des retraites du travail (1890), sur le projet de M. Déandreis, relatif à l'admission des Syndicats d'ouvriers français aux marchés et fournitures à passer pour le compte des communes (1893). Il prit part aux discussions sur le budget des Travaux publics et sur le tarif général des Douanes (1891 et 1893), sur le régime des boissons, en faveur des bouilleurs de crû (1893),

sur la réforme de la législation des patentes, la marine marchande, le budget des finances (1894); il a prononcé des discours remarqués en diverses circonstances, sur des sujets agricoles, de transport et de marine marchande. Il est vice-président de la Commission chargée d'étudier les lois nécessaires au commerce et à l'industrie.

Partisan convaincu des sociétés de secours mutuels, de prévoyance et de retraite, l'honorable député a fondé la « Prévoyance Nancéenne ». Cette société organisée d'une façon spéciale et unique en France a pour but d'encourager à la mutualité, en majorant les retraites des vieux mutualistes, et en donnant des subventions aux sociétés mutuelles en formation.

Nommé, en 1897, président de la *Société centrale d'agriculture de Meurthe-et-Moselle*, il créa l'*Assurance mutuelle contre la mortalité du bétail*, le *Crédit agricole*, et une *Société mutuelle de retraites pour les travailleurs agricoles*.

Il fit, en 1896 et en 1897, une vigoureuse et longue campagne en faveur de la défense de Nancy, campagne qui aboutit à la création du 20ᵉ corps d'armée.

M. Albert Papelier a collaboré à plusieurs journaux et revues de Paris et de la province, entre autre au *Courrier de Meurthe-et-Moselle*, ancien journal républicain de Metz. Il fut

le fondateur du journal la *Navigation*, journal parisien qui s'occupe spécialement des transports par eau et de la défense des mariniers.

Parmi ses publications citons : *Situation de l'agriculture; — Grande et petite culture; — Transports français;* etc.

Membre du Comité consultatif des Chemins de fer, rapporteur du Comité du Syndicat agricole de l'Exposition universelle de 1900, M. Papelier est titulaire d'une médaille du ministère du Commerce pour ses travaux sur les Retraites ouvrières. Il a été nommé officier de l'Ordre de Léopold de Belgique, comme membre du Comité de l'Exposition internationale de Bruxelles en 1894 et comme fondateur de la *Prévoyante Nancéenne*.

M. Papelier est un fort charmant homme qui a su s'attirer de vraies sympathies dans tous les partis politiques au Parlement. Il jouit à Nancy de l'estime de tous ses concitoyens : c'est le plus bel éloge que nous en puissions faire.

BOLL (François-Marie-Joseph-Léon), né à Eguisheim (Haute-Alsace), le 25 mars 1862, propriétaire - viticulteur à Ribeauvillé (Haute-Alsace), secrétaire, pour la Haute-Alsace, de l'*Association viticole d'Alsace-Lorraine*, membre de la *Société des Sciences, Agriculture et arts de la Basse-Alsace* et de plusieurs Sociétés savantes ; écrivain et homme politique.

Adresse : Ribeauvillé (Haute-Alsace).

M. Léon Boll descend d'une vieille famille alsacienne. Parmi ses ascendants figurent des Stettmeister de la ville de Colmar, des prieurs de l'abbaye de Marbach, des évêques et un grand nombre d'illustrations alsaciennes.

Il fit de brillantes études au Collège libre du Haut-Rhin, transféré, après la guerre, de Colmar à La Chapelle-sous-Rougemont. Reçu bachelier ès-lettres et ès-sciences complet, il s'était d'abord destiné à la Magistrature.

Il s'apprêtait à faire son droit à Nancy, lorsque des événements de famille l'obligèrent à retourner en Alsace.

Une polémique relative aux élections législatives attira sur lui l'attention du Comité directeur de l'*Union d'Alsace-Lorraine*, le grand organe des revendications alsaciennes qui paraissait à cette époque (1883) à Strasbourg et qui devait succomber plus tard sous le couperet de la Dictature. On lui offrit la rédaction française de ce journal et il resta sur la brèche, pendant toute une année, combattant, journellement, avec toute l'ardeur de ses 20 ans, le bon combat pour le Droit et la Liberté.

S'étant fiancé, entre temps, avec Mademoiselle Schiffmann, la fille du 1ᵉʳ adjoint au maire de Ribeauvillé, il quitta l'*Union d'Alsace-Lorraine* pour se marier et s'établir à Ribeauvillé.

Placé par le fait même à la tête d'une de

plus importantes exploitations viticoles de la Haute-Alsace et d'un grand commerce de vins, il ne se laissa pas absorber pourtant par le souci prosaïque des affaires et il voua tous ses loisirs aux choses intellectuelles.

Collaborateur attitré du *Journal d'Alsace* où il traite avec la plus grande conscience et sous une forme toujours attrayante les questions tant économiques que politiques qui intéressent sa petite patrie, il correspond, en outre, à l'*Express* de Mulhouse et au *Journal de Colmar*.

Il s'est fait recevoir membre de la *Société des Sciences, Agriculture et Arts de la Basse-Alsace*, la plus ancienne association scientifique de Strasbourg (sa fondation remonte au siècle dernier) et il y fait des conférences et des rapports qui sont très remarqués.

Il a publié successivement une *Etude sur Mathias Holtzwarth, poète alsacien du XVI* siècle* (1885), différentes brochures relatives à des questions de législation intérieure, une plaquette : *Guide du touriste à Ribeauvillé* (1889) qui sous ce titre trop modeste renferme une notice historique très détaillée et des impressions de plein air pleines de fraîcheur et de saveur.

On en jugera par le joli tableau panoramique que l'auteur déroule aux yeux du lecteur, avant de ramener sa pensée aux faits de l'histoire et aux contes de la légende :

« A peine descendu du train et monté sur la plate-forme du tramway, le touriste qui s'est proposé Ribeauvillé comme but de promenade ou lieu de villégiature, passe par toute la gamme des sensations visuelles, depuis les notes légères et riantes jusqu'aux tons imposants et grandioses.

« Ce sont d'abord, à droite et à gauche du chemin de fer routier, des prés luxuriants qui développent jusqu'à la base des collines dont ils dessinent les gracieux contours, leur peluche épaisse, piquée de pâquerettes et d'anémones. La fumée de la locomotive déroule et dissipe sur cette étendue verte ses rapides volutes, puis brusquement, après une dizaine de minutes de trajet, elle se trouve captée entre des massifs de treilles et d'arbres fruitiers qu'elle traverse en s'effilochant. Nous pénétrons dans la zone des vergers : les pommiers, pêchers, abricotiers l'égayent de leur frais coloris et l'embaument de leurs subtiles senteurs.

« Voici les premières maisons: le sifflet retentit, le tramway s'arrête ; on débarque, et, immédiatement en face de la station, le Jardin de ville attire les regards, avec ses marronniers séculaires et ses profondes charmilles aux voûtes architecturales. Tout autour de la ville qu'ils ceignent d'une coquetterie de parure s'élèvent ces coteaux fameux, aux pentes abruptes, au sol calcaire et siliceux, dont les vignobles inspiraient déjà au moyen âge la muse bacchique.

« Depuis dix, quinze ans, la vigne y a subi une transformation complète : rajeunie, re-

plantée, attachée au fil de fer, suivant une culture rationnelle et intensive, elle présente une exubérance de végétation remarquable dans le cadre le plus solide et le plus correct qui se puisse voir. C'est ici le triomphe de la symétrie ; la nature y est assujettie par l'homme au gré de ses besoins.

« Mais disciplinée, vaincue dans les vignobles,

la nature ne tarde pas à reprendre son libre essor, dès que l'altitude augmente. C'est la forêt et ses essences diverses jetant des alternances de teintes sur le fond vert-bleu de la montagne ; ce sont les fûts des hautes sapinières étendant leurs sombres et mystérieuses colonnades, où le soleil accroche, de ses rares rayons, brisés par les branchages, des lampadaires d'église ; ce sont des éboulis de rocs aux angles adoucis par les mousses, ce sont des corbeilles de fougère, des parterres de muguet, des crépelures de bruyère, des zigs-zags folâtres de sources... et en montant toujours, ce sont, heurtant tout à coup la vue, au fond d'une éclaircie, les antiques manoirs mi-écroulés sous le revêtement du lierre, mélancoliques dans leur ruine solitaire, mais fiers quand même, sur leurs assises rocheuses, et empreints de grands souvenirs. »

N'est-ce pas là une façon charmante et originale de vous montrer le chemin et de vous faire connaître la composition du sol et les progrès de la viticulture ?

C'est du reste le tour naturel, original et spirituel de son style qui valut à M. Léon Boll le rare succès de se faire agréer au *Figaro* du premier coup, sans autre recommandation. Une de ses nouvelles, le *Chapeau du père Regenvald* (1889), parue au Supplément littéraire du grand journal de la Capitale, a fait le tour de la presse en France et en Allemagne.

A ses moments perdus, il taquine la muse. Tantôt on perçoit le tourment de l'au-delà dans son poème : *Immortalité* (1888); tantôt on le voit revenir aux sensations d'en-deçà, à la ligne bleue des Vosges, dont les contours sont si bien rendus dans ses *Paysages d'Alsace* (1896); et dont nous extrayons la pièce suivante :

WALBACH

(A la gare, entre deux trains)

La douceur d'Avril baigne la vallée,
La Terre frémit aux baisers vainqueurs
Du Soleil : épouse, amante éveillée
A l'aube nuptiale, en son lit de fleurs.

Autour, la courbe moelleuse des cimes
Monte claire à la lumière ou fléchit
Sombre vers d'imaginaires abîmes,
D'où la Légende s'impose à l'esprit.

Le Pflixbourg, tout là-haut dans la ramure,
Assiste muet à ce renouveau :
Immuable, il a, lui, la vie dure,
Philosophe blasé, le vieux château.

Le manoir moderne assis dans la plaine,
N'ayant pas d'aussi grandiose destin,
Comprend qu'à chaque jour suffit sa peine
Et se complaît aux gloires du matin.

Par devant sa façade, court la voie
De fer, reluisante à travers les prés,
Et en arrière la route poudroie,
Ourlant de blanc les versants diaprés.

Voici Trois-Epis, le pieux sanctuaire
Où la Vierge s'élève sur l'autel,
Qui montre radieux du haut de son aire
Sa petite église et son... Grand-Hôtel.

Au fond du tableau, la chaume s'irise
D'un tapis de neige frais tombé d'hier,
Mais déjà la printanière brise
Nargue ce dernier adieu de l'hiver.

Cependant voici qu'en la paix si douce
Du matin tranquille et majestueux
L'air s'ébranle d'une brusque secousse
Qui brutalise les beaux rêves bleus.

Hélas ! Je vois rangés en peloton
Des soldats au tir ! Ils font violence
Aux tendres divinités du vallon
Et lèsent sa Majesté... le Silence !

25 avril 1896.

A la mort de Ch. Grad, le comité électoral de Colmar offrit à M. Boll la succession du célèbre député au Reichstag, et l'*Express* de Mulhouse recommanda cette candidature par les lignes suivantes de son rédacteur en chef :

« M. Léon Boll présente toutes les garanties d'indépendance, de dévouement et de savoir qu'on exige d'un député. Il a fait une étude spéciale des questions d'intérêt public que le Reichstag est appelé à trancher. Viticulture, agriculture, commerce, industrie, rien ne lui est étranger. La bonne volonté et l'intelligence lui sont départies au plus haut degré. »

Mais M. Boll se vit obligé de décliner ce périlleux honneur, se trouvant trop jeune d'abord, à 27 ans, pour aller au Reichstag, et n'arrivant pas comme cela, déjà, à faire face à la besogne courante.

Néanmoins, la cause sacrée de l'indépendance de son pays trouve toujours en lui un vaillant défenseur. Tout récemment encore, lors de l'inauguration du monument de Ch. Grad, à Türkheim, il a prononcé un discours qui a fait vibrer tous les cœurs et qui lui lui a valu une véritable ovation.

Son pays saura le trouver à son heure.

PARMENTIER (le général Joseph-Charles-Théodore), G. O. ✳. I. ◉, O. ✠, ✠, ✠, ✠, etc., né à Barr (Haut-Rhin) le 14 mars 1821, général de division en retraite, mathématicien, astronome, philologue, géographe, écrivain, membre de plusieurs sociétés savantes.

Adresse : 5, rue du Cirque, Paris; — et : villa Milanollo, à Malzéville (Meurthe-et-Moselle).

M. Théodore Parmentier entra à l'Ecole polytechnique en 1840. Au mois d'octobre 1842, il fut appelé à Metz comme chef de la promotion du génie à l'Ecole d'application de l'artillerie et du génie.

Promu lieutenant au 1er régiment du génie en 1844, il fut nommé capitaine en 1847. En cette qualité, il entra, en 1853, au Dépôt des fortifications, à Paris.

Nommé, en 1854, aide-de-camp du général Niel, il accompagna celui-ci à l'expédition de la Baltique, assista à la prise de Bomarsund et fut nommé chevalier de la Légion d'honneur.

Il se rendit ensuite au siège de Sébastopol (1855). En 1858, il fut nommé chef de bataillon. Survint la guerre d'Italie. M. Théodore Parmentier y prit part sous les ordres du général Niel, qui commandait le 4e corps. Pour sa belle conduite à la bataille de Solférino, le chef de bataillon Parmentier fut promu officier de la Légion d'honneur (1859).

Le général Niel, nommé maréchal de France, fut désigné pour le commandement du 6e territoire, à Toulouse. Le commandant Parmentier l'accompagna comme aide-de-camp, puis fut nommé chef du génie à Toulouse (1861), à Constantine (1866), directeur dans cette dernière ville (1868). Il avait été promu lieutenant-colonel en 1865. Il fut nommé colonel en 1869.

Au commencement de l'année 1870, le colonel Parmentier fut appelé au poste de directeur des fortifications au Havre. Peu après éclatait la guerre. Le colonel était dans un état de santé très précaire. Il passa néanmoins à l'armée du Rhin en qualité de chef d'état-major du génie au 1er corps. A la bataille de Reichshoffen, le colonel Parmentier eut deux chevaux tués sous lui et fut nommé commandeur de la Légion d'honneur. Par suite de la capitulation de Sedan, le vaillant soldat fut fait prisonnier de guerre et interné à Bonn. Il revint de captivité le 10 avril 1871 pour reprendre son ancien poste de Directeur des fortifications au Havre. En 1873, il fut envoyé au même titre à Lyon.

Le colonel Parmentier fut nommé directeur supérieur du génie des 9e et 12e corps à Tours (1875), général de brigade (septembre 1875), membre du comité des fortifications (1878), général de division inspecteur permanent du génie pour l'armement des côtes et membre de la commission de la défense des côtes (1881), et grand-officier de la Légion d'honneur (1885).

Atteint par la limite d'âge, le général Parmentier passa dans la section de réserve en 1886 et prit sa retraite l'année suivante.

Telle est la carrière militaire du général Parmentier.

Il nous reste à parler du savant et de l'écrivain. Dès sa jeunesse, le général Parmentier avait consacré ses loisirs à l'étude des sciences et de la philologie. On lui doit un grand nombre de travaux qui lui ont acquis une haute réputation.

Comme mathématicien, le général Parmentier est l'auteur de : *Comparaison de quelques méthodes de quadrature et formule nouvelle pour la quadrature des courbes planes*. Ce travail a paru dans les *Nouvelles Annales de mathématiques* (t. XIV, 1855, et 2e série, t. XV, 1876). La *formule de Parmentier*, beaucoup plus simple et d'une approximation de même ordre que celle de la célèbre formule de *Thomas Simpson*, peut avantageusement remplacer cette dernière. On lui doit aussi des travaux intéressants sur la géométrie de position ; *les Carrés magiques*; le *Problème des huit*

reines sur l'échiquier; le *Problème du cavalier aux échecs* et les carrés magiques obtenus par la marche du cavalier.

En astronomie, le général Parmentier s'est fait connaître par ses recherches sur la distribution des petites planètes entre Mars et Jupiter.

Le général Parmentier a publié de très utiles traductions d'ouvrages techniques allemands : *Eléments de l'art de fortifier*, de Schwinck (1846-1847); *Exposition et description d'un système de fortification polygonale et à caponnières*, trad. de l'allem. (1850; 2e éd., 1861); *Description topographique et stratégique du théâtre de la guerre turco-russe*, trad. de l'allemand (Paris, 1854); *Expériences de tir faites à Juliers en septembre 1860*, compte rendu (1862), et un *Vocabulaire des termes de fortification allemand-français* (1849). Il a collaboré à la rédaction, par le général Niel, des relations des sièges de Bomarsund et de Sébastopol.

On sait l'intérêt que le général Parmentier porte aux recherches géographiques et aux questions coloniales. Il a publié les *Vocabulaires des principaux termes de géographie et des mots qui entrent le plus fréquemment dans la composition des noms de lieux*, en arabe (1882), magyar (1883), turk (1884), scandinave (1887) et rhétoroman (1896); *Quelques observations sur l'orthographe des noms géographiques* (1878); *De la transcription des noms arabes en caractères latins* (1880).

Fait très curieux, le général Parmentier est un critique d'art et un compositeur de musique des plus distingués. Il a donné des articles de critique musicale dans plusieurs journaux : *la Gazette musicale de Paris* (1849-60), *la France musicale* (1860), *la Presse théâtrale*, *la Critique musicale*, *le Courrier du Bas-Rhin* (Strasbourg), *le Journal de Toulouse*, *le Ménestrel*, etc. En 1857, il a épousé la célèbre violoniste Teresa Milanollo.

Il a écrit un certain nombre de compositions pour piano, orgue, violon, chant et orchestre, parmi lesquelles il convient de citer *Sept canons d'un genre particulier*, pour piano à quatre mains, qui présentent des combinaisons tout à fait nouvelles et curieuses, et qui ont été très appréciées des connaisseurs.

Le général Parmentier a collaboré aux bulletins et mémoires des sociétés savantes auxquelles il appartient, ainsi qu'à plusieurs recueils techniques.

Il est membre de l'*Alliance française* pour la propagation de notre langue aux colonies et à l'étranger (président), membre fondateur de la *Société astronomique de France* et de l'*Association française pour l'avancement des sciences*; membre perpétuel de l'*Association pour l'encouragement des études grecques* et de la *Société de Linguistique*; membre de la *Société mathématique de France*, des *Sociétés de Géographie* de Paris, de Lyon, de Toulouse; membre honoraire ou correspondans des *Sociétés de Géographie* de Rochefort, de l'Est (Nancy), de Neuchâtel (Suisse), d'Anvers, etc., du *Comité de l'Afrique française*, des *Sociétés topographique de France*, de *Navigation aérienne*, rhétoromane de Coire (Suisse), etc.

Enfin, pour être complet, disons que, dans sa jeunesse, le général Parmentier a publié des poésies en langue allemande dans des revues et recueils alsaciens, puis en français quelques poésies, soit originales, soit traduites de l'allemand ou de l'anglais (ancienne *Revue de Paris*, 1856; *Revue de Toulouse*, 1860-63).

Le général Parmentier est grand-officier de la Légion d'honneur, officier de l'Instruction publique, médaillé de la Baltique, d'Orient et d'Italie, décoré du Medjidieh, officier des Saints-Maurice-et-Lazare, médaillé de l'ordre de la Valeur militaire de Sardaigne.

BIBLIOGRAPHIE (adjonct. aux ouvr. cités). — I. Art militaire : *Cours élémentaire de fortification passagère, suivi de quelques notions de fortification permanente, à l'usage des sous-officiers de l'armée* (Paris, 1855).

II. Sciences : *Comparaison analytique des différentes méthodes d'approximation pour la quadrature des courbes planes et formule nouvelle* (C. r. de l'Ass. fr. pour l'av. des sc., congrès de Nantes, 1875); *Simplification de la méthode d'interpolation de Thomas Simpson* (Nouv. Ann. de mathématiques, 2e série, t. XV, 1876); *Sur la quadrature des paraboles du 3e degré* (C. r. de l'Ass. franç. pour l'av. des sc., congrès de Montpellier, 1879); *Nouvelles formules de quadrature* (Id., congrès de la Rochelle, 1882); *Problème des n reines* (Id., congrès de Rouen, 1883); *Note sur la quadrature des courbes planes* (Mémorial de l'officier du génie, n° 26, 1885); *Sur les carrés magiques* (C. r. de l'Ass. fr. pour l'av. des sc., congrès de Limoges, 1890); *le Problème du cavalier aux échecs*, présenté au congrès de Marseille, 1891, de l'*Ass. franç. pour l'av. des sc.* (publication à part, 1891), et complément du travail précédent (congrès de Pau, 1892); *Chronologie des marches du cavalier aux échecs conduisant à des carrés semi-magiques*, présenté au congrès de Caen, 1894, de l'*Ass. fr. pour l'av. des sc.* (publication à part); *Lettre sur le magnétisme animal, à propos du défi proposé aux magnétiseurs par M. Pouchet* (Ann. des Sc. psych., 1893); *Distribution des petites planètes entre Mars et Jupiter* (dans plusieurs numéros de la revue l'Astronomie et les bulletins de la *Société astronomique de France*, 1883 à 1896); *les Dépêches chiffrées indéchiffrables* (Revue scientifique, 1887).

III. Géographie et Linguistique : *Sur l'étymologie de l'expression* Etre dans la nasse (Récréat. philol. de F. Génin, 1856); *A propos de l'origine des anciens peuples du Mexique*, dissertation linguistique (Bull. de la Soc. de Géogr. de Lyon, 1875); *Quelques observations sur l'orthographe des noms géographiques* (C. r. de l'Ass. fr. pour l'av. des sc., congrès du Havre, 1877); *l'Alphabet géographique international* (Rev. de Géogr., Paris, 1887); *les Emphatiques arabes* (Mém. de la Soc. de Ling. de Paris, t. IX, 1896); *Etude sur les langues rhétoromanes : frioulan, ladin du Tyrol, ladin et romanche des Grisons* (C. r. du 1er congrès international des langues romanes. Bordeaux, 1897).

IV. Musique : 1° Nombreux articles de critique musicale (voir plus haut); 2° *Compositions musicales*. Pour piano : six *Mélodies*, op. 1; deux *Polkas* pour musique militaire, réduites pour piano : deux *Morceaux de salon*, op. 2; *Barcarolle et Gondoline*, op. 3; *Fugue* à quatre mains, extraite de l'op. 5; *Nocturne*, op. 9; *Etude*, op. 12; pour violon avec accompagnement de piano : *Sur le fleuve*, barcarolle, op. 14; pour grand orgue : quatre pièces et une fugue; quatre-vingt-seize petits préludes et versets dans tous les tons majeurs et mineurs, op. 6; pour chant : quatre *Romances*, op. 4; *la Sérénade*, op. 7 (texte allemand et français); trois *Romances*, op. 8; *la Prude*, avec clarinette ou violoncelle obligé, op. 10, et *le pauvre Toms*, ballade pour voix de basse, op. 11 (textes allemands et français; *Litanie de la Sainte Vierge*, pour chœur mixte; pour orchestre : transcription à grand orchestre de la *Polonaise* en mi bémol, pour piano, de Weber.

Pour mémoire (essais littéraires) : quelques *Poésies éparses*; *Poésies allemandes*, dans l'*Elsässisches Samstagsblatt* (1857 et 1863), dans le *Pfeffel-Album*, recueil de poésies d'auteurs alsaciens (1859) et dans l'*Album lyrischer Originalien*, publié par Oser (Bâle, 1858); *Ephémérides littéraires* pour tous les jours de l'année (Revue de Toulouse, 1860); *Poésies* traduites de l'anglais, de Moore, Byron et Kirke-White (ib., 1860); *Poésies* traduites de l'allemand (ib., 1861); deux *Epîtres en vers à Mme Desbordes-Valmore* (ib., 1863); *Discours* (sur le *Rôle de la Science au XIXe siècle et l'Œuvre de vulgarisation de M. Flammarion*) prononcé au banquet des fêtes de Montigny-le-Roi en l'honneur de M. Camille Flammarion le 6 avril 1891 (voir *C. Flammarion, sa Vie et son Œuvre*, par Sylvio Hugo, Paris, 1891).

BOUCHER (Dr Henry), né à Nancy (Meurthe-et-Moselle), le 30 septembre 1857, docteur en médecine de la Faculté de Nancy, licencié en droit, membre de plusieurs Sociétés savantes.

Adresse : Villa Ker-Filly, Saint-Servan (Ille-et-Vilaine).

M. Henry Boucher fit ses études secondaires (lettres) au Collège de Pont-à-Mousson et au Lycée de Nancy (sciences) en 1876. Il se fit inscrire aux cours de l'École de médecine, et soutint, en 1881, devant la Faculté de Nancy, une thèse intéressante de doctorat consacrée à l'étude *De la régénération du tissu osseux*. Immédiatement après, il passa le concours du

Val-de-Grâce et fut nommé à l'emploi de médecin stagiaire à l'École de santé militaire. Sorti la même année avec le nº 15 de sa promotion, il fut envoyé comme aide-major de 2ᵉ classe en Algérie, à Oran, dans le Sud-Oranais, en Kabylie.

En 1885, il fut désigné, sur sa demande, pour le corps expéditionnaire du Tonkin et fit partie de plusieurs colonnes opérant contre les Chinois ou les pirates. Atteint de dysenterie très grave après dix-huit mois de séjour en

Extrême-Orient, le Dʳ Boucher fut rapatrié et désigné pour le 54ᵉ de ligne, à Compiègne. Nommé au grade de médecin-major de 2ᵉ classe en 1889, il se fit inscrire à l'Ecole de droit de Paris et passa avec succès ses examens de licence, en août 1891. Du 54ᵉ de ligne, il passa successivement au 5ᵉ dragons, au 15ᵉ bataillon d'artillerie, et, en 1897, fatigué et incapable de continuer un service actif, de plus, douloureusement éprouvé par la perte de tous les siens : femme et enfants dans un naufrage, il demanda sa mise en non-activité pour infirmités temporaires, ce qui lui fut accordé.

Médaillé du Tonkin, chevalier de l'Annam, le Dʳ Boucher est membre de plusieurs Sociétés savantes, parmi lesquelles nous citerons : la *Société française d'hygiène*, la *Société d'Epidémiologie*, l'*Association française pour l'avancement des sciences*, l'*Association de la Presse scientifique*, le *Syndicat de la Presse spiritualiste*.

Il collabore aux publications suivantes : le *Journal d'hygiène*, l'*Actualité médicale*, l'*Opinion médicale*, le *Médecin* (journal belge), le *Journal du Magnétisme*.

Polémiste ardent, il lutte contre la théorie microbienne et contre le matérialisme scientifique.

Il soutient qu'en médecine l'expérimentation ne peut en quoi que ce soit remplacer l'observation, ainsi que le soutiennent les positivistes, car, d'une part, les résultats d'une même expérience varient selon les expérimentateurs et suivant les interprétations qu'ils en tirent, et, d'autre part, les expérimentateurs ne pouvant reproduire les conditions infiniment complexes dans lesquelles se produit le phénomène morbide, n'aboutissent, le plus souvent, qu'à des erreurs dans leurs conclusions.

Se basant sur une théorie de Herschell qu'il complète, il démontre l'existence du principe vital, indépendante de la matière, et la gradation de ce principe réduit dans son expression la plus simple à la force de cohésion dans le minéral, puis se perfectionnant et donnant la force vitale des plantes, celle des animaux, et arrivant à son degré d'évolution supérieure dans l'homme.

Cette force procédant des énergies de l'ambiance, il préconise en thérapeutique l'emploi exclusif des forces naturelles : l'électricité, les alcaloïdes, les eaux minérales et l'hydrothérapie.

En résumé, le docteur Boucher représente le vitalisme en médecine et peut être considéré comme le chef des antimicrobiens.

Son œuvre scientifique est importante.

Parmi ses travaux, nous citerons : *De la régénération du tissu osseux* (1881) ; *Du mécanisme des ruptures des muscles de l'abdomen* (1892); *Étude sur les entités morbides* (dans ce travail paru en 1895 (Doin, éditeur Paris), le Dʳ Boucher démontre que les manifestations morbides ne sont pas le moins du monde des entités, mais proviennent toutes de l'évolution d'un même principe infectieux fourni par l'organisme et qui se manifeste différemment suivant l'âge, les habitudes, le genre de vie, les idiosyncrasies particulières à chaque individu : *Des origines épidémiques considérées au double point de vue scientifique et philosophique ;* Doin, éditeur (ce travail est la suite logique du précédent ; d'après l'auteur, le principe infectieux ne provient pas des microbes, mais des cellules de l'organisme qui entrent en fermentation lorsque les énergies électro-magnétiques de l'ambiance ne sont plus suffisantes pour assurer leur fonctionnement normal ; d'autres causes : fatigues, excès, etc., déterminent le même résultat ; ces foyers de fermentations reçoivent les cellules végétales flottant dans l'ambiance et ne possédant aucunes propriétés nocives ; ces cellules changent de forme dans ce milieu infectieux et prennent par le contact les propriétés de ce milieu ; elles deviennent donc à leur tour agents de fermentation. Mais de ce que les différentes manifestations morbides sont causées par les fermentations des cellules de l'organisme et non pas par les toxines des microbes, il s'en suit que les inoculations virulentes, que les vaccinations jennériennes, introduisant dans les économies des ferments infectieux, orientent ces économies vers les fermentations infectieuses ; c'est pour ces causes, c'est pour ces pratiques devenues intensives sous l'influence de la bactériologie, que les maladies infectieuses s'exagèrent en nos époques de confortable et de bien-être, que la tuberculose suit une marche épouvantablement envahissante, que le typhus et que la lèpre ont fait leur réapparition, que la peste enfin nous menace) ; *Totus homo ex nativitate morbus est*, commentaire d'Hippocrate (1897); — *Théorie rationnelle du principe vital* (1898); — *De l'illégitimité du principe de Koch* (1898); — *Des inoculations virulentes, raccinales et autres et de leur influence* (1898).

Dans ce travail, le Docteur Boucher fait ressortir la légitimité de son système en s'appuyant sur des observations et aussi sur ce fait que toutes les armées européennes où la vaccination est intensive présentent sur 400 décès un total de 275 hommes environ enlevés par la tuberculose, alors que la population militaire est une population choisie à la suite de plusieurs examens médicaux, et demontre que la *contagion* ne peut être ici pas plus qu'ailleurs invoquée pour expliquer cette extraordinaire mortalité, puisque dans les casernes anciennes où les hommes étaient plus resserrés, plus mal nourris, couchaient ensemble, jamais rien de pareil ne fut observé.

De la contagion réduite à ses limites scientifiques (1898), travail dans lequel M. le Dr Boucher démontre que la contagion est loin d'être aussi dangereuse que le disent, dans l'intérêt de leur cause, les bactériologues ; il entend démontrer qu'elle ne se fait nullement par le microbe, mais par le rayonnement morbide du malade. car chaque être rayonne un fluide normal à l'état de santé, anormal à l'état de maladie. Appliquant à l'homme, cellule du Cosmos, les lois de rayonnement des globes, autres cellules, il formule la proportion suivante : L'influence exercée par les êtres les uns sur les autres est proportionnelle aux masses fluidiques qu'ils émettent et inversement proportionnelles au carré de la distance à laquelle ces masses fluidiques sont émises.

En résumé, le Docteur Boucher en ramenant à l'unité d'origine (fermentation des protoplomas cellulaires), toutes les maladies, en faisant voir que les diversités dans les formes morbides proviennent simplement des réactions diverses qu'opposent aux multiples causes nocives (froid, chaud, fatigue, etc.), les différents individus, ruine l'hypothèse microbienne et reconstituant le phénomène morbide depuis son origine jusque dans ses dernières manifestations, donne à la science médicale une méthode logique et rationnelle.

CHANDON DE BRIAILLES (Comte Raoul), C. ✠, C. ✠, ✠, né au château de Beauregard, près de Châlons-sur-Marne, le 23 février 1850, membre de la Chambre de Commerce de Reims, président du Tribunal de Commerce d'Epernay, membre de plusieurs Sociétés artistiques ou savantes, Directeur-gérant de la Maison Moët et Chandon.

Adresse : Epernay (Marne) ; — et : 12, rue François Ier, à Paris.

M. le comte Raoul Chandon de Briailles appartient à une famille célèbre dans les fastes de l'Industrie et du Commerce français. La firme Moët et Chandon, d'Epernay, est, sans contredit, la plus renommée parmi les marques de notre grand vin national. Il n'est pas un pays du globe où n'ait pénétré le vin pétillant sorti des caves de la célèbre Société champenoise dont il serait inutile de faire ici l'éloge. La réputation de la marque Moët et Chandon s'est universalisée pendant de longues années et toujours elle est restée à la place d'honneur.

Fondée en 1743 par Claude Moët, la maison Moët passa dans les mains de Claude et J.-R. Moët en 1762.

En 1816, M. Jean-Rémy Moët mariait sa fille avec M. Pierre-Gabriel Chandon et s'associait avec son gendre.

En 1832, 1852, 1869, les descendants directs des deux familles gérèrent la maison sous la raison sociale « Moët et Chandon ».

Depuis 1882, les arrière petits-fils des fondateurs ont pris en main à leur tour le patrimoine de famille.

La maison Moët et Chandon pourra donc

s'enorgueillir l'an prochain de cent cinquante-sept ans d'existence, de plus d'un siècle et demi de labeur et d'honorabilité dus aux efforts d'une famille unie.

C'est à cette persévérance que les diverses générations doivent la constitution progressive du lot de vignes qui est la garantie d'origine des produits vendus sous leur nom, aujourd'hui populaire dans le monde entier. Dans le cours de cette longue existence commerciale, MM. Moët et Chandon se sont rendus acquéreurs, à des prix variant de 6,000 à 60,000 francs l'un, et quelquefois plus, de 750 hectares de vignes qu'ils cultivent eux-mêmes.

Beaucoup des crûs renommés dans les derniers siècles sont aujourd'hui leur propriété : Abbaye d'Hautvillers, Closet d'Eperney, vignes du Marquis de Sillery, Domaine des sieurs de Partelaines, Côtes d'Ay, etc., et ils emploient à la culture de ces vignobles, sous la surveillance de 40 maîtres-vignerons, 1,500 ouvriers à la tâche ou à la journée.

Depuis 1869, 95 millions et demi de bouteilles et demi-bouteilles sont sorties de leurs caves pour aller porter le renom du vin de Champagne dans l'univers entier.

Pour suffire à la tâche annuelle qu'impose cette expédition, 500 ouvriers sont attachés à des titres divers à l'établissement principal d'Epernay.

La direction imprimée par les chefs de la maison Moët et Chandon est avant tout paternelle. Nous trouvons à cet égard les renseignements suivants dans un ouvrage intitulé : *Les Gloires de la Champagne*, et publié en 1894, par M. Bonnedame, directeur du *Vigneron Champenois :*

« En sortant de l'atelier des bouchons, on se dirige vers la grande salle des machines qui distribuent l'électricité dans le vaste établissement de MM. Chandon et Cie.

« On y arrive par un couloir très élégant, garni à droite et à gauche de vitrines, derrière lesquelles se trouvent les accumulateurs. Au bout de ce couloir, un appartement orné de verrières remarquables représente le travail de la vigne et la cueillette du raisin telle que les moines d'Hautvillers les pratiquaient autrefois.

« Ce salon est tapissé de dessins graphiques donnant d'intéressantes statistiques sur le fonctionnement des nombreux rouages de la Maison : Tableaux du personnel depuis une cinquantaine d'années, Etats comparatifs des salaires dans la même période, Tableaux des secours de toute nature, tels que soins médicaux, indemnités aux malades, secours aux veuves, aux orphelins, dons en vêtements, chauffage, aliments, espèces, etc., accordés au personnel.

« Ces statistiques donnent en même temps une idée nette et précise des phases par lesquelles la Maison a passé, en même temps qu'elles révèlent un système d'économie sociale solidement établi. Au milieu des graphiques, figure le brevet d'une Médaille d'or de pre-

mière classe, accordée à MM. Chandon et Cie. pour cette organisation sans rivale.

« Dernièrement encore, sur la proposition de M. Barbry, inspecteur départemental, la *Société protectrice des Apprentis et Enfants employés dans les Manufactures*, décernait au chef de la maison, M. Paul Chandon de Briailles, une mention spéciale de reconnaissance, avec ces mots flatteurs :

« Création de retraites aux ouvriers de la « Maison à 55 ans d'âge et 25 ans de service. « Assistance médicale, secours mutuels en hiver, « grande sollicitude pour assurer, au prix de « sommes considérables, le bien-être général de « tous les collaborateurs de la Maison. »

« Un instructif tableau quinquennal nous apprend qu'avant 1839, le travail d'un hectare des vignes à la tâche était payé 400 francs ; le prix de la journée des vignerons qui était alors de 1 fr. 50 dépasse aujourd'hui 4 francs et celui de l'hectare à la tâche, atteint presque 1,000 fr. Ce tableau indique une gradation dans les chiffres à peu près égale tous les cinq ans. Ces prix, et ceux des vins, qui augmentent assurément dans les mêmes proportions, expliquent la hausse que subit de temps en temps le consommateur et dont il est souvent étonné.

« Un autre graphique donne des renseignements complets sur le personnel. En 1889, il y avait 1,289 employés et ouvriers à la culture, 288 pour la manutention des vins, 56 occupés à des industries diverses, et 27 aux constructions... Ces chiffres se sont augmentés depuis.

« Durant les tirages, le personnel, par suite du travail supplémentaire du rinçage et de la mise en bouteilles, s'augmente de 400 à 500 personnes.

« Une puissante organisation est, on le comprend, nécessaire pour faire fonctionner une semblable Maison.

« Il y a une trentaine d'années, le besoin se fit sentir d'imprimer une maitresse direction à la Maison Chandon et Cie. Un Service du Matériel fut établi ; les bureaux furent confiés à une douzaine d'employés attachés à la correspondance et à la comptabilité.

« Dans les caves et dans les chantiers d'expédition, furent créés des chefs, des sous-chefs, des chefs de brigades, etc. : tout un système hiérarchique dont les rouages fonctionnent admirablement aujourd'hui.

« Cette organisation était devenue indispensable, car la Maison déjà importante à cette époque, compte aujourd'hui de 1,000 à 2,000 employés de toutes sortes, tant aux caves qu'aux vignes.

« De plus, elle possède des ouvriers de tous les corps d'états. Sans compter la tonnellerie, qui occupe un très vaste atelier, elle emploie des électriciens, des maçons, des menuisiers, des serruriers, des charrons, des zingueurs, des peintres, des bourreliers, des fumistes, des charretiers, etc., des architectes et des dessinateurs.

« La Maison a pour son personnel une sollicitude qui lui assure la reconnaissance générale.

« En plus des secours de toute espèce dont elle comble les familles nécessiteuses de ses ouvriers, la Maison Chandon et Cie possède un service de santé complet. Chaque jour un médecin vient donner des consultations et visite à domicile les ouvriers qui ne peuvent se déplacer. Tous ces soins sont gratuits, comme, au reste, les frais de pharmacie.

« Les ouvriers malades sont en outre payés comme s'ils travaillaient ; la demi-paye est accordée à ceux qui ont contracté une maladie en dehors du service. La Maison favorise aussi les jeunes gens qui sont appelés au service militaire et qui retrouvent leur place au retour. Les jeunes gens qui font vingt-huit jours dans la réserve touchent demi-paye.

« Chaque année, au commencement de l'hiver, la Maison achète chez les divers marchands de la ville d'énormes ballots d'étoffes pour faire des draps, des milliers de mètres de lainages de toute sorte pour des robes, des jupons, des pièces de coton pour des tabliers, des blouses et des pantalons, des couvertures, des tricots, des bas, des chaussures, et mille autres objets d'usage journalier. Les ouvriers sont appelés successivement, et, selon leurs besoins, leurs charges de famille, ils reçoivent un lot d'objets utiles qui les aide à passer la mauvaise saison.

« Ces distributions sont faites par Mesdames Chandon, qui connaissent ainsi les familles de chacun de ces ouvriers dont elles sont la Providence, et peuvent à l'occasion leur venir efficacement en aide.

« Aucune retenue n'est faite sur le salaire des vieux serviteurs de la Maison qui jouissent d'une pension viagère leur permettant de vivre tranquillement, à l'abri des nécessités.

« Tous les deux ans, le montant du produit des cadeaux donnés par les visiteurs, de la vente des verres cassés, et des débris de toute sorte trouvés dans les caves est partagé entre les ouvriers. Ce chiffre considérable, arrondi par un don de 10,000 francs versés par les chefs, atteint ordinairement de 20 à 25,000 fr. qui sont répartis *au prorata* des salaires entre tout le personnel.

« On comprend par ce qui précède, quelle est la solidarité qui unit cette grande famille, depuis les chefs jusqu'aux plus jeunes apprentis.

« Les ouvriers, certains qu'ils sont de se créer un avenir, de n'être en aucun cas dans le besoin, assurés d'une pension sur leurs vieux jours, travaillent avec courage et sont très attachés à leurs patrons.

« 32 familles d'ouvriers se succèdent de père en fils depuis la fondation de la Maison.

« La Maison accorde à tout son personnel des secours en argent et en nature, des gratifications et des retraites dont les chiffres s'expriment ainsi :

SECOURS (*Pour dix années*)

Service médical	138.000	fr.
Indemnités de maladies	37.300	»
Secours aux veuves et orphelins	28.000	»
Dons divers en argent	93.808	»
Produits alimentaires	146.900	»
Vêtements, layettes, chaussures	121.000	»
Chauffage	15.200	»
	580.200	fr.

Moyenne : 58.020.

GRATIFICATIONS (*Pour dix années*)

Employés et chefs de services	112.000	fr.
Ouvriers	301.000	»
Sapeurs-pompiers et musique	55.000	»
	468.000	fr.

Moyenne 46.800

ASSURANCES SUR LA VIE AU PROFIT DU PERSONNEL
Capital : 100.000 fr.; primes annuelles : 2.800

RETRAITES SANS RETENUES
(Après 25 ans de service et 55 ans d'âge)
Sommes payées en 1888 à 24 pensionnaires................... 24.940 fr.

INSTRUCTION

Construction d'une école primaire pour 250 élèves, coût 62.000 francs; intérêts	3.100	fr.
Subvention pour l'entretien de l'école	3.500	»
Subvention pour cours d'adultes	500	»
Rétributions dans les villages	750	»
	7.850	fr.

LOGEMENTS

Le Maison loge 25 employés et chefs de service	16.900	fr.
135 ouvriers	23.800	»
Indemnité de loyer à 207 ouvriers	25.080	»
	65.780	fr.

PRÊTS D'HONNEUR
Avances aux ouvriers : 68.500 fr.
Intérêts de cette somme : 3.430 francs, dont il est fait abandon.
Moyenne annuelle totale : 234.920 francs ».

En 1852, le père du senior partner actuel, M. le comte Paul Chandon de Briailles, né en 1821, devint directeur de la maison. Comme juge au Tribunal de Commerce, membre de la Chambre de Commerce de Reims, Conseiller général, Conseiller municipal, adjoint au maire d'Epernay et Grand Croix de Saint-Grégoire, il rendit des services signalés au commerce et joua un rôle politique important, en 1870, en sauvant sa ville natale du pillage et de l'incendie.

En 1875, le comte Raoul, puis en 1882, le comte Gaston Chandon de Briailles, s'associèrent à l'importante maison d'Epernay.

M. le comte Raoul Chandon de Briailles est né au château de Beauregard, chez son grand-père maternel, le marquis de Mordant de Massiac. Il fit ses études d'humanités au lycée Louis-le-Grand, et suivit les cours des Ecoles de Commerce de Paris et de Lyon.

Il compléta ses études commerciales par des séjours prolongés en Angleterre et en Allemagne.

Lorsque éclata la guerre de 1870, M. Raoul Chandon de Briailles, n'écoutant que son devoir, s'engagea volontairement. Il prit part à toute la campagne, fut fait prisonnier deux fois et devint sous-officier. C'est en cette qualité qu'il prit part à la défense de Belfort. Il est aujourd'hui capitaine au 6e Régiment territorial d'artillerie.

Chargé de l'importante culture du lot de vignes de la maison Moët et Chandon, il a su acquérir une notoriété qui lui a valu les titres de vice-président de la *Société des Viticulteurs de France* et de la *Société d'Ampélograghie* et de membre du Conseil de rédaction de la *Revue de Viticulture* à laquelle il a collaboré activement.

Le comte Raoul Chandon de Briailles s'est dévoué à la fondation de Syndicats communaux pour la lutte contre le Phylloxéra et a été nommé Président d'honneur de beaucoup d'entre eux.

Il a créé un Laboratoire vinicole et d'œnologie qui publie une revue sous sa direction, sous le titre de : *Bulletin du Laboratoire expérimental de Moët et Chandon*, et une bibliothèque de Chimie au collège municipal d'Epernay.

Amateur de photographie, il est membre de la *Société Française de Photographie*, et fondateur de la *Société internationale de Photographie*, membre perpétuel de la *Société des Amis des Sciences*. On retrouve son nom sur les listes de toutes les associations qui se proposent un but d'utilité scientifique.

C'est ainsi qu'il est vice-président du Comité départemental, président du sous-comité de l'arrondissement d'Epernay, et secrétaire de la classe 50 — vins et liqueurs, — pour l'Exposition universelle de 1900.

Ses encouragements vont aussi vers les choses de l'Art. Musicien distingué, il a, comme Fondateur de l'*Harmonie Moët et Chandon*, organisé une des meilleures sociétés de France.

Le comte Raoul a constitué à son Harmonie qu'il dirige lui-même un répertoire par des œuvres achetées aux musiciens en renom, orchestrées et éditées par lui. ce qui lui a valu l'honneur d'être nommé membre du *Comité de la Société des Jurés Orphéoniques*.

Le comte et la comtesse Raoul Chandon de Briailles, née de Clermont-Tonnerre, sont des collectionneurs de goût. Leur château d'Epernay renferme des merveilles d'orfèvrerie ; leur bibliothèque est remplie de livres rares, d'autographes, de manuscrits précieux : un grand nombre d'objets de curiosité en tous genres ont été réunis par leurs soins éclairés.

Conseiller municipal d'Epernay, membre du Conseil d'administration de la *Société d'Horticulture d'Epernay*, membre de la *Société des Agriculteurs de France*, de la *Société Hippique*, etc., le comte Raoul Chandon de Briailles est décoré de nombreux ordres. Il est Chevalier de Charles III d'Espagne, de Saint-Grégoire le Grand, Commandeur de l'ordre de Takowo, Commandeur avec plaque de l'ordre du Christ de Portugal, etc.

Disons pour terminer que le comte Raoul Chandon de Briailles s'est prodigué pour l'organisation des œuvres de bienfaisance en dehors de tout esprit de parti.

Il a développé les institutions patronales de sa maison par la fondation d'une œuvre d'assistance par le travail en fournissant aux familles inscrites au Bureau de Bienfaisance d'Epernay, des terrains, des outils et des graines pour l'établissement de jardins maraîchers, et en instituant des prêts d'honneur pour ses ouvriers. Ces prêts consistent en l'avance d'une somme de 5,000 à 8,000 francs remboursables par 25 ou 30 francs par mois, sans intérêts, à tous ceux qui ont acheté avec leurs économies un terrain susceptible de recevoir une habitation. Les plans et devis et la construction sont surveillés par l'architecte de l'établissement.

C'est l'application de sages théories économiques et sociales qui ont le mérite d'être pratiques et de concourir à l'amélioration du sort des employés d'une des plus importantes maisons du monde. On ne peut qu'en féliciter M. le comte Raoul Chandon de Briailles et souhaiter que son exemple trouve de plus nombreux imitateurs.

CHANDON DE BRIAILLES (Comte GASTON), G. O. ✠, ✠, ✠, ✠, ✠, etc., né à Epernay, le 4 août 1852 ; directeur-gérant de la maison Moët et Chandon.

Adresse : Epernay (Marne). Et 81, avenue Marceau, Paris.

M. le comte Gaston Chandon de Briailles a largement collaboré avec son frère, le comte Raoul Chandon, au développement de l'industrie des vins de Champagne ainsi qu'aux institutions patronales charitables et de bienfaisance de la maison Moët et Chandon.

Maire depuis près de seize années de la commune d'Hautvillers, dont il est le bienfaiteur, il a siégé comme conseiller au conseil général de la Marne et serait très certainement entré au Parlement si, comme président des comités conservateurs de la Marne, il eût voulu affaiblir ses opinions royalistes.

Abandonnant une lutte inutile et le terrain politique, le comte Gaston Chandon se consacre aux questions économiques, viticoles, commerciales et sociales.

Depuis vingt ans, en qualité de président de la *Société d'Horticulture d'Epernay*, le comte Gaston Chandon de Briailles a rendu cette Société (qui compte près de 8,000 adhérents), l'une des plus prospères et des plus renommées de la France. Les expositions horticoles et viticoles d'Epernay, visitées par toutes les sommes françaises et étrangères, sont universellement connues et réputées.

Le comte Gaston Chandon de Briailles a fait ou fait partie des jurys horticoles aux plus grandes expositions connues, à Paris, à Londres, à Gand, à Hambourg, à Moscou, etc.

C'est grâce à ses efforts qu'Epernay a obtenu le concours régional en 1884 et que la grande exposition viticole et vinicole dont il était le président et l'organisateur a été inaugurée par le ministre de l'Agriculture.

M. le comte Gaston Chandon de Briailles a été également premier vice-président du comice agricole d'Epernay et membre de la chambre syndicale du commerce des vins de Champagne.

Il est vice-président de la *Croix rouge* à Epernay.

A titre de Président du Conseil de Fabrique, c'est sous sa haute direction et sous son inspiration personnelle que l'église Saint-Pierre-Saint-Paul d'Epernay, fondée en 1895 par son père, le comte Paul Chandon, son frère le comte Jean-Remy et lui-même, a été construite et ornée. C'est à lui qu'on doit l'unité de style qui règne dans toutes les parties de cette église remarquable.

Une pareille compétence artistique se rencontre rarement; mais elle ne saurait surprendre chez le comte Gaston Chandon de Briailles dont la collection d'émaux du xiii° siècle est unique en France.

M. le comte Gaston Chandon est le président-fondateur de l'*Œuvre des Pauvres du S. C. de Montmartre*. Cette œuvre comprend un Dispensaire, une Imprimerie, une Assistance par le travail et un Bureau de placement pour les malheureux vagabonds. Elle a distribué plus de 800.000 livres de pain depuis 1896, époque de sa fondation.

La comtesse, née Re-Tellack-Garrisson, Dame Grand-Croix du Saint-Sépulcre, prend une grande part, tant à Epernay qu'à Paris, aux œuvres charitables de son mari.

M. le comte G. Chandon de Briailles est membre de la *Société des Agriculteurs de France*, de la *Société Nationale d'Horticulture de France*, etc., etc. Il est Grand Officier des Ordres de Saint-Grégroire le Grand, d'Isabelle la Catholique, du Saint-Sépulcre, du Christ du Portugal, du Medjidié, Chevalier d'Honneur et Dévotion de l'Ordre de Malte, Chevalier de l'Ordre teutonique d'Autriche, etc...

Disons pour terminer que le comte Gaston de Briailles a toutes les sympathies qui vont aux hommes intelligents et sincères.

Membre de plusieurs Cercles sportifs, tels que le *Polo*, la *Société de l'île de Puteaux*, la *Société hippique*, etc., l'homme du monde est allié chez lui au philanthrope et à l'homme d'affaires.

CHANDON DE BRIAILLES (Comte JEAN-RÉMY), ✠, né à Epernay (Marne), le 30 octobre 1869, Docteur en Droit, Membre de la *Société d'Economie sociale* et de plusieurs Sociétés savantes, associé-gérant de la Maison Chandon et Cie, successeurs de Moët et Chandon.

Adresse : Epernay (Marne).

Le Comte Jean-Rémy Chandon de Briailles ses humanités achevées se fit inscrire au cours de l'Ecole de Droit de Paris et fut reçu licencié en Droit.

Les questions sociales intéressent tout particulièrement le comte Jean-Rémy Chandon de Briailles. On a vu plus haut les belles applications pratiques que les trois frères ont faites de leurs théories et de leurs idées. Cette œuvre leur est commune et ils peuvent en être justement fiers.

Le comte Jean-Rémy Chandon de Briailles, à maintes reprises, a traité dans les Revues savantes les questions complexes et qui se rattachent aux études sociales. Il a collaboré à plusieurs publications scientifiques, économiques ou littéraires.

Le comte Jean-Rémy jouit d'une grande popularité à Epernay. Les ouvriers l'aiment à cause de son aménité de caractère et de son inépuisable bienfaisance.

Il est membre de nombreuses Sociétés savantes, artistiques et littéraires. Comte romain, Chevalier de Saint-Grégoire, il a épousé, le 22 novembre 1897, Mlle Laure de Salignac-Fénelon, fille du général de Salignac-Fénelon, descendant d'une des plus illustres familles françaises.

BERNARD-CÉSAR, né à Saint-Remy (Vosges), le 4 juillet 1845, Fabricant de Madeleines et de Macarons de Commercy, propriétaire de l'Hôtel de Paris, Lauréat de nombreux concours et expositions.

Adresse : Commercy (Meuse). — Et : Château de Vassimont, à Aulnoy-sous-Vertuzey (Meuse).

Dijon a son cassis et sa moutarde, Amiens ses pâtés de canard, Pithiviers ses brioches, Pontarlier son absinthe, Montélimar son nougat, Fougerolles son kirsch, Arras ses « cœurs » et son pain d'épices, Verdun ses dragées, Bar-le-Duc ses confitures, — Commercy a ses *madeleines* dont la réputation s'est depuis longtemps répandue bien loin des frontières de la Lorraine.

Quelle est l'origine des « madeleines » ?

Voici ce que nous trouvons à ce sujet dans l'excellent ouvrage de M. Paul Patte O'Brien : *La Lorraine*, publié en 1892 à la Librairie de l'Art (un vol. in-8° illustré).

« On ne peut exactement retrouver l'origine, la naissance de la « madeleine » ; on n'en a que des indices, et ce serait au commencement du xviii° siècle que le premier... exemplaire de ce dessert aurait été confectionné. On dit que Stanislas Leczinski, le beau-père de Louis XV, qui était un gourmand et un gourmet, possédait dans sa domesticité un cordon-bleu qui excellait dans la fabrication des bonnes choses. Elle avait promis, un jour que le roi de Pologne recevait quelques hôtes de haute distinction, de se surpasser et de leur faire goûter une nouvelle friandise. Mais un malheureux hasard voulut qu'elle manquât son œuvre.

« Désolée, elle s'apprêtait à faire avertir le roi de l'accident regrettable qui lui arrivait, quand un marmiton, ayant goûté les morceaux du gâteau, le déclara exquis. Cette appréciation contrôlée et reconnue exacte, le roi ne fut pas prévenu, et lui et ses amis furent enchantés de cette friandise.

« La cuisinière avait oublié quelque assaisonnement à son premier gâteau, mais avait trouvé la madeleine.

« Quand Stanislas reçut le duché de Lorraine, son cordon-bleu l'y suivit, et c'est ainsi que cette province obtint la renommée qu'elle possède actuellement.

« Nous ne donnerons pas en terminant la règle, bien connue du reste, qui préside à la confection des madeleines, disons seulement que rarement on obtient, en les faisant soi-même, le goût exquis de celles faites à Commercy, et que jamais elles n'ont ce je ne sais quoi qui distingue les madeleines faites à l'établissement de MM. J. Bernard et Cie.

« Secret de fabrication, sans doute, que nous n'avons pu découvrir. »

Ce qu'il y a de certain, c'est que cette recette demande, pour donner des produits dotés de toute la finesse dont ils sont susceptibles, à être appliquée avec des soins infinis et des précautions méticuleuses à des matières premières de qualité absolument supérieure.

En face de la gare de Commercy, se trouve la Grande Fabrique de Madeleines, dirigée par M. Bernard-César, propriétaire du château de Vassimont d'Aulnois-sous-Vertuzey. Cette maison, fondée il y a de longues années, est certainement au premier rang comme installation d'usine autant que comme importance de production.

Le système des fours Rollant est très intéressant. C'est grâce à une fabrication consciencieuse et raffinée que M. Bernard assure à ses madeleines la perfection qui leur a valu une renommée universelle.

En 1876, on employait chaque année 45 quintaux de farine, 50 quintaux de sucre, 6.000 douzaines d'œufs, 3.650 kilos de beurre; aujourd'hui la production de l'usine dépasse ce qu'on pourrait s'imaginer. Disons seulement qu'on emploie chaque année 14.600 douzaines d'œufs, 13.700 kilos de sucre, 9.200 kilos de beurre et 11.000 kilos de farine.

Cette maison, par sa supériorité, a obtenu les plus hautes récompenses aux Expositions de Bar-le-Duc, en 1880, de Paris, en 1878 et 1889, de Bordeaux, en 1896, et d'Epinal en 1881.

M. Bernard est également propriétaire de l'Hôtel de Paris qu'il a dirigé avec une grande intelligence pendant de longues années et qui est aujourd'hui entre les mains de son neveu, M. Receveur.

Situé au fond d'un grand jardin qui le sépare de l'usine de M. Bernard, l'Hôtel de Paris offre aux voyageurs et aux touristes tous les avantages que l'on peut désirer : proximité de la gare et installation des plus confortables, mise en rapport avec les exigences de la vie moderne.

De plus, les ombrages précieux d'un véritable parc qui font l'admiration de tous pendant la belle saison, ne sont pas un des moindres attraits de l'établissement modèle.

MAISON DES 100.000 CHEMISES, fondée par M. Maurice Schwob. — Maison principale : 69, rue Lafayette, à Paris. — Usine à vapeur, 22, rue Louis-Blanc, à Paris. — Usine à Châteauroux (Indre), 54, rue de Fonds. — Succursales : 55, rue de Rennes, Paris; — 79, Faubourg du Temple, Paris; — 30, rue Rambuteau, Paris; — rue des Batignolles, Paris. — Médaille à l'Exposition universelle de 1889, etc.

SCHWOB (Maurice), né en Alsace en 1838, fondateur de la Maison des 100.000 Chemises.

Après avoir accompli son service militaire, M. Maurice Schwob s'associa avec un de ses frères pour l'exploitation de la fabrication de calicot blanc dont le siège était à Mulhouse et le dépôt à Paris, au n° 28 de la rue de Cléry.

La guerre de 1870-1871 survint. L'Alsace passa sous la domination allemande.

M. Maurice Schwob dut rompre avec son pays natal et avec l'association de son frère.

Il se décida alors à créer une nouvelle industrie ayant quelque analogie avec l'ancienne. Il fut ainsi amené à fonder la « Chemiserie du Progrès », 55, rue des Petites-Ecuries, à Paris, qui fut le point de départ de la « Maison des 100.000 Chemises ».

A la « Chemiserie du Progrès », M. Maurice Schwob s'occupait surtout de l'exportation. L'industrie était pour ainsi dire nouvelle en France. M. Schwob put l'étudier à fond et y découvrir un grand avenir.

Après cinq années de travail uniquement consacrées à l'exportation, M. Schwob ouvrit une première maison de détail, en 1876, au n° 69 de la rue Lafayette.

Il trouva le moyen de créer des modèles qui pouvaient aller aux acheteurs, sans avoir recours à la mesure. C'était par là donner la solution d'un problème important, puisque, par ce procédé, la fabrication devenait infiniment moins onéreuse.

Dès ce moment, M. Schwob livra à une clientèle chaque jour plus nombreuse des chemises d'excellente qualité, d'un fini irréprochable, et à des prix jusqu'alors inconnus.

Aussi le succès ne se fit pas attendre, et, aujourd'hui, la « Maison des 100.000 Chemises » est la première de Paris; on peut même ajouter du monde entier.

On le constatera en suivant ses développements depuis sa fondation.

C'est ainsi qu'en 1879 un nouvel atelier était ouvert, 9, cité Cadet. En 1881, un autre local, 9, rue de Cléry, était installé pour les machines à couper, remplaçant la coupe à la main, la seule connue jusqu'alors.

L'année 1885 vit la création de la première succursale de la « Maison des 100.000 Chemises ». Cette succursale, établie au 185 de la rue Saint-Maur, a été transférée depuis au 79 de la rue du Faubourg-du-Temple, dans un bel immeuble construit tout exprès.

L'année suivante, M. Maurice Schwob dut adjoindre à sa maison principale, 69, rue Lafayette, l'immeuble contigu du n° 71.

L'Exposition universelle de Paris, 1889, fut pour M. Schwob l'occasion d'un grand succès. Sa maison fut distinguée par le Jury, qui lui décerna une grande Médaille.

En 1890, le directeur de la « Maison des 100.000 Chemises » dut prendre toute la maison du 69, rue Lafayette, pour y installer de nouveaux rayons de vente. En même temps, il créait une grande usine à vapeur, 22, rue Louis-Blanc, à Paris.

Deux nouvelles succursales, 30, rue Rambuteau, et 74, avenue de Clichy, furent fondées en 1891. Cette dernière a été déplacée depuis rue des Batignolles.

A la même date, pour répondre aux demandes toujours plus nombreuses, M. Maurice Schwob fit construire, rue de Fonds, à Châteauroux, dans l'Indre, une usine modèle qui occupe actuellement 700 ouvrières environ, dont le travail, grâce à la force motrice partout employée, consiste exclusivement à la conduite des machines.

Cette fabrique comprend également une blanchisserie installée avec tous les perfectionnements de la science et de l'industrie modernes.

Le personnel de cette usine est traité comme une vaste famille. M. Maurice Schwob, que les questions sociales intéressent beaucoup, est constamment à la recherche de toutes les améliorations utiles pour ses ouvriers. C'est ainsi qu'il a créé une Société de secours qui, en dehors de son but philanthropique, donne chaque année, à la grande joie du personnel, des fêtes magnifiques dont les journaux de tous les partis ont entretenu souvent leurs lecteurs.

L'usine de Châteauroux est également dotée d'une pharmacie, d'un cabinet médical, d'une salle de bains, d'un réfectoire, etc.

Il y a cinq ans, dans l'immense local auparavant occupé par la Bibliothèque Cardinal, 55, rue de Rennes, au coin de la rue du Four, M. Maurice Schwob a installé une nouvelle succursale qui lui a attiré la nombreuse clientèle des habitants de la rive gauche.

Telle est, résumée, la marche ascendante de la « Maison des 100.000 Chemises ». Vingt années lui ont attiré l'un des plus gros succès commerciaux de notre époque.

C'est aux rares qualités d'énergie, de loyauté et d'intelligence de son fondateur, M. Maurice Schwob, que sont dus ces magnifiques résultats que consacrera certainement l'Exposition universelle de 1900.

PEUGEOT (Pierre-Godefroy-Armand), ✽, A. ◉ (Chevalier de la Légion d'honneur, Officier d'Académie), né à Valentigney (Doubs), le 18 juin 1847. Président du Conseil d'administration et Directeur de la *Société anonyme des Automobiles Peugeot*; industriel et homme politique français; Conseiller général du Doubs, membre de plusieurs Sociétés savantes.

Adresse : Valentigney (Doubs); — et : 83, boulevard Gouvion-Saint-Cyr, à Paris.

Après d'excellentes études secondaires, M. Armand Peugeot alla passer un an en Angleterre, dans une grande usine métallurgique de Leeds, puis il vint se fixer à Valentigney pour se préparer, sous la direction de son père, M. Émile Peugeot, à la gérance de la Société : *Les Fils Peugeot frères*. Cette Société, créée en 1849 sous la raison sociale Peugeot frères, exploite à Valentigney, Beaulieu et Terre-Blanche, trois grandes usines pour la fabrication des scies, aciers laminés, outils de toutes sortes, fourches en acier, ressorts, etc., etc.

En 1875, M. Armand Peugeot devint l'un des gérants de cette importante entreprise et contribua pour une large part au développement de l'affaire.

Il fut le créateur de la branche d'industrie des Vélocipèdes (1885). L'organisation des ateliers spéciaux pour la fabrication à l'usine de Beaulieu est son œuvre. Cette usine est, à l'heure actuelle, des plus importantes, sinon la plus importante, des fabriques françaises de Vélocipèdes. Elle occupe plus de 500 ouvriers.

Dès 1888, il commença à étudier la question des Voitures automobiles. Il fabriqua à cette époque plusieurs véhicules munis du moteur et du générateur Serpollet. Les premiers essais ne donnèrent pas de résultats satisfaisants, et ce n'est que deux ans après que, de concert avec M. Levasseur, il fit l'application à la locomotive sur routes, des moteurs à essence de pétrole, système Daimler, fabriqués par M. M. Panhard et Levassor.

De cette époque (1892-1893), datent les premiers succès des voitures Peugeot.

En 1894, le 1ᵉʳ prix de la course d'automobiles Paris-Rouen, organisée par le *Petit Journal*, fut partagé entre la maison Peugeot et la maison Panhard et Levassor.

Tout en fabriquant des voitures actionnées par le moteur Daimler, M. Armand Peugeot, voulant à tout prix rendre son industrie absolument indépendante, étudiait un moteur horizontal à essence de pétrole. Ce moteur, breveté en 1895-1896, fut depuis cette époque appliqué aux voitures Peugeot avec un plein succès.

Le développement de la nouvelle industrie fut si important et si rapide qu'en 1896, la nécessité se fit sentir d'en faire l'objet d'une affaire spéciale.

M. Armand Peugeot la reprit pour son compte personnel, et en fit l'apport à la *Société des Automobiles Peugeot* créée à cet effet (octobre 1896).

Il quitta alors la gérance de la *Société des Fils de Peugeot frères*, pour se consacrer exclusivement aux automobiles.

Une usine nouvelle fut construite à Audincourt et, le 12 avril 1897, elle fut mise en activité.

Cette usine a pris rapidement un grand développement.

Au début les ateliers et magasins occupaient environ 4.000 mètres de surface couverte, avec 120 ouvriers.

Le 1er janvier 1899 cette surface était portée
à plus de 8,000 mètres. Le nombre d'ouvriers
occupés à cette époque était de 350, et il va
toujours en augmentant. La production étant
encore insuffisante, une deuxième usine fut
créée à Lille (Nord), rue de Flers, en 1898. Le
nouvel établissement occupait déjà, en janvier
1899, 150 ouvriers, et ses ateliers couvraient une
superficie de 2,500 mètres.

La production de tous ces établissements a
atteint en janvier 1890, 30 voitures par mois et
va en s'augmentant continuellement. Dans
toutes les courses d'automobiles qui ont eu lieu,
les voitures Peugeot se sont toujours classées
dans les premiers rangs. Mais depuis 1899
elles ont conquis avec une supériorité considérable, la première place.

Dans la course de Nice-Castellane (mars
1899), une voiture Peugeot, actionnée par un
moteur de 20 chevaux, et dont le poids total
ne dépassait pas 1,100 kilogs, a marché, conduite par M. A. Lemaître, d'Ay, avec une vitesse qui n'avait jamais été atteinte auparavant par des véhicules à pétrole.

Cette voiture a gravi la côte de Nice à la
Turbie (16 kilomètres, avec des déclivités de
10 à 11 0/0), à la vitesse de 40 kilomètres à
l'heure.

Elle a atteint dans une épreuve de vitesse
sur la Promenade des Anglais à Nice, l'allure
de 76 kilomètres à l'heure.

Ce sont là des résultats tout à fait remarquables, et qui placent M. A. Peugeot au premier rang dans l'industrie des voitures automobiles.

Ses usines sont outillées pour faire la voiture
complètement. Elles comprennent, à côté des
ateliers de mécanique, des ateliers pour la car-
rosserie et l'achèvement complet des véhicules.
Ce sont les seules en France qui soient orga-
nisées de cette façon.

En dehors de son activité industrielle proprement dite, M. A. Peugeot s'est occupé depuis sa jeunesse de toutes les questions d'économie sociale qui sont à l'ordre du jour :
*Sociétés coopératives de consommation, Caisses
des retraites pour les ouvriers, Sociétés de
secours mutuels*, etc., etc.

Il a créé à Valentigney et à Audincourt des
sociétés coopératives immobilières qui ont contribué largement à augmenter le bien-être de
la population ouvrière.

Il a inscrit dans les statuts de la *Société des
Automobiles Peugeot* une clause qui réserve
une part des bénéfices pour la création d'institutions patronales.

Il est Maire de la commune de Valentigney
depuis 1886, et Conseiller général du canton
d'Audincourt depuis 1892.

Il a été pendant six ans Président de la
Chambre syndicale des Fabricants français de
Vélocipèdes. Il est Président de la Chambre
syndicale des Industries métallurgiques de
l'Est.

M. Peugeot est également membre de la
Société des Ingénieurs civils de France, membre du *Comité de l'Automobile - Club de
France*, membre de diverses sociétés savantes
et d'économie sociale.

M. Peugeot a été nommé Chevalier de la
Légion d'honneur en 1889, Officier d'Académie
en 1886.

La *Société d'Automobiles Peugeot* qu'il a
créée n'est encore qu'à ses débuts, mais elle a
devant elle un grand avenir. Elle contribuera
largement à développer en France l'industrie
de l'automobile, industrie dans laquelle notre
pays, grâce surtout à M. A. Peugeot et au
regretté M. Levassor, a conquis dès le début
une place absolument prépondérante.

COMPAGNIE CÉRAMIQUE DE POUILLY-SUR-SAONE ET BELVOYE. — Usines céra-
miques de Pouilly-sur-Saône (Côte-d'Or).
Manufacture de Porcelaine. Manufacture de
Cérames. — Usines hydrauliques de Belvoye
(Jura). Moulins à Pâtes céramiques. — Ateliers
de Constructions sanitaires de Bercy-Paris.
Matériel du Génie sanitaire. — Siège social :
14, quai de la Rapée, Paris.

JACOB (Emile), né le 1er août 1850, à Charette (Saône-et-Loire) ; directeur-gérant de la
Compagnie céramique de Pouilly-sur-Saône et
Belvoye ; lauréat, hors concours et membre du
Jury de nombreuses Expositions ; vice-président du sous-comité de l'Exposition de 1900
pour l'arrondissement de Beaune (Côte-d'Or).

Son père, entrepreneur de maçonnerie, possédait deux tuileries à main. C'est là que débuta
M. Emile Jacob à l'âge de 17 ans. Ses goûts et
ses aptitudes le prédisposaient de bonne heure
pour l'art du potier.

Tout jeune, son rêve, qu'il croyait ne réaliser
jamais, était de diriger un jour une tuilerie
mécanique.

Aussi, en 1873, c'est-à-dire aussitôt son service militaire terminé, le voyons-nous se livrer
à des recherches qui l'amènent à découvrir
près de Charette, à Navilly, des gisements
d'argile qui lui permettent, en collaboration
avec son père et son oncle, de fonder la tuilerie mécanique de Navilly ; plus tard, en 1882
il fonda celle de Chapot, commune de Ciel
(Saône-et-Loire).

Cela ne suffisait pas à son activité, car, travailleur infatigable, son intelligence a besoin
d'expansion.

A cette époque, la France était absolument
tributaire des Anglais pour l'achat des tuyaux
sanitaires en grès dits tuyaux Doulton
M. Emile Jacob rêvait d'introduire en France
ce genre de fabrication, et il se mit à la recherche de gisements de terre spéciale et d'un
emplacement convenable pour fonder une
fabrique importante de tuyaux, afin de supplanter l'importation anglaise.

Une occasion se présenta dans la région :
l'usine de produits chimiques de Pouilly-sur-
Saône venait de disparaître ; beaucoup d'ou-

vriers se trouvaient sans travail, partant sans ressources. M. Emile Jacob remit la direction des usines de Navilly et du Chapot entre les mains de ses beaux-frères et vint s'établir à Pouilly où, en quelques années, il installa l'usine céramique actuellement une des plus importantes de France.

Au commencement de cette année, la société E. Jacob et Cⁱᵉ, dont il est le fondateur et l'un des directeurs, acheta les anciennes usines de Belvoye (Jura), établissement considérable qui était en chômage depuis 13 ans.

Entre de telles mains, il est à présumer que cette usine reprendra rapidement un nouvel essor. M. Emile Jacob semble prendre à cœur de ramener dans les anciennes régions désolées par la disparation de vieux établissements industriels, l'ancienne prospérité. A Pouilly, l'usine des produits chimiques occupait environ 100 ouvriers; le personnel de la manufacture de produits céramiques atteint actuellement le chiffre de 300; à Belooye, l'ancienne usine avait un personnel de 800. Souhaitons voir M. Emile Jacob vivre assez longtemps encore pour ramener dans cet ancien centre industriel le travail et l'activité dont il est la personnification.

Laissons un instant de côté M. Jacob industriel pour nous occuper de l'homme et de ses rapports avec ses ouvriers.

D'une bienveillance qui n'a d'égale que son propre désir d'être utile, M. E. Jacob a toujours eu en vue l'amélioration du sort du pauvre. Non content d'avoir contribué plus que tout autre au progrès industriel de deux arrondissements, Châlons-sur-Saône (Saône-et-Loire) et Beaune (Côte-d'Or), M. E. Jacob a toujours cherché à adoucir les durs labeurs de ses ouvriers.

A peine les usines de Pouilly furent-elles créées, que M. Jacob groupa son personnel en une société de secours mutuels qui rend de sérieux services aux ouvriers : il fonda également une boulangerie-modèle qui livre le pain de première qualité dans des conditions exceptionnelles.

Avant de terminer cette notice toute personnelle, disons que quiconque frappe à la porte de M. Jacob est toujours assuré d'y trouver un secours s'il est dans le besoin, un bon conseil s'il est dans la peine ; sa maison représente d'ailleurs le type de l'hospitalité bourguignonne.

Examinons maintenant l'œuvre industrielle de M. Jacob. Actuellement les usines de Navilly et du Chapot occupent un personnel de 200 ouvriers. Les produits, d'une qualité exceptionnelle, s'écoulent en majeure partie dans la région lyonnaise, les départements de Saône-et-Loire, du Jura, du Doubs et de la Côte-d'Or.

M. E. Jacob, quoique s'occupant tout spécialement des usines de Pouilly, est resté directeur de ces usines en collaboration de son frère et de ses deux beaux-frères.

La manufacture de Pouilly, créée dans le début spécialement pour la fabrication des tuyaux en grès cérame, a peu à peu adjoint à cette déjà très importante fabrication celle de tous les appareils en faïence et en porcelaine tels que lavabos, cuvettes, siphons, éviers, sièges, etc., etc. Actuellement, pour ces divers appareils, la France n'est plus tributaire de la fabrication anglaise.

L'usine de Pouilly vient d'adjoindre aux autres productions céramiques celle de la fabrication des appareils destinés à la distillation des produits chimiques, qui avaient été jusqu'alors fournis par les maisons anglaises et allemandes.

Des ateliers de décor pour la porcelaine viennent d'être installés et la manufacture vient de créer toute une série de magnifiques modèles de services de toilette à destination de riches installations.

Enfin, M. E. Jacob ayant tout dernièrement découvert dans la région de puissants gisements de roches feldspathiques, la maison E. Jacob et Cⁱᵉ a établi dans la nouvelle usine de Belvoye de puissantes machines à broyer et préparer la pâte à porcelaine.

Une force hydraulique considérable, la proximité des carrières de feldspath, sa situation sur le canal du Rhône au Rhin, sont des facteurs qui permettent de tirer parti dans des conditions exceptionnelles de la nouvelle découverte de M. E. Jacob. L'industrie nationale va se trouver affranchie des grosses importations d'articles secondaires C'est donc une nouvelle richesse pour le pays.

M. E. Jacob ne s'est pas contenté d'être un industriel habile, il a abordé toutes les parties de la céramique avec un égal succès. Simple fabricant de briques à la main, puis fabricant de tuiles mécaniques, il perfectionna l'outillage pour la fabrication des produits céramiques, prit plusieurs brevets de fours à feu continu et à flamme renversée. Il a également abordé avec bonheur la fabrication de la faïence et de la porcelaine. Des usines de Pouilly sont sortis aussi des spécimens de grès artistiques et les plus belles pièces de flammés qui embellissent les collections des grands amateurs parisiens proviennent souvent des ateliers artistiques de Pouilly-sur-Saône. M. E. Jacob aime se reposer de ses luttes pour la réussite des appareils d'une utilité pratique par les recherches dans le domaine purement artistique.

Les grès flammés de Pouilly sont de merveilleux bibelots, et non moins superbes sont les vases cristallisés imités de la manufacture royale de Copenhague et qui font l'admiration des amateurs; mais ne sont là que des voyages d'exploration pour M. E. Jacob ; l'amour de l'art ne lui fait point oublier la brutalité du domaine pratique.

Depuis sa fondation, en 1886, l'usine de Pouilly a obtenu les premières récompenses dans toutes les grandes expositions françaises : Rouen, Le Havre, Saint-Etienne, Tours, Toulon, Narbonne, Perpignan, Montpellier, Dijon.

A l'Exposition universelle, elle obtint la médaille d'or, la plus haute récompense donnée à l'industrie naissante du grès sanitaire. Il lui fut décerné ensuite un médaille d'argent et deux de bronze.

Aux expositions universelles de Lyon (1896) et Rouen (1896), la maison E. Jacob et Cie fut hors concours et M. E. Jacob membre du Jury.

Les bâtiments de l'usine de Pouilly s'étendent sur une superficie couverte de plus de 20.000 mètres ; la force motrice est d'environ 300 chevaux et le nombre d'ouvriers occupés de 300 environ. Avec les dépendances des ateliers de Paris et de Belvoye, la maison emploie plus de 400 personnes.

A Paris, quai de la Râpée, 14, sont installés de vastes entrepôts et des ateliers munis de moyens de production perfectionnés, produisant l'ébénisterie de luxe pour les cabinets de toilette, lavabos, etc. Les appareils en cuivre et en acier nickelé sont également fabriqués dans les ateliers de la maison.

A Belvoye, la production est exclusivement consacrée à la fabrication des pâtes à porcelaine et au broyage du feldspath.

Les produits s'expédient dans toutes les parties de la France et de ses colonies. Une maison de commerce importante a été établie à Marseille, rue de Jemmapes, 2. Cette maison, en dehors de Marseille et du littoral, s'occupe des expéditions en Egypte, Espagne, Italie, Russie, etc.

L'usine céramique de Pouilly compte dans sa clientèle toutes les grandes administrations publiques : Ponts et Chaussées, Service des voiries, Chemins de fer, Hôpitaux, Casernes, etc.

Actuellement d'immenses quantités de briques en porcelaine de Pouilly sont employées au revêtement des gares du Métropolitain à Paris.

Le domaine de Pouilly est situé sur les rives de la Saône, à une faible jonction du canal de Bourgogne et recélant dans son sol d'inépuisables gisements de sable et d'argile siliceux.

Outre ces avantages, l'usine se trouve à proximité des mines de houille. La matière première et le combustible économique existant ainsi à pied d'œuvre, la maison Jacob dispose des plus puissants moyens d'action pour imprimer à son industrie une impulsion extraordinaire, pour lui assurer la vitalité et lui permettre l'expansion lointaine de ses produits à un prix défiant toute concurrence sérieuse.

La découverte des matières premières pour la fabrication des porcelaines à proximité de l'usine de Belvoye, la facilité des communications par le canal de cette usine à celle de Pouilly, placent cette dernière, au point de vue matière première à porcelaine, dans des conditions uniques qui lui permettront d'accroître encore son énorme développement.

BRAUN Fils (Eugène), né à Strasbourg (Alsace), le 23 mars 1867, industriel, électrotechnicien, fabricant de bronzes d'art et d'orfèvrerie religieuse, membre de plusieurs Sociétés artistiques, lauréat de nombreux concours et expositions.

Adresse : 1 et 4, rue des Echasses, à Strasbourg (Alsace-Lorraine). — Bureaux : 9, rue du Dôme.

M. Eugène Braun est, du côté maternel, le petit-fils de M. Auguste Laroche, une individualité bien connue dans le monde des artistes. Auguste Laroche a laissé dans le clergé, et chez tous ceux qui l'honorèrent de leur confiance, une réputation de talent, de travail consciencieux et d'amabilité qui ne s'effacera pas de sitôt, comme le faisait remarquer un rédacteur du *Journal d'Alsace* (25 juillet 1895). Sa fabrication était connue dans toute l'Europe. Il lui arriva bien souvent de recevoir des commandes pour l'Amérique d'objets destinés au culte.

Auguste Laroche avait lui-même succédé à son père et à ses aïeuls.

En effet, le premier Laroche, — ou plutôt La Roche avant la Révolution, — immigré en Alsace en 1780, descendait d'une famille noble de la Suisse française.

Il acheta la maison dite de l' « Homme de Fer », sur la place de ce nom, et y établit une modeste fabrique d'ornements d'église et une fonderie.

Le prince Maximilien de Bavière, colonel du régiment d'Alsace, s'intéressa vivement à la fabrication de La Roche. C'est chez le prince que, en 1790, La Roche, traité en suspect par le tribunal révolutionnaire, se réfugia.

Ses fils, restés à Strasbourg, continuèrent

son industrie artistique. Ils transférèrent leurs ateliers rue des Echasses où ils sont toujours, mais considérablement agrandis.

Auguste Laroche se retira des affaires en 1865, et céda, n'ayant pas de fils, son établissement à un Parisien de naissance, M. Delhius, que les événements politiques de 1870 forcèrent à quitter l'Alsace.

La maison fut brûlée de fond en comble le 24 août 1870. Elle fut reconstruite et passa aux mains de M. Thomas, qui ne reprit, dans l'un des magasins, que la vente des ornements d'église et ne s'occupa guère de fabrication.

En 1892, M. Eugène Braun vint s'établir dans la maison de son grand père et reconstruisit la fabrique qu'il installa d'après les procédés les plus modernes.

M. Eugène Braun s'était préparé avec soin à son entreprise. Il avait fait des études complètes pour la fabrication des bronzes et des ornements d'église à Strasbourg pour le travail d'art, à Heilbronn pour le travail de l'argent, à Paris, dans la maison d'orfèvrerie religieuse si renommée de M. Poussielgue-Rusand (rue Cassette, Paris), à Munich, dans une grande fabrique de chasublerie, à Lyon et dans d'autres villes qui ont des spécialités d'art religieux.

La maison Eugène Braun occupe des dessinateurs, des modeleurs, des fondeurs, des ébarbeurs, des orfèvres-ciseleurs, polisseurs et doreurs, ce qui lui permet la création et l'exécution pleine et entière de tous les travaux qui lui sont confiés par une clientèle d'élite qui s'augmente chaque année.

Cinq moteurs électriques mettent en mouvement les machines des divers ateliers.

Les fours de la fonderie permettent à l'usine de couler les grosses pièces et d'exécuter des travaux presque uniques en leur genre.

Pour l'exécution des conduites de transport de force et d'éclairage électriques, M. Eugène Braun emploie un nombreux personnel d'ingénieurs et de monteurs.

L'adjonction de cette branche industrielle a permis à cet intelligent fabricant de créer divers modèles tout à fait nouveaux et spéciaux d'appareils à gaz ou à bougies transformés et qui font valoir toute la légèreté d'installation de l'éclairage électrique et l'immense avantage de pouvoir jeter partout et à profusion la lumière.

A la dernière Exposition du Travail (Paris, 1898), M. Eugène Braun obtint un succès légitime (Groupe V, 1re section).

Pour la partie d'orfèvrerie religieuse, M. Eugène Braun exposait un ostensoir de style roman tout en filigrane fait à la main, du plus beau travail, d'autres ostensoirs gothiques, une châsse gothique, une grande lampe du même style ornée de statuettes représentant les douze Apôtres, des reliquaires, des ciboires, dont un également en filigrane, des lampes de sanctuaire, une croix de style gothique en aluminium et toute une collection de magnifiques chandeliers.

Le même goût et la même exécution artistique se retrouvaient dans la partie profane de cette Exposition.

Parmi les lustres à gaz et électriques de toute beauté, une splendide lampe mauresque forçait l'attention. Un plafonnier de trente-trois lampes électriques se distinguait surtout par la pureté de son style et son cachet artistique original. Ce plafonnier, création récente de M. Eugène Braun, au lieu d'être un lustre à bougies ou à gaz modifié, a été conçu et exécuté spécialement pour l'éclairage électrique.

Les installations exécutées par la maison de la rue des Echasses sont nombreuses. Citons seulement celle du Cercle catholique de Strasbourg, construit par M. Dacheux, architecte, dont la salle des Fêtes, la plus grandiose de Strasbourg, et qui peut contenir plus de deux mille spectateurs, est éclairée à elle seule par près de trois mille lampes à incandescence. Le lustre de l'église Saint-Pierre-le-Jeune, à Strasbourg, le plus grand, en son genre, de toute l'Allemagne, est également sorti des ateliers de M. Eugène Braun.

Plusieurs distinctions ont consacré la valeur de l'établissement.

Rappelons que, à l'Exposition de Lyon (1894), M. Braun obtint deux Médailles. A la 6e Exposition nationale du Travail (Paris, 1898), M. Eugène Braun était membre du Jury, hors concours.

« Ces titres, — comme le faisait remarquer la *Revue de l'Industrie nationale*, — sont un témoignage irrécusable des progrès continus accomplis par cette maison, aussi bien dans l'art que dans l'industrie. Ce n'est plus une réputation à faire, car, pour elle, le passé répond de l'avenir... De tels résultats ne sont pas la conséquence de quelques années; ils sont la résultante de tout un ensemble de traditions conservées dans une famille d'artistes. Cette fabrication parfaite s'explique par une organisation toute spéciale tenue au niveau des derniers progrès scientifiques... »

M. Braun maintiendra à la maison strasbourgeoise la réputation de savoir-faire et de probité que lui ont léguée ses ancêtres.

GÉRAUDEL (Auguste-Arthur), A. ❋. pharmacien-chimiste, inventeur des « Pastilles Géraudel », membre de plusieurs Sociétés savantes.

Adresse : Sainte-Menehould (Marne).

Les vaudevillistes ne songent plus à prendre comme cible à leurs railleries les apothicaires, et il est probable que si Molière revenait, il serait le premier à rendre hommage au mérite de ces modestes savants, dont un grand nombre ont fait faire à la science un pas énorme en même temps qu'ils apportaient à l'humanité le soulagement ou la guérison de ses maux.

Le pharmacien ne ressemble pas plus à l'apothicaire d'autrefois que l'astronome d'aujourd'hui ne ressemble à l'astrologue d'il y a trois siècles, de même que la thérapeutique actuelle n'a rien de commun avec les remèdes empiriques qu'on ordonnait alors et dans lesquels entraient les substances les plus étranges telles que la cervelle et le fiel de chameau, la présure du veau marin, les excréments de crocodile, le sang de tortue et autres ingrédients plus bizarres encore qui nécessitaient pour être absorbés une foi aveugle dans l'efficacité de ces médicaments.

Ce n'est pas que la pharmacie n'ait eu, à une époque reculée, des maîtres dont la science reposait sur des données sérieuses établies sur l'examen des plantes et des minéraux et leur action sur l'organisme. Gallien, qui fut le père de la pharmacie, avait, au IIe siècle, formulé des préceptes, qui subsistent d'ailleurs encore. Au VIIe siècle, les Arabes, à qui la chimie est redevable de tant de découvertes, professaient la pharmacie et avaient ouvert des écoles publiques où l'on venait s'instruire dans la science des manipulations pharmaceutiques, exclusivement basée sur la botanique et la chimie. Mais les ténèbres du moyen âge obscurcirent le chemin parcouru. Il ne resta bientôt plus trace des travaux et des découvertes accomplis dans les siècles passés, et l'ignorance et la superstition régnèrent en maîtresses. De là, ces préparations étranges, ces remèdes extraordinaires et l'accoutrement bizarre de ceux qui les ordonnaient et les administraient.

Point n'était besoin, dans ces conditions, d'avoir fait des études pour débiter des drogues. Aussi les épiciers faisaient-ils une sérieuse concurrence aux pharmaciens, ainsi qu'on le constate par certains édits royaux. Ce n'est guère que sous François Ier qu'on obligea les élèves apothicaires à faire quatre ans d'apprentissage et à servir dix ans chez un patron, enfin à subir un examen, qu'on appelait l'*Acte des Herbes*, avant de pouvoir s'établir apothicaires à leur tour.

Il faut enfin en arriver à 1780 pour voir la profession d'apothicaire réglementée par l'ouverture d'un Collège de pharmacie dont il fallait être membre pour pouvoir exercer.

C'est à la Révolution que l'on doit la création des Écoles supérieures de pharmacie. Actuellement, elles sont au nombre de trois : Paris, Montpellier, Nancy, auxquelles il faut ajouter

les Facultés mixtes de Bordeaux, Lille et Lyon et seize Écoles préparatoires dans lesquelles l'enseignement est donné par les hommes les plus éminents, dont un grand nombre ont marqué, par leurs découvertes, dans les annales de la science.

La seule Faculté de Paris ne possède pas moins de 1,400 élèves, dont 17 femmes. En y comprenant 400 stagiaires, cela fait 1,800 élèves de tous degrés. Et comme la proportion est à peu près la même dans les autres facultés, on voit que si le peuple français souffre — à ce que prétendent les politiciens — ce n'est pas faute de pouvoir se procurer des médicaments.

Ceux-ci, bien plus encore que ceux qui les ordonnent ou qui les vendent, sont légion, mais combien sont démodés ou tombés en discrédit, après avoir été prônés comme une panacée. On en trouve bien encore dans les officines, mais ils ne sont là, comme les représentants d'un régime disparu, que pour attester qu'ils ont existé.

C'est que la faveur populaire est la pierre de touche des remèdes comme elle est celle des souverains. On peut, parfois s'emballer pour ce qui est nouveau, mais que l'essai ne réponde pas à l'attente, que les espérances entrevues, que les promesses faites ne se réalisent pas, et le public se fâche ou devient indifférent.

Hélas! que j'en ai vu tomber de ces remèdes qu'une publicité intense avait préconisés comme souverains! Au bout de quelque temps, on n'en parlait plus.

Pourquoi donc les Pastilles Géraudel, depuis l'époque où le pharmacien de Sainte-Menehould les fit connaître, jouissent-elles d'une vogue qui ne fait chaque année qu'augmenter? C'est qu'elles ont tenu ce qu'elles promettaient. On a accusé M. Géraudel de ne devoir leur succès qu'à la bruyante réclame dont il les a entourées. Mais alors pourquoi, pour tant d'autres produits, la réclame a-t-elle été inefficace après un engouement passager? C'est que malgré les coups de grosse caisse, le public est resté froid, et c'est ainsi que de hâtives renommées se sont effondrées. M. Géraudel, c'est incontestable, a dépensé d'importantes sommes pour faire connaître les pastilles qui portent son nom, mais on peut dire que la seule réclame qui lui ait profité est celle qui ne lui a jamais rien coûté : celle des milliers et des milliers de gens qui avaient usé de ses pastilles. Et cela confirme cet aphorisme bien connu du monde des affaires : « La meilleure publicité n'est pas celle que l'on fait mais bien celle que l'on vous fait ». La popularité que certains reprochent tant à M. Géraudel et à ses pastilles n'est donc pas le fait d'une réclame personnelle habile, mais bien de la propagande ouverte ou discrète de tous ceux que ces pastilles ont guéris ou soulagés.

Auguste-Arthur Géraudel naquit à Bellefontaine, commune de Futeau (Meuse), le 4 mars 1841. Il resta jusqu'à douze ans à l'école de son village et ce fut sur les instances de l'instituteur que son père, un pauvre souffleur de verre, et sa mère, une simple sage-femme, l'envoyèrent au collège de Sainte-Menehould, en s'imposant de rudes privations. A quatorze ans, le jeune écolier songea à n'être plus à la charge de sa famille ; entrant comme garçon de laboratoire dans la pharmacie de M. Labrosse, il y demeura quatre ans, sans autres appointements que sa nourriture et son entretien.

Géraudel atteignit ainsi sa dix-huitième année, époque où il souhaita s'élever au-dessus de la modeste position qu'il avait occupée jusqu'alors. Il se rendit à Metz, où il entra dans une maison de droguerie, puis, au bout de quelques mois, dans une grande pharmacie de cette ville. Là, il accomplit un travail acharné, passa bien des nuits sans sommeil, et, guidé par un vénérable inspecteur en retraite, commença ses études universitaires. En 1862, il subissait avec succès, au lycée de Metz, son examen de grammaire : il pouvait être pharmacien de deuxième classe! En 1863, il se rendait à Paris, entrant comme élève dans la pharmacie de M. Duroy, lauréat de l'Institut, et, un an plus tard, se présentait à l'internat.

Reçu après un brillant concours, il passait quatre années tant à la Salpêtrière qu'à Saint-Antoine, obtenant à sa sortie la médaille des Hôpitaux.

L'épidémie de choléra qui, en 1865, fit tant de victimes à Paris, lui donna une première occasion de se signaler à l'attention de ses maîtres et à la bienveillance des pouvoirs publics. Le 15 janvier 1866, il recevait la lettre suivante de M. Duruy, le ministre de l'Instruction publique :

« Monsieur,

« J'ai l'honneur de vous faire connaître que, par arrêté en date du 1er janvier courant, pris conformément à la décision impériale du 5 décembre 1865, je vous ai accordé, en raison des services que vous avez rendus pendant l'épidémie cholérique de 1865, la gratuité des droits (inscriptions, examens, thèses, certificats d'aptitude et diplôme) qui vous restent à acquitter au profit du Trésor, à partir du 1er janvier, pour l'achèvement de vos études.

« Je suis heureux d'avoir pu vous donner ce témoignage de la reconnaissance publique pour le zèle et le dévouement dont vous avez fait preuve, et je vous félicite sincèrement d'avoir si noblement compris les devoirs et l'abnégation que comporte l'honorable profession à laquelle vous aspirez.

« Recevez, Monsieur, l'assurance de ma considération distinguée.

« *Le Ministre de l'Instruction publique.*

« V. Duruy. »

Pour obtenir son diplôme de pharmacien de 1re classe, Géraudel voulut être bachelier, aussi mena-t-il de front ses études pharmaceutiques et ses études classiques. Reçu bachelier ès-sciences le 14 mai 1868, il était pharmacien de 1re classe le 13 août de la même année.

Le voilà donc avec son parchemin en poche et songeant à l'emploi qu'il en ferait. Son rêve aurait été de s'installer à Paris. Il n'y fallait pas songer ; l'achat d'une pharmacie y coûte cher et Géraudel n'avait pour toute fortune que son diplôme, son intelligence, son énergie et sa volonté de parvenir, toutes choses qui se monnayent difficilement. Il revint donc à Sainte-Menehould et rentra chez son ancien patron auquel il ne tarda pas à succéder.

Mais M. Géraudel, à l'encontre de la plupart de ses confrères, n'était pas homme à s'enfermer dans une officine et à s'y borner à l'exécution des ordonnances ou à débiter derrière son comptoir les remèdes courants qu'en passant on venait lui acheter. Le jeune pharmacien avait des visées plus hautes. Ses fortes études scientifiques et particulièrement ses connaissances en chimie, qui lui avaient valu de se voir confier les expertises médico-légales par le tribunal, l'avaient amené à entreprendre des recherches qu'un événement ne fit qu'activer.

Sa mère souffrait depuis longtemps d'un catarrhe des bronches avec asthme humide. Le médecin de la famille insistait sur les avantages du goudron dans cette affection, mais la malade témoignait pour cette médication une répugnance invincible. Désireux de triompher de cette répugnance, Arthur Géraudel étudia les diverses préparations du goudron et leur mode d'administration alors en usage. Tel fut le point de départ d'une découverte qui devait assurer à jamais le renom de son auteur.

S'inspirant des travaux de Salles-Girons, Chevandier, Gubler, etc., le savant pharmacien reconnut bientôt que parmi les multiples produits pyrogénés qui prennent naissance dans le mode même de préparation du goudron, plusieurs d'entre eux sont d'une âcreté excessive, irritent et enflamment les muqueuses avec lesquelles elles se trouvent en contact et par cela même détruisent l'action de ce précieux médicament. Recherchant ensuite les moyens les plus simples de faire pénétrer dans les voies respiratoires le goudron qu'il avait ainsi obtenu, étudiant son degré de volatilité puis la préparation qui favorisait le mieux cette vaporisation, il constata que la bouche constitue l'appareil inhalateur le plus simple et le plus parfait.

Après quoi, prenant du goudron de Norvège parfaitement pur, à un état de division moléculaire que lui assure son maximum de volatilité, il l'associa à certaines autres substances balsamiques dont l'efficacité reconnue se surajoute à la sienne, et en composa ces petites pastilles rondes, couleur café au lait, que tous, grands et petits, riches et pauvres, nous avons plus ou moins dégustées.

Arthur Géraudel avait ainsi mis à la disposition de la thérapeutique familière un remède efficace et économique des multiples affections des voies respiratoires depuis le simple enrouement jusqu'à la grippe, l'asthme et l'influenza et un certain préservatif de la tant meurtrière phtisie.

Pour répondre au succès, M. Géraudel a d'abord été obligé de s'agrandir, puis il a fait construire une usine — un modèle du genre — d'où sortent tous les ans *deux millions d'étuis*, c'est-à-dire *cent quarante-quatre millions* de pastilles, dont une partie va, hors de France, en Amérique, en Australie, répandre le nom du célèbre chimiste français.

Secrétaire du *Conseil d'hygiène* et du *Comice agricole*, M. Géraudel, qui fut quelque temps conseiller municipal, fonctions dont il se démit volontairement, est aussi délégué cantonal, membre du *Comité central d'études et de vigilance contre le phylloxéra*, vice-président du bureau de bienfaisance, vice-président de la *Société de secours mutuels*, membre de la Commission administrative du Collège de Sainte-Menehould, membre de la Commission des établissements insalubres, membre de la Commission d'inspection des pharmaciens, président-fondateur de la *Société de musique*, etc,, et enfin officier d'Académie.

Par l'énumération de ces titres, on voit en quelle estime est tenu M. Géraudel par ses concitoyens. Ce modeste savant a fait ainsi mentir le proverbe ; populaire en France, il a trouvé moyen d'être prophète en son pays

DUMINY (Anatole), né à Ay (Marne), le 22 décembre 1842, Propriétaire-viticulteur, Négociant en Vins de Champagne (Firme : Duminy & Co), membre de plusieurs Sociétés agricoles, savantes, etc.

Adresse : Ay (Marne). — Maison à Paris : 11, place de la Bourse. — Agent général en Belgique : M. Lechien Van Vichelen, 891, chaussée de Mons, à Cureghem-Bruxelles. — Agents généraux à Londres, Vienne, Bucharest, New-York. etc.

La Maison Duminy & Co est l'une des plus anciennes de la Champagne. Le temps n'est pas éloigné où elle pourra fêter brillamment le centenaire de sa fondation, tout un siècle de travail, de loyauté et de développement pacifique qui l'ont classée parmi les firmes les plus justement et le plus universellement réputées.

En effet, c'est en 1811 que l'établissement fut fondé par M. Taverne-Richard, propriétaire-viticulteur à Ay, grand-père du propriétaire actuel.

M. Taverne-Richard, pendant plus d'un demi-siècle, travailla d'arrache-pied pour perfectionner ses vins de Champagne et les faire apprécier sur le marché international. Son labeur et sa persévérance furent récompensés par le succès.

En 1842, M. Taverne-Richard maria sa fille avec M. Duminy. La Maison, par suite de l'Association du beau-père et du gendre, devint la Maison Taverne & Duminy. Les efforts combinés des deux associés contribuèrent à l'extension de la firme. Les crus furent améliorés et les procédés perfectionnés.

Le fondateur, à cause de son grand âge, dut se décider en 1857 à prendre un repos justement mérité.

La Maison fut connue dès lors sous la raison sociale : DEMISY-TAVERNE.

En 1873, M. Anatole Duminy, fils de M. Duminy-Taverne, associé depuis longtemps aux travaux de son père, prit à son tour la direction de la célèbre maison champenoise sous la firme actuelle : DEMISY & C°.

Ajoutons que la tradition n'est pas près d'être interrompue. M. Anatole Duminy a deux fils, l'un, âgé actuellement de 24 ans, qui, son service militaire achevé, vient d'entrer dans les affaires, le second, de 17 ans, qui se des-

Les vins destinés à ces pays sont bruts, ou plus ou moins dosés, suivant les goûts particuliers à chaque nation — et l'on sait la diversité de ces goûts.

Tout concourt dans la maison Duminy à lui permettre de se rendre digne de sa clientèle d'élite.

Alors que de nombreuses maisons de la Champagne ne s'occupent que du commerce du vin célèbre et doivent s'adresser aux vignerons du pays pour la fourniture de leur consommation, M. A. Duminy est lui-même propriétaire-viticulteur.

Comme le montre la gravure ci-jointe, l'Etablissement Duminy est entouré de vignobles qui sont sa propriété ou dont il surveille la culture.

Le raisin est amené dans la maison soigneu-

tine aussi à prendre la succession de son père.

On comprend la valeur pour une maison de cette importance de cette continuité d'efforts dans une famille commerciale. C'est ainsi que se forment les grandes firmes et que s'élèvent les réputations inébranlables.

Très appréciés, cotés parmi les meilleurs crûs d'Ay, et par conséquent de la Champagne, les vins de M. A. Duminy ont, depuis longtemps, victorieusement pénétré à l'étranger.

300,000 bouteilles sont annuellement expédiées hors de France. Cette exportation se fait principalement vers la Grande-Bretagne, le Canada, l'Australie, les Indes et autres Colonies anglaises, les Etats-Unis de l'Amérique du Nord, les Pays scandinaves, la Russie d'Europe et d'Asie, l'Autriche, la Hongrie, l'Allemagne, la Roumanie, la Belgique et les Pays-Bas.

sement vérifié et pesé, puis pressuré sur place avec un soin minutieux et à l'aide des procédés les plus perfectionnés. Ainsi toute chance d'erreur ou de tromperie est évitée avec certitude.

Les vignobles d'Ay, d'autre part, jouissent d'une réputation bien méritée. Ils donnent un vin de Champagne classé au premier rang, côte à côte avec les crus de Sillery, Verzenay, Cramant, etc.

La théorie des manipulations successives que reçoit le vin de Champagne est connue de tous. Le travail, long et minutieux, exige l'emploi de machines perfectionnées, et la collaboration d'ouvriers habiles et intelligents rompus au métier. C'est de l'usage d'un vin de premier crû et de ces manipulations successives — assemblage, tirage, mise sur pointes, etc. — que l'on peut tirer ces vins exquis que l'étranger ne peut même imiter, qu'il nous envie, et dont, du reste, il fait ses délices.

Une centaine d'ouvriers sont constamment occupés par la Maison Duminy & C° aux diverses manipulations du champagne.

Les caves ont une importance énorme dans le commerce du vin de Champagne. Ce n'est pas seulement comme entrepôts qu'elles sont d'usage indispensable dans des conditions données. C'est aussi, et surtout, pour la lente élaboration des vins. Le sol crayeux dans lequel elles sont creusées assure le développement de la finesse et du bouquet des vins.

Pareille remarque a été faite par les brasseurs.

Les caves de M. Duminy peuvent être citées comme modèles.

Creusées en pleine craie, à une profondeur dépassant 20 mètres, elles forment 23 galeries rayonnantes ayant chacune plus de 125 mètres de longueur ; au total plusieurs kilomètres ! Ces galeries sont reliées entre elles par d'autres galeries ou passages réguliers qui assurent à merveille les nombreux services.

C'est là que se trouvent les réserves permanentes approchant plus de 2.000.000 de bouteilles, chiffre fantastique qui eût fait s'épanouir d'aise Frère Jean des Entommeures d'illustre mémoire !

C'est tout un monde que l'Etablissement Duminy, et les touristes français ou étrangers de passage à Ay, si cordialement reçus par le propriétaire de la Maison, passent une heure agréable à juger de visu l'ordonnancement de cette firme.

La plupart des bâtiments sont de construction moderne et dotés de tous les perfectionnements imposés par la Science et l'Hygiène. Ils sont dominés par l'élégante habitation de M. Duminy. Merveilleusement conçus en vue de leurs destinations respectives, ils forment un ensemble aussi heureux au point de vue architectural que superbement combiné au point de vue pratique. Il y a loin, bien loin, de la maison actuelle aux modestes hangars de M. Taverne-Richard !

Un rédacteur de la revue : *Art et Industrie* écrivait il y a quelques mois à ce sujet :

« Il est impossible de trouver une installation et une organisation supérieures à celles de la Maison Duminy, où tout se trouve réuni et très habilement condensé. Les vignes sont aux portes de l'Etablissement, où, lors des vendanges, les raisins peuvent être transportés immédiatement. Et nous voyons là, admirablement disposés, les celliers, pressoirs, magasins de bouteilles, la tonnellerie, etc.

« Rien ne manque à cette maison qui se suffit à elle-même. Toute la manutention se fait dans ces immenses locaux, situés dans un des plus beaux endroits de la Champagne, qui domine toute la côte et d'où l'on jouit d'une vue admirable.

« M. Duminy, bien secondé par son Directeur, surveille lui-même tous les détails. Dé-

gustateur émérite, il ne laisse sortir de chez lui que des vins irréprochables.

« ... La mise en bouteilles se fait au printemps. Les bouteilles, bouchées hermétiquement, sont couchées dans une position horizontale. Si le vin ne contient pas naturellement assez de sucre — ce qu'on établit au moyen du gluco-œnomètre — on y remédie en y ajoutant un peu de sucre candi de pure canne.

« La fermentation devient bientôt très active ; il se produit de l'alcool et de l'acide carbonique qui forme la mousse. La fermentation a pour conséquence un dépôt dont il faut débarrasser la bouteille. Donc, quand le vin est suffisamment mûr, on met les bouteilles sur pointe, c'est-à-dire qu'on les place la tête en bas sur des tables-pupitres percées de trous et inclinées à 60° : puis, pendant 6 semaines ou 2 mois, on les remue légèrement chaque jour en leur imprimant un mouvement de rotation, et le dépôt finit par descendre complètement sur le bouchon.

« Alors on procède au dégorgement, c'est-à-dire qu'on laisse sortir ce dépôt, simplement en enlevant l'agrafe qui retenait le bouchon, lequel fait explosion ; aussitôt le dépôt le suit, et le reste devient parfaitement limpide. L'employé chargé de cette besogne, qui se fait avec le plus grand soin, est un spécialiste habile. Ensuite on fait le dosage qui consiste, le vin ayant presque tout perdu par la fermentation son sucre naturel, à introduire dans la bouteille une petite quantité de sucre de canne dissous dans d'excellent champagne. La dose de sucre est plus ou moins forte suivant que l'on veut avoir du champagne plus ou moins doux, plus ou moins sec. On rebouche, et l'on procède au bouchage, au ficelage, à l'emballage et à l'expédition. »

Il faut remarquer que chez M. A. Duminy & C°, chaque bouchon porte gravé à chaud l'indication non seulement de la marque, mais de la qualité du vin, précaution qui rend toute fraude impossible.

L'importance du bouchage est, on le conçoit capitale pour le vin de Champagne. La maison Duminy & C° a adopté pour certaines catégories de vins un nouveau système de bouchage qui nous semble devoir assurer un résultat parfait. Des machines spéciales brevetées servent à effectuer ce bouchage perfectionné.

Puis, c'est un appareil à engrenage pour la préparation de la liqueur, grâce auquel, comme le faisait remarquer récemment la *Revue universelle*, s'obtiennent à la fois une économie assez importante de main-d'œuvre et une grande perfection dans le produit. Producteur et consommateur ne peuvent que s'en féliciter.

M. Duminy a tenu à honneur d'avoir un personnel d'élite à tous les degrés. Il a justement la plus grande confiance dans ses ouvriers qu'il traite en collaborateurs et dont un grand nombre sont depuis de longues années au service de la Maison. Leur tâche est simplifiée par la perfection du matériel et encouragée par la sympathie que témoigne à ses auxiliaires l'intelligent négociant d'Ay.

Comme nous le disions plus haut, il arrive que la récolte, si plantureuse soit-elle, est insuffisante pour parer aux demandes qui affluent du monde entier. Alors le dégustateur *di primo cartello* — le mot est d'un spécialiste — qu'est M. A Duminy, fait merveille dans son choix des meilleurs vins des vignerons des grands crus : Ay, Dizy, Aumières, cru Hautvilliers, le pays de dom Pérignon, ce moine à qui l'on doit la merveille des vins, le champagne mousseux, pétillant, liqueur exquise « née sur les coteaux champenois d'un baiser du soleil à ce sol privilégié ».

Les champagnes de la firme Duminy & C° figureront à la place d'honneur de l'Exposition universelle de 1900. Et dans une quinzaine d'années, en fêtant le centenaire de la Maison et son succès colossal — et si légitime — M. Duminy et ses fils seront félicités de rendre hommage à leur aïeul intellectuel en inaugurant un beau monument à ce bon moine de Hautvilliers, dom Pérignon, comme le fit M. A. Le Grand pour l'inventeur de la *Bénédictine*. Et pourquoi pas, après tout?

MONTEBELLO (Fernand-Alfred, LANNES, Comte de), né à Naples, le 3 octobre 1843, Propriétaire-viticulteur, au château de Mareuil-sur-Ay (Marne). — Et : 17, avenue Bosquet, Paris.

Dans un grand dîner de cérémonie où assistaient diverses sommités françaises et étrangères, ainsi que bon nombre de diplomates, familiers des Cours de l'Europe, les conversations avaient pris ce tour aimable qui accompagne la fin d'un bon repas, et l'on attendait tranquillement qu'un service suivit les précédents, trouvés succulents. Tout à coup, le bruit d'un bouchon de champagne jaillissant de sa prison interrompit brusquement les conversations, en même temps qu'un domestique tout galonné annonçait d'une voix retentissante : « Montebello! »

A ce nom, un général français, vieux grognard occupé à tourner galamment un madrigal à une duchesse sa voisine, sursauta, et, se levant soudain, s'écria :

« Montebello!... Qu'est-ce ?

— Général, lui répondit sa charmante voisine, c'est du champagne Montebello; un nom que vous devez connaître plus qu'un autre, vous qui avez si souvent raconté la vie du maréchal Lannes et la mort héroïque de ce grand homme. Eh bien! un de ses descendants qui a acheté une propriété en Champagne, exploite ses vignes et a créé une marque qui fait son chemin dans le monde, ce qui n'a pas empêché le duc de Montebello, le fils du maréchal Lannes, que vous connaissez aussi bien que moi, de rendre chaque jour d'éminents services à la France dans les diverses Cours où il a été ambassadeur.

— Bravo! Voilà un nom célèbre qui n'est pas près de s'éteindre, interrompit le vieux soldat devenu radieux. Versez-moi du Montebello, duchesse, ajouta-t-il, à la mémoire de Lannes, le brave des braves. »

C'est qu'il avait raison, le vieux soldat. Lannes, l'ancien compagnon d'armes de Napoléon Ier, méritait ce titre à tous égards.

Tout le monde connaît la brillante carrière du maréchal Lannes, premier duc de Montebello. Engagé volontaire en 1792, à l'âge de 23 ans, il était, trois ans après, chef de brigade. C'est alors que sa brillante conduite attira sur lui l'attention du général Bonaparte, dont il devint bientôt l'un des premiers lieutenants.

Nous rappellerons ses étapes glorieuses : Dego, Cadagno, Lodi, Pavie, où il est nommé général de brigade, Mantoue, Governolo, Arcole, où il est blessé trois fois au passage légendaire du pont, Rivoli. En Egypte, Lannes prend part aux batailles de Gaza, de Jaffa, de Saint-Jean d'Acre, d'Aboukir. Il est nommé peu après général de division, en 1799. Il fait partie de l'armée des Alpes, où il commande l'avant-garde, et se conduit comme un héros à Montebello.

Plus tard, à Austerlitz, il commande l'aile gauche de l'armée et prend une part décisive à cette victoire; Iéna, Friedland, Eylau, sont les étapes glorieuses de ce vaillant.

En Espagne, en 1808, il est vainqueur à Tudela : il s'empare de Saragosse après un siège long et meurtrier où il fait preuve des plus hautes qualités.

En 1809, Napoléon s'engage dans une nouvelle guerre avec l'Autriche. Lannes l'accompagne encore dans cette expédition et se fait remarquer dans plusieurs batailles, à Ratisbonne, entre autres. Enfin, à la bataille d'Essling, près de Vienne, cet héroïque soldat,

« Lannes était d'une bravoure extraordinaire ; calme au milieu du feu, il possédait un coup d'œil sûr et pénétrant. Il avait une grande

qui se jouait des balles et des boulets, et qui avait été vingt fois blessé, est atteint par un boulet qui lui brise les deux jambes.

expérience de la guerre. Comme général, il était infiniment au-dessus de tous. »

Le général baron de Marbot, qui fut aide de

Il meurt, quelques jours après, dans les bras de l'Empereur.

Napoléon a dit de 'lui dans ses *Mémoires* :

camp du maréchal, nous le dépeint comme ayant un caractère vif et bouillant, mais tempéré par les plus grandes qualités du cœur, à tel point que ses ennemis eux-mêmes l'estimaient.

En 1810, les cendres du maréchal Lannes, duc de Montebello, furent ramenées à Paris et déposées au Panthéon.

Le maréchal Lannes laissa quatre fils. L'aîné, qui fut diplomate et, successivement, pair de France, ambassadeur, ministre des affaires étrangères, ministre de la marine, député de la Marne en 1849, sénateur en 1866, etc., est le fondateur de la maison de commerce de Mareuil.

socia, en 1834, à ses deux frères, le marquis Alfred de Montebello et le général comte Gustave de Montebello, et c'est ainsi que fut fondée la maison Alfred de Montebello et Cie, qui grandit rapidement et dont la marque acquit bientôt une réputation des plus méritéesqui la mit facilement au premier rang.

A la mort du marquis Alfred de Montebello, en 1863, le comte Fernand-Alfred de Montebello, fils du duc de Montebello, bien que jeune homme, car il n'avait que dix-neuf ans, fut mis à la tête des affaires de cette impor-

Le domaine de Mareuil-sur-Ay avait fait partie dans les siècles précédents d'une seigneurie importante d'où dépendaient aussi Avenay, Chouilly, Châtillon-sur-Marne et autres lieux.

Avant la Révolution, une partie de ce domaine, très important encore, était la possession de Louis-Philippe d'Orléans, qui fut contraint par ses créanciers de s'en défaire au plus vite. Le château de Mareuil et ses dépendances, mis en vente à Paris, le 24 avril 1792, furent adjugés au marquis de Pange.

En 1830, le duc de Montebello, qui cherchait en Champagne une propriété voisine du domaine d'Étoges, appartenant à cette époque au comte Guéhéneuc, son grand-père maternel, acheta le domaine de Mareuil, qui comprenait d'importants vignobles. Ses missions à l'étranger l'éloignant sans cesse de la Champagne, le duc de Montebello chargeait un de ses frères de faire ses vendanges. Voulant donner au domaine de Mareuil-sur-Ay une grande importance, le duc de Montebello s'as-

tante maison qu'il gère encore aujourd'hui.

Maintenant que nous avons fait l'historique des Montebello, disons quelques mots de la maison de commerce qui, placée sous l'égide de la glorieuse « Épée en pal » des Montebello, qui lui sert de marque, et par l'attrait de ses excellents produits, s'est illustrée rapidement, grâce à la Renommée qui lui prêta ses ailes pour parcourir tous les points du globe.

Rien n'est plus instructif que de visiter en compagnie de M. le comte Fernand-Alfred de Montebello, qui s'y prête d'ailleurs fort obligeamment, son vignoble — au moins en partie — et le vaste établissement où s'accomplit toute la métamorphose du petit raisin champenois.

Les vignes des Montebello sont belles parmi les plus belles; mais, d'une façon générale, la vigne champenoise reçoit des soins poussés jusqu'au raffinement. C'est qu'elle n'est pas de mince valeur entre les mains de son propriétaire. N'a-t-on pas vendu l'arpent jusqu'à 35 et 40.000 francs! Le rendement est en moyenne de quatre pièces à l'arpent et la main-d'œuvre coûte environ 1.000 francs. Ceci ne dit rien peut-être au lecteur, mais lorsque nous aurons traduit ces termes en langage compréhensible pour les moins initiés, on sera stupéfait peut-être d'apprendre que la vigne à Mareuil, qui est, il est vrai, l'un des premiers crûs de Champagne, s'est vendue près de 10 francs le mètre carré : qu'il faut 4 mètres carrés pour produire une bouteille de champagne et que la main-d'œuvre de la vigne seule, pour produire cette bouteille, coûte 1 franc! On a vu du reste le prix du vin atteindre 1.000 francs et plus la pièce au pressoir, c'est-à-dire 4 francs la bouteille et plus!

La visite du cellier, où sont de puissants pressoirs sur lesquels on peut presser en un marc 6.000 kilos de raisins, n'est pas moins instructive. Ce seul cellier, qui borne la cour au Sud, peut recevoir jusqu'à 2.500 pièces de vin nouveau. C'est là que se fait la première fermentation, où le moût se transforme en vin. Au mois de mars qui suit la vendange, ces vins sont recoupés, pour mélanger les crûs des différents coteaux, dans d'immenses foudres qui occupent tout le fond des celliers; puis ils sont mis en bouteilles et descendus en caves. Quelques semaines après, la fermentation en bouteille a eu lieu et le vin attend en cave pendant deux, trois années et plus la mise sur pointe. Cette opération consiste à placer les bouteilles, la tête en bas, sur des planches percées de trous; elles sont remuées chaque jour pendant plusieurs semaines, afin d'amener le dépôt, qui est le résidu de la fermentation, jusque sur le bouchon. Le chantier d'opération occupe les celliers qui bornent la cour au Nord. C'est là que le dégorgeur expulse le dépôt, que le doseur ajoute à chaque bouteille une petite dose de liqueur faite de vin et de sucre candi, dose qui varie suivant les pays auxquels les vins sont destinés, et que le boucheur rebouche la bouteille d'un bouchon neuf.

Le cellier d'expédition occupe toute la portion des bâtiments situés à l'Ouest. C'est là que le vin opéré attend le moment de l'expédition. Lorsque ce moment est arrivé, le vin est transporté dans la salle d'emballage, immense cellier parallèle au précédent, où les bouteilles sont étiquetées, coiffées d'étain et emballées.

Lorsqu'on pénètre par une haute et large porte-cochère dans la cour dont nous venons de décrire trois des côtés, on aperçoit à gauche le château ou maison d'habitation de M. le comte de Montebello, tandis qu'à droite et presque au milieu de la cour, s'élève une tour ronde, de plusieurs étages, du haut de laquelle on jouit d'un magnifique point de vue sur le vignoble et sur la vallée de la Marne.

Un double escalier, orné de lampes, conduit aux bureaux de la maison, situés au premier étage de la tour, qui fut autrefois un énorme pigeonnier, devenu très élégant aujourd'hui, car, au second étage, est une belle salle circulaire, ornée d'un plafond lambrissé, artistement décoré de groupes d'amours occupés à la

vendange et aux diverses opérations de la manutention des vins de champagne.

Au rez-de-chaussée de la Tour, un escalier conduit à de vastes caves construites en maçonnerie. Les plus anciennes voûtes, où le marquis de Pange, un des anciens propriétaires du château, mettait en cave ses vins, sont quelque peu basses et tortueuses, comparées aux larges et hautes galeries de plus récente date qui ont été établies pour répondre aux besoins croissants de la maison.

Ces dernières sont taillées dans la craie, sans aucune maçonnerie, à une profondeur de quarante mètres, sous le vignoble de la maison. L'entrée est haute et spacieuse et de plain pied avec la rue, ce qui permet aux camions attelés de pénétrer jusqu'à l'entrée des caveaux.

Nous terminerons cet aperçu en répétant que cette maison a encore aujourd'hui pour gérant, depuis trente-sept ans, le comte Fernand-Alfred de Montebello. Elle lui doit une grande partie de sa prospérité.

Le comte Alfred de Montebello, petit-fils du maréchal Lannes, est un homme affable, accessible à tous et à tous les bons sentiments. Il est aimé dans toute la Champagne, surtout à Mareuil-sur-Ay, où, puissamment secondé par la charmante comtesse de Montebello, née de Mieulle, sa femme, sa générosité s'exerce chaque jour en faveur des œuvres de bienfaisance.

Le bien-être de ses ouvriers a été de tout temps sa préoccupation constante. C'est lui qui fonda, en 1872, la Société de secours mutuels de Mareuil-sur-Ay, dont il est le Président. Il y associa son nombreux personnel; il solde les cotisations annuelles de ces derniers et contribue ainsi puissamment à la prospérité de cette société philanthropique qui est digne d'être offerte comme exemple.

Après la chute du Syndicat départemental de défense contre le phylloxéra, M. le comte de Montebello fut l'un des premiers à entrevoir la nécessité de la création des syndicats communaux. Il fonda celui de Mareuil qui a depuis servi d'exemple et de modèle à ceux qui se forment encore de toutes parts. Il en est le Président.

L'industrie qu'il a rendue si prospère et qui répand le bien-être dans de nombreuses familles, contribue aussi dans une large mesure à la prospérité générale. Le château, avec ses dépendances, le parc magnifique, les promenades plantées d'arbres séculaires que la famille Montebello a généreusement abandonnées à la commune, le canal de la Marne, aux rives ombragées, large comme un lac en cet endroit, font de Mareuil l'un des coins les plus délicieux des environs.

N'est-ce pas aussi grâce à la famille Montebello et à leur industrie que Mareuil a eu l'honneur de voir dans ses murs les grandes illustrations du pays : des ministres, un président de la République, etc., et, parmi les étrangers, le célèbre vice-roi Li-Hung-Chang, des ministres de la Chine, du Japon, le général Annenkoff, qui fit le Transsibérien, et tant d'autres.

Rien de ce qui se passe dans la commune ne laisse indifférent le comte de Montebello. Il partage avec son fils, le comte Stany de Montebello, et son frère, le comte Adrien de Montebello, député de la Marne, la présidence de toutes les Sociétés de la commune : Société de gymnastique : *La Gauloise*, de tir : *Le Guidon*, Société de musique : *La Fanfare municipale*, Société de chant : *L'Orphéon*, Société de Saint-Vincent, Association amicale des vignerons, etc.

Sans compter sa naissance illustre, le comte Fernand-Alfred de Montebello possède aussi la noblesse du cœur et celle du travail.

N'avions-nous pas raison de dire à ce propos, et par analogie, que le vin de Champagne est le plus aristocratique des vins français.

Le comte de Montebello est membre de nombreuses Sociétés artistiques, agricoles et savantes. Il fait partie des grands Cercles parisiens : *Cercle agricole, Société hippique, Union artistique*, etc.

Armes des Montebello : *De sinople, à une épée d'or en pal*. L'écu surmonté d'une couronne ducale.

RONDELEUX (Paul-Grégoire), né à Paris, le 20 novembre 1832, ancien député de l'Allier, Directeur général des Mines et Usines de La Condemine, à Buxières-les-Mines (Allier), et à La Comaille, près Autun (Saône-et-Loire. — Siège social : 35, Boulevard de Strasbourg, à Paris.

Adresse ci-dessus à Paris, et Buxières-les-Mines (Allier).

M. Paul Rondeleux, après avoir été attaché plusieurs années à un grand établissement industriel de Paris et à l'une de ses succursales de Londres, devint à vingt-neuf ans, au commencement de 1862, directeur-général des importantes Mines et Usines de La Condemine.

Sous l'habile direction de M. Paul Rondeleux, la Compagnie de La Condemine ne tarda pas à prendre un grand développement. Et aujourd'hui ses usines destinées à l'exploitation de la houille, des schistes, carrières et produits céramiques, comptent parmi les plus intéressantes de la France, emploient un nombre élevé d'ouvriers, et luttent avec succès contre la concurrence américaine, notamment pour les huiles minérales.

Esprit très libéral, républicain de la première heure, M. Rondeleux, avec des amis politiques, fonda au 4 Septembre le journal le *Républicain de l'Allier* qui eut bientôt une grande influence dans la région et qui amena les populations à la cause républicaine.

Cette influence, M. Rondeleux l'employa pour favoriser les candidatures républicaines.

Sollicité depuis longtemps, d'entrer dans les assemblées élues, le directeur des Mines et Usines de La Condemine se présenta en 1877 pour le siège de conseiller d'arrondissement dans le canton de Bourbon-l'Archambault. Il battit à une énorme majorité le conseiller réactionnaire sortant.

Aux élections législatives du 4 octobre 1885, M. Rondeleux fut désigné par les comités électoraux pour être porté sur la liste républicaine de l'Allier. Au premier tour de scrutin, 49,646 suffrages sur 94.228 votants, l'envoyèrent siéger au Parlement.

M. Rondeleux se fit inscrire au groupe de l'Union des Gauches. A la mort du député Liouville, ses collègues le choisirent pour questeur.

Le nouveau député se montra parmi les plus laborieux de la Chambre. Il déposa et fit aboutir plusieurs propositions, notamment un amendement au règlement visant le *quorum* dans les élections en séance publique (4 juin 1887).

Lors de l'interpellation de M. le comte de Mun sur les événements de Chateauvillain (Isère), onze ordre du jour furent présentés. Ce fut celui de M. Rondeleux qui fut accepté par la Chambre à une très forte majorité (13 avril 1886).

Chargé de rapports sur plusieurs projets de loi, M. Rondeleux les fit accepter par ses collègues (15 nov. 1886 et 24 nov. 1887).

En maintes circonstances il prit la parole à la tribune, notamment lors de l'interpellation relative aux Tarifs de chemins de fer pour combattre l'application trop générale des tarifs à base décroissante (15 mars 1886).

Il prit part à la discussion du Budget de 1887 (8 et 11 février 1887), du projet de loi concernant les Caisses de retraite des ouvriers mineurs (22 mars 1888), du projet sur le Travail des femmes et des enfants dans les manufactures (16 juin 1888). Lors de la démission du Président Grévy, M. Rondeleux fut un des premiers promoteurs de la candidature de M. Sadi-Carnot (1887).

La *Cocarde*, organe du général Boulanger, ayant publié le 12 mars 1888, dans son premier numéro, un article réclamant la substitution au régime parlementaire du pouvoir confié à un seul homme, M. Paul Rondeleux prévint le Ministère, dès le lendemain, qu'il comptait lui poser une question au sujet des articles de journaux dans lesquels « se trouvait compromis le nom d'un des commandants de corps d'armée. » (Le général Boulanger commandait alors à Clermont-Ferrand.) Cette question fut ajournée d'un commun accord à la séance suivante. Elle fut abandonnée ensuite, le Gouvernement ayant frappé le général en le relevant de son commandement (Cf. *Journal officiel*, n° du 15 mars 1888). Ce fut l'occasion pour la presse boulangiste d'attaquer et d'insulter M. Paul Rondeleux qui, du reste, ne s'en émut pas autrement.

La Compagnie du Canal de Panama avait demandé l'autorisation d'émettre des valeurs à lots. La Commission législative chargea M. Rondeleux de conclure, comme rapporteur, au rejet de la demande. On sait ce qui arriva. La majorité se déplaça à la commission. M. Rondeleux résigna ses fonctions de rapporteur. Mais il combattit vivement à la tribune l'autorisation dans un magnifique discours prononcé le 25 avril 1888. Cette attitude courageuse devait être exploitée plus tard contre cet homme intègre, auprès des électeurs qui alors !...

Cependant la popularité du général Boulanger augmentait chaque jour. La République était à deux doigts de sa perte. Le 27 janvier 1889, le général factieux avait été élu député de Paris. Le 23 février, M. Rondeleux,

conscient de la situation, déposa un projet de loi tendant à appliquer l'article 5 de la loi du 22 juin 1886, concernant les Prétendants, à tout individu convaincu de poursuivre le rétablissement à son profit du pouvoir personnel. M. Rondeleux estimait que, du moment que cette loi avait été édictée, quelque opinion qu'on en eût, elle devait viser tous ceux, à quelque rang qu'ils appartinssent, qui tenteraient de s'ériger en prétendants. La proposition de l'honorable député fut prise en considération par la Commission d'initiative. Elle ne vint pourtant pas en discussion, les événements s'étant précipités et le général Boulanger ayant été traduit devant la Haute-Cour.

M. P. Rondeleux fit adopter, dans le Budget de 1890, la substitution d'un droit gradué à l'impôt du timbre de 0 fr. 70 c. sur les lettres de voiture ou récipissés de chemins de fer de petite vitesse, impôt grevant lourdement les petites expéditions.

Comme nous le disions précédemment, l'attitude de M. Rondeleux dans la lutte contre le boulangisme, et son intervention dans le Panama, actes auxquels plus tard on devait rendre une éclatante justice, lui valurent momentanément des colères que l'on exploita auprès de ses électeurs. Une campagne habile fut entreprise contre le député qui avait défendu si énergiquement la République et les intérêts de l'épargne française.

Pour les élections législatives du 22 septembre 1889, un Congrès se réunit pour désigner le candidat républicain de la circonscription Ouest de Moulins. M. Rondeleux fut mis en minorité. Malgré les instances de ses amis, M. Rondeleux se retire de la lutte.

Le 20 août 1893, le directeur de la Compagnie de La Condemine se présenta aux suffrages de ses compatriotes. Franc et sincère, il indiqua les réformes qui lui paraissaient réalisables au cours de la législature, et se défendit des utopies et des enchères électorales. Il terminait ainsi son principal discours prononcé en réunion publique à Moulins :

« Aucun progrès véritable ne m'effraye. D'avance je lui suis acquis. Mais ce que je redoute par dessus tout, c'est de m'exposer à faire des promesses que ni d'autres ni moi ne serions en mesure de tenir. Aussi, quelque prix que j'attache à vos suffrages, préférerais-je cent fois échouer par excès de franchise que réussir par des flatteries intéressées. »

Néanmoins le candidat radical, son concurrent, fut élu. Les démocraties paient souvent ainsi leurs meilleurs serviteurs !

En 1898, de pressantes démarches furent faites auprès de M. Rondeleux par les électeurs et ses amis politiques du Parlement pour l'engager à se représenter dans l'Allier. M. Rondeleux refusa de céder à ces instances.

Républicain par conviction, non moins que par tradition de famille — son père avait reçu la croix de juillet 1830 — s'étant, de l'aveu de tous, acquitté avec le plus grand honneur du mandat qui lui avait été confié en 1885, M. Rondeleux peut aisément se consoler d'être sorti de la politique militante.

On aime à penser toutefois que si des circonstances graves ou des dangers sérieux se produisaient, ce n'est pas en vain qu'on ferait appel à son expérience et à son dévouement.

Consulter sur M. Paul Rondeleux : Comte Angelo de Gubernatis : *Dictionnaire international des Écrivains du Jour* (Florence, 1890); — Jouve. *Dict. départ. : Allier* (1898).

PAQUET (HENRI-REMI-RENÉ), fils d'un capitaine de frégate, est né à Charleville (Ardennes), le 29 septembre 1845; licencié en droit, ancien avocat à la Cour d'Appel de Paris; naturaliste, bibliographe, historien et écrivain français, membre de plusieurs Sociétés savantes françaises et étrangères.

M. René Paquet — plus connu sous le pseudonyme de Renée Quépat, anagramme de son nom — fit ses études classiques à Metz et son

Droit à Paris. Reçu Licencié en Droit, il se fit inscrire au Barreau de la Cour d'Appel de Paris.

De bonne heure, cependant, M. René Paquet abandonna le Barreau pour se consacrer exclusivement aux Lettres et aux Sciences.

Depuis, son temps s'est passé alternativement à Paris et à Woippy, où il possède des propriétés.

L'œuvre de M. René Paquet est considérable.

En dehors d'une collaboration suivie à plusieurs Revues scientifiques et littéraires — notamment à la *Revue de Zoologie*, à l'*Acclimatation*, à *Mélusine* de MM. H. Gaidoz et Eugène Rolland, cet écrivain a publié un grand nombre d'ouvrages consacrés à l'Histoire du Pays messin et à son Folklore, à l'Histoire littéraire, à la Zoologie, etc.

Nous citerons les principaux.

Ce sont d'abord : ses *Simples Notes prises pendant le Siège de Paris* (brochure in-8, Paris, 1871); — « *La Lorgnette philosophique*, Dictionnaire des grands et des petits Philosophes de mon temps », ouvrage écrit avec esprit et humour (un vol, in-18; Paris. 1872); — *Essai sur La Mettrie, sa vie et ses œuvres* (un vol. in-18, avec portrait de La Mettrie, Paris, 1875); — *Histoire du Village de Woippy, près Metz* (1878, in-8, av. 2 planches); — *Chants populaires messins recueillis dans le Val de Metz*, importante contribution au Folklore de la Lorraine (Metz, 1878, un vol. in-18); — *Recherches historiques sur la grande Thury, près Metz* (1880, un vol. in-8, av. planches).

Il faut accorder une mention toute particulière à l'important ouvrage de M. René Paquet : *Dictionnaire biographique de l'ancien département de la Moselle* (un gr. vol. in-8 sur 2 col.; Paris, 1887), source de documents inappréciables sur les personnalités contemporaines originaires de l'ancien département de la Moselle, et qui complète fort heureusement la biographie de son devancier, M. Bégin, sur la même contrée.

Comme naturaliste, M. René Paquet a publié : *Le Chasseur d'alouettes au miroir et au fusil* (1871, in-12); — *Monographie du Chardonneret* (1873, in-8); — *Ornithologie parisienne, ou Catalogue des oiseaux sédentaires ou de passage, etc., qui vivent dans l'enceinte de la Ville de Paris* (1874, in-12); — *Monographie du Cini* (Fringilla Serinus), publiée en 1875 (un vol. in-8, avec 2 pl. coloriées); — *L'Ornithologie au Salon de 1876* (in-12, 1876); — enfin : « *Ornithologie du Val de Metz*, catalogue des oiseaux sédentaires et de passage qui vivent à l'état sauvage sur le territoire de Woippy et autres localités voisines, avec notes critiques et dates de la migration et du retour de chaque espèce » (Paris, Baillière et fils, 1899, in-12, tiré seulement à 200 exemp.).

Sources: Vapereau, *Dictionnaire des Contemporains;* — Gubernatis, *Dict. int. des Écriv.*

du Jour; — Jouve, *Ardennes;* — Lermina; — J. Lorenz; — Larousse (Supplément).

LADOUCETTE (baron Étienne de), ✸, né à Saint-Étienne (Loire), en 1845, licencié en droit, ancien député des Ardennes, vice-président du *Syndicat central des Agriculteurs de France*, membre de la *Société des Agriculteurs de France* et de nombreuses Sociétés agricoles ou savantes, écrivain, homme politique et économiste français.

Adresse : 8, place Vendôme, Paris. — Au château de Vieils-Maisons (Aisne).

Le baron Etienne de Ladoucette appartient à une ancienne famille noble de la Lorraine qui a rendu d'importants services au pays.

Son grand-père, le baron de Ladoucette, fut préfet du département des Hautes-Alpes. Sa remarquable administration lui conquit le respect et la reconnaissance de toute la région. Aussi une statue lui a-t-elle été élevée à Gap. Son nom a été également donné à l'une des principales rues de Metz, sa ville natale.

Un de ses oncles, le baron de Ladoucette, mourut en 1869, sénateur et président du Conseil général de la Moselle.

Son père fut préfet de la Haute-Loire et député des Ardennes pour l'arrondissement de Vouziers.

Après d'excellentes études, le baron Etienne de Ladoucette fut reçu brillamment, en 1868, au concours du Conseil d'Etat. La guerre de 1870 survenant, il prit du service et fit vaillamment son devoir.

Il fut décoré de la Légion d'honneur l'année suivante.

Le baron Etienne de Ladoucette entra tout jeune sur la scène politique. A la mort de son oncle, en 1869, il avait été appelé à le remplacer comme Conseiller général de la Moselle.

Aux élections législatives de 1876, le baron Etienne de Ladoucette se présenta dans la circonscription de Briey (Meurthe-et-Moselle) et fut élu. L'année suivante, ses électeurs lui continuèrent leur confiance en l'envoyant de nouveau siéger au Parlement.

Au cours de ces deux législatures, il eut, à maintes reprises, l'occasion de prendre la parole et de montrer un véritable talent d'orateur en même temps que des connaissances économiques peu communes.

Il présenta des propositions de loi d'un grand intérêt, parmi lesquelles il convient de citer tout spécialement le projet relatif à l'organisation de la représentation légale de l'agriculture.

En 1881, ses amis insistèrent auprès de lui pour le décider à remplacer son père comme député des Ardennes pour l'arrondissement de Vouziers. M. de Ladoucette avait — et a toujours - de grands intérêts agricoles dans cette région, où il est très estimé. Il se laissa convaincre et fut élu.

En 1885, les élections eurent lieu sur la loi du scrutin de liste. Ses électeurs lui restèrent fidèles, mais ils ne purent contre-balancer les votes républicains des autres circonscriptions des Ardennes.

Aux élections législatives de 1889, M. de Ladoucette rentra à la Chambre des députés.

Au cours de ces deux dernières législatures, le baron Etienne de Ladoucette monta très souvent à la tribune. Il fut le promoteur et le rapporteur de lois importantes.

Il fit voter entre autres la loi sur l'organisation des Halles centrales de Paris, organisation que rendait très ardue la dualité d'attributions des préfectures de la Seine et de police.

M. de Ladoucette fut aussi l'auteur remarqué du *Rapport sur la police rurale*, comprenant entre autres l'organisation complète et nouvelle du service sanitaire, d'après les découvertes les plus récentes de la science.

Conservateur par sa naissance, ses attaches et ses convictions, M. de Ladoucette siégea toujours au Parlement sur les bancs de la droite. En 1893, il eut pour concurrent M. Dumaine, et ne fut pas réélu.

Depuis, il s'est retiré de la vie publique pour se livrer activement aux études agricoles et économiques qui lui furent toujours chères.

Le baron Etienne de Ladoucette est l'un des fondateurs et le Vice-Président du *Syndicat central des Agriculteurs de France*. Il est membre du *Cercle agricole*, de la *Société hippique* et de l'*Union artistique*.

On lui doit de nombreuses conférences et plusieurs ouvrages et études sur les questions économiques et monétaires. Il s'occupe avec une grande compétence d'agriculture et de sylviculture dans sa terre de Vieils-Maisons (Aisnes) et dans ses propriétés des Ardennes.

Le baron Etienne de Ladoucette avait épousé Mlle La Chambre, qu'il a eu la douleur de perdre récemment.

DENIS (Prosper-Victor-Paul-Albert), I. ✪, O. ✠, né à Charmes-sur-Moselle (Vosges), le 12 janvier 1866, avocat, écrivain et homme politique, membre de plusieurs Sociétés savantes, maire de la ville de Toul, conseiller général de Meurthe-et-Moselle.

Adresse : 5, place de la République, à Toul (Meurthe-et-Moselle).

M. Albert Denis est le petit-fils du docteur Denis de Commercy, membre de l'*Académie de médecine*, correspondant de l'*Institut* (1799—1863), et le fils du président Paul Denis, président honoraire du Tribunal civil de Toul, vice-président du Conseil général de Meurthe-et-Moselle.

Nous trouvons dans le *Dictionnaire universel* de Larousse les documents biographiques suivants sur le docteur Denis de Commercy :

« DENIS de COMMERCY (Prosper-Sylvain), né à Commercy (Meuse), en 1799, décédé à Toul en 1863, membre de l'*Académie de médecine*, correspondant de l'*Institut*.

«Denis de Commercy, reçu docteur en médecine, devint, à la suite de ses travaux remarquables, médecin en chef et directeur de l'Hôpital civil et militaire de Toul.

«Un grand nombre de travaux qui firent époque lors de leur publication, lui valurent d'être membre de l'*Académie de médecine* et membre correspondant de l'*Institut*.

«Nous citerons de lui : *Etudes chimiques, physiologiques et médicales sur les matières albumineuses* (1843; 1 vol. in-8°); — *Esquisses d'une Topographie et d'une Statistique agricole de l'arrondissement de Toul* (1 vol. in-8°; 1848); — *Nouvelles Etudes chimiques, physiologiques et médicales sur les substances albumineuses* (1 vol. in-8°; 1856); — *Mémoire sur le Sang* (1 vol. in-8°; 1859), etc. »

M. Paul DENIS, né à Commercy (Meuse), le 2 décembre 1829, est le fils de Denis de Commercy. Reçu avocat en 1853 par la Faculté de droit de Paris, M. Paul Denis se fit inscrire au barreau de Toul, où il exerça sa profession à la satisfaction de tous jusqu'en 1861.

Ses concitoyens l'avaient appelé en 1860 aux fonctions de conseiller municipal, et il avait été nommé adjoint au maire la même année.

Le 2 mars 1861, M. Paul Denis fut nommé aux fonctions de juge de paix du canton de Gerbéviller. Il passa ensuite avec la même qualité à Charmes-sur-Moselle, le 24 septembre 1864, et à Sarrebourg, le 30 décembre 1865.

M. Denis resta dans ce dernier poste jusqu'au 26 septembre 1868. A cette date, il fut nommé juge au Tribunal de Sarrebourg, et il occupa cette fonction jusqu'au moment où Sarrebourg ayant été annexé à l'Empire d'Allemagne, un arrêté d'expulsion fut signifié à M. Denis par les autorités prussiennes.

Le 27 avril 1871, le distingué magistrat fut replacé comme juge au Tribunal de Mirecourt (Vosges), mais refusa ce poste, et le 19 mai 1873 le Gouvernement du 24 Mai l'ayant envoyé comme juge à Orange (Vaucluse) il permuta, pour ne pas quitter Toul, avec le juge de paix du canton Nord de cette ville, le 4 juin 1873.

Quatre ans plus tard, la France était en plein Ordre moral. Le 5 septembre 1877, M. Paul Denis était révoqué de ses fonctions par le Gouvernement du 16 Mai. Il était le seul fonctionnaire de l'arrondissement de Toul qui payait de sa place sa fidélité à la République

et son amitié pour l'un des 363, M. Petitbien, député.

M. Paul Denis fut réintégré comme juge de paix de Toul-Nord, le 28 mai 1878. Le 19 avril 1879, il fut nommé juge d'instruction à Toul, et, enfin. le 16 avril 1881, il passa président du Tribunal de cette ville.

Atteint par la limite d'âge qui fixe à 70 ans la carrière des magistrats, le président Paul Denis a été, par décret du 2 janvier 1900, admis à faire valoir ses droits à la retraite. Il a été nommé Président honoraire.

« Notre concitoyen. — écrivit à cette époque un des journaux de Toul, — va quitter le Tribunal qu'il présidait depuis dix-neuf ans et où il laissera la réputation d'un magistrat intègre, dévoué, affable et paternel.

« Dût-il blesser sa modestie, un de ses collègues se permettra de dire ici publiquement à M. le président Denis qu'il emporte dans sa retraite les regrets de tous ceux qui l'ont vu à

l'œuvre, ainsi que ceux de ses concitoyens qui l'entourent à juste titre de la plus respectueuse estime. »

Au point de vue administratif, M. Paul Denis a fourni une carrière non moins longue. Depuis trente ans il représente le canton de Gerbéviller au Conseil général de Meurthe-et-Moselle. dont il est le plus ancien membre. Les électeurs républicains de ce canton ont conservé à M. Paul Denis depuis l'année terrible le plus fidèle et le plus honorable attachement, car ils ont constamment réélu en 1877, 1883, 1889 et 1895 leur représentant qui est, depuis neuf ans. vice-président de l'Assemblée départementale. Les postes électifs n'ont pas, heureusement. de limite d'âge. La robuste vieillesse du président Paul Denis, en même temps que le constant dévouement des électeurs de Gerbéviller à leur conseiller général, lui permettront de consacrer durant de longues années encore son activité et son intelligence aux intérêts du département et de la cause républicaine.

Son fils, M. ALBERT DENIS, le maire actuel de Toul, après d'excellentes études classiques terminées au Collège de cette ville (1872-1883) et son service militaire accompli au 79e de ligne à Neufchâteau (1884-1885), s'adonna à l'étude du Droit à la Faculté de Nancy (1885 1888). Reçu licencié en Droit. il fut admis, le 18 octobre 1888, comme avocat par la Cour d'appel de Nancy, et se fit inscrire au barreau de Toul (1888-1895).

Tout en poursuivant sa carrière d'avocat, M. Albert Denis s'occupait avec succès de recherches historiques sur l'antique cité de Toul et publiait le résultat de ses travaux dans plusieurs ouvrages d'un vif intérêt. C'est ainsi qu'il donna : *La Sorcellerie à Toul aux XVI* et *XVII* siècles* (1 vol. petit in-8° de 200 pp.: Toul, Lemaire, 1888). curieuse contribution folkloriste aux recherches sur la sorcellerie : *L'Affaire Marc, Gauthier et Malvoisin,* épisode de l'émigration en 1791-92 (brochure de 36 pp. in-8°; Toul, Lemaire, 1891); *La Sténographie, son Histoire, son Utilité et ses multiples Applications* (Toul, Lemaire, 1892), travail auquel l'*Institut sténographique* de Paris décerna une médaille d'argent.

A la suite de ces publications, M. Albert Denis fut nommé Officier d'Académie, par arrêté ministériel en date du 31 décembre 1889.

En 1892, M. Albert Denis publia encore une *Histoire de Toul pendant la Révolution* (1 vol. de 450 pp. in-8°, orné de 7 portraits). Ce travail fut honoré d'une médaille d'or par l'*Académie de Stanislas* de Nancy (Prix Herpin, 1893).

En 1893 parut son étude sur la dénomination des *Rues de Toul;* — en 1894, son *Histoire de Toul sous la République de 1848* (Toul, François, éditeur; — en 1895, *Le Club des Jacobins de Toul, 1793-1795* (1 vol. in-8° de 130 pp., avec portraits, édité chez Berger-Levrault, Nancy-Paris).

Au Concours international de Sténographie

de Nancy (1896), M. Albert Denis obtint le premier Prix dans la section de *vitesse* (médaille d'or), avec félicitations du jury.

En 1894, M. Albert Denis fonda le journal hebdomadaire : *La Moselle*, organe républicain démocratique de l'arrondissement de Toul, qui tire actuellement à 3.800 exemplaires.

Le 1er mai 1892, M. Albert Denis fut élu membre du Conseil municipal de la Ville de Toul. Il a été réélu successivement le 3 mai 1896, le 28 août 1898 et le 6 mai 1900.

Sollicité de se présenter aux élections pour le Conseil d'arrondissement, il accepta et fut élu pour le canton de Toul-Sud le 28 juillet 1895.

Le 31 juillet 1898, les électeurs du même canton l'envoyèrent siéger au Conseil général

du département de Meurthe-et-Moselle, en remplacement du Dr Chapuis, élu député.

Enfin, le 10 septembre 1898, M. Albert Denis fut élu maire de la Ville de Toul, et réélu le 20 mai dernier (1900).

En cette qualité, M. Albert Denis est président des Commissions administratives de l'Hospice, de la Bibliothèque, du Musée, du Bureau de Bienfaisance, de la Caisse d'Epargne, du Fourneau économique, de la Caisse des Ecoles, du Théâtre et de toutes les Commissions municipales.

M. Albert Denis est, en outre, Président d'honneur de la 192e section des *Vétérans des Armées de terre et de mer*, du *Cercle sténographique de Lorraine*, de la *Société Touloise des Pêcheurs à la ligne*, des *Carabiniers de l'Est* et de plusieurs Sociétés savantes.

Il est Officier de l'Instruction publique depuis le 1er février 1900 et Officier de l'Ordre du Nicham-Iftikhar de Tunisie.

Ajoutons qu'il est également délégué cantonal, administrateur de la *Société de Tir* de

Toul et lieutenant d'infanterie de l'armée territoriale, attaché à l'État-major de la place de Toul.

Jeune et expérimenté comme l'est M. Albert Denis, l'avenir lui réserve assurément de remplir de hautes fonctions pour le bien du pays et de la République.

PÉCHENARD (Mgr Pierre-Louis), C. ✠, né à Gespunsart (Ardennes), le 1er décembre 1842, docteur ès-lettres, en théologie et en droit canonique, protonotaire apostolique, vicaire général de Paris et de Reims, membre de l'Académie de Reims, recteur de l'Institut catholique de Paris, écrivain.

Adresse : A l'Institut catholique, 74, rue de Vaugirard, Paris.

Mgr Péchenard est originaire de Gespunsart, importante commune des Ardennes, où son père exerçait le métier d'ouvrier cloutier.

Servi par d'heureuses dispositions naturelles, le jeune Pierre-Louis fut un brillant élève à l'école communale. La Providence voulut que ces belles dispositions fussent remarquées. Aussi à douze ans fut-il envoyé au séminaire diocésain de Charleville, puis, plus tard, à ceux de Reims où il fit, avec le plus grand succès, ses études littéraires et théologiques.

Dès le moment de son entrée au collège de Charleville, une vie toute de labeur avait commencé pour lui.

En 1867, après son cours de théologie, il vint à Paris et suivit l'École des Hautes-Études, dite École des Carmes. Il y prit, avec de profondes connaissances, le goût des études savantes et des recherches d'érudition. Brillant élève de l'Ecole, il fut reçu licencié ès-lettres en 1868 et continua à y étudier en 1869. Ordonné prêtre à Paris, en 1868, par Mgr Trioche, archevêque de Babylone, il fut appelé, sur la fin de 1869, à la cure de la Neuville-aux-Tourneurs, dan le diocèse de Reims.

Il y demeura trois années, entouré de la sympathie générale, reconstruisant son église et occupant les loisirs que pouvait lui laisser le ministère paroissial, à l'étude des belles-lettres et de l'histoire.

En 1872, M. l'abbé Péchenard fut appelé à professer la littérature, en seconde, au petit séminaire de Reims ; l'année suivante, son archevêque, Mgr Landriot, lui fit confier la chaire d'histoire au collège de Charleville. Il devint ensuite supérieur du petit séminaire de Reims où l'appelait la confiance de Mgr Langénieux. C'est dans ce poste qu'il fut reçu docteur ès-lettres, en 1876, devant la faculté de Paris.

Vicaire général de Reims en 1879, il fut, en 1886, élevé à la prélature romaine, comme Protonotaire apostolique, par Sa Sainteté Léon XIII et nommé, quelques années plus tard, commandeur de l'Ordre du Saint-Sépulcre.

Au début de sa carrière administrative, il 'était spécialement adonné à l'étude de la

législation ecclésiastique dans ses rapports avec le droit civil, et en 1881, il avait pris le grade de docteur en droit canonique à Rome devant le collège des protonotaires apostoliques.

Les qualités éminentes qu'il déploya à Reims dans l'administration d'un grand diocèse et l'autorité universellement reconnue avec laquelle il présida le Congrès ecclésiastique de Reims, en 1896, le désignèrent, à la mort de Mgr d'Hulst, pour les difficiles fonctions de recteur de l'Université ou Institut catholique de Paris.

Plusieurs candidatures avaient été mises en avant, candidatures qui, au dernier moment, furent écartées. Son Éminence le cardinal Richard proposa au vote des évêques électeurs un nom, celui du distingué vicaire général de

Reims. L'assemblée, à mains levées et à l'unanimité, nomma le candidat de l'archevêque de Paris (25 novembre 1896).

La presse, sans distinction de nuance, fit le meilleur accueil à cette élection.

« Un tel choix, écrivait M. Julien de Narfon dans le *Figaro*, est heureux à tous les points de vue.

« Il n'y a pas d'homme nécessaire, me disait récemment un des membres les plus distingués du clergé de Paris, mais il y a des hommes dangereux. » On redoutait encore, à ce moment, à l'Institut, la nomination d'un recteur qui, avec les meilleures intentions du monde, eût été certainement inférieur à la tâche que le cardinal paraissait vouloir lui imposer. L'élection de Mgr Péchenard rassurera pleinement les professeurs, les élèves et les amis de l'Institut catholique sur l'avenir de l'œuvre à laquelle sont liées les destinées de l'enseignement supérieur libre ».

Puis, rappelant les humbles débuts du prélat, M. de Narfon ajoutait :

« Le nouveau recteur a cinquante-quatre ans. Le souvenir de ses débuts modestes, d'une vie d'incessant labeur ne gêna plus tard ni le brillant élève de l'École des Carmes, ni le docteur ès lettres et en droit canonique, ni le professeur très estimé du collège de Charleville et du petit séminaire de Reims, ni le vicaire général dont le cardinal Langénieux ne se séparera pas sans de profonds regrets, ni le prélat de la maison du pape, ni l'auteur d'ouvrages d'histoire et de théologie où la science la plus sûre est enveloppée dans une forme impeccable.

« Et maintenant qu'il a été jugé digne, entre tous les membres du clergé de trente-deux diocèses, de diriger l'Institut catholique de Paris, il aura plus que jamais le droit de s'enorgueillir du point de départ en le comparant au point d'arrivée.

« Au physique, Mgr Péchenard est un homme de haute taille. Ses cheveux sont noirs. Plus noirs encore et plus épais les sourcils, qui vont se rejoindre sur le front, soulignant d'un trait un peu dur la mâle énergie d'une figure austère.

« Le caractère répond à ce portrait. D'une loyauté à toute épreuve, homme de règle et de devoir, travailleur obstiné, dédaigneux de l'obstacle, indépendant et dévoué, tel est le successeur de Mgr d'Hulst ».

Le 16 décembre 1896, Mgr Péchenard fut installé dans ses nouvelles fonctions, en deux cérémonies bien distinctes, sous la présidence du cardinal Richard.

La première de ces cérémonies eut lieu à l'Institut catholique dans la grande salle qui sert à la soutenance des thèses du doctorat. Le cardinal présenta le nouveau recteur aux professeurs de l'Institut. Puis, M. Paguelle de Follenay lui présenta chacun des professeurs.

L'impression réciproque fut de tous points excellente.

Mgr Péchenard, en soutane violette, très décoratif, figure intelligente et énergique, avec une grande douceur dans le regard plut infiniment. Il paraissait, d'autre part, tout heureux d'entrer en relations directes avec ses nouveaux collaborateurs dont il connaissait déjà et appréciait grandement les travaux.

Après lecture du décret par lequel le Saint-Père ratifiait l'élection de Mgr Péchenard, le cardinal Richard annonça qu'il lui donnait le titre de vicaire général, afin de fortifier davantage les liens qui l'attachaient, par le fait de sa récente nomination, au diocèse de Paris.

La seconde cérémonie, d'un caractère exclusivement religieux, eut lieu à l'église de l'Institut.

Mgr Péchenard récita à genoux, selon l'usage, la profession de foi dite de Pie IV.

Depuis lors, Mgr Péchenard a prouvé qu'il

était de taille à porter la succession de Mgr d'Hulst. Une construction considérable, entreprise dès son arrivée et terminée en moins de deux ans, est un témoin irrécusable de son ardente activité et de son zèle pour le développement de l'Université libre.

Il nous reste à parler des œuvres littéraires et historiques du recteur de l'Université catholique de Paris.

En 1876, il avait présenté pour le doctorat ès lettres ces deux thèses : *De schola Remensi, decimo sæculo* (in-8°, Paris, Thorin) et *Jean Juvénal des Ursins* (id.).

Membre et président de l'*Académie de Reims*, il s'était pris de belle passion pour les études historiques relatives à son pays natal, les Ardennes, et son pays d'adoption, la Champagne.

Successivement il avait publié : *Histoire de La Neuville-aux-Tourneurs* (un vol., in-8°, Reims, 1872 et 1877) ; — *Histoire de Gespunsart* (in-8°, Charleville, Pouillard, 1877) ; — *Histoire de l'abbaye cistercienne d'Igny, ordre de Citeaux* (grand in-8°, Reims, Imprimerie coopérative, 1883) ; — *Histoire de la congrégation de Notre-Dame de Reims* (2 vol., in-8°, Reims, imprimerie coopérative, 1886), ouvrages qui le classèrent parmi nos meilleurs historiens provinciaux.

Il publia ensuite à la suite du Congrès eucharistique de Jérusalem, où il avait accompagné le cardinal Langénieux, un récit de son voyage en Terre Sainte : *De Reims à Jérusalem* (in-8°, Reims, Dubois-Poplémont, 1893), et en 1896, une *Étude sur les conférences ecclésiastiques* (in-8°, Paris, Letouzey, 1896).

Il avait donné, chemin faisant, un grand nombre de discours religieux, entre autres une série de *Panégyriques de Saints*, qui avaient fait apprécier son réel talent d'orateur. Ajoutons son volume : *Triduum des fêtes du Bienheureux Urbain II*, in-8° publié à Reims en 1882, et une étude critique sur *Les Reliques de Saint-Remi, archevêque de Reims*, in 8°, Reims, Lépargneux, publiée en 1898, comme suite du centenaire du Baptême de la France.

On voit que les hautes études de l'Université catholique de Paris ne pouvaient être confiées à une direction plus compétente.

RECOUVREUR (Adrien), né à Commercy (Meuse), le 27 janvier 1858, pharmacien-chimiste, artiste peintre, critique d'art et écrivain, membre de plusieurs sociétés littéraires, artistiques ou savantes.

Adresse : 48, rue des Capucins, Commercy (Meuse).

M. Adrien Recouvreur fit ses études au Collège de Commercy. Ensuite, il suivit les cours de l'Ecole supérieure de pharmacie de Nancy, qui lui conféra son diplôme de pharmacien au mois de septembre 1885. Entre temps, il avait étudié la peinture et fréquenté les ateliers. Plusieurs de ses œuvres, exposées à Nancy, lui

avaient valu les félicitations unanimes des critiques. Et c'est avec un profond regret qu'il dut déposer la palette et le pinceau pour se livrer aux travaux scientifiques qui l'attendaient dans son laboratoire de Commercy.

Ne pouvant être peintre, il voulut se rendre utile aux artistes, en utilisant ses profondes connaissances en chimie et ses observations personnelles sur les couleurs dont l'altérabilité est profondément inquiétante pour l'avenir de l'Art pictural.

La science moderne a mis à la disposition des peintres un nombre infini de couleurs, alors que les anciens n'avaient que sept ou huit couleurs. Malheureusement, ces couleurs si

nombreuses sortent de l'arsenal de la chimie végétale ou animale, ou sont des sous-produits du goudron, ou, enfin, des substances minérales qui, solides à l'état d'isolement, s'altèrent profondément lorsqu'on les mélange.

Les couleurs des anciens, par un hasard curieux, pouvaient se mélanger sans se nuire. Il n'en est pas de même de la majeure partie des couleurs modernes qui, pour la plupart, sont incompatibles. Les anciens peintres ont obtenu une solidité qui a défié les atteintes du temps. Les tableaux de ce siècle sont déjà ou seront irrémédiablement perdus à cause de l'emploi inconsidéré du bitume et de l'usage des couleurs nouvelles. Le célèbre et si populaire tableau de Géricault, le « Naufrage de la Méduse », du Musée du Louvre, en est un exemple typique. On a été obligé tant de fois de couvrir de repeints les larges crevasses qui l'ont sillonné en tous sens, qu'on ne sait trop combien pourra encore durer ce tableau, dont la vie est toute factice.

Cet anéantissement n'est pas encore un exemple suffisant, puisque, aujourd'hui encore, de nombreux peintres accordent au bitume leurs faveurs obstinées, et emploient les couleurs achetées sans contrôle, sous les noms les plus étranges, chez des marchands irresponsables.

Il y a quelques années, s'il nous souvient bien, M. Vibert fit, à l'École des Beaux-Arts, un cours sur cette question qui intéresse tout autant les artistes que les acheteurs et les amateurs. On proposa même la création à Paris d'un laboratoire chargé de faire le contrôle des couleurs mises sur le marché. Le projet, peu pratique, fut repoussé par la presque unanimité des artistes.

A côté de la question du bitume et de celle des couleurs, un autre sujet d'étude tout aussi intéressant est celui du véhicule de la couleur, l'huile tout principalement, du moins à notre époque, car les anciens peintres possédaient des secrets gardés avec un soin jaloux, et leurs procédés sont peu connus.

C'est à la solution de ces problèmes que s'attacha M. Adrien Recouvreur. Artiste et chimiste, il était à même, mieux que tout autre, d'entreprendre ce travail si délicat.

Sa première étude parut en 1888 sous la forme d'une plaquette, tirée à petit nombre, intitulée : *Considérations chimiques sur l'emploi rationnel des couleurs dans la peinture artistique*. Dans cette brochure, M. Recouvreur exposait bien plutôt ses craintes et la nécessité d'un travail sérieux qu'il ne donnait le remède du mal.

Les artistes, ses amis, qui lurent ce petit ouvrage, engagèrent vivement M. Recouvreur à reprendre sérieusement ce travail.

M. A. Recouvreur entreprit une série d'expériences sur la peinture à l'huile, depuis le support, l'huile, la couleur et ses mélanges, jusqu'aux médiums, vernis, bitumes, etc. Il fut ainsi amené à un procédé strict, mathématique et rationnel.

Le résultat de ces recherches fut exposé dans la *Grammaire du Peintre* (in-12 ; Paris, Quantin, 1890), qui eut un retentissement réel dans le monde artistique et dans les journaux consacrés aux beaux-arts.

M. Recouvreur terminait sa préface par ces lignes :

« Loin de moi la prétention de faire du peintre un chimiste. Mais j'ai la profonde conviction que l'artiste doit être un savant. La philosophie, l'histoire, les mathématiques, l'anatomie animale et même végétale, doivent constituer son bagage ; c'est ce qu'en effet beaucoup d'artistes savent comprendre. Pourquoi donc y en a-t-il si peu qui se donnent la peine d'étudier leurs matériaux ? On peut peindre de fort jolies choses sans connaître l'histoire et la philosophie, mais c'est construire des nuages que de peindre sans connaître ses couleurs. »

Les révélations de la *Grammaire du Peintre* amenèrent, avec un grand nombre d'artistes, une correspondance très nourrie dans laquelle l'auteur, qui s'était mis gracieusement à leur disposition, eut à traiter bien d'autres questions ayant trait à la palette et au procédé. Cette correspondance, malheureusement inédite et dispersée, constitue un véritable complément de la *Grammaire*. Dès ce moment, M. Recouvreur rendit à l'Art de signalés services.

Trois mois après la publication de la *Grammaire*, paraissait un ouvrage de M. Vibert, sur *La Science de la Peinture*. M. Recouvreur le lut avec attention et y découvrit de nombreuses erreurs. Aussitôt il se mit à l'œuvre et, en une série d'articles publiés dans la *Lorraine artiste*, il entreprit la réfutation, chapitre par chapitre, du travail de M. Vibert. Ces articles, réunis en volume, parurent sous le titre de *La cuisine du Peintre* (Nancy, 1892, in-8°) ; ils furent aussi reproduits par les journaux et revues d'art de la France et de l'étranger, et furent complétés par de nouvelles études publiées dans la *Revue des Beaux-Arts*, la *France*, etc.

M. Recouvreur a fait le même travail pour le procédé si coquet de l'aquarelle : *Les matériaux de l'Aquarelle* (in-8°, Nancy, 1892.)

Après avoir étudié la couleur au point de vue chimique, M. Recouvreur avait supprimé, comme fugaces ou dangereuses dans le mélange, un certain nombre de couleurs très belles dont les peintres déclaraient ne pouvoir se passer. Il fallait donner à l'artiste les moyens de tourner la difficulté et d'obtenir quand même tous les tons. De la chimie, la question passait dans le domaine de la physique par les mélanges optiques et les effets de contrastes. Son nouveau travail : *L'harmonie des Couleurs*, fut accepté par les peintres avec le même enthousiasme. Le journal *Les Salons*, de Bruxelles, le présente comme « une syntaxe à la *Grammaire du Peintre* ».

« Ce travail, disait le *Moniteur des Arts*, contient la concise et claire explication des phénomènes optiques et des lois en dérivant. Comme première conséquence de ces lois, il ressort que notre matériel doit d'abord être convenablement choisi pour restreindre le plus possible les causes d'erreur qui pourraient en émaner. C'est pourquoi M. Recouvreur préconise l'adoption d'une palette blanche et de subjectifs préparés en blanc ou gris-pâle. Quant à l'application des lois d'harmonie, M. Recouvreur reconnaît qu'il n'y a pas de règle absolument fixe. Le travail du peintre sera, déclare-t-il, singulièrement facilité par les lois de la physique, mais son initiative personnelle ne doit pas rester lettre morte. »

En 1896, la *Lorraine artiste* publia les *Problèmes et Visions d'Art* de M. Recouvreur, belles et bonnes pages de critique artistique, écrites dans une langue riche et colorée, remplies d'humour et de bon sens.

D'autres ouvrages ne tarderont pas à compléter ceux que nous venons de citer.

Comme peintre, M. Adrien Recouvreur a exposé en province un certain nombre de toiles appréciées. Depuis quelques années, il s'est tout particulièrement adonné à l'eau-forte. Sa première planche sérieuse figura dans le Livre d'Or offert à la Russie par les Artistes lorrains. Le sujet de cette planche était : *Le Château de Commercy.*

MAGNIER (Achille), A. ❂, né à Rosoy, (Haute-Marne) le 20 août 1858, Membre de la *Société des Gens de lettres*, négociant à Hortes (Haute-Marne).

Philosophe, prosateur et poète, M. Magnier est, dans toute l'acception du mot, le fils de ses œuvres. Il appartient à cette rare élite plébéienne qui, tout en pliant aux travaux matériels le corps et l'intelligence, s'élève par les plus nobles efforts, vers l'étude et vers le progrès.

Son père, simple ouvrier, mais très intelligent et ingénieux, ayant fondé une filature, lourde tâche qui réclamait le concours de tous les siens, le jeune Achille dut, dès l'âge de 12 ans à peine, quitter l'école primaire, enchaîné dès lors au travail sans trève.

Et c'est dans les veilles, prolongées au-delà des veilles professionnelles, que l'adolescent poursuivit seul son instruction, dévorant à la dérobée les livres achetés de ses économies.

Bientôt son imagination ardente et impressionnable était vivement sollicitée par la poésie, point de départ de luttes incessantes. Irrésistiblement attiré par la Muse, il se brisait d'autre part, au sentiment exagéré de son impuissance, et de l'incompatibilité de sa carrière, redoutant de sacrifier la proie pour l'ombre.

C'est au fondateur d'une société littéraire qui eut son heure de célébrité, à M. Robert Barlet qu'on doit la découverte de ce talent caché. Aux tournois poétiques de *la Gerbe*, le nouveau venu, maintes fois lauréat, fut bientôt placé hors concours, et devint l'un des membres les plus distingués de la Société. M. Barlet, devenu son ami, le décidait enfin à publier en 1887, son premier recueil : *Poèmes humanitaires*, pages grandioses et sévères, où l'art du poète se meut à l'aise parmi les difficultés de la dialectique et de la métaphysique.

L'année suivante, il publiait *La Calicographie*, poème didactico-comique, précédé d'une *Notice Historique* et *Statistique* sur le costume, les tissus et les matières textiles, et suivi de : *Aux Empaillés*, poème héroï-comique, imité du *Lutrin.*

Ce poème de gaîté hilarante éclaire d'un jour inattendu ce talent aux faces multiples et montre que sa gravité naturelle savait se dérider à l'occasion, si les évènements n'eussent fini par la rendre exclusive.

Nous regrettons de ne pouvoir suivre pas à pas, dans l'analyse de son œuvre et dans l'esquisse de sa vie, l'évolution intellectuelle de ce travailleur modeste. Nous ne pouvons, à cette place que noter sommairement l'œuvre,

et effleurer à peine de la vie privée ce qui nous paraît caractériser l'écrivain.

A 24 ans, M. Magnier contractait un mariage d'inclination qui fut loin d'être heureux, et qui eut pour première conséquence la rupture d'une association avec son frère pour l'exploitation de l'industrie paternelle. Il embrassait alors l'humble et pénible état de marchand forain ; puis il fondait la maison de commerce qu'il dirige encore actuellement.

En publiant les *Poèmes humanitaires*, il cherchait déjà dans les lettres, ce qu'il y chercha toujours, un palliatif aux chagrins de sa vie manquée. Ainsi le dit-il lui-même parfois : « je cherchai à noyer mes soucis dans la littérature comme d'autres les noient dans le vin. » Noble diversion d'une intelligence supérieure fécondée par le malheur même !

Dans un procès en séparation de corps, auquel il dut enfin se résoudre. il connut dix années durant, croyons-nous, toutes les misères d'une procédure à outrance, que dans sa naïveté confiante et imprévoyante de poète, il fut inhabile à déjouer.

Des enfants à élever, une situation pécuniaire ruinée, entièrement à refaire, un travail forcené et incessant : telle fut la tâche ingrate et décourageante à laquelle il dut se dévouer, prématurément vieilli, avec une santé épuisée par les soucis et les surmenages.

Atteint jusque dans son énergie morale, il sut cependant réagir et retrouver assez de force non seulement pour faire face à la tâche imposée, mais encore pour écrire, dénué de loisirs, de repos, et en apparence de tous moyens nécessaires, les ouvrages qu'il nous reste à énumérer :

La Femme dans la Famille et dans l'Education (1891), œuvre magistrale, où l'auteur fixe avec une heureuse précision le rôle et la mission de la Femme, déterminés par ses facultés innées et providentielles. Ce travail, justement remarqué, obtenait à divers concours littéraires, le premier Prix, avec félicitations spéciales du jury, ainsi qu'une médaille d'Honneur de la *Société d'Instruction et d'Education populaires.*

L'Ame vibrante (1893), poésies. La première partie : *Gethsémani*, est le cri d'une âme blessée, meurtrie aux écueils de la vie, et révtéole devant le cynisme des injustices humaines. La deuxième partie : *Missel d'amour*, révèle les impressions de cette âme, rencontrant dans son calvaire même la femme idéale qui transforme sa vie. Alors, l'âme vibre éperdument à l'amour le plus ardent, le plus élevé, à ses joies, à ses douleurs, à ses désirs et à ses sacrifices. C'est le poème palpitant de l'humaine tendresse, où les deux personnages, imaginaires ou non, mais pleins de vie réelle, expriment le charme de l'idéale tendresse, les péripéties de la séparation et les luttes de la passion et de la vertu triomphante. Citons çà et là quelques passages, note forcément incomplète et atténuée du livre :

Relèvement.

De même que la foudre, en déchirant la nue,
Atteint le nid fragile où naît l'hôte des airs,
La tempête terrible en ma vie est venue,
Mon cœur s'est vu frappé de foudroyants revers.

Et mon âme gisait, hélas ! saignante et nue,
Lamentablement seule en ce triste univers,
Jusqu'au jour où l'écho de votre âme inconnue
Répondit à ma plainte et frémit à mes vers...

Puis, mon cœur accueillait votre aumône lointaine,
Bien mieux qu'un misérable en détresse un écu,
Mieux qu'un pâle assoiffé la plus pure fontaine !...

Dans le désert fatal au courage vaincu,
Surgissait l'oasis d'une amitié certaine...
Et vous m'avez prié de vivre... et j'ai vécu !

De : *Amour inconnu.*

. . . .

Un sentiment nouveau vient d'envahir mon âme ;
Qu'est il ?.. Amitié pure ? Amour, ardente flamme ?..
Il tient de l'un et l'autre et règne à leurs sommets !
A l'amitié trop vive, épargnez votre blâme...
Plaignez, chère Inconnue, à qui je me soumets,
Le mal d'aimer toujours sans espérer jamais !

De : *Malheur béni.*

. . . .

Pourquoi rêver en cette traversée,
Des flots sans trouble un ciel toujours clément
Bravons le sort, si l'épreuve passée
Cède à l'amour, ne fût-ce qu'un moment !..
J'ai bu la vie aux plus amers calices,
J'ai bu longtemps la toxique douleur,
Mais c'est le prix d'ineffables délices ;
J'ai ton amour... je bénis mon malheur !

De : *Fièvre.*

. . . .

Le désir affolé que ta prudence immole
Possède tout mon être irrésistiblement.

Mes nerfs, ô mon Amour ! tendus comme une viole
Exaspérés, tordus, vibrent éperdûment !

Ma fièvre, par degrés, est montée au vertige,
Surexcitant mes sens émus, désordonnés,
Dans un orbe de feu ton image voltige,
Hélas ! pour mes yeux seuls, mes yeux hallucinés

Et mes bras instinctifs recherchant ton étreinte
D'un geste avide et fou, réitéré souvent,
Au lieu de recueillir ton ineffable empreinte
N'embrassent que le vide informe et décevant !

Ma bouche, incessamment, sans rencontrer ta bouche,
Prodigue des baisers au hasard et sans fruit.
Un invincible enfer fait un gril de ma couche,
Et l'insomnie atroce éternise ma nuit.

Lettre de l'Aimée.

« Mon bien-aimé, je suis plus que mélancolique,
Aujourd'hui, je suis folle à dévorer mes cris ;
Et malgré moi j'éclate... Attends que je m'explique :
Je t'aime trop !... O cher entre tous les chéris !

« Ne viens pas !... Je me crains !... Oh ! c'est une sup-
[plique !
Attends ma fièvre éteinte et mes sanglots taris.
Je suis lâche, c'est vrai ! plains-moi, sois angélique !
Pitié !... Sois généreux ! Grâce ! Sois sans mépris !

« Je t'appelle et te chasse !... O ciel, je me fais honte !...
Reste !... je suis à terre... Attends que je me dompte.
Tu n'es pas traître... Non ! ce soir tu me perdrais !...

« Ta fièvre de désir est la mienne... la nôtre...
Etre à toi... seul !... du moins, je ne suis à nul autre !
Mais respect à la vierge !... Oh ! je te haïrais ! »

Nous voudrions reproduire, n'était leur longueur, les principaux poèmes lyriques, tels
que : *Envolée d'âme, Destinée.* Citons seulement de celui-ci la dernière strophe, qui en
est la conclusion :

Avare, vous gardant à jamais ma tendresse,
Et renonçant pour vous à la mortelle ivresse,
Plein de foi j'attendrai, sans un murmure amer,
L'éternel rendez-vous après le temps d'épreuves,
Le rendez-vous en Dieu, comme s'en vont deux
Confluant à la mer ! [fleuves

A noter que l'*Ame vibrante* a été couronnée par la « Société d'encouragement au bien »
distinction peu banale, si l'on considère qu'un
tel sujet d'imprécation et d'amour semblerait
être bien en dehors du caractère de cette institution, sans la délicatesse et la hauteur de
sentiments qui y dominent.

Miettes et Menu grain (1897). Pensées et
aphorismes qui sont une vraie semence
d'idées.

Paix et Désarmement (1899). Plaidoyer énergique en faveur de l'œuvre poursuivie par la
Conférence de la Haye, et résumé des travaux.

Parmi les œuvres publiées par nombre de
journaux et non encore éditées, nous citerons
une série de nouvelles : *Amours brisées,* un
groupe de poésies, poèmes et saynettes pour
la jeunesse : *Petites Leçons,* une étude sur la
dépopulation des campagnes : *La Crise rurale,* etc., etc.

D'autre part, il a publié en collaboration avec Mme Jeanne France : *Echos d'autrefois* (1890), poèmes et légendes faisant revivre le passé et reflétant l'âme des peuples. *Le Père*, (1893), roman de palpitante analyse. *L'Honneur des Aubert* (1895), roman d'éducation combattant l'émigration des campagnes. *Rêve d'une heure, La Grotte enchantée, La nouvelle Marguerite* (1896), théâtre, dont deux petits opéras mis en musique par le distingué compositeur M. Ch. Caspar ; — *Leçons d'une Sœur* (1898), recueil de nouvelles patriotiques pour la jeunesse ; — Sous le titre de *Sublimes Amours*, une trilogie dont les deux premiers volumes : *Naufragé de la Vie* et *Aimante et Amante* sont sous presse. D'autres ouvrages écrits avec la même collaboration ont été publiés par un grand nombre de journaux, et paraîtront sans doute prochainement en librairie, tels que *Le Sacrifice de l'abbé Borel*, une série de *Nouvelles*, plus une série de poétiques récits féminins : *Chimères d'amour*.

A citer aussi les *Lettres d'un paysan*, répondant aux *Lettres d'un Universitaire*, de M. Robert Borlet ; — Une série d'articles sur la *Langue internationale naturelle* ; — une collaboration suivie au *Passe-Temps en famille* et à *l'Amie de la Jeune fille*. En outre, un grand nombre de ses poésies ayant fourni l'inspiration à des compositeurs de talent, ont été éditées en musique. Citons au hasard : *Hymne à l'Alsace ; — Pauvre fou ! — Rêve vers l'étoile ; — Pur amour ; — La Prière du Grand Jour ; — Le temps ou j'aimais ;— Miettes d'Amour ; — Visite d'enfant ; — Le Retour du Marin ; — C'etait écrit ! — Gethsémani ; — Nuit splendide ; — Soir d'été ;— L'Enfant en prière*, etc.

Voici quelques-unes des distinctions qui sont venues sanctionner ce talent modeste : Membre fondateur de l'*Association philanthropique pour la propagation de la langue internationale naturelle*, et diplôme de capacité (1886) ; — Sept fois lauréat de la *Société nationale d'Encouragement au Bien ;* lauréat de la *Société d'Instruction et d'Education populaires ;* membre de la *Société des Gens de Lettres :* adhérent en 1892, titulaire en 1896, lauréat de cette Société en 1899 ; officier d'académie en 1898; membre honoraire de la *Ligue des femmes pour la paix*, etc.

Concluons par ce mot de M. Magnier lui-même : « Le travail est ce qu'il y a de meilleur dans la vie. » Le penseur, en dehors des soins de son commerce quasi-universel, ne croit pas déchoir en se livrant à mille travaux manuels pratiques, qu'il exécute avec goût. Son existence n'est-elle pas ainsi la plus haute leçon de vaillante résignation et de moralité ?

BROQUELET (Alfred-Jean-Marie), A. ✪, né à Abbeville (Somme), le 25 mars 1861 : artiste lithographe, membre du comité de la *Société des Artistes français*, secrétaire de la section de gravure de la même société, secrétaire général de l'*Association des Artistes lithographes français*, membre correspondant de la *Société d'Emulation d'Abbeville*, secrétaire général de la *Société nationale du Cuir d'art français*.

Adresse : 40, rue d'Hauteville, Paris.

M. Broquelet est Abbevillois, et l'on sait qu'Abbeville est la patrie d'un grand nombre de graveurs de mérite qui ont trouvé en M. Emile Delignières un historien sagace et érudit. M. Delignières — disions-nous dans le *Dictionnaire des Hommes du Nord* (T. Ier, p. 110) — poursuit avec persévérance et avec succès la reconstitution de leurs œuvres. Il va plus loin : il décrit en même temps la vie de plusieurs de

ces artistes en des ouvrages qui sont appréciés. Il s'est entouré de documents de première main ; ses collections de gravures de tous genres sont précieuses. C'est ainsi qu'il a étudié jusqu'à présent les œuvres de Jean-Charles Le Vasseur, de Jean Daullé, d'Emile Rousseaux, de Bridoux d'Auguste Bouquet, d'Aliamet et de quarante autres graveurs abbevillois. M. Alfred Broquelet continue cette lignée d'artistes avec un talent que tous les critiques se plaisent à reconnaître.

Après avoir suivi les cours de l'Ecole des Beaux-Arts de sa ville natale, où il remporta toutes les récompenses, Alfred Broquelet vint à Paris en 1882. Il entra aussitôt dans les ateliers de MM. W. Bouguereau et Tony Robert-Fleury. Puis, sous l'habile direction du maître Paul Maurou, il étudia cet art de la lithographie qui, après une apparente éclipse, brille actuellement d'un si vif éclat.

Depuis, M. Broquelet n'a pas cessé d'exposer chaque année dans la section de la Lithographie.

Au Salon de 1894, l'*Enfant du Pêcheur*, d'après A. Boulard, lui valut une souscription de M. le Ministre de l'Instruction publique et des Beaux-Arts.

L'année suivante, il obtenait une Mention honorable avec la *Grand'Mère*, d'après Émile Renard.

Une médaille de 3ᵉ classe lui fut décernée en 1896 pour son envoi de l'*Hôte*, d'après E. Bourde.

En 1897, M. Alfred Broquelet exposa le *Marchand d'Images*, d'après A. Boulard. Cette même année, le Comité de la *Société populaire des Beaux-Arts* lui commanda l'importante reproduction du tableau de Roll : *Célébration du centenaire des États-Généraux de Versailles*. En 1898, M. le Ministre de l'Instruction publique et des Beaux-Arts lui faisait l'acquisition de vingt épreuves de sa lithographie : *le Fumeur*, d'après Teniers, pour le compte de l'État.

Exposant à l'Exposition internationale des Beaux-Arts de Barcelone (1898), M. Broquelet y obtint une Mention honorable.

Mais le jeune artiste ne s'est pas attaché qu'à la copie d'œuvres de maitres. Il est l'auteur de nombreuses lithographies originales. A la deuxième exposition de la *Société des Artistes lithographes français*, ses envois : *Bords de la Somme au crépuscule*, et une lithographie en couleur : l'*Église Saint-Wulranc d'Abbeville*, eurent un vif succès.

Au Salon de 1899, le Jury décerna à M. Alfred Broquelet une médaille de 2ᵉ classe qui le met hors-concours, pour son envoi : *la Cène*, d'après Tiépolo, et l'État fit l'acquisition de la planche.

Voici ce qu'écrivit à ce sujet M. Jules de Marthold dans le journal : *La Lithographie* (mai 1899) :

« Tiépolo a fourni à M. Alfred Broquelet la très heureuse occasion de nous donner la meilleure des lithographies jusqu'ici sorties de son crayon, heureux déjà, mais jamais autant.

« L'interprète est bien entré dans la manière du dernier des grands Vénitiens J'ignore s'il fut impresssonné par le plafond du grand escalier de Ferrières ou par les fresques du palais Labia, mais, qu'il ait vu ou non l'admirable *Antoine et Cléopâtre* du Cannareggio, il a compris et rendu à merveille le puissant éclat du fastueux décorateur qui évoqua glorieusement au xviiiᵉ siècle l'éclatant ressouvenir de Véronèse. Sa *Cène* est tout à fait réussie et le place au premier rang des chevaliers du crayon gras. Il fallait, en effet, une grande sûreté d'exécution pour rendre l'extraordinaire habileté de l'original, original que nous possédons seulement depuis 1877, alors qu'il est depuis longtemps des œuvres de Tiépolo dans tous les grands musées d'Europe, sans parler de Venise, bien entendu.

« J'engage fort M. Broquelet à se régaler les yeux de la *Partie de cartes* du même Tiépolo, la première fois qu'il ira à Rouen. »

De son côté, M. Victor de Swarte, dont chacun connait la compétence dans le domaine des arts — nous ne parlons pas du domaine financier ! — appréciait ainsi M. Alfred Broquelet dans le discours qu'il prononça à Fontenay-aux-Roses, en juin 1899, lors de la fête des Rosati :

« Broquelet aime les Vénitiens. Sa lithographie représentant la *Cène* de Tiépolo est d'une grande variété d'effets qui rend à souhait le coloris de ce maitre audacieux. Broquelet, qui est d'Abbeville, continue la lignée féconde des cinquante graveurs abbevillois, célébrés par mon collègue du Congrès des Beaux-Arts, M. Delignieres. Ses œuvres prendront place à côté de la dynastie des Poilly et du patron Nicolas Mellan, l'auteur de la *Rébecca à la fontaine*, d'après le Tintoret. Mon ami Maurou, votre maitre, doit être fier de vos succès; nous partageons sa joie : l'avenir s'ouvre radieux devant vous. »

Au Salon de 1900, M. Alfred Broquelet a exposé le *Baptême*, d'après Emile Renard.

Ajoutons qu'au Salon décennal de l'Exposition universelle de 1900, deux lithographies : le *Marchand d'Images*, d'après A. Boulard, et la *Cène*, d'après Tiépolo, furent admises d'office. Le Jury vient de décerner à M. Broquelet une médaille d'argent pour ces deux envois.

M. Alfred Broquelet a été nommé officier d'Académie en janvier 1897.

Actif, travailleur infatigable, M. Broquelet rend de grands services aux Sociétés artistiques qui le comptent parmi leurs membres: *Artistes franais*, *Artistes lithographes français*, *Société nationale du Cuir d'art français*, etc.

Il fait également partie de la *Société d'Emulation* d'Abbeville, l'une des Sociétés savantes de la province les plus justement réputées.

DUBRON (Victor-Augustin), né à Arras (Pas-de-Calais), le 17 août 1847 ; ancien Avocat-général à Nimes et à Douai ; Bâtonnier de l'Ordre des Avocats à la Cour d'Appel de Douai; écrivain, conférencier et auteur dramatique; membre de plusieurs Sociétés savantes, artistiques ou littéraires; Maire de Villers-au-Bois (Pas-de-Calais).

Adresse : 9, rue du Canteleux, Douai (Nord)

M. Victor Dubron, après d'excellentes études à la Faculté de Droit de Paris, venait de terminer son stage d'avocat lorsqu'éclata la guerre de 1870. Il fit la campagne en qualité de sergent-major au 1ᵉʳ bataillon des Mobiles du Pas-de-Calais, qui se signala tout particulièrement à cette époque critique.

La collaboration de M. Victor Dubron à plusieurs organes républicains sous l'Empire, l'avait désigné à la bienveillance du Gouvernement de la Défense nationale qui, le 15 novembre 1870, le nomma Substitut du

Procureur de la République à Saint-Marcellin (Isère).

Un an après, M. Dubron était, en la même qualité, envoyé à Gapoù il faisait à la Cour d'assises des Hautes-Alpes de très brillants débuts.

Un décret du 22 juillet 1872 le ramena à Saint-Omer.

Le 4 décembre 1876 il était promu Substitut du Procureur général à Douai.

Il occupa ces fonctions jusqu'en janvier 1880, époque de sa nomination comme Avocat-général à Nimes.

M. V. Dubron avait alors 32 ans. Sa carrière de magistrat s'annonçait comme devant être fort belle. Un regrettable évènement la brisa soudain.

Au moment de l'exécution des Décrets. M. V. Dubron fut nommé à la tête des nouveaux magistrats chargés de prendre, à la Cour de Douai, la place de leurs collègues démissionnaires.

Républicain, M. V. Dubron ne voulait pas s'associer au

mouvement un peu tumultueux de démissions qui dépeuplait alors la magistrature. Correct et fidèle à ses amitiés, il ne pouvait non plus tirer un profit personnel de la retraite malheureuse de son ancien chef, M. Grévin, dont on lui donnait la place.

Il écrivit alors au Garde des Sceaux la lettre suivante qui précisait exactement le caractère de sa détermination :

« Monsieur le Garde des Sceaux,

« Le décret du 29 juin dernier qui me nomme Avocat-général à Douai, m'appelle à remplacer M. Grévin.

« Cet ancien magistrat a été mon chef ; il est mon ami, et son affection a résisté aux sérieuses divergences de nos vues respectives.

« Il m'est impossible de lui succéder, dans ces circonstances imprévues, sans me déconsidérer aux yeux de tous les hommes de cœur et sans compromettre, par ce discrédit, le Gouvernement qui m'a nommé.

« Dans ces conditions, j'obéis à un devoir impérieux en vous adressant ma démission. Je viens de servir pendant dix années les institutions républicaines avec une loyauté et une constance qui ne sont jamais discutées.

« Ma retraite est l'acte isolé d'un magistrat qui n'hésite pas à sacrifier sa carrière aux lois de la délicatesse professionnelle et aux obligations de l'amitié.

« Je suis, avec le plus profond respect, Monsieur le Garde des Sceaux,

« Votre très obéissant serviteur.

« V. Dubron. »

Revenu au barreau de Douai, M. Victor Dubron ne tarda pas à y prendre une place importante.

Il est peu de grandes affaires criminelles ou civiles jugées, depuis vingt ans. dans la région du Nord, auxquelles il n'ait pas eu quelque part. Sa participation aux travaux du Palais, notamment à Paris, ont fait de lui un des avocats de Province les plus connus. Ses confrères l'ont nommé membre du Conseil de leur ordre en remplacement de M. Dubois, décédé, au commencement de 1899. Six mois plus tard, ils le mettaient à leur tête et l'élisaient comme Bâtonnier.

M. Victor Dubron n'a pas seulement marqué comme magistrat et comme avocat. Il a toujours, et sous différentes formes, consacré ses loisirs aux Lettres et aux Arts.

Collaborateur du *Petit Nord*, où il a fait le Salon de 1890 ; de l'*Evènement*, où il a publié une série de Ballades ; du *Figaro*, auquel il envoie depuis de longues années des articles de tout genre — portraits parlementaires, notes de voyage, articles économiques, etc., etc.,

— il s'est, pour un temps, occupé de théâtre.

Il a fait jou r à Douai une Revue intitulée : *Vice Douai !* — à Boulogne-sur-Mer : *Le Bouquet*. opéra comique en 2 actes, musique de M. Chaulier ; — *Laquelle ?* comédie en 3 actes. Une petite saynète : *Le Plomb N° 8*. et une comédie : *Pour divorcer*, ont été créées par des artistes en renom et jouées un peu partout.

Forcé par ses occupations du Palais de renoncer au théâtre, M. Victor Dubron s'en est consolé en se faisant conférencier.

Ses conférences littéraires applaudies dans le Nord, dans l'Est, à Paris, à Bruxelles, ne se comptent plus. Il a notamment créé un genre de conférences tout nouveau : le *Roman parlé*, dans lequel il n'a pas encore trouvé d'imitateurs. *Tante Louloute*, — le *Doux Remède*, — *A qui l'Enfant ?* — *Morale mondaine*, sont les romans parlés les plus connus de M. Victor Dubron.

La grande activité de celui-ci aurait été incomplète si elle ne s'était pas exercée dans le domaine de la Politique.

M. Victor Dubron est un des conférenciers populaires les plus écoutés de la région du Nord et Pas-de-Calais — où il occupe, à côté de son ami, M. Eugène Motte, le député de Roubaix, l'une des premières places dans l'état-major des républicains fidèles aux idées de liberté, de progrès et de solidarité humaine.

Très fermement et très sagement dévoué à l'ordre, M. Victor Dubron exerce une grande action sur les masses ouvrières qu'il séduit par sa prestance robuste, sa chaude et irrésistible éloquence, son désintéressement absolu, son éclatante sincérité et la hardiesse de ses conceptions sociales.

Il n'aurait tenu qu'à lui d'entrer à la Chambre des Députés. Il a refusé toutes les candidatures, même celles qui ne lui auraient suscité aucun concurrent.

M. Victor Dubron n'a aucune autre ambition que celle d'exercer sa profession honorablement. La politique et la littérature ne prennent que ses rares loisirs. Il est avant tout et par dessus tout un avocat.

ODINET (René). ✠, G. O. ✠, G. O. ✠ C. ✠, C. ✠. O. ✠. O. ✠, ✠, ✠. etc., né à Vezin (Moselle, aujourd'hui Meurthe-et-Moselle) le 5 novembre 1834 ; consul de Perse au Havre ; armateur. agent des Messageries maritimes, de la Cie des Bateaux à vapeur du Nord, etc., etc. ; homme politique.

M. René Odinet vint tout jeune au Havre où, grâce à son intelligence, son énergie et sa volonté, il ne tarda pas à conquérir une des premières situations commerciales.

Agent des Messageries maritimes, directeur des Messageries nationales pendant de longues années, Administrateur de plusieurs grandes Compagnies, il s'est fait hautement apprécier par le Commerce havrais.

En 1872, il a été nommé consul de S. M. I. le Schah de Perse.

Il est aussi, depuis 1880, vice-président de la *Société des Sauveteurs* de la Ville et de l'arrondissement du Hâvre.

M. René Odinet, un des hommes les plus connus et les plus estimés du Havre, a rendu de grands services privés et publics.

Pendant la guerre franco-allemande de 1870-1871, alors que les communications étaient devenues très difficiles, périlleuses même pour nos paquebots transatlantiques, M. René Odi-

net, agent d'une grande compagnie maritime étrangère : la *National Line*, assura le transport. sous pavillon anglais, des malles et des dépêches du Gouvernement français.

M. René Odinet, en politique, est républicain sans épithète. C'est un indépendant, qui n'a jamais voulu s'inféoder à aucune coterie, ni prendre le mot d'ordre d'aucun groupe politique.

En 1888, il se présenta au Conseil d'arrondissement du Havre où il fut élu.

Il a été nommé aux élections des 5 et 12 août 1888, par 1,092 voix, battant au premier tour de scrutin M. Jardin, et au second tour. M. Marais. adjoint au maire du Havre, tous deux républicains également.

Aux élections législatives du 22 septembre 1889, M. René Odinet se présenta comme candidat républicain indépendant, dans la première circonscription du Havre, contre M. Jules Siegfried, député sortant. Il obtint 3,196 suffrages et ne fut pas élu. Il ne s'est pas représenté aux élections de 1893.

M. René Odinet a été nommé chevalier de la Légion d'Honneur, en 1878, sur la proposition du Ministre du commerce. Il est également décoré de plusieurs ordres étrangers; citons : Grand-Officier du Lion, et du Soleil de Perse; de l'Ordre royal de Portugal N.-D. de la Conception, de Villa Vicioza; Commandeur de l'Ordre de Medjidié, de Saint-Grégoire-le-Grand; Officier de l'Ordre royal de Léopold II de Belgique, de l'Ordre de Saint-Marin, et de l'Ordre de la Couronne d'Italie; Chevalier de l'Ordre du Christ de Portugal; de Para-Bolivar (Vénézuela); de l'Ordre de Charles III d'Espagne; Titulaire de 2 médailles argent (1re et 2e cl.) et d'un témoignage officiel de satisfaction.

MORNARD (Henri), docteur en droit, avocat au Conseil d'Etat et à la Cour de cassation.

M. Henri Mornard est né à Saint-Quentin où son père exerça sa profession pendant 30 années laissant ensuite sa charge aux mains d'un fils aîné, Paul Mornard.

Henri Mornard fit toutes ses études secondaires au lycée Henri Martin (alors lycée Saint-Quentin); puis après avoir pris ses grades de bachelier ès-lettres et de bachelier ès-sciences, il vint suivre les cours de la Faculté de droit de Paris. Reçu docteur en 1883, il présenta à la Faculté et soutint une thèse sur les *Assurances sur la vie* dont la théorie alors incertaine sollicitait tout particulièrement l'attention des jurisconsultes.

La Faculté de droit de Paris lui décerna pour cette thèse une Médaille d'or (concours de doctorat, 1883).

M. Henri Mornard fut inscrit au barreau de la Cour d'appel de Paris. Mais son goût pour les études théoriques et son esprit plutôt scientifique devaient le porter de préférence vers la Cour de cassation. Il se fit admettre à la conférence du stage du barreau de la Cour suprême.

Il fut bientôt désigné par le Conseil de l'Ordre comme premier secrétaire de la Conférence et fut chargé, en cette qualité, de prononcer le discours de rentrée en novembre 1891 sur l'*Histoire de l'ordre des avocats au Conseil d'Etat et à la Cour de Cassation*. Ce discours très documenté constitue une étude philosophique et historique sur les recours au Conseil du roi et sur les avocats chargés de présenter ces recours depuis le xiiie siècle jusqu'à nos jours.

En 1892, M. Mornard fut inscrit au barreau du Conseil d'Etat et de la Cour de Cassation où il remplaça M. Roger Marvaise, sénateur, dont il avait été le secrétaire. On le voit aussitôt chargé d'affaires importantes. Il défend devant le Conseil de préfecture et le Conseil d'Etat la Société des Téléphones en France. Il lutte devant la Cour de cassation pour les victimes des faillites retentissantes de « l'Assurance financière », des « Réassurances générales » et des « Canaux agricoles ».

Mais il devait bientôt être porté aux premiers rangs du barreau contemporain par les affaires Zola et Dreyfus :

Un officier israélite, le capitaine Dreyfus, avait été condamné pour crime de haute trahison. Trois ans plus tard, des charges graves faisaient apparaître un autre officier, Esterhazy, comme coupable du crime pour lequel avait été condamné Dreyfus. Toutes les passions politiques et antisémitiques s'emparèrent de cette affaire et tout fut mis en œuvre pour empêcher la condamnation d'Esterhazy. Émile Zola publia une lettre au Président de la République où il dénonçait toutes les manœuvres dont cet acquittement avait été le résultat.

Poursuivi devant la Cour d'assises de la

Seine pour diffamation envers le Conseil de guerre, Zola fut condamné au maximum de la peine au milieu des cris de mort d'une foule déchaînée. Zola se pourvut en cassation et demanda au Conseil de l'Ordre de lui indiquer un avocat qui voulût bien, sans commission d'office, braver les menaces et soutenir son pourvoi. M. Mornard lui fut désigné : il accepta la mission qui lui était offerte.

Contre toute attente et malgré les conclusions contraires du Procureur général, il obtint la cassation de l'arrêt qui avait frappé Zola (2 avril 1898).

Quelques mois plus tard le lieutenant colonel Henry, le principal témoin à charge entendu par les juges de Dreyfus et l'un des artisans de l'acquittement d'Esterhazy était obligé de reconnaître qu'il avait fabriqué de toutes pièces l'un des documents invoqués comme preuve de légitimité de la condamnation de Dreyfus. Le ministère Brisson crut devoir en ces conditions introduire une instance en revision devant la Cour de cassation. Cette fois encore Mornard accepta la mission qui lui était offerte de défendre l'officier israëlite contre les haines populaires; et tandis que le ministère Brisson était renversé à la Chambre en raison de cette question de revision (25 octobre 1898), il obtint de la Chambre criminelle de la Cour de cassation un arrêt déclarant la revision recevable et ordonnant une instruction sur le fond (29 octobre 1898).

Cependant le ministère Dupuy qui avait succédé au ministère Brisson s'efforçait d'accord avec les Chambres de paralyser l'instruction de la Chambre criminelle de la Cour de cassation et d'empêcher la revision. Il alla même jusqu'à proposer et faire voter une loi pour dessaisir la Chambre criminelle et renvoyer l'affaire Dreyfus devant les Chambres réunies de la Cour de Cassation qui de notoriété publique était en grande majorité hostile à la revision (loi du 1er mars 1899). L'affaire fut donc discutée à nouveau devant les chambres réunies, et le 3 juin 1899, à la suite de retentissants et émouvants débats qui durèrent quatre jours (29 mai au 1er juin) Mornard obtint un arrêt qui à l'unanimité des voix ordonnait la revision de la condamnation de Dreyfus, sur les conclusions conformes, cette fois, du Procureur général.

Cette affaire passionnait non seulement la France que l'Europe et le monde entier. La lutte pénible et difficile que pendant de longs mois Mornard avait dû, au milieu des menaces de mort, soutenir contre les passions populaires, les attaques d'une presse violente, les préjugés antisémitiques, et l'hostilité tant du Gouvernement que du Parlement le firent universellement connaître; l'éclatant succès qu'il remporta en de telles conditions consacra sa réputation.

On l'a vu souvent depuis sur la brèche, défendant soit devant le Conseil d'Etat, soit devant la Cour de cassation la cause des malheureux, victimes d'abus de pouvoir; et la *Ligue des droits de l'homme et du citoyen* a fait à cet égard souvent appel à son concours et à son dévouement.

Ses plaidoieries dans les affaires Dreyfus et Zola, tant devant la Chambre criminelle que devant lss Chambres réunies ont été sténographiées avec tous les débats. Elles ont été publiées ainsi que ses conclusions devant la Chambre criminelle et son important mémoire devant les Chambres réunies.

On a de lui, en outre, des études juridiques qui ont été publiées dans différentes revues de droit et de jurisprudence. Il a donné aussi sa collaboration à la *Société de législation comparée* pour laquelle il a annoté et traduit des lois importantes notamment sur les assurances contre les accidents du travail.

BOURCHENIN (Pierre-Daniel). né à Leyza (Deux-Sèvres) le 9 février 1853, docteur ès-lettres depuis 1885, pasteur de l'Eglise réformée de France depuis 1878, ancien élève du lycée Bonaparte, de l'Ecole des Hautes Etudes, de la Faculté de théologie de Montauban. actuellement pasteur à Sauveterre-de-Béarn Basses-Pyrénées), ancien président du consistoire d'Orthez.

Il a collaboré à la *Revue des Traditions populaires* depuis la fondation, par des articles ou communications sur le Folklore du Poitou, de la région landaise et surtout du Béarn; à la *Revue Générale*, en prose sous son nom, en vers sous le pseudonyme de *Pictone;* à la *Revue artistique et littéraire.* de Bordeaux; au *Semeur;* à l'*Ouest artistique et littéraire;* à la *Revue des Patois galloromans;* au *Bulletin de la Société de l'Histoire du protestantisme français;* à la *Revue chrétienne;* à la *Revue du Christianisme pratique;* à la *Revue de Théologie et des Questions religieuses;* au *Forester,* de Nottingham; à la *France protestante,* 2e édition.

Quant aux journaux, il a écrit de nombreux articles dans le *Protestant béarnais,* la *Vie nouvelle,* le *Christianisme au XIXe siècle,* l'*Eglise libre,* l'*Echo des Cévennes,* le *Bulletin évangélique de l'Ouest,* le *Petit Messager évangélique,* l'*Eglise chrétienne,* le *Protestant de Normandie,* le *Huguenot du Sud-Ouest,* le *Relèvement social, Evangile et Liberté.* Il est aussi collaborateur au *Signal,* le nouveau journal politique protestant, à la *Tradition nationale,* la *Revue de Bordeaux et du Sud-Ouest,* l'*Espérance,* la *Compassion,* etc.

Les ouvrages qu'il a publiés sont : *Daniel Encontre, son rôle dans l'Eglise, sa théologie,* d'après des documents pour la plupart inédits (in-8, 3 fr.; Paris, Grassart, 1877); *Etude sur les Académies protestantes au XVIe et au XVIIe siècle* (Paris, Grassart, 1882, in-8; 6 fr.); *De Tanaquilli Fabri vita et scriptis* (Paris, Grassart, 1885, in-8; 3 fr.); *La trace du pessimisme dans la Société et les lettres françaises contemporaines. 1. Les Origines* (Paris, Grassart, 1892, in-12).

En préparation : *les Chrétiens pessimistes, la Question des œuvres de patronage et de relèvement en 1894, le Procès actuel du protestantisme en France.* Plusieurs de ses œuvres poétiques ont été couronnées dans différents concours (*Bluet, Lyre d'or, Abeillistes méridionaux,* etc.).

L'auteur est membre honoraire de la *Société Ramond,* de la *Société des Amis des pauvres* de Montauban; président de l'*Association coopérative des Amis de l'Eglise réformée* de Sauveterre, ancien président de la Commission exécutive du synode officieux de la IXe circonscription (Pyrénées); représentant de la *Ligue française pour le relèvement de la moralité publique* (Basses-Pyrénées); membre de la *Ligue pour le repos du dimanche en France,* de la *Ligue de protestation contre la licence des rues,* de l'*Association protestante pour l'étude pratique des questions sociales,* de la *Société des Traditions popu-*

laires, du *Conseil d'administration de l'Asile d'Orthez*, de la *Société d'Évangélisation du Béarn et des Pyrénées*, de la *Société artistique et littéraire de l'Ouest;* de la *Société d'Ethnographie nationale et d'Art populaire*, du *Comité de conciliation de l'Église réformée*, de la *Société nationale d'Évangélisation*, de l'*Union française pour le sauvetage de l'enfance;* membre honoraire de la *Société des jeunes amis de la Paix.*

Il a été pasteur suffragant à Sedan (1878-79); pasteur auxiliaire à Arcachon (1882-86) et à Boulogne-sur-Seine (1886-88). Il a donné des conférences historiques ou religieuses, notamment sur l'Académie de Saumur, dans différentes localités. Il est un des pasteurs qui, dans ces dernières années, ont pris l'initiative d'une orientation nouvelle des Églises protestantes françaises, d'une part sur le terrain des applications sociales du christianisme, d'autre part sur celui de la conciliation des partis à l'intérieur par le retour au régime synodal national adapté aux nécessités de l'Église contemporaine.

OUDART (Charles-Alphonse-Antonin), né à Thennes (Somme), le 14 février 1855; Docteur en Droit, Avocat à la Cour d'Appel de Paris, Publiciste, membre de la *Société de Législation comparée*, membre de la *Société d'Économie sociale.*

Adresse : 20, rue du Cloître-Notre-Dame, à Paris.

M. Antonin Oudart fit ses études de Droit à la Faculté de Paris. Il fut reçu à tous ses examens de Droit avec boules blanches, et plusieurs fois avec éloge.

Licencié le 7 août 1876, il passa sa thèse de Doctorat en Droit le 4 mars 1880, avec une thèse intitulée : *De l'acquisition et de la perte du Droit de cité à Rome. — De l'acquisition et de la perte de la qualité de Français, en Droit français.*

On était alors au lendemain de la guerre franco-allemande, et la situation des Alsaciens-Lorrains donnait aux questions de nationalité un intérêt d'actualité.

Entre la Licence et le Doctorat, M. Antonin Oudart accomplit une année de service militaire, en qualité d'engagé conditionnel au 51e régiment de ligne à Beauvais (1876-77). Nommé sous-lieutenant de réserve en juillet 1881, au 72e régiment de ligne, envoyé en cette qualité au 96e régiment territorial, à Bergerac, il fut ensuite, sur sa demande, affecté au 16e régiment territorial à Péronne, où il remplit successivement les fonctions de lieutenant, lieutenant adjudant-major et capitaine. Après avoir accompli vingt-cinq ans de service, dont dix-neuf en qualité d'officier, M. Oudart a donné sa démission de capitaine qui a été acceptée par décision de M. Loubet, président de la République, le 25 mai 1900.

M. Antonin Oudart est le fils de M. Oudart-Lafillée, né à Thennes (Somme), le 18 novembre 1822, conseiller municipal de cette commune pendant 28 ans, maire pendant 10 ans. M. Oudart-Lafillée a fait construire la mairie et les écoles de Thennes, inaugurées le 5 octobre 1890.

Soucieux des intérêts du peuple, ami dévoué de l'instruction populaire, M. Antonin Oudart a soutenu énergiquement son père dans l'œuvre de la construction de ces écoles. Il fallait alors lutter contre l'influence du conseiller général réactionnaire, devenu plus tard député de l'arrondissement (voir sur cette question : *Journal de Montdidier* du 8 septembre 1886. Réponse à M. Descaure).

M. Antonin Oudart, jusqu'ici, est resté en dehors des luttes électorales dans son département. Mais le conseil municipal de Thennes, reconnaissant des services rendus dans plusieurs affaires communales, a choisi deux fois M. Antonin Oudart comme délégué sénatorial (Elections sénatoriales de la Somme du 15 juin 1890 et du 4 janvier 1891).

Jusqu'en 1889, M. Antonin Oudart a pris une part active aux travaux de la conférence Molé-Tocqueville (projets de loi sur l'*Organisation cantonale*, motion signée par Oudart et Millerand sur la *Politique coloniale*, projets de loi sur l'*Exposition publique des écrits séditieux*, sur l'*Organisation militaire*, sur l'*Organisation du pouvoir exécutif*, sur la *Revision des procès criminels*, sur la *Corruption des fonctionnaires*, etc., etc.). Membre honoraire de la Conférence depuis 1889.

Inscrit au Barreau de Paris, à la date du 8 avril 1878, M. Antonin Oudart s'est créé par lui-même, chose rare au Palais, une situation qui chaque année devient plus importante.

Le 17 mars 1882, le jeune avocat, encore à ses débuts, plaida pour l'une des victimes de l'explosion de la rue Béranger (*affaire Lasserre*, première chambre du Tribunal civil).

Plus tard on le retrouve dans des affaires capitales. Il plaide notamment pour Bouillon, condamné aux travaux forcés à perpétuité dans l'*affaire du Champ de Mars* (10 février 1886); pour la Vve Potelle, condamnée à dix ans de réclusion dans l'*affaire de la rue Saint-Merri* (6 mai 1886).

En 1888, le célèbre assassin Prado le prie d'accepter sa défense. Il lui remet de volumineux mémoires sur sa vie, mémoires intéressants qu'il veut faire publier dans le *Figaro* contre paiement d'une certaine somme. Il veut que son avocat lui serve d'intermédiaire. Il veut aussi lui imposer un plan de défense devant le jury. Il s'agissait d'une affaire retentissante qui pouvait faire la fortune d'un jeune avocat, en portant son nom aux quatre coins de la France. Me Antonin Oudart refusa néanmoins de jouer ce rôle que l'accusé voulait lui imposer, rôle qui lui paraissait incompatible avec sa dignité personnelle et les devoirs de sa profession. Prado résolut alors de présenter lui-même sa défense, assisté seulement pour la forme d'un avocat d'office. Malgré son grand talent de parole, Prado fut condamné à mort (décembre 1888).

M⁰ Oudart a plaidé dans l'affaire dite des *Aveux menteurs* (*Petit Journal,* nᵒˢ des 27 et 28 décembre 1887; 21 février 1888). Dans cette affaire, le prévenu Muller s'était dénoncé comme l'auteur d'un vol qu'il n'avait pas commis, afin d'établir la faillibilité de la justice. Le tribunal l'avait condamné à deux ans de prison. M⁰ Oudart le fit acquitter par la Cour de Paris, présidée alors par M. Manau (10 février 1888).

Citons également les affaires suivantes dans

lesquelles M⁰ Antonin Oudart prit la parole, et qui lui valurent de vrais succès :

Affaire Belthoise contre les journaux *l'Egalité,* la *Cocarde* et *l'Intransigeant;* dans cette affaire, M⁰ Oudart avait pour adversaires M⁰ Lagasse, avocat de *l'Egalité,* et M⁰ Fontaine de Rambouillet, avocat de *l'Intransigeant.* M. Belthoise, signalé par les journaux comme un agent du Ministère ayant tenté d'acheter la Presse, a fait condamner ses diffamateurs (9ᵉ Chambre, 11 novembre 1891);

Affaire des époux Varenne, victimes d'une arrestation arbitraire: leur dénonciateur fut condamné (11ᵉ Chambre, 21 février 1893) :

Affaire Louyot (arrêt de la 7ᵉ Chambre de la Cour de Paris du 20 mai 1897) dans laquelle M⁰ Oudart défendit avec succès le principe de la liberté des commerçants contre les empiètements des syndicats professionnels. L'arrêt du 20 mai 1891, déterminant le droit de poursuite des syndicats, a été rendu en matière d'usurpation de marque de fabrique. M⁰ Oudart

plaidait contre M⁰ Pouillet, bâtonnier de l'ordre des avocats ;

Affaire de la fille du capitaine Renard (première Chambre du tribunal civil de la Seine, plaidoirie du 29 décembre 1899, jugement du 12 janvier 1900). Dans cette affaire, M⁰ Oudart avait pour adversaire M⁰ J. Ménard.

M⁰ Antonin Oudart est l'auteur d'un certain nombre de travaux juridiques. Dans la *Revue critique de Législation et de Jurisprudence* (année 1883, p. 375), il a donné une étude intéressante sur l'*application de l'article 334 du Code pénal.*

La *Gazette des Tribunaux* (nᵒ du 22 août 1883), a publié une dissertation juridique de M⁰ Antonin Oudart sur *une question de nationalité.* Dans le même numéro on trouve l'arrêt de la Cour de Paris dans l'*affaire Gillebert.* La doctrine contenue dans la dissertation de M⁰ Oudart fut consacrée trois mois plus tard par la Cour de cassation (arrêt du 7 décembre 1883, Cf. *Gazette des Tribunaux* du 18 décembre 1883), et par la Cour de Rouen (arrêt du 22 février 1884; Cf. *Gazette des Tribunaux* du 26 février 1884).

De 1882 à 1887, sous le pseudonyme de CHARLES DACY, M. Oudart a rédigé la chronique judiciaire d'un journal parisien.

Sous le pseudonyme de POPULUS, M⁰ Antonin Oudart a écrit les *Causeries du Palais,* publiées en 1886 et 1887. Les articles de POPULUS ont été la cause de nombreuses réformes de détail qui ont donné satisfaction aux revendications des justiciables, adouci le sort des prévenus, des accusés, et assuré plus de garanties à la liberté individuelle. M. Antonin Oudart a été l'un des promoteurs du mouvement d'opinion qui a fait voter la loi du 8 décembre 1897 sur l'*Instruction contradictoire.* Son passé irréprochable, son caractère indépendant, la fermeté de ses convictions, lui ont valu des amitiés dans tous les partis. Ses actes, ses paroles, ses travaux dans la Presse et à la Conférence Molé-Tocqueville ont nettement indiqué ses aspirations démocratiques. Ce qu'il dit, il le fait. Sa devise est : *Vouloir !* Il est homme d'action autant qu'homme de parole.

Son activité au Barreau de Paris, les nobles causes auxquelles il se consacre, lui assurent une place parmi ceux qui aiment la Justice et la Liberté.

BILLAUD (ANTOINE), ✻, ✠, né à Germigney (Haute-Saône), le 2 octobre 1823; Propriétaire-Viticulteur, ancien maire; Lauréat de plusieurs Expositions; membre du Comité départemental de l'Exposition internationale de Paris en 1900.

Adresse : Vesoul-Bénian (Algérie).

M. Antoine Billaud est l'un de ces ouvriers de la première heure qui entreprirent la colonisation de nos belles provinces algériennes à une époque où rien n'existait, où tout était à créer.

C'est au mois d'octobre 1853 que M. A. Billaud, actuellement doyen d'âge de sa commune, s'installa à Vesoul-Bénian.

Son avoir était modique : 2.000 francs, obtenus par la vente du modeste patrimoine familial dans la Mère-Patrie. Mais il était doué d'une grande énergie et d'une activité qui ne l'abandonnèrent jamais.

Aujourd'hui, M. Billaud possède une propriété de 5 hectares complantés de vignes ; il est parvenu à augmenter sa propriété culturale qui se trouve atteindre 60 hectares qui, divisés entre ses deux fils, leur donneront la superficie reconnue nécessaire — et suffisante — pour les concessions nouvellement accordées.

A l'origine, l'agriculture proprement dite s'imposa chez les premiers petits colons. Pionniers placés dans la brousse, sans débouchés, ils étaient loin d'entrevoir les perspectives d'aujourd'hui. Ils eurent, abandonnés à eux-mêmes, à travailler d'arrache-pied pour mettre en état de culture la petite concession que l'Etat leur avait octroyée : 12 hectares par famille, avec un lot rural de 6 ares sur lequel était édifiée une maison de colonie composée de deux chambres.

Le colon n'avait guère que quelques hectares à ensemencer. En revanche, il avait de quoi s'occuper pour lutter contre le palmier nain, le lentisque, le jujubier, les épines de toute sorte et les cailloux. Sans avances, il n'était pas possible de songer à se servir de la main-d'œuvre pour activer le travail de la mise en culture.

Le Gouvernement, avec raison, accorde aujourd'hui — avec les débouchés et l'eau d'alimentation — des concessions de 30 à 35 hectares. Il n'en fut rien à Vesoul-Bénian. Malgré les avantages actuels, il est encore à conseiller aux nouveaux colons d'avoir un chiffre de premier roulement préalable de 5 à 6.000 fr., pour arriver à coloniser vite et bien.

Dans les centres viticoles tout particulièrement, cette avance s'impose. Généralement elle suffit, sauf pour la vigne en coteau qui exige le défonçage à la pioche, ce qui occasionne une dépense de 7 à 800 francs de frais par hectare, suivant qu'on a obtenu une profondeur de 0^m60 à 0^m65. Il faut savoir calculer pour ne pas s'endetter et pour résister aux surprises et aux mauvaises années.

Le premier mode de colonisation fut assez défectueux. C'est aujourd'hui que le mal apparaît. Un père de famille qui n'a pu s'agrandir ne peut retenir auprès de lui ses enfants mariés ; les nouveaux ménages doivent s'éloigner. Une concession peut leur être donnée, mais leur départ sera toujours au détriment du village qu'ils quittent.

Vesoul-Bénian, avec son terroir de 1.500 hectares — y compris les biens communaux — ne peut occuper une population assez dense pour permettre le fonctionnement d'un commerce prospère. Ce centre agricole ne peut fournir une moyenne de plus de 200 habitants.

Il en serait autrement s'il devenait viticole. Son sol — M. A. Billaud l'a prouvé — est en majeure partie propre à la culture de la vigne. La situation climatérique de Vesoul-Bénian est excellente sous tous les rapports, très salubre et, d'autre part, par son altitude de 600 mètres sur le contrefort Est du Zaccar exposé au vent du Nord, le territoire n'a à redouter ni les gelées, ni le sirocco. Quant à ses produits, ils sont de premier choix.

Il ne faut pas perdre de vue que cette culture viticole est propre au petit colon comme au capitaliste, toutes choses égales d'ailleurs.

M. A. Billaud, pour sa part, s'est contenté de peu. Avec l'aisance qu'il a acquise, et grâce

à ses connaissances pratiques, il peut lutter facilement, pour la qualité de ses produits, avec les plus grands viticulteurs de l'Algérie et de la Tunisie.

En 1889, il fut appelé pour la première fois à exposer les vins rouges et blancs de ses vieilles vignes, plantées de 1856 à 1875 (3 hectares). Ces vins furent unanimement appréciés et furent récompensés de la médaille d'or. De plus, à cette occasion, M. A. Billaud reçut le ruban de chevalier de l'Ordre du Cambodge.

Depuis, les plus hautes récompenses sont toujours venues affirmer la valeur du vignoble de M. Billaud, classé parmi les meilleurs de l'Algérie.

L'honorable viticulteur de Vesoul-Béniau a fait partie des Commissions et des Jurys de nombreuses Expositions françaises. Il est membre des Commissions de l'Exposition universelle de 1900.

Comme cultivateur et colon, il a la satisfaction d'avoir été nommé Chevalier du Mérite agricole, ce qui lui paraît suffisant pour couronner une vie toute entière consacrée à l'Agriculture et au développement de l'Algérie.

Il pourrait jouir d'une légitime retraite, mais il se promet une longue vieillesse tranquille en continuant de pratiquer la vie active qui lui fut toujours salutaire.

Pendant 24 ans, M. A. Billaud a administré, en qualité de maire, la commune de Vesoul-Bénian. Ce fut lui qui fonda de 1874 à 1880 la commune mixte d'Hammam-Rhou, qui occupe aujourd'hui un territoire très étendu.

Républicain, libéral, indépendant, il ne se laissa jamais guider que par la saine raison, la vérité, la justice. En 1896, il succomba sous la coalition des forces cléricales. Il avait doté la paroisse d'une église somptueuse et s'était occupé avec le plus grand zèle d'organiser l'enseignement primaire laïc pour les deux sexes. Les partis antigouvernementaux qui agitent l'Algérie trouvant en M. Billaud un adversaire irréductible, un républicain sans épithète ennemi de toute intransigeance, s'unirent pour le renverser. Ils y parvinrent. Et aujourd'hui le Conseil municipal est aux mains des fabriciens, et l'école congréganiste a vaincu l'école laïque. M. Billaud s'en désole, non pour lui qui fut toujours un modeste, mais pour les idées libérales qui lui sont chères et qui lui inspiraient naguère de superbes pages de haute philosophie et de sage politique que nous reproduirions ici avec intérêt si notre œuvre ne devait pas se tenir à l'écart des luttes qui divisent si malheureusement l'Afrique française du Nord. Nous croyons que M. A. Billaud serait bien inspiré en développant ces pages dans une brochure qui serait lue avec profit par nos compatriotes que la presse renseigne si mal sur les affaires d'Algérie.

SALOMON (Dr Louis-Marie-Eustache), A. ❂, né au Treuil-Marteau, près La Rochelle (Charente-Inférieure), le 16 juillet 1852 ; docteur en médecine de la Faculté de Paris ; délégué cantonal ; secrétaire du *Syndicat des Médecins de la Sarthe ;* membre de plusieurs Sociétés savantes.

Adresse : Savigné-l'Evêque (Sarthe).

Après ses études classiques au lycée de La Rochelle, le Dr Salomon entra à l'Ecole de Médecine navale de Rochefort-sur-Mer. En 1877, il vint à Paris et se fit inscrire à la Faculté de Médecine.

Nommé interne à l'Asile d'aliénés de la Sarthe, il y passa trois années pendant lesquelles il se livra à l'étude des maladies mentales.

Il fournit à son chef de service, le Dr Mordret père, de nombreuses observations de « folie circulaire » destinées à l'ouvrage si remarquable de ce savant aliéniste.

Le Dr Salomon abandonna avec regret la carrière peu lucrative de médecin-aliéniste pour

se fixer à Savigné-l'Evêque à trois lieues du Mans.

Là, médecin des filatures de chanvre d'Yvré-l'Evêque et de Champagné, il en profita pour étudier le chanvre indigène et son action sur l'ouvrier. Une enquête patiente de plusieurs années lui révéla des accidents dont sont victimes les ouvriers du chanvre : à l'état aigu, une fièvre hallucinatoire, des troubles nerveux et des éruptions ; à l'état chronique, une atrophie générale de tous les tissus, remarquable surtout chez les peigneurs de chanvre.

Il fut ainsi amené à démontrer que le chanvre indigène produit sur l'ouvrier qui le tra-

vaille une intoxication analogue au hachischisme. Cette intoxication, *complètement inconnue jusque-là,* fut décrite pour la première fois par le Dr Salomon dans un ouvrage qui lui servit de thèse inaugurale, et qui est intitulé : *Essai sur une intoxication aiguë et chronique observée chez les Peigneurs de chanvre.*

Poursuivant ses recherches et constatant l'impuissance de tout traitement curatif, il inventa, comme moyen prophylactique, un masque respiratoire préservant complètement de l'action des poussières irritantes et toxiques les voies respiratoires, les yeux, les oreilles et le cuir chevelu de l'ouvrier.

Ce masque qui porte le nom de « Masque hygiénique du Dr Salomon » obtint une Mention honorable au Concours des Masques respiratoires de Paris, en 1893.

S'intéressant particulièrement aux questions d'hygiène et aux maladies du système nerveux, mettant à profit ce qu'il avait pu observer pendant son séjour au milieu des aliénés, M. le Dr Salomon a fait paraître à l'occasion du dépôt de deux projets de loi à la Chambre des Députés, deux brochures qui lui valurent les palmes académiques en 1895 : *Autour de la Loi sur les Aliénés* (1893), et *L'Alcool et la Dépopulation de la France* (1894). Ces deux travaux furent très remarqués.

M. le Dr Salomon appartient à plusieurs Sociétés savantes et littéraires.

Il est membre fondateur des *Amis de l'Université de Normandie*, et membre de l'*Académie du Maine*.

En 1896, ses confrères l'ont choisi comme secrétaire du *Syndicat des Médecins de la Sarthe*.

Ajoutons que, dévoué à la cause de l'enseignement public, le Dr Salomon est délégué cantonal depuis 1894.

CARRA DE VAUX (baron BERNARD), né à Bar-sur-Aube (Aube), le 8 février 1867, écrivain, voyageur, orientaliste et philosophe français, membre de plusieurs sociétés savantes.

Adresse : 14, rue Saint-Guillaume, Paris.

M. le baron Bernard Carra de Vaux appartient à une famille à laquelle se rattachent plusieurs illustrations.

Son grand-père, le baron Alexandre Carra

GÉNÉRAL PERNÉTY

de Vaux (1802-1890) fut un magistrat et un philosophe distingué très versé dans l'histoire de la Champagne. Il fut plusieurs fois président d'une Société savante de Paris appelée l'*Institut historique*. On lui doi deux bons

ouvrages de philosophie : *Eudoxe*, et la *Raison des Devoirs*. Il est également l'auteur de deux volumes de poésie publiés chez Lemerre : *Ouocev* et l'*Hiver douloureux*. Le baron Alexandre Carra de Vaux était le cousin-germain de l'illustre poète Alphonse de Lamartine, leurs mères, Césarine et Alix des Roys, étaient sœurs. Jean-Louis des Roys fut le dernier échevin de Lyon avant la Révolution et l'intendant des domaines du duc d'Orléans (Philippe-Egalité). Leur mère, Mme des Roys fut gouvernante des enfants du duc d'Orléans (c'est-à-dire de Louis-Philippe) avant Mme de Genlis. Le

HENRION DE PANSEY

baron Bernard tient de M. et Mme des Roys la terre de Rieux en Champagne (département de la Marne), où Lamartine vint quelquefois voir sa tante Mme de Vaux, comme il le dit dans les *Confidences*. La famille n'a plus la terre de Vaux depuis la Révolution.

C'est au château de Vaux, en Beaujolais, possédé alors par le trisaïeul du baron actuel, que fut signé le contrat de mariage du père et de la mère de Lamartine.

Un oncle du baron Alexandre, le général comte Carra de Saint-Cyr, prit part dans sa jeunesse à la guerre de l'Indépendance en Amérique sous les ordres de Rochambeau ; il fut le premier gouverneur de la Guyane française. On sait que ce général contribua beaucoup au gain de la bataille de Marengo en se maintenant pendant la partie critique du combat dans le village de Castel-Ceriolo.

Le père du baron Bernard, le baron Albert Carra de Vaux, magistrat, était né en 1834. Il est mort en 1885. Il avait épousé Mlle Camille Pernety. Par sa mère, le baron Bernard Carra de Vaux est l'arrière-petit-fils du maréchal Jourdan, le vainqueur de Fleurus, et le petit-neveu du lieutenant-général d'artillerie Pernety, général sous le premier Empire, et, plus tard, pair de France. La famille Pernety, ancienne famille lyonnaise, compte encore une notabilité d'un autre genre : le savant abbé Pernety, bénédictin, qui écrivit de fameux traités d'alchimie, et lors de la Révolution quitta son ordre pour fonder une secte d'illuminés ; il fut le traducteur de Swedenborg.

Ce personnage très curieux fut aussi un grand voyageur. Il accompagna Bougainville dans son voyage de circumnavigation, et il en écrivit la relation sous le titre de *Voyage aux îles Malouines*. Il fut membre de l'*Académie de Berlin*. La terre de Pansey, en Haute-Marne, qui est actuellement possédée par Mme Albert de Vaux, lui vient du baron Henrion de Pansey, savant jurisconsulte, ministre

LAMARTINE

sous les Cent-Jours, et premier président à la Cour de cassation, qui l'avait laissée à sa mère, épouse du général Pernety. Par ses sœurs, le baron Bernard Carra de Vaux est allié aux familles de Crespin de Billy, Renaud d'Avène des Méloizes et Merveilleux du Vignaux. A propos du maréchal Jourdan : le nom de ce maréchal avec son titre de comte a été repris par la famille Ferri-Pisani. Un membre de cette famille, Camille Ferri-Pisani-Jourdan, de qui le baron Bernard est le petit-neveu et le filleul, fut général, de division et, sous le second empire, l'aide de camp du prince Napoléon (Jérôme) ; il accompagna ce dernier dans ses voyages en Islande et en Amérique et il écrivit sur ce sujet.

Après de brillantes études au collège Stanislas de Paris, le baron Bernard Carra de Vaux

fut admis à l'École Polytechnique en 1886. A la sortie de cette école, il consacra son activité aux œuvres sociales, aux voyages et aux travaux d'érudition. Il fut nommé maire de Pansey (Haute-Marne) à l'âge de vingt-cinq ans et il fonda alors dans le canton de Poissons un syndicat agricole et viticole dont il fut élu président. Ce syndicat est aujourd'hui présidé par le marquis de Pimodan. Il prit en même temps une part notable aux œuvres catholiques de Paris.

Comme érudit, il se spécialisa dans les études orientales et plus particulièrement dans les études arabes ; il produisit en ce genre un nombre considérable de travaux dont les principaux seront énumérés ci-après.

Nommé professeur à l'Institut catholique de Paris dès l'âge de 23 ans, il fut l'un des organisateurs des *Congrès scientifiques internationaux des catholiques* qui eurent lieu à Paris en 1891 et à Bruxelles en 1894.

En 1896, il fonda avec le R. P. Charmetant, le marquis de Vogüé, le baron d'Avril et plusieurs autres notabilités, la *Revue de l'Orient chrétien*.

Lors des massacres d'Arménie en 1895, il plaida chaleureusement la cause des Arméniens opprimés, dans une conférence faite au Salon bibliographique. Cette conférence est l'une des premières et des mieux documentées qui aient été faites sur ce dramatique sujet.

La question juive l'attira, et il la traita avec beaucoup de largeur d'esprit dans deux conférences, l'une sur le *Sionisme et l'Antisémitisme*, à l'Institut catholique de Paris (1898) publiée dans la *Revue* de cet Institut, l'autre sur *Jérôme Salvador et James Darmesteter* à la *Société des études juives* en 1900, publiée par la *Revue des études juives*.

A l'occasion de l'Exposition de 1900, M. de Vaux contribua à organiser le Congrès d'histoire des religions et le Congrès d'histoire comparée, plus spécialement dans ce dernier les sections concernant l'histoire des religions et l'histoire des sciences. Il fut nommé membre d'une commission internationale qui est chargée de préparer la fondation d'une Revue d'histoire générale des sciences.

Voyageur, le baron Carra de Vaux non content de connaître les contrées voisines de la France, porta ses investigations sur l'Asie-Mineure d'une part, et sur l'Amérique de l'autre. En Asie-Mineure il visita un certain nombre d'établissements français et put se rendre compte *de visu*, de l'activité des missionnaires et des efforts qu'ils font pour la propagation de l'influence et de la langue françaises dans plusieurs grands centres tels que Scutari, Smyrne, Koniah, Angora.

Il étudia l'archéologie de cette contrée, vit les ruines de Nicée, d'Ephèse, de Magnésie, de Sardes, de Laodicée, de Hiéropolis du Méandre.

Au cours d'une traversée à cheval en Phrygie, il fut quelque temps arrêté comme bandit et retenu dans le bourg d'Azizich, mais rendu bientôt à la liberté, il put dire à la fois l'humiliation des populations chrétiennes et l'importance des souvenirs archéologiques qui sont enfermés sous l'autorité turque dans le pays de Midas.

En Amérique, M. de Vaux admira la liberté politique, l'intensité du travail, la somptuosité de la vie mondaine, et s'intéressa d'une façon spéciale aux questions d'éducation et de religion.

Il publia une étude sur la *Franc-maçonnerie et les Sociétés secrètes en Amérique* dans les *Annales de philosophie chrétienne* (1899), une note sur *les Syriens outre-mer*, et il fit une conférence sur *le Spiritisme et le christian scientism*. La situation de la femme dans

BARON CARRA DE VAUX

les Etats-Unis d'Amérique fut pour lui l'objet d'une curiosité vive et sympathique.

Les principaux ouvrages du baron Carra de Vaux sont : un *Cours d'arabe* autographié (1892) ; l'édition arabe des *Mécaniques ou de l'Elévateur de Héron d'Alexandrie* publiée avec traduction française dans le *Journal Asiatique* en 1894. Ce texte fort important pour l'histoire des sciences, et dont l'original grec est perdu, vient d'avoir une seconde édition, par le Dr L. Nix avec la collaboration de M. de Vaux, accompagnée d'une traduction allemande, dans la célèbre collection des classiques de Trubner ; — *Le traité des rapports musicaux* de Safi ed-Din-el-Bagdadi (*Journal Asiatique*, 1891), ouvrage fort curieux pour l'histoire de la musique et qui a été depuis utilisé dans d'autres travaux ; une traduction d'un ouvrage de Maçouda, fameux historien arabe du Xe siècle, intitulé le livre de l'*Aver-*

T Ir. des H. de l'Est. — T. II. des H. du Nord, du Centre et de l'Ouest.

tissement et de la revision, publié par la *Société asiatique* (1891) ; une traduction d'un gros ouvrage de folklore oriental, antérieur aux *Mille et une Nuits*, d'après les manuscrits de la Bibliothèque nationale de Paris, publié sous le titre d'*Abrégé des Merveilles* par la Société philologique (1898). Ce livre a donné lieu de la part de MM. Maspéro et Berthelot à d'importantes notes publiées dans le *Journal des Savants* (1899), parmi lesquelles on remarque une justification de cette légende qui nous montre Annibal faisant fondre les rochers des Alpes avec du vinaigre ; *Le Mahométisme (le génie sémitique et le génie ayren dans l'Islam,* (1898) où l'auteur explique en un style charmant comment le mahométisme né sous des influences principalement sémitiques fut à diverses reprises entamé et pourrait l'être encore par des influences ayrennes ; un volume capital sur *Avicenne* dans lequel est passée en revue avec plus de détails, de précision et plus d'éloquence que cela n'avait été fait jusqu'ici, l'histoire des origines de la scolastique en Orient ; un article général et élégamment écrit sur les *Religions non chrétiennes* dans *Un siècle* (1900.)

M. de Vaux a commencé la publication d'autres travaux sur l'histoire de la philosophie et des sciences en Orient (voir notamment la traduction du traité de Gazali sur la *Destruction des philosophes* dans le *Muséon* de Louvain) et une *Notice sur un manuscrit arabe traitant des machines attribuées à Héron, Philon et Archimède,* dans la *Bibliotheca mathematica* (1900.)

Parmi les œuvres philosophiques de cet auteur, nous signalerons : un opuscule aussi profond que concis intitulé : *Notions relatives à la philosophie des sciences,* où l'écrivain admettant l'équivalence de divers systèmes possibles pour l'interprétation de la matière physique, en propose en particulier un différent du système atomiste ; — un travail sur *Le Syllogisme,* ses modes et sa valeur réelles ; un autre sur la *Métagéométrie* ; un dialogue intitulé : *A Rome, dialogues de table d'hôte,* où

LA GRASSERIE (Raoul-Robert **GUÉRIN** de), I. ☽, né à Rennes (Ille-et-Vilaine), le 13 juin 1839 ; juge au Tribunal civil de Rouen, docteur en droit, lauréat de l'Institut de France, correspondant du Ministère de l'Instruction publique, membre de la *Société des Gens de Lettres,* de l'*Académie de Législation de Toulouse,* de la *Société de Législation comparée,* de la *Société de Statistique,* de la *Société de Linguistique de Paris,* de l'*Institut international de Sociologie* et de plusieurs autres sociétés ; écrivain, poète, linguiste, psychologue, sociologue et jurisconsulte français.

Adresse : 4, rue Bourbon à Rennes (Ille-et-Vilaine) ; — et à Rouen.

M. Raoul Guérin de la Grasserie appartient à une très ancienne famille de la noblesse de Bretagne.

Après d'excellentes études secondaires, M. de la Grasserie se fit recevoir docteur en droit et fut successivement avocat au barreau de Rennes, juge à Loudéac, juge d'instruction à Saint-Brieuc, juge au Tribunal civil de Rennes, juge au tribunal de Rouen, fonctions qu'il occupe toujours.

L'ensemble de son œuvre scientifique et littéraire est considérable, et, quoique de nature très diverse, il s'unifie par un esprit philosophique très marqué et très profond, partout répandu et qui se révèle par l'emploi constant de la méthode comparative, emploi qui semble la caractéristique de ses écrits, et qui le guide aussi bien dans ses études de législation que dans celles de sociologie, de linguistique, de critique et de psychologie.

D'autre part, les connaissances que cette œuvre suppose sont très vastes, puisqu'il s'agit de comparer tantôt l'ensemble des législations, tantôt celui des langues connues, tantôt les systèmes de versification des époques et des pays divers, tantôt les phénomènes nombreux de la mentalité et de la société.

On ne saurait, malgré l'apparence contraire — il a publié plus de 200 volumes — ranger M. de la Grasserie parmi les polygraphes proprement dits. Il convient de le classer parmi ceux qui essaient de fonder une philosophie nouvelle, non point générale, mais à l'intérieur de chaque science particulière, de dégager les lois de la constatation des faits, ainsi que d'en constituer une synthèse précise.

Ses ouvrages de littérature semblent eux-mêmes une autre application de ces tendances, car ses vers se distinguent par la profondeur autant que par la recherche du naturel.

Les ouvrages de M. de la Grasserie ont été édités à Paris chez MM. Maisonneuve, Dentu, Alcan, Brière, Pedone-Lauriel, Fonte-moing.

Il a collaboré à un grand nombre de revues de la France et de l'étranger, parmi lesquelles nous citerons : les *Bulletins de l'Annuaire de législation étrangère*, la *Revue internationale de Sociologie*, la *Revue critique de droit*, la *Revue politique et parlementaire*; les *Bulletins des Comités des travaux historiques et scientifiques*, la *Revue philosophique*, la *Revue pénitentiaire*, la *Revue générale de Droit*, la *Revue de réforme judiciaire*, la *France judiciaire*, les *Lois nouvelles*, les *Mémoires de la Société de Linguistique*, la *Revue de Linguistique*, la *Revue de Droit international privé*, la *Revue de morale sociale*, le *Muséon*, la *Revue de Commerce*, celle de *Droit moderne*, la *Revue allemande de Droit comparé*, la *Revue de Belgique*, la *Scuola positiva*, les *Archives de Psychiâtrie*, etc.

Ses travaux ont été l'objet de nombreuses études critiques. Nous croyons devoir donner les appréciations de quelques-unes.

Recueil de Sirey. Bulletin bibliographique:

« Voici deux petites brochures qui, quoique de dimensions réduites, renferment plus d'idées originales que bien des gros livres. M. de la Grasserie est un oseur, il a entrepris la réforme de toute notre législation : droit civil, procédure, organisation judiciaire et droit public, et il procède par des ouvrages dont la liste est longue déjà. La critique proprement dite y tient moins de place ; d'autres l'ont faite et M. de la Grasserie a horreur des chemins battus.

« Ce qu'il veut offrir au public, ce sont des plans de réédification tout personnels. Nous disons réédification, car il n'accepte ni amendements ni transactions, estimant que les demi-mesures ne valent jamais rien... Nous serions peu surpris que M. de la Grasserie fût un admirateur sinon un disciple d'Auguste Comte. Nous retrouvons chez lui l'abondance des idées neuves, la hauteur de vues, comme aussi les formules abstraites et les raisonnements mathématiques qui caractérisent le grand philosophe. Si la lecture de ces brochures impose quelque fatigue, elle a le rare mérite de provoquer beaucoup de réflexions et de mettre sur la voie de grandes réformes. »

Ce même recueil, après l'analyse de trois autres ouvrages, s'exprime ainsi :

« La diversité des matières que présentent entre elles les trois brochures que nous groupons ici, n'étonnera personne. M. de la Grasserie, leur auteur, fait preuve en effet depuis longtemps d'une activité d'esprit et d'une variété de connaissances bien rares à notre époque, mais qui chez lui ne sont plus pour surprendre.

« Ajoutons tout de suite que cette variété n'ôte rien à la valeur des études de M. de la Grasserie. Elles se distinguent par un caractère commun de sérieux et même d'originalité indiscutables. Nos lecteurs ont pu voir par le résumé qui précède que les idées neuves ne manquent pas dans ces études. Ajoutons qu'elles sont sérieusement et comme mathématiquement déduites.

« L'auteur n'est pas de ceux qui se paient de grands mots et de phrases sonores. »

Recueil de Dalloz (1892) :

« La plupart de nos lecteurs connaissent certainement le nom de M. Raoul de la Grasserie. Il a entrepris d'écrire une série d'études qui représentent une somme de labeur vraiment extraordinaire.

« Moins accessible au grand public, mais non moins digne d'être lu et médité par les philosophes et les savants en législation, est son volumineux ouvrage sur la *Classification scientifique du Droit*. D'autres se hasarderont-ils dans la voie que M. de la Grasserie vient de tracer? C'est probable et nous ne serions nullement surpris si la science que l'honorable magistrat a cherché à créer ne faisait rapidement de nombreux adeptes. »

Recueil des Pandectes françaises (1899) :

« Les cinq brochures que nous venons d'analyser se recommandent toutes par les qualités maitresses qui distinguent les nombreux ouvrages de M. de la Grasserie et qui en constituent les traits communs : nous voulons dire une remarquable puissance de synthèse scientifique, le classement logique des idées essentielles, la mise en vive lumière de l'ensemble du sujet, les propositions de réforme qui s'inspirent moins des raisonnements abstraits ou des données chimériques que ne pénètre un sens pratique des plus accentués. Tout le monde, il est vrai, ne s'associera pas aux critiques de l'érudit magistrat de Rennes, mais il n'est personne qui ne rende justice à l'originalité des vues, à la nouveauté des idées qui pullulent dans chacune de ses études, à la profondeur de ses recherches, à l'étendue et la diversité de ses connaissances, à la clarté et l'intérêt de ses développements. »

La Revue Critique d'Histoire et de Littérature s'exprime ainsi sous la signature d'Halévy sur l'œuvre de linguistique de M. de la Grasserie : « Voilà les contours des ouvrages dont M. de la Grasserie vient d'enrichir la littérature de la linguistique, œuvres à la fois claires et profondes dans lesquelles les complications des divisions et des subdivisions multipliées presque à l'infini, loin d'alourdir la marche de la démonstration, lui servent d'étapes naturelles et de guides sûrs et éclairés.

« Je crois rester dans les limites d'une juste appréciation en rangeant ces travaux parmi les meilleurs de notre époque et en les considérant comme des facteurs puissants des progrès de la linguistique.

« Lorsque je commençais à lire ces ouvrages, l'idée seule d'avoir à méditer la philosophie de l'inconscient me faisait frémir ; mais peu à peu la voie lumineuse tracée magistralement par l'auteur dans ce dédale inextricable rassura mes pas ; maintenant que je suis arrivé au bout, je me trouve singulièrement fortifié par une foule de notions utiles et suggestives que j'avais à peine entrevues auparavant. »

Voici la bibliographie des principaux ouvrages de M. Raoul de la Grasserie :

Psychologie :

De la *Classification des Arts*, de la *Littérature et des Sciences*; de l'*Importance des langues des peuples non civilisés au point de vue psychologique*; du *Bilinguisme et de l'hybridité linguistique*; des *Causes efficientes et des Causes téléologiques*;de la *Transformation et de l'ascension des idées*; de l'*Instinct de la classification*; de la *Psychologie des religions*; de l'*Expression psychologique des Idées*; de l'*Individualisme religieux*.

Sociologie et Législation comparée :

De la *Véritable division des Pouvoirs et des Fonctions*; du *Gouvernement direct et du Gouvernement indirect*; de l'*Etat fédératif*; de la *Conversion du Suffrage universel en Suffrage organique*; de l'*Evolution de l'idée de Démocratie*; de l'*Idée d'Aristocratie*; de l'*Idée de Monarchie*; projet de loi *Sur les assurances sur la vie*; de la *Réforme du notariat*; de la *Définition et des Divisions de la Sociologie*; des rapports *Entre la Sociologie et la Psychologie*; du *Duel au point de vue sociologique*; de la *Liberté testamentaire à l'Etranger*; de l'*Indisponibilité partielle du patrimoine*; de la *Publicité personnelle*; de la *Liberté du taux des Intérêts*; de la *Suppression des immunités des coupables*; de l'*Evolution des Droits de la femme*; des *Religions comparées au point de vue sociologique*; de la *Participation des particuliers à l'exercice de l'action publique*; de la *Caution judicatum solvi*; des *Moyens pratiques de parvenir à la suppression de la paix armée*; des *Précurseurs de l'idée pacifique*; de la *Structure politique de la société*; des *Expériences législatives*; des *Principales questions de féminisme*; des *Vices de nos Codes, en particulier du Code civil*; de la *Représentation professionnelle*; de l'*Admission des femmes au droit électoral*; des *Préjugés antiféministes*; de la *Forme graphique de l'Evolution*; de la *Classification scientifique du droit*; de la *Représentation des minorités*; de l'*Unification des législations des différents peuples*; de la *Recherche et des effets de la paternité naturelle*; *Projet de constitution*; du *Jury, de ses origines, de son évolution et de son avenir*; *Etude sur la dépopulation en France*; du *Repos hebdomadaire*; *Etude critique sur l'Instruction publique en France*; de la *Réforme hypothécaire*; de l'*Extension de la quotité disponible*; de la *Liberté d'association*; une *Solution de la question d'Orient*; *Projet de loi sur la publicité*; de l'*Interprétation judiciaire et législative des lois*; de l'*Assurance sur la vie et sur les accidents*; de la *Fusion du droit commercial et du droit civil*; des *Valeurs assimilables aux immeubles*; du *Passif des successions*; de la *Dévolution de la succession chez les peuples latins*; de la *Dévolution de la succession chez les peuples germaniques*; de l'*Effet rétroactif du partage*; de la *Solidarité*; de la *Réforme de l'Assistance judiciaire*; de l'*Application de la peine*; de la *Genèse sociologique de la pénalité*; de l'*Avenir du droit pénal*; de l'*Institution du registre de commerce*; du *Contrat de mariage des commerçants*; du *Droit des femmes*; des *Cours de commerce*; de la *Restriction de l'appel*; du *Règlement et des règles de compétence*; *Etude sur les peines préventives*; de la *Nécessité de la plainte de la partie lésée*; du *Serment*; du *Domicile forcé*; des *Aliénés dits criminels; Réforme du droit successoral français;* des *Principes sociologiques du droit de succession;* de la *Définition et de la classification de la statistique;* des *Principes de l'exécution forcée;* de la *Cristallisation du droit;* de la *Classification des phénomènes sociologiques;* de la *Théocratie;* du *Népotisme;* du *Régime dotal;* du *Nom maternel;* du *Rôle moral de la dot;* du *Pardon privé;* du *Rôle sociologique de la guerre;* du *Déterminisme sociologique;* des *Modes anormaux de transmission du pouvoir;* de la *Triple immortalité;* du *Rôle sociologique du monde et de la mode;* un *Parlement féminin;* du *Droit de la victime contre la Société; Etude sur le projet de réforme du Code de procédure civile;* des *Principes scientifiques de la Criminologie;* de la *Protection juridique et de l'assurance sur la vie;* du *Droit de grâce;* des *Armées productives;* de la *Synthèse de l'électorat;* de l'*Analyse et de la synthèse des régimes matrimoniaux;* du *Contrat de mariage chez les peuples germaniques;* du *Contrat de mariage chez les peuples latins;* de la *Concentration et de la dissociation*

des partis politiques; des *Principes da la publicité;* de la *Synthèse des questions coloniales;* des *Rapports entre l'action publique et l'action civile;* du *Droit pénal et du droit prémial;* du *Potentiel de criminalité;* du *But et des effets de la pénalité;* de la *Famille artificielle;* de la *Vengeance privée;* de la *Psychologie collective;* étude sur les *Justices de paix;* étude sur la *Procédure civile d'exécution.*

Droit français et étranger :

Projet de code civil allemand; Code pénal bulgare; Code de procédure pénale bulgare; *Projet de loi allemand sur les livres fonciers; Code civil des Grisons; Code de commerce hongrois; Codes suédois; Projet de code pénal russe; Projet de code pénal suisse; Analyse du code civil mexicain;* id., *du code civil péruvien; du code civil chilien; du code civil de Vénézuéla et lois civiles du Brésil; Commentaire de la loi sur les femmes témoins;* id., *de la loi contre les outrages aux bonnes mœurs; de la loi sur les sociétés de secours mutuels; Notice annuelle sur le mouvement législatif en Autriche.*

Grammaire comparée et linguistique :

De la *Psychologie du langage;* de la *Classification des langues;* du *Verbe substantif;* de la *Conjugaison objective;* de la *Catégorie du nombre;* de la *Catégorie du temps;* de la *Véritable nature du pronom;* de la *Catégorie des modes;* de la *Catégorie des cas;* de la *Parenté entre le Chamitique, le Sémitique et l'Indo-Européen;* des *Recherches de la linguistique relatives aux peuples de l'Extrême-Orient;* de l'*Article; Essai de phonétique générale; Essai de phonétique comparée;* de la *Possibilité d'une langue internationale;* de l'*Inclusif et de l'Exclusif;* de l'*Infixation; Essai de syntaxe générale;* de la *Fonction concrète du pronom;* de l'*Origine et de l'évolution première des racines des langues;* du *syncrétisme pronominal;* des *Verbes prépositionnels;* de la *Catégorie des voix;* des *Cas contraires;* du *Verbe concret;* du *Verbe abstrait;* des *Auxiliaires;* de la *Conjugaison négative;* de l'*Antériorité du génitif;* du *Prédicatif et du possessif;* des *Divisions de la linguistique.*

Langues américaines :

De la *langue baniva;* de la *langue puquina;* de la *Famille linguistique Pano; Grammaire et vocabulaire de la langue timucua; Textes en timucua traduits et analysés;* de la *Langue tarasque;* de la *Langue Auca;* de la *Langue zoque et de la langue mixe;* de la *Langue allentiak;* des *Langues de la Patagonie;* des *Langues de Costa-Rica.*

Métrique :

Du rôle de l'e muet dans la *Versification française; Nouvelle explication du décasyllabe roman; Essai de rythmique comparée;* du *Mode mineur dans le rythme;* des *Unités rythmiques supérieures au vers;* de l'*Elément psychique dans le rythme;* de la *Césure; Analyses métriques et rythmiques; Essai de métrique chinoise; Essai de métrique védique et sanscrite; Essai de métrique des nations musulmanes;* de la *Strophe et du poème; Etude sur les principes scientifiques de la versification française.*

Poésie :

Hommes et singes; Les rythmes; Bretonnes

*et Françaises; Jeanne d'Arc; Les formes;
Les sensations; Les sentiments; Les pensées;
le Poème de la cloche; La nature; Les étrangères.*

On reste émerveillé devant une œuvre aussi
variée, aussi complexe, aussi féconde. On pourrait rééditer pour l'auteur le mot de cet ancien :
Rien d'humain ne lui est resté étranger; c'est
avec bonheur que nous le voyons quitter le
dédale de nos législations pour les régions sereines de la spéculation et de la poésie.

C'est un esprit curieux de tout et puissamment original qui se révèle à travers toutes
ses œuvres, et c'est un homme étonnamment
doué que nous y applaudissons.

Esprit pratique, poète profond et attendri
tour à tour, philosophe dans toute l'acception
du mot, fouillant toutes les manifestations de
l'activité et de la pensée humaines pour en
extraire des lois et des enseignements utiles à
tous, homme charmant et modeste caché dans
une ville de province, il est un bel exemple de
ce que peut un homme de volonté patiente, de
haute intelligence, mis en présence des problèmes si troublants et si complexes de la vie.

Cerveau encyclopédique, cœur excellent, estimé de tous ceux qui le connaissent et l'apprécient, M. de la Grasserie avait droit à une place
d'honneur dans notre galerie biographique.

C'est la vie d'un sage et d'un savant, d'un
homme de bien et d'un bon Français que nous
venons de retracer.

Dans l'antiquité grecque, au temps heureux
des académies et des concours, il eût obtenu
bien des couronnes de laurier. Dans notre époque frivole et égoïste, sa vie est un enseignement et un encouragement.

KERVILER (René Pocard du Cosquer de),
en littérature René Kerviler, ✳, I. ◊, C. ✠,
✠, ✠, etc., né à Vannes (Morbihan), le 13 novembre 1842; Ingénieur en chef des Ponts-et-
Chaussées, écrivain, folkloriste et érudit français, membre non résident du Comité des
Travaux historiques et scientifiques et de nombreuses Sociétés savantes, artistiques ou littéraires, inspecteur de la Société française d'archéologie pour la Loire-Inférieure.

Adresse : Quai du Commerce, Saint-Nazaire
(Loire-Inférieure).

M. René Kerviler est un des derniers représentants d'un genre de lettrés, d'érudits et de
savants, qui eut sa grande floraison aux alentours du XVe siècle, et qui tend de plus en
plus à disparaître. Comme les Erasme, les
Rabelais, les Estienne, il s'est montré supérieur dans les études les plus diverses, en apparence les plus inconciliables. Un travail
complet sur M. Kerviler obligerait à des divisions nombreuses dans lesquelles on étudierait
successivement l'homme sous ses multiples
aspects.

Avant tout, M. René Kerviler est ingénieur.

Après de brillantes études dans sa ville natale et à Paris, M. Kerviler se présenta à
l'Ecole Polytechnique où il entra en 1861. A sa
sortie de l'Ecole de la rue Descartes, il entra
à l'Ecole Nationale des Ponts-et-Chaussées
(1863), Trois ans après, il était nommé Ingénieur ordinaire chargé d'une mission en Angleterre, en Belgique et en Hollande.

A son retour, M. René Kerviler fut succes-

sivement Ingénieur des Ponts-et-Chaussées à
Tarbes, à Saint-Brieuc, à Nantes et enfin à
Saint-Nazaire où il devint ingénieur en chef
en 1882.

On doit à M. Kerviler des travaux importants qui l'ont placé depuis longtemps au rang
des plus savants ingénieurs contemporains.

L'une de ses œuvres les plus grandioses est
la construction du *Bassin de Penhouët*, à
Saint-Nazaire (1875-1881).

Ce bassin, un des plus vastes connus, s'étend
sur une superficie de 230,000 mètres carrés
(23 Ha), avec trois grandes formes de radoub
que l'on regarde comme des modèles. Au cours
de l'exécution de cette œuvre gigantesque,
M. René Kerviler découvrit ce qu'on a appelé
le *Chronomètre préhistorique de Saint-
Nazaire*. Le bassin de Penhouët valut à son
auteur la croix de la Légion d'honneur,
M. Kerviler ayant, disait le décret présidentiel,
« déployé une habileté et une activité des plus
remarquables dans l'exécution de cette tâche
importante et difficile. »

On lui doit, en cet ordre d'idées : le premier
Pont roulant manœuvré hydrauliquement
qui ait été établi en France (1884), et qui,
malgré son poids de 350 tonnes, est levé en
équilibre sur une seule presse; — une grande
Notice sur le Port de Saint-Nazaire, qui fut

publiée par le Ministère des Travaux publics dans la collection des *Ports de France* (1884); — le mémoire de la *Société d'Etudes de Travaux français* à l'appui du projet du « Canal des Deux-Mers », aux études duquel il a pris une grande part et qu'il a été officiellement autorisé à défendre devant les Commissions d'examen en 1886; — la construction du *Phare des Charpentiers*, au large de l'embouchure de la Loire (1887); — le creusement de la barre des Charpentiers exécuté en mer avec une ténacité indomptable et qui a procuré à notre flotte maritime l'accès d'une rade d'abri qu'elle ne possédait pas jusqu'alors de ce côté de l'Atlantique (1889-1892); — le creusement de tout le vieux bassin de Saint-Nazaire, dans le rocher et sous l'eau, à l'aide de piloneuses, sans troubler l'exploitation de ce bassin (1893-1900); — et depuis 1896 les travaux de la nouvelle entrée du port de Saint-Nazaire, avec une gigantesque écluse de 220 mètres de sas utile et un avant-port abrité par des jetées de 600 mètres de longueur dont les fondations ont été exécutées à l'air comprimé, en mer, jusqu'à 9 mètres de profondeur au-dessous du 0 des Basses mers. Ces travaux, qui seront achevés en 1903, feront de Saint-Nazaire le principal port de France sur l'Atlantique.

Il a publié des notes et des mémoires sur ces divers travaux dans les *Annales des Travaux publics*, les *Annales des Ponts-et-Chaussées* et les *Recueils de notices* sur les modèles du Ministère des Travaux publics aux Expositions universelles de Paris (1878), de Melbourne (1882), de Paris (1889) et de Paris (1900); — sans compter ses rapports annuels aux Conseils généraux de la Loire-Inférieure et d'Ille-et-Vilaine, publiés dans les *Recueils des sessions* de ces assemblées départementales.

L'historien, l'archéologue et le folkloriste ne le cèdent en rien à l'ingénieur.

Dès 1884, la *Bibliographie chronologique des travaux de M. Kerviler* (Saint-Nazaire, in-8, 1884), divisée en 120 articles, aurait alors fourni matière à 12 gros volumes. Et, depuis, M. Kerviler n'a jamais cessé d'écrire !

Comme historien, M. Kerviler a publié : le *Chancelier Pierre Séguier et son groupe académique* (in-8 de 672 p.; Paris, 2 édit., 1874 et 1876), ouvrage complétant la *Note historique et bibliographique sur le chancelier Pierre Séguier*, du même auteur, publiée à Saint-Brieuc en 1871; — *Abel Servien, négociateur du traité de Westphalie* (in-8, 1877); — *Notices* sur les anciens académiciens *Nicolas Bourbon, La Mothe Le Vayer, Godeau, Bachet de Méziriac, Desmaretz, Bautru, Gombaud, de Gomberville, Silhon, Sirmond, Salomon de Virelade*, etc., (1876 à 1882); — des études couronnées par l'Académie française : la *Bretagne à l'Académie française au* xviiᵉ *siècle* (1879, in-8; 2 éd.); — *Valentin Conrart* (1881); — la *Bretagne à l'Académie française au* xviiiᵉ *siècle* (1889, in-8, 2 édit.); — un grand nombre d'ouvrages d'Histoire littéraire

tous remarquables au double point de vue du fonds et de la forme et parmi lesquels nous citerons de substantielles études sur les *Députés de la Bretagne aux Etats-Généraux de 1789*, et sur le *Procès des 132 Nantais* en 1791, (3 vol. in-8), extraits de la *Revue historique de l'Ouest* (1886-1895) et qui se ressentent, mais sans aucun sectarisme, des origines orthodoxes de l'auteur,

Un autre travail important est celui que donna M. Kerviler dans *Olivier Morvan et la Société patriotique de la Bretagne* en 1781 (in *Mémémoires de l'Association bretonne*, 1888).

Signalons également : *Henri-Louis Habert de Montmort* (Paris, 1872); — *Les Bignon, Grands-maîtres de la Bibliothèque du Roi* (Paris, 1872); — l'*Abbé de Louvois* (id., 1873); — les *Deux abbés Colbert et Jacques-Nicolas Colbert* (id.), études publiées dans l'ancien *Bibliophile français* de Bachelin Deflorenne ; — un important *Essai de bibliographie de l'histoire de l'Académie française*, publié dans le *Polybiblion* en 1876; — *Esquisses d'un Projet de Bibliothèque historique de la Bretagne* (Saint-Brieuc, in-8°, 1875); — *Essai d'une Bibligraphie des publications périodiques des cinq départements de la Bretagne* (Rennes, 4 vol., 1882-1898, comprenant le Morbihan, le Finistère, les Côtes-du-Nord et la Loire-Inférieure. L'Ille-et-Vilaine reste à publier); — et 2 volumes des mémoires de son père sous le titre de *Souvenirs d'un vieux capitaine de frégate* (Paris, 1893 et 1898).

Comme archéologue, en dehors d'une foule d'articles publiés dans les Revues savantes, M. René Kerviler a donné :

Note sur les Monuments celtiques d'Angleterre, d'Ecosse et d'Irlande (Vannes, Galles, 1870); — *Mémoire sur des Tranchées présumées antiques* (Saint-Brieuc, 1873); — *Etude critique sur la géographie de la presqu'île armoricaine au commencement et à la fin de l'occupation romaine* (id., 1874); — *Fouilles faites en 1873 à Saint-Donatien* (Nantes, 1874); — l'*Age de bronze et les Gallo-Romains à Saint-Nazaire* (1877); — *Documents pour servir à l'Histoire de Saint-Nazaire* (1877-1884, 4 vol.); — les *Chaires extérieures en Bretagne* (1882); — *Recherches sur la grande ligne des Mardelles gauloises de la Loire-Inférieure* (Saint-Brieuc, 1883); — *Des projectiles cylindro-coniques depuis les temps les plus reculés jusqu'à nos jours* (Nantes, 1884); — les *Vénètes et César* (Paris, 1880, in-12), mémoire dans lequel il démontre que César n'a pas passé la Vilaine et a battu les Vénèdes dans la rivière du Croisic; — *Etude générale sur les Voies romaines en Armorique*, etc. La plupart de ces travaux ont été réunis en 3 volumes in-8 sous le titre général : *Armorique et Bretagne* (1893). Ils ont valu à M. René Kerviler la Grande Médaille de vermeil de la *Société française d'archéologie*, au Congrès de Nantes en 1886.

En collaboration avec M. Paul Sébillot, il a publié en 1897, un *Annuaire historique de Bretagne*, conçu d'après un plan tout à fait remarquable, et que devront consulter tous les écrivains qui parleront de la Bretagne pour la période de la fin du xixe siècle. Il marque une date dans l'histoire de cette province.

L'œuvre monumentale de ce savant sera son *Répertoire de Bio-Bibliographie bretonne*, qui, en une trentaine de volumes, donnera la nomenclature de tout ce qu'on a écrit sur les Bretons et la Bretagne jusqu'à ce jour. Cette œuvre gigantesque est appelée à rendre des services incalculables aux savants et aux lettrés. Il a déjà paru à ce jour (juillet 1901), 36 fascicules formant 12 volumes in-8, soit environ 6,000 pages.

Sous le pseudonyme de : LARVORRE DE KERVENIC, M. Kerviler est lauréat des Académies poétiques du *Parnasse*, de la *Pomme*, des *Muses Santones*, etc., et il a sous presse en ce moment un recueil de 12 douzains de sonnets, qu'il a intitulé : *Bruyères et Lilas*.

Il a donné dans les principales revues littéraires de notre époque, d'importants articles qui affirment le côté pittoresque, spéculatif et poétique de son talent, et l'éclectisme libéral et courtois de ses idées, chose remarquable chez un homme dont la foi religieuse fut toujours inébranlable, et qui combat vaillamment pour l'Eglise, dans ses écrits comme dans ses actes.

M. René Kerviler est membre des Sociétés suivantes : Membre non résident du *Comité des Travaux historiques et scientifiques*, membre associé correspondant national de la *Société des Antiquaires de France*, inspecteur de la *Société française d'Archéologie*, membre et ancien secrétaire-général adjoint de la *Société d'Emulation des Côtes-du-Nord*, membre et ancien vice-président de la *Société archéologique de Nantes*, un des présidents d'honneur de la *Société des Bibliophiles bretons*, président de la *Société de Géographie de Saint-Nazaire*, membre de la *Société polymathique du Morbihan*, membre correspondant des *Sociétés archéologiques du Finistère, des Côtes-du Nord et d'Ille-et-Vilaine*, etc.

Parmi les publications périodiques auxquelles il a collaboré, nous citerons : le *Bibliophile français*, le *Moniteur des Bibliophiles*, le *Correspondant*, le *Contemporain*, les *Lettres chrétiennes*, le *Polybiblion*, la *Revue des questions historiques*, la *Revue des Traditions populaires*, la *Revue de Bretagne et de Vendée*, la *Revue illustrée des Provinces de l'Ouest*, la *Revue historique de l'Ouest*, les *Revues de Gascogne, de Champagne, du Maine, de Saintonge*, etc., le *Clocher breton*, la *Revue morbihannaise*, etc.

M. Kerviler est président de la *Société des Régates internationales de l'Ouest*, fondateur et président de la Société de tir et de gymnastique : *La Nazairienne*, président de l'*Union régionaliste bretonne* depuis 1899. Il a présidé en 1899 le congrès de l'*Association bretonne* à Guérande, et y a prononcé un discours qui a été tiré à part (St-Brieuc, Prudhomme, in-12).

Il est : Chevalier de la Légion d'honneur, Officier de l'Instruction publique, Commandeur de Saint-Grégoire-le-Grand, d'Isabelle-la-Catholique, de Bolivar, etc.

Un dernier détail. Elève de l'Ecole polytechnique, M. René Kerviler est fils, gendre, père, beau-père, beau-frère, neveu et cousin de polytechniciens : cette atmosphère ambiante explique bien des choses.

On se demandera peut-être comment, avec un bagage littéraire et scientifique aussi considérable, M. Kerviler n'est pas encore au moins correspondant de l'Institut. La raison en est bien simple : c'est qu'il n'habite pas la Capitale et qu'il n'appartient à aucun cénacle. Professant la décentralisation, aimant passionnément sa province, il travaille avec un profond désintéressement et une persévérance imperturbable et toute bretonne. Comme ses loisirs ne lui permettent pas d'aller à la montagne, il attend, comme jadis Mahomet, que la montagne vienne à lui.

SOURCES : Vapereau, *Dict. des Contemporains;* — A. de Gubernatis, *Dict. int. des Ecrivains du jour;* — Jouve, *Loire-Inférieure et Morbihan;* — Kerviler, *Bibliogr. chronol.*, 1884; — *Panthéon du Mérite*, art. de Micouleau; — de Rienzi, *Panthéon des Lettres et des Sciences;* — Lamathière, *Panthéon de la Légion d'honneur;* Otto Lorenz, *Catal. gén. de la libr. fr.*, etc.

BONVALOT (LOUIS-VICTOR), ✠, né à Colmar (Alsace), le 6 avril 1863; Docteur en médecine, membre de l'*Association vosgienne* à Paris.

Adresse : 2, place des Vosges, à Paris. — Avenue Marigny, 75 *bis*, à Fontenay-sous-Bois. — Et : Dompaire-la-Viéville (Vosges).

Le Dr Louis Bonvalot est le fils de M. Edouard Bonvalot, ancien Conseiller à la Cour d'Appel de Dijon, Lauréat de l'Institut.

******

BONVALOT (EDOUARD-THÉODORE), ✳, C. ✠, C. ✠, ✠, né à Lorquin (Meurthe), le 14 août 1825, ancien Conseiller aux Cours d'appel de Colmar et de Dijon, Lauréat de l'Institut, membre et lauréat de plusieurs Sociétés savantes ou littérraires, est décédé à Paris en 1901.

M. Edouard Bonvalot appartenait à une vieille famille lorraine depuis longtemps fixée à Lorquin (Meurthe).

Après de brillantes études au Lycée de Nancy, il se fit inscrire aux cours de Droit de la Faculté d'Aix-en-Provence. Il y remporta, au concours de Doctorat, en août 1851, la Médaille d'Or.

M. Edouard Bonvalot était attaché au Parquet du Procureur général d'Aix, lorsqu'en juillet 1848, il entra dans la Magistrature en qualité de Substitut du Procureur de la République à Barcelonnette (Basses-Alpes).

De là, il passa, en novembre 1852, au siège de Toulon.

En octobre 1854, il fut nommé Procureur à Brignoles, et, en février 1855, à Digne.

Un décret du 19 août 1860 le fit entrer

comme Conseiller à la Cour de Colmar, et, un autre de mai 1872, à la Cour de Dijon où il présida avec talent et succès de nombreuses sessions d'Assises.

En septembre 1883, M. Edouard Bonvalot fut, avec 805 de ses collègues, privé de ses fonctions judiciaires par suite de la loi du 30 août 1883 sur la réforme de la Magistrature.

En dehors de sa belle carrière officielle, M. Edouard Bonvalot, comme les magistrats d'autrefois, cultiva toujours les Lettres et l'Histoire, et il acquit par ses travaux une solide renommée de lettré et d'érudit.

Parmi ses œuvres les plus importantes, nous citerons tout particulièrement :

Coutumes du Val d'Orbey (un vol. in-8; Paris, 1864); — *Coutumes du Val de Rosemont* (in-8, Paris, 1865); — *Coutumes de l'Assise* (in-8, Paris, 1866); — *Coutumes de la Haute-Alsace, dites de Ferrette* (in-8, Paris, 1870); — *Nouvelles Formules Alsatiques* (in-8, Paris, 1863); — *Le Droit du Juveigneur* (in-8, Strasbourg, 1865); — *Chasse et Pêche dans le Rosemont* (in-8, Strasbourg, 1866); — *Droits et Coustumes de la ville de Remiremont* (in-8, Paris, 1877); *Les plus principalles et générales Coustumes du duché de Lorraine*, texte inédit avec introduction (in-8, Paris, 1878); — *Le Tiers-Etat d'après la charte de Beaumont et ses filiales* (in-8,

Paris, 1884); — *Les Féautés en Lorraine* (in-8, Paris, 1889); — *Histoire du Droit et des Institutions de la Lorraine depuis 843 jusqu'en 1784* (in-8; Paris, Pichon, 1895); etc.

M. Edouard Bonvalot a collaboré à plusieurs revues savantes de Paris et de la Province, et aux Mémoires des Sociétés savantes qui le comptaient parmi leurs membres.

Ses travaux lui valurent de hautes récompenses. L'*Académie de Législation de Toulouse* lui décerna deux Médailles d'or, l'une en 1858 pour un *Mémoire sur la Société d'Acquêts*, l'autre en 1869 pour un *Mémoire sur les Basques.*

Les *Coutumes de la Haute-Alsace, dites de Ferrette* ont été couronnées en 1872 par l'*Académie des Inscriptions et Belles-Lettres.* L'*Académie de Stanislas* de Nancy a décerné le Prix Herpin au *Tiers-Etat d'après la Charte de Beaumont.* L'*Histoire du Droit et des Institutions de la Lorraine* a obtenu le Prix Odilon Barrot, à l'*Académie des Sciences morales et politiques*, en 1891.

M. Edouard Bonvalot était membre de l'*Académie de Législation* de Toulouse, de la *Société d'Archéologie lorraine*, membre correspondant de l'*Académie de Stanislas* de Nancy, de la *Société des Sciences, Lettres et Arts* de Bar-le-Duc, etc.

Depuis 1875, il était Chevalier de la Légion d'honneur. En novembre 1876, il fut nommé Chevalier de l'ordre de Léopold de Belgique, et, plus tard, Commandeur du Nicham Iftikar et Commandeur de Saint-Grégoire-le-Grand.

*
* *

Le Dʳ Louis-Victor Bonvalot, son fils, fit ses études secondaires à Dijon et prit ses inscriptions en médecine à la Faculté de Paris. Il fut, en 1892 (25 février), reçu Docteur en médecine de la Faculté de Paris avec une thèse remarquable intitulée : *De la mort subite. Phénomènes d'inhibition ayant pour point de départ l'utérus. Etude physiologique et médico-légale.*

M. le Dʳ Louis Bonvalot s'installa à Paris où il ne tarda pas à gagner l'estime et la confiance d'une clientèle chaque jour plus nombreuse.

L'*Association des Comptables de la Seine*, les *Sauveteurs*, les *Amis de l'Enfance* et l'*Association amicale de Prévoyance* de la Préfecture de Police l'ont choisi pour leurs services médicaux.

M. Bonvalot est un des membres actifs de l'*Association vosgienne* où se retrouvent à Paris les enfants des Vosges, et qui est l'une des Sociétés les plus prospères de la capitale.

Il appartient également à plusieurs sociétés médicales de Paris.

M. Louis Bonvalot a été nommé Chevalier de l'ordre de Saint-Grégoire-le-Grand pour soins gratuits aux indigents. La Préfecture de Police lui a décerné une médaille de bronze pour soins gratuits donnés aux agents.

CHAPERON (Philippe), ✠, né à Paris, le 2 février 1823, artiste-peintre décorateur, membre de plusieurs Sociétés artistiques.

CHAPERON (Emile), A. ◈, né à Paris, le 17 mars 1868, fils et associé de M. Philippe Chaperon, artiste-peintre décorateur.

Adresse : 20, rue de Sambre-et-Meuse, X⁰, Paris.

L'Art du décor au théâtre est presque contemporain. Les théâtres anciens, généralement en plein air, s'y prêtaient peu. A une époque plus moderne, la convention, par exemple dans les *Mystères* du moyen âge, était tout. On sait que plus tard des écriteaux

celui de son fils et collaborateur, M. Emile Chaperon.

M. Philippe Chaperon fit ses débuts dans les Arts par l'étude de l'Architecture, ce qui lui fut précieux plus tard.

Il fut tout à la fois élève de Calais et de Ballard. Ceci remonte à 1839, au temps de Louis-Philippe! mais M. Chaperon est demeuré si jeune !

Ce court passage dans les ateliers d'architecture devait imprimer à ses œuvres futures cette science de la composition, ce souci de l'exactitude, cette belle et véridique ordonnance que l'on rencontre rarement chez les autres décorateurs.

« En effet, dit un critique, l'étude de l'Archi-

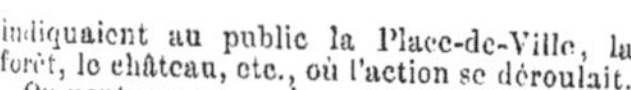

indiquaient au public la Place-de-Ville, la forêt, le château, etc., où l'action se déroulait.

On peut remarquer à ce propos que le *milieu* était également considéré comme de peu d'importance par les écrivains. Il fallut la fin du xvmᵉ siècle pour amener les artistes et les romanciers à s'intéresser à la description de la nature, de ses multiples aspects ou des œuvres de l'homme.

Enfin... Cicéri vint!... Né à Saint-Cloud en 1782, il fut le créateur d'un Art nouveau, d'un Art fugitif malheureusement en ses productions, mais qui s'est perfectionné chaque jour, a produit des chefs-d'œuvre et est parvenu à imiter, même à dépasser la nature.

Nous ne rappellerons pas le hasard qui mit en lumière Cicéri.

Cicéri fut un chef d'école heureux. Il eut pour disciples les Cambon, les Philastre, les Séchan, les Dieterle, les Rubé, les Chaperon.

Nous avons parlé précédemment du regretté Rubé. Il est intéressant de suivre ici la carrière de cet autre vaillant artiste qu'est M. Philippe Chaperon, et d'associer à son nom

tecture, par suite des obligations qu'elle impose, tout en laissant toute liberté à l'inspiration, conduit à respecter les nécessités inhérentes aux décorations murales ou plafonnées, aux décorations théâtrales. »

Et, en effet, il est intéressant de constater combien furent respectueux de l'Architecture les décorateurs qui débutèrent ainsi, comme feu Galland, et, parmi les jeunes, Cavaillé-Coll.

M. Philippe Chaperon passa dans l'atelier du peintre Riesener, cousin du grand artiste Eugène Delacroix. Delacroix appréciait fort le jeune élève de Riesener et ne manquait pas de l'encourager et de lui donner des conseils écoutés avec déférence. Chaperon apprit à peindre.

En 1842, et jusqu'en 1846, M. Philippe Chaperon, qui se sentait enfin la vocation, fut élève du grand, du célèbre, du légendaire Cicéri, le maître décorateur.

Chargé de travaux en Espagne, il y séjourna près de deux années, non sans plaisir, ayant, par sa mère, un peu de sang espagnol dans les veines.

Il rapporta de ce voyage des documents nombreux et variés dont il fit plus tard un excellent usage.

Rubé, un autre élève de Cicéri, s'associa avec M. Ph. Chaperon. De leur collaboration de trente années, sortit une œuvre sans égale. Pendant plus d'un quart de siècle. Rubé et Chaperon furent les premiers fournisseurs des grands théâtres de la France et de l'Étranger. L'énumération de leurs œuvres serait l'histoire du théâtre en une de ses périodes les plus illustres : ce serait aussi celle de nos grandes scènes, de l'Opéra, de la Comédie-Française, de l'Opéra-Comique...

« L'art du décorateur, a-t-on fait justement observer, est aujourd'hui annihilé bêtement par les débauches insensées de l'éclairage; la demi-teinte, si favorable à la vie, est négligée; puis, le public indifférent pense que, pour être décorateur de théâtre, il suffit de prendre un balai, de le tremper dans un gros pot à confitures, et d'étendre au petit bonheur sur une toile grossière. »

Il y a autre chose. Une visite à l'atelier de MM. Chaperon est fort instructive à cet égard. La décoration est un art à technique bien spéciale, et l'on n'imagine pas la science qu'il faut déployer pour mettre en place ces énormes architectures peintes qui charment et étonnent.

Et pourtant les critiques de théâtre semblent n'accorder qu'une maigre *importance* aux décorateurs et à leurs œuvres. Le temps est passé où les maîtres-feuilletonistes Paul de Saint-Victor, Théophile Gautier, A. Wolf ne dédaignaient pas d'étudier, de discuter, de louer ou de blâmer ces productions savantes et éphémères. Ces maîtres faisaient œuvre méritoire, car la critique est nécessaire à l'artiste pour lui indiquer ce qu'il doit perfectionner dans son faire habituel.

M. Philippe Chaperon n'a pas que brossé les décors des grands scènes française et étrangères. Son talent a été mis maintes fois à contribution pour la décoration d'hôtels particuliers, de châteaux et de demeures princières.

Ses œuvres les plus remarquables en ce genre sont celles qu'il a exécutées pour le Casino de Monte-Carlo avec Ch. Garnier, Mme Furtado, le prince Grégoire de Brancovan, le prince Bibesco, le marquis de Moustier, etc.

M. Émile Chaperon, l'un des fils du maitre. suit avec succès la carrière paternelle. Depuis 1894, il est devenu l'associé, l'*alter ego* de M. Philippe Chaperon. De cette collaboration sont sorties quantité de décorations intéressantes parmi lesquelles nous citerons :

A l'Opéra : *Hamlet*, les *Huguenots*, *Frédégonde*, *Don Juan*, le *Cid*, *Messidor*, le *Prophète*, *Patrie*, *Lancelot*;

Au Français : *Frédégonde*, la *Martyre*, *Hernani*;

A l'Odéon : *Juan de Manara*, les *Antibel*, les *Truands*, la *Guerre en dentelles*, *Pour l'amour*;

A la Porte Saint-Martin : *Thermidor*, *Plus que Reine*, etc.;

Sans parler des théâtres du Boulevard et des nombreux théâtres municipaux : Taïle, Chartres, Valenciennes, Casino Saint-Malo.

L'Exposition de 1900 a confié à ces artistes la décoration de la grande salle de musique du Palais des Sciences et Arts, et les belles grisailles qui ornent les entrées du Salon de l'einture au haut des deux grands escaliers du Grand Palais, côté d'Antin.

N'oublions pas la décoration si réussie et si pittoresque de l'ex-nef du Palais de l'Industrie en 1896, transformée si habilement en quartier moyen-âge et en rue pompéienne, ainsi que les plafonds des théâtres des Galeries Saint-Hubert et du Parc (juin 1901), à Bruxelles, la salle des Concerts Colonne, au Châtelet.

A l'Exposition de l'Art Public, organisée par le Conseil municipal en 1900, on a remarqué également la reconstitution de la place des Victoires ancienne et la vue de la moderne en deux grandes maquettes crânement plantées, et dues l'une au pinceau du père et l'autre à celui du fils.

Pour terminer, mentionnons la somptueuse décoration à l'huile du nouveau Casino municipal de Biarritz, ouvert en août 1901 et qui ne comporte pas moins de sept salons ou salles de jeux. Au plafond des figures allégoriques et autres, ainsi que le répertoire très varié de ce Casino.

Le talent de M. Émile Chaperon nous est un sûr garant qu'il perpétuera la tradition des Cicéri, des Rubé, des Galland, des Chaperon, pour la gloire d'un Art français par excellence, complément obligé du Théâtre.

HUIN - VARNIER (Aimé - Frédéric - Florence), ✠ (chevalier du Mérite agricole, né à Autigny-la-Tour (Vosges), le 2 janvier 1827. agronome, écrivain et homme politique français, membre de plusieurs sociétés savantes.

Adresse : Neufchâteau (Vosges).

M. Huin-Varnier appartient à une famille qui, depuis un siècle, s'est dévouée à l'enseignement. Son père était instituteur à Autigny-la-Tour. Il avait lui-même succédé à son père qui avait, pendant 42 ans, exercé les mêmes fonctions dans la commune. Le frère de ce dernier était, lui aussi, maître d'école à Brancourt, où il exerça pendant 35 ans. M. Huin-Varnier fut instituteur comme ses ascendants.

A l'âge de quinze ans, en 1842, il fut nommé adjoint temporaire à Vouxey, chez un de ses oncles. L'hiver passé, il entra comme employé à la Société commerciale et agricole de la Hayevaux (Société Lequin et Laurent) où il resta quatre ans.

Il avait vingt ans. Il s'inscrivit comme élève de l'école communale de Neufchâteau et y fit le service d'un adjoint (1847). De là, il alla au collège d'Épinal et en suivit les cours. Breveté en 1848, il fut aussitôt nommé instituteur public à Brancourt où il resta jusqu'en 1852, puis à Domrémy (1852-1856) et à Rollainville (1856-1858).

Atteint d'une bronchite il dut quitter l'enseignement.

M. Huin-Varnier se retira à Neufchâteau et y acheta un fonds de commerce qu'il fit prospérer à force d'énergie et d'intelligence. Quand il se retira des affaires en 1887, il laissait sa maison en pleine prospérité.

Lorsque M. Huin-Varnier avait été envoyé à Domrémy-la-Pucelle, il avait été vivement frappé par cette constatation que l'histoire de la grande Héroïne y était à peu près ignorée. On savait bien qu'une jeune fille du village

avait jadis rendu de grands services à un roi; on montrait sa maison, et c'était tout.

M. Huin-Varnier eut dès lors l'idée de faire revivre la bonne Lorraine par son enseignement.

En 1856, il publia une *Histoire populaire de Jeanne d'Arc* (1 vol. in-12; Kienné, Neufchâteau), mise à la portée de toutes les intelligences et accessible aux bourses les plus modestes. Dans cet ouvrage, l'admirateur passionné de la bergère de Domrémy montrait les résultats merveilleux que l'idée de Patrie peut enfanter même chez une fille du peuple.

A l'enseignement par la parole et par le livre, M. Huin-Varnier voulut joindre l'enseignement par les yeux, et en cela il fut presque un précurseur. Il créa avec la collaboration de Félix Etienne, le *Musée de Jeanne d'Arc* (1854) qui devait rassembler tous les souvenirs rappelant la vie de la Pucelle. Et pour assurer la réussite de son œuvre, il groupa en un Comité un certain nombre de notabilités des Lettres et de l'Armée, avec mission de recueillir les dons et les offrandes.

Continuant son œuvre, M. Huin-Varnier publia en 1857 une *Histoire de la réhabilitation de la mémoire de Jeanne d'Arc* (1 vol. in-12, impr. Kienné) dans laquelle il montra le peuple toujours juste et généreux, qui avait cru en la mission de la Vierge, forcer ceux qui l'avaient abandonnée ou condamnée, à faire un retour sur eux-mêmes et à obtenir, du pape Calixte III, la réhabilitation qui fut proclamée à Rouen, le 7 juillet 1456.

L'année précédente (1856), M. Huin-Varnier avait donné une *Topographie de la maison de Jeanne d'Arc et de ses environs*.

En 1867, l'infatigable fervent de la Pucelle publia l'*Histoire des religieuses Gertrude et Ursule, ou quarante ans de dévouement à la mémoire de Jeanne d'Arc* (in-12; Neufchâteau, Kienné).

Ces deux femmes étaient institutrices à Domrémy depuis 1827. Elles s'étaient dévouées au culte de la Pucelle et avaient été les précieuses collaboratrices de M. Huin-Varnier. Ce dernier ouvrage était ainsi un tribut de reconnaissance qu'il leur adressait après leur mort.

Aussi désintéressé que dévoué, M. Huin ne tira jamais aucun profit matériel de ses œuvres qui furent toutes publiées au bénéfice de la Maison de Jeanne d'Arc.

Tout en dirigeant sa maison de commerce, M. Huin-Varnier trouvait encore des loisirs pour se consacrer aux œuvres utiles.

En 1859, il était devenu membre du Comice agricole de l'arrondissement de Neufchâteau, puis secrétaire de ce Comice de 1860 à 1890. En cette qualité, il eut à rédiger un centaine de *Bulletins* et un nombre considérable d'articles sur l'Agriculture qui furent très-appréciés et permirent aux idées nouvelles de s'implanter dans la région pour le plus grand bien des cultivateurs.

De 1876 à 1900, il fut Conseiller municipal de Neufchâteau. Fatigué par une vie de travail continu, se sentant la vue affaiblie, M. Huin-Varnier s'est retiré de la vie publique. Ses électeurs lui ont donné pour lui succéder un de ses fils, avoué en cette ville.

A ces titres, ajoutons les suivants qui n'honorent pas moins ce laborieux :

Membre de la Commission scolaire depuis sa création; Délégué cantonal depuis 1888, il visite régulièrement les écoles et encourage les élèves par les prix qu'il distribue; Membre du Comité de Patronage des cours spéciaux du collège; Membre depuis trente ans de l'*Association vosgienne de Paris;* Membre de la Commission de la Bibliothèque de Neufchâteau; Membre honoraire de la *Société mutuelle des instituteurs des Vosges;* Fondateur avec M. Rambaud du *Cercle de la Ligue* de Neufchâteau, etc.

M. Huin-Varnier a obtenu en 1864 une médaille d'argent pour les services rendus au Comice; en 1868, une médaille d'or pour services rendus à l'agriculture; en 1887, la croix du Mérite agricole.

Il est étonnant que la députation et les sénateurs des Vosges n'aient pas obtenu jusqu'ici les palmes académiques pour cet érudit, cet homme de bien, ce bon serviteur du pays. Il appartient à M. le Ministre de l'Instruction publique de réparer sans retard cet oubli. M. Huin-Varnier est de ceux qui honorent une distinction officielle. Le jour où M. Huin recevra le ruban violet sera un jour de fête pour ses concitoyens.

Esprit libéral, M. Huin-Varnier a, toute sa vie, lutté contre les tendances rétrogrades, cléricales ou réactionnaires, aussi bien par ses actes que par les nombreux articles qu'il publia dans les journaux locaux.

L'homme est la bonté, la serviabilité même. Nous en donnerons cet exemple, par lequel nous terminerons cette étude.

En 1870, l'instituteur de Neufchâteau avait été expulsé de son logement par les Prussiens et s'était réfugié à la sous-préfecture. Traqué de nouveau par les Allemands, il fut recueilli par M. Huin-Varnier qui, durant quelques mois, lui donna l'hospitalité et recueillit sa famille.

DENIS (Léon), écrivain, conférencier et philosophe français, membre de nombreuses sociétés savantes.

Adresse : 81, rue de l'Alma, à Tours (Indre-et-Loire).

M. Léon Denis qui présida avec tant d'autorité à Paris, en 1900, le *Congrès des spiritualistes modernes*, toutes écoles réunies (magnétisme, spiritisme, théosophie, occultisme, hermétisme), est né à Foug (Meurthe-et-Moselle), le 1er janvier 1846.

M. Léon Denis est connu à un double titre : comme écrivain et comme conférencier. Ses nombreuses conférences à Paris, chez la duchesse de Pomar, au Grand-Orient et à Trianon, à l'Université de Genève, à la Faculté des lettres de Toulouse, à Bruxelles, La Haye, Lyon, Bordeaux, Marseille, etc., ont eu un grand retentissement. Sa réputation comme orateur n'est plus à faire.

Son père, employé de l'État, n'avait pas de fortune. Grâce à un travail opiniâtre, M. Léon Denis acquit une instruction très étendue. Bien souvent, l'aube le trouvait plongé dans la lecture d'ouvrages toujours graves et sérieux.

Au début, la vie fut dure pour lui; il se fatigua beaucoup; mais si sa santé resta un peu chancelante, il eut toujours l'âme forte, et le cœur plein de nobles inspirations.

Il parcourut toute l'Europe occidentale : Suisse, Italie, Espagne, Malte, Algérie, Tunisie, etc., et rapporta de ces pays, des observations extrêmement curieuses et intéressantes, qu'il a consignées dans divers ouvrages.

Il a appartenu à la franc-maçonnerie pendant quinze ans. C'était assurément le meilleur orateur de la Loge des *Démophiles* de Tours.

Il l'a quittée en 1877, lors de la suppression des déclarations spiritualistes de la Constitution de l'Ordre.

En 1870, il fut nommé lieutenant de mobiles et fit partie de l'armée de la Loire.

Revenu à Tours, il devint l'âme du Cercle Tourangeau, émanation de la Ligue de l'Enseignement. Il a fait dans cette ville d'abord, de nombreuses conférences qui toutes ont eu un véritable succès, puis Orléans, Le Mans, Angers, Nantes, etc., réclamèrent tour à tour le jeune conférencier qui se rendit au désir exprimé.

Peu à peu, le cercle de son action s'étendit et aujourd'hui il embrasse toute la France, la Belgique, la Hollande, la Suisse, l'Algérie.

Arrivé maintenant à la cinquantaine, M. Léon Denis se consacre entièrement à la vulgarisation et à la défense du spiritualisme contemporain.

Si on peut considérer M. Léon Denis comme l'un des meilleurs conférenciers de notre époque, on peut aussi le classer parmi les écrivains les plus remarquables. Plein de bonne humeur, de charme et d'entrain, aussi bien dans ses écrits que dans ses conférences, il collabora aux diverses publications spiritualistes de la France et de l'étranger.

Ses principaux ouvrages sont : *Après la mort* (solution du problème de la vie et de la mort; nature et destinée du genre humain, les vies successives).

Paru en 1891 (Leymarie, éditeur, rue Saint-Jacques, 42), cet ouvrage eut un succès considérable, car il est parvenu maintenant à son quinzième mille et est traduit dans presque toutes les langues de l'Europe.

Voici quelques appréciations de la Presse sur cette œuvre :

Le Journal, Paris (26 janvier 1899) :

« Il est un homme qui a écrit le plus beau, le plus noble, le plus précieux livre que j'aie lu jamais. Il a nom Léon Denis, et son livre : *Après la mort*. Lisez-le, et une grande pitié, mais libératrice et féconde, vous viendra brusquement de nos manifestations de regrets, de notre peur de la mort, et de notre grand deuil de ceux que nous croyons perdus.

« Alex. HEPP. »

Le Petit Méridional, Montpellier :

« ... Si, après la lecture de l'œuvre de M. Léon Denis, selon l'opinion qu'on s'est faite, on peut écarter ou admettre la doctrine qui y est contenue, il y aura toutefois unanimité à s'incliner devant le penseur, à être touché par le moraliste, à se sentir pénétré de sympathie pour l'ami de l'humanité, à admirer l'écrivain.

« D'un bout à l'autre du livre, il passe un souffle puissant qui entraîne, qui remue l'âme dans ses plus intimes profondeurs. Partie historique, partie philosophique, partie scientifique, partie morale surtout, sont semées de pages superbes où la beauté des pensées s'illumine encore des séductions du style le plus éloquent et le plus élevé.

« Ce livre, écrit avec un prestigieux talent est l'œuvre d'un maître. »

Revue des livres nouveaux, Paris :

« Parmi les ouvrages qu'il m'a été donné de lire cette semaine, il n'en est certes pas qui m'aient procuré une plus grande somme de satisfactions morales que celui de M. Léon Denis : *Après la mort*. Je ne connais guère d'ouvrage mieux pensé, de livre écrit dans un style plus correct, plus élevé.

« Peut-être suis-je un peu sceptique par rapport au spiritisme, quoique bien des raisons m'incitent à y croire. En tous cas, je ne connais pas de doctrine plus consolante, plus réconfortante, plus digne de respect.

« Le beau livre de M. Léon Denis prétend nous donner la solution scientifique et rationnelle des problèmes de la vie et de la mort, de la nature et de la destinée de l'être humain, et nous démontre l'existence et la raison des vies successives. J'ai lu et relu son œuvre, elle a rempli mon âme d'allégresse et si les choses sont ainsi, je ne puis que louer et proclamer la Providence éternelle.

« G. D'Hailly. »

Le Triboulet, Paris :

« De beaux ouvrages ont été écrits sur le spiritisme... Je ne crois pas qu'il en soit de plus admirable que celui de M. Léon Denis : *Après la mort*. Ce livre est comme une fleur poussée — le gui sacré — entre les rameaux du *Livre des Esprits*, il en est la grâce, le parfum, la poésie céleste. Bien qu'il traitant des questions les plus abstraites, il est rayonnant comme une étoile ; compréhensible, même pour les moins lettrés, parce qu'il révèle la vérité éternelle ; apporte la consolation réconfortante qu'attendent les cœurs endeuillés ; leur donne la suprême espérance de retrouver dans l'au-delà, ceux dont on pleure la perte.

« Vraiment celui qui a pensé une telle œuvre et l'a rendue accessible aux foules anxieuses, peut remercier Dieu de lui avoir fait une telle destinée.

« Jean de Malmousque. »

Le Dr Istrati, inspecteur général de l'enseignement supérieur, aujourd'hui ministre de l'instruction publique en Roumanie, écrivait à l'auteur :

« Votre ouvrage *Après la mort* est un des meilleurs que je connaisse. Un tel recueil, pour une société comme celle de mon pays, laquelle, quoique très jeune, est déjà ravagée par le matérialisme terre à terre, serait très utile pour relever les caractères, élargir la pensée pure et nous fortifier dans la lutte pour l'existence en rappelant à l'homme le but noble de la vie et ce qu'il se doit à lui et à ses frères. C'est pourquoi je viens vous demander la traduction en roumain de votre travail. »

Christianisme et spiritisme (la Doctrine secrète du christianisme, relation avec les esprits des morts, la nouvelle révélation). Leymarie, 42, rue Saint-Jacques, 1898, 5e mille.

Appréciations de la Presse.

Revue de la France moderne, Paris :

« Sous le titre : *Christianisme et spiritimes* paraît aujourd'hui un nouveau volume dans

lequel l'auteur étudie, à un point de vue nouveau, les origines du christianisme, son développement et ses transformations à travers les âges. Il en explique les « miracles», c'est-à-dire les phénomènes occultes, en les rattachant à un ordre de faits constatés par la science contemporaine. Ces faits, dits spirites, l'auteur les examine en détail dans la deuxième partie de son ouvrage, il relate ses expériences personnelles poursuivies depuis trente ans et nous montre toutes les conséquences scientifiques et morales du mouvement spiritualiste moderne.

« Tous les problèmes philosophiques et sociaux de notre époque sont passés en revue dans ce livre, écrit d'un style clair et imagé, par un penseur animé d'un vif désir de conciliation, avide d'une synthèse qui satisfasse toutes les consciences fortes, tous les cœurs épris d'idéal, toutes les âmes vraiment religieuses. Cette synthèse l'auteur la trouve dans cet enseignement supérieur et universel, jusqu'ici partage exclusif de quelques sages, et qui, proclamé de nos jours sur tous les points de la terre par les voix d'outre-tombe, va devenir l'héritage intellectuel et moral de l'humanité entière.

« C'est donc là, à la fois, une lecture attachante et sérieuse. L'œuvre de M. Léon Denis est semblable au semeur, dont le geste, dans l'espace, répand la fertilité. Chaque phrase tombe comme une graine dans l'âme, y fait germer la réflexion et les profondes pensées. Celui qui la lit devient meilleur, plus ferme dans le devoir, plus accessible à la pitié, plus fraternel à ses sembla'les. Aussi nous la recommandons à l'attention de tous ceux qui pensent et cherchent. »

La Fronde, Paris :

« Cet ouvrage est un de ceux qui donnent à l'esprit la nourriture réconfortante et saine, et qui l'élèvent jusqu'à la foi véritable, celle qui n'est pas l'ennemie de la raison, mais son guide. C'est le sillage éclatant que laissent après eux, sous forme de doctrine, tous les grands esprits philosophes.

« Nous ne saurions donner au lecteur une idée, même affaiblie de cet ouvrage extraordinaire, de la vigueur et de l'éloquence de ces pages, où l'auteur a su déployer toute la lucidité de son âme de philosophe, de penseur et d'artiste. On y trouvera en même temps qu'une méthode d'analyse, sachant utiliser toutes les ressources d'une raison éclairée, un fond solide de science persuasive qui donne à tout ce que la doctrine spiritualiste renferme de beau et de consolant, un relief clair et net qui subjugue et élève l'esprit.

» Pour tous ceux qui ne font pas de la vie un marché de plaisirs égoïstes ; pour ceux qui sont susceptibles d'un idéal élevé ; pour ceux qui aspirent à donner, hors de la vie matérielle, un but à leur destinée ; pour tous ceux qui sont capables de dévouement à la cause de l'humanité, le livre de Léon Denis sera un évangile d'inspiration et d'encouragement : il les transportera dans les sphères supérieures où règnent la justice et l'amour pur, dans une éclosion de lumière caressante, et ils ne cesseront pas de bénir la main qui les a conduits dans ce voyage aux régions sublimes de l'infini.

« A tous ceux qui aiment le vrai et le beau, cette lecture offrira la plus grande satisfaction esthétique, une sorte de volupté de l'esprit qui se sentira flotter dans l'harmonie, la lumière et la vérité. »

Pourquoi la vie ? (Ce que nous sommes. D'où nous venons. Où nous allons), brochure de 72 pages (68ᵉ mille). (Leymarie, 1890.)

On lit dans *La Dépêche* de Tours :

« En cette fin de siècle où d'aucuns s'efforcent de répandre des doctrines de négation et de haine, il est doux et réconfortant de voir un écrivain, un philosophe aussi remarquablement doué que Léon Denis, réagir avec l'autorité qui s'attache à son nom et à son beau talent, contre cette œuvre de malfaisance sociale.

C'est-ce qu'il a fait une fois de plus dans son opuscule : *Pourquoi la vie ?*

« M. Léon Denis a eu la touchante idée de dédier sa très attachante étude « à ceux qui souffrent. » Elles devraient être, en effet, le *vade mecum* des innombrables meurtris et vaincus de l'âpre lutte pour la vie, ces pages tout empreintes de pitié fraternelle, de compassion émue pour les malheureux et les deshérités. Par la perspective d'un au-delà basé sur la loi de réincarnation, plus vrai, plus humain, moins rigoureux surtout que celui de la tradition chrétienne, elles consolent et réconfortent les affligés, en même temps qu'elles apprennent aux puissants de ce monde à être doux, fraternels et pitoyables aux faibles. »

M. Léon Denis a publié en outre de nombreuses brochures, aujourd'hui épuisées : *Le Progrès, la Tunisie, l'Ile de Sardaigne, Giovanna,* etc.

En préparation deux autres volumes : *Le Monde invisible* et le *Réveil de l'âme celtique.*

Après trois conférences faites à la mairie d'Alger à la fin de 1900, M. Léon Denis a fondé la *Fédération algérienne et tunisienne des spiritualistes modernes,* qui compte 500 membres et dont il est président d'honneur.

M. Léon Denis est également président d'honneur de la *Société française des études psychiques,* Paris ; de la *Fédération spirite du Sud-Est de la France,* et des *Unions spirites de Catalogne et du Brésil.*

Enfin voici quelques appréciations de la presse sur les conférences de M. Léon Denis :

L'Événement, Paris, 21 mars 1895 :

« L'orateur littéraire, armé d'une ardente
« conviction, L. Denis, a su vite conquérir
« l'auditoire mondain qui se pressait dans le
« salle des fêtes de l'hôtel de Pomar, et c'était
« un véritable plaisir de voir cet essaim de
« belles dames de l'aristocratie parisienne,
« amusées au début par quelque pensée fri
« vole, modifier peu à peu l'expression de
« leurs regards pour devenir graves et montrer
« une attentive fixité !... »

Le Progrès, Nantes :

« M. Léon Denis, que nous avons entendu
« hier à la Renaissance, est certainement un
« conférencier hors ligne. Style imagé, idées
« nobles, élevées, émotion communicative,
« l'organe et le geste, il a tout. »

La Petite Gironde, Bordeaux :

« M. L. Denis est un orateur de talent, à la
« parole nerveuse et colorée, très nette et sou
« vent éloquente, doublé d'un artiste et d'un
« poète qui sait, sans efforts, dramatiser ses
« récits et leur assurer un saisissant relief... »

La Dépêche, Tours :

« L. Denis possède les qualités maîtresses
« qui font l'orateur : l'érudition profonde, élé
« gance de la forme, rondeur de la période,

« sobriété du geste et, pardessus tout, le *pectus*
« qui rend son éloquence tout particulièrement
« communicative et lui acquiert aussitôt les
« sympathies de l'auditoire. »

L'Est républicain, Nancy, 15 décembre
1901.

« Avec son éloquence chaude, imagée, aux
« phrases harmonieuses, aux vibrantes pério-
« des, L. Denis a traité du problème de la
« destinée. . . . .
« Sa conférence, bien digne d'enthousiasme
« et de consoler les âmes éprises d'idéal s'est
« terminée au milieu d'applaudissements et de
« félicitations. »

BARDY (Mathieu-Napoléon), naquit à Belfort
le 16 août 1804. Il fit d'excellentes études au
Collège de sa ville natale et reçut, à Strasbourg,
le 15 juin 1821, le diplôme de bachelier ès-
lettres. Il suivit ensuite les cours de la Faculté
de Droit. Le 27 mai 1823, il fut reçu bachelier
en droit et licencié le 1er juin 1824, ayant à
peine vingt ans.

Esprit large et éclairé, il fut un des plus
ardents parmi la jeunesse libérale de l'époque.

Le 16 août 1828, il épousa Joséphine Dauphin, sœur du peintre Gustave Dauphin.
Républicain de conviction, il salua avec joie la
Révolution de Juillet qui avorta malheureusement pour ses idées.

Le 15 février 1831, Napoléon Bardy fut
nommé juge-suppléant au Tribunal civil de
Belfort. Le 20 août 1835, il fut appelé aux
fonctions de juge, et le cabinet d'instruction
lui fut confié le 25 mars 1838. Ses convictions
politiques ne souffrirent pas de ces fonctions.
Entre temps, il s'occupait d'histoire naturelle à
laquelle il avait pris goût en soignant sa propriété de Sermamagny.

Entré au Conseil municipal de Belfort le
29 septembre 1831, ce mandat lui fut confirmé
jusqu'au 1er octobre 1858.

La Révolution de 1848 survint. Elle fut
accueillie avec enthousiasme à Belfort. Par
arrêté du 29 février, M. Napoléon Bardy fut
nommé commissaire pour le canton et l'arrondissement de Belfort.

Son œuvre fut considérable à cette époque
difficile.

M. N. Bardy fut élu représentant du peuple
du département du Haut-Rhin par 45.853 voix
sur 94.408 votants. Encore là, il joua un rôle
utile et vota toujours pour la République.

En 1849, à la suite de l'affaire du 13 juin,
qui eut son retentissement à Belfort, le cabinet
d'instruction lui fut retiré, et il resta simple
juge.

Sous l'Empire, il refusa de désavouer ses
votes d'autrefois et de faire amende honorable.
Cependant, le 1er octobre 1858, il fut nommé
président du Tribunal de Wissembourg. Il y
resta en place, tenu en suspicion par l'Empire,
jusqu'à la guerre. Un décret du 9 août 1871 le
nomma chevalier de la Légion d'honneur.

M. N. Bardy continua ses fonctions pendant
l'invasion allemande. Le 16 décembre, il reçut
avis de son internement à Nancy. L'arrêté fut
rapporté, et il put se rendre à Saint-Dié auprès
de son fils.

Un décret du 30 septembre 1871 le nomma
président du Tribunal civil de Montbéliard. En
septembre 1874, atteint par la limite d'âge, il
reprenait possession de sa maison de Belfort.
Il y fut bientôt conseiller municipal. Le 5 juin
1884, il s'éteignit entouré des siens dans la
maison où il était né quatre-vingts ans auparavant.

BARDY (Mathieu-Henri), I. ✪, né à Belfort
(Haut-Rhin), le 28 mai 1829, pharmacien de
1re classe, homme politique, historien érudit,
membre de plusieurs sociétés savantes, artistiques et littéraires.

Adresse : Place Jules Ferry, 7, à Saint-Dié
(Vosges).

M. Mathieu-Henri Bardy appartient à une
vieille famille d'Auvergne, dont la généalogie
a été reproduite en 1894 par M M.-H. Bardy
lui-même dans un intéressant travail publié à
Belfort (1894, in-4°), auquel nous empruntons
quelques détails.

En effet, les Bardy descendent d'une vieille
famille bourgeoise de cette partie de l'ancienne
sénéchaussée d'Auvergne qui forme aujour-
d'hui l'arrondissement de Brioude (Haute-
Loire).

En 1595, naquit, à Sainte-Florine, Antoine
Bardy, marié en 1616 à Isabeau Bourguet, dont
il eut quatre fils : Sébastien (né en 1619), Antoine (1624), Mathieu (1627), Michel (1628).

Ce dernier, Michel Bardy, premier valet de
chambre et homme de confiance de la reine
Marie-Thérèse, femme de Louis XIV, mourut
à Paris en 1704, laissant une belle fortune,
qu'il partageait entre ses neveux et nièces, ses
amis et les pauvres.

Le second fils d'Antoine Bardy (nommé
aussi Antoine), né le 8 février 1624, se maria
avec Isabeau Pradou, et eut plusieurs enfants,
dont Claude Bardy, né en 1661, qui épousa en
1684 Radegonde Chassaing, et Sébastien Bardy,
né en 1668, qui épousa Marguerite Lacombe.
Ils furent les auteurs de deux branches.

Claude Bardy, chef de la branche aînée, eut
10 enfants, 6 fils et 4 filles. Le second, Michel
Bardy, né le 22 novembre 1687, devint vicaire.
Le troisième, Antoine, né le 4 septembre 1692,
fut notaire royal à Auzon. Le quatrième, Mathieu Bardy, qui continua la descendance,
naquit le 21 novembre 1694. Il épousa en 1724,
Elisabeth Brunet, et mourut en 1743, laissant
8 enfants, parmi lesquels Mathieu-Toussaint
Bardy.

Mathieu-Toussaint continua la descendance.
Né le 22 septembre 1730, il épousa, le 12 no-
vembre 1755, Madeleine Denier, au village de
Lempdes. Il en eut 7 enfants.

Le cinquième, Mathieu, né le 11 septembre 1764, s'établit à Belfort en 1795, et y épousa Hélène Ventrillon.

La biographie du Dr Mathieu Bardy a été publiée dans le *Bulletin de la Société belfortaine d'Emulation* (tome 1er).

Son fils fut Mathieu-Napoléon Bardy, sur lequel un superbe travail a été publié par M. Henri Bardy, avec un beau portrait.

M. HENRI BARDY a suivi avec la même distinction les traditions de famille dont nous venons de donner un bref aperçu.

Après de bonnes études secondaires, il fut

élève et pharmacien de l'Ecole de Pharmacie de Paris.

Reçu pharmacien de 1re classe, il se fixa à Saint-Dié des Vosges à la fin de l'année 1855. Il ne tarda pas à s'y créer d'excellentes relations et à y obtenir les sympathies générales.

Son activité et son intelligence se sont toujours mises depuis près d'un demi-siècle au service des idées libérales, comme au développement de l'instruction générale et à la prospérité des sociétés savantes auxquelles il appartient.

La *Société philomatique vosgienne* et le Musée de Saint-Dié sont l'œuvre de M. Henri Bardy.

Ce fut peu avant la guerre de 1870 que M. Bardy, désireux de grouper dans une œuvre commune, les érudits, les savants et les lettrés, de la région des Vosges, eut l'idée de fonder une Société savante sur le modèle des associations scientifiques qui se créaient dans plusieurs grands centres du pays, notamment en Alsace. Les tristes évènements qui nous valurent la perte de nos deux provinces de l'Est arrêtèrent l'exécution du projet de M. Bardy.

Lorsque les Vosges furent délivrées des soldats allemands, M. Bardy revint à l'idée qui lui tenait à cœur.

Il groupa quelques amis et fonda avec eux la *Société philomatique vosgienne* dont les statuts furent calqués sur ceux d'une société qui venait de se fonder à Belfort. L'assemblée constitutive eut lieu le 28 février 1875 sous la présidence de M. Bardy assisté du D Stutel et de M. de Golbery.

La *Société philomatique vosgienne* n'a pas cessé de prospérer. Les collections qu'elle a réunies ont formé le noyau du Musée de Saint-Dié. Depuis vingt-six ans, M. Bardy a conservé le fauteuil de la présidence qu'il occupe avec une autorité incontestable, autorité qui lui vient de la dignité de sa vie, de sa carrière de labeur et de ses travaux remarquables.

De 1874 à 1882, M. Henri Bardy fut membre du Conseil municipal de Saint-Dié. Il s'y occupa tout spécialement des questions d'hygiène et d'enseignement.

De 1858 à 1861 et de 1868 à 1871, il fut secrétaire du Comice agricole de l'arrondissement; de 1872 à 1884, il fut membre et secrétaire du Conseil d'hygiène et de salubrité publique.

On doit à M. Henri Bardy la création du *Cercle de la ligue de l'enseignement* (1868), et celle de la *Gazette Vosgienne* (1869).

En dehors d'une collaboration qui fut toujours active aux journaux et aux revues et aux *Bulletins* des Sociétés savantes, M. Henri a publié les ouvrages suivants :

Notice historique sur Belfort (1859, et 1873); *Belfort sous le régime de la Terreur* (1876-1868); *Mémoire sur les eaux potables de l'arrondissement de Saint-Dié* (in-12, 1871 ; *Gustave Darphin, peintre d'histoire, sa vie et ses œuvres; 1804-1859* (1884); *Les eaux minérales de Saint-Dié, étude historique et documents scientifiques* (1887); *Napoléon Bardy, magistrat et représentant du peuple: 1804-1884* (in-4° 1894); *La marraine de l'Amérique* (1893); *Le général Nicolas Haxo, 1749-1794* (1895); *La « Société philomatique vosgienne » au point de vue de la conservation des documents historiques et autres pièces d'Archives* (1886); *Les évènements militaires dans le pays de Saint-Dié pendant la révolution* (1896); *La « Société philomatique » et les Etudes d'histoire locale* (1897); *La « Société philomatique » et le versant alsacien des Vosges* (1898); *Miscellanées* (recueil d'articles parus dans un journal de Saint-Dié) scientifiques, archéologiques, historiques et littéraires, 9 volumes petit in-8° (1894-1901); *Le général Guye, 1773-1845* (1899); *Quelques pages de l'histoire de Saint-Dié pendant la Révolution* (1899); *Saint-Dié pendant la Restauration, F.-M. Brevêt, maire royal de 1817 à 1829* 1903 ; *L'empoisonnement par les champignons, Observations recueillies à Saint-Dié et dans les Vosges* (1883); *Note sur la Composition chimique de quelques eaux de puits de Raon-l'Etape* (1881); *Travaux du Conseil et

*giène et de salubrité publique de l'arrondis-
sement de Saint-Dié de 1870 à 1880 (1880);
L'archéologie et les Beaux-Arts dans l'arrondissement de Saint-Dié (1882); Les Traditions
et la Littérature populaire, le Roman et la
Poésie dans l'arrondissement de Saint-Dié
(1882); La Société de Saint-Dié à la fin de
l'ancien Régime (1889); La Société philomatique vosgienne en 1886 (1887); La Bourgeoisie
de Saint-Dié au Moyen-Age (1888); Les Institutions hospitalières du vieux Saint-Dié
(1890); Les inondations et les incendies à
Saint-Dié (1891); Les guerres d'autrefois
dans le pays de Saint-Dié, étude historique
(1894); Dom Claude Fleurand, moine Bénédictin
de Moyenmoutier, et son Journal d'observations sur les insectes de Lorraine (1876); Notice sur François-Gabriel Renaud, maître en
pharmacie, 1751-1821 (1880); Donation par
Charlemagne du monastère de Saint-Dié-en-
Vosges à l'Abbaye de Saint-Denis le 13 janvier 769 (1895); Le général Haxo. Notice historique, rectificative et complémentaire (1896);
Enguerrand de Coucy et les Grands-Bre-
tons. Episode de l'histoire d'Alsace. 1268-76
(1860); Belfort sous le comte de la Suze. Episode de la Fronde (1862); La dernière campagne du général Lecourbe. Belfort en 1815
(1889); L'Eglise de Saint-Dizier il y a quarante ans (1890); Le Tombeau de Gérard de
Reinach-Montreux (1891); La Complainte de
la conspiration de Belfort, publiée pour la
première fois avec une Introduction (1892);
Masraux et les dernières années de l'Abbaye
(1898); Un médecin à Belfort en 1471 (1895);
Documents inédits sur une prétendue découverte faite à Barillers en 1862 (1895); Le
Corps d'observation du Jura en 1815 (1899);
Etude historique sur la ville de Belfort depuis son origine jusqu'à la Révol. française;
Saint-Dié pendant la guerre de 1870 (1895);
La naissance d'une société littéraire et scientifique à propos de son 25ᵉ anniversaire (in-8,
Saint-Dié, S. D. 1900); Le Folk-lore du « Val-
de-Rosemont » (1900); Au pays d'Ajoie, Histoires et Légendes (1891); Une histoire de revenant, épisode de la guerre de Trente ans
(1892); Mon vieux Belfort (1897); Un exemplaire de la « Cosmographiæ introductio,
25 avril 1507 » (1893); Le docteur Félix Poma,
1741-1794 (1895); Le régiment de Salm-Salm,
1783-1793 (1893); La campagne maritime
d'un officier de chasseurs à cheval pendant
la campagne d'Irlande en 1798 (1896); Saint-
Dié en 1853 (1896); Camus de Morton, gouverneur des ville et château de Belfort 1635-
1712 (1897).*

En dehors de ces ouvrages, M. Henri Bardy
a publié un nombre important de notes, articles, documents et mémoires consacrés à la
météorologie, l'hydrologie, les sciences physiques et naturelles, les traditions populaires,
l'histoire locale de la Lorraine et de l'Alsace.
La riche et pittoresque région des Vosges a été
étudiée par lui sous tous ses aspects. Les travaux de ce savant ont rendu et rendront encore
de grands services aux érudits et aux historiens.

Ajoutons que les œuvres de M. Henri Bardy
sont toujours écrites en un style élégant et
châtié qui dénote un écrivain de race.

M. Henri Bardy est Président de la *Société
philomatique vosgienne*, membre correspondant de l'*Académie de Stanislas* de Nancy, et
de celle de Metz, de la *Société des Sciences de
Nancy*, lauréat des Conseils d'hygiène de
France, membre de la *Société belfortaine
d'Emulation*, etc.

Il est officier de l'Instruction publique.

BÉCOURT (Louis-Eugène de), né à Paris, le
17 janvier 1847, Trésorier Payeur Général des
Finances, à Mende (Lozère).

M. de Bécourt descend d'une très ancienne
famille de Picardie, et est allié par son ma-

riage aux familles de La Batie (Languedoc)
et de Chardon-des-Roys (Auvergne).

Après de sérieuses études classiques à Montdidier et à Paris, M. Louis de Bécourt entra, en
1867, dans l'administration des Finances où
l'attiraient ses goûts et des traditions de famille.

Attaché au cabinet du Directeur général
des Caisses d'Amortissement et des Dépôts et
Consignations en 1873, nommé Receveur particulier des Finances à Boussac (Creuse), en
1879, à Loches (Indre-et-Loire), en 1882, à
Briey (Meurthe-et-Moselle), avec la première
classe, en 1888, à Lunéville, en 1896, promu le
25 juillet 1900, Trésorier Payeur Général de
la Lozère et élu la même année Censeur de
la succursale de la Banque de France à
Mende, il s'est signalé dans ces postes, par sa
compétence en matière financière et une haute
conscience de ses devoirs.

Dévoué de tout temps à la cause libérale, cœur généreux, esprit d'initiative, les exigences de son emploi ou le soin de ses propres affaires ne l'ont pas amené à négliger ses obligations de citoyen. C'est ainsi que M. de Bécourt a pris une large part au succès de diverses œuvres de bienfaisance ou de fêtes de charité, et qu'il a consacré son activité et son intelligence à propager et à améliorer l'instruction populaire. Président de la Société philharmonique de Loches ; membre de plusieurs Sociétés philanthropiques ; délégué cantonal depuis 19 ans et vice-président de cette délégation pendant plusieurs années à Briey ; Président en 1892 de la distribution des prix des écoles communales de cette ville, cérémonie à laquelle il a prononcé un très intéressant discours, ce fonctionnaire distingué a donné, en maintes circonstances, des preuves de dévouement et de désintéressement qui lui ont acquis l'estime et la considération de ses concitoyens ainsi que de vives et sincères sympathies dans toutes ses résidences. Aussi, lorsqu'il a été appelé, à la fin de 1896, de la recette de Briey à celle de Lunéville, la plupart des journaux de la région du Nord-Est ont applaudi à cet avancement si mérité.

La veille de son départ de Briey, une cérémonie aussi rare que touchante dans sa sincérité a eu lieu dans cette ville : tous les Percepteurs et Receveurs spéciaux relevant de son service se réunirent, anciens ou nouveaux, et jeunes ou non, pour exprimer à ce chef aimé, dans un dîner d'adieu, leurs vifs regrets de son départ (regrets partagés également par toute la population briotine), ainsi que leurs sentiments de gratitude pour la bienveillance nuancée de courtoisie qui le distinguait toujours dans ses rapports avec eux. Il arriva à Lunéville précédé de cette bonne renommée qui devait faire le succès de son avenir, et y conquit aussi très rapidement de nombreuses sympathies et des amis fidèles par son caractère franc et généreux et son extrême affabilité. Tout le monde se louait dans l'arrondissement de l'administration de cet excellent fonctionnaire qui joignait à l'expérience professionnelle une grande connaissance du pays et de ses intérêts, quand il fut nommé, en juillet 1900, à la Trésorerie générale de la Lozère. La nomination de M. Louis de Bécourt à ces importantes fonctions répondit au vœu général ; elle ne surprit aucun de ceux qui l'avaient vu à l'œuvre dans les arrondissements de Briey et de Lunéville, et l'opinion publique ratifia unanimement cet heureux choix du Gouvernement. M. de Bécourt a emporté, en quittant le département de Meurthe-et-Moselle, non-seulement les regrets de tout son personnel, mais encore ceux des populations au milieu desquelles il avait vécu pendant 12 ans et dont il avait su se concilier l'estime et l'affection. La presse lorraine, celle de Paris — notamment l'*Événement*, le *Figaro* — ont consacré à M. de Bécourt, à l'occasion de sa nomina-

tion de Trésorier Payeur Général, des articles élogieux dans lesquels ils ont mis en relief ses remarquables états de service.

Depuis qu'il est en Lozère, il a mis son ambition à se rendre utile à ce pays déshérité sous tant de rapports et pour ce motif si digne d'intérêt. *Faire d'abord payer les contribuables qui le peuvent sans être gênés et laisser à ceux qui sont peu fortunés, à la démocratie des villes et des campagnes, le temps nécessaire pour se libérer de leur dette* — telle a été sa ligne de conduite. — Inspiré par ces sentiments généreux et humanitaires, il a adressé au commencement de 1901, aux Receveurs particuliers et Percepteurs de son département, une circulaire dont l'apparition a été saluée par les commentaires favorables et les éloges unanimes de la presse de tous les partis. — M. de Bécourt y prescrivait d'user des plus grands ménagements à l'égard des contribuables lozériens qui appartiennent, en majeure partie, à une population rurale généralement pauvre, tels que les travailleurs agricoles gagnant péniblement leur vie, les petits propriétaires et fermiers qui ne possèdent pas d'avances et n'ont souvent d'argent que dans le dernier trimestre, après la vente de leurs récoltes et de leurs bestiaux.

Par contre, il recommandait expressément à ses agents de combattre, soit en recourant aux moyens de persuasion, soit en agissant avec fermeté si cela devenait nécessaire, les habitudes de négligence des redevables aisés : rentiers, gros propriétaires, etc., auxquels des latitudes excessives avaient été accordées jusqu'à présent. — L'initiative d'un système si équitable, si rationnel, était de celles auxquelles devait forcément répondre le succès. Les résultats que l'on attendait pour juger complètement cette expérience, au point de vue de la rentrée des impôts, dépassèrent toutes espérances ; ils furent beaucoup plus satisfaisants que ceux obtenus les années précédentes et prouvent que les instructions données par M. de Bécourt avaient été opportunes et basées sur une connaissance approfondie et réfléchie de la situation économique du pays et du caractère et de l'esprit des habitants. D'ailleurs, dans sa session de 1901, le Conseil général de la Lozère a consacré par un vote unanime d'approbation l'acte administratif de M. de Bécourt, en félicitant ce fonctionnaire convaincu et dévoué de son heureuse initiative et de son excellente administration.

Pendant la guerre de 1870-1871, il fit la campagne dans l'artillerie de la garde mobile du Bas-Rhin ; il obtint le grade de maréchal-des-logis au cours du siège de Strasbourg, à l'issue duquel il dut subir les humiliations et les privations d'une captivité de six mois au fond de la Poméranie.

M. de Bécourt est le fils de Charles de Bécourt, décédé le 24 janvier 1892. Receveur des finances en retraite, chevalier de la Légion d'honneur, qui, avant d'entrer dans le service des recettes, avait occupé successivement les fonctions de sous-chef à l'administration centrale du Ministère des Finances et celle de Payeur du département de l'Orne. M. Charles de Bécourt avait été décoré, à la fin de 1870, pour sa belle conduite à Wissembourg, dont il fut le dernier Receveur particulier et où l'énergie de son patriotisme a produit le meilleur effet sur la population alsacienne toujours si française après trente années d'occupation.

La maison de Bécourt tire son origine du château-fort de Bécourt dépendant jadis de celui d'Ancre (Albert), dont il relevait ; elle est connue en Picardie depuis le XIIe siècle. Guy de Bécourt, chevalier, vivait à la fin du XIIe siècle et au commencement du XIIIe ; il possédait des domaines en Santerre et en Amiénois ; — en 1207, Enguerrand, baron de Piquigny, vidame d'Amiens, ratifia un legs que Guy de Bécourt avait fait à l'abbaye du Gard et amortit trente journaux de terre assises-marais de Bourdon, donnés à ladite abbaye par Guy de Bécourt (Archives de l'abbaye du Gard, les Cainos B). — L'an 1278, Gilles de Bécourt était seigneur de Bécourt en Santerre ; on connaît de lui « Littera Egidii de Bécourt de unio modio bladi percipiendo apud Sailly » (1278, Bibliothèque nationale, fonds Corbie, n° 19). Au XIVe siècle, vivait Jacques de Bécourt, chevalier, seigneur de Bécourt ; dans une sentence arbitrale de 1389, on constate que, dans la moitié de la dîme de Méaulte, près Ancre, avait une part Anthoinette Damiette, veuve de Messire Jacques de Bécourt (*Titres du Chapitre de la cathédrale d'Amiens, liasse n° 8*). Le 25 octobre 1415, Gérard de Bécourt, chevalier, périt, les armes à la main, à la bataille d'Azincourt : ajoutons que plusieurs autres représentants de ce nom se distinguèrent dans les guerres du moyen âge.

En 1419, apparaît Jacques de Bécourt, gentilhomme de la Chambre de Jacques Ier, roi d'Écosse, qui porte à ce souverain la nouvelle de la paix conclue entre le Dauphin de France et Jean Sans-Peur, duc de Bourgogne. En 1499, François de Bécourt, abbé de Mareuil, assiste à la bénédiction de l'abbaye d'Arrouaise *Histoire d'Arrouaise, p. 264*).

La famille de Bécourt, du Santerre, fut ruinée au XVIe et XVIIe siècles dans les guerres des Impériaux et des Espagnols ; le château-fort de Bécourt fut même démantelé et rasé par un parti espagnol, au temps de Richelieu.

Les nombreux rameaux de cette famille se sont étendus dans le Boulonnais, le Ponthieu, l'Artois et les Flandres, où on les rencontre dès le XIIIe siècle. Les branches établies dans ces provinces eurent beaucoup de renom et atteignirent un haut degré de prospérité ; elles possédèrent en 1364, les baronnies de Renty (Artois) et d'Aynes (Flandres), en 1369, la châtellenie de St-Omer, au XVIe siècle la baronnie de Lianne (Boulonnais), et la seigneurie de Saint-Germain-en-Laye (1561). Ses membres contractèrent jadis d'illustres alliances telles que celles des Renty, des Halluin, des Lannoy, etc. — Alliances actuelles : de la Bâtie. de Chardon des Roys, d'Heurle, Serret, de Penfentenys, de Lussigny, de la Chapelle, de Vinols, de Laduye, O'Farrel, du Garay, etc.

Armes : Bécourt (France) : Gironné d'argent et de gueules de seize pièces, et, sur le tout, un écusson d'or brochant en abîme.

Résidences : à Mende (Lozère) ; — et au Château de Ceyssac, par le Puy-en-Velay (Haute-Loire).

METZGER (ALBERT), né à Mulhouse (Haut-Rhin), le 31 mars 1853, publiciste et historien français, membre de l'Académie des Sciences, Belles-Lettres et Arts de Savoie, du Cercle de la Librairie à Paris.

Adresse : 17-19, rue de Boigne, à Chambéry (Savoie).

M. Albert Metzger fit ses études au Collège de Mulhouse. Il les termina au lendemain de la Guerre à l'Académie de Neuchâtel, alors que son pays natal venait d'être annexé à l'Allemagne.

Comme la plupart de ses compatriotes, M. Albert Metzger quitta l'Alsace et rentra dans la Mère-Patrie. Ce fut à Lyon qu'il se fixa. Il ne tarda pas à s'y créer des relations étendues dans le monde lettré et savant de la deuxième ville de France, et il fonda en 1879 une revue : *Lyon scientifique et industriel*, qu'il dirigea avec talent pendant onze ans.

En 1883, M. Albert Metzger publia l'histoire de la *République de Mulhouse*. Ce travail fixait de façon précise tous les événements qui se déroulèrent dans cette enclave suisse avant son annexion à la France en 1798. L'ouvrage fut rapidement épuisé. Son succès engagea M. Metzger à entreprendre, avec l'un de ses amis, M. Joseph Vaesen, ancien élève de l'École des Chartes, l'*Histoire de Lyon sous la Révolution, le Consulat et l'Empire*. Cette publication, qui ne comprend pas moins de 10 volumes in-8°, ne fut tirée qu'à 300 exemplaires sur papier de Hollande, souscrits immédiatement par les bibliophiles lyonnais et les grandes bibliothèques.

L'*Histoire de Lyon* fut complétée, en 1889, à l'occasion du centenaire de la Révolution, par un onzième volume dû à la collaboration de MM. Metzger et Vaesen : *A la Veille de la Révolution ; Lyon de 1778 à 1788*.

Il eût été à souhaiter que les deux auteurs eussent continué leurs recherches érudites sur le passé de Lyon. Malheureusement, la santé de M. Metzger exigeait un climat qui n'eût rien de commun avec les brouillards intenses qui noient la grande cité lyonnaise. Dès 1884, le jeune historien dut obéir aux ordres de la Faculté et se retirer dans les régions alpestres, à Chambéry, à proximité d'Aix-les-Bains. Il s'y est fixé depuis, et y a retrouvé, avec la santé et l'activité, de nouveaux éléments d'étude dont il a su tirer parti. Excursionnant dans la région aux deux versants des Alpes, explorant les archives municipales et provinciales, les actes des tabellions et consultant les documents savoisiens conservés à Turin, il recueillit les matériaux de trois intéressants volumes sur l'une des personnalités les plus énigmatiques et les plus curieuses du XVIIIe siècle, Mme de Warens, qui eut une influence si considérable sur Jean-Jacques Rousseau, et, par répercussion, sur les événements politiques et littéraires d'une époque qui fera date dans notre histoire. Ces trois ouvrages sont : *La Conversion de Mme de*

Warens (un vol. in-8°; 1886); — *Les Pensées de Mme de Warens* (in-8°; 1888); — *Une Poignée de Documents inédits concernant Mme de Warens* (in-8°; 1888). Ces travaux ont été analysés dans le deuxième *Supplément du Grand Dictionnaire universel* de Larousse. Elles rétablissent la vérité sur les relations de Jean-Jacques Rousseau avec sa bienfaitrice pendant son séjour en Savoie.

L'histoire de Mme de Warens est toujours l'objet des préoccupations de M. Metzger. En 1891, il donne un quatrième volume : *Les dernières années de Mme de Warens* (in-8°), qui, dans l'intention de son auteur, devait clore la série de ses investigations sur cette femme immortalisée par le talent prestigieux du grand philosophe.

Depuis, M. Metzger a recueilli tous les ouvrages publiés depuis un siècle sur Jean-Jacques et l'hôtesse des Charmettes ; il en a fait don à la Bibliothèque de la ville de Chambéry.

Un autre ouvrage de M. Albert Metzger obtint un véritable succès auprès de ses amis.

C'est un petit recueil de poésies dont la première édition parut en 1874. Ces *Vers de Jeunesse* ont été plusieurs fois réimprimés. Nous citerons au hasard l'une des pièces de ce recueil uniquement destiné aux intimes de l'auteur :

Je voudrais bien écrire un tout petit poème,
Bien frais et bien mignon, pour la beauté que j'aime,
Et dire en quelques vers, galants et bien rimés,
La naïve illusion de nos deux cœurs charmés...
Amour est une chose exquise et souveraine,
La pudeur est sa sœur, la grâce sa marraine,
Et le baiser, son frère, un lutin si subtil,
Que son charme éblouit comme un rayon d'avril.

Nous en avons ou deux aussi longs qu'une extase,
Et nos fiévreuses mains encor mieux qu'une phrase,
Et nos deux cœurs émus encor mieux qu'un aveu,
Disaient notre bonheur, échangeaient notre vœu...
Amour est un ami pour notre jeune aurore ;
Je ne suis pas Pétrarque et j'ai trouvé ma Laure ;
Mignonne, à tes genoux je voudrais consumer
Et mes jours et mes nuits consacrés à t'aimer.

M. Albert Metzger a encore publié, en 1892, à Chambéry: *Le Livre d'honneur des Communes de Savoie*, avec les procès-verbaux de l'Assemblée nationale des Allobroges, demandant leur annexion à la France en 1792, et la liste des Combattants savoisiens de 1870; in-8°.

Outre sa collaboration au *Courrier de Lyon*, au *Progrès de Lyon*, il a fait paraître, comme brochures d'actualité : en 1877, *Jean-Jacques Rousseau à l'île Saint-Pierre en 1765* (in-8°); — en 1880, *Le Budget de l'Instruction publique en France pour 1879-1880* (in-8°); en 1882, *Le Budget municipal de Lyon en 1881 ; recettes, dépenses, octroi* (in-8°).

M. Albert Metzger a fondé, en 1895, à l'Académie des Sciences, Belles-Lettres et Arts de Savoie, un prix d'une Médaille d'or à décerner tous les deux ans en faveur du meilleur ouvrage paru dans cet intervalle sur la Savoie.

Sources : Larousse, *Grand Dictionnaire universel* ; — de Rienzi, *Profils contemporains* ; — Jouve, *Dict. des Alsaciens-Lorrains*, T. II.

FRANCE (Hector), I. ✿, C. ✠, ⚜, né à Mirecourt (Vosges), le 5 juillet 1837, ancien officier, ancien professeur à l'Académie militaire de Woolwich; écrivain, folkloriste, critique, membre de plusieurs sociétés littéraires et savantes.

Adresse : 224, avenue du Maine, Paris.

Du côté paternel et du côté maternel, Hector France est issu d'une famille militaire. Après de bonnes études au Prytanée militaire de la Flèche, il s'engagea à dix-neuf ans au 3e régiment de spahis. Envoyé à l'École de cavalerie de Saumur, il en sortit avec le grade de maréchal des logis. Durant dix années, il guerroya en Kabylie, dans le Sud algérien et sur la frontière tunisienne. Démissionnaire à la suite de passe-droits, il obtint un emploi dans l'administration des Contributions indirectes, qu'il quitta bientôt pour une situation supérieure dans une grande administration financière de Paris.

La guerre de 1870-71 survint. M. Hector France reprit du service en qualité de lieutenant aux mobiles de l'Oise. Il fut bientôt promu capitaine. Après la déroute de Buchy, il fit partie avec son bataillon du corps d'armée de la défense du Havre.

Le général Loysel, manquant de cavalerie, le chargea de la formation de deux escadrons, que le jeune officier, avec une activité extraordinaire, arma, équipa et monta en quinze jours et qui furent annexés au 4ᵉ chasseurs. M. France fut alors nommé capitaine-commandant d'un des escadrons et proposé avec le nᵒ 1 pour la croix de la Légion d'honneur.

Licencié avec son corps, il arriva à Paris le 18 mars. Indigné de la signature d'une paix honteuse, il offrit son épée au Gouvernement de l'Hôtel de Ville, avec nombre d'officiers outranciers comme lui.

Charles Lullier le prit pour premier aide-de-camp.

Après la sortie du 3 avril, où il accompagna Flourens comme aide-de-camp et où il faillit être fusillé à la fois par les Fédérés et les troupes de l'armée versaillaise, le Gouvernement de l'Hôtel-de-Ville lui donna le commandement de la caserne Lobau.

Le nouveau commandant y rassembla tous les soldats et sous-officiers épars dans Paris et que quelques énergumènes voulaient forcer à combattre leurs camarades. Il les disciplina, leur fit allouer la solde des gardes nationaux et les employa à des travaux d'intérieur.

Delescluze songea à Hector France pour remplacer Rossel, son ancien camarade du Prytanée militaire; mais France refusa d'assumer les responsabilités d'un désastre certain.

Pendant les fusillades de Mai, Hector France échappa à la mort, grâce à son sang-froid et au dévouement d'un ancien magistrat, ami de son père, qui lui offrit un asile. Il put gagner la Belgique, puis l'Angleterre où il exerça les professions les plus disparates. Il y fit des dessins d'anatomie, d'architecture, tint des écritures, donna des leçons d'arabe, d'escrime, de français, de littérature, d'histoire, puis entra comme professeur à l'Université de Londres. De là, il alla au collège de Douvres, et, à la fin de l'année 1879, fut nommé professeur à l'Académie royale militaire de Woolwich.

Entre temps, M. Hector France avait collaboré au *Qui vive?* à l'*Union démocratique*, fondé l'*Avenir*, et publié deux ou trois romans : *Le Roman du Curé* (1877), qui eut plusieurs éditions, *L'Homme qui tue*, pour lequel Léon Cladel avait écrit une magnifique préface et Edmond Lepelletier un magistral compte-rendu.

Le *Petit Parisien* s'empressa de lui ouvrir ses colonnes. Hector France y publia successivement : *Le Péché de sœur Cunégonde ; Fumeron, Guyot et Cⁱᵉ*, etc.

Il commença avec une reproduction de *L'Homme qui tue* le périodique la *Vie populaire*.

De l'Angleterre, il collabore à la *Marseillaise*, au *Réveil*, au *Mot d'ordre*, à l'*Écho de Paris*, à la *Vérité*, au *Voltaire*, au *Gil Blas*, au *Courrier de l'Europe*, à la *Nation*, etc., et envoya nombre d'articles à plusieurs revues.

Hector France, de plus en plus encouragé par le public et la critique, donna en librairie *L'Amour au pays bleu : — Sous le Burnous*, études des mœurs et de la vie arabe; — *Les Va-nu-Pieds de Londres; — Les Nuits de Londres; — La Pudique Albion : — En « Police-Court »; — La Taverne de l'Éventreur*, études de mœurs anglaises; — *L'Armée de John Bull*, critique impartiale de l'armée de la Grande-Bretagne, qui fut traduite et eut plusieurs éditions.

Ardent partisan des exercices physiques. M. Hector France est un intrépide marcheur. Il a parcouru à pied une bonne partie de l'Angleterre, la Riviera de Cannes à Gênes, les Alpes-Maritimes, et, dans l'été de 1886, l'Espagne d'Irun à Gibraltar, voyage dont il donna ses impressions dans son ouvrage *Sac au dos à travers l'Espagne*.

Il a publié d'autres impressions de voyage : *Au Pays des maquis; — Au Soleil; — Dans la montagne*; etc. Citons encore : *La Grèce en 1887* (traduit de l'anglais); — *Cinquante ans avec les Indiens* (traduit de l'anglais).

Après quinze années de professorat à l'Académie royale militaire de Woolwich, M. Hector France rentra en France en 1895.

Il a écrit depuis des romans populaires de longue haleine : *La Vierge russe; — La Mort du Czar; — Le Roman d'une jeune Fille pauvre; — Les Mystères du monde; — L'Outrage*.

Il travaille dans ses moments perdus à un *Dictionnaire des Argots, Patois, Néologismes de France*, et à une *Histoire de la Cuisine à travers les âges*.

M. Hector France a été Président de la *Société coopérative des Gens de Lettres et des Artistes* et de l'*Association des Sciences, des Lettres et des Arts*. Il est actuellement membre du Conseil général des *Vétérans des Armées de terre et de mer*, vice-président de la XIVᵉ section de Paris, membre du Conseil d'administration de la *Société africaine de France*, membre de la *Plume et l'Épée*, de la *Société des « J »*, de la *Société des Gens de Lettres*, etc. Officier de l'Instruction publique, M. Hector France est également commandeur du Nichman-Iftikhar. Il est décoré de la médaille coloniale et de plusieurs ordres étrangers.

Pour terminer ces brèves notes sur un écrivain estimé dont l'œuvre en beaucoup de points n'est pas sans analogie avec celle d'un autre Français M. Paul Blouet (Max O'Rell), citons cette appréciation d'un critique, M. de Rienzi, qui a résumé assez habilement les impressions que fait naître l'œuvre d'Hector France :

« M. Hector France est un observateur et un analyste, ce qui ne l'empêche pas d'avoir de l'imagination — trop parfois. On sent sous sa plume courir la sincérité, la conviction, la haine ou l'enthousiasme, selon qu'il nous donne des études sociales, des œuvres de polémique, ou encore des romans vécus. C'est certainement pour cela qu'on le lit avec intérêt, et que ses critiques artistiques ou littéraires sont prisées au plus haut point... Ses œuvres vigoureuses sont aujourd'hui universellement connues... C'est un maître qui sait ce qu'il veut dire. Aucun auteur français n'a pénétré la vie anglaise comme lui et ne l'a vue avec plus de sagacité et d'impartialité... »

LIÉTARD (Dr Gustave-Alexandre), O. ✻. né à Domrémy-la-Pucelle, le 4 avril 1833, docteur en médecine de la Faculté de Strasbourg, médecin-inspecteur des Eaux de Plombières, correspondant de l'*Académie de Médecine*, ancien maire de Plombières, ancien conseiller général des Vosges, écrivain et anthropologiste, membre de plusieurs Sociétés savantes.

Adresse : Plombières (Vosges).

M. le Dr Liétard, après d'excellentes études secondaires, se destina à la médecine. Il se fit inscrire à la célèbre Faculté de Strasbourg qui a fourni au pays un si grand nombre d'hommes éminents et qui avait alors une haute réputation, très justifiée.

Il ne tarda pas à s'y faire remarquer.

Lauréat de l'Université aux concours de 1854, 1855 et 1856, il fut pendant deux années (1856 et 1857), attaché comme Préparateur de Botanique à la Faculté de Strasbourg, et, en 1857 et 1858, interne des Hôpitaux de la Ville.

Il eut pour maîtres principaux les professeurs Forget et Schützenberger pour la médecine, Sédillot pour la chirurgie, Stoltz pour les accouchements, Tourdes pour la médecine légale, Küss pour la physiologie, etc.

Le 30 août 1858, il soutint devant la Faculté de Strasbourg sa thèse inaugurale intitulée : *Histoire de la Médecine chez les Indous*. Ce travail était une indication du genre de recherches qui devaient occuper une partie de la carrière du Dr Liétard.

La Faculté récompensa cette thèse en lui attribuant la Médaille d'argent. (Prix annuel unique).

Le Dr Liétard s'installa à Plombières. Cette merveilleuse station lui doit beaucoup.

Dès 1860, il publia ses *Études cliniques sur les eaux de Plombières* qui furent le prélude de nombreux autres travaux scientifiques ou de vulgarisation sur les eaux de Plombières et qui ne contribuèrent pas peu à attirer les malades dans la célèbre station des Vosges.

En 1865, le Dr Liétard donna son ouvrage intitulé : *Clinique de Plombières ; Maladies de l'Estomac ;* en 1873, son *Tableau sommaire*

de la *Clinique de Plombières :* en 1888, les *Principales applications thérapeutiques des Eaux de Plombières,* travaux qui, avec sa *Notice historique sur Plombières (La Lorraine illustrée,* in-4º, Berger-Levrault, à Nancy, 1884), forment un ensemble scientifique et historique de premier ordre sur Plombières.

M. le Dr Liétard n'avait pas tardé à occuper une haute situation dans la ville où il s'était fixé. Ses travaux, son dévouement, lui valurent de nombreux témoignages d'estime officiels et particuliers.

C'est ainsi qu'il est titulaire d'une médaille pour la vaccine (1875), d'une médaille à l'Exposition universelle de 1878, dans la section d'Anthropologie, d'une médaille d'argent du Ministère du Commerce, pour services rendus à l'hygiène, etc.

En 1882, le Dr Liétard fut nommé médecin-inspecteur des Eaux de Plombières. Il était inspecteur-adjoint depuis 1869.

En 1879, il fut nommé Chevalier de la Légion d'honneur, et, en 1893, correspondant de l'*Académie de Médecine*.

M. Liétard a toujours mené de front les études médicales et scientifiques, avec les recherches anthropologiques, historiques et géographiques.

Il a complété sa thèse inaugurale : *Essai sur l'Histoire de la Médecine chez les Indous,* par ses *Lettres historiques sur la Médecine chez les Indous,* parues en 1863, et qui forment le début d'une série chaque jour consultée par les savants. La question des migrations aryennes a aussi passionné le Dr Liétard. Cette question a fait couler des flots d'encre et provoqué des discussions sans nombre depuis un siècle et demi. Les peuples européens viennent-ils pour la majeure partie des rives du Gange, du Pamir, des régions septentrionales de l'Asie ou de l'Europe ? Ce point est loin d'être élucidé. M. Liétard a apporté sa quote-part de discussion et de raisonnements dans ce problème que les recherches combinées de l'anthropologie, de l'ethnographie, de la linguistique et du folklore finiront bien un jour par élucider.

A cet ordre d'idées appartiennent quelques-uns de ses ouvrages : *Les Migrations aryennes* (in *Bulletin de la Société d'Anthropologie* de Paris, ann. 1864); — *La Philologie comparée et les Mirations Aryennes,* travail paru également en 1864 ; — *Les Peuples ariens et les Langues ariennes,* 1872 : — *Le Langage* (art. du *Dictionn. encyclop.* en collabor. avec le Dr Dally). M. Liétard ne pouvait s'occuper des Aryens sans songer aux Sémites, leurs frères de race blanche. Il le fit dans un important article : *Les Sémites,* publié dans le *Dictionnaire encyclopédique des Sciences médicales* (1888).

La suite de ses travaux sur l'Inde médicale comprend surtout les publications suivantes : *La Physiologie et la Cosmologie dans le Rig-*

Véda (Gaz. hebdom. de méd. et chirurg. 1867 : *Fragments d'Histoire et de Bibliographie* (même recueil, 1884 et 1885); *Notice sur les connaissances anatomiques des Indous* 1881): *Suçruta (la médec. de l'Inde pendant la période brahmanique)*, art. du Dict. encyclop. des Sc. médicales) en 100 vol.; *Dhanvantari (la médec. de l'Inde pend. la période mythol.)* (art. du même Dictionn.); *La Littérature médicale de l'Inde* (Bull. de l'Acad. de méd. 1899; *Le médecin Charaka. Le serment d'Hippocrate et le serment des médecins hindous* (Bull. de l'Acad. de méd. 1897); *La doctrine humorale des Hindous et le Rig-Véda*. (Ext. du journal le *Janus*. Amsterdam, 1898).

Au même ordre d'études se rattachent : *La Médecine grecque avani Hippocrate* (Ext. du Bulletin méd. des Vosges, 1895), et *Résumé de l'histoire de la Médecine chez les Orientaux et en Europe jusqu'au* XIIIᵉ *siècle*, (1897, 109) pp. in-12, extr. de la *Grande Encyclopédie*).

D'autre part, le savant docteur a eu l'occasion, en maintes circonstances, de faire preuve d'une grande érudition et d'un large esprit synthétique dans les articles qu'il a donnés aux Encyclopédies, aux Revues savantes et aux journaux spéciaux.

C'est ainsi qu'il a fourni des articles de géographie médicale dans le *Dictionnaire encyclopédique des Sciences médicales*, S. V. *Asie, Asie mineure, Arabie, Arménie, Caucase, Ceylan, Chypre, Rhodes, Sardaigne, Syrie, Perse, Tartarie* (1867-1887); — un certain nombre d'articles dans le même ouvrage sur des questions d'anthropologie, et des notices biographiques sur des médecins de l'Inde antique et du moyen-âge.

Citons également son travail sur *Empédocle considéré comme philosophe et comme médecin* (1888), curieux travail où il restitue ou recoustitue la vie et les doctrines du célèbre savant sicilien.

Enfin, M. le docteur Liétard a terminé, il y a peu de temps, une sérieuse étude sur *La Population des Vosges, anthropologie, dialectes, géographie médicale, etc.* (330 p. in-8°) qui fait partie de l'important ouvrage : *Le Département des Vosges*, publié sous la direction de M. Léon Louis, en 7 volumes, avec la collaboration de plusieurs écrivains et savants vosgiens.

Ajoutons que de 1869 à 1892, il a administré en qualité de maire la ville de Plombières dont il a fait surgir la cité ravissante qui fait chaque année les délices des malades et des touristes.

De 1872 à 1876, il fut membre du Conseil Général des Vosges.

M. le Dʳ Liétard appartient à un grand nombre de Sociétés savantes, parmi lesquelles nous citerons : *Académie de Médecine* (correspondant), *Académie Stanislas*, de Nancy (membre associé), *Société d'Emulation des Vosges, Société asiatique de Paris, Société de Linguistique de Paris, Société d'Anthropologie, Société d'Hydrologie médicale, Société de Médecine publique et d'Hygiène de Paris, Sociétés de Médecine de Lyon et de Nancy*, etc.

Il est Président de la *Société de Secours mutuels des Médecins du département des Vosges*, et, depuis 1900, fait partie du Conseil général de l'Association des Médecins de France.

Cette notice allait paraître lorsque nous avons reçu de M. P. Gentilhomme, maire de Plombières, la lettre suivante que nous croyons devoir donner *in-extenso*.

« Plombières-les-Bains,

5 décembre 1901.

« Monsieur Henry Carnoy, Paris.

« Mon ami le Dʳ Liétard m'a fait voir un projet de biographie que vous pensez publier sur lui. *Sans lui faire part de mon intention*, il m'a semblé qu'il y avait quelque chose qui était oublié et que je crois devoir vous soumettre.

« M. Liétard était mon prédécesseur à la mairie de Plombières. Pendant *24 ans*, il a rempli les fonctions de Maire à la satisfaction de tous, même de ses adversaires politiques. M. Liétard était Maire de Plombières en 1870. Nous avons ici particulièrement souffert de l'invasion et c'est grâce à son tact, à son activité, à sa fermeté que bien des charges nous ont été évitées. — Comme Maire du chef-lieu de canton, il a su lui éviter des contributions importantes et il mérite le titre d'un des meilleurs et des plus habiles maires de l'Est que je lui ai souvent entendu donner à cette époque.

« Pendant de longues années. M. Liétard fit partie du Conseil général des Vosges où il a dès le début pris une des premières places comme homme de science et comme administrateur.

« J'ai cru devoir vous écrire ce mot, persuadé que cela vous sera utile pour compléter la biographie du Dr Liétard, qui est ici aimé et apprécié comme il le mérite.

« Veuillez agréer. Monsieur, l'expression de mes sentiments les plus distingués.

« P. GENTILHOMME,

« Maire de Plombières. »

Cette lettre, qui honore également son auteur et le Docteur Liétard, clot excellemment ces brèves notes consacrées au savant médecin de Plombières.

TITEUX (le Lieutenant-colonel Jean-François-Eugène), O. ✱, né à Aiglemont (Ardennes), le 11 décembre 1838. écrivain, historien et artiste français, membre de plusieurs sociétés artistiques, savantes ou littéraires.

Adresse : 43, rue Saint-Lazare, Paris.

Le colonel Titeux est originaire d'une des plus pittoresques régions de cette Ardenne qu'ont rendue célèbre nos vieux romans de chevalerie. et qui est encore le pays d'une forte et robuste race qui a fourni à notre génération les Croisy. les Lancereaux, les Péchenard, pour ne citer que des maitres de l'art, de la science et de l'éloquence.

Aiglemont est situé tout près de Gespunsart, village natal de Mgr Péchenard, recteur de l'Université catholique de Paris. Le père du colonel Titeux était cloutier comme le père de Mgr Péchenard. Sortis tous deux d'une condition modeste, leur carrière n'en a que plus d'éclat, et fait le plus grand honneur à la terre des *sangliers* qui vit passer en de folles chevauchées Bayard et les Quatre Fils Aymon.

M. Titeux resta à l'humble école du village jusqu'à sa treizième année. Liès-Bodard, l'illustre chimiste. et son successeur, M. Rossat, directeur d'une institution libre à Charleville, eurent l'occasion de remarquer les aptitudes peu ordinaires du jeune homme, qui avait été admis à suivre comme externe les cours du pensionnat. On fit si bien qu'il put entrer à l'Ecole militaire de Saint-Cyr en 1857. Il en sortit avec le numéro 1 et un sabre d'honneur. Bien plus, il conserva ce numéro prestigieux à l'Ecole d'Etat-Major, et fut nommé lieutenant d'Etat-Major en 1861. C'était la certitude d'un avenir brillant, mais les circonstances, le *Fatum* antique. devaient plus tard arrêter cette carrière si brillamment commencée.

M. Titeux fit son stage régimentaire d'abord au 3e cuirassiers, puis aux Cuirassiers de la Garde impériale, et finalement au 19e Régiment d'Infanterie, appartenant à la Division d'occupation des Etats-Pontificaux.

Tout en s'occupant avec ardeur de ses travaux militaires, qui lui valurent d'être cité deux fois avec le numéro 1 et une fois avec le numéro 2, sur tout le Corps d'Etat-Major, et en obtenant des prix du Ministre de la Guerre. le lieutenant Titeux se livrait avec passion à l'étude des Arts qui avait été sa première vocation d'enfance et de jeunesse.

En 1866, M. Titeux rentrait en France.

Il fut promu Capitaine et fut attaché aux travaux topographiques de la grande *Carte de l'Etat-Major*.

Il passa une année en Corse, puis fut envoyé en Algérie, où il resta jusqu'à la guerre de 1870-71. Au cours de sa résidence en Afrique. il fit le plan de la ville d'Alger, des levés dans la Kabylie de Bougie, et dressa la feuille géodésique d'Oran.

Au moment de la déclaration de guerre. le capitaine Titeux fut attaché à l'Etat-Major de la division de cavalerie commandée par le général comte de Champéron.

Il passa ensuite à l'Etat-Major de la Division de Caussade, et, à la mort de ce général, il devint Aide-de-Camp du général Baron de Susbielle, commandant une division de l'armée de Paris. C'est ainsi qu'il assista aux grandes batailles du Siège et fut nommé Chevalier de la Légion d'Honneur. A Champigny, sa division fut particulièrement éprouvée et perdit plus de 2.000 hommes.

Pendant la Commune, la division de Susbielle, à laquelle appartenait l'infortuné général Lecomte, assista, le 18 mars, à l'affaire de la Place Pigalle, où le Capitaine Titeux, renversé de cheval, fut sérieusement contusionné. Elle fit les approches du fort d'Issy, et, pendant les journées de Mai, occupa l'Ecole Militaire et le Luxembourg.

En 1872, le Capitaine Titeux fut nommé Professeur-adjoint de Topographie et de Géodésie à l'Ecole d'Application d'Etat-Major, et ne tarda pas à devenir Professeur titulaire de ce cours.

A la création de l'Ecole supérieure de Guerre. lors de la suppression du corps d'Etat-Major. il conserva ses fonctions et organisa l'enseignement de la Topographie et de la Géodésie dans le nouvel établissement.

Affecté à l'arme du Génie, il fut promu successivement Chef de Bataillon, et Lieutenant-Colonel, en 1889.

C'est dans cette période de professorat que le Commandant Titeux, entré en relations avec de brillants élèves de Gérôme, et revenant à la passion de sa première jeunesse. développée par un séjour de deux années en Italie, reprit ses études artistiques.

Il exposa d'abord des miniatures, puis des scènes militaires et de grands portraits, entre autres celui de *Mgr Langénieux*, archevêque de Reims, et du *Général Lewal*, alors Commandant de l'Ecole d'Etat-Major. Une copie de ce dernier portrait fut faite pour être placée au Ministère de la Guerre.

Le tableau intitulé : *Une Visite au Musée d'Artillerie*, obtint une seconde médaille à l'Exposition de Tours.

Le Commandant Titeux exposa la dernière fois au Salon des Champs-Élysées, en 1887, avec un tableau représentant : *La Forge à l'École militaire*.

A partir de cette époque, il se livra, exclusivement, à des recherches historiques sur l'ancienne armée, et écrivit d'importants ouvrages dont il fit les illustrations.

Ses deux œuvres les plus marquantes, l'*Histoire de la Maison militaire du Roi* et l'*Histoire de l'École de Saint-Cyr*, ont été couronnées par l'Académie française. Elles forment 3 gros volumes in-4° remplis de dessins et d'aquarelles restituant avec grande exactitude les uniformes disparus. L'*Histoire de Saint-Cyr* a été, à l'Académie française, l'objet d'un rapport particulièrement élogieux et a obtenu le plus élevé des trente Prix Monthyon.

Entre ces deux ouvrages, M. le Colonel Titeux a publié une suite d'*Historiques des Régiments*, qui embrasse toute la cavalerie et les troupes d'Afrique. Pour chaque corps, huit petites aquarelles donnent les uniformes qu'il a portés aux époques principales, depuis sa création jusqu'à nos jours. Ces historiques ont eu un grand succès dans les régiments et même à l'étranger. Dans la pensée de l'auteur, ils devaient entrer, comme note particulière à chaque corps, dans une grande histoire de l'armée, conçue sur un plan très vaste; mais, pour des raisons auxquelles le Colonel Titeux est resté absolument étranger, ils n'ont pas été continués. De même, un manuscrit du Colonel, intitulé : *Histoire de la Cavalerie française*, est resté entre les mains de l'éditeur, et rien n'indique qu'il soit jamais imprimé.

Au commencement de l'année 1890, le colonel Titeux fut atteint d'une grave maladie occasionnée par de grands déboires professionnels, qui vint arrêter son avenir militaire. Après être resté plus d'un an en congé, il dut se résigner à quitter l'armée et à demander sa mise à la retraite.

Il se consacra dès lors tout entier à ses recherches et à ses travaux historiques.

Son *Histoire de Saint-Cyr* terminée, M. Titeux se mit avec une infatigable ardeur à préparer les matériaux d'une grande *Histoire de la Garde Impériale* devant former 8 ou 10 gros volumes in-4°. Il en avait déjà écrit plus de 4.000 pages, lorsque, en étudiant la monographie du Bataillon des Matelots, attaché en 1803, à la Garde Consulaire, il fut amené à s'occuper de la bataille de Baylen, du général Dupont et des évènements de la campagne d'Andalousie.

Lancé sur cette piste, le Colonel Titeux ne tarda pas à pressentir un grand déni de justice et une grave altération de la vérité historique. Bien qu'il fût un admirateur enthousiaste de l'Empereur Napoléon, et qu'il ignorât même si Dupont avait des descendants,

il eut à cœur de déterminer la vérité. Lorsque, après un an de recherches continues et de travail acharné, il fut parvenu à son but, à l'encontre de ses préférences personnelles, il considéra comme un devoir strict, impérieux, de dire cette vérité, en l'appuyant de preuves qu'aucun historien ne connut jamais.

Ce qui donne à cette étude un intérêt tout spécial, c'est qu'elle réforme absolument l'histoire sur ce point si dramatique de la capitulation de Baylen, en prouvant que ce désastre fut dû principalement aux fautes de Napoléon, que la légende créée par l'Empereur est fausse de tous points, et que le Général Dupont fut à Baylen ce qu'il avait été sur les champs de bataille d'Italie, d'Autriche, de Prusse et de Pologne, un grand et intrépide soldat, *absolument irréprochable*.

L'*Histoire du Général Dupont*, dont l'impression est commencée, et qui paraîtra dans le cours de l'année 1902, forme 3 gros volumes

grand in-8°, de 800 pages chacun. Ils renferment de nombreuses cartes, plans de champs de bataille et reproductions par l'héliogravure de lettres curieuses de personnages de l'époque, trouvées par le Colonel Titeux dans les papiers du général Dupont.

Le premier volume, consacré au général Dupont, étudie, avec des détails inédits, les campagnes de 1800 à 1807, et notamment les batailles où ce général a joué un rôle glorieux, Marengo, Pozzolo, Haslach, Albeck, Dierstein, Halle, Nossentin, Mohrungen, Braunsberg et Friedland.

En lisant les récits du Colonel Titeux, on comprend que le général Dupont ait pu occuper en 1807, suivant l'expression du Général Foy, *le premier rang dans la milice*.

Ses états de service laissaient loin derrière eux ceux de la plupart des maréchaux.

Au cours de cette étude, le Colonel Titeux démontre la parfaite correction de l'attitude du maréchal Bernadotte, le 14 octobre 1806, et la persistante hostilité de Napoléon envers le général Dupont, dont il cherchait, depuis Marengo, à voiler les hauts faits.

Le deuxième volume fait l'historique très détaillé, au jour le jour, de la campagne d'Andalousie, et se termine par des fragments de *Mémoires* et de *Souvenirs* inédits, relatant les souffrances éprouvées par nos soldats sur les pontons de Cadix et à Cabrera.

Le troisième volume donne *in-extenso* toutes les pièces de l'inique procès intenté par l'Empereur au général Dupont et à ses co-accusés, procès qu'on peut considérer comme un des plus grands forfaits qui aient traversé l'Histoire. L'auteur examine par le menu le rôle joué par le général Dupont durant son ministère de 1814, et prouve que, dans cette circonstance, comme partout ailleurs, il fut serviteur zélé et illustre de la Patrie.

Le Colonel Titeux compte, après avoir publié son *Histoire du Général Dupont* — qui représente un travail de trois ans — reprendre son étude interrompue sur la *Garde Impériale* et s'y consacrer tout entier. Il doit exécuter pour cet ouvrage plus d'un millier de dessins. Cette magistrale étude, digne d'un bénédictin, ne comprendra pas moins de 7 ou 8.000 pages !

Le colonel Titeux a fait une étude particulière du cheval. Il fait partie du *Comité de la Société des Peintres et Sculpteurs de Chevaux*, qui expose chaque année au Concours Hippique.

Polyglotte consommé, il pratique l'anglais, l'allemand, l'espagnol, l'italien, les langues de ces groupes philologiques, ce qui lui est d'un grand secours pour ses travaux historiques. C'est ainsi que pour son *Histoire du Général Dupont* il a pu entrer en rapports avec des généraux espagnols et utiliser de précieux documents provenant des généraux Castaños, Reding et Lapeña, ainsi que des correspondances anglaises, et des journaux espagnols et anglais de l'époque.

Un de ses tableaux : *Le Général Margueritte à Floing*, a été vulgarisé par la gravure.

Il a été promu Officier de la Légion d'Honneur en 1888.

GUENEAU, famille nivernaise et bourguignonne qui semble avoir pour berceau Moulins-Engilbert (Nièvre), où un Guillaume Gueneau fut avocat en Parlement.

C'est la tige d'où sortent les suivants dont nous donnons plus loin la notice.

Cette famille Gueneau produisit de nombreux rameaux.

Parmi les notabilités connues de cette famille, nous citerons :

Léonard GUENEAU, Chirurgien († 24 juin 1679) et

Denis GUENEAU, son frère, apothicaire († vers 1678);

Le Docteur René GUENEAU, neveu du Docteur Auguste Gueneau, médecin à Moulins (Allier); etc.

GUENEAU (Dʳ JEAN-BAPTISTE-AUGUSTE), né à Luzy (Nièvre), le 21 mai 1799 († le 16 février 1868); ancien Président de l'*Association des Médecins* de l'arrondissement de Château-Chinon, membre de l'Association médicale de la Nièvre, suppléant de la Justice de Paix de Luzy.

Auguste Gueneau était fils de Pierre, tanneur à Luzy, ancien trompette-major au Régiment de Fleury, avec lequel il fit la campagne du Hanovre, en 1755, ancien officier municipal de Luzy et major-député de la Nièvre à la Fédération, et de Marie-Guillemette Thollé, nièce de l'évêque constitutionnel de la Nièvre.

Il avait à peine un an quand il perdit son père. Il apprit le latin avec M. Desjours, curé de Fléty, ancien officier de cuirassiers pendant la Révolution, puis partit à pied pour Paris, pour y faire sa médecine. Il mena une vie difficile, comme on le conçoit. Elève de Desfontaines pour la botanique, de Richerand et Lisfranc pour la pathologie, de Marjolin pour la chirurgie, il fut reçu interne à Saint-Louis.

De graves raisons de famille l'obligèrent à retourner auprès de sa mère. Il s'installa à Luzy comme simple officier de santé. Il se maria peu après avec Mlle Pauline Robert dont il eut trois enfants : Auguste, Lucien et Victor.

En 1837, il se fit recevoir bachelier ès-lettres, puis bachelier ès-sciences en 1838, de sorte qu'en 1838 il put retourner à Paris et subir, tour à tour tous les examens du nouveau doctorat en médecine.

Ses diplômes acquis, il se remit à l'œuvre avec une nouvelle ardeur, estimant que l'homme ne doit pas cesser de chercher à agrandir chaque jour le cercle de ses connaissances, non pour le vrai plaisir de savoir, mais pour pouvoir augmenter les moyens d'être utile à ses semblables.

Il apprit successivement l'Italien, l'Espagnol, l'Anglais et l'Allemand pour se tenir au courant des travaux scientifiques de l'étranger.

Il montra un dévouement à toute épreuve en toutes circonstances, notamment au cours des épidémies de choléra de 1832 et de 1854, de diphtérie de 1837, d'angine œdémateuse, de variole, de dysenterie de 1839, 1841, 1843, 1864 et 1865. Une médaille de bronze fut son unique récompense.

Le 8 octobre 1848, le Dʳ A. Gueneau adressait aux autorités une *Esquisse sur la Topographie médicale de Luzy*. Ce rapport, qui jetait un jour complet sur l'insalubrité et la malpropreté de Luzy, a servi de base à toutes ses améliorations qui se sont exécutées depuis et qui ont fait de Luzy une des plus agréables et des plus saines petites villes de la Nièvre.

Assainir la ville moralement et physiquement, répandre partout les idées d'hygiène du corps et du cœur, patronner activement la propagation de la vaccine, contribuer de tout son pouvoir à l'organisation de l'assistance médicale et en particulier à celle des enfants trouvés, des vieillards, fut pour lui un devoir professionnel dont il n'attendait ni ordre ni récompense officielle pour s'y dévouer.

Comme homme public et comme citoyen, il fut toujours dévoué à toutes les idées libérales et généreuses, et, dans les temps difficiles, les proscrits de l'intérieur et de l'extérieur trouvèrent toujours chez lui soutien et amitié.

Il voulut ses enfants laïques et libéraux, et les éleva dans les principes de la Révolution.

Il fut tour à tour conseiller municipal de Luzy, puis de Millay, et suppléant de la Justice de Paix de Luzy, en 1859.

Surmené par les obligations de sa profession, il était déjà souffrant quand lui arriva la nouvelle de la mort de son fils aîné, le Dr Gueneau, mort au Champ d'Honneur, au Mexique. Dès lors, sa vie ne fut plus qu'une lente agonie.

En 1868, il expirait après de longues et cruelles souffrances.

GUENEAU (Dr Louis-Auguste), ✻, né à Luzy (Nièvre), le 27 février 1829, décédé le 5 novembre 1863; médecin et savant français.

L.-Aug. Gueneau, fils de J.-B. Aug. Gueneau et de Pierrette-Pauline Robert, fit ses études à Bourbon-Lancy et au collège R. de Moulins. Venu à Paris, il fut externe à Lourcines et déploya un grand zèle pour soigner les cholériques, ce qui lui valut des lettres officielles de félicitation. En 1849, il entra, en la qualité de chirurgien-élève, à l'Hôpital d'Instruction militaire de Strasbourg. Cette école fut supprimée en 1850; M. Gueneau revint à Paris et fut reçu docteur en médecine avec une thèse inaugurale sur la *scarlatine* (18 déc. 1852). Le 25 janvier 1854, il fut nommé aide-major au 10e Chasseurs à cheval. C'est avec ce régiment qu'il fit la campagne d'Italie (1859). Attaché au corps d'occupation, il séjourna un an en Italie. Il en profita pour ajouter la connaissance de l'Italien à celle de l'Allemand et pour se lier avec plusieurs notabilités médicales transalpines. Il traduisit alors : *Un cas d'Urine sanguinolente*, du Dr Moïse Finzi (*Comptes-rendus de l'Acad. Médic. chirurgie. de Ferrare*, séance du 30 juin 1860). Depuis, ce travail fut inséré dans le *Bull. de la Soc. de médec. de Poitiers* (1860). Revenu à Poitiers, le Dr A. Gueneau étudia les maladies des yeux avec le célèbre Dr Guéneau, et publia : *Œdème albuminurique simulant une anémie de la pupille* (Paris, Cosse et Dumaine, 1862; in-8, av. grav.). Il avait

commencé différentes études sur ces maladies et sur la guérison de la rage, quand il fut désigné pour aller au Mexique (14 sept. 1862). Le 28 septembre, il s'embarqua sur la *Louisiane*, à Saint-Nazaire, sans avoir pu donner un adieu à sa famille. Sa conduite fut brillante à Puebla et aux attaques des 17, 18 et 19 avril 1863, pendant lesquelles, dit le *Moniteur*, « il se distingua par son activité et son dévouement en soignant les blessés et en allant les recueillir sous le feu de l'ennemi ». Cité trois fois à l'ordre du jour de l'armée, il reçut la croix de la Légion d'honneur, le 23 avril. Après le siège de Puebla, le Dr Gueneau fut envoyé à Mexico, puis à Monte-del-Real pour y prendre le commandement d'une ambulance, et enfin à Pachuca, où se trouvaient plus de 80 malades, généralement atteints du typhus. Atteint lui-même du fléau, il succomba le 5 novembre 1863, laissant de nombreux mémoires inédits, des rapports, notes et observations insérés dans les Bulletins des Sociétés savantes, médicales, etc.

GUENEAU (Lucien-Philippe, O. I. ✿), décoré de la médaille d'Italie, né à Luzy (Nièvre), le dimanche 30 décembre 1832; sous-préfet honoraire, président de la *Société académique du Nivernais*; membre de plusieurs Sociétés artistiques, littéraires ou savantes; ancien capitaine de cavalerie; écrivain et érudit français.

Adresse : 11 *bis*, rue Gresset; Nevers (Nièvre).

Après de bonnes études aux collèges de Bourbon-Lancy et de Moulins-sur-Allier, M. Gueneau s'engagea, en 1851, au 10e régiment de chasseurs à cheval. Brigadier, puis maréchal-des-logis, il passa avec son grade au 2e régiment de Cuirassiers de la Garde, et fit, avec ce régiment, la campagne d'Italie pendant laquelle il fut nommé sous-lieutenant (15 juin 1859). Lieutenant au 8e de Chasseurs, le 28 mars 1865, il fut promu capitaine le 26 décembre 1868.

La guerre survint. Le 2 septembre 1870, le capitaine Gueneau partageait le sort de l'armée du Rhin et était emmené prisonnier à Magdebourg, à la suite de la capitulation de Sedan. Il ne rentra en France qu'après la signature du traité de Francfort. Le 20 mai suivant (1871), il donna sa démission.

Elu conseiller municipal et adjoint de la ville de Luzy, son pays natal, en 1873, il fut révoqué par l'ordre moral en raison de ses opinions républicaines. Réélu peu après, il fut de nouveau révoqué le 16 mai et réélu de suite. On lui fit même l'honneur, à cette époque de lui envoyer deux gendarmes en grande tenue pour lui dresser procès-verbal sous le prétexte qu'il aurait fait du tapage dans la rue — on espérait ainsi intimider les électeurs, il n'en fut rien. — A la chute de l'Ordre moral, le gouvernement voulant établir une administration sérieusement républicaine, le nomma sous-préfet de Château-Chinon, son arrondissement, le 30 décembre 1877.

En 1881, M. Lucien Gueneau fut nommé sous-préfet de Gex (Ain) où il resta jusqu'au 26 juin 1883, époque à laquelle, à la suite de l'opération de la cataracte, il obtint sa mise à la retraite et fut nommé sous-préfet honoraire.

M. L. Gueneau revint alors à Luzy, dont il fut élu maire, en 1884. Depuis lors il fut mêlé à toutes les luttes politiques du département de la Nièvre et fournit une active collaboration à tous les journaux républicains de la région.

Retiré à Nevers en 1885, il y est Suppléant du Juge de Paix, Président de la *Société Académique du Nivernais*, de la Libre-Pensée de Nevers, etc. Il est membre perpétuel de la *Ligue de l'Enseignement*, depuis sa fondation, et de nombreuses Sociétés d'art, de littérature, d'assistance, de mutualisme, etc.

Très au courant des études préhistoriques, des questions d'archéologie, de numismatique,

de folklore, d'art et d'histoire, collectionneur passionné, M. Lucien Gueneau a publié de nombreux travaux fort appréciés parmi lesquels nous citerons :

Folk-Lore. — *Us et Coutumes du Morvand* (*Bullet. de la Soc. académ. du Nivernais* (1886); — *Deux mots sur nos Sorciers* (*Ibid.*, 1887); — *Un Noël Morvandeau* (*Ib.*, 1890); *Croyances et Coutumes de chez nous* (*Ib.* 1894); — *Croyances populaires. 1re Partie ; Nos bons Saints miracleurs et guérisseurs* (Nevers, Impr. Nivernaise ; 1892, in-8).

Histoire. — *Saint-Pierre de Luzy* (*Bull. de la Soc. acad. du Nivernais* (1888; — *Le droit*

de chasse à *Arleuf-en-Morvand en 1494* (*Ibid.*, 1894); — *Deux pièces pour servir à l'histoire de Luzy* (*Ibid.*,) ; *Luzy, nos Médecins* (*Ib.*, 1897); — *Extrait des Mémoires d'Isaïe Bonfils, propriétaire-agriculteur au hameau de Chauvetière, paroisses de Fléty et de Tazilly, 1700 et 1740* (*Ib.*, 1898); — *Les Conséquences de la Révocation de l'Edit de Nantes; souvenirs d'un prisonnier de guerre; ma correspondance avec mon évêque* (Genève, Ch. Pfeffer; 1882. in-8), — *Un chapitre de l'histoire de Luzy* (Nevers, Vincent; 1884, in-8); — *Compte-rendu de la Terre, par Emmanuel Vauchez* (Paris, Reinwald; 1894); etc.

Recherches sur la *Noviodunum Œduorum* et sur la *Gergovio Boiarum*. — Les chemins gaulois et les chemins romains dans le pays éduen (Bull. S. A., 1900. — Deux découvertes archéologiques, cippes funéraires, à Poil, 1901. Occupation de Nevers par les armées alliées en 1815 (Bull. Soc. acad, 1902.)

Politique, etc. — *Discours prononcés en 1880* (Château-Chinon, Luquet ; in-8); — *Allocution prononcée à Gex* (Genève, Ch. Pfeffer ; 1882, in-8); — *Causerie à mes concitoyens*, Distribution des Prix des Ecoles communales de Luzy (Nevers, Vincent; 1884); — *A la porte, les Jésuites !* (1892 et 96, 2 édit.); — de nombreux articles dans la *République de Nevers*, l'*Union républicaine de la Nièvre*, la *Vendée républicaine*, etc.

M. Lucien Gueneau a donné de nombreuses notes à l'*Intermédiaire des Chercheurs et des Curieux*, dont il est le collaborateur depuis la fondation.

Il possède des collections de faïences anciennes, monnaies et médailles, archéologie préhistorique, etc.

M. Lucien Gueneau est officier de l'instruction publique depuis le 19 janvier 1900.

GUENEAU (Victor-Augustin), A. ۞. né à Luzy (Nièvre), le 25 novembre 1835; Receveur des Finances en retraite ; Délégué cantonal, membre de plusieurs Sociétés savantes, artistiques ou littéraires ; Membre de la *Société de Secours mutuels des Instituteurs et Institutrices de la Nièvre*, de l'*Association des Instituteurs de la Nièvre*, de la *Société des Apprentis de Nevers*, de l'*Association des anciens Elèves du Lycée de Nevers* ; Président du *Comité républicain de la Nièvre ;* membre de la *Ligue de l'Enseignement*, etc.; écrivain et érudit français

Adresse : 13, rue Gresset, à Nevers (Nièvre).

M. Victor Gueneau fit ses études aux collèges de Bourbon-Lancy et de Nevers. Se sentant une profonde vocation pour les finances, il finit par obtenir de ses parents leur assentiment à son entrée comme auxiliaire chez le percepteur de Luzy et parvint à se faire nommer aspirant percepteur à la préfecture de la Nièvre, en 1859. Surnuméraire le 6 juin 1862, il fut nommé percepteur à Vandenesse, le 30 août 1864. Il passa ensuite à Saint-Benin-d'Azy d'où il fut appelé à Clamecy, le 30 septembre 1880.

M. Victor Gueneau fut nommé Receveur particulier des Finances à Loudun, le 10 novembre 1884. Il occupa ces fonctions jusqu'au 30 mai 1887, pour aller en la même qualité à Issoudun, poste qu'il ne voulut pas quitter jusqu'à sa retraite (20 juin 1896).

M. Gueneau se retira à Nevers auprès de son frère, M. Lucien-Philippe Gueneau. Il avait toujours employé ses loisirs à des recherches sur le passé de son pays natal et de sa région, fouillant les études des notaires et les registres de l'état-civil. Aussi avait-il rassemblé un grand nombre de registres bourrés de notes précieuses, dont la collection forme un magnifique fonds d'*Actes des Notaires, des Châteaux et de l'Etat Civil.*

Depuis 1866, M. Victor Gueneau travaille à un *Nobiliaire nivernais* concernant non seulement les personnes qui ont possédé des fiefs ou qui ont été ointes de la « savonnette à vilain », mais encore et surtout les Nivernais qui, par leurs travaux ou leurs services, méritent un souvenir.

Il a publié la plupart de ses travaux dans le *Bulletin de la Société Nivernaise.* Nous devons citer tout spécialement : *Notes pour servir à l'histoire de la commune de Vandenesse* (1874) ; — *Notice historique sur la commune de Montaron* (1875) ; — *Enquête faite à Larochemillay en 1579, Guerres de religion* (1875) ; — *Prieurs de Saint-Christophe de Château-Chinon* (1879): — *Le Marquisat d'Espeuilles* (1879) ; — *Lettre sur Moulins-Engilbert* (1879) ; — *Le Prieuré de La Fermeté* (1883) ; — etc.

Dans le *Bulletin de la Société académique du Nivernais,* il a donné : *Notice sur Brèves* (1886); — *Les Nivernais dans l'affaire Le Môle et Coccomas* (1898); — *Droits du duc de Nevers à Clamecy* (1899); — *Un Drame; Grivet contre Guémadeuc* (1900); — *Un Mot sur les anciennes écoles de Moulins-Engilbert* (1902).

Dans divers journaux, M. Gueneau a publié un grand nombre d'articles historiques ou archéologiques intéressants qu'il n'est que regrettable de ne pas voir réunis en volume.

Parmi ses ouvrages, signalons : *Notice sur Saint-Honoré-les-Bains* (Paris, 1877 ; gr.-in-8° de 70 pp., av. blason, carte, plan, gravures); — *Notice sur Billy-Chevannes* (Nevers, 1879 ; in-8°, av. pl. d'armoiries); — *Notice sur Saint-Benin d'Azy* (id., 1881 ; in-8°); — *Moulins-Engilbert, les Eglises et les Etablissements religieux* (Issoudun, 1890, in-4°, 36 p.); — *Cartulaire de la Chartreuse de Basseville* (Issoudun, 1893, in-4°. 122 p., av. sceaux).

L'œuvre capitale de M. Victor Gueneau est certainement son *Dictionnaire biographique des Personnes nées en Nivernais ou revendiquées par le Nivernais* (in-4°, Nevers, 1899). Ce travail rappelle celui de M. Nérée Quépat pour la Meurthe-et-Moselle. Rempli de renseignements puisés aux meilleures sources, c'est un trésor d'archives bio-bibliographiques réuni par un homme compétent, érudit et critique. C'est le modèle de ce qu'eût dû être pour les contemporains la collection des Dictionnaires départementaux, avec cette réserve que l'auteur n'a pas accordé une place assez grande aux personnalités intéressantes de la Nièvre qui, sans être des notabilités, méritaient par leurs efforts de figurer dans son ouvrage.

Quoi qu'il en soit, cette œuvre restera. Il serait à désirer qu'elle fût entreprise pour chaque département et rédigée avec le soin, la précision et le luxe de documents que l'auteur a mis dans cet ouvrage.

Grand partisan de l'enseignement populaire, M. Victor Gueneau est, depuis longtemps, membre de la *Ligue* fondée par Jean Macé. Délégué cantonal pour le canton de Nevers, il donne son appui à toutes les œuvres scolaires et il encourage les associations du personnel enseignant et des anciens élèves des écoles primaires ou secondaires.

M. V. Gueneau a rassemblé une belle collection de parchemins et de gravures, et a formé une bibliothèque des plus importantes en ouvrages sur l'histoire du Nivernais.

Il est membre de plusieurs Sociétés savantes, littéraires ou scientifiques, entre autres de la *Société académique du Nivernais,* de la *Société nivernaise des Sciences, Lettres et Arts,* etc.

M. Victor Gueneau est Officier d'Académie depuis 1900.

MASSILLON ROUVET (Jean-Baptiste) : ☆, A. ✪, né à Saint-Saturnin-lez-Avignon (Vaucluse), le 4 février 1847 ; Architecte ; Membre non-résidant du *Comité des Sociétés des Beaux-Arts des départements* ; ancien Inspecteur diocésain et des Monuments historiques de la Nièvre, etc.

Adresse : 4, rue du Doyenné, Nevers (Nièvre).

M. Massillon Rouvet est l'un de nos artistes et de nos érudits provinciaux les plus justement appréciés. Depuis longtemps déjà sa réputation a franchi les bornes du Nivernais, son pays d'élection, pour s'imposer à la Capitale, grâce à un ensemble de travaux de haute valeur, dans lesquels il n'a pas cessé de déployer une érudition de bon aloi, mise au service d'un style alerte et original et d'un goût très sûr.

La carrière de cet artiste mérite d'être rappelée comme un enseignement et comme un exemple à donner aux jeunes gens qui cherchent leur voie dans la vie.

M. Massillon Rouvet fit ses débuts à Marseille dans les grands travaux entrepris à la fin de l'Empire, qui transformèrent la vieille cité phocéenne. Il ne tarda pas à entrer comme dessinateur chez l'architecte des constructions de la rue Impériale — plus tard rue de la République — M. Ponthieu. Avec lui, il suivit à Paris l'édification, sur le boulevard Saint-Germain, de plusieurs hôtels particuliers, notamment des hôtels du baron de Maingoval et de M. de La Rochefoucauld-Liancourt.

M. Janicot s'attacha le jeune artiste qui eut à suivre la construction de divers hôtels au Parc Monceau.

M. Massillon Rouvet fut ensuite l'architecte de l'Établissement thermal d'Enghien. Il exécuta de grands travaux qui s'élevèrent à plus de trois millions de francs : le Kiosque Chinois sur le lac, le Théâtre dans le Jardin des Roses, le grand Kursaal, bâtiment de 120 m. de longueur sur 12 de largeur, élevé de cinq étages, où les intérieurs seuls restaient à faire en 1870, quand éclata la guerre franco-allemande. Appelé pour son service à Avignon, il fut réformé, mais il vint s'enfermer dans Paris in-extremis, et s'engagea volontaire et sans solde.

Il devint le secrétaire de Viollet-le-Duc qu'il ne quitta plus depuis et pour lequel il fit les relevés des fortifications prussiennes et françaises publiés plus tard dans le savant ouvrage de l'illustre architecte : *La Défense de Paris*.

Les événements du Siège de Paris devaient, plus tard, fournir à M. Massillon Rouvet le fond d'un de ses meilleurs ouvrages : *Viollet-le-Duc et Alphand au Siège de Paris* (1 vol. gr. in-8° de 350 p. ; Paris, Imprimeries-Réunies, 1892). Présenter l'héroïque conduite de Viollet-le-Duc et Alphand, les étudier successivement comme soldats, patriotes et hommes intimes, les présenter avec des documents personnels, les montrer dans l'action par leurs croquis, leurs dessins et leurs anecdotes, les faire parler par leurs rapports militaires et leurs lettres privées : telle fut la conception de ce livre auquel la presse française et étrangère fit le meilleur accueil.

Après la conclusion de la paix, Viollet-le-Duc, qui avait en haute estime son jeune collaborateur, le fit entrer aux Travaux de la Ville de Paris.

M. Massillon Rouvet eut peu après à relever et classer les débris de la Colonne Vendôme. Il en fit un projet de reconstruction avec armature en fer qui parut dans le *Moniteur des Architectes*.

Attaché à la 2ᵉ division d'Architecture de Paris, avec M. Davioud, il eut à s'occuper des fontaines monumentales. Avec le titre d'Ins-

pecteur, il fut chargé ensuite de la construction du Groupe scolaire de la rue Ordener. Ce groupe, dessiné par lui, figura au Salon de 1873 et fut envoyé par la Ville de Paris à l'Exposition de Londres.

Au début de 1874, Viollet-le-Duc, Inspecteur général des Édifices diocésains, l'imposa comme Inspecteur diocésain à Nevers. Les comptes y étaient dans un désordre inouï ; les trop-perçus cotoyaient avec les exercices clos et les dépenses dépassaient de près de 250,000 fr. les crédits ouverts. Les travaux furent organisés de telle sorte que lorsque M. Massillon Rouvet dut résigner ses fonctions, tous les comptes se balançaient.

Il y exécuta de nombreux travaux, entre autres : la partie haute de la grande nef de la cathédrale avec ses voûtes — dont les murs furent démolis et reconstruits en soutenant la charpente sur étais ; — la reprise en sous-œuvre des piliers du chœur ; — la réfection des chapelles latérales avec leurs toitures et les contreforts du xiiie siècle ; — la reprise en sous-œuvre des deux piliers d'angle de la grande nef et du transept ; — la réfection du transept par la création du pignon qui avait disparu.

Dans ce dernier travail, par une manœuvre aussi habile que sûre, il abaissa, en douze heures, de près de trois mètres, la toiture toute brandie du transept, la coupure ayant été retenue avant sur étais. Après ce travail, on posa ce dilemme à l'architecte : *démission ou révocation...* Viollet-Le-Duc venait de mourir!...

Parmi les travaux des monuments historiques de la Nièvre que suivit M. Massillon Rouvet, citons aussi les restaurations du clocher de la Charité (épuration des comptes), les Eglises de Sémelay, de Prémery, de Saint-Parize-le-Chatel, etc.

Cet architecte s'occupa aussi de travaux privés. On lui doit notamment les projets pour une Société privée, des chemins de fer d'Albertville à Moutiers et d'Annecy à Albertville (1873), exécutés depuis par le P.-L.-M. Il étudia les projets des établissements thermaux de Moutiers et de Brides pour cette même Société privée.

Déjà avant cette époque, il avait exécuté une villa près de Namur (Belgique), dont le projet fut publié par Viollet-Le-Duc dans *l'Habitation moderne* (pl. 97 et 98).

Plus de soixante chantiers ont depuis été créés et menés à bien dans les départements de la Savoie, de la Haute-Savoie, de Saône-et-Loire, de l'Allier, du Loiret, du Cher, de la Seine, de Seine-et-Marne et de la Nièvre. Plusieurs de ces travaux ont figuré au Salon et sont gravés dans les ouvrages d'architecture ; les châteaux de Prye, de Cigogne, ne le cédant en rien aux châteaux de Salornay-sur-Guye, de la Rocherie, du Christ, etc., etc.

Plusieurs monuments funéraires nécessitent une mention spéciale, car c'est le criterium de l'architecte. Citons ceux de Madame Provost-Ponsin, de la Comédie Française (gravé), et de Laborde, à Nevers, celui de M. de la Maisonneuve, à Montargis, si expressif.

De nombreuses récompenses ont été attribuées à l'œuvre de M. Massillon Rouvet, aux Expositions régionales de Nevers, Bourges et Avignon : Médailles de Vermeil, d'Or et Diplôme d'Honneur. De même aux concours publics, malgré des parti-pris manifestes, ses succès furent complets pour les Musées ou les Marchés de la ville de Nevers.

L'écrivain, nous l'avons dit, ne le cède en rien à l'artiste. Voici la liste des principales publications de M. Massillon Rouvet. Ces œuvres ne furent produites par lui qu'après sa démission forcée d'Inspecteur diocésain et des Monuments historiques de la Nièvre :

La Caserne de Nevers et la compensation promise (1879) ; — *La Commune de Nevers :* Origine de ses franchises. (Ouvr. orné de 22 dessins de l'auteur, honoré des souscriptions du Conseil général de la Nièvre et du Ministère (1881) ; — *Réponse* à deux membres de la Société nivernaise (1892) : — *Joyaux Carlovingiens* trouvés à Alluy (Nièvre), dessins de l'auteur (Id.) ; — *Sermoise* (1883) ; — *Une ruine à conjurer ; Saint-Etienne,* avec dessins de l'auteur (1884) ; — *Le Sarcophage de St-Parize-le-Châtel ;* vie siècle, dessins de l'auteur. (Extrait du *Bulletin des travaux historiques* (1885) ; — *Le Portail de Jailly,* Lecture aux Beaux-Arts, dessins de l'auteur (1888) ; — *Le Pont d'Avignon,* sa date, sa construction ; 3e édition, dessin de l'auteur. (Extrait des volumes officiels des Beaux-Arts 1890-1891 ; — *Viollet-le-Duc et Alphand au siège de Paris* (In-8°, 550 pages, ouvrage très souvent cité par l'historien Alfred Duquet ; honoré des souscriptions de la Ville de Paris (1892) ; — *Tapisserie flamande du* xvie *siècle,* cartons de J. Romain, photographie (Extrait du volume officiel des Beaux-Arts (1893) ; — *Charles de Gonzague* (1894) ; — *Les grands travaux de Nevers : Hôtel de Ville et Musées, Halles,* dessins de l'auteur (id.) ; — *Les grands travaux de Nevers : Percement des rues, Champ-de-Foire* (id.) ; — *Les grands travaux de Nevers : Le Lycée* (id.) : — *De quelques Architectes* (du volume officiel des Beaux-Arts (1895) ; — *Remparts et monuments de l'ancien Nevers* (in-8°, 300 pages, 42 dessins de l'auteur, ouvrage fait avec les subventions du Conseil général de la Nièvre et celles du Ministère de l'Instruction publique et des Beaux-Arts ; l'auteur a eu l'honneur de voir offrir le premier exemplaire de ce livre, par la Ville de Nevers, à M. le Président de la République, M. Félix Faure ; Rapport élogieux lu à l'Académie française, par M. de Foville, séance du 18 novembre 1899 (1896) ; — *Les constructions à bon marché,* conférence publique (id.) ; — *Portrait* de femme de Rubens (2 pl.) ; — *Les Conrade,* Introduction des faïences d'art à Nevers, travail imprimé par le Ministère des Beaux-Arts (1898) ; — *Liberté conquise ou les franchises municipales. Récit du temps de Philippe-Auguste* (in-4°, 330 pages, ouvrage orné de 90 gravures dont 14 hors texte avec dessins de Viollet-le-Duc et de l'auteur. Edité par la *Société française d'Editions d'Art,* L.-H. May, 9 et 11, rue St-Benoist, Paris, 1899 ; auquel les savants et la Presse française ont fait le meilleur accueil. — *Cathédrale Carolingienne* à Nevers ; les absides opposées (1900) ; — *Une Ambassade à Rome sous Henri IV* (1900) ; — *Les Conrade, leurs faïences d'Art* (in-8°, deux planches ; édité par la *Société française d'Editions d'Art,* (1901).

C'est à M. Massillon Rouvet, à ce laborieux, qu'en 1871 M. le Ministre de la guerre faisait *spontanément* dire par M. le général

Schmitz, qu'il serait porté chevalier de la Légion d'honneur aussitôt que le temps moral serait suffisant depuis sa nomination à la Médaille Militaire.

Une indiscrétion nous met en mesure de savoir que cette promesse a été rappelée par trois ministres, dont un de la Guerre et un président du Conseil, et que le Président de la République a laissé trace de son intervention.

Les travaux de M. Massillon Rouvet ont toujours été des plus remarqués. Voici notamment en quels termes le ministre de la Guerre les appréciait en écrivant à M. le général Schmitz, directeur du Dépôt de la guerre :

« Versailles, le 11 mai 1871.

« Mon cher Général,

« J'ai reçu l'intéressant travail de M. Massillon Rouvet sur le 6e secteur de l'enceinte de Paris, que vous m'avez envoyé et je me suis empressé de le transmettre à M. le Maréchal de Mac-Mahon, afin qu'il puisse être consulté pour la conduite de nos opérations.

« C'est vous dire que j'ai apprécié, comme vous, le mérite de ce travail que je vous sais gré d'avoir fait exécuter et pour lequel je vous prie de faire parvenir à M. Massillon Rouvet mes remerciements et mes félicitations.

« Recevez, mon cher Général, l'assurance de ma considération distinguée.

« *Le Ministre de la Guerre,*

« Le Flo. »

Le Ministre de l'Intérieur joignit ses remerciements et ses félicitations à celles de son collègue de la Guerre. Le Ministre des Beaux-Arts lui adressa de même ses encouragements pour une Conférence publique sur les *Constructions à bon marché* en 1898.

Viollet-le-Duc le fit décorer de la Médaille Militaire pour sa conduite pendant la nuit du 15 janvier 1871, au plateau d'Avron (décret du 7 février 1871).

En séance de la Sorbonne, en 1896, le Ministre de l'Instruction publique lui donna les Palmes académiques. Auparavant il avait nommé M. Massillon Rouvet *Correspondant* du *Comité des Sociétés des Beaux-Arts des Départements*, reconnaissant le mérite de cet artiste doublé d'un écrivain et d'un érudit. Il l'a, depuis (1899), nommé Membre non-résidant du *Comité des Sociétés des Beaux-Arts des Départements.*

Ajoutons que M. Massillon Rouvet possède de merveilleuses collections : *Musée lapidaire* dont les collections du Trocadéro sont venues estamper des pièces ; *Tapisserie* de maître ; Meubles de la Renaissance ; Toiles de Lancret, Rigaud, Backuisen, Rubens, etc. Les *Femmes de Rubens* par le *maître* est un tableau d'une valeur inestimable.

AUREGGIO (Eugène), ✵, O. ⚜, O. ❦, O. ✠ ✠ ✠, né à Schlestadt (Alsace), le 5 novembre 1844. Vétérinaire principal de 1re classe. Inspecteur du service vétérinaire des 8e, 13e, 14e et du 15e corps d'armée à Lyon.

On ne peut mieux caractériser la personnalité de M. Eug. Aureggio qu'en lui appliquant une expression empruntée à la langue de Shakespeare : *right man in right place*, disent les Anglais, et de fait le distingué vétérinaire militaire s'est identifié avec ses fonctions au point de faire corps pour ainsi dire avec elles. Par ses travaux, ses recherches, son incessante activité, il a su restituer à la médecine vétérinaire le rang auquel elle a droit, en raison du progrès des sciences en général. Il serait superflu d'insister sur les énormes services rendus par lui à la cause de la défense nationale. La cavalerie, l'artillerie, l'infanterie, les services d'intendance et autres, ne doivent et ne peuvent utiliser que des animaux sains et robustes. Il y a là une question d'une importance capitale en cas de guerre, le mauvais état de la remonte, le défaut de résistance des chevaux peuvent avoir des conséquences désastreuses. Sélectionner les bêtes de selle et de trait, réorganiser les haras, perfectionner l'étude des maladies et les procédés prophylactiques, telle est la tâche à laquelle M. Aureggio s'est voué dès les débuts de sa brillante carrière. Originaire des provinces annexées, il opta pour la nationalité française dès 1872. Il est membre de la Fédération des Sociétés Alsaciennes-Lorraines de France et des Colonies. En 1866, il contracta un engagement de 7 ans et entra à l'Ecole vétérinaire à Alfort. Pour retracer sa vie et ses travaux depuis cette époque, il nous suffira de citer textuellement ses états de services.

Successivement le jeune élève d'Alfort fut nommé : aide vétérinaire le 23 octobre 1867, vétérinaire en second le 15 mars 1873, vétérinaire en premier le 24 janvier 1880, vétérinaire principal de 2e classe le 9 juillet 1893, vétérinaire principal de 1re classe le 9 juillet 1896, fonctions qu'il cumule à l'heure actuelle avec celles d'inspecteur du Service vétérinaire des 8e, 13e, 14e et 15e corps d'armée. Il prit une part active à la campagne de 1870-71, et séjourna en Algérie du 10 mai 1891 au 9 juillet 1893.

Nommé chevalier de la Légion d'honneur le 7 mai 1895, ayant 33 ans de service et 4 campagnes, M. Aureggio dont l'œuvre scientifique est appréciée de toute l'Europe militaire, est en outre officier d'Académie, 14 juillet 1880 ; chevalier du Mérite agricole, 31 décembre 1888 ; décoré pour actes de sauvetage d'une médaille d'honneur le 7 octobre 1892 ; officier du Nicham Iftikar le 17 décembre de la même année ; officier de l'Instruction publique et officier du Mérite agricole depuis 1894 pour ses nombreux travaux scientifiques et techniques, innovations en maréchalerie, missions à l'étranger. Enfin officier des ordres étrangers suivants : Ordre Royal du Sauveur de Grèce, Saint-Sava de Serbie, Lion et Soleil Levant de Perse, sans parler de 29 mentions ou mé-

(Berlin 1883), et au fameux congrès vétérinaire de Baden-Baden en 1899.

M. Aureggio est un des écrivains les plus autorisés et aussi les plus féconds qui se

dailles d'or, de vermeil, d'argent et de bronze, récompenses de ses travaux de concours, de ses travaux d'études sur les cavaleries européennes, de sa participation aux Expositions universelles de 1889 et de 1900, à l'Exposition de Moscou en 1891, des missions importantes dont il fut chargé à diverses reprises, notamment à l'Exposition d'hygiène internationale

soient occupés de sciences militaires. Certains de ses ouvrages jouissent d'une estime méritée et se trouvent dans toutes les bibliothèques aussi bien à l'étranger qu'en France. Après avoir décrit avec un soin minutieux les maladies qui sévissent chez la gent animale, il s'est attaché à en préciser le diagnostic et à en déterminer la prophylaxie par des mesures sanitaires aussi énergiques que sensées. Mettant à contribution les merveilleux progrès de la bactériologie et de la microbiologie, il a institué notamment pour les maladies du cheval une série de traitements dont plusieurs sont entrés dans la pratique. *Le Recueil des mémoires de médecine vétérinaire* de 1891 contient, page 289, une étude sur les blessures de guerre par les projectiles de petit calibre et autres chez l'homme et le cheval. A la suite des expériences auxquelles M. Aureggio a pris part à Versailles, le ministre a adopté le revolver à petit calibre du modèle 1892. Il s'est enfin occupé, et non sans succès, de diverses questions concomitentes, telles que l'inspection sanitaire des viandes de boucherie, de l'aménagement des étables et écuries, enfin du perfectionnement de la ferrure et de certaines pièces de harnachement du cheval de guerre qu'il a transformées avec une rare ingéniosité. Ses ouvrages les plus connus sont : *La Morve du cheval et de l'homme ; — Diverses affections tuberculeuses du poumon du cheval* (in-8°) ; — *Inspection des viandes de boucherie et alimentation des hommes de troupe ; — Viande et lait des animaux tuberculeux ; — La morve et la tuberculose ne procèdent que de la contagion* (communication faite au Congrès de 1888 pour l'étude de la tuberculose à la Faculté de Médecine de Paris, in-8°) ; — *Etudes comparatives des chevaux de guerre français et allemands ; — Qualités, manœuvres, remonte, alimentation, maréchaux, ferrure, etc. ; — Les chevaux de guerre, origine, ferrure à travers les âges, historique et catalogue illustré des ferrures à glace* (in-8°, avec tableaux et 250 figures) ; — *Amélioration des écuries de l'armée ; — Nouvelles écuries et ustensiles mécaniques* (in-8°, avec tableaux (Expositions de Paris 1889 et Moscou 1891) ; — *La cavalerie des armées françaises et étrangères en route, au cantonnement, au bivouac, en garnison* (in-8°, avec 20 planches).

En 1901, M. Aureggio faisait paraître un nouveau travail sur l'*Histoire de la ferrure des chevaux dans l'antiquité et au moyen âge, jusqu'à nos jours*, comprenant un exposé sur la ferrure rationnelle et un projet de conférences de maréchalerie à organiser en France. En 1900 et 1901, il adressait à M. le Ministre de la Guerre plusieurs rapports des plus intéressants sur la fabrication des fers à la mécanique. Dans sa remarquable étude sur les chevaux du Nord de l'Afrique, M. Aureggio, a réuni et classé de nombreux documents inédits ou épars sur l'agriculture, le service sanitaire, les espèces domestiques et la production chevaline de ces contrées. Il a étudié séparément en collaboration avec M. Blaise les chevaux de l'Algérie, de la Tunisie, de l'Egypte et du Maroc, dotant ainsi la littérature zootechnique d'un travail particulièrement précieux. On lui doit encore une foule de manuels et d'ouvrages pratiques, tels que sa *Méthode*

pour la connaissance de l'âge et des robes du cheval. Dans une série de conférences faites à l'Ecole d'application de cavalerie, M. Aureggio s'est occupé de l'hygiène et de l'étude des races de chevaux des armées, comparant les procédés français et étrangers, au point de vue de l'alimentation et du harnachement du cheval de guerre. Ces conférences complètent des travaux précédents remontant à 1880. Il fit de nombreux voyages en Allemagne et put se documenter sur place en ce qui concerne les progrès hippologiques de nos voisins. Il a également fait connaître au cours de ces conférences les travaux du Comité scientifique mixte des remontes sur les nouvelles rations appliquées en exécution des instructions ministérielles du 4 septembre 1894, dans les 1er, 9e et 16e corps d'armée. Au cours de ses tournées d'inspection, M. Aureggio s'est occupé de façon efficace du contrôle des viandes militaires ; grâce à lui, à ses rapports, à ses instances à l'étroite surveillance opposée à l'introduction des viandes foraines, ce que l,on appelait la *viande à soldats*, a définitivement disparu. En 1889, il organisait à Paris l'exposition rétrospective de la ferrure, comprenant plusieurs innovations dont il était l'auteur. Enfin en 1900, à l'Exposition vétérinaire internationale (section rétrospective et section moderne), M. Aureggio, avec la collaboration de ses collègues, MM. Jacoulet, Alix, Jobelot, Joly, a reconstitué à l'aide de types curieux l'histoire de la ferrure, et les améliorations obtenues pour le plus grand bien de la cavalerie française. De retour d'une mission en Allemagne en 1899, M. Aureggio qui avait représenté le département de la guerre au Congrès international de Baden-Baden, acheva des tableaux en couleurs où la photographie, la lithographie, la gravure, représentent les viandes saines et les maladies rendant les viandes insalubres, tableaux destinés à la vulgarisation par l'image des connaissances indispensables au contrôle des viandes de boucherie entrant dans l'alimentation de nos soldats. Cet ouvrage fut honoré d'une médaille d'or à la section des armées de terre et de mer de l'Exposition de 1900. En 1901, MM. les Ministres de la Guerre et de la Marine en ont autorisé l'achat par les corps de troupes et équipages, C'est également à son retour du Congrès de Baden-Baden qu'il publia sa brochure sur les dangers de la viande et du lait d'animaux tuberculeux.

On conviendra que M. Aureggio était hautement désigné pour représenter la France au Congrès de Baden-Baden, c'est que constata à cette époque la *Vie française* de Lyon, dans un article élogieux consacré au savant vétérinaire. C'est à ce Congrès que les sommités médicales du monde entier s'étaient réunies pour étudier le traitement et la prophylaxie des maladies contagieuses, principalement des maladies transmissibles à l'homme par les animaux. En dehors de ses ouvrages édités, M. Aureggio est l'auteur d'innombrables articles sur l'hygiène, la médecine et la zootechnie. Il a inventé plusieurs systèmes de ferrures d'été et à glace et de nouvelles stalles d'écurie. (Lanterne de mobilisation, adoptées par l'armée et présentées aux Expositions universelles de Paris 1889-1900 et de Moscou 1891.) Ces innovations ont provoqué des réformes utiles aux corps de troupes à cheval des armées françaises et étrangères. Collaborateur assidu de plusieurs organes militaires, M. Aureggio a créé le *Souvenir vétérinaire*, en prenant dès 1876 l'initiative de perpétuer par des plaques commémoratives dans les trois écoles vétérinaires, ainsi qu'à l'Ecole d'application vétérinaire militaire de Saumur, la mémoire des vétérinaires civils et militaires morts au champ d'honneur, aux colonies, ou victimes du devoir professionnel, et la mémoire des vétérinaires civils et militaires, et aux maîtres défunts qui ont contribué à rehausser l'éclat de cette utile et périlleuse profession. Déjà, comme directeur du service de l'Enseignement vétérinaire à Saumur, M. Aureggio avait songé à donner aux diverses promotions des noms empruntés à l'histoire vétérinaire et militaire de la France. Celle de 1901 porte le nom de Decroix, savant vétérinaire et philanthrope, propagateur de l'usage de la viande de cheval. Le volume édité pour le *Souvenir vétérinaire* rappelle les généreux efforts de M. Aureggio pour la réorganisation vétérinaire militaire de 1880 à 1901. La loi du 15 mars 1901 améliorant le cadre des vétérinaires, et le dispositif du recrutement des vétérinaires stagiaires de Saumur seront améliorés grâce aux instances de M. Aureggio, actuellement le plus ancien vétérinaire de 1re classe de l'armée. Les bienveillantes dispositions du général André, Ministre de la guerre et de M. Berteaux, rapporteur du budget de la guerre pour 1902, ont engagé, la Chambre à donner le 21 janvier son assentiment à une proposition de loi réorganisant le corps des vétérinaires militaires, présentée par M. le député Dr Chapuis et 83 de ses collègues. M. Aureggio a donc largement contribué à augmenter la situation matérielle et morale de ses collègues et participé aux progrès de la science vétérinaire, qu'il représente dans la Société Centrale de médecine vétérinaire pratique de Paris, les Sociétés d'agriculture et des sciences vétérinaires de Lyon, etc. M. Aureggio est encore membre de plusieurs Sociétés savantes de France et de l'étranger.

CHAFFAULT (Gabriel-Charles-Patrice, BILLEBAULT, Comte du), A. ✠, O. ✠, O. ✠, ✠, ✠, né à Paris, le 19 mai 1852; Bibliophile, Voyageur, Ecrivain et Publiciste, membre de plusieurs Sociétés savantes, artistiques et littéraires.

Adresse : 8 *bis*, rue Dumont-d'Urville, à Paris.

« Le plus grand nom de Bretagne, après Laval et Chateaubriand, — a dit Beauchet-Filleau, le savant historien — est celui de du Chaffault. »

Cette famille dont les armes portent : *De sinople, au lion rampant, armé, lampassé et couronné de gueules*, peut s'enorgueillir, en effet, d'un passé mémorable.

*
* *

De nombreuses publications historiques et héraldiques, contrôlées avec soin, nous permettent de rétablir l'histoire de cette maison.

Certains ont transcrit Duchaffault, ou Duchaffaut, ou encore du Chaffaut, au mépris d'actes authentiques qui ne laissent aucun doute sur la véritable orthographe du nom.

Du Chaffault n'est pas un nom patronymique, — de Mailhol l'a fait remarquer dans son *Dictionnaire de la Noblesse française* — mais bien le nom d'un fief situé dans la paroisse de Bouguenais-les-Nantes.

Cette maison noble de la plus ancienne extraction, dont l'origine se perd dans la nuit des temps ou plutôt dans les documents incomplets de nos archives, détruites pendant la Révolution, est originaire du duché de Nantes. Elle est une branche cadette de la fameuse maison de Rezay, issue des comtes de Nantes.

A l'appui de ceci nous citerons plusieurs titres et parchemins très curieux et très rares conservés précieusement par le chef de cette famille, certains datés des années 1270, 1274, 1302, etc. Puis :

1° Une déclaration du 20 août 1385, par Pérot Simailleau à *Thibaud de Rezay*, dict du Chaffault ;

2° Un aveu fourni le 13 novembre 1410 par Dlle Durable Gestin, au 5e degré, Vve de *Thibaud*, comme tutrice de Silvestre, son fils, à la reine d'Angleterre, tenant par son douaire, le comté de Nantes, de l'hébergement, manoir et fief du Chauffault ; elle déclare les tenir comme juveigneur d'aîné de *Martin de Rezay*;

3° Une enquête faite en 1471 pour la possession du banc de MM. du Chaffault comme banc seigneurial dans le chœur et sanctuaire de l'église de Saint-Philbert de Grandieu. 39 témoins vinrent déposer de l'ancienneté de la famille du Chaffault « la première après les Laval et les Chasteaubriand et avoit la seigneurie suzeraine de Monceaux ». Parmi ces témoins, Jean de Viesques, seigneur des Perrines, gentilhomme, âgé de 52 ans, « dépose qu'il a ouy dire et tenir notoirement que iceulx du Chauffault sont issus de la maison de Rezay, et pour remonstrance de ce en portent les armes anciennes, et pareillement dit avoir ouy dire et tenir notoirement que la maison de Rezay et la plupart des biens d'icelle est issue de la Comté de Nantes, pour le partage d'une fille du Comte de Nantes, mariée au seigneur de Rezay. »

La filiation suivie est dressée sur les preuves de Malte, pour les honneurs de la Cour et l'admission au chapitre des Comtes de Lyon, les titres de familles, ceux conservés aujourd'hui aux archives de la Loire-Inférieure, etc., le tout coordonné avec le texte de la première édition par M. St. de la Nicollère-Teijéro, archiviste de la Ville de Nantes.

Au nombre des personnages marquants de cette famille, nous trouvons, après Saint-Martin, de Verton, un des plus grands saints de la Bretagne, qui était un Rezay-du Chauffault (né en 527) :

1° *Silvestre III*, chevalier, seigneur du Chaffault, de Monceaux et de la Touche-Limouzinière, qui reçut l'ordre de chevalerie en 1340, et fut des partisans de Charles de Blois;

2° *Bertrand*, chevalier, seigneur du Chaffault, chambellan du duc Pierre en 1451 et 1452. En 1453 il touchait LX livres comme écuyer du Duc, qui lui accordait en 1454 un collier de l'Ordre de l'Hermine du prix de XXXII L. 10 s. En 1455, Bertrand figure parmi les chevaliers au service du Duc. Le 5 décembre 1467, il obtint décharge de la capitainerie d'Hennebon;

3° *Pierre*, prêtre, docteur en droit, curé d'Orvault, chanoine de Nantes, fut élu à l'unanimité évêque par ses confrères le 10 mai 1477; il prêta serment le 28 novembre et mourut en odeur de sainteté (12 novembre 1487). Ses restes sont déposés dans le caveau des évêques de Nantes. Il acheva la cathédrale de Nantes et fit imprimer le premier Missel. Prince de l'Eglise, il se montra d'une grande fermeté et d'un grand sens politique;

4° *Olivier*, écuyer, seigneur du Chaffault, Monceaux, etc., accompagna le duc de Bretagne en Guyenne (1453). Vers 1456, il était parmi les hommes d'armes du sire de Villebranche;

5° *Jacques*, seigneur de la Sénardière (1527);

6° *Jean*, seigneur de la Sénardière qui mourut assassiné, épousa Suzanne de Girard (1544);

7° *Jean-Silvestre*, écuyer de la Sénardière, le Plessis-Besné, confirmation de noblesse par Barentin (24 septembre 1667);

8° *Claude*, chevalier, seigneur de la Sénardière, qui épousa Madeleine-Marie Joussaume, fille de Louis, chevalier, marquis de la Bretesche, gouverneur de Poitiers, puis en 2° noces, Marie de la Roche-Saint-André, fille du chef de l'escadre des armées navales et de Brigitte d'Escoubleau de Sourdis.

9° *Alexis-Augustin*, chevalier, seigneur de Besné, de la Sénardière, La Mothe-Geslin, etc., Conseiller au Parlement de Bretagne.

10° *Charles-Julien-Gilbert*, seigneur de Chaon, chevalier de Saint-Louis et de Cincinnatus, capitaine de vaisseau, nommé brigadier des armées navales (24 novembre 1785), commandait les bâtiments et chaloupes de débarquement à l'occupation du Sénégal, et fut un des vainqueurs du fort Saint-Louis;

11° *Silvestre-François*, comte du Chaffault, chevalier, seigneur de la Sénardière, servit comme officier dans le régiment du Roi-Infanterie et prit part à la guerre de Sept-Ans. Il émigra en 1791. Il servit d'abord à l'armée des Princes comme chef d'escouade de la 2ᵉ compagnie noble à cheval, rejoignit à Worms l'armée de Condé dont il fit toutes les campagnes, fut nommé chevalier de Saint-Louis (16 mars 1801). Sa femme et sept de ses enfants ayant péri pendant la Révolution, il se fit ordonner prêtre en 1803. Il fut curé de la Guyonnière, en Vendée, chanoine honoraire de Nantes, et mourut à 87 ans, en 1822.

12° *Charles-Augustin*, chevalier de Malte, servit également dans l'armée du Prince de Condé qui le nomma chevalier de Saint-Louis sur le champ de bataille. Il mourut chef d'escadron en retraite le 13 mars 1831;

13° *Alexis-Gilbert*, officier de la marine royale eut la jambe cassée à Ouessant. Dans les guerres de Vendée, il servit sous Charette puis sous Lescure, se distingua à Châtillon et fut tué dans la déroute du Mans;

14° *Henry-Barthélemy*, clerc tonsuré, qui fit

ses preuves pour entrer au Chapitre des comtes de Lyon, périt avec son frère Alexis-Gilbert dans la déroute du Mans;

15° *Marie-Henriette-Pélagie* du Chaffault, épouse du comte de Chevigné, mourut dans les prisons du Mans. Elle accoucha en prison, et son enfant, Louis de Chevigné, qui devait un jour être l'auteur des *Contes rémois* et le grand-père de la duchesse douairière d'Uzès actuelle, fut sauvé et élevé par son oncle le général du Chaffault;

16° *Marie-Henriette-Osmane* du Chaffault, épouse d'Alexandre de Rorthays, comte de Marmande, maréchal de camp, fut fusillée comme « brigande »;

16° *Marie-Rosalie*, morte dans les prisons du Mans;

17° *Louis-Charles*, comte du Chaffault, de

Besné, seigneur de Chambreton, Meslay, la Goyère, etc., fut lieutenant-général des armées navales, commandeur, grand-croix de Saint-Louis, vice-amiral et amiral (15 mai 1791). Louis XVI le nomma amiral le même jour que le duc d'Orléans. Cette nomination au grade suprême du vrai et grand marin qu'était du Chaffault faisait passer celle de Philippe-Egalité qui, disait-on, s'était caché à bord de son vaisseau pendant le combat d'Ouessant. A 39 ans seulement, il commandait le *Tonnant* que montait le chef d'escadre des Herbiers, escortant un convoi de 250 navires attaqué par les Anglais (27 octobre 1747); il fut grièvement blessé dans l'engagement contre la flotte ennemie, composée de 14 vaisseaux, et les 8 français qui furent écrasés par le nombre; mais le convoi put s'échapper. Commandant la frégate l'*Atalante* de 34 canons, il sut (11 mars 1757); près de la Martinique, par l'habileté de sa manœuvre, désemparer et forcer d'amener son pavillon, le *Warwick*, vaisseau anglais de 64. Ce brillant et célèbre combat fut gravé par l'ordre du Roi. Nommé chef d'escadre, il fut chargé de conduire des troupes au Canada et reçut en 1765 la mission de punir les pirates du Maroc et de bombarder Salé et Larrache. Promu lieutenant-général en 1777, il commanda l'année suivante l'arrière-garde — devenue l'avant-garde — de la flotte française à Ouessant où il fut blessé et perdit son fils unique. Louis XVI lui écrivit à ce propos une de ces lettres comme il savait les écrire « à son brave du Chaffault », et Marie-Antoinette lui en adressa une autre dans laquelle on lisait ce touchant passage : « Que je vous plains, monsieur du Chaffault, je voudrais être petit oiseau pour pouvoir aller vous servir de garde ! » L'amiral du Chaffault fut arrêté dans son château du Meslay, près Montaigu, en 1793, conduit à Nantes et enfermé dans la maison d'arrêt de Luzençay, où il mourut le 29 juin 1794, âgé de 87 ans, après 69 ans de services à la mer. Son portrait figure au Musée de Versailles, salle des Amiraux. Une rue à Nantes, une caserne à Fontenay-le-Comte et un vaisseau de l'Etat portent son nom. C'est sur le *Du Chaffault* que l'amiral Courbet bombarda Makung, Formose, les Pescadores, au Tonkin.

18° *Jacques-Gabriel*, comte du Chaffault, né à Montaigu (Vendée), en janvier 1769, émigra. Il fit la campagne de 1792 à l'armée des Princes, fut officier d'artillerie à la légion de Mirabeau, où il eut un duel resté célèbre, fut blessé au combat du 17 mai 1793 et nommé chevalier de Saint-Louis. Rentré en France, il fut arrêté et détenu pendant deux ans. Bonaparte, qui l'avait connu à Brienne, le fit mettre en liberté. En 1815, il commandait en chef une des divisions de l'armée vendéenne, avec le grade de maréchal-de-camp. Il repoussa l'ennemi et fut l'un des trois signataires de la pacification. A la Restauration, il fut nommé chevalier de la Légion d'honneur. Conseiller général de la Vendée (17 avril 1816), il devint plus tard député de ce département. Il fut chargé en 1830 de porter la couronne de France à Louis-Philippe, et il demanda à la Chambre d'empêcher les mariages entre gens malsains et contournés. Il ne laissa qu'une fille unique, Marie-Félicie.

Pierre-Charles-Alphonse, baron BILLEBAULT de VILLEPREVOIRE, d'une vieille famille de Bourgogne, l'épousa, et, pour obéir au vœu de son beau-père, et afin que ne s'éteignît pas le nom de du Chaffault, demanda et obtint, par décret du 17 novembre 1872, d'ajouter à son nom celui de du Chaffault, ou Duchaffault.

Les Billebault portent : *d'argent à l'aigle de sable languée et onglée de gueules, au chef d'azur chargé de 3 besants d'argent.*

De Pierre-Charles-Alphonse sont nés :

1° *Gabriel-Charles-Patrice*, comte du Chaffault, marié à Louise Hantz-Hargrave, dont Jacques-Sylvestre-Nicolas-Charles ;

2° *Georges-Charles-Henri-Marie*, vicomte du Chaffault, né en août 1867 ;

3° *Marie-Anna-Marguerite*, mariée au vicomte de Bigars de La Londe.

***

PIERRE-CHARLES-ALPHONSE, baron BILLEBAULT DE VILLEPREVOIRE, qui releva le nom de du Chaffault, était né à Sens (Yonne), en 1825.

Auteur de l'*Extinction du Paupérisme*, autorisée par Napoléon III, savant d'une grande originalité, il écrivit et publia beaucoup d'œuvres de valeur.

Maire de Sens en 1870-71, il sauva sa ville natale par sa présence d'esprit, son sang-froid et son courage. Les convois allemands ayant été attaqués de tous côtés aux environs, les Prussiens surexcités, voulaient bombarder la ville. M. Billebault du Chaffault alla au devant des ennemis, déclara que la ville était sans défense, et promit qu'aucun coup de fusil ne serait tiré si la ville était respectée. Pris comme otage entre deux soldats qui lui lièrent les mains et lui mirent les pistolets chargés à la hauteur de la tête, il fut placé en avant d'un des régiments du Prince Frédéric-Charles, le « Prince Rouge », qui fit ainsi son entrée dans Sens.

Il évita à la ville de grandes contributions, rendit à ses habitants de nombreux services et arracha la grâce de beaucoup de francs-tireurs et de braves jeunes gens condamnés à mort, et au nombre desquels se trouvait son fils.

Il refusa l'indemnité de guerre qui lui était offerte personnellement. Aux élections législatives, il eut la majorité des voix dans son arrondissement. D'une générosité proverbiale, il donnait tout ce qu'il avait. Il mourut le 1er mars 1896 dans un voyage à Londres où il allait étudier une de ses inventions pour le bien public.

***

GABRIEL-CHARLES-PATRICE BILLEBAULT comte DU CHAFFAULT, son fils aîné, vit écla-

ter la guerre au lendemain du jour où il acqué-
rait son baccalauréat ès-lettres. Il s'engagea
dans une compagnie franche du département
de l'Yonne, commandée par le capitaine Ju-
bin, ancien officier de marine. Il en fut aussitôt un des héros.

A l'affût de l'ennemi, durant des mois , la
vaillante compagnie inquiéta et arrêta plus
d'une fois la marche des Allemands. Elle eut
de nombreux corps à corps avec des éclai-
reurs.

Un matin, entre Cerisiers et Sens, Gabriel
du Chaffault livra combat avec sa petite troupe
dont l'aîné n'avait pas vingt ans, à une escouade
de uhlans. Plusieurs cavaliers tombèrent,
d'autres furent faits prisonniers, le reste s'en-
fuit. Triomphants les braves enfants arrivèrent
à Sens avec leur charrette de morts et de prisonniers. Or la ville venait d'être occupée. Les
francs-tireurs furent reçus par les Bavarois qui
les désarmèrent et les jetèrent en prison. Condamnés à mort, ils devaient être fusillés le lendemain sur la place Saint-Etienne. C'est alors
que le maire, M. Billebault du Chaffault, —
qui ignorait la présence de son fils parmi les
prisonniers — fit tout au monde pour les sauver. Il offrit en échange de ces malheureux une
nouvelle contribution de guerre. Le commandant de Place, M. de Bouchaux — un nom
français — dit : « Je puis faire fusiller qui je
veux, mais je n'ai pas le droit de faire grâce,
ni de lever une contribution d'un pfennig! Je
vais cependant retarder l'exécution. »

M. Billebault du Chaffault envoya dépêches
sur dépêches, exprès sur exprès, au prince
Frédéric-Charles et à son état-major. Jours et
nuits d'horribles angoisses! Enfin la grâce
arriva, basée sur le jeune âge des combattants!

Gabriel du Chaffault fut proposé pour la Légion d'honneur à l'âge de 18 ans!

Le jeune homme entra dans l'armée. Il
donna plus tard sa démission, comme lieutenant d'artillerie, pour se consacrer aux voyages, aux lettres et à l'archéologie.

Il visita presque toute l'Europe, alla aux
Etats-Unis, lors du Centenaire de l'Indépendance de l'Amérique, comme descendant des
combattants de la Grande-Guerre. Il visita
Ceylan et fit le tour du Monde.

Avec M. Henri Ternisien, député de la Cochinchine, il fut chargé de diverses missions à
Saïgon et à Londres.

Filleul de Lamartine, le comte Gabriel du
Chaffault a publié de nombreux articles dans
les journaux et revues périodiques, et plusieurs
volumes auxquels la critique a fait le meilleur
accueil.

Parmi ses ouvrages, nous citerons : *Le Droit
divin et la République*, étude sur ces deux
moyens de gouvernement (un vol., Paris 1874);
— *L'Agriculture en 1889*, parallèle entre la
terre et le capital (id , 1889); — *Mésoncelles-
en-Brie, dépendance de l'Abbaye de Saint-
Denis* (id., 1894), étude historique et archéologique; — *Abélard et Héloïse*, importante
contribution à l'histoire du grand philosophe
et de l'héroïne (1894); —*Histoires courtes. Du
vrai, du gai, du triste* (in-12; Paris, 1899;
Soc. d'Editions littéraires) « petit livre écrit
sans prétention, mais avec une simplicité de
bon aloi, alertement, avec humour, émotion et
philosophie », comme l'a défini un critique,
etc., etc.

Grand chasseur, il a même écrit sur la chasse
aux sangliers des pages curieuses.

Très artiste, le comte Gabriel du Chaffault
a réuni des collections remarquables d'objets
rares de la Renaissance, du xviie et du xviii[e]
siècles.

Il est membre de plusieurs Sociétés savantes,
entre autres de la *Société archéologique de
Nantes*, de la *Société de la Loire-Inférieure*,
de la *Société archéologique de Seine-et-
Marne*, des *Félibres* et des *Cigaliers*, etc.

Victime de sa trop grande bonté — il y a une
quinzaine d'années — il dut passer en Cour
d'assises, sous l'inculpation de corruption de
fonctionnaire, pour avoir remis, de la part d'un
ami, veuf de la fille du duc de Persigny,
500 francs à un employé de mairie, père de
cinq enfants. M. Ficher de Chevriers voulait
ainsi remercier cet employé d'avoir avancé ses
publications de mariage avec Mlle de Montfer-
rier. Procès de tendance s'il en fut, qui attira
toutes les sympathies au comte du Chaffault.
Devant la Cour suprême, la condamnation —
légère du reste — fut effacée.

Le comte Gabriel du Chaffault, chevalier de
Cincinnatus, en Amérique, des SS. Maurice et
Lazare, en Italie, d'Isabelle-la-Catholique et de
Charles III, en Espagne, officier des Ordres du
Cambodge et de l'Annam, décoré d'une mé-
daille de sauvetage, est officier d'Académie.

En politique, M. du Chaffault a un idéal
qui évoque une république athénienne ou le
règne d'un Louis XIV. « Ce rêveur, mystique
par moment, donne un peu l'idée d'un bénédictin quelque peu teinté de socialisme... »
C'est un simple et un sympathique entre tous.
Aux plus franches qualités d'esprit, du cœur
et d'entrain, il joint une largeur de vues
qu'on retrouve dans toutes ses œuvres. »

SOURCES. — De Mailhol, *Dict. de la Noblesse
française;* — Jouve, *Dict. départementaux,
Seine-et-Marne;* — Jules Rigaud, art. biogr.
in *Paris qui passe*, 11 févr. 1900; — Beauchet-Filleau, *Dict. hist. et général des familles
du Poitou*, 1892 ; — La Nicollère-Teijero, etc.

CHAILLOU (René-François-Félix), I. , né
à Nantes (Loire-Inférieure), le 8 avril 1836 ;
Propriétaire-Viticulteur aux Cléons, en Haute-
Goulaine ; Président de la Délégation cantonale de Vertou ; membre et lauréat de la *Société française d'Archéologie;* membre de plusieurs Sociétés savantes, agricoles et littéraires;
fondateur du Musée des Cléons.

Adresse : Les Cléons, par Vertou (Loire-Inférieure). — Et : Nantes, 70, quai de la Fosse.

Du côté maternel, M. Félix Chaillou est l'arrière petit-fils de Jean-Baptiste Ogée (17?? — 1790), Ingénieur-Géographe de la province de Bretagne, et le petit-fils de François-Jean-Baptiste Ogée (1760-1845), Architecte-Voyer de Nantes.

Son père, René-Pierre Chaillou (1793-1842), fut député de Nantes de 1831 à 1834, et Conseiller de Préfecture de la Loire-Inférieure. Il mourut prématurément le 1er janvier 1842, regretté de tous, laissant son fils qui n'avait pas 6 ans et une fille de 8 ans plus âgée.

M. Félix Chaillou entra au Lycée de Nantes où il fit de très solides études que couronna son diplôme de Bachelier ès-lettres obtenu devant la Faculté de Paris, le 11 décembre 1856. Il eût pu entrer dans quelque carrière libérale et s'y distinguer. Il préféra, avec raison, se consacrer à l'agriculture et tout particulièrement à la viticulture, afin de bien mettre en valeur son patrimoine des Cléons que son père, M. R.-P. Chaillou, absorbé par les soucis de la vie publique, avait quelque peu négligé.

D'autre part, esprit très observateur, M. Félix Chaillou s'était rendu compte de la transformation qui allait se produire dans la culture, aussi bien dans ses procédés que dans son outillage. La routine immuable jusque-là, devait céder la place à l'Agronomie, servie par les découvertes de la Science et de la Mécanique.

Il fut donc agriculteur et ne tarda pas à faire de son domaine des Cléons une exploitation rurale de premier ordre qui devint bientôt un exemple, une école, pour les fermiers de Haute-Goulaine et des régions voisines.

Le vignoble des Cléons était un des mieux tenus et des plus renommés du pays quand le phylloxéra s'abattit sur la France, mettant à deux doigts de sa perte la riche viticulture française. Le domaine fut atteint. M. Chaillou ne désespéra pas. Il suivit avec passion les recherches des savants, les procédés empiriques des vignerons ; il expérimenta tout ce qui lui semblait quelque peu sérieux. Enfin le greffage sur pieds américains fut trouvé. M. Félix Chaillou, sûr du résultat, replanta sa vigne détruite et la reconstitua avec le plus grand succès.

Ce n'était pas suffisant. Ses fonctions de président de la Délégation cantonale le firent choisir par ses chefs administratifs et universitaires pour solliciter et obtenir du ministère des concours entre les élèves des écoles publiques de Vertou pour la culture et le greffage de la vigne. Cet enseignement professionnel eut pour résultat d'introduire de jeunes et habiles greffeurs dans les familles vigneronnes du pays ; une aussi excellente mesure, s'ajoutant à l'effort général, plaça bientôt le canton de Vertou à la tête du département de la Loire-Inférieure pour la reconstitution du

vignoble nantais qui a repris sa place de jadis comme production et comme qualité.

Le phylloxéra est rentré dans l'histoire. Ce n'est plus qu'un mauvais rêve.

Tout en se livrant avec passion à l'agriculture, M. Félix Chaillou s'adonna de bonne heure aux études scientifiques.

Collectionneur dès son jeune âge, il s'occupa d'Histoire naturelle, et particulièrement de Conchyliologie, avec un compagnon éminent et dévoué, Frédéric Cailliaud, alors Conservateur au Muséum de Nantes.

Mais, sous les auspices d'un autre ami non moins regretté, M. Charles Marionneau, ancien Président de la *Société archéologique de la Loire-Inférieure*, une autre science bien en rapport avec ses aptitudes et ses goûts, l'Archéologie, ne tarda pas à occuper ses loisirs. Sa propriété des Cléons lui offrant elle-même les plus désirables éléments d'étude, il résolut en 1882 d'y commencer des fouilles.

Dès le début, les recherches de M. Félix Chaillou furent des plus intéressantes et des plus fructueuses. Elles ont été continuées depuis cette époque avec une méthode raisonnée qui a donné d'excellents résultats et qui en promet peut-être encore de meilleurs pour l'avenir, car il faut compter avec le temps, ce grand maître de l'archéologue sérieux qui opère par ses propres forces et se trouve contraint d'accepter l'énorme surcroît de travail qu'impose la reconstitution du vignoble, au moment où la fâcheuse émigration vers les grands centres prive les campagnes de forces dont elles ont le plus impérieux besoin.

Aux Cléons, les fouilles ont mis au jour des débris préhistoriques, puis des vestiges de l'art gaulois et les restes d'une importante station gallo-romaine, deux fois brûlée puis reconstruite, qui fut établie vers la fin du 1er siècle, ou au commencement du 11e siècle après J.-C,, et dura jusqu'à l'époque des grandes invasions.

La quantité d'objets exhumés était considérable et s'accroissait à chaque fouille nouvelle. M. Chaillou pensait justement qu'il était insuffisant d'avoir recueilli ces précieux souvenirs du passé pour être seul à en profiter. Il créa aux Cléons un Musée local, entièrement réservé aux objets trouvés sur le territoire, et qui comporte trois grandes pièces contiguës, garnies de vitrines et de nombreuses étagères.

Ce Musée, il en est le propriétaire et le conservateur. Le Conservateur l'ouvre au public toutes les fois que le propriétaire peut en faire les honneurs. C'est dire qu'il n'est jamais fermé qu'en l'absence de M. Félix Chaillou.

Le Musée local des Cléons permet de lire une page ignorée de notre histoire ancienne et d'étudier pièces en mains les arts et l'industrie de nos pères dans les temps les plus reculés.

On y voit de nombreux *Silex éclatés ;* des *Haches* en pierre polie; des *Poteries* gauloises; plusieurs *Mosaïques ;* des *Sols* en pierres calcaires du Poitou, en carreaux de terre cuite et en béton; des *Matériaux* de construction ; de petits appareils, tuiles, briques, carreaux, mortiers, ciments ; d'innombrables *Enduits* peints dont plusieurs avec *Graffites ;* des *Pierres sculptées ;* des *Ossements, dents* et *cornes* d'animaux; des *Instruments* de bronze, de fer et d'os; des *Objets de toilette* en bronze et en ivoire; des *Fibules ;* une *Intaille* (chaton de bague); une autre *Bague* avec son chaton de verre émaillé ; une *Céramique* on ne peut plus variée dont il serait impossible de tenter ici même une succincte description; une curieuse *Cloche* de bronze et son battant de fer pesant ensemble 700 grammes; une grande quantité de *Monnaies*, etc., etc.

Terminons cette rapide énumération en rappelant que M. Félix Chaillou découvrit, le 28 novembre 1901, en plantant la vigne dans un champ des Cléons, près de la route départementale qui les traverse et qui recouvre l'ancienne voie romaine allant de la Loire à *Juliomagus* (Angers) et *Condivicnum* (Poitiers), un pot de terre cuite contenant 1.456 petits bronzes de l'époque des Tyrans. Parmi ces bronzes gisait cette superbe monnaie, absolument inconnue, du tyran *Domitianus* qui surprit si agréablement les historiens et les numismates, motiva des recherches et des travaux nombreux, et fit l'objet d'une communication à l'*Académie des Inscriptions et Belles-Lettres.*

M. Chaillou a été pressenti relativement à la cession de ce monument au Cabinet des Médailles de France, sans avoir pu encore se décider à s'en dessaisir.

La *Société française d'Archéologie*, réunie en Congrès à Nantes en 1886, voulut bien, le 6 juillet, visiter le Musée local des Cléons et lui décerna la grande Médaille de vermeil, l'une de ses plus hautes récompenses.

Il existe, sans aucun doute, bien des choses à découvrir aux Cléons ; les fouilles seront reprises par M. Chaillou aussitôt que le permettront les circonstances.

Après s'être récusé pendant plusieurs années, M. Félix Chaillou — qui s'était toujours vivement intéressé aux questions relatives à l'enseignement primaire dans les classes laborieuses — accepta en février 1886 les fonctions de membre de la Délégation cantonale de Vertou. Il fut, peu après, élu Président par ses collègues et réélu à quatre reprises. Il contribua de tout son pouvoir, en cette qualité, à la solution la plus heureuse des questions confiées à la Délégation cantonale dont les membres assidus et dévoués éprouvent la grande satisfaction de voir leurs efforts couronnés par l'envoi d'un extrait du registre des procès-verbaux de délibérations du Conseil départemental de l'Instruction publique.

Dans la séance du 30 mai 1901, présidée en l'absence du Préfet, par M. Bourdel, Inspecteur d'Académie : « Le Conseil, après avoir entendu la lecture du Rapport de la Délégation cantonale de Vertou, en date du 1er février 1901, donne acte du dépôt de ce Rapport à M. Chaillou, Président de la Délégation, et lui exprime ses remerciements pour le zèle éclairé avec lequel elle s'acquitte du mandat qui lui a été confié par le Conseil départemental. »

M. Chaillou a publié de nombreux travaux sur les Cléons. Citons tout particulièrement : *Collection locale des Cléons* (Nantes, Vincent Forest et Emile Grimaud, 1886, in-8°, avec 2 photog. et 5 dessins); — *Mémoire sur la Station gallo-romaine des Cléons* (Caen, H. Delesques, avec 2 phototypies, 1887;) — *Notes archéologiques sur les Cléons* (Nantes, Lesueur, 1889; — *Les Cléons sous le Cyclone* (id., Imprim. du *Progrès*, 1890, avec 3 vues); — *La Cloche-Sonnette gallo-romaine des Cléons* (id., Imprimerie centrale, 1892, avec 2 photogr.); — *Les Bains gallo-romains des Cléons* (Vannes, Lafolye, 1895, avec 1 phot., et 1 plan); — *Découverte aux Cléons d'une cachette de monnaies gallo-romaines* (Nantes. A. Dugas, 1902, avec 1 grav.).

Il a écrit aussi un grand nombre d'études, d'articles et de notes archéologiques, scientifiques, agricoles et viticoles dans les *Congrès archéologiques de France,* le *Bulletin monumental,* le *Bulletin de la Société archéologique de la Loire-Inférieure,* le *Bulletin de la Société des Sciences naturelles de l'Ouest de la France,* l'*Intermédiaire des Chercheurs et des Curieux,* la *Revue de Viticulture,* le *Journal d'Agriculture pratique* et plusieurs journaux quotidiens.

Ancien conseiller municipal de sa commune, il est membre de la *Société française d'Archéologie,* de la *Société archéologique de Nantes et de la Loire-Inférieure,* de la *Société des Sciences naturelles de l'Ouest de la France,* vice-président de la *Société d'Assistance scolaire de Haute-Goulaine,* membre du *Syndicat des Marais de Goulaine*, de la *Société de Patronage des condamnés libérés*.

Officier d'Académie en 1889, il a été promu Officier de l'Instruction publique le 18 janvier 1897.

des Ardennes; quelques mois après sa naissance, son père qui était notaire à cette résidence, vendit son étude et vint habiter Charleville où il jouit bientôt de la considération qu'il méritait. Premier adjoint de la ville,

Edouard PIETTE

(1898)

PIETTE (Louis-Edouard-Stanislas), né à Aubigny (Ardennes), le 11 mars 1827, Juge honoraire, membre de plusieurs Sociétés savantes.

Adresse: Rumigny (Ardennes).

M. Edouard Piette est né à Aubigny, village

membre du Conseil général des Ardennes, il recevait à sa table ses collègues de cette assemblée pendant les sessions, et quand venait l'hiver, il donnait des bals, ouvrant tous les huit jours ses salons à l'élite de la société de Charleville et de Mézières.

M. Ed. Piette était le troisième de six enfants. Il avait quatre sœurs et un frère. Celui-ci
était plus jeune que lui de dix-huit mois. Ils
firent leurs études au collège de Charleville
en qualité d'externes.

Leurs parents étaient très attentifs à leurs
progrès ; ils leur servaient de répétiteurs avec

Edouard PIETTE

(1852)

un dévouement sans bornes. Leçons de dessin,
de musique, de danse, de mathématiques et
d'histoire naturelle ; rien ne fut épargné pour
leur éducation. Les jours de congé, les enfants allaient dans la campagne et dans les
bois, herborisant, recueillant des insectes et
des fossiles dont ils déterminaient les espèces
au retour avec l'aide des parents ou du professeur. Ils grandirent dans la douce intimité
de la famille, sans que le moindre mot pût éveiller leurs sens, sans fréquentation avec des camarades trop souvent corrompus avant l'âge.

M. Piette père qui, sous Louis-Philippe, faisait partie de l'opposition libérale, s'était présenté pour la députation contre le candidat
ministériel : il avait échoué. Après l'élection
de Louis-Napoléon à la présidence de la République, il se présenta de nouveau aux suffra

ges des électeurs. L'élection avait lieu au
scrutin de liste. Connu dans tout le département, jouissant d'une réelle influence, il espérait réussir. Il négligea de se faire appuyer
par un comité et ne fut pas élu. Il ne lui avait
manqué qu'un petit nombre de voix. Ses adversaires ne virent dans sa belle minorité qu'un
sujet de crainte pour l'avenir, et une sourde
hostilité se manifesta contre lui. *Væ victis!*

Les deux jeunes gens avaient terminé leurs
études à Charleville. M. Ed. Piette avait été
faire à Metz une année de mathématiques spéciales pour compléter son instruction. Les deux
frères entrèrent comme clercs dans l'étude
d'un notaire à Charleville où ils restèrent trois
années.

Le frère cadet se plaisait à suivre les débats de la cour d'assises. M. Ed. Piette montrait un goût des plus prononcés pour les sciences physiques et pour l'histoire naturelle.

Tous deux se rendirent à Paris où ils firent
leur Droit. La vie de famille les avait jusqu'alors preservés des écarts ordinaires des jeunes
gens. L'intimité et l'amitié fraternelles, une
communauté de pensées de tous les instants,
l'amour de la littérature et l'étude des sciences
continuèrent à les isoler des milieux malsains.
Aussi avec quel enthousiasme ils écoutèrent
pour la première fois les cours de la Sorbonne
et du Collège de France !

Au collège de Charleville où les élèves du
petit Séminaire assistaient comme externes
aux leçons des professeurs, ceux-ci, de peur
de se compromettre, faisaient un cours terne
et terre à terre, n'osant risquer la moindre
idée. Quel contraste avec le haut enseignement de Paris ! Des horizons nouveaux se déroulaient devant les yeux des deux frères. Un
monde d'idées germait en eux. Leur enthousiasme était si grand que le sommeil les abandonnait.

Ils s'occupaient aussi de sciences avec ardeur. Membres de la Société géologique de
France, ils suivaient assidûment les cours de
l'Ecole des Mines, et ne négligeaient pas ceux
du Museum. Ils étaient presque toujours exacts
à ceux de l'Ecole de Droit.

Le soir ils mettaient en ordre les notes qu'ils
avaient prises. Ils trouvaient encore le moyen
d'aller écouter au Palais de Justice les bons
avocats. Delangle était celui qui avait pour
eux le plus d'attraction. Ils allaient quelquefois aussi au théâtre (au Français et à l'Opéra
Comique) ; mais leurs finances ne leur permettaient pas souvent cette distraction. Les
réceptions et les élections avaient réduit leur
père à un état voisin de la gêne. Il était grand
propriétaire foncier, mais avait peu de fortune
mobilière.

MM. Piette fils restreignaient leurs dépenses
autant qu'ils le pouvaient.

Ils passèrent tous leurs examens avec succès.

Lorsqu'ils eurent fini leur Droit, ils revinrent au foyer paternel et cherchèrent à entrer
dans la magistrature ou dans l'administration;

mais les temps étaient changés. Les revers électoraux de leur père avaient détruit son influence. Il s'était retiré à Rumigny, dans sa maison de campagne et avait cessé ses réceptions. Il était encore maire de sa commune et membre du Conseil général : mais la popularité dont il jouissait ne servait qu'à entretenir les craintes de ceux qui avaient été ses concurrents heureux.

Toutes les carrières étaient systématiquement fermées à ses fils par la volonté du préfet.

Le frère de M. Ed. Piette, fatigué d'attendre, alla se faire inscrire comme avocat au barreau de Metz. Il échappait ainsi, sans le savoir, à l'hostilité du préfet et à la malveillance des députés. Le Procureur impérial l'attacha au Parquet. Il était doué d'un grand talent de parole.

Il fut bientôt apprécié par les magistrats du tribunal et de la cour dont l'opinion pesa sur la détermination du procureur général, M. de Gérando, aliéné par les renseignements donnés par le préfet des Ardennes.

Il fut admis dans la magistrature comme juge suppléant, puis comme substitut à Bricy, et très lentement il fit son chemin, toujours retenu dans de petites localités, loin de la Cour d'assises où il se serait de suite distingué et mis en relief. Il était procureur impérial à Sarreguemines quand le besoin se fit sentir, dans le parquet général, d'un homme sachant parler. Le procureur général près de la Cour de Metz consentit enfin à le prendre comme substitut.

Il y remplissait brillamment ses fonctions quand la guerre avec la Prusse éclata. Metz fut assiégé. Ce fut un des épisodes les plus pénibles de sa vie. Très patriote, il avait appris avec un profond chagrin les revers de nos armes. Les souffrances physiques et les privations endurées pendant le siège n'étaient rien pour lui ; mais la trahison de Bazaine livrant son armée qui ne demandait qu'à combattre, l'exaspéra.

La Cour de Metz fut transportée à Mézières où elle siégea pendant quelques mois ; puis elle fut supprimée.

Il s'agit alors de replacer ailleurs les magistrats qui en avaient fait partie. Les nouveaux députés des Ardennes consentirent à le recommander ; ils le firent ; mais craignant en lui un futur concurrent, ils demandèrent qu'on l'éloignât. On le nomma Avocat général à Alger. Là, on l'oublia ; on lui fit des passe-droits. Ce fut seulement lors de l'exécution des Décrets que l'on songea à lui pour boucher un des vides causés par les démissions ; il fut nommé procureur général à Limoges. On tenait toujours à l'éloigner des Ardennes. Le climat de l'Afrique avait altéré sa santé.

Quelques années après, il fut nommé premier président de la Cour de Pau, encore plus loin des Ardennes. Il mourut dans cette ville en 1889.

M. Ed. Piette était alors en villégiature dans les Pyrénées. A la première nouvelle de la maladie, il accourut près de lui et assista à ses derniers moments.

Pendant que son frère faisait ainsi son chemin dans la magistrature, loin des Ardennes, M. Ed. Piette, voyant que les fonctions publiques auxquelles il croyait pouvoir prétendre lui étaient fermées, se fit inscrire au barreau de Rocroy, chef-lieu de l'arrondissement dans lequel se trouve Rumigny où il habitait avec ses parents.

Rocroy est une très petite ville où, faute

Edouard PIETTE

(1853)

d'avocats, les avoués plaident. Ils virent avec dépit M. Piette leur faire concurrence.

Les procès du canton de Rumigny lui étaient presque tous confiés, ce qui motiva les rancunes de ses concurrents.

M. Ed. Piette n'avait pas le grand talent de parole de son frère. Possédant bien son Droit, il parlait toujours avec clarté ; mais il était journalier, déployant parfois une chaleur communicative, d'autres fois restant froid et se montrant inégal.

Ses clients étaient presque tous ses amis ou les électeurs de son père ; ils le payaient mal et très souvent il ne leur demandait pas d'honoraires. Ce fut alors qu'il écrivit son livre sur l'*Education du Peuple*.

Dans ce livre, imprimé en 1858, il a démontré que l'instruction doit être obligatoire et laïque. On ne doit pas enseigner le dogme dans l'école. Voici la raison qu'il en a donnée (p. 145) : « Tout gouvernement éclairé doit « protéger la liberté de la pensée et des con-

« victions. Il ne doit être l'instrument d'au-
« cune religion. Il faut que l'enfant du juif ou
« du protestant puisse fréquenter les classes
« aussi bien que l'enfant du catholique, sans
« entendre rien dire qui choque les croyances
« de son père. C'est aux parents à faire ins-
« truire leurs enfants par le curé, et comme
« bon leur semble, dans la religion qu'ils pré-
« fèrent. Les écoles doivent former des hom-
« mes et non pas des sectaires. »

Son livre avait surtout pour but de mettre
en relief la « nécessité de l'enseignement de
la morale dans l'école. Il admettait qu'on cher-
chât à y prouver par le raisonnement, l'existence de Dieu, parce que la croyance à cette
existence est le fond de toutes les religions. »
Depuis l'apparition de ce volume, on a été bien
plus loin ; mais au temps où M. Piette l'écri-

Edouard PIETTE

(1874)

vait, c'était une réforme très hardie qu'il pro-
posait. Ses idées n'étaient pas de nature à lui
attirer les sympathies du Gouvernement.

M. Ed. Piette a ainsi le premier posé la
question de la laïcité. Son livre fut l'étincelle
qui fit naître les controverses sur l'enseignement de la morale dans l'école, indépendamment du dogme. Quelques années plus tard,
ses conclusions ont été admises et même dé-
passées. Mais personne n'a rappelé le nom de
celui qui, sur toutes ces questions, avait été un
précurseur.

M. Piette s'occupait aussi de géologie ; après
avoir décrit les assises du terrain bathonien
dans les départements de l'Aisne, des Ardennes, de la Meuse et de la Moselle, il s'occupa
du lias et des grès du Luxembourg. Les géolo-
gues n'étaient pas d'accord sur l'âge de ces
grès. Les savants les plus illustres de l'Europe
s'étaient occupés de ce problème sans parvenir
à la vérité. Il parcourut pas à pas les massifs
gréseux des Ardennes, de la Belgique, du
grand-duché de Luxembourg, de la Moselle et
de la Meurthe. Puis, quand il crut avoir trouvé
la solution exacte, comme il était trop jeune
et trop peu connu pour oser prétendre trancher
seul une question si débattue, il se rendit chez
M. Terquem, auteur d'un excellent travail sur
les grès d'Hettange, lui fit part de ses idées et
lui proposa d'étudier avec lui les massifs gréseux de cette région. Il accepta. Le résultat de
leurs recherches fut publié dans les *Mémoires*
et dans les *Bulletins* de la *Société géologique
de France*. Leurs solutions furent admises
partout. Le problème de l'âge des grès du
Luxembourg était désormais résolu.

M. Piette s'occupa aussi en ce temps de paléontologie. Il avait recueilli une admirable
collection de fossiles encore inconnus de l'étage
bathonien. Il en commença la description et la
publication. L'éditeur Masson le chargea de la
description des gastéropodes jurassiques dans
la *Paléontologie française*.

Cependant le temps passait. N'ayant aucune ambition, M. Piette forma le projet de
vivre au foyer paternel dans les modestes fonctions de juge de paix. Les loisirs que lui auraient donnés ces fonctions lui auraient permis
de continuer ses travaux. Il demanda la justice de paix de Rumigny. On l'évinça. Il bri-
gua alors le siège de Raucourt. Recommandé
à Paris, il fut nommé, à la grande surprise et
au désappointement du préfet. Un an, après la
justice de paix de Rumigny devenait vacante.
Le préfet s'empressa de s'entendre avec le procureur général pour faire échouer M. Piette.
qui, à Paris, emporta sa nomination de haute
lutte. Triste victoire, car, dans les fonctions
très dépendantes de juge de paix, on est bientôt
brisé quand on a le préfet, le procureur général et le député contre soi.

La position n'était pas tenable. M. Piette
l'aggrava encore en voulant juger les affaires
conformément à sa conscience. Le procureur
impérial lui envoyait des lettres comme celle-
ci : « Je vous adresse un procès verbal rédigé
contre le nommé X... Il vous semblera sans
doute que cet homme mérite une condamnation à la prison. Vous me rendrez compte de
votre jugement. » Et le juge répondait : « Je
vous rends compte de mon jugement dans l'affaire X..., comme vous me l'avez demandé.
Après avoir entendu les témoins, j'ai été convaincu que X... n'était pas coupable, et je l'ai
acquitté. » De pareils actes d'indépendance
étaient de nature à lui aliéner ce fonctionnaire.

Après avoir fait son devoir pendant trois ans
comme juge de paix à Rumigny, M. Piette fut
envoyé en Lorraine Sur ces réclamations à

Paris, on prit un moyen terme et, au lieu de la Lorraine, on l'envoya à Asfeld, dans les Ardennes. Cette solution, qui ne satisfaisait personne, le laissait en proie aux mêmes difficultés, aux mêmes haines.

Quand il arriva dans sa nouvelle résidence, le notaire d'Asfeld, Barthelemy, venait de tomber en déconfiture, laissant à découvert un passif considérable. Une instruction était ouverte contre lui pour abus de confiance. C'était un ami du préfet qui descendait chez lui, quand il venait chasser sur le territoire de Vieux-les-Asfeld, abondant en gibier. Le juge d'instruction connaissant ces attaches, craignait de se faire un ennemi puissant. L'instruction n'avançait pas. Ces sortes d'affaires pour lesquelles on adjoint ordinairement un expert aux magistrats qui en sont chargés, exigent beaucoup de travail et de temps. La tâche était au-dessus des forces du juge d'instruction. Le préfet s'impatientait; il demandait qu'on en finît. On chargea M. Piette d'instruire l'affaire. C'était raviver la haine de cet administrateur et condamner le juge de paix à quitter le siège d'Asfeld à brève échéance. Il accepta par devoir, mais sans illusion, la mission qui lui était confiée, sachant parfaitement quelles en seraient les conséquences. Il compulsa les papiers, entendit les témoins. Trois mois après, Barthelemy était envoyé devant les assises des Ardennes et condamné à trois ans de prison. Mme Barthelemy ne comprenant pas que M. Piette n'était qu'un instrument, avait conçu contre lui une grande animosité. Les dénonciations anonymes pleuvaient. Quelque temps après, il fut déplacé et envoyé à Craonne, dans le département de l'Aisne. Il eut la satisfaction d'apprendre qu'après son départ, les habitants du canton, à la presque unanimité, avaient signé une pétition pour le conserver comme juge de paix. Déjà pareille manifestation avait été faite par les habitants de Rumigny quand il avait quitté son pays natal.

M. Piette ne fut pas fâché de quitter les Ardennes. Il était excédé de ces luttes, qui s'étaient transformées en une véritable persécution.

Il trouva la paix à Craonne. Il se maria, et il eut deux charmantes fillettes, dont l'une est mariée à M. Fèvre, ingénieur au corps des mines à Arras, l'autre à M. Fischer, chef des travaux pratiques aux nouveaux cours de la Sorbonne. L'invasion prussienne vint troubler son bonheur. Très patriote, il ne put voir l'envahissement de la France sans un profond chagrin. Après la bataille de Sedan, Craonne fut occupé. Les Prussiens convoquèrent tous les maires du canton à la mairie de Craonne pour exiger d'eux des réquisitions. Des sentinelles qui savaient le français montaient la garde à la porte même de la salle où l'on délibérait. Obéissant à une circulaire du procureur général, M. Piette n'hésita pas de défendre aux maires de fournir ce que réquéraient les ennemis.

Le chagrin que lui avait causé l'invasion avait profondément altéré sa santé. Son médecin l'envoya aux eaux sulfureuses des Pyrénées. Dès qu'il put marcher, il étudia les anciens glaciers de la Garonne et de la Pique. Il suivit leurs parcours, mesura l'épaisseur de glaces dont ils avaient recouvert leurs vallées et fit l'ascension du Nethou. Il prit alors le goût passionné des hauts sommets et l'amour des Pyrénées. Il pensa qu'après la fonte des glaciers, les lichens avaient dû pousser en abondance sur les dépôts glaciaires et que le renne avait dû y venir chercher sa pâture. Il rechercha des grottes de l'âge du renne et en décou-

Edouard PIETTE

(1874)

vrit. A partir de ce moment, il ne s'appartint plus. Il fut tout entier à la science préhistorique.

De retour à Craonne, il fit plusieurs publications sur cette science. Une élection vint de nouveau troubler la tranquillité de son existence. Son beau-frère, M. Castillon, ancien président de tribunal, maire de Rumigny, quoique octogénaire, posa sa candidature au conseil général des Ardennes contre M. Tharel, conseiller sortant. Il pouvait compter sur la commune qu'il administrait, mais il était peu connu dans la plus grande partie du canton. Il appela à son aide M. Piette qui avait conservé une grande influence dans cette partie des Ardennes. Très dévoué à sa famille, ce magistrat fit une tournée électorale en faveur de son beau-frère, le recommandant à ses amis sans jamais dire un mot contre son adversaire.

Il y eut ballottage. Furieux de ce résultat, Tharel fit appel à ses amis du conseil général, notamment à un ancien avoué de Rocroy devenu député et raviva des haines que l'on croyait éteintes. Ils préférèrent de telles menaces, que M. Castillon craignant pour la position de son beau-frère, l'empêcha de venir achever son œuvre. Tharel fut élu au second tour, à quelques voix de majorité. Loin d'être désarmé par la victoire, il résolut de mettre ses menaces à exécution. Il recruta un député des Ardennes, qui, jusqu'alors s'était tenu à l'écart des intrigues ourdies contre ce magistrat. Ce député avait à Berrieux des oncles, les plus grands ivrognes du canton de Craonne, dont l'alcoolisme avait dérangé les affaires. Il les avait recommandés à M. Piette ; il aurait voulu qu'il usât de l'autorité que lui donnaient ses fonctions pour leur faire obtenir une transaction léonine. Leurs adversaires n'étaient nullement disposés à y consentir, et le juge de paix, s'il se plaisait à concilier les parties, dans les procès, n'avait jamais voulu se faire le médiateur d'une transaction injuste, où celui qui avait tort ne voulait faire aucune concession. Il refusa de proposer un pareil arrangement. Le député lui écrivit une lettre de trente pages où il discutait les questions de droit soulevées. C'était assurément un bon jurisconsulte ; mais dans cette circonstance l'intérêt l'aveuglait. Le juge de paix persista à ne pas mettre, au profit de sa thèse, l'autorité qu'il devait à ses fonctions. De là, une rancune qui l'attira dans la ligue organisée contre M. Piette. Tharel fit une autre recrue : le député de Vervins (Aisne) était notoirement connu comme un ennemi de la branche de la famille Piette qui habitait cette ville ; il avait combattu souvent sous l'Empire la candidature d'un ancien banquier, parent et homonyme du juge de paix de Craonne, et il était parvenu à le supplanter comme député, après la proclamation de la République. Il l'enrôla facilement dans un groupe de neuf politiciens, députés ou simples conseillers généraux, presque tous des Ardennes qui demandèrent la destitution de M. Piette. Celui-ci, en bons rapports avec les autres députés de l'Aisne aurait pu parer le coup ; mais n'ayant pas manqué à son devoir, il se croyait en pleine sécurité. On lui prouva bien le contraire en l'envoyant sans lui demander d'explication à Eauze, dans le Gers, à l'autre bout de la France. Il ne subit pas cette nouvelle iniquité sans protester. Il raconta ses peines à Henri Martin, le célèbre historien, qui l'engagea à se rendre à son poste lui promettant de l'aider à obtenir bientôt une meilleure résidence. Il s'y rendit. On faisait alors un chemin de fer qui traversait l'emplacement d'*Elusa*, l'ancienne *Eauze*, qui avait été la capitale de la Novempopulanie. M. Piette alla examiner les tranchées, où l'on trouvait à chaque pas des débris du passé. Il y recueillit une inscription et pria les ouvriers de mettre de côté les antiquités qu'ils rencontraient. L'in-

génieur chargé des travaux trouva que les ouvriers perdaient du temps à dégager les objets. Il leur défendit de le faire et ordonna de les briser, à l'exception des statuettes, dont il entendait se rendre propriétaire. Mais on n'y trouvait ni statuettes ni objets d'art. Elusa avait été prise par les Sarrasins. Sa population avait été emmenée en esclavage et la ville avait été pillée méthodiquement, puis incendiée. On avait le souvenir que ses ruines avaient été explorées pour en recueillir les débris de statues. On n'y trouvait que des objets communs et des inscriptions. Mais avec ces inscriptions on pouvait reconstituer l'histoire du passé. M. Piette en recueillit une que les ouvriers avaient brisée en petits morceaux et la reconstitua. Il l'envoya avec celle qu'il avait déjà sauvée au musée de Saint-Germain, en informant MM. Alexandre Bertrand et Henri Martin de ce qui se passait. Immédiatement, il reçut du Ministère de l'instruction publique une mission pour recueillir les antiquités que les travaux du chemin de fer mettraient à jour et pour en faire un musée local à Eauze. L'ingénieur qui avait défendu l'entrée des chantiers était chargé d'y installer M. Piette près des ouvriers. Il remplit sa mission à contre-cœur ; mais chaque fois qu'il apprenait qu'un ouvrier avait remis une an iquité, il le renvoyait quelques jours après, sous un prétexte quelconque. Malgré ces difficultés, M. Piette recueillit beaucoup d'objets intéressants, et la collection des inscriptions fut surtout remarquable. Elle apprit qu'Elusa était une colonie romaine, que le culte du dieu solaire Mithras y avait été longtemps en honneur et fournit une foule d'autres documents précieux. L'étude des temps gallo-romains et de ceux plus troublés des invasions barbares l'avait enthousiasmé. Il découvrit dans les Hautes-Pyrénées de nombreuses nécropoles datant du premier âge du fer et un grand nombre de dolmens ; il étudia ces civilisations anciennes, dont les tumuli lui fournirent plus de six cents urnes.

Toutefois, avant de se livrer à toutes ces recherches, il tint à protester publiquement contre l'iniquité dont il avait été victime. Il publia une brochure scientifique intitulée : *Nomenclature des temps anthropiques primitifs*, dans laquelle il raconta les injustices dont il avait été la victime.

Les faits étaient trop vrais pour que l'on relevât ce qu'il y avait de critique agressive dans la brochure.

Après trois années de séjour à Eauze, il songea à demander une réparation. On lui offrit de fort bonnes justices de paix. Il les refusa. Il ne voulait plus que, sans motifs plausibles, on le changeât de résidence et qu'on l'envoyât d'un bout de la France à l'autre. Il demanda l'inamovibilité. Après quelques hésitations et quelque opposition, il fut nommé juge au tribunal de Ségré. L'excès du mal avait amené une réaction en sa faveur. L'année suivante, il était nommé dans un tribunal supérieur et envoyé comme juge au Mans. Enfin, il était bientôt après nommé juge à Angers, résidence de la cour. Il borna là son avancement, par sa propre volonté. Les fonctions de président de tribunal auraient absorbé tout son temps. Il ne voulait pas franchir cet échelon. L'étude des sciences était pour M. Piette une récréation, et jamais il ne se permit d'y employer son temps qu'après avoir accompli scrupuleusement les devoirs de ses fonctions.

De 1845 à 1889, il fit dans les cavernes des

Edouard PIETTE

(1901)

découvertes importantes, qui renouvelèrent l'archéologie préhistorique. Pour parvenir à publier tous les matériaux qu'il avait amassés pendant tant d'années, il demanda sa mise à la retraite. On la lui accorda, eu le nommant juge honoraire.

Depuis quelques années, M. Piette ne s'occupe plus que de science. Il y consacre tout son temps. Septuagénaire, infirme et malade, il travaille du matin au soir, quand il n'est pas alité par la souffrance ; il ne désespère pas de parvenir à publier tous les matériaux qu'il a réunis.

BIBLIOGRAPHIE. — Paléontologie. — *Coquilles ailées trouvées dans la grande oolithe des Ardennes, de l'Aisne et de la Moselle* (in-8 avec 4 pl., *Bull. de la Soc. géol. de Fr.*, 1855); *Coquilles voisines des purpurines trouvées dans la grande oolithe des Ardennes et de l'Aisne* (*Id.*, 1856); *Description des Cerithium des dépôts bathoniens de l'Aisne et des Ardennes* (*Id.* 1857); *Un genre nouveau de Gastéropodes, l'Exelissa* (*Id.*, 1860); *Le lias inférieur dans l'Est de la France, le Luxembourg et la Belgique*, par Terquem et Piette (*Id.*, 1863); *Paléontologie française* (*Terrain jurassique. Gastéropodes*, Iʳᵉ série); in-8 de 336 p. et de 84 pl. ; G. Masson, 1864-1876); *Sur plusieurs genres nouv. ou peu connus de gastéropodes* (*Ass. fr.*, 1874); *Les coquilles ailées des mers jurassiques* (Impr. du *Courrier de l'Aisne*, 1876).

Géologie. — *Observ. sur les étages inf. du terrain jurassique dans les départ. des Ardennes et de l'Aisne* (*Bull. de la Soc. géol.*, 1855); *Notice sur les grès d'Aiglemont et de Rimogne* (*Id.*, 1856); *Note sur le gîte des Clapes, Moselle* (*Id.*, 1857); *Les phosphates minéraux des Ardennes* (Impr. du *Courrier*, Charleville, 1859); *Note sur les gîtes analogues à celui de Fontaine-Etoupefour, rencontrés au sud du plateau paléozoïque de l'Ardenne, et observations sur l'âge des minerais de fer qui couvrent le bord méridional de ce plateau* (*Bull. de la Soc. géol.*, 1861); *Le lias inférieur de la Meurthe, de la Moselle, du Luxembourg, de la Belgique, de la Meuse et des Ardennes*, par Terquem et Piette (*Id.*, 1862); *Réponse à la note de M. Meugy, intitulée: Sur le lias* (*Id.*, 1870); *Le glacier quaternaire de la Garonne et l'âge du renne dans les grottes de Gourdan et de Lortet* (*Id.*, 1871); *La hauteur du glacier quaternaire de la Pique à Bagnères-de-Luchon* (*Compt. rend. de l'Institut*, t. LXXXIII, p. 1187, 1876); *Le gisement de Saint-Michel-en-Thiérache* (*Ass. fr. pour l'av. des sc.*, t. I, p. 154, 1894); *Les causes des grandes entensions glaciaires* (*Bull. de la Soc. d'anthropol. de Paris*, séance du 20 février 1902).

Archéologie et éthnologie préhistoriques. — *Lettres à M. de Ferry sur les sépultures de Chassemy* (Impr. du *Courr. de l'Aisne*, 1869); *Urnes gallo-romaines dans la nécropole de Chassemy* (*Id.*, 1870); *Sépulture polyandrique de l'Hôpital, près Rumigny*, par Piette et de Ferry (*Matériaux pour servir à l'hist. nat. et prim. de l'homme*, 1870); *Une grotte de l'âge du renne, près Montrejeaux, Haute-Garonne* (*Comptes rendus de l'Institut*, t. LXXXII, p. 350, 1871); *Les troglodytes dans le départ. de l'Aisne* (*Matér. p. serv. à l'hist., etc., de l'homme*, 1872); *Note sur les creutes du départ. de l'Aisne* (*Id.* 1872); *La grotte de Gourdan pendant l'âge du renne* (*Soc. d'anthr. de Paris*, 1873); *Recherche de vestiges préhistoriques dans la chaîne des Pyrénées* (*Bull. de la Soc. d'hist. nat. de Toulouse*, 1873); *La grotte de Lortet pendant l'âge du renne* (*Bull. de la Soc. d'anthr.*, 1874); *Histoire de la cuiller* (*Assoc. franç.*, 1874); *Une flûte néolithique* (*Compt. rend. de l'Institut*, 1874); *La flûte composée à l'âge du renne* (*Id.* 1874); *Nouvelles fouilles dans la grotte de Gourdan* (*Bull. de la Soc. d'anthrop.*, 1875); *Les vestiges de la période néo-*

lithique comparés à ceux des âges antérieurs (*Assoc. fr.*, 1875); *La montage d'Epiaup*, par Piette et J. Sacaze (*Bull. de la Société d'anthr.*, 1877); *Les monuments de la montagne d'Epiaup*, par Piette et Sacaze (*Matér.*, 1878); *Les tumulus d'Avezac-Prat, Hautes-Pyrénées*, par Piette et Sacaze (*Matér.*, 1879); *Nomenclature des temps anthropiques primitifs* (Le Vasseur, Laon, 1889); *Les tumulus de Bartrès et d'Ossun* (*Matériaux...*, 1881);

Henri PIETTE

Exploration de quelques tumules situés sur les territoires de Pontacq et de Lourdes (*Id.*, 1884); *Equidés de la période quaternaire d'après les gravures de ce temps* (*Id.*, 1887); *De l'erreur de Buffon, qui a pensé que le renne vivait encore dans les Pyrénées au xiv° siècle, et des causes qui l'ont amené à la commettre* (*Id.*, 1887); *Le Kertag quaternaire* (*Soc. d'anthr.*, 1887); *Façon de faire le fil avec des tendons de renne en Laponie* (*Mat.*, 1888); *Un groupe d'assises représentant l'époque de transition entre les temps quater-*

naires et les temps modernes (*Acad. des sc.*, 1889); *Les subdivisions de l'époque magdalénienne et de l'époque néolithique* (in-8, Burdin, Angers, 1889); *Nomenclature de l'ère anthropique primitive* (in-8, Burdin, 1889; *Grotte du Mas d'Azil* (*Acad. des inscr.*, 1889); *Notions nouvelles sur l'âge du renne* (in-8, A. Bertrand, *La Gaule avant les Gaulois*, 1891); *Phases successives de la civilisation pendant l'âge du renne dans le midi de la France, et notamment sur la rive gauche de l'Arise* (*Ass. fr.*, 1892); *La caverne de Brassempouy* (*Acad. des sc.*, 1892); *Excursion faite aux abris de Brassempouy* (*Bull. de la Soc. de Borda*, 1892); *La station préhistorique de Brassempouy* (*Acad. des sc. d'Angers*, 1893); *L'époque éburnéenne et les races humaines de la période glyptique* (Poëtte, Saint-Quentin, 1894); *Note pour servir à l'histoire de l'art primitif* (*L'Anthropologie*, 1894); *Une station sulistrienne à Gourdan* (*Bull. de la Soc. de Borda*, 1894; *Nouvelles fouilles à Brassempouy* (*Ass. fr.*, 1894); *Etudes d'ethnographie préhistorique. Repartition statigraphique des harpons dans les grottes des Pyrénées* (*L'Anthropologie*, 1895); *Formations et étages des temps glyptiques* (*Ass. fr.*, 1895); *Etudes d'ethnographie préhistorique. II. Les plantes cultivées de la période de transition au Mas d'Azil* (*L'Anthropologie*, 1896); *Les galets coloriés du Mas d'Azil* (in-8 de 47 p., 107 fig., avec un album de 25 pl. in-4, en chromolithographie, par M. Pilloy; *L'Anthropologie*, 1896); *Etudes d'ethnographie préhistorique, IV. Fouilles à Brassempouy en 1896*, par Piette et de Laporterie. *L'Anthropologie*, t. VII, p. 165; *Origine de nos alphabets* (*Bulletin de la Société d'anthropologie de Paris*), t. VIII, série IV, p. 284, année 1897; *Études d'ethnographie préhistorique V. Fouilles à Brassempouy en 1897*, par Piette et de Laporterie. *L'Anthropologie*, t. IX, p. 531, année 1898, in-8 de 25 pages, avec 37 figures dans le texte; *Les tertres funéraires d'Avezac-Prat*, par Piette et Sacaze, ouvrage in-4, avec 29 planches en chromolithographie, année 1899; *L'art pendant l'âge du renne*, ouvrage in-4, avec 100 planches en chromo-lithographie, année 1900.

Anthropologie. — *Les vestiges de la civilisation gauloise à l'exposition de Reims* (*Soc. d'anthr.*, 1873); *Buste de femme taillé dans la racine d'une dent incisive d'équidé, trouvé dans la grotte du Mas d'Azil* (*Acad. des sc.*, 1888); *Races humaines de la période glyptique* (*Soc. d'anthr.*, 1894); *Race glyptique* (*Acad. des sc.*, 1894); *Ivoires sculptés provenant de la station quaternaire de Brassempouy* (Landes), par Piette et de Laporterie (*Id.* 1894); *Les fouilles de Brassempouy en 1894*, par Piette et de Laporterie (*Soc. d'anthrop.*, 1894); *Sur de nouv. figurines d'ivoire de la station de Brassempouy* (*Acad. des sc.*, 1894); *La station de Brassempouy et les ru-*

ces humaines de la période glyptique (L'Anthropologie, 1895); Une sépulture dans l'assise à galets coloriés du Mas d'Azil (Société d'anthr., 1895).

Epigraphie. — *Note pour servir à l'épigraphie d'Elusa (Société des Antiq., 1881); Note sur l'épigraphie d'Elusa (Abbadie, Saint-Gaudens, 1881); Lettre à M. A. Lavergne sur les fouilles d'Elusa (Rev. de Gascogne, 1881); Seconde note pour servir à l'épigraphie d'Elusa (Bull. de la Soc. des Antiq., 1881); Note sur plusieurs inscriptions récemment découvertes dans les ruines d'Elusa (Cazeaux, Cauterets, 1881).*

Littérature. — *Situation (Courrier des Ardennes, 1848); De la vaine pâture (id. 1856); Education du peuple (in-12, A. Delahaye, 1884); Notes sur l'intelligence des animaux (id. 1858); Les lignes défensives de la France, Assoc. franç. pour l'av. des Sc. (1873); Seconde note sur les lignes défensives de la France (id. 1874); Indissolubilité du mariage et divorce (Imp. Martin Guérct, à Ségré).*

M. Piette est membre du *Comité de la paléontologie française*, de la *Société géologique de France*, de la *Société d'anthropologie* de Paris, de l'*Association française pour l'avancement des sciences*, membre correspondant de la *Société des antiquaires de France*, membre honoraire de nombreuses sociétés savantes de province.

Il possède les plus belles collections d'objets préhistoriques qui existent. Sa collection de la période glyptique est incomparable. Il a aussi une très belle collection d'urnes du premier âge de fer.

DESCELLES (Théophile-Paul), A. ⚜, né à Raon-l'Etape (Vosges), le 22 mars 1851; Artiste-Peintre; Membre de la *Société des Artistes français*; Membre du *Comité départemental pour l'Exposition de 1900*; Lauréat de nombreux Concours et Expositions.

Adresse : 5, rue de l'Orphelinat, Saint-Dié (Vosges).

On a considéré longtemps comme un axiome qu'un artiste ne pouvait arriver à donner la mesure de sa valeur qu'en vivant dans la Capitale. On a même généralisé cette assertion en l'appliquant à tous les chercheurs et à tous les penseurs, voire aux artisans. Il fut peut-être une époque où la question pouvait se soutenir. Il n'en saurait être de même aujourd'hui. Sans faire une longue promenade à travers les provinces; il suffit de citer la Lorraine pour faire bonne justice de l'erreur dans laquelle tombaient les soutenants d'un Parisianisme unique, levain de l'Art et de la Science. Il serait inutile de citer des noms qui se pressent en foule sous notre plume. Nous ne prendrons pour exemple que Paul Descelles, l'un des premiers collaborateurs de Gallé, de Nancy.

Paul Descelles, comme tant d'autres artistes, eut des débuts bien pénibles et bien difficiles. Ses origines sont des plus humbles — en entendant ce mot au simple point de vue des conditions sociales de la Société moderne. Ses parents aussi riches d'honnêteté que modestes de fortune, durent de bonne heure lui demander d'assurer sa vie.

Le futur artiste consacra son talent naissant à des travaux qui ne le préparaient que fort indirectement à la carrière artistique.

C'était le moment où la célèbre maison Gallé,

de Nancy, recherchait pour son industrie de céramique des jeunes gens que leurs aptitudes pour le dessin désignaient d'une façon particulière. Elle s'était adressée au professeur de dessin du Collège de Saint-Dié qui désigna aussitôt Paul Descelles, comme le meilleur de ses élèves. Le jeune homme accepta avec joie.

La tâche à remplir était assez facile. Il s'agissait de ces jardinières que toute la Lorraine a connues et qui sont aujourd'hui si recherchées des amateurs. M. Descelles avait à y dessiner cette devise :

Quand ce coq chanté aura,
Mon amitié finira !

M. Descelles n'en travaillait pas moins sans relâche. Bientôt il put voler de ses propres ailes.

En 1880, il fit ses débuts au Salon de Paris. Ses portraits sur émail lui firent bientôt une solide réputation dans cette spécialité si délicate où il faut tout disputer au feu, le coloris, les nuances les plus vaporeuses, la ressemblance jusqu'en ses lignes les plus ténues. Il est en ce genre le fils de ses œuvres.

Parti sur cette voie, il marcha de succès en succès. De nombreuses récompenses vinrent l'encourager. Il obtint une Médaille d'argent au Concours d'Epinal, en 1881, et, en 1882, une Médaille d'or.

A la suite de ce dernier Concours, le Ministre de l'Instruction publique le nomma Officier d'Académie.

Aux Expositions de Bourges, de Moulins, de Dijon, de Langres, il vit ses œuvres appréciées unaniment par la critique et classées pour les principales récompenses.

L'*Académie champenoise* lui décerna la médaille d'honneur en 1893. A l'Exposition de Langres, en 1894, il fut membre du Jury.

M. Paul Descelles réussit particulièrement dans les portraits et les tableaux de genre.

Parmi ses portraits, nous devons signaler tout spécialement *Mgr Sonnois*, archevêque de Cambrai (chez les religieuses d'Esquermes); — le *Comte de Chambrun*, ancien sous-préfet de Meurthe-et-Moselle; — *Ma bien-aimée Sœur* (au Musée de Toul); — *Mgr de Briey* (à la galerie du grand séminaire de Saint-Dié); — *M. Puton*, Directeur de l'Ecole forestière de Nancy; — *M. Michel*, Professeur de Droit à la Faculté de Paris; — *Mgr Grandclaude* (chez son frère, le Commandant Grandclaude); — *Mgr Brignon*, Archiprêtre de la cathédrale de Saint-Dié, etc.

Au Salon des Champs-Elysées, M. Paul Descelles a exposé depuis vingt ans, et presque sans interruption, des œuvres dont les plus remarquables sont : parmi les portraits, *Madame de Mirbeck*, portrait sur porcelaine (1880); — *Mlle Phulpin* (1882); — *M. William de Lesseux* (1883); — *Dr Waast Grollemund* (1884); — *Portrait de l'auteur* (1884); — et, parmi les tableaux de genre : *Une Exécution*, galerie du Musée des Evêques à Toul, Hospice Saint-Joseph, de Saint-Dié-des-Vosges (1887); — *La Lessive à l'Hospice*, Musée de Langres (1888); — *Portrait de mon Père* (1888); — *La Potée* (1890); — *La Couvée* (1891); — *La Veuve* (1894); — *Les Dévideurs à l'Asile des Vieillards* (1895); — *Un Jour de Marché à Saint-Dié* (1895); — *Nourrices improvisées* (1896); — *Joyeuse Couvée* (1898), charmant tableau qui valut à l'auteur une subvention du Ministre de l'Instruction publique et des Beaux-Arts; — *La Becquée* (1899); — *Un Baptême* (1900); etc.

A propos de *Petite Mère*, la *Provence nouvelle* écrivait :

« Chacune des vies qui s'y meut, devient, pour l'artiste, un sujet d'étude. Sa pensée, fécondée par un talent aussi souple que précis, fouille les plis et replis du sentiment intime, et le ramène à la surface dans un regard, un sourire, un geste, une attitude. Le fond du cœur, le secret de l'âme, est là, palpitant sous les yeux. M. Descelles est un analyste délicat. Les nuances intellectuelles ou morales, les plus fines, à peine accusées, sont saisies par son

pinceau et reproduites avec une fidélité de mise au point et une ingénuité d'art des plus admirables. D'un trait, d'une teinte, la pensée fugitive est soulignée; le mouvement rapide de l'âme est fixé; l'émotion du moment est constatée. M. Descelles a le don de surprendre l'insaisissable dans ses instantanés. On sait combien, chez l'enfant surtout, la physionomie est mobile, la pensée, encore indécise en son vol naissant, et les impressions presque aussi multiples que simultanées.

« Les tableaux précédents, de M. Descelles, nous disaient déjà tout cela et merveilleusement : *Petite Mère* est une des pages les plus ravissantes de ce livre de famille. ».

Au Salon de 1902, M. Paul Descelles exposa *Petite Mère*, déjà reproduite à l'envi en gravure sur bois, photographie, héliogravure, etc. par les journaux illustrés des deux mondes. C'est l'une des maîtresses œuvres de M. Descelles, et qui continue à merveille cette série de ravissantes scènes émues qui s'ouvre par la *Potée*, et dont l'ensemble sera précieux tout autant au point de vue de l'art qu'à celui de la vie et de l'histoire locales. Observation intime, grâce, mélancolie, poésie, qui s'exhale des êtres et des choses, rendu délicat et sincère, M. Descelles possède à un haut degré toutes ces qualités de l'artiste. Ayant vécu parmi les humbles, aimant les « petites gens », il excelle à rendre leur vie sous ses multiples aspects que ne soupçonnent point les peintres des capitales. Il est *naturiste*, et non *naturaliste*. Voyez *La Veuve*, par exemple, exposée au Salon de 1894.

« J'ai découvert — écrivait alors le critique distingué du *Correspondant* — une toile de dimension modeste et suffisante : *La Veuve*, de M. Paul Descelles. Dans un intérieur des plus humbles, est une jeune femme avec ses enfants; ils sont là, devant le poêle allumé qui les éclaire. L'effet très bien rendu est très juste, très sobre, et le tableau n'est pas écrasé par le voisinage de M. Detaille. » « Un bon sentiment — disait de son côté le *Petit National* — un bon sentiment de la vie populaire se montre dans *La Veuve* de M. Descelles. tableau remarquable d'autre part par la solidité du faire et le clair-obscur... »

A propos de la *Paix du soir*, exposée l'année dernière (1901), la *Provence nouvelle* écrivait : « Partout le silence, partout la paix. On dirait que dans le tableau de M. Descelles tout aspire à la volupté tranquille de la sérénité. L'artiste l'exprime avec une évidence absolue, avec une intensité pénétrante, avec le charme d'aspect le plus captivant. De près ou de loin, étant donné son emplacement, ce tableau sollicite tous les regards, comme le plus beau rêve... »

Citons encore ces quelques appréciations :

La *Revue des Beaux-Arts :* « Arrêtons-nous plutôt devant le tableau de M. Paul Descelles, *La Veuve*. La scène se passe dans une misérable chaumière, le soir, au moment ou, à la rentrée des champs se prépare le repas du soir. Sur le fourneau qui occupe un coin de l'humble masure, bout une maigre soupe. Un enfant, un petit gars de sept ou huit ans, qui veut se rendre utile à la mère, vient de mettre du bois et il souffle le feu. pendant que, plongée dans ses tristes réflexions, la veuve, bien jeune encore, endort dans ses bras le petit dernier. Cette simple scène est vraiment touchante et poignante à la fois; l'artiste a su y faire passer une émotion extraordinaire. Le visage de la mère, que colore le reflet de la flamme, se détache nettement sur le fond sombre du tableau et semble éclairer toute la pièce où tous les détails bien accusés donnent la note juste. Nous sommes en présence d'une œuvre de réelle valeur, traitée de main de maître. »

La Becquée, Salon de 1899. — Le *Magasin pittoresque : «* Pour décrire cette scène et la commenter, il faudrait l'âme d'un poète ; celui qui peignit si bien les *Intimités* et les *Humbles,* François Coppée, pourrait nous dire quelle joie souriante et familiale se dégage de cette délicieuse *Becquée.*

« Ou bien il conviendrait de chercher dans l'œuvre du plus grand génie du siècle quelques-uns des vers sublimes qui chantèrent les enfants.

« Regardez ce tableau d'un réalisme si touchant. L'intérieur est pauvre, et pourtant quelle gaieté le remplit; toute cette marmaille, presque en guenilles, est heureuse de vivre et aussi de manger la bonne soupe fumante dans la grosse écuelle. Cette scène, très joliment rendue, est un coin de vie adorable, où l'artiste, M. Descelles, semble avoir mis une note de tendresse et de paix. Il aime avec passion ces scènes des pauvres et des humbles. »

Dans toute la force de l'âge, en pleine possession de son talent, M. Paul Descelles laissera une œuvre qui lui assurera un beau nom parmi cette longue lignée d'artistes vosgiens qui reconnaît pour maître Claude Lorrain.

M. Descelles est membre de la *Société des artistes français ;* il appartient depuis longtemps à la *Société philomatique vosgienne* que préside le savant M. Bardy.

GÉRARD (Louis-Albert), A. ✪, né à Saint-Dié (Vosges), le 7 septembre 1858, avocat au Barreau de Saint-Dié, Docteur en Droit, Membre de la *Société d'Émulation des Vosges,* de la *Société Archéologique lorraine,* Trésorier-Archiviste de la *Société philomatique vosgienne.*

Adresse : Villa d'Ormont ; St-Dié-des-Vosges.

M. Albert Gérard appartient à une vieille famille vosgienne qui compte encore aujourd'hui des représentants très distingués. Il fit ses études classiques au Collège de Saint-Dié, sa ville natale, et obtint constamment les succès les plus encourageants. Reçu bachelier, il se rendit à Nancy et se fit inscrire aux cours de la Fa-

culté de Droit. Nancy était déjà à cette époque à la tête de nos Universités de Province. M. Gérard conquit sa licence à dix-neuf ans, c'est-à-dire à l'âge où beaucoup n'ont pas encore pris leurs premières inscriptions. Il en profita pour continuer ses études et les couronna brillamment par le Doctorat qu'il obtint après la présentation d'une thèse : *Etude juridique et économique sur les Rapports entre Patrons et Ouvriers,* et d'un travail : *Etude sur les Corporations ouvrières à Rome* (1882).

M. Albert Gérard se fit inscrire au Barreau de Saint-Dié. A deux reprises, il fut élu Bâtonnier de l'Ordre des Avocats, en 1890-1891 et en 1891-1892.

Peu après la guerre de 1870-1871, MM. Bardy, Stutel, de Golbery, et quelques autres savants et érudits lorrains, avaient eu la bonne idée de grouper les travailleurs des Vosges en une Société savante constituée sur le plan des nombreuses associations florissantes de l'Alsace avant l'annexion.

En 1875, la *Société philomatique vosgienne* fut fondée sous la présidence de M. H. Bardy. Elle ne tarda pas à prospérer, groupant tous les écrivains, tous les artistes, tous les savants du pays et manifestant sa vitalité par la publication de matériaux de haute valeur pour l'étude de la région vosgienne, et par la véritable création du Musée de Saint-Dié, aujourd'hui l'un des plus importants de la France par la valeur de ses collections.

M. Albert Gérard, que les choses du passé ont toujours fortement passionné, fut un des premiers à donner son concours à l'œuvre de M. Bardy. Depuis, sa collaboration à l'œuvre commune a été de tous les instants, et l'on a pu dire avec raison que M. A. Gérard avait été et est toujours « le bras droit » du savant et dis-

tingué Président de la *Société philomatique
vosgienne* (V. notre Dict. des *Médecins, Phy-
siciens et Chimistes*, t. II, p. 110 et suiv.,
s. v. BARDY).

L'activité de M. Gérard, actuellement trésorier-archiviste de la *Société philomatique
vosgienne*, s'est manifestée dans les *Bulletins*
des Académies savantes où il a publié des travaux qui témoignent d'un grand sens critique
et d'une profonde érudition.

Le Folklore vosgien a depuis longtemps
attiré son attention et a été l'objet de ses recherches. Il serait à souhaiter que M. Gérard
entreprît quelque jour de compléter ses études
en ce genre pour en former un volume sur le
Folklore lorrain, ouvrage qui n'a encore été
qu'ébauché jusqu'ici par MM. de Puymaigre,
Nérée Quépat, Eugène Rolland, Bardy, et précédemment, par Richard. Presque toutes nos
provinces de France sont représentées dans les
grandes collections traditionnistes. Ce serait
faire œuvre utile que de rassembler ce qui a
été fait jusqu'ici pour les Vosges afin d'en
tirer avec compléments, un travail d'ensemble
accessible aux savants et aux érudits.

M. Albert Gérard a donné, dans cet ordre
d'études : *Une Coutume du Carnaval en Lorraine* (Bull. de la *Société philomatique vosgienne*, tome IV, ann. 1880-81); — *Les Fêtes
populaires dans les Vosges et en Lorraine*
(ibid., t. XXI, ann. 1895-99.)

Une autre de ses études : *Martin Waldze-
müller*, savant géographe, né en 1481, mort
en 1521, a rétabli une des figures les plus curieuses du commencement de ce xvi° siècle qui
vit la Renaissance des Sciences, des Lettres et
des Arts (ibid., tome VII, ann. 1881-82).

Dans les *Corporations d'Arts et Métiers en
France et en Lorraine*, M. Albert Gérard
s'est attaché aux anciens syndicats qu'abolit
la Révolution et qui tendent à reprendre la
place dont ils avaient été dépossédés. Ce travail a fait l'objet d'une Conférence donnée
en 1883.

En 1890 et en 1895, M. Gérard fut délégué
aux Congrès des Sociétés savantes des départements à la Sorbonne, ainsi qu'au Congrès de
Nancy en 1901, et prit une part active à leurs
travaux (Section des Sciences économiques et
sociales).

Membre du *Comité des beaux-arts* de Saint-
Dié, il organisa, avec le concours de divers
amateurs, les deux expositions de peinture
qui eurent lieu en 1891 et en 1894 et qui
obtinrent le plus vif succès.

Cette initiative, ces efforts persistants pour
le progrès des Lettres et des Arts, devaient
obtenir une première récompense en 1896. Le
2 août de cette année, M. Albert Gérard fut
nommé Officier d'Académie. Il ne tardera pas
sans doute à recevoir la rosette d'Officier de
l'Instruction publique, pour la plus grande satisfaction de tous ses nombreux amis des
Vosges.

Ajoutons que M. Gérard, qui a étudié tout

spécialement les conditions économiques de la
vie de l'artisan et de l'ouvrier à travers les
âges, ne pouvait se désintéresser du sort des
humbles à notre époque. Aussi s'occupe-t-il
activement des œuvres de philantropie et de
bienfaisance de sa ville natale.

FOURNIER (Louis), né à Beaune (Côte-d'Or),
le 27 février 1865, historien et écrivain français, membre de plusieurs sociétés savantes.

Adresse : place Madeleine, 15, à Beaune
(Côte-d'Or).

Aussitôt sa sortie de l'école à l'âge de quinze
ans, M. Louis Fournier qui avait fait de
bonnes, mais trop courtes études, se prit de
passion pour l'histoire nationale, et se mit dès
lors à rechercher tous les documents écrits ou
imprimés qui pouvaient l'aider à ressusciter les
temps abolis. Les archives si riches de Beaune
et de Dijon lui furent très utiles, comme aussi
celles de quelques autres bibliothèques privées
ou publiques.

Ce fut en 1883 que M. Louis Fournier publia
son premier travail sous le titre très modeste
de : *Notes sur le village de Sainte-Marie-la-
Blanche* (Beaune, 1883, impr. H. Lambert
fils, brochure in-8°). Cette publication rapidement épuisée, fut accueillie avec sympathie et
engagea son auteur à persévérer dans une voie
où il pouvait faire œuvre utile à la science
historique.

En 1886, il fit imprimer : *Le Château de
Laborde et ses Seigneurs* (Beaune, A. Devis,
in-8° de 68 p. avec une planche de blasons).

Et depuis, il ne s'est guère passé d'année
sans que l'historien beaunois n'ait donné
quelque travail historique ou littéraire appré-

cié. Sa dernière étude importante celle-là, parut en 1897. Elle a pour titre : *Un grand peintre, Félix Ziem. Notes biographiques*, 1 vol in-8°. illustré de 3 pl. Dans cet ouvrage, le premier qui ait été publié sur le célèbre peintre de Venise, M. Fournier raconte en d'intéressantes pages, la belle et longue carrière du vaillant artiste Ziem. Aussi ce travail reçut le plus bienveillant accueil de la presse parisienne et valut-il à son auteur des éloges mérités. L'ensemble des œuvres du laborieux historien forme à l'heure actuelle un bagage littéraire enviable. Il constitue, pour la ville de Beaune et ses environs un ensemble de recherches que l'on voudrait voir menea à bonne fin pour toutes les villes de nos provinces, avec le goût, l'érudition et la sagacité de M. Louis Fournier.

Le jeune écrivain a collaboré très activement à plusieurs journaux et revues de la Capitale et de la Province. Pendant cinq années, il a appartenu à la rédaction du *Journal des Artistes*, de Paris. Dans le *Journal de Beaune*, le *Bien Public*, le *Progrès de la Côte-d'Or*, l'*Indépendant bourguignon*. il a publié de nombreux articles historiques, des notices biographiques sur les artistes bourguignons, des nécrologies et des études de critique artistique très intéressants.

M. Louis Fournier est membre-associé de la *Sabretache*, de Paris, depuis la fondation de cette société qui compte nos meilleurs écrivains militaires. Il est membre-correspondant de l'*Union Faulconnier*, de Dunkerque, et de la *Société bourguignonne d'Histoire et de Géographie* de Dijon.

Parmi les travaux que M. Louis Fournier se propose de publier prochainement, nous signalerons une étude importante et très documentée sur le fameux et célèbre corsaire François Thurot (1727-1760), et la biographie d'un musicien bourguignon, l'abbé Nicolas Roze (1745-1819), compositeur et bibliothécaire du Conservatoire de musique.

M. Louis Fournier s'est toujours vivement intéressé aux œuvres d'enseignement populaire notamment aux œuvres complémentaires de l'école.

Il a obtenu, en 1900, une lettre de félicitations et en 1901, un diplôme d'honneur de M. le Ministre de l'Instruction publique. La *Ligue de l'Enseignement* et la *Société Nationale des Conférences populaires*, lui ont à diverses reprises décerné des diplômes et des médailles en récompense de ses efforts et de son zèle pour l'œuvre si intéressante des conférences à laquelle il collabore depuis plusieurs années. Tout récemment (juin 1902) le modeste écrivain beaunois s'est vu décerner pour l'ensemble de ses publications sur la Bourgogne et la Ville de Beaune une Médaille de Vermeil par la Société Nationale d'Encouragement au Bien qui a voulu ainsi le récompenser et l'engager à persévérer dans la voie qu'il a choisie.

Nous ne doutons pas que M. Fournier obtienne prochainement les palmes académiques qui lui reviennent de droit pour ses travaux littéraires et historiques aussi bien que pour la part importante qu'il prend à l'organisation et au développement de l'instruction du peuple.

Bibliographie. — Aux ouvrages cités précédemment, il convient d'ajouter : *Les Mobilisés de l'arrondissement de Beaune au combat d'Es-Seroudj, 21 mars 1870.* — *Ordre du jour du lieutenant-colonel Trumelet* (Beaune, H. Lambert, 1891, in-8°, 44 pages, épuisé); — *Joseph Morlent, bibliothécaire de la ville du Havre (1793-1861)* (Beaune, 1891, H. Lambert, in-8°, 61 p. et 1 portrait); — *A Bord du Vinh-Long. De Saïgon à Toulon; 28 janvier — 28 février 1890 ; Souvenirs d'un marsouin* (Beaune, H. Lambert, 1893. in-8°); — *Le R. P. Raymond Breton, de l'Ordre des Frères-Prêcheurs, profès du convent de Beaune, missionnaire aux Antilles (1609-1679)* (Dijon, Union typographique, 1895, in-8°): — *Les Mobilisés de l'arrondissement de Beaune en Algérie (1870-1871)* (Beaune, Lambert, 1896, in-8°); — *Lettres inédites de Casimir Delavigne, Ancelot et Jules Janin à Joseph Morlent* (Beaune, A. Batault, 1897, in-8°): — *Souvenirs de militaires beaunois : I. Le Sous-Lieutenant Jousseau* (Beaune, H. Lambert, 1897, in-8°); — Id. *II. Le Commandant Gibassier* (id., 1898, in-8°); — *Le Saint-Vincent-de Paul beaunois. Messire Vivant Gardin, prêtre, chanoine de Notre-Dame de Beaune, fondateur de la Chambre des Pauvres* (Beaune, A. Batault, 1899, in-8°); — *Un Grand Peintre, Félix Ziem. Notes biographiques* (Beaune, H. Lambert, 1897, gr. in-8° de 130 p., avec 1 portrait et 2 planches.

En préparation. — *Un Corsaire français sous Louis XV. Le Capitaine François Thurot, surnommé le Jean Bart bourguignon (1727-1760). Sa Vie et ses Exploits d'après des documents inédits et peu connus* (1 vol. gr. in-8° d'environ 600 p., illustré d'une centaine de gravures); — *Un Musicien bourguignon. L'Abbé Nicolas Roze, ancien maître de chapelle et bibliothécaire du Conservatoire de Musique* (1 vol. in-8° d'environ 120 p. avec 10 illustrations); — *Le Château de Laborde et ses Seigneurs* (nouvelle édition augmentée et illustrée); — *Panthéon militaire beaunois* (notices biographiques avec portraits); — *Notes sur les Vues et anciens Plans de Beaune* (avec gravures); — *Histoire de l'Eglise Saint-Pierre de Beaune* (1 vol. in-8°, gravures et plans); — *Le Peintre Moillon et les Peintures de la salle Saint-Hugues de l'Hôpital de Beaune* (avec gravures); — *Le Lieutenant Villard, du 2ᵉ bataillon des mobilisés de la Côte-d'Or (1837-1871)*; (notice biographique, avec portrait); — etc.

REMY (Jules-Ezéchiel), né à Mourmelon-le-Grand (Marne), le 3 septembre 1826; voyageur, naturaliste, érudit, membre de plusieurs Sociétés savantes.

La vocation de M. Jules Remy se manifesta de bonne heure. Au petit séminaire de Saint-Memmie, le supérieur le prit en affection et lui accorda de fréquents congés pour lui permettre d'herboriser dans la campagne. Le mauvais état de sa santé obligea ses parents à le retirer au bout de peu de temps de cet établissement.

Doué d'une grande activité, M. Remy se laissa aller plus d'une fois à de graves imprudences. Ainsi, à l'âge de quatorze ans, il fit à pied le voyage d'Anvers à Châlons pour assister à l'entrée solennelle de Mgr Gousset. Il dut s'aliter. L'année suivante, il fit d'interminables pérégrinations pour enrichir son herbier et revint ployant sous le faix.

A Paris, ses goûts pour l'étude l'empêchèrent de se livrer aux entraînements de son âge. Il suivit les cours de la Sorbonne, de la Faculté de médecine; il étudia les langues vivantes et le dessin, les sciences physiques et l'histoire naturelle.

A vingt ans, M. Remy était professeur suppléant d'Histoire naturelle au Collège Rollin. Son oncle, M. Tournet, dont la fille unique était filleule de Royer-Collard, avait groupé un cénacle de jeunes gens d'avenir au milieu desquels M. Remy passa des jours charmants.

M. Remy devint l'ami de de Candolle, de de Jussieu, de Barthélemy-Saint-Hilaire, de Malte-Brun, de Humboldt, de Laboulbène, de de Quatrefages, de Decaisne, de Jules Simon, d'Elisée Reclus, de Naudin et de nombreux savants français et étrangers.

M. Remy fut le collaborateur de M. Valenciennes, membre de l'Institut, administrateur du Muséum.

En 1849, il s'expatria, chargé par le Muséum d'une mission scientifique aux îles Sandwich.

Les notions que l'on possédait sur ces îles depuis le massacre du capitaine Cook étaient erronées. On représentait les insulaires comme des anthropophages idolâtres.

M. Remy vit le parti qu'il pouvait tirer du roi Lamehameha et sut bientôt gagner la confiance de ce souverain.

Sous l'influence de M. Remy, les arts et le commerce prirent un énorme développement. Lamehameha III fit revivre le souvenir de son ancêtre Lamehameha, fondateur de la dynastie. Mgr Maigret, évêque d'Honolulu, fut le précieux collaborateur de M. Remy.

Lamehameha III conféra à M. Remy un titre de noblesse et le nomma *Lipalani* (grand chef français). Il l'investit d'un pouvoir suprême, ce qui lui donna partout libre circulation.

M. Remy rencontra aux Iles Sandwich un admirable compagnon de voyage en la personne d'un Anglais, fort comme un athlète antique, riche et bon, M. Brenchley. Les deux amis furent désormais inséparables.

Après un séjour de trois ans aux Sandwich, MM. Remy et Brenchley partirent pour la Californie.

Le pays des Mormons, où une expédition venait d'échouer, intéressait les deux voyageurs qui partirent pour Salt-Lake-City. A leur arrivée à Humboldt-River, M. Brenchley dut aller à la recherche de ses animaux échappés dans le Désert.

M. Remy se trouva dans une grande détresse à proximité des tribus indiennes hostiles, et pour ainsi dire livré à leur merci. M. Brenchley rentra blessé au campement. Les deux voyageurs, surveillés par les Indiens reprirent leur route. Bientôt les Peaux-Rouges les attaquèrent. M. Brenchley reçut une flèche dans le cou et M. Remy fut blessé en cinq endroits.

Enfin, les explorateurs parvinrent dans la cité mormonne. M. Remy fut à même de faire des observations curieuses sur les doctrines de Joseph Smith et sur la polygamie mormonne. Il a écrit sur cette question des pages d'une philosophie et d'une logique que l'on n'a pas égalées depuis.

En 1851, M. Jules Remy entreprit un long voyage d'outre-mer au cours duquel il explora successivement les îles Canaries (1851). l'empire du Brésil, le Chili, la Bolivie, le Pérou, les îles Marquises, l'archipel Pomotou et Tahiti. En 1853, il visita l'Afrique septentrionale, qu'il traversa depuis l'Egypte jusqu'au Maroc, puis l'Hindoustan et l'Himalaya.

M. Jules Remy a publié de nombreux ouvrages contenant les résultats de ses voyages et de ses recherches.

Ce sont :

Visite de M. Jules Remy aux arbres titanesques du Calaviras ; — Pélerinage d'un curieux au monastère bouddhique de Pemmiantsi ; — Récits d'un vieux sauvage, livre qui fournit des renseignements très curieux sur l'histoire ancienne et les traditions de Hawaï; — *Analecta boliviana, seu nova genera et species plantarum in Bolivia crescentium ; — Monographie des Synanthérées du Chili*, en latin et en espagnol ; — *Solanées et Nolanacées du Chili ; — Polygonias et Bryogonées du Chili ; — Fougères et Lycopodiacées du Chili ; — Excursion botanique à travers les Ardennes françaises ; — Ascension au Pichincha ; — A journey to Great Salt-Lake City*, traduction anglaise du *Voyage au pays des Mormons* ; — *On the religions in the United-States ; — Ka Moolelo Hawaï, histoire de l'archipel Hawaïen*, texte et traduction en regard ; — *Lettre sur le Fusionnisme et autres mauvaises herbes de France, suivie d'une visite à Reims, le jour des funérailles du cardinal Gousset — Ascension de MM. Brenchley et Remy au Maunaloa*, etc.

M. Remy visita, en 1857, New-York, Baltimore, Washington. Il parcourut l'Inde en 1859. Les deux voyageurs firent un séjour prolongé à Bombay, Pondichéry, Calcutta, et au Thibet.

Outre ces grands voyages, MM. Remy et Brenchley parcoururent en touristes l'Espagne, l'Italie et l'Angleterre.

Des notes sur les voyages de MM. Remy et Brenchley ont paru dans l'*Echo du Pacifique*. de San-Francisco, le *Phare*, les *Annales de la propagation de la Foi* (1862), la *Réforme littéraire* (1863), le *Journal des Savants*, la *Revue Mycologique*, la *Revue d'Edimbourg* (1856), le *Journal of the Society of Arts*, *The Manchester Weekly express Guardian*, *The London Review*, *The Westminster Review*, *The Leeds Intelligences*, *The Morning-Post*, *The Examiner*, *The Athenœum Journal*, *The Literary Gazette*, *The discret News*, *The Spectator*, *The Westerns Standard*, *The Colburns new Monthly Magazine*, l'*Ami de la Religion*, l'*Union républicaine de la Marne*, le *Journal de la Marne*, ayant pour rédacteur son ami M. Martin, le *Siècle*, les *Nouvelles annales des Voyages, de la Géographie, de l'Histoire et de l'Archéologie* de Malte-Brun, le *Journal des Economistes*, la *Revue Orientale et Américaine*, le *Journal des Débats*, la *Correspondance littéraire*, etc.

M. Jules Remy a collaboré à la revue *Le Tour du Monde* et au *Magasin Pittoresque*.

Il a fait don au Muséum d'Histoire naturelle de nombreuses caisses de collections précieuses.

Il était membre de la *Société de Géographie de Paris*, de la *Société linnéenne* et de plusieurs sociétés savantes de la France et de l'Etranger.

Peu de temps après son retour en France. M. Jules Remy s'était marié avec la fille de M. Dillon, consul général (1871). L'année suivante, il eut la douleur de perdre son fidèle compagnon M. Brenchley, mort à Folkestone (1872), entre ses bras.

Rien ne le retenant plus en Angleterre, M. Remy regagna la France pour s'y fixer.

Aimant la liberté, il vécut à la campagne à Louvercy (Marne), dans une solitude presque absolue, partageant son temps entre l'étude et les soins qu'exigeait l'éducation de ses filles.

La douleur qu'il éprouva à la mort de sa fille aînée, décédée à 18 ans, le plongea dans une telle désolation qu'il ne put parvenir à distraire sa pensée de l'image de la chère disparue. Ce malheur hâta sa fin.

Il fut frappé dans son sommeil et mourut d'une attaque d'appoplexie le 2 décembre 1893, n'ayant pas eu d'agonie.

M. Jules Remy a laissé des manuscrits inédits très intéressants qui sont en possession de sa veuve et de sa fille.

THIERY (D' ROMUALD-ADOLPHE), né à Juvaincourt (Vosges), le 2 octobre 1846; docteur en médecine; membre de plusieurs Sociétés savantes; propriétaire de la *Source du D' Thiéry* ; décédé à Contrexéville, le 25 juillet 1889.

Le Docteur Romuald Thiéry commença ses humanités au Collège de Lamarche et les termina au Lycée de Nancy. Se sentant une véritable vocation pour l'art de guérir, il prit ses premières inscriptions à la Faculté de Médecine de Nancy, puis à l'Ecole de Médecine de Paris. La guerre franco-allemande survint. M. Thiéry fut adjoint au service des Hôpitaux de Nancy : il s'acquitta si bien de sa tâche qu'il reçut les remerciement officiels du Conseil municipal de cette ville après la guerre.

Les événements de la Commune l'empêchèrent de continuer ses études médicales à Paris. Il les termina dans la vieille et illustre Faculté de Montpellier, alors comme aujourd'hui la rivale de Paris. Il y fut reçu Docteur en Médecine, le 31 décembre 1872, avec les éloges du Jury, sur une thèse intitulée : *Considérations pratiques sur l'Affection calculeuse du Foie et la colique hépatique*.

M. le D' R. Thiéry s'installa à Monthureux-sur-Saône, où il demeura pendant huit années entouré de l'estime et de la sympathie de ses nouveaux concitoyens.

En 1880, il se fixa définitivement à Contrexéville où il découvrit une source d'eau minérale à laquelle il donna son nom, et qui, grâce à ses soins intelligents, ne tarda pas à acquérir une réputation universelle.

Depuis longtemps, le D' R. Thiéry — comme l'indique le titre de sa thèse, s'était spécialisé dans l'étude des maladies que l'on ne peut guérir qu'à Contrexéville. Et c'est ce qui l'avait attiré dans cette ravissante station des Vosges.

Contrexéville n'a pas d'histoire. Le plus ancien titre où il en soit fait mention ne remonte qu'à 1276. En 1760, Bagard, président et doyen du Collège royal de Nancy, faisait faire l'analyse de ses eaux et disait leurs précieuses vertus dans un remarquable rapport à *l'Académie de Nancy*. En 1773, l'abbé de Bouville fit séparer la source minérale d'une autre source d'eau commune qui coulait avec elle dans le même bassin. En 1774, le savant D' Thouvenel, Inspecteur Général des Eaux minérales et des Hôpitaux de France, signalait « les Eaux de Contrexéville comme éminemment diurétiques et dissolvantes. »

Contrexéville est une petite ville de l'Alpe vosgienne, placée aux pieds des Monts Faucilles et de leur point culminant, le Haut-de-Salin, à 350 mètres au-dessus du niveau de la mer, à la réunion de deux charmants vallons, orientés du S.-E. et du S.-O. au Nord. Les variations de température y sont brusques, mais les épidémies y sont rares, et l'air y est imprégné des senteurs balsamiques des splendides forêts qui l'entourent.

Contrexéville, par la ligne de Nancy à Chalindrey, est reliée à tout le réseau français.

L'industrie privée y construit chaque jour de nombreux hôtels où malades et touristes trouvent tout le confortable moderne à des prix très modérés.

Par bonne fortune pour les malades, le Dr R. Thiéry découvrit en février 1883, dans sa propriété, à peu de distance de la Source du Pavillon, une source d'eau minérale naturelle pour laquelle il demanda, après avis favorable de l'*Académie de Médecine*, un permis d'exploitation. Par décret du 10 octobre 1884, l'exploitation de la *Source du Dr Thiéry* fut autorisée. Elle avait été approuvée par l'*Académie* le 23 septembre 1884.

La *Source R. Thiéry* a une minéralisation de 3 gr. 5236 contre 2 gr. 381 fournis par la Source du Pavillon. Elle est particulièrement riche en protoxyde de fer, en lithine, en fluor, en fer, en chlorure de lithium, en bicarbonate de soude ; elle est diurétique, laxative, fondante, reconstituante.

Son principal caractère physique est une extraordinaire facilité de digestion et sa rapide élimination par le rein et l'intestin. Des malades en arrivent à prendre, avant 8 heures du matin, de 6 à 8 verres de 33 centilitres et se procurent ainsi un appétit formidable. Son effet laxatif et purgatif est de soumettre les reins, les urethères, la vessie, le foie à un véritable lavage, de diminuer la sensibilité des muqueuses, de modifier leur vitalité et leurs secrétions, de les tonifier et d'entraîner facilement au dehors les concrétions que renferment ces réservoirs.

L'eau de la *Source Thiéry* donne des résultats merveilleux dans une foule de cas : Incontinence d'urine des enfants, Vessies atoniques, Gravelle rénale, Gravelle biliaire, Catharre vésical purulent ou mucopurulent, Prostatite, Rétrécissements de l'urèthre, Diathèse urique, Goutte, Rhumatisme, Gravelle, Dyspepsie, Anémie, Maladies de l'Utérus et de ses annexes, Laryngites, Trachéites, Bronchites, Manifestations herpétiques, etc.

Cette eau, mise en bouteilles avec le plus grand soin, au griffon même de la source, ne perd aucune de ses qualités par le transport. Elle permet aux malades qui n'ont pu aller à Contrexéville, de faire à domicile, à des prix modérés, une cure sérieuse. A ceux-ci, il est recommandé de boire, dans le courant de juillet, une caisse de 50 bouteilles d'eau, à la dose d'une ou deux bouteilles, le matin, à jeûn, en trois ou six verres, espacés d'un quart-d'heure, ce qui leur garantit un effet purgatif et diurétique ainsi qu'appétit et digestion faciles. Une nouvelle cure de 25 bouteilles, à l'automne et au printemps, complétera le résultat.

L'œuvre du Dr R. Thiéry n'a pas disparu avec lui. Cet homme de bien a laissé deux fils, M. Jean Thiéry, né à Monthureux-sur-Saône, le 23 juin 1879, et M. André Thiéry, né à Monthureux-sur-Saône, le 31 octobre 1880, qui continuent la carrière de leur père et l'exploitation de la Source de Contrexéville.

Bibliographie. — *Les Origines de la Goutte et du Rhumatisme. Leur Traitement rationnel* (Paris, 1883; O. Doin); — *Considérations pratiques sur l'affection calculeuse du foie et les coliques hépatiques* (Montpellier, 1872; Impr. Hameline; Thèse inaugurale); — *Guide du Buveur et du Touriste à Contrexéville* (id.); — *Id.*, traduction anglaise (1890); — *Les Maladies des Voies urinaires;* etc.; et de nombreux articles et études dans les journaux médicaux.

L'Eau de la Source du Dr R. THIÉRY EST LA PLUS MINÉRALISÉE, LA PLUS ACTIVE, LA MOINS CHÈRE des Eaux de Contrexéville et des Eaux similaires.

Adresser directement les demandes
à la Source du Dr R. THIÉRY, Contrexéville (Vosges)

Fac-Similé d'une affiche.

PROST (Jean-Claude-Alfred), né à Arc-sous-Montenot (Doubs), le 13 mars 1846; écrivain et collectionneur français, membres de plusieurs Sociétés savantes, artistiques et littéraires.

Adresse : 3, rue Demours, Paris.

M. Alfred Prost, fils de cultivateurs, fit seul ses premières études; il entra à dix-huit ans à

(1889), importante étude historique dont la deuxième édition (1890), fut honorée d'une préface de Louis Pasteur et de souscriptions des Ministres de la Guerre et de la Marine; — *Histoire d'un Livre; arguments complémentaires en faveur du marquis de Jouffroy d'Abbans*(1890); — *Le comte de Ruolz-Montehal, musicien* (1890); — *Trois œuvres d'un Méconnu* (1891); — *Réponse à M. Berthelot.*

l'Ecole normale de Besançon, fut instituteur primaire (1867-68), professeur au Collège de Pontarlier (1868-69), rédacteur à la Préfecture du Doubs, Division de l'Administration générale et départementale (1869-73). Chargé en cette qualité de missions périlleuses pendant la guerre franco-allemande, il put les remplir avec succès. Venu à Paris en 1874, il fut commis dans les bureaux de la Préfecture jusqu'en 1895, époque à laquelle il demanda sa mise à la retraite pour se consacrer à la propagande de ses idées politiques et à la collection d'objets d'art.

M. Prost a collaboré à la *Revue Franc-Comtoise* et au *Moniteur des Arts*; puis il a publié en librairie : *Anniversaire de la mort d'une mère* (1884); — *Souvenirs de la guerre de 1870-71* (1885); — *Les Inconnus*(1886); — *Le marquis de Jouffroy d'Abbans, inventeur de l'application de la vapeur à la navigation*

Papin et le marquis de Jouffroy d'Abbans (1888); — *Souvenirs rimés* (1898); — *Famille d'Artistes : Les Thénards, et Supplément à la Famille d'Artistes*(1900); — *F.-A. Boullet, ex-proviseur des Lycées de Saint-Etienne et de Besançon*, etc. (1901).

En collaboration avec Ferdinand Thénard, il est l'auteur des pièces de théâtre ayant pour titre : *Babylas en voyage; — Madame la Colonelle; — En Voyage; — Un Homme irrité; — Les Gants gris-perle; — Nos Projets.*

Ses ouvrages en préparation sont : *Madame Royale au Temple; — Une Histoire de Louis XVI; — Ceux que j'ai vus et ceux que j'ai connus; — La vie d'une Paysanne.*

M. Prost est membre adhérent de la *Société des Gens de Lettres*; membre de plusieurs Sociétés savantes; correspondant de la *Société horticole* de Barcelone; fondateur de la Section de la J.-R. du quartier des Ternes.

Il a pris part aux Congrès de l'Association littéraire et artistique de Londres (1890); Neuchatel (1891); Barcelone (1893); Anvers (1894); aux Congrès royalistes de Reims (1896); Rennes (1897); Blois (1898); à plusieurs Congrès des Sociétés savantes, et à ceux du *Club Alpin* et de l'*Art théâtral* à Paris, en 1900.

Caractère indépendant, esprit très libéral, tempérament artistique épris d'idéal et de progrès, M. Prost, qui est tout dévoué à l'auguste Famille Royale de France, est fermement convaincu que les traditions monarchiques, appliquées aux découvertes scientifiques et économiques modernes, peuvent seules : réparer les fautes de l'Empire, relever les ruines accumulées sur notre pays par les institutions actuelles, et rendre à notre belle Patrie la place qu'elle a occupée pendant si longtemps à la tête des nations.

Sa collection comprend notamment les portraits sur toile : de Madame Royale au Temple, par Greuze; du Duc d'Orléans, par Ingres; du Comte de Paris enfant, par Roussin; de Madame de Valori, par Steuben; des portraits de famille, par F.-W. Davis; des tableaux de Mignard, Géricault, Français, Troyon, Diaz, Picou, Bernier, Lauvergne, Rousseau, Defaux, Vele; un dessin par Percier et Fontaine : *Vue perspective de la Tribune du Roi au Palais des Tuileries, Règne de Louis XVIII;* d'autres par Diaz, H. Pille, Weirotter, Piccini, Ch. Jacque, Brun, Delaroche, Thénard; de très belles miniatures, notamment : *Louis XVI, Marie-Antoinette, Madame Elisabeth et Madame Royale, par Bosselman* (1790); le *Roi, la Reine et le Dauphin*, grisaille de la même époque, par Dumont; le *dernier portrait de Louis XVII au Temple*, par Sauvage; celui du premier Dauphin, par Boilly; ceux de Napoléon III et du colonel Combes, par Horace Vernet, etc; cinquante portraits des Thénards, décrits dans le livre mentionné ci-dessus, surtout ceux de la Grande-Thénard; de Nourry-Grammont, le comédien révolutionnaire; des acteurs Durand, par Boqué; Thénard aîné, par Vincent; Thénard jeune, par Millet; Masson de Puitneuf, fondateur des Concerts des Champs-Elysées, par Natoisse; de Mesdames Thénard, de l'Opéra, par Rouvière, et Louis Thénard, par David; des peintures, des ciselures de Ferdinand Thénard; un bronze unique de Keller; des belles médailles des règnes de Henri IV à Louis-Philippe; des biscuits; des ivoires; des eaux-fortes, des gravures, des caricatures, des bijoux rares; des souvenirs du Siège et de la Commune de Paris; un *Grelot des Courriers du Roi*; le *Tome II du Voyage aux Pays-Bas*, ayant appartenu à Henri IV, etc.

L'œuvre de M. Prost mérite qu'on s'y arrête quelques instants. Suivant nos habitudes d'impartialité, nous empruntons aux comptes-rendus de la presse les appréciations qui en ont été faites.

L'apparition de la vie du *Marquis de Jouffroy d'Abbans, inventeur de l'application de la vapeur à la navigation* a soulevé des polémiques d'autant plus vives, des critiques si aigres, des querelles si ardentes, que cette étude est à la fois : historique, scientifique, économique patriotique; et, qu'à propos de Papin, « elle a ravivé la haine des protestants contre les catholiques ». Pour s'en rendre compte il faut se rappeler qu'une bonne partie de la presse avait toujours revendiqué le mérite de l'invention de Jouffroy en faveur de Papin, devenu antipatriote; de l'Anglais Watt, ou de l'américain Fulton; de plus, il faut connaître la rivalité existant entre les deux branches de la famille de Jouffroy à propos de la possession du titre de marquis, et l'ignorance où tout le monde était à ce sujet, puisque les membres de l'Institut eux-mêmes ne savaient : pourquoi Jouffroy était né dans la Marne, plutôt qu'à Abbans; ce qu'il avait fait; où il avait habité avant de mourir et où étaient ses restes.

Chacune de ces découvertes de M. Prost ayant fait l'objet d'une communication à différentes Sections de l'Institut, on en suit la liste dans les *Comptes-rendus des Académies* (années 1887 et 1888). Une des plus importantes est celle dont s'occupa l'*Académie des Sciences*, le 30 janvier 1888, jour où elle nomma, dans sa Section de Mécanique, une Commission de trois membres pour examiner le mémoire présenté par M. Prost revendiquant, en faveur de Jouffroy, le mérite de l'invention de la *Machine rotative et à double effet*, jusque-là attribuée à Watt.

Enfin l'ouvrage complet fut présenté à l'Académie des Sciences, par M. de Lesseps, le 30 janvier 1888. Le 29 janvier 1890, M. Pasteur, auquel ce livre avait été dédié, écrivait à l'auteur la lettre préface qu'on peut lire dans la deuxième édition, et de laquelle nous extrayons les lignes suivantes :

« Vous avez fidèlement retracé jusque dans ses plus petits détails cette vie intéressante et utile. Elle suscitera peut-être plus d'une vocation. Elle apprendra en tous cas, par un noble exemple, les grandes qualités morales qui font la force des nations. Signé : Louis Pasteur. »

De plus, cette biographie avait été honorée de souscriptions des ministères de la Guerre et de la Marine; mais celui de l'Instruction publique s'était abstenu d'y souscrire, sans même vouloir faire connaître les motifs de son refus.

Cette même année 1890, parut l'*Histoire d'un livre* dédiée à la ville de Besançon, dans laquelle l'auteur résume toutes ces rivalités, ces intrigues de vie de province, dont il eut tant de peine à triompher lui-même; mais qui contribuèrent à discréditer Jouffroy, à le laisser si longtemps dans l'oubli.

Ces scènes qui auraient certainement séduit un Balzac n'ont pas échappé à M. Prost. Il les a spirituellement décrites et il termine sa brochure par l'énumération de ce qui reste à faire, selon lui, pour honorer Jouffroy comme il mérite de l'être.

De 1890 à 1895, des entrefilets de journaux attaquèrent sourdement *Le Marquis de Jouffroy d'Abbans*. — Le 1er octobre 1895, M. Berthelot, s'appuyant sur un ouvrage que la Saussaye avait publié sur Papin, dévoilait ouvertement le plan des ennemis de Jouffroy, en revendiquant, pour le savant de Blois, c'est-à-dire en faveur de Papin, tout le mérite de l'invention de Jouffroy.

A l'article de M. Berthelot, M. Prost répondit lui-même par un nouvel ouvrage paru en 1896 et intitulé : *Réponse à M. Berthelot. Papin et le Marquis de Jouffroy d'Abbans* » dont les arguments ont, ju-qu'ici, clos toute discussion sur ce sujet. Inutile de dire que cette brochure fut louée ou critiquée suivant les partis religieux ou politiques auxquels appartenaient les lecteurs.

M. Prost a en horreur les choses communes et les sentiers battus. Original dans son style, il ne l'est pas moins par le choix de ses sujets. Au cours de cette même année 1890, il fit paraître : *Le comte de Ruolz-Montchal, musicien* qui fut une révélation pour la génération actuelle, n'ayant pas la moindre connaissance du talent musical d'un homme dont le nom est pourtant universellement connu comme chimiste, comme géologue, comme administrateur, etc. L'*Italie*, le *Pilori*, le *Petit Moniteur illustré*, la *Revue du cercle militaire*, la *Revue des livres nouveaux*, la *Presse*, le *Livre moderne*, la *nouvelle Revue*, la *Revue du Monde catholique*, *Art et Critique*, le *Monde Artiste*, le *Ménestrel*, les *Études religieuses* donnèrent des comptes rendus de ce volume. Un article de cinq colonnes, écrit par Ch. Malherbe, aujourd'hui bibliothécaire de l'Opéra, et paru dans le *Monde Artiste*, d u 26 juillet 1891, parlait ainsi qu'il suit de cet ouvrage :

« Sans avoir l'honneur de connaître M. Alfred Prost, je parierais volontiers que dans sa poitrine bat un cœur d'or, avec l'amour de la vérité, la haine de l'injustice, le culte de l'amitié et la fidélité du souvenir. Il faut posséder en effet tout ou partie de ces qualités pour entreprendre le travail qui l'a séduit et presque passionné ; pour fouiller ainsi dans la poussière du passé ; ouvrir une tombe et tâcher de ressusciter un mort. La reconnaissance et la charité peuvent seules enfanter ces dévouements obscurs. Pour vous, pour moi, pour tout le monde, de Ruolz est inventeur d'un procédé d'argenture qui, s'il a peu rapporté à celui qui l'avait découvert, a fait du moins plus tard la fortune de ceux qui l'ont exploité. On le connaît comme chimiste ; on l'ignore comme musicien ; c'est une lacune que M. Alfred Prost a voulu combler ; et, plume en main, il s'est mis à nous retracer les talents multiples de celui qu'il appelle simplement le *Léonard de Vinci du XIXe siècle*, etc., etc. »

Le Livre Moderne, du 10 novembre 1890, s'exprimait ainsi qu'il suit, par la plume de M. Gausseron :

« Le nom propre de Ruolz est devenu un nom commun ; mais qui le connaissait comme musicien ? M. Alfred Prost, apparemment. Après quelques mots sur l'origine de sa famille, il nous montre le jeune Ruolz, élève de Rossini, débutant de la façon la plus brillante au théâtre de San-Carlo, à Naples, avec une œuvre de premier ordre : *Lara*. Il le suit dans la composition d'un oratorio sur Jeanne d'Arc et dans la *Vendetta*, représentée au Grand-Opéra ; puis il fait l'inventaire de ses autres œuvres, quelques-unes inédites : 3 opéras, 37 quintettes, chœurs, romances, chansons, mélodies. prières, sans compter de nombreux fragments d'œuvres inachevées. Un des chapitres les plus curieux du livre de M. Prost est celui où il nous montre l'invasion de l'École allemande qu'il considère comme un des moyens les plus puissants, employés par la Prusse, pour préparer les événements de 1870. »

Le Journal des Arts, du 30 janvier, et le *Spectateur militaire*, du 1er mars 1891, signalèrent *Trois œuvres d'un méconnu*, comme un livre de bibliophile et de collectionneur, contenant, outre un coup d'œil sur la vie de Ferdinand Thénard, la nomenclature de ses ciselures, sculptures, gravures, peintures, aquarelles, la description des trois dernières créations de ce maître regretté.

Le Polybiblion, du mois d'octobre 1900, parlait ainsi qu'il suit des *Souvenirs rimés*.

« M. J.-C.-A. Prost chante les lacs de la Suisse, admire Barcelone, salue Rubens à Anvers, Rembrand à Amsterdam, le Tsar à Paris, etc. Le poète exhale aussi sa foi patriotique sur les tombes des soldats français morts à Coblentz, devant l'Ariane de Francfort, au pied de la statue de Fabert, à Metz, près des tombeaux du Maréchal de Saxe. à Strasbourg, et de Charlemagne, à Aix-la-Chapelle, ainsi qu'au seuil de la maison de Jeanne d'Arc, à Domrémy. Il convient de retenir spécialement une poésie intitulée : *A la France*, parallèle frappant de notre grandeur passée avec les tristesses de l'heure actuelle. »

On trouve dans la grande revue de New-York : *The Nation*, du 20 décembre 1900, le compte rendu suivant de *Famille d'Artistes. Les Thénards* :

« Dans *Les Thénards*, M. Alfred Prost présente les annales d'une famille qui s'est distinguée pendant quatre générations dans plusieurs genres artistiques, mais principalement dans l'art théâtral. Il est difficile de voir à quel but ultérieur le livre peut servir, car le côté historique du récit et les comptes-rendus des succès de théâtre ne semblent pas être développés avec une ampleur satisfaisante.

« En exposant les fortunes variées d'une famille dont les premiers membres renommés jouèrent devant les sans-culottes, tandis que le dernier dessina et cisela le canon offert à la Reine Victoria, par l'Empereur Napoléon III, cette monographie contient beaucoup de détails très intéressants. Sa valeur aurait pu être rehaussée à l'aide de quelques illustrations et encore davantage par la rédaction de conclusions portant sur le génie héréditaire. »

M. Prost a répondu à *The Nation* que nos mœurs françaises, même actuelles, ne se prêteraient guère à ces sortes de déductions qui seraient plus *scabreuses encore* chez des gens de théâtre que dans toute autre famille. S'il n'a pas reproduit les portraits de ces arteurs, c'est uniquement dans le but de ne pas déflorer la collection unique qu'il possède des cinquante portraits des artistes de ce nom. (Cf. *Polybiblion*, oct. 1900, p. 369 et 370 pour *Famille d'Artistes. Les Thénards* ; — mai 1901, p. 470, pour le *Supplément* à ce travail).

M. Prost fut reçu à l'*Association littéraire et artistique*, fondée par Victor Hugo pour protéger les droits des auteurs, en septembre 1890. Il y entrait en vue de défendre ceux qui lui avaient été laissés par Ferdinand Thénard, ce ciseleur éminent dont les inventions et les ravissantes petites créations ont été trop souvent plagiées.

Aux Congrès de Neuchâtel et de Barcelone, lorsque se présenta la question non encore résolue d'une façon pratique, des rapports entre auteurs et éditeurs, M. Prost suggéra l'idée du *numérotage des éditions et des exemplaires de chaque édition* ; mais, à son grand étonnement, il vit écarter cette proposition si simple et d'une application si facile.

Au Congrès d'Anvers, séances des mercredi 22 et vendredi 24 août 1894, il reprit cette même proposition qui, soutenue par M. Ocampo, fut combattue par M. Pouillet, citant, à l'appui de son objection, le tirage considérable des œuvres de Zola.

Néanmoins il formula sa proposition de la manière suivante : « *Le tirage sera effectué sur le vu des bons à tirer précisant le nombre d'exemplaires numérotés à imprimer. Ce bon sera signé par l'auteur et l'imprimeur.* »

« M. Hack voulait que la discussion fût remise au prochain Congrès.

« M. Layus déclare impossible le système de numérotage, en présence des difficultés matérielles que cette formalité entraînerait.

« La proposition de M. Prost est mise aux voix et rejetée. Cependant après réclamation de MM. Pouillet et Ocampo, il est entendu que cette proposition pourra faire l'objet d'études spéciales ultérieures. »

C'est pour protester, à sa manière, contre le rejet de sa proposition que, depuis, M. Prost a fait numéroter chacun des volumes des ouvrages qu'il a publiés.

Au Congrès de l'Art théâtral qui se tint à Paris, pendant l'Exposition de 1900, notre auteur proposa d'étudier les moyens d'arriver à fonder, pour ceux qu'il qualifiait des noms de *Méconnus* ou de *Héros de l'Art, sous toutes ses formes*, une œuvre analogue à cette belle, noble et grandiose Société du *Souvenir français*, œuvre qui deviendrait le *Souvenir Artistique Universel*, ayant son bulletin, son annuaire, son livre d'or, afin de mieux répondre au but de l'auteur.

Au cours de ses recherches pour la publication de *Famille d'Artistes. Les Thénards*, M. Prost, fut frappé par l'état d'abandon complet dans lequel tombent, après peu d'années les sépultures des acteurs les plus aimés du public, et il désirait que la Ville de Paris fît, pour ces martyrs de l'art, ce qu'elle a fait pour les *Victimes du devoir*, en leur concédant un terrain dans lequel ils pourraient être réunis, afin que leurs noms ne tombassent pas dans l'oubli, et que leurs restes pussent y recevoir soit les visites, soit les souvenirs de ceux qui furent leurs admirateurs, leurs amis, leurs parents.

Cette proposition, après avoir été étudiée à la 4e Commission du Congrès, fut discutée et adoptée à la séance du 30 juillet 1900.

Le 5 novembre de cette même année 1900, M. Prost faisait don à l'Association des Dames françaises, de cent exemplaires de son ouvrage « *Le Marquis de Jouffroy d'Abbans, inventeur de l'application de la vapeur à la navigation*, pour être distribués, par les soins de cette Association, aux détachements de nos soldats et marins répartis dans nos colonies.

Comme la généralité des membres des groupes royalistes, M. Prost ne voit de salut pour la France que dans un retour aux traditions monarchiques appropriées à tous les progrès des sciences et des questions économiques modernes. En conséquence, il patronne la reconstitution de la famille sur les bases d'autrefois ; l'Association sous toutes ses formes, mais par corporations, ayant le droit : de posséder, de s'administrer, de se secourir ; la diminution des charges et des fonctions publiques ; une réglementation sévère des falsifications de tous les produits alimentaires ou usuels qui doivent être dégrevés des droits exhorbitants dont ils sont surchargés aujourd'hui.

Suivant lui, le crédit n'étant favorable qu'aux usuriers ou aux gens indélicats, ne doit être pratiqué qu'en ce qui concerne les très grandes entreprises. Sur son gain quotidien ou sur son revenu journalier, tout homme sensé peut mettre de côté une réserve qui devient capital-valeur, meuble ou immeuble, lui permettant de profiter des avantages de la baisse du prix des choses nécessaires. D'un autre côté, le producteur et le fabricant ; le consommateur et l'acheteur sont tenus mutuellement à remplir, les uns envers les autres, des obligations réciproques. Pour que les premiers puissent fournir les meilleures qualités et dans les meilleures conditions, il est absolument indispensable que toutes les livraisons et tous les achats se fassent au comptant ; enfin, que tous les salaires soient payés dès qu'ils sont dûs.

Le défaut d'exécution de ces obligations renversant forcément les lois d'un équilibre indispensable, amène un état fatalement préjudiciable aux parties en présence, donc la confiance et les intérêts se trouvent lésés.

MARLOT (HIPPOLYTE), né le 13 août 1850, à Cernois, hameau de la commune de Vic-de-Chassenoy (Côte-d'Or); Géologue-Prospecteur. Anthropologiste et Folkloriste français; Membre de plusieurs Sociétés savantes et littéraires;

Adresse : Arleuf-du-Morvand (Nièvre).

M. Hippolyte Marlot appartient à une vieille famille fixée depuis plusieurs siècles dans le pays de Semur et qui se consacra toujours à l'agriculture. Ses parents, comme lui-même, jusqu'en 1877, s'occupaient de faire valoir leur modeste patrimoine. Si bien que M. H. Marlot ne fit que ses études primaires et que, comme tant d'autres, il dut demander au travail, à la lecture et à l'étude les rudiments d'une instruction qui n'en devait pas moins devenir de premier ordre.

Dès sa jeunesse, il sut lire dans le grand livre de la Nature. Il s'intéressa aux roches, aux pierres, aux terrains, apprit à les connaître, et, tout naturellement, s'occupa des vestiges du passé conservés dans les couches géologiques. Il devint géologue, paléontologue, anthropologiste, et, aussi fatalement, archéologue et folkloriste.

Au cours de ses explorations dans la Côte-d'Or, il eut l'occasion de faire de curieuses découvertes qui commencèrent sa réputation. C'est ainsi qu'il signala en Morvand, en Côte-d'Or et en Yonne, de nombreuses stations des hommes de l'âge de pierre. Ses fouilles furent si fructueuses qu'elles lui fournirent les bases d'une collection unique aujourd'hui, et qu'elles lui permirent de fonder des musées particuliers et d'enrichir les anciens (Haches polies, Grattoirs, Silex taillés, Poteries primitives, Ossements, etc.).

Ces travaux le mirent en belles relations avec les maîtres de la Science préhistorique et de la Géologie. les de Mortillet, les Hovelaeque, les Broca, les Boucher de Perthes, les Philippe Salmon, les Desor, etc., qui l'aidèrent de leurs précieux conseils et dont il devint le disciple.

En 1877, les dépôts de phosphates du lias de l'Auxois furent mis en exploitation par M. Poncin, de Lyon, qui les avait découverts et en avait compris la valeur. M. Paul Desailly, de Grandpré (Ardennes), qui connaissait la science de prospecteur et de géologue de M. Marlot, eut la bonne fortune de faire appel à ses connaissances. La concession obtenue, M. Marlot dirigea la difficile tâche d'ouverture des premiers chantiers d'extraction au cours des années 1877, 1878 et 1879, basée sur une énorme production où il fallut tout ingénier en travaux très difficultueux.

En 1880, le jeune prospecteur se maria avec une petite nièce de Antoine Wechte, le célèbre graveur repousseur, et connu du monde artistique sous le nom de Benvenuto Celini Français, un autre enfant de l'Auxois dont il publiera une biographie qui ne sera pas sans intérêt pour les souvenirs de famille et les débuts de l'artiste très difficiles. De nouveau, il se plongea dans ses études et ses recherches. Il fut le collaborateur de plusieurs Sociétés et de nombreux particuliers, et il étudia les gisements de phosphates susceptibles d'être mis en exploitation fructueuse. Ses recherches se dirigèrent principalement dans les étages géologiques du lias, en diverses régions de la France.

La *Compagnie des Phosphates du Bassin du Rhône*, puis celle des *Phosphates de France* lui confièrent la direction de plusieurs exploitations importantes de l'Auxois, dans les deux arrondissements de Semur et de Beaune.

La *Maison d'Engrais et Produits chimiques Colette*, de Nevers, le chargea ensuite des recherches de gîtes de phosphates de chaux. Il fit d'importantes découvertes de nouveaux

dépôts dans le Cher et la Nièvre. Les traités qu'il conclut avec leurs propriétaires seront pour l'avenir une belle source de revenus et de ressources pour ces pays.

En 1892, M. H. Marlot cessa de s'occuper de ces questions spéciales. Il reprit ses études sur les gisements de minéraux utilisables dans l'industrie : phosphates de chaux d'un nouveau niveau, spaths-fluors, barytes, ou calcaires cristallins, kaolins, terres réfractaires, pyrites et antimoine. Nombre des gisements trouvés par lui méritent d'être exploités industriellement. Ils le seraient certainement si les capitaux français ne se dispersaient pas de par le monde sur des Compagnies souvent incertaines. L'autorité scientifique de M. Marlot serait pourtant un sûr garant pour les capitalistes sérieux désireux de faire fructifier leur argent dans des entreprises nationales.

Cependant, M. Hippolyte Marlot poursuivait

ses recherches et ses travaux archéologiques et anthropologiques. Il amassait successivement de sérieux documents concernant l'histoire locale, et il en livrait un certain nombre à i'impression sous la forme de brochures destinées surtout aux classes populaires, en vue de développer chez elles l'amour du sol natal. Il pensait avec raison que mieux on connaît son pays, plus on l'aime.

M. Marlot s'est aussi occupé de préparer, sur chaque commune de l'arrondissement de Semur, une monographie complète conçue sur un plan nouveau. Une place importante y est donnée aux questions archéologiques, historiques, géologiques, agronomiques, etc. Une coupe géologique du terrain avec une carte agronomique calquée sur le plan d'assemblage du cadastre, une notice donnant l'analyse des terres, des eaux, des roches, des minéraux et l'indication du parti que l'on en peut tirer pour l'industrie ou l'agriculture, seront fort appréciées des habitants de l'Auxois dès que ces documents seront publiés.

Un des ouvrages les plus réputés de M. Marlot est son érudite étude: *Le Merveilleux dans l'Auxois* (1re édit., Semur, 1874; édit. augmentée, id., 1894). Dans la *Revue des Traditions populaires* et dans la *Faune populaire* de M. Eugène Rolland, il a donné de nombreuses notes de Folklore. De même, il a publié un grand nombre d'articles sur des sujets variés dans l'*Echo de l'Auxois*, l'*Indépendant de l'Auxois et du Morvand*, de 1868 à 1894, dans le *Progrès de la Côte-d'Or*, et dans des *Bulletins* ou *Mémoires* des Sociétés savantes dont il fait partie: *Société d'Histoire naturelle d'Autun*, *Société Eduenne*, *Société des Sciences historiques et naturelles de l'Yonne*, *Société d'Etudes d'Avallon*, *Société des Sciences de Semur-en-Auxois*, *Commission des Antiquités de la Côte-d'Or*, *Société de Littérature de Beaune*, *Société d'Histoire naturelle de Colmar*, etc.

M. Marlot a fondé la *Société des Carrières et Mines du Morvan*, Société anonyme au capital de 100.000 francs, pour l'étude et l'exploitation des gîtes miniers et carrières de cette région.

Il a fait de nombreuses fouilles archéologiques très heureuses dans des stations des époques préhistoriques, des deux âges paléolithique et néolithique. Il a libéralement disposé du produit de ses recherches pour les musées et collections publiques de Semur, Dijon, Beaune, etc., et fait profiter de l'étude de ces matériaux si intéressants pour l'instruction de tous, l'Ecole d'Anthropologie de Paris, le Musée de Saint-Germain, le Muséum d'Histoire naturelle de Toulouse et de nombreuses collections particulières. Il possède une belle collection d'objets en silex taillés des nombreux gisements explorés par lui.

Depuis 1894, M. Marlot s'est livré à l'exploration des gîtes minéraux de la France dans la Nièvre, la Saône-et-Loire, la Côte-d'Or, l'Yonne, le Cher, la Dordogne, le Lot-et-Garonne, etc. Outre de nombreux gisements de phosphate de chaux dans différents étages géologiques et susceptibles d'exploitation, il a étudié un grand nombre de gîtes de combustibles minéraux, entre autres le bassin houiller de Brives, les gisements de lignites de Dixmont et du Gard, ceux de galènes argentifères avec carbonate de cuivre et calamine des environs d'Avallon, puis de nombreux gîtes métalliques, pyrites de fer, galènes argentifères, manganèse, produits réfractaires, barytes et spath-fluor qui ont amené la fondation de la *Société des Carrières et Mines du Morvand*.

En outre, il a traité avec de nombreux propriétaires de carrières et mines diverses qu'il a prospectées à travers la France, et il est à même d'exploiter et de livrer à l'industrie les matières minérales les plus variées, ou de fonder des Sociétés pour les mettre en valeur, de même s'il ne les possède pas, d'indiquer aux industriels où ils peuvent trouver les produits minéraux dont ils peuvent avoir l'utilisation. M. H. Marlot s'est aussi beaucoup occupé de la propagation de l'emploi des engrais minéraux dans les terrains primitifs du Haut-Morvand, surtout des phosphates, en donnant des conseils aux cultivateurs qui ont obtenu les meilleurs résultats de cet emploi judicieux.

Bibliographie. — *Sur un Atelier de Silex taillés à Guillon (Bull. Soc. des Sc. nat. de l'Yonne;* t. XXIII, 1869); — *Les Fêtes populaires et les Fêtes religieuses de Mai dans l'Auxois* (in-8, Semur, 1873); — *Sépultures mérovingiennes découvertes à Vic-de-Chassenay, Côte-d'Or* (id, 1874); — *Le Merveilleux dans l'Auxois* (id., id.; 2e édit., id., 1894); — *Les Antiquités gallo-romaines de Vic-de-Chassenay* (id., 1874); — *Le Premier Age de fer dans l'Auxois* (id., 1877); — *Les Pierres à bassins du Morvan (Mém. comm. des Antiqu. de la Côte-d'Or,* t. IX, Dijon, 1877); — *Le Dimanche des Brandons* (in-8, Semur, 1877); — *L'Age de la Pierre polie aux environs de Tantonville, M.-et-M.* (Nancy, 1879); — *Un Cimetière mérovingien à Courcelles-sous-Chatenois, Vosges* (id., id.); — *Notes préhistoriques sur la Meurthe-et-Moselle, le Doubs, la Nièvre, la Côte-d'Or, l'Yonne,* (Paris, 1884); — *Découverte d'Ossements fossiles à Saint-Thibault* (in-12, Semur, 1885 ; *Vestiges de l'Homme préhistorique dans le Charollais et le Brionnais* (Charlieu, 1894); — *Rapport à M. A. Hovelacque sur les fouilles des Cimetières anciens du Châtillonnais* (Paris, 1894); — *Barytines de l'Auxois et du Morvan* (Autun, 1897); — *Un Nouveau Gisement de Phosphate de chaux dans l'infra-lias de l'Yonne et de la Côte-d'Or* (Auxerre, 1877); — *Notes antéhistoriques sur l'Avallonnais* (id., id.); — *Mém. sur la Terre de la Tournelle-en-Morvan* (Autun, 1881); — *Les Lignites de Dixmont* (id., id.); — *L'Homme préhistorique en Auxois* (in *Bull. de la S. des Sc. hist. et nat. de Semur,* ann. 1900 et 1901);

— *Contributions à l'Hist. natur. de la Grenouille* (Autun, 1902); — *Destruction des Animaux nuisibles* (in-8, Semur, 1893); — dans les *Matériaux pour l'histoire primitive et naturelle de l'Homme*, revue fondée par M. G. de Mortillet et continuée par MM. Cartailhac et Chantre, un grand nombre d'articles, études et notes, entre autres : *Vestiges des époques antéhistoriques à Toulon. Age de pierre dans le Sud du Vaucluse. Pierres à bassins du Morvan.* Ces articles ont donné lieu à une enquête scientifique qui n'a pas été sans intérêt pour résoudre cette question embrouillée et où ont répondu ceux qui s'occupent de la question des *Monuments mégalithiques. Station de l'âge de pierre à Voudenay. Préhistorique de la Sarthe* (1874); *Station de l'âge de pierre aux environs d'Alise. Vestiges de l'âge de bronze à Cernois* (1881); *Note sur les alluvions anciens du bassin de l'Auxois et les silex qu'elles contiennent*, etc., etc.

RENAUD des SPAIS (Dr Emile-Henry), né à Nantes (Loire-Inférieure), le 7 juin 1841 : Licencié en Droit et Docteur-Médecin de la Faculté de Paris ; médecin spécialiste des maladies des femmes et des enfants ; Directeur de la *Revue d'Hygiène, de Médecine et de Chirurgie* ; membre de plusieurs Sociétés savantes.

Adresse : 33, quai de la Fosse, à Nantes (Loire-Inférieure). — Et : Château des Spais, par Aigrefeuille (Loire-Inférieure). — Clinique gratuite des maladies des Femmes et des Enfants : Rue Neuve-des-Capucins, Nantes.

Le Dr Renaud des Spais appartient à une vieille famille française qui a donné un grand nombre d'hommes de valeur dans les diverses branches de l'activité humaine, des hommes de lettres, des officiers de l'Armée et de la Marine, des hommes politiques, un ancien Ministre de l'Intérieur.

Le père du Dr Renaud. M. A.-J.-B. Renaud des Spais, né à Nantes, en 1807, décédé à Nantes, le 7 février 1883, était un ingénieur des Mines des plus distingués. Il avait fait ses études secondaires au Lycée de Nantes.

On lui doit plusieurs inventions très appréciées.

M. H.-E. Renaud des Spais, après ses humanités, se fit inscrire, en 1859, aux cours de l'Ecole de Droit, et, peu de temps après, à la Faculté de Médecine de Paris. Il mena de front ces études si dissemblables. En 1868, il obtint le Diplôme de Licencié en Droit avec ces thèses : I. *De Liberis et Posthumis heredibus instituendis vel exheredandis ;* — II. *De la Réserve des Ascendants et des Descendants ;* — III. *Du Flagrant Délit.*

En 1875, il soutint devant la Faculté de Paris sa thèse inaugurale de Doctorat en Médecine intitulée : *Des Accidents qui peuvent compliquer la Délivrance après l'Accouche-*

ment. Ses maîtres avaient été Pajot, Verneuil, Béhier, Germain Sée, Trélat, Depaul, Charcot, Broca, Fournier, Bouillaud, Axenfeld, Sappey, Wurtz, Bouchardat.

En 1870, M. Renaud des Spais fut attaché pendant toute la durée de la guerre au service des ambulances, d'après l'avis du Dr Guépin, alors Préfet de la Loire-Inférieure.

En 1875, il s'établit à son Château des Spais, dans le canton d'Aigrefeuille. Il ne tarda pas à se faire estimer de tous.

Se prodiguant pour ses concitoyens, il leur donna sans compter ses soins et ses conseils. L'assistance médicale était alors inconnue dans le plus grand nombre des communes du département. Le D Renaud des Spais, appelé

comme médecin dans plus de soixante communes, ne refusa jamais aux indigents non seulement les soins mais encore les médicaments nécessaires sans aucune allocation des communes.

En 1881, il s'installa à Nantes où sa réputation l'avait précédé.

Il y trouva une clientèle chaque jour plus grande — française et étrangère — et le même empressement des malades peu fortunés à venir le consulter à la Clinique gratuite qu'il avait eu pour premier soin de fonder en arrivant dans le chef-lieu du département, et dont il est toujours l'unique Directeur. Il donne, du reste, chaque année, plus de 11,000 consultations et pansements gratuits.

Le Dr Renaud des Spais a été médecin de l'Assistance médicale, quatre années comme suppléant, dix ans comme titulaire. Durant toutes les épidémies qui frappèrent Nantes, il n'a pas cessé de prodiguer avec un grand empressement ses soins aux nombreux malades qui le réclamaient.

Mutualiste convaincu, il a accepté d'être le

médecin d'un grand nombre de Sociétés de Secours Mutuels : *Société des anciens Officiers de terre et de mer, Société industrielle, Société métallurgique, Société philanthropique, Société Sainte-Blaise, Société des Vanniers, Société des Sabotiers, Société de l'Union des Travailleurs du Tour de France, Société des Voyageurs de Commerce, Société des Employés de Commerce, Société des Tanneurs et Corroyeurs, Société des Raffineurs,* etc.

En 1895, le Dr Renaud des Spais fonda la *Revue d'Hygiène, de Médecine et de Chirurgie* qui a rendu et rend toujours des services incontestables aux habitants des villes et des campagnes.

Avec la collaboration de quelques docteurs, ses amis, il a constitué, en 1901, un *Syndicat médical* qui a déjà rendu de grands services aux ouvriers.

Toujours expert à porter remède et consolations aux chagrins secrets et à découvrir les infortunes cachées, on l'a surnommé — ce qui n'est pas un mince honneur — « l'Ami de l'ouvrier et le Père des pauvres. » — Très modeste, il n'a jamais cherché à obtenir la moindre distinction honorifique que justifieraient amplement sa science et la dignité de sa vie. A plusieurs reprises la place de Médecin-légiste lui a été offerte. Ses titres de Docteur et de Licencié en Droit le désignaient à cette fonction qu'il n'a pas acceptée. Ne voulant point d'honneurs, le Dr Renaud des Spais a toujours préféré, comme médecin praticien, rendre de plus nombreux services. Sa plus précieuse récompense a toujours été la satisfaction que donne le devoir accompli et l'estime, la reconnaissance qui entourent l'homme de dévouement.

Il a été Membre de l'*Académie* de la Loire-Inférieure et de plusieurs Sociétés savantes.

BIBLIOGRAPHIE. — *Fréquence, solidarité, gravité des maladies utérines* (1896) ; — *Violence et impuissance de certains traitements usités par curetage et par caustiques* (1896) ; — *Du traitement général des affections spéciales à la femme* (1897) ; — *Ma Méthode pulvérulente et les moyens de guérir certaines affections spéciales à la femme sans opération* (1898) ; — *Du traitement de la Leucorrhée* (1895) ; — *Du Traitement du Catharre utérin* (1898) ; — *De l'Amenorrhée* (1899) ; — *De la Dysmenorrhée* (1899) ; — *Traitement de la Métrorrhagie sans curetages* (1897) ; — *De l'hémorrhagie du col utérin* (1898) ; — *De l'Erythème* (1899) ; — *De l'excoriation du col utérin* (1899) ; — *Des Granulations et des Fongosités du col* (1898) ; — *Du Cancer du col* (1898) ; — *De la Vaginite* (1898) ; — *De la Métrite* (1898) . — *De l'Engorgement utérin* (1898) ; — *De l'Abaissement de la matrice* (1897) ; — *Des Déviations de l'Utérus* (1897) ; — *De l'Hystérie* (1897) ; — *De l'Anémie* (1898) ; — *Considérations sur l'abus du tabac* (1899) ; — *Id. sur l'abus du corset* (1899) ; — *Id. sur l'abus des liqueurs fortes* (1899) ; — *Id. sur l'abus des Bains froids dans la fièvre typhoïde et les fièvres éruptives, produisant des pneumonies et des méningites souvent mortelles* (1902) ; — De nombreux articles sur les *Sanatoriums* ; — Sur les *Inconvénients de réunir les tuberculeux* et de mettre dans les mêmes Sanatoriums les tuberculeux avec les malades prédisposés à la tuberculose ; — Sur les *Pavillons isolés* pour chaque tuberculeux ; — Sur l'*Hygiène des Habitants de la campagne,* etc., etc.

VAUCHEZ (EMMANUEL), ✳, I, ☯, né à Courlans (Jura), le 19 mai 1836 ; écrivain, naturaliste, sociologue et savant français ; Fondateur du *Cercle parisien de la Ligue de l'Enseignement,* membre de nombreuses Sociétés savantes, artistiques, littéraires ou politiques.

Le nom de M. Emmanuel Vauchez restera attaché à l'une des œuvres les plus importantes de la seconde partie du xixe siècle, œuvre qui fut féconde pour le développement de la démocratie, la fondation du *Cercle Parisien de la Ligue de l'Enseignement,* dont il n'a pas cessé d'être l'âme et qui lui doit sa vitalité et sa force. Ajoutons que M. E. Vauchez, comme on le verra plus loin, n'a pas eu moins de succès dans toutes les œuvres auxquelles il a consacré son talent, son intelligence, sa science et son énergie.

M. Emmanuel Vauchez se destina d'abord au commerce. Il demeura assez longtemps en Algérie, occupant les loisirs que lui laissaient les affaires à l'étude des questions scientifiques que les travaux de Darwin et des savants français et allemands mettaient à l'ordre du jour.

Venu à Paris, il eut l'occasion de s'intéresser à l'appel que Jean Macé adressait au public libéral pour la fondation de la *Ligue française de l'Enseignement* (1866), dont il fut l'un des premiers adhérents — le huitième. Dès lors, il abandonna le commerce pour se dévouer tout entier à cette œuvre.

Des Sociétés se formaient un peu de partout dans les départements. M. Emmanuel Vauchez voulut leur donner un lien central à Paris. Il fonda le *Cercle parisien de la Ligue de l'Enseignement* dont les débuts furent des plus modestes.

L'œuvre était déjà en pleine prospérité lorsque éclata la guerre de 1870-71. M. Vauchez demanda au ministre de la Guerre de mettre des sous-officiers à la disposition des hommes de bonne volonté qui voulaient apprendre le maniement des armes. Il fut des premiers à prêcher d'exemple. Le 16 août, il prit un engagement volontaire au 1er zouaves et fut envoyé en Algérie. Il réclama aussitôt l'installation en France pour la durée de la guerre de dépôts provisoires des régiments d'Afrique. Cette mesure ne fut malheureusement prise que six semaines plus tard — ce qui amena l'envoi de plus de 100.000 hommes en Afrique, fit perdre un temps précieux, et coûta des sommes prodigieuses.

Après la bataille d'Orléans, faisant partie de l'arrière-garde, il demanda l'organisation de bureaux mobiles en arrière des corps de troupe, pour le groupement des soldats isolés.

corps. Le *Cercle parisien* concourut à la formation de plus de 200 Bibliothèques régimentaires. C'était la première pierre apportée à une œuvre dont la réalisation ne saurait tarder : la transformation du régiment en « une sorte de Haute École Nationale où chaque génération passerait toute entière à son tour et d'où l'on sortirait citoyen français, nous voulons dire électeur, une grande École républi-

Après la conclusion de la paix, M. Emmanuel Vauchez se remit à son œuvre avec cette foi robuste qui fait les apôtres, cette suite dans l'action qui crée les triomphateurs. Le *Cercle Parisien de la Ligue de l'Enseignement*, sous l'impulsion de son Secrétaire général, prospéra et agrandit bientôt son cercle d'action par la fondation des Bibliothèques militaires.

L'instruction technique du soldat est certes indispensable. Mais il faut faire aussi son instruction générale et son éducation morale, et non l'abandonner aux instincts primitifs ou aux vices qu'engendrent le désœuvrement ou les mauvaises relations. De plus, il est incontestable que la valeur militaire du soldat, comme du chef, est en raison directe de son éducation et de ses connaissances.

Ces idées, M. Vauchez les propagea avec un dévouement sans bornes et fut assez heureux pour les faire accepter par les chefs de

caine qui serait le couronnement de tout notre système d'écoles publiques ».

L'Ordre moral tenta par tous les moyens de détruire l'œuvre du *Cercle Parisien*. M. Vauchez n'en prit pas moins une part brillante à l'Exposition universelle de 1878. A cette époque, le bilan du *Cercle* était le suivant que nous empruntons à une publication officielle :

« Le Cercle Parisien de la Ligue de l'Enseignement a, par des encouragements, provoqué la fondation des œuvres suivantes :

« 876 Sociétés d'instruction ou bibliothèques par association, comptant plus de 70,000 membres ;

« 121 Bibliothèques pédagogiques d'instituteurs ;

« Fondé des bibliothèques régimentaires et encouragé l'organisation d'écoles régimentaires pour les adultes dans plus de 200 corps de troupes ;

« Lancé un pétitionnement en faveur de l'instruction obligatoire, gratuite et laïque, qui a produit 1,267,267 signatures, non compris plus de 100.000 autres signatures envoyées directement aux députés et déposées sur le bureau de la Chambre ;

« Ouvert une enquête auprès des conseils municipaux sur le même sujet. Les municipalités qui ont répondu représentent plus de la moitié de la population de la France ;

« Le *Cercle Parisien* a fourni, à titre gratuit, des globes, des cartes, des tableaux d'histoire naturelle, etc., etc., à plus de 2,500 écoles communales et libres en France et en Algérie ;

« En outre des subsides alloués aux œuvres mentionnées ci-dessus, le *Cercle Parisien* a distribué gratuitement aux bibliothèques populaires, communales, scolaires, pédagogiques, régimentaires et aux écoles :

« 86,300 volumes divers ;

« 24,042 exemplaires de la géographie illustrée des départements, de l'Algérie et des Colonies ;

« 408 atlas ;

« 900 séries de tableaux synoptiques ;

« Et 1.306 albums d'enseignement, tableaux astronomiques et de système métrique.

« La Société a créé, dans ses bureaux, 14, rue Jean-Jacques-Rousseau, un service d'achats de livres, qui fonctionne gratuitement pour les écoles et les bibliothèques populaires et militaires. »

Malgré les circonstances politiques, la Classe VI accorda une médaille d'argent — ce que l'on n'espérait point — au *Cercle Parisien !*

La direction générale à imprimer au *Sou des Écoles laïques* et à l'utile création des *Bibliothèques pédagogiques* ne tarda pas à imposer de nouveaux devoirs et de nouveaux travaux à M. Emmanuel Vauchez. Les trois associations filiales les unes des autres, comptent aujourd'hui 250.000 adhérents. M. Vauchez peut être fier de son œuvre.

En 1880, le *Cerle Parisien* fut reconnu d'utilité publique. L'année suivante, il provoqua la fédération des Sociétés analogues sous le titre général de *Ligue française de l'Enseignement*. Plus de 2.000 Sociétés ont fait acte d'adhésion. L'instruction gratuite, obligatoire et laïque n'a pas eu de meilleur et de plus heureux protecteur que cet homme modeste qui n'eût jamais rêvé un si magnifique résultat.

Il semble du reste que M. Emmanuel Vauchez ait reçu à sa naissance la visite des bonnes fées de nos vieilles légendes. Toute œuvre à laquelle il prête son concours réussit. On l'a vu en nombre d'autres circonstances dont l'énumération nous entraînerait en dehors des limites que nous nous sommes fixées. Rappelons simplement sa campagne pour l'éducation gymnastique et militaire de la jeunesse qui lui fit écrire des pages mémorables, ses travaux de propagande pour la suppression des Congrégations religieuses et la séparation des Églises et de l'État, œuvre qui est sur le point d'aboutir, et son énergique intervention en faveur du massage et du magnétisme pour laquelle il a obtenu les signatures de milliers de notabilités contemporaines.

N'oublions pas de présenter M. Emmanuel Vauchez comme écrivain et savant. Il n'est personne qui ignore son *Manuel d'Instruction Nationale* qui eut de multiples éditions et qui a formé l'esprit démocratique et patriotique de toute une génération (Paris, Hachette).

On peut en dire autant de son *Éducation morale* (Corbeil, in-32) répandue à des milliers d'exemplaires, et *De La Banqueroute de la Science et de la Faillite de l'Instruction obligatoire, gratuite et laïque* (près de 200.000 exemplaires).

Un autre de ses ouvrages le présente sous un jour différent, mais non opposé. C'est : *La Terre*, avec ce sous-titre évocateur : *Évolution de la vie à sa surface. Son passé, son présent, son avenir* (2 vol. in-8, de 372-397 pp., av. 66 fig. et un tableau en couleur du règne végétal et du règne animal tiré à 6.000 exemplaires). Cet ouvrage d'enseignement populaire eut un grand retentissement. On y trouva pour la première fois exposés, synthétisés, les résultats des prodigieuses découvertes scientifiques du XIXe siècle. En un style clair, mis à la portée de toutes les intelligences, M. Vauchez y explique la formation du globe terrestre. Il y a interrogé d'abord, résume ensuite, l'astronomie, la physique, la chimie, la géologie, la biologie, l'anthropologie et la sociologie, sans oublier le magnétisme et même le spiritisme, pour présenter un système de l'évolution de la vie matérielle et spirituelle à la surface de la terre. L'ouvrage, comme on l'a écrit à juste titre, intéresse tout autant les savants que le grand public qui veut se familiariser avec les vérités fondamentales de la science actuelle.

M. Vauchez est membre de nombreuses Sociétés savantes ou littéraires. Officier d'Académie le 19 janvier 1879, il a été nommé Chevalier de la Légion d'honneur, le 30 décembre 1882, et, sans nul doute, la rosette d'Officier ne tardera pas à consacrer le nom de ce citoyen que toutes les œuvres humanitaires et généreuses ont toujours trouvé à l'avant-garde, de cet homme qui, non content d'être un fin lettré, un savant, un précurseur, a rendu à la cause patriotique de l'Enseignement des services dont l'exemple ne saurait se trouver ailleurs.

A ces brèves notes, qu'on nous permette d'ajouter ces quelques extraits tirés du journal le *Réformiste* de M. Jean Barés, un autre apôtre dort l'œuvre a été signalée dans notre Collection, œuvre sur laquelle nous reviendrons prochainement :

« M. Gabriel Compayré, recteur de l'Académie de Lyon, a récemment publié une brochure consacrée aux grands éducateurs et dans laquelle il rappelle le rôle joué par Jean Macé et ses collaborateurs.

« Nous y trouvons le suivant portrait de notre ami Emmanuel Vauchez :

« On ne diminuera pas la gloire de Macé en rappelant que, dans ses travaux et dans ses luttes, il a eu la bonne fortune de s'attacher des collaborateurs dignes de lui.

« Seul au début, quand il pouvait dire : « J'étais alors à moi seul le président, le trésorier, le garçon de bureau de la Ligue », il s'est vu très vite entouré d'hommes de cœur qui mêlèrent et confondirent leur énergie avec la sienne. Au premier rang, il faut citer M. Emmanuel Vauchez. « Si l'histoire est juste, disait Macé, à côté du nom qu'immortalisera la loi Ferry, elle gardera une place à celui d'Emmanuel Vauchez, de l'homme qui, pendant dix ans, a remué la France et préparé la victoire parlementaire du ministre de la République.

« Il ne laissait pas échapper une occasion de faire valoir les mérites de son collaborateur, de mettre en relief les services qu'il avait rendus à la Ligue, le grand rôle qu'il avait joué dans le pétitionnement monstre de 1871-1872. Il rappelait que M. Vauchez, — dont Challemel-Lacour, au Sénat, disait qu'il était « le dévouement même », — avait renoncé à une situation avantageuse, pour se consacrer au service de son pays, soit, pour la défense du territoire, soit pour la diffusion de l'instruction comme secrétaire-général du *Cercle Parisien de la Ligue.*

« Il se conformait d'avance à ces nobles paroles de son livre *La Terre :* « Les créatures doivent s'unir dans la fraternité universelle, et les meilleurs et les plus savants ont le devoir d'entraîner le troupeau hostile et ignorant... »

« M. Vauchez était digne des éloges que lui prodiguait son ami. Macé a eu souvent besoin de lui : d'abord de son aide matérielle, dont on aura une idée si l'on rappelle que, lors du pétitionnement pour l'obligation scolaire, M. Vauchez écrivit près de 7.000 lettres et expédia 80.000 circulaires. Mais combien plus encore, Macé a-t-il profité de son concours moral? Les hommes du plus ferme caractère n'échappent point à certaines défaillances. Macé était parfois hésitant. Après les désastres de 1870, qui l'avaient atteint dans ses intérêts personnels et dans son cœur de patriote, Macé, abattu et désolé, hésitait à lancer la pétition pour l'obligation. Ce fut M. Vauchez qui, après de vives discussions, persuada Macé et le décida à agir.

« M. Vauchez était donc de ces disciples qui, à l'occasion, en remontrent à leur maître. »

H. C.

VUILHORGNE (Antoine-Lucien-Charles), né à Paris (Montmartre), le 5 juillet 1858; Archéologue, Historien et Écrivain français, membre de plusieurs Sociétés savantes.

Adresse : Hanvoile, par Songeons (Oise).

M. Lucien Vuilhorgne appartient à une très honorable famille picarde, dont le premier aïeul connu vint de Westphalie se fixer en France vers l'année 1670. Mort en 1731, à l'âge de 80 ans, dans le modeste village de Ville-en-Bray (Oise), il laissa comme héritiers neuf enfants dont un unique garçon.

Dans les diverses générations qui peu à peu étendirent les branches de cette famille, on remarque des membres qui dans le *Struggle for life,* furent notaires, avocats, industriels, curés, instituteurs et cultivateurs; il y eut même un poète, né en Normandie (Charlemagne Vuilhorgne, auteur des *Grains de Sable,* 1847.)

C'est dans les arts industriels, ces manifestations si nobles de l'activité humaine, que se distingua, de 1830 à 1865, tout particulièrement, M. Antoine-Jean-Baptiste Vuilhorgne, né le 17 août 1813, à Hanvoile (Oise), mort au même lieu, le 6 décembre 1890, père de M. Lucien Vuilhorgne. La collaboration de cet inventeur remarquable dans la fabrication des pianos à queue et droits fut une véritable bonne fortune pour la Maison Pleyel-Wolff, l'une des premières de l'Europe pour la qualité et le perfectionnement incessant de ses instruments de musique.

De 1865 à 1873, M. Vuilhorgne fit toutes ses humanités au collège — aujourd'hui Lycée de Beauvais. Ce fut surtout en rhétorique, sous le très habile professeur Collilieux, qu'il prit goût, et un goût qui devint bientôt un entraînement, aux recherches littéraires, bibliographiques et biographiques qui lui ont valu une véritable notoriété dans le domaine de l'histoire locale.

Parmi ses travaux, nous citerons :

Le fief d'Avelon ; Ses Seigneurs (1143-1889), Mémoire établi surtout à l'aide des documents conservés au château d'Avelon-Blacourt (in *Bulletin de la Société Académique de l'Oise, 1889* ; in-8, tiré à 50 exemplaires);

François III de Boufflers et le Curé de M. de Boufflers (14 et 16 février 1672). Ce travail paru encore dans le *Bulletin de la Société Académique du département de l'Oise,* en 1891, est le commentaire indispensable de la belle fable de La Fontaine : *Le Curé et le Mort* (livre VII, fable XI). On y trouve pour la première fois le nom du curé Jacques le Roy tué par la bière en plomb qui renfermait la dépouille mortelle du comte de Boufflers, frère du Maréchal de Boufflers, les causes jusqu'ici ignorées qui ont amené le duel entre le jeune seigneur de Caigny et un gentilhomme voisin du village de Ponches ; le tout est établi sur des documents inédits et contemporains. — « On fit courir le bruit, écrit Étienne de Nully, que le Comte de Boufflers avait été surpris d'apoplexie en son château de Ponches ; mais il n'y avait pas plus de trois ans qu'il était marié ; j'avais fait ma philosophie avec lui. — Il voulut faire une avanie à un vieil officier ou gentilhomme à Ponches, l'autre le brava et le tua en duel ; on le rapporta du fond de la Picardie à Caigny... (*M. d'E. de Nully. Coll. Borel*):

Gerberoy, ses foires et ses marchés) 990-1804) plaquette composée d'après les documents inédits conservés aux Archives Nationales et d'après ceux de la Mairie de Gerberoy (*Bulletin de la Société Académique de l'Oise*, 1890; in-8. ; tirage à part à 100 exemplaires);

Pierre de Bracheux, ou un héros beauvaiin à Constantinople au début du xiiie *siècle* (1170-1209). Ce travail très documenté a permis à M. Gaston Paris de corriger une erreur capitale de ses *Récits extraits des prosateurs et des poètes du Moyen-Age* dans lesquels il faisait le sire de Bracheux originaire du pays Chartrain.

(*Lettres* de M. G. Paris à l'auteur, et *Bulletin de la Société Académique de l'Oise*, année 1891. Voir aussi les notes du Comte d'Elbée sur les *Sires de Merlemont*, 1901.)

Le Cimetière Mérovingien de Martincourt (Oise). L'auteur y rend compte des trouvailles intéressantes qu'il a faites du 11 octobre au 1er novembre 1894, au cours d'explorations dans plus d'une centaine de tombes découvertes dans un ancien *vicus*, situé à 1 kilomètre environ au dessus de la rivière du Thérain. (Mémoire publié dans le *Bulletin de la Société Académique de l'Oise*, 1895).

Un Trouvère Picard des xiie *et* xiiie *siècles : Raoul de Houdenc, sa Vie et ses Œuvres; 1170-1226.*

Cette étude où l'auteur a eu surtout pour but de prouver que R. de Houdenc n'est originaire ni du Hainaut, ni de la Flandre, ni de la Normandie, mais bien de la province de Picardie, lui a valu les éloges et les critiques du docteur autrichien Mathias Friedwagner (*Romania*, n° de janvier .3). On trouve pour la première fois dans l'opuscule de M. Vuilhorgne une analyse très complète des œuvres poétiques attribuées à Raoul et des considérations ingénieuses et fort probantes qui militent en faveur d'une attribution d'origine picarde quant à l'auteur des *Voies d'Enfer et de Paradis*, du *Roman des Aïles et de Méraugis de Portlesguez*. Ce thème d'origine a été repris sur le même plan, mais avec des arguments différents par M. Emile Delignières d'Abbeville, dans ses *Nouvelles Recherches sur Raoul de Houdenc*, étude présentée à l'Académie d'Amiens, le 9 février 1900.

La monographie de M. L. Vuilhorgne a paru en 1896, dans les *Mémoires de la Société Académique de l'Oise*. On en trouve un compte-rendu substantiel dans le *Bulletin de l'École des Chartes*, 1898, et dans la *Romanische Philologie*, revue publiée sous la direction du Docteur Gustave Gröber, professeur à l'Université de Strasbourg (xxve vol., Halle, 1901),

La Jacquerie à Gerberoy, Songeons et Thérines (1358-1368). C'est pour combler une lacune de l'histoire de Gerberoy de J. Pillet (1679) relative à un grand mouvement insurrectionnel dans nos campagnes beauvaisines, que M. Vuilhorgne prit à tâche d'écrire son mémoire. Il y fut encouragé par la découverte

aux Archives nationales et dans des collections privées de lettres de remission et autres documents inédits d'un intérêt de premier ordre (in *Bulletin Académique de l'Oise*).Tome xvi, 1896, in-8°, Beauvais, imprimerie de D. Père. rue Saint-Jean.) Ce mémoire a été mis à profit par M. D. Harlé, licencié ès-lettres. professeur d'Histoire au collège de Beauvais (pp. 31, 39 et 40 de son *Histoire de la Jacquerie dans le Beauvaisis* (Beauvais, 1895).

Essai étymologique sur les principaux noms de lieu du canton de Songeons ; simple tirage à part d'articles parus dans le journal *Le Pays de Bray*. L'auteur, en l'élaborant, a suivi les conseils d'un homme considérable dans la science médiévale. de M. d'Arbois de Jubainville, professeur au Collège de France. Il s'est inspiré des dernières découvertes philologiques en remontant pour ses explications des noms de lieu à l'origine même de leurs appellations latinisées.

Le Puits aux Anglais de Gerberoy (1449-1690) M. Vuilhorgne semble avoir dit adieu, de 1896 à 1898, à toute recherche qui eût pour objet toute autre localité que son domaine de Gerberoy, dont il a fait son fief exclusif ; corrigeant, modifiant, et complétant par de notables augmentations l'*Histoire de la Ville de Gerberoy*, donnée au public en 1679 et devenue très rare.

Le Puits aux Anglais est le tirage à part d'une série d'articles intéressants parus dans le *Journal de l'Oise*, où sont élucidés quelques curieux épisodes mal connus relatifs à la Guerre de Cent ans, épisodes qui ont eu pour théâtre Gerberoy et ses environs. (Tiré à 100 exemplaires, 1896).

Maladrerie et Hôtel-Dieu de Gerberoy (990-1680). Des fouilles assez sommaires faites sur l'emplacement d'une ancienne maladrerie, située non loin de Songeons, un cahier autographe de Pillet, rédigé vers 1670 et remis à l'auteur, des découvertes heureuses faites aux Archives municipales de Gerberoy et ailleurs, voilà quelles ont été les causes occasionnelles qui ont donné naissance à ce petit opuscule traitant d'histoire locale. (Publié dans les Mémoires de la *Société Académique de l'Oise*, 1897, et tiré à 100 exemplaires).

Guillaume-le-Conquérant et son fils Robert Courte-Heuse à Gerberoy et à Auchy-en-Bray (janvier et février 1079). Encore une brochure dans laquelle se trouvent groupés tous les articles que l'auteur avait écrits sur un sujet d'histoire locale et qu'un journal (*Moniteur de l'Oise*) quotidien avait fait paraître dans ses colonnes. La grande quantité de chroniques des xie et xiie siècles qu'il a utilisées a pour but de démontrer d'une manière décisive que le Combat singulier où Guillaume le Conquérant fut vaincu par son fils Robert Courte-Heuse, en 1079, n'eut pas lieu sous les murs de Gerberoy, mais bien plutôt à 8 kil. à l'Ouest de cette forteresse, à Auchy-en-Bray, village situé aux confins du Beauvaisis et de la Normandie (tirage à part à 100 exemplaires; Beauvais, 1898, in-8°).

Gui Patin, sa vie, ses ancêtres, ses enfants, ses relations dans le monde des médecins et des littérateurs (1661-1672) première et deuxième édition, 1898, troisième édition, en préparation. L'œuvre capitale et qui a exigé le plus de recherches de son auteur, c'est assurément la biographie de G. Patin que M. Vuilhorgne a fait paraître en 1898. S'il est une figure d'actualité, une biographie qui doive être bien accueillie, c'est bien celle de Gui Patin, dont le buste en bronze s'élève si coquettement, depuis le 21 août 1898, sur la vaste place du village d'Hodenc. Ce travail, paru plusieurs mois avant l'inauguration du modeste monument érigé en l'honneur de l'illustre épistolier du XVII° siècle, est nourri de détails inédits sur ses aïeux, sur lui-même et sur ceux qui, de près ou de loin, ont vécu autour de lui ou avec lui dans une intimité relative. Ainsi on y trouve tranchée la question du lieu de naissance de G. Patin et de la maison ancestrale où s'écoula son enfance. Après avoir lu ce travail, on saisit mieux le labeur qu'il a fallu au consciencieux biographe pour lire, fouiller, comparer, exhumer tout ce qui a été écrit avant lui sur G. Patin. Que de sûrs renseignements inédits on y trouve ! Pas là d'œuvre fleurie à panaches académiques, mais une causerie abondante, pleine de faits et toujours intéressante. Le tout est terminé par une indication précise des sources manuscrites et imprimées qui ont été mises à profit pour la mise en œuvre de cette monographie.

Ce travail parut dans une édition in-12 (imprimerie de Bois-Colombes, 1898); dans une 2° édition plus complète (in *Mémoires de la Société Académique de l'Oise.* in-8°, 1898). Se trouve à la Bibliothèque Nationale, Ln 27, 45,969 ; à la Bibl. Imp. de Berlin; au Musée Britannique; en Suède, etc. (Consulter : *Bibliothèque de l'Ecole des Chartes,* 1899 ; la *Grande Encyclopédie du* XIX° *siècle,* verbo *Patin; La France au milieu du* XVII° *siècle* (1648-1661), par Armand Brette, A. Colin, 1901.)

Notice biographique sur Jean Pillet, historien de Gerberoy (1615-1691).

La Vie de Jean Pillet, historien de Gerberoy, un auteur si familier à M. Vuilhorgne, n'était pas connue le moins du monde. Notre érudit beauvaisin a voulu combler cette lacune. Ce n'est qu'une esquisse bien documentée, une biographie d'une sévère ordonnance, mais comme elle fait connaître suffisamment, néanmoins, et dans ses grandes lignes, la vie si laborieuse et si modeste d'un chanoine qui ne voulut rien être que le chroniqueur bien informé de la ville où s'était écoulée la majeure partie de son existence si bien remplie ! (Tirage à part à cent exemplaires, avec fac-similé, Beauvais, E. Lamiable, imprimeur, 1899, in-8°; in *Mémoires de la Société Académique de l'Oise,* 1901. Consulter : *Bibliot. de l'Ecole des Chartes, Bulletin de l'année 1900).*

Raoul Adrien. — Jurisconsulte, poète et érudit Beauvaisin (1561-1626).

Pour un amateur passionné du document inédit, la vie si peu connue de Raoul Adrien n'était-elle pas faite pour tenter la curiosité du révélateur de Gui Patin ? Ce que l'on peut dire, en tout cas, c'est qu'il a pleinement réussi à mettre en pleine lumière le mérite littéraire, l'érudition et les vastes connaissances de ce brillant esprit du XVI° siècle et qu'il a trouvé le moyen de ne rien avancer qu'il ne pût appuyer sur des preuves et sur des documents irréfutables. Raoul Adrien a maintenant sa place marquée dans la *Galerie des hommes remarquables du Beauvaisis. (Mémoires de la Société savante de l'Oise,* 1900 ; tirage à part à cinquante exemplaires).

Le Poète Simon de Bullandre, sa famille, son œuvre (d'après des documents inédits) 1545-1614. Avec la biographie de S. de Bullandre, nous voici revenus aux beaux jours de la Renaissance en Beauvaisis. La riche floraison de talents remarquablement doués, qui, protégés par le Cardinal de Châtillon, évêque de Beauvais, véritable Mécène de l'époque, s'épanouit alors, n'a pas sujet de trop nous étonner quand nous saurons quelle impulsion, le roi, Ronsard et la Pléïade donnaient aux lettres et aux arts dans les provinces voisines de Paris et de l'Isle-de-France. Bullandre n'est connu que par son poème du *Lièvre,* mais nous ignorions sa vie, les particularités de son existence comme prieur de Milly, ses relations avec Ronsard et les autres poètes du temps. Grâce à la patiente information de M. Vuilhorgne, nous voici renseignés. Il y a plaisir et profit à se laisser diriger par un guide aussi éclairé et aussi sûr (in *Bulletin de la Société savante de l'Oise,* 1900. Tiré à part à 100 exemplaires).

Ægrotatio mihi otia fecit, pourrait dire notre historiographe des gloires beauvaisines, mais ses loisirs, il les fait servir à d'incessantes recherches, toujours à l'affût d'un fait à découvrir, d'une personnalité à mettre en lumière. Pas de visage renfrogné à montrer à ceux qui le consultent et le questionnent sur de multiples problèmes se rapportant à l'histoire beauvaisine. Il met toujours autant de persistance à rester ignoré des indifférents à l'étude de l'histoire, que d'autres mettent d'acharnement à se faire connaître.

Le rêve qu'il caresse depuis plus de quinze ans, c'est la publication d'une *Monographie du canton de Songeons.* En vue de ce travail, il a recueilli de tous côtés une énorme quantité de documents en copies, en originaux, par dons et par de nombreux achats. Éditions et livres rares sur l'Oise, documents et lettres autographes d'une foule de personnages de marque nés ou ayant habité l'Oise, s'entassent en ordre sur les rayons d'une bibliothèque souvent consultée par les chercheurs locaux.

Travaux en préparation : 1° *Un maire de Beauvais historien; Denis Simon, etc.;* 2° *Pierre Louvet, historien de Beauvaisis*

(1569-1646); 3° *Supplément à l'histoire de Gerberoy, de J. Pillet* (990-1800); *Œuvres poètiques posthumes de Charlemagne Vuilhorgne, de Buchy.*

Biographie : Dictionnaire biogr. de l'Oise, Paris, H. Jouve, 1894 ; Revues diverses, journaux locaux et documents particuliers.

La maxime égoïste du *Glorieux* n'est pas son fait.

> Se pare qui voudra du nom de ses aïeux !
> Moi, je ne veux porter que moi-même en tous lieux,
> Je ne veux rien devoir à ceux qui m'ont fait naître,
> Et suis assez connu sans les faire connaître.
>
> (DESTOUCHES).

ROGERON (GABRIEL), né à Angers, le 27 mars 1839 ; Licencié en droit; Naturaliste; membre de la *Société d'Acclimatation.*

Adresse : Château de l'Arceau, par Angers (Maine-et-Loire).

M. Gabriel Rogeron est né à Angers, mais toute son enfance et sa jeunesse se sont passées à la campagne, dans sa vieille propriété de famille de l'Arceau où l'histoire naturelle, l'entomologie, coléoptères et papillons, mais surtout les oiseaux pour qui il avait une véritable passion, prenaient presque entièrement son temps.

De pension et de collège, il n'en eut jamais que cinq mois, le plus malheureux temps de sa vie; son père, M. Frédéric Rogeron, avocat, très bon latiniste et helléniste, aidé de quelques professeurs particuliers, y suppléait.

Ses études de droit à Paris furent également fortement mêlées d'histoire naturelle; il empaillait des cygnes et des oies sauvages dans sa petite chambre d'étudiant; cependant il passa d'excellents examens et fut reçu licencié au commencement de l'été 1864. Quelques semaines plus tard, il partait à travers l'Allemagne, le Danube et ses marais si peuplés d'oiseaux d'eau de toutes sortes, rejoindre son oncle, M. Eugène Boré, savant orientaliste, jouissant d'une grande situation à Constantinople et dans le Levant. M. E. Boré, concurrent heureux, au Grand Concours, d'Alfred de Musset qui n'obtint que le second prix, avait été nommé à quelques années de là par M. Guizot, professeur suppléant de langue et de littérature arméniennes au Collège de France, et un peu plus tard chargé par le Ministère de l'Instruction publique d'une mission scientifique en Perse. Revenu à Constantinople, il continua à s'y consacrer tout entier aux intérêts français et religieux, puis devenu prêtre il entra dans la congrégation des Lazaristes dont il devint plus tard le Supérieur général. Pendant la guerre de Crimée il avait été nommé par le Gouvernement français Aumônier général des armées d'Orient.

A l'époque du voyage de M. G. Rogeron, M. Boré était Préfet apostolique ayant les fonctions d'évêque, visiteur ou supérieur divisionnaire des Lazaristes de la région du Levant et Supérieur particulier du Collège français de Bebek situé sur la rive d'Europe à trois lieues de Constantinople, sa résidence ordinaire.

A son arrivée à Bebek, M. Rogeron trouva les professeurs de cet établissement en vacances, lesquels, libres de leur temps, furent enchantés de lui faire les honneurs de leur beau pays, condition exceptionnelle qu'un touriste

qui descend dans les hôtels rencontre rarement.

Après avoir parcouru pendant trois mois les coteaux accidentés et pittoresques des rives du Bosphore, après avoir pénétré dans les forêts presque inextricables de la côte d'Asie à la chasse d'introuvables geais bleus, après avoir visité Brousse, Rhodes et terminé son voyage par la Palestine et l'Egypte, il reprit la route de l'Anjou, où, en dehors de plusieurs autres beaux voyages plusieurs fois renouvelés, en Suisse et en Italie, il continua avec le même plaisir qu'autrefois, soit dans ses chasses au marais si fécondes en imprévu, soit au milieu de son personnel de palmipèdes de l'Arceau, ses études ornithologiques variées d'un peu d'entomologie.

D'une ancienne famille de magistrats, son grand-père, André-Maurice Rogeron, était en 1787, conseiller du Roy et de Monsieur, lieutenant particulier civil au siège royal de la Sénéchaussée de Beaufort, premier juge en l'absence du Sénéchal (c'est-à-dire Sénéchal ou président, de fait, du tribunal de Beaufort, dont *Monsieur,* frère du roi, comte de Beaufort, était sénéchal de droit).

Il travailla aussi à la rédaction des Cahiers de réforme.

La pièce la plus ancienne de sa famille, conservée aux Archives d'Angers, remonte à 1468; elle a trait à Jacques Rogeron, seigneur des Mollons, pour redevances dues à son fief et seigneurie des Mollons, paroisse de Saint-Saturnin, fief ayant droit de justice, possédant un plaid au tribunal.

En 1691 il y avait eu une alliance entre deux branches de la famille Rogeron nombreuse à cette époque. Charles Rogeron, sieur de la Grange, son aïeul paternel, épousait Charlotte Rogeron, fille de Pierre Rogeron de la Gaignardière (v. *Dict.* de C. Port, s. v. *Gaignardière*, où il est dit qu'en 1718 Pierre Rogeron en est sieur). C'est de ce mariage que M. Gabriel Rogeron descend. La propriété de la Gaignardière, située également commune de Saint-Saturnin, lui appartient encore en partie.

Son grand-père maternel, Jean-François Boré, parti comme lieutenant au bataillon des *Volontaires* de Maine-et-Loire, porté à l'ordre du jour en 1795 par le général eu chef Kellermann pour s'être distingué par des traits de la plus haute valeur au célèbre combat de Saint-Barnoil (Panckouke, *Victoires et Conquêtes*), devint lui-même commandant d'un des deux bataillons de Maine-et-Loire, le premier ayant été dédoublé.

Il eut pour oncle M. Eugène Boré, frère de sa mère, savant orientaliste, mort en 1877, supérieur général de la congrégation des Lazaristes, et pour grand-oncle Jean-François-Honoré Merlet, frère de sa grand-mère, élu *Président de l'Assemblée législative*, en 1792. Là même, se trouve un épisode que celui-ci aimait à rappeler dans ses entretiens familiers, sa rencontre avec Louis XVI pendant la mémorable séance du *10 Août*. Ayant trouvé à son arrivée le fauteuil de la Présidence occupé illégalement par Vergniaud, il se rendit dans la loge du *Logographe* près de la malheureuse famille royale, et là il eut avec le roi un long et affectueux entretien, tandis que la tête du jeune Dauphin endormi, reposait sur ses genoux; plus tard baron de l'Empire, commandeur de la Légion d'honneur, conseiller d'Etat, et nommé en 1809 à la très haute situation de président du Magistrat du Rhin.

M. G. Rogeron a publié :

Dans la *Revue de l'Anjou* (Tome IX, 1872) : *Le Choucas*, monographie qui lui valut une médaille de la *Société protectrice des Animaux* et une charmante lettre de remerciements de l'historien Michelet; — (Tomes XVIII, XIX — XX — XXI — XXII, de 1877 à 1879), une série de *Souvenirs de son voyage d'Orient*.

Dans la *Revue des sciences naturelles appliquées* publiée par la *Société nationale d'Acclimatation*, les monographies et mémoires suivants : *Le Cygne de Bewick* récompensé par la *Société d'Acclimatation* d'une médaille (1883); *Croisements de Canards* (1883); — *Croisements de Canards* (1884); — *Le Casarka de Paradis*, récompensé par la *Société d'Acclimatation* d'une médaille d'argent de première classe (1885); — *Croisements de*

Canards (1886); — *La Bernache mariée* (1889); — *Les Fils de la Vierge*, (second mémoire) dont la lecture a été faite au *Congrès des Sociétés Savantes* de la Sorbonne le 23 mai 1891, et publiés dans la *Revue des Sciences naturelles appliquées* (1891); — *La Bernache des Iles Sandwich* (1891; — *Les migrations des canards et inductions à en tirer sur la Mer libre du Pôle Nord*, mémoire lu au *Congrès des Sociétés savantes* de la Sorbonne, le 9 juin 1892; — *Les Vers blancs et les Freux* (1894); — *Suprématie des anciens sur les nouveaux chez les palmipèdes lamellirostres en captivité*, mémoire lu au *Congrès des Sociétés Savantes* de la Sorbonne en 1895 et inséré dans la *R. des Sciences naturelles appliquées* (1895); — *Métis et hybrides de Canards*, mémoire lu au *Congrès des Sociétés savantes* de la Sorbonne en 1895 et inséré dans la *Revue des Sciences appliquées* (1896); — *L'hibernation et l'hivernage des Hirondelles* (1er mémoire, 1897); — *L'Albinisme et le Mélanisme chez le Canard sauvage*, mémoire lu au *Congrès des Sociétés savantes* de la Sorbonne le 23 avril 1897, inséré dans la *Revue des Sciences naturelles appliquées* (1897); — *Observations sur le Canard sauvage et particularité de son plumage*, mémoire lu au *Congrès des Sociétés savantes* réuni à Toulouse en avril 1899, et inséré au *Bulletin de la Société d'Acclimatation* (1899); — *Deuxième mémoire sur le Cygne de Bewick*, (1902) etc.....

Plusieurs de ces mémoires ou articles, tels que: *Croisements de Canards*; *Influence des ailes sur la ponte*, ont attiré l'attention de l'*Académie des Sciences*, et il en a été fait mention à l'*Officiel*.

Dans la *Chasse illustrée*, éditée chez Firmin Didot :

Nécessité d'une loi internationale pour la protection des oiseaux de passage (3 avril, 10 avril, 17 avril 1886); — *De l'influence des progrès de l'agriculture sur la diminution du gibier à plumes et des oiseaux en général* (1er mai et 18 mai 1886).

Quelques articles dans le journal l'*Acclimatation* publié par Deyrolle : *Ejointage des oiseaux; Fécondation des œufs* (1880 et 1881); — Dans le *Chenil* : le *Hérisson* (1897); *Intelligence d'une poule d'eau* (1901).

De nombreux articles dans les journaux quotidiens d'Angers sur des questions locales, octroi, chemins de fer, etc., dont certains d'un intérêt plus général ont été reproduits par de grands journaux de Paris : quelques-uns sur l'histoire naturelle, sur les oiseaux, les *Corbeaux*, le *Pinson*, les *Alouettes*, les *Canards* qui lui ont valu une seconde médaille de la *Société protectrice des Animaux* en 1881.

Il a fait imprimer une brochure sur les *Fils de la Vierge* (premier mémoire) à Angers, chez M. Lachèse (1889). Ce mémoire avait été l'objet d'une lecture au *Congrès des Sociétés Savantes* de la Sorbonne, le 13 juin 1889.

On lui doit une Notice sur *M. Deloche*, ancien directeur du Cabinet d'Histoire naturelle d'Angers, chez M. Lachèse, Angers (1882), et une Notice sur le *Sculpteur Charon*, chez M. Siraudeau successeur de M. Lachèse (Angers, 1900).

Il a fait paraitre :

Elie Sorin ou *Souvenirs d'un Ami*, volume in-12 (Alphonse Picard, éditeur, 82, rue Bonaparte, 1893, Paris) ; — *Souvenirs d'un voyage en Orient*, avec dessins à la plume de l'auteur (2 vol. in-8; A. Picard, éditeur, 82, rue Bonaparte, 1900. Paris) ; — *La Consolidation de la Levée de la Loire et la Loire navigable*, chez M. Lachèse, Angers (1900) ; — Dans la *Revue scientifique* (rue des Sts-Pères, 19, Paris) : — *L'hibernation des Hirondelles et leur hivernage*, numéro du 13 avril 1901 (second mémoire, en réponse à l'enquête ouverte par M. Magaud d'Aubusson, en 1894, oùM. Rogeren a démontré le peu de valeur des arguments sur lesquels repose cette antique croyance).

GOBLET (René), né à Aire-sur-la-Lys (Pas-de-Calais), le 26 septembre 1828, Docteur en Droit, Avocat, ancien Bâtonnier, ancien Ministre des Affaires Etrangères, ancien Président du Conseil des Ministres.

Adresse : 4, rue Guichard, Paris.

M. René Goblet, qui, depuis quelques années, s'est retiré volontairement de la politique militante après avoir occupé brillamment les plus hautes fonctions dans la République, n'a jamais varié dans ses convictions démocratiques. Républicain sous l'Empire, il contribua, dans les dernières années de ce régime à la fondation du journal le *Progrès de la Somme* qui devait contribuer pour une large part à amener à la République les laborieuses populations picardes. Nommé procureur général à la Cour d'Amiens, le 6 septembre 1870, il donna sa démission pour se présenter aux élections du mois de juillet 1871, et fut élu député de la Somme avec l'illustre général Faidherbe.

A l'Assemblée nationale, M. René Goblet fit partie de la Gauche et de l'Union républicaine. C'est à tort que l'on a écrit qu'il s'était fait inscrire au Centre gauche.

Conseiller général de la Somme depuis 1874, maire d'Amiens en 1876 et 1877, révoqué le 16 Mai par le gouvernement du maréchal Mac-Mahon, il fut nommé député d'Amiens aux élections du mois d'octobre suivant et fit partie du Comité des Dix-Huit, chargés d'organiser la résistance contre le coup d'Etat préparé par le ministère Rochebouët. Il entra, en 1879, comme sous-secrétaire d'Etat au ministère de la Justice, dans le premier cabinet qui suivit l'avènement de M. Jules Grévy à la Présidence de la République.

Réélu à Amiens en 1881, M. Goblet devint, au mois de janvier suivant, ministre de l'Intérieur dans le cabinet Freycinet. Il fit voter la loi qui donnait à toutes les communes le droit de nommer leur Maire et celle qui supprimait le privilège des plus imposés. Il avait aussi déposé des projets concernant la tutelle des communes et l'organisation du canton, qui furent retirés par le cabinet suivant.

Ministre de l'Instruction publique, des Cultes et des Beaux-Arts, dans le cabinet Brisson, puis, après les élections de 1885, dans le cabinet présidé de nouveau par M. de Freycinet, M. Goblet, indépendamment de réformes importantes opérées dans l'enseignement spécial, fit voter au Sénat la loi sur la laïcité de l'enseignement.

A la chute de M. de Freycinet (décembre 1886), M. Goblet fut appelé à la Présidence du Conseil qu'il occupa comme Ministre de l'Intérieur jusqu'à la fin du mois de mai 1887. C'est sous son ministère que se produisit le fameux incident Schnœbelé.

Ministre des Affaires Etrangères dans le cabinet Floquet (avril 1888 — février 1889), M. Goblet eut à diriger cet important département à une époque où la Triple Alliance, avec MM. de Bismark et Crispi, semblait le plus menaçante pour le maintien de la paix. Il s'associa aux projets d'impôt sur le revenu et de revision de la Constitution déposés par le Cabinet.

Le département de la Seine, au mois de mai 1891, élut M. René Goblet (par 402 voix) au Sénat, qu'il quitta pour devenir député du 1er arrondissement de Paris.

Dans ces dernières années, M. René Goblet a collaboré intermittemment à la *Petite République Française* pour y soutenir l'alliance de toutes les forces progressistes, y compris les socialistes, sur le terrain de la légalité.

M. Goblet, pendant le cours de sa carrière politique, a pris part à un grand nombre de discussions, tant sur les affaires étrangères que sur les affaires intérieures : politique générale, élections, revision de la Constitution, instruction publique, questions municipales, questions ouvrières, libertés de la Presse, de réunion, d'association, etc.

Il ne négligea pas non plus le barreau.

Sa dernière plaidoierie fut pour un acte humanitaire.

C'est lui qui plaida devant la Cour d'appel d'Amiens pour Louise Ménard, l'acquittée de Château-Thierry,

Depuis cette époque, M. Goblet a renoncé à jouer un rôle dans la politique active, dont il ne se désintéresse pas cependant, on l'a vu par les derniers congrès républicains-socialistes.

Après une existence aussi bien remplie, il a bien le droit de se reposer.

A la barre, Me Goblet fut un juriste et un orateur. Nourri du Code et de la Jurisprudence, il possédait à fond tous les détails de ce labyrinthe. Sa maîtrise savante était heureusement servie par une facilité d'élocution qui doublait la valeur de ses arguments; ces deux qualités lui ont valu devant toutes les juridictions une estime qui caractérise noblement sa carrière d'avocat : « Maître ».

CAMILLE PAGÉ

PAGÉ (MARIE-CHARLES-CAMILLE), A. ✪, né à Châtellerault (Vienne), le 13 octobre 1844 ; ancien directeur de la Manufacture de coutellerie Pagé frères, de Domine ; maire de Naintré ; membre de nombreuses Sociétés savantes, agricoles, etc. ; érudit, écrivain et collectionneur français.

Adresse : Naintré (Vienne).

M. Camille Pagé descend d'une vieille famille de couteliers Châtelleraudais, très estimée dans le pays, et dont on retrouve la trace jusqu'au XVII⁰ siècle (Les archives de la ville ne permettant pas de remonter plus haut). Les Pagé forment une dynastie de couteliers, et l'industrie coutelière leur doit un grand nombre d'améliorations et de progrès.

En outre, la ville de Châtellerault leur est en partie redevable d'avoir conservé la vieille réputation de sa fabrique de coutellerie.

Vers 1830, la cité châtelleraudaise avait une physionomie particulière ; on ne voyait que des boutiques de couteliers par toute la ville et leurs femmes assiégeaient les diligences assez nombreuses qui sillonnaient la grande route de Paris à Bordeaux pour offrir leurs marchandises aux voyageurs.

À cette époque l'État s'occupait de transférer à Châtellerault la fabrique d'armes de Klingenthal qui était trop près de la frontière. Vers 1833, les travaux d'installation étant à peu près terminés, la Manufacture d'armes attira à elle presque tous les ouvriers et la coutellerie fut à la veille de disparaître ; d'ailleurs on chercherait vainement aujourd'hui un ouvrier coutelier à Châtellerault.

Cette industrie doit son salut aux familles Mermilliod et Pagé qui profitèrent du développement de la coutellerie de table pour créer un outillage spécial afin de suppléer au manque d'ouvriers.

La fabrication devint mécanique et émigra dans les communes de Cenon et de Naintré à quelque distance de Châtellerault, afin d'utiliser la force motrice du Clain, l'un des affluents de a Vienne.

Il faut revenir en arrière pour voir le concours que chacun des membres de la famille Pagé a apporté au développement de cette importante manufacture.

C'est d'abord M. *Pagé Gallois*, l'aïeul, déjà maître coutelier en 1810 ; il fonda en 1830 une maison de détail à laquelle il ajouta en 1840 la vente en gros de la coutellerie.

Son fils *Eugène Pagé* lui succéda en 1846 et organisa la fabrication de la coutellerie de table en se servant comme force motrice d'un manège mû par des chevaux.

Voulant donner plus de développement à son commerce, il s'associa en 1859 avec son frère *François Pagé*, le père de Camille, Georges, Gaston et Jules ; c'est de cette époque que date la raison sociale *Pagé frères*.

La fabrication mécanique qui alors ne comprenait que l'aiguisage et le polissage fut transférée à Mòlé à quatre kilomètres de Châtellerault. Plus tard la force motrice de cette usine se trouvant insuffisante, MM. Pagé frères, firent en 1865, l'acquisition de l'écluse de *Domine* à dix kilomètres de Châtellerault, sur le territoire de la commune de Naintré.

Il y avait en cet endroit un vieux moulin et trois maisons qui pouvaient compter douze à quinze habitants.

Une usine bien appropriée à sa destination s'éleva bientôt sur l'emplacement du vieux moulin. Elle était encore en cours d'installation lorsque mourut M. François Pagé en 1867.

M. Camille Pagé aida son oncle à achever l'organisation de cet établissement.

Ce dernier, s'étant retiré des affaires en 1879, M. Camille Pagé s'associa avec ses frères Georges et Gaston, et tous trois vinrent se fixer à Domine.

Sous l'habile direction des fondateurs et de leurs successeurs, la manufacture de Domine a pris un développement rapide. Les ateliers sont dotés d'un outillage mécanique des plus perfectionnés et disposent d'une force hydraulique de 100 chevaux ; ils couvrent une superficie de 3000 mètres carrés et occupent 200 ouvriers. La production quotidienne est d'environ 250 douzaines de couteaux et de rasoirs.

Les produits de cette fabrique rivalisent de goût avec ceux des premières maisons de Paris. On y fabrique les services de coutellerie de table les plus artistiques et les plus luxueux.

M. Camille Pagé étant membre du Jury, MM. Pagé frères ont été mis *hors concours* à l'Exposition Universelle de 1900 où ils avaient une magnifique vitrine fort appréciée des visiteurs.

Une cité ouvrière construite à côté de l'usine, assure des logements salubres à un certain nombres d'ouvriers ; d'autres ont fait bâtir de coquettes maisons, de sorte qu'aujourd'hui le village de Domine compte près de 200 habitants.

De ces résultats, une bonne part revient à M. Camille Pagé, l'un des hommes qui ont pris le plus à cœur le bon renom de la coutellerie française.

Voyant la marche de l'usine en bonne voie, il se retira des affaires en 1898, laissant à ses frères Georges et Jules la direction de la Manufacture de Domine.

M. *Georges Pagé* né le 22 février 1853 est entré à l'usine en 1869, au sortir du collège ; il n'a cessé de s'occuper de la fabrication dont aucun

GEORGES PAGÉ

détail ne lui est étranger. C'est à lui qu'est due la perfection de l'outillage.

Après son volontariat, en 1876, il est devenu officier d'artillerie de réserve. En vrai patriote dévoué à son pays il est resté à ce poste d'honneur et il occupe actuellement le rang de capitaine en premier d'artillerie de l'armée territoriale.

Il a été élu en 1901, membre de la chambre de commerce de Poitiers ; il vient d'être décoré de l'ordre du Cambodge.

La coutellerie de luxe prenant un grand développement dans leur commerce, MM. Pagé frères ont été amenés à adjoindre à la fabrication de la coutellerie, celle de l'orfèvrerie et, dans ce but, ils sont devenus acquéreurs en 1901 d'une maison d'orfèvrerie d'argent, sise 7, rue Réaumur à Paris.

M. Georges Pagé est aujourd'hui seul directeur des usines de Domine et son frère a été chargé de s'occuper de la maison de Paris.

M. Jules Pagé né le 20 janvier 1864, s'associa avec ses frères à sa sortie de l'*Ecole Centrale des arts et manufactures*. Il remplaçait son frère Gaston décédé en 1880.

Comme ses frères Georges et Gaston, il fit son volontariat et fut nommé officier d'artillerie en 1890.

La fabrique d'orfèvrerie dirigée par M. Jules Pagé occupe environ 50 ouvriers, tant dans ses ateliers qu'au dehors.

Elle s'est fait une spécialité des objets en argent du service de table, et ses modèles qui comportent différents styles, sont d'un goût exquis.

Le chiffre d'affaires de ces deux établissements réunis s'élève à près d'un million ; c'est dire que c'est une maison de premier ordre.

Telle est l'odyssée de la famille Pagé depuis bientôt un siècle ; revenons à celui de ses membres dont nous avons à faire la biographie.

M. Camille Pagé fit de brillantes études au collège de Châtellerault et fut reçu bachelier ès-sciences le 31 juillet 1861.

Comme ses ancêtres il se consacra à la fabrication de la coutellerie, nous l'avons vu à l'œuvre.

Lorsque survint la guerre de 1870-71, M. Camille Pagé fut nommé lieutenant d'artillerie des mobilisés de la Vienne. Il eût pu rester chez lui où sa présence eût été utile pour s'occuper de la fabrication des sabres pour l'armée. Patriote avant tout, il voulut marcher avec ses camarades espérant être à même de rendre service à son pays. Malheureusement ses espérances furent déçues, car la légion des mobilisés de la Vienne ne prit part à aucun combat.

Lors de la formation de l'armée territoriale en 1876, il fut nommé sous-lieutenant.

Etant venu habiter à Domine, il fut élu au mois de janvier 1881, conseiller municipal de Naintré et devint maire en 1889.

Le Président Carnot lui remit les palmes d'officier d'académie lors de son passage à Châtellerault au mois de septembre 1892.

Depuis qu'il est retiré des affaires, il s'est complètement consacré à l'administration de la commune de Naintré, l'une des plus peuplées du département de la Vienne (près de 3000 habitants) et à la publication de son important ouvrage : *La Coutellerie depuis l'origine jusqu'à nos jours*.

C'est d'une façon magistrale que M. C. Pagé a traité ce sujet qu'il connaît à fond et c'est un véritable monument qu'il a élevé à la gloire de la coutellerie.

La masse de documents rassemblés par l'auteur a demandé un travail considérable qui a duré 15 ans. La coutellerie y est étudiée sous tous les aspects et dans tous les pays.

Lorsqu'il fut question de l'Exposition de 1900, le Comité de l'arrondissement de Châtellerault désigna M. Pagé comme secrétaire. Il fut successivement membre du *Comité d'admission* et du *Comité d'Installation* de la classe 93, *Secrétaire du Jury international* et *Rapporteur* de la *Commission du Musée rétrospectif et centennal de la Coutellerie*. Il s'acquitta de ces fonctions avec beaucoup de dévouement. Son rapport sur la *Coutellerie rétrospective et centennale* est sans contredit l'un des plus intéressants de cette série de rapports.

M. Camille Pagé avait à peine achevé ce travail qu'il entreprenait d'écrire la *Monographie du Collège de Châtellerault* pour l'*Association des Anciens Elèves* dont il était président. Il fit à ce sujet de nombreuses recherches et fut assez heureux pour retrouver une suite complète de documents depuis 1467, date de la fondation jusqu'à l'époque actuelle. Aussi fut-il délégué pour représenter l'Association au Congrès de Marseille du 2 juin 1902.

M. C. Pagé a collaboré au *Dictionnaire de l'Industrie et des Arts industriels* de E.-O. Lami, et au *Dictionnaire du Commerce, de l'Industrie et de la Banque* de MM. Yves Guyot et A. Râffalovitch. Il a, en outre, communiqué au Ministère du Commerce des renseignements sur la *Coutellerie à l'étranger* qui ont été publiés, en 1891, dans le *Moniteur officiel du Commerce.*

Il fait partie de la *Société d'Agriculture et de Viticulture de l'Arrondissement de Châtellerault* dont il vient d'être nommé trésorier. Il a publié dans le *Bulletin* de cette Société, depuis 1885, des *Rapports* sur les Concours d'Instruments agricoles de la société qui ont lieu chaque année.

M. Camille Pagé est un républicain de vieille date. D'ailleurs les idées républicaines sont de tradition dans sa famille ; son père et son oncle étaient des républicains éprouvés et ses frères sont connus pour leurs opinions républicaines.

Il a été membre du Comité républicain de l'arrondissement de Châtellerault depuis 1889, jusqu'en 1898, époque à laquelle le comité a cessé de se réunir.

Dévoué à la cause de l'instruction populaire, il a fait construire deux écoles dans la Commune de Naintré : il est délégué cantonal depuis 1886.

Il a été choisi 5 fois, depuis 1881, comme délégué sénatorial. De plus il est Maire de Naintré depuis 1889, c'est-à-dire depuis 14 ans.

Il est en outre président de la 760e sous-section des *Prévoyants de l'avenir* et Président d'honneur de la société colombophile l'*Hirondelle de Naintré.*

Pour ne rien oublier, nous devons dire que M. Camille Pagé possède une collection considérable d'objets et de documents ayant rapport à la coutellerie dont une partie a figuré au Musée rétrospectif de la Coutellerie à l'Exposition Universelle de 1900.

LA FARGUE (Louis-Maurice, comte de), ✳, I. ◍, ⚜, né en 1853, publiciste français, membre de l'*Association des Journalistes parisiens,* Conseiller du commerce extérieur de la France, Agent commercial de Bulgarie à Paris.

Adresse : 8, rue des Ecoles, à Asnières (Seine).

La famille de la Fargue est une des plus anciennes du Midi de la France. Depuis des temps fort reculés, elle a joué un rôle important dans notre histoire provinciale.

Un document conservé à la Bibliothèque nationale établit qu'André de la Fargue donnait au commencement du XIIe siècle (A. D. 1101), la terre de Saint-Martin d'Alairac, au monastère du dit Saint-Martin d'Alairac (Bibl. nat. : *Collectino Moreau, t. XLI, fol. 15 et 16*).

Un grand nombre d'autres pièces authentiques cataloguées dans nos dépôts publics d'archives, constatent que Guillaume de la Fargue prêtait serment au Saint-Sépulcre le 11 février 1156 ; — Pierre de la Fargue se trouvait en 1168 à Bethgibelin (aujourd'hui Beït-Gibrin), au royaume de Jérusalem ; — Bernard de la Fargue, chevalier de l'ordre de Saint-Jean, prit part au siège de Saint-Jean d'Acre ; — et que Guillaume de la Fargue, damoiseau, contracta un emprunt à Damiette d'Egypte en novembre 1249, pour continuer à guerroyer en Terre-Sainte.

La maison de la Fargue a fourni de brillants officiers à nos armées. Nombre d'entre eux furent blessés ou périrent sur les champs de ba-

taille. Jean-Baptiste, comte de la Fargue († 1782), lieutenant-général, avait été nommé, par le roi Louis XV, lieutenant-colonel du régiment de Royal-Vaisseaux sur le champ de bataille de Fontenoy, où il s'était conduit avec une admirable vaillance, et où il avait été blessé ainsi que son fils. (Cf. *Essais historiques* de Roussel, 1767 ; — *L'Impôt du sang,* de J.-Fr. d'Hozier ; — *Les Guerres sous Louis XV,* du général comte Pajol ; — *L'Histoire du Royal-Vaisseaux,* du vicomte O. de Poli ; — les *Annuaires de la Noblesse,* de Borel d'Hauterive, etc., etc.).

Les de la Fargue portent : *D'argent à un chevron de gueules accompagné de 3 pommes de pin du même, versées.*

Devise : *Non deficiam.* — Et, plus anciennement : *Point ne fauldray.*

M. le comte Maurice de la Fargue représente dignement cette belle lignée ancestrale.

Il a été successivement collaborateur, rédacteur et directeur de divers journaux français et étrangers.

Il s'est plus spécialement consacré à la politique étrangère et passe à juste titre comme l'un des hommes les plus compétents en cette matière qui exige des connaissances peu communes.

Le comte de la Fargue s'est également occupé avec la même compétence d'études agricoles et économiques et s'est toujours intéressé aux questions philanthropiques.

Dans ce dernier ordre d'idées, il est le secrétaire-fondateur du *Denier des veuves et des vieillards,* lauréat de la *Société nationale d'Encouragement au Bien* que préside M. Stéphen Liégeard depuis la mort de Jules Simon, titulaire d'une Médaille d'honneur de l'Assistance publique, etc.

Chevalier de la Légion d'honneur, officier de l'Instruction publique, chevalier du Mérite agricole, M. de la Fargue possède le titre de camérier de cape et d'épée du Pape Léon XIII ; depuis 1882 il est Donat de 1re classe de l'ordre souverain de Saint-Jean de Jérusalem, commandeur de Saint-Alexandre, grand officier du Mérite civil de Bulgarie, et titulaire de nombreux ordres chevaleresques étrangers.

Membre du Jury International de l'Exposition universelle de 1900, commissaire-général adjoint de la section Bulgare, le comte de la Fargue s'est depuis une dizaine d'années spécialisé dans l'étude des questions balkaniques et canadiennes, en se plaçant toujours sur le terrain de l'expansion de l'influence française dans ces deux pays où il s'honore de compter les plus hautes relations.

BIÉLAWSKI (Jean-Baptiste-Maurice), ✳, né à Clermont-Ferrand (Puy-de-Dôme), le 24 novembre 1838 ; Membre de l'*Académie des Sciences, Belles-Lettres et Arts* de Clermont-Ferrand, et de plusieurs Sociétés savantes, artistiques et littéraires ; Président d'honneur de la *118e section des Vétérans de 1870-71* ; Délégué du *Souvenir français,* etc. ; Écrivain, archéologue, collectionneur et historien français.

Adresse : 46, rue Blatin, à Clermont-Ferrand (Puy-de-Dôme).

M. Maurice Biélawski est le fils de Joseph Biélawski, réfugié polonais. Son père se trouvait en 1830 à l'Ecole militaire des Cadets, ou Porte-Enseignes de Varsovie, lorsqu'éclata le grand soulèvement national organisé par l'élite du peuple polonais. On sait la part que prirent à ce mouvement Joachim Lelewel et les Porte-Enseignes. Nous ne rappellerons pas les épisodes de la guerre de l'Indépendance.

Après la défaite finale, Joseph Biélawski fut condamné à mort et ses biens furent confisqués. Blessé grièvement, presque mourant, le proscrit, après avoir réussi pendant quelque temps à se dérober aux recherches, parvint enfin à gagner la France où il dut chercher des moyens d'existence. Il s'établit et laissa à son fils, non la fortune, mais le culte d'un passé rempli d'honneur, de bravoure, de patriotisme, comme aussi les sentiments de la plus affectueuse reconnaissance pour la Patrie d'adoption.

Vers 1861, M. Maurice Biélawski entra dans l'administration des Ponts-et-Chaussées. Il avait pris part comme conducteur au tracé de l'avant-projet du Chemin de fer de Clermont à Tulle ;

il venait de terminer les études du chemin de fer de la Limagne, et se trouvait attaché au Bureau de l'Ingénieur en chef, lorsqu'éclata la funeste guerre de 1870-71. M. Biélawski demanda au Ministre des Travaux publics l'autorisation de prendre un engagement pour la durée de la guerre.

Le 16 août 1870, il était nommé lieutenant à la 1re compagnie du 4e bataillon du 32e régiment des mobiles. Bientôt après, il fut promu capitaine. A la fin de septembre, le 32e régiment alla rejoindre à Vierzon l'armée de la Loire pour faire partie du 15e corps.

Dans son *Journal,* le capitaine Biélawski a relaté les marches et les contre-marches de son régiment aussi bien que les divers épisodes de ses campagnes.

Le 9 novembre, il prit part à la victoire de Coulmiers-Bacon. Il assista à la bataille des Quatre-Jours (1er-4 décembre 1870) en avant d'Orléans. Il fut blessé le 2 décembre à l'attaque heureuse du bois de Dambron, en avant d'Arthenay. Il fut mis à l'ordre du jour par le général Dariès et proposé pour la croix de la Légion d'honneur. Etendu sur une paillasse ensanglantée d'ambulance, M. Maurice Biélawski n'eut pas la douleur de voir la déroute de l'armée française. Après le 2 décembre, M. Biélawski blessé fut transporté à l'ambulance du château de Blois, puis évacué sur Angers. Il revint en convalescence à Clermont-Ferrand, puis reçut le commadement d'une compagnie chargée du service de la place de Riom et de la surveillance de la maison centrale de cette ville (10-24 mars 1871) pendant la Commune de Paris. Il fut licencié le 25 mars 1871.

Un décret du 5 mai 1871 nomma M. Biélawski chevalier de la Légion d'honneur et réalisa ainsi l'espérance de cette croix qui lui avait été promise à Dambron. Nommé capitaine au 97e régiment territorial, il se retira le 23 octobre 1879.

Après avoir repris son poste dans les Ponts-et-Chaussées, M. M. Biélawski, à cause de ses blessures, fut nommé percepteur des Contributions directes en 1879.

Il prit sa retraite au mois de mai 1901, après quarante ans de services effectifs dans l'Administration, sans compter ses services militaires exceptionnels comme engagé volontaire pendant la guerre de 1870-71.

M. Maurice Biélawski a constamment utilisé ses *loisirs* de la façon la plus sérieuse, car il les a consacrés à des études patriotiques, historiques et scientifiques.

Pendant le cours de l'année 1902, à la suite d'un rude labeur, consacré à de longues et patientes fouilles pratiquées dans la célèbre montagne de Perrier, près d'Issoire (Puy-de-Dôme), M. Biélawski a fait des découvertes du plus haut intérêt.

Il a notamment recueilli des ossements fossiles d'*espèces inédites* de mammifères disparus remontant à l'époque tertiaire : un *Hipparion*, des *Antilopes*, un *Mastodonte*, un carnassier géant le *Machærodus*, sans parler d'une *Hyène* géante.

Il possède de belles collections de minéraux, de silex et de haches néolithiques du Puy-de-Dôme, réunies en vue des ouvrages qu'il a publiés sur la matière.

En 1898, l'*Académie internationale de Géographie botanique* lui a décerné la médaille scientifique en récompense de ses travaux.

Le 24 juin 1900, le *Souvenir français* lui a octroyé une médaille d'honneur pour reconnaître les services qu'il a rendus à cette œuvre de pur patriotisme.

Il a obtenu, le 7 août 1892, une mention honorable à l'*Exposition internationale Alpine* de Grenoble pour ses ouvrages sur l'Auvergne.

En dehors des ouvrages cités plus loin, M. Maurice Biélawski a donné des articles ou études, au *Bulletin historique et scientifique de l'Auvergne*, à la *Revue d'Auvergne*, etc.

BIBLIOGRAPHIE. — *Le Polonisme latin, le Panslavisme moscovite et l'Europe* (1863) ; — *Boutade d'un Étudiant auvergnat* (1866) ; — *Souvenirs d'Auvergne et Impressions de jeunesse* (1867) ; — *Histoire de la Comté d'Auvergne et de sa Capitale Vic-le-Comte* (1re édition, 1868 ; 2e édition avec 14 gravures inédites; un vol. in-8°, écu de 320 pp., 1887) ; — *32e Régiment des mobiles. Histoire du Bataillon de Riom. Campagnes de la Loire et de l'Est, 1870-71* ; — *Tableau des outils et haches en pierres polies recueillis dans les environs d'Issoire* (1885) ; — *Récits d'un Touriste auvergnat* (1re édition, 1888) ; — *Id.*, édition populaire avec 52 gravures inédites (un vol. in-8°, raisin de 460 pp., 1890) ; — *Le Plateau central de la France et l'Auvergne dans les temps anciens* (un vol. in-8° carré de 194 pp., 1890) ; — *Les Tourbières et la Tourbe* (un vol. in-8° carré de 276 pp., 1892) ; — *Les Souvenirs d'un petit Fonctionnaire* (un vol. in-12 de 220 pp., 1894) ; — *Derniers Souvenirs d'un petit Fonctionnaire* (in-12 de 68 pp., 1902) ; — *Vallée de la Couze de Chaudefour* (in-8°, 1897) ; — *Le massif du Cantal* (in-8°, 1898), etc.

CHARNACÉ (ERNEST-CHARLES-GUY DE GIRARD, marquis de), ✳, né à Château-Gontier (Mayenne), le 3 mai 1825 ; homme de lettres, critique littéraire et musical, agronome, membre de nombreuses Sociétés littéraires, artistiques ou savantes.

Adresse : 12, Avenue d'Antin, Paris. — Et : Château du Bois-Montbourcher, par Chambellay (Maine-et-Loire).

Le marquis Guy de Charnacé appartient à une vieille famille de l'Anjou qui est originaire de la terre et château de Charnacé. Cette maison n'a rien de commun avec celle des Gautier.

Dès l'an 1200, cette famille illustre possédait déjà la terre de Charnacé, sise en Maine-et-Loire, dont elle ne s'est jamais dessaisie.

La terre de Charnacé fut érigée en marquisat par lettres-patentes, en date du 31 janvier 1674, en faveur de Jacques-Philippe de Girard, marquis de Charnacé, lieutenant-général de l'artillerie de l'Ile-de-France, commandant en chef l'Arsenal de Paris.

Les membres de cette antique maison (Cf. de Mailhol, *Dict. hist. et hérald. de la noblesse française*) ont occupé les plus hautes charges de l'État et ont donné une longue suite d'hommes d'épée et de diplomates. L'un des plus connus est Hercule, baron de Charnacé, conseiller d'État, confident de Richelieu, ambassadeur de Louis XIII, près des rois de Pologne et de Suède, et près des Provinces-Unies, qui fut tué au siège de Bréda, en 1634. Saint-Simon a laissé des anecdotes classiques sur le marquis de Charnacé, familier de Louis XIV.

Les Girard de Charnacé portent : *Écartelé, aux 1 et 4 d'azur à 3 chevrons d'or; aux 2 et 3 d'azur, à 3 croix pattées d'or.*

Le père du marquis de Charnacé était officier supérieur de la Garde Royale, démissionnaire lors des événements de 1830.

Guy de Charnacé fit ses études au collège de Vendôme. En 1843, il partit pour Dresde où il suivit les cours de mathématiques du lieutenant Kœlher qui devait plus tard commander l'artillerie saxonne pendant la guerre de 1870-71. Il y étudia également l'histoire générale de la littérature allemande. C'est dans la patrie de Weber qu'il prit le goût de la musique et qu'il assista aux premières représentations des premiers ouvrages lyriques de Richard Wagner qu'il n'a jamais cessé de combattre comme poète et comme musicien.

En 1849, M. de Charnacé épousait à Paris, Mlle Claire-Christine d'Agoult, fille du colonel comte d'Agoult, blessé à la tête de son régiment à la bataille de Nangis, et de la comtesse, née Marie de Flavigny, qui s'illustra dans les Lettres sous le pseudonyme de Daniel Stern. De ce mariage naquit, le 12 août 1851, à Croissy-Beaubourg (Seine-et-Marne), un fils, Guy-Daniel, comte de Charnacé, ancien officier de vaisseau, actuellement agriculteur et éleveur distingué, et maire de la commune de Chambellay, en Maine-et-Loire.

La marquise de Charnacé (10 août 1830), comme Daniel Stern, sa mère, s'intéressa beaucoup aux Lettres. Elle collabora à plusieurs journaux et revues, entre autres à la *Revue de Paris* (1856-1857), à la *Revue française*, à la *Revue germanique*, fondée par Nefftzer et Dollfus, et devenue depuis *Revue moderne*, à laquelle elle donna depuis 1858 jusqu'à la fin, plusieurs traductions et articles originaux, à la *Revue européenne*, où elle inséra (mars 1860) un article bibliographique sur Mlle Elisabeth Blackwell, docteur en médecine. Elle collabora encore à la *Presse* (1856-1862), au *Temps* (depuis 1861) où elle fit notamment les Salons de 1863 à 1866, à la *Gazette des Beaux-Arts* fondée par Charles Blanc et E. Galichon, où elle donna une *Vue générale de l'Art chinois*, à la *Revue de Philosophie positive* fondée en 1868 par Littré et Wyrouboff, etc. La marquise de Charnacé a publié à part plusieurs ouvrages de valeur parmi lesquels on doit citer tout particulièrement : *Essais de Critique d'Art* (Paris, 1864).

Durant huit années, M. Guy de Charnacé fut inspecteur de l'exploitation des chemins de fer du Nord. Il entra ensuite dans les Lettres « par les portes du journalisme qu'il trouva grandes ouvertes partout où il frappa », selon l'expression de Saint-Patrice (*Nos Ecrivains*, 1re série ; Paris, 1887).

En 1858, il donna un grand nombre d'articles sur l'agronomie et la zootechnie dans le *Journal de l'Agriculture* fondé par Barral et dans la *Presse* où il eut successivement pour rédacteur en chef Nefftzer, le fondateur du *Temps*, Emile de Girardin et Pérat.

Elève du professeur Baudement dont il édita les œuvres posthumes, il ne tarda pas à se faire une grande réputation dans les questions agricoles. En 1864, il fut décoré de la Légion d'honneur.

A partir de cette époque, Guy de Charnacé entra dans la littérature proprement dite et écrivit de nombreuses chroniques.

Quand Emile de Girardin fonda le journal *La Liberté*, il s'adjoignit M. de Charnacé et lui confia la critique musicale et littéraire. C'est à cette époque (1864) qu'eut lieu son célèbre duel avec le général de Gallifet, alors colonel. Progressiste en économie rurale, il resta classique en art et en littérature.

En 1868-1869, Guy de Charnacé avait publié deux volumes de *Portraits de Femmes* où défilaient les plus belles dames de l'époque, y compris celles de la cour de Napoléon III, et qui sont des modèles du genre, devenus depuis, de vrais documents historiques.

Après la guerre, le marquis de Charnacé entra au *Bien public* que venaient de fonder les amis de M. Thiers. Pendant quatre ans, il y traita avec un grand succès la critique musicale et la critique littéraire. Ses jugements faisaient autorité, car on connaissait l'indépendance absolue de son caractère et sa haute culture.

Depuis, le marquis Guy de Charnacé s'est reré à la campagne dans son cher pays d'Anjou.

C'est là qu'il a écrit tous ses romans et notamment le *Baron Vampire*, l'ancêtre de la *France juive* d'Edouard Drumont. Il a parcouru tout le cycle du genre : romans de mœurs, romans de caractères, romans historiques, romans cynégétiques.

Ses compatriotes eurent alors l'idée de fonder une revue littéraire dont ils lui confièrent la direction : la *Revue angevine*. Fondé en 1894, ce périodique a fait son chemin et compte parmi les meilleurs organes de décentralisation litté-

raire. La *Revue angevine* compte de nombreux abonnés dans l'Ouest et à Paris. La première, elle fit connaître le romancier puissant et bizarre qu'est Rudyart Kipling, par d'excellentes traductions. Elle a aussi appelé l'attention sur le romancier russe Tchekoff.

Le marquis Guy de Charnacé fut l'un des cinq premiers fondateurs de la Société des Agriculteurs de France, sous la présidence de M. de Béhague.

BIBLIOGRAPHIE. — *Etudes d'Economie rurale* (un vol. in-12 ; Paris, C. Livy, 1863) ; — *Etudes sur les animaux domestiques. Amélioration des races. Consanguinité. Haras* (in-12 ; Paris, Massoa (1864) ; *Les Principes de zootechnie de Baudement* (in-12 ; id. Delagrave, 1867) ; *La Mérinos* (id. id.). *Les Races chevalines en France* (id.) ; id. 1869) ; — *Les Races bovines en France* (id. ; id. ; id.) ; — *Les Femmes d'aujourd'hui*, 2 séries (Paris, Lévy, frères, 1866-1869) ; — *Nouveaux Portraits* (id. 1869) ; — *Les Etoiles du Chant. Addina Pati. Christiana Millson. Gabrielle Krauss* (Paris, Plon, 1869) ; — *Réponses à l'Homme-Femme de M. Alexandre Dumas* (id. Lachaud, 1872) ; — Traduction des *Lettres de Glück et de Weber* publiées par L. Nolh (id., 1870) ; — *Causeries sur mes Contemporains* (id., Dentu, 1874) ; — *Les Compositeurs français et les Théâtres lyriques subventionnés* (id., 1870) ; — *Drames mystérieux* (id., Heymann et Pérois, 1879) ; — *Un Parvenu* (id. Ollendorff, 1881) ; — *Un Homme fatal* (id., id., 1882) ; — *Expiation* (id., 18..) ; *Le Baron Vampire* (id., Dentu, 1884) ; *Les Veneurs ennemis* (id., 1887) ; — *Histoire d'une Jument de Chasse* (id., id.) ; — *Vaincu* (id. id.) ; — *L'Amour et l'Argent* (1888) ; — *Aventures et Portraits* (id.) ; — *Le Chasseur noir* (1890) ; — *Sur le Vif* (id.) ; *Notes d'un Philosophe Provincial* (Perrin) (1900) *Hommes et choses du Temps Présent.* (Emile Paul) 1902).

L'œuvre de Guy de Charnacé est considérable par l'étendue. Elle n'est pas moins importante par le fonds et par la sobriété du style. Plusieurs de ses livres resteront, et certains seront des documents de haute valeur pour les futurs historiens de la seconde moitié du XIX° siècle. Le marquis de Charnacé avait à porter l'héritage très lourd d'un des plus grands noms de France. Il n'a pas failli à sa tâche. Il a ajouté un nom de plus à la lignée des hommes de valeur et d'esprit que furent toujours ses ancêtres.

BEAUDIER (D' HENRI), né à Givry-sur-Aisne le 29 août 1852, médecin, archéologue, membre de plusieurs sociétés savantes.

Adresse : Docteur Beaudier, à Attigny (Ardennes).

Après de brillantes études faites au collège de Rethel (Ardennes), Henri Beaudier hésita longuement entre la carrière militaire et la noble profession qu'il exerce aujourd'hui.

Ce n'est qu'à la prière de son excellent père qu'il entra à l'Ecole de Médecine de Reims, où il fit un séjour de deux années. Ce fut à Paris qu'il termina ses études médicales, où une thèse brillante vint mettre en relief les talents du jeune docteur. Il restait à notre lauréat le choix entre Paris et la province ; il n'hésita pas. D'une nature exubérante, le docteur Beaudier avait besoin de mouvements. C'est dans ses chères Ardennes qu'il résolut de mettre en œuvre les trésors d'énergie et de vitalité dont son cœur débordait.

La petite ville d'Attigny (Ardennes) fixa définitivement son choix. Non loin de son vénérable père qu'il aima toujours d'une tendresse filiale, il fut la consolation et l'orgueil de ce respectable vieillard qui joignait à un cœur excellent un savoir peu commun.

Depuis plus d'un quart de siècle le docteur Beaudier ne s'est jamais démenti une seule fois de son énergie première. On est certain de le rencontrer dans les nombreux villages ou sur les routes qui sillonnent la vallée de l'Aisne. Travailleur infatigable, le docteur Beaudier a toujours utilisé les rares moments que lui laissaient ses nombreux malades pour continuer ses études.

Aucune question ne lui reste étrangère. Membre de plusieurs sociétés savantes, il est accueilli partout avec bonheur. Son autorité lui vient de son savoir et de son érudition. Jamais le docteur Beaudier n'a tranché une question sans l'avoir longuement étudiée, rien n'est livré au hasard dans ses appréciations qui sont toutes le fruit de ses veilles et de ses labeurs quotidiens.

Malgré les sollicitations pressantes de ses amis, le docteur Beaudier est resté jusqu'à ce jour étranger aux questions politiques. Sa grande compétence dans les affaires et surtout l'indépendance de son caractère auraient pu en faire un militant aussi loyal que généreux. Dans le but de se rendre utile à ses concitoyens, il a accepté le modeste emploi de suppléant de juge de Paix, pour le canton d'Attigny. Ses jugements sont acceptés comme des oracles dans ce canton qui est le sien, où il jouit de l'estime générale faisant ainsi mentir ce proverbe : « Nul n'est prophète dans son pays. » Dans cette région fertile de la vallée de l'Aisne, le docteur Beaudier a puissamment encouragé l'agriculture. Possédant lui-même un vaste domaine, il a propagé les nouvelles théories agricoles, luttant avantageusement contre la routine et les préjugés anciens.

Médecin distingué, autant que chirurgien habile, le docteur Beaudier aurait aujourd'hui une place marquée parmi les célébrités médicales, s'il avait préféré la grande ville à sa modeste bourgade.

Son énergie et sa ténacité au travail auraient pu faire de lui un spécialiste distingué autant qu'habile. Homme aussi indépendant que modeste, le docteur Beaudier est de ceux qui préfèrent le devoir accompli dans le silence. Jeune encore, il pourra rendre de nouveaux services à son cher pays où il ne compte que des amis aussi nombreux que dévoués.

ROGER (FRANÇOIS-MARIE-OCTAVE), ✳, né à Bourges (Cher), le 29 mars 1844, ancien magistrat, archéologue, membre de plusieurs sociétés savantes, agricoles, etc.

Adresse : 24, rue Moyenne, Bourges.

M. Octave Roger appartient à une famille originaire du Berry. Son père, M. Hippolyte Roger, fut architecte diocésain à Bourges de 1849 à 1854, correspondant du ministère pour la conservation des monuments du Cher, conseiller municipal, membre de nombreuses sociétés savantes et commissions administratives, vice-président du comice agricole de Bourges, etc. Le talent de M. Roger, le dévouement dont il avait donné tant de preuves, lui avaient acquis l'estime et les sympathies de tous ses concitoyens. Son fils n'avait qu'à suivre ses traces.

Après de sérieuses études littéraires commencées à Bourges et terminées au Lycée Charlemagne, M. Octave Roger se fit inscrire à la Faculté de Droit de Paris. Ses examens passés avec succès, il revint à Bourges, en 1867, pour y faire son stage. Attaché au Parquet de la Cour en 1868, il était proposé pour un poste de substitut lorsque la guerre éclata.

Il fit la campagne comme sous-lieutenant de mobiles, dans l'armée de la Loire, et fut blessé devant Blois, la veille de l'armistice, le 28 janvier 1871. Proposé pour la croix de la Légion d'honneur, il fut nommé chevalier par décret du 16 novembre suivant.

Après la guerre, M. Roger se retira à la campagne et fut nommé par ses concitoyens maire de la commune de Brinay, dont il est toujours conseiller municipal.

Quelques mois plus tard, il était élu conseiller d'arrondissement, pour le canton de Lury, par 1252 voix sur 1380 votants.

Nommé le 14 février 1872 substitut du Procureur de la République à Château-Chinon (Nièvre), M. Roger passait, en la même qualité, au tribunal de Nevers en 1875, et arrivait, en 1877, à Bourges, où l'appelaient ses intérêts et ses souvenirs de famille. M. Roger occupait dans cette ville une situation exceptionnelle, d'abord par ses relations de famille, mais surtout par sa science juridique et son zèle administratif, qui l'avaient déjà mis en évidence à Château-Chinon et à Nevers. Infatigable à la besogne et ne connaissant que ses fonctions, auxquelles il était très attaché, M. Roger se tenait volontairement à l'écart de tout débat politique. D'une nature très indépendante, libéral dans la bonne acception du mot, il ne voulut jamais s'inféoder à un parti, à une coterie.

Lors de l'exécution des décrets concernant les congrégations religieuses, M. Roger préféra briser une carrière qui lui promettait un brillant avenir, plutôt que de coopérer, dans une mesure quelconque, à des actes que sa conscience réprouvait ; le 5 juillet 1880 il envoya sa démission.

Depuis lors M. Roger s'est entièrement consacré aux études historiques, archéologiques, économiques et sociales, pour lesquelles il avait toujours eu une prédilection marquée.

En 1867 il était déjà membre titulaire du *Comité d'histoire et d'archéologie du diocèse de Bourges,* dont il devint plus tard trésorier.

Nommé, par arrêté préfectoral du 7 mai 1870, membre du comité départemental des expositions scolaires, dont son père, M. H. Roger, avait été l'initiateur en France, M. Octave Roger présentait, comme secrétaire de ce comité, un remarquable rapport sur l'*Enseignement du dessin dans les écoles primaires,* renfermant d'utiles conseils pour les instituteurs et leur indiquant les réformes à opérer dans les méthodes en usage, généralement mauvaises.

En même temps qu'il s'occupait des questions d'enseignement, de vulgarisation des sciences et des arts, par des conférences, des expositions, etc., qu'il prenait une part active à la fondation de nombreuses bibliothèques populaires, M. Roger consacrait à l'agriculture une partie de son temps et de ses efforts. Depuis 1888 il est secrétaire général du syndicat des agriculteurs du Cher, l'un des plus importants de la région.

Notons en passant que M. Roger a été pendant plusieurs années administrateur de la Caisse d'épargne de Bourges ; qu'il est président du Comité Louis Lacombe, auquel nous devons le monument érigé en mémoire du célèbre compositeur, œuvre du maître berruyer Jean Baffier.

La *Société des Antiquaires du Centre,* dont M. Octave Roger est membre titulaire depuis 1882, lui a confié la conservation de sa bibliothèque et de ses collections archéologiques.

Parmi les nombreuses sociétés dont M. Roger fait encore partie, nous citerons la *Société française d'archéologie,* la *Société photographique de Centre,* fondée par lui en 1893 et dont il est le Président.

BIBLIOGRAPHIE. — En dehors des fréquentes communications faites par lui aux sociétés dont il est membre, M. Roger a publié divers ouvrages et mémoires concernant spécialement le Berry. Citons entre autres : *Sépultures de Jean et Jacques Mercier et de Madeleine Gibieuf dans l'église de l'Oratoire de Bourges* (in-8°, Bourges 1869) ; — *Travaux exécutés de 1829 à 1848 à la cathédrale de Bourges.* Rapport de Didron, publié avec des notes et 2 planches phototypiques (in-8°, 1889) ; — *Ciste en bronze découverte en 1889 au Chaumoy, commune du Subdray (Cher),* mémoire lu au Congrès des Sociétés savantes, à la Sorbonne, en 1890 (in-8° av. pl.) ; — *L'ancien jubé de la cathédrale de Bourges* (in-8°, Bourges, 1892. — 1 plan et 11 planches en photocollographie) ; — *Sépultures découvertes en 1856 dans la cathédrale de Bourges,* (in-8°, 1893, 3 planches) ; — *Les banques populaires de la région du Centre* (in-8°, Montluçon, 1887) ; — *Le crédit agricole et les banques populaires,* (1889).

Depuis plusieurs années M. Roger réunit des documents du plus haut intérêt, en vue de la publication d'un *Répertoire bibliographique et iconographique du Berry*, dont ses riches collections lui fournissent en partie les éléments.

GUYOT (Louis-Joseph), né à Paris le 3 octobre 1836 ; archéologue, historien et poète, membre de la *Commission des Antiquités et des Arts de Seine-et-Oise*, de la *Société archéologique de Rambouillet*, de la *Société de Corbeil, d'Etampes et du Hurepoix*, de la *Société Française d'Archéologie*, *Lauréat de l'Institut, etc.*

Adresses : 30, rue de Condé, Paris. — Et : Château de Dourdan (Seine-et-Oise).

Joseph Guyot puisa, dès l'enfance, cet amour de la littérature et de l'art, qui fut la passion de toute sa vie, dans l'enseignement particulier de son père, Ludovic Guyot, lauréat de l'Université, jurisconsulte et criminaliste distingué, en même temps que fin lettré et poète délicat, un des fondateurs des « Bonnes Études », le disciple et l'ami de Châteaubriand, de Lamartine, et des plus illustres membres du barreau. Il fut initié aux sciences physiques par son grand-père maternel, J. L. Trémery, ingénieur en chef directeur des mines, le physicien connu par ses cours et ses travaux sur la vapeur, qui disputa, à quelques voix près, à Gay-Lussac, le fauteuil de l'Académie. C'est ainsi que, tout jeune encore, le petit-fils obtint des succès au Concours général et au Lycée Saint-Louis où il finit, comme externe, ses humanités.

Joseph Guyot était destiné au barreau et à la magistrature, mais ses études juridiques, entreprises sous les auspices de son cousin germain Francis Rataud, le sympathique professeur de Droit, furent interrompues par une longue maladie ; et un changement dans sa carrière en résulta. L'Histoire et l'Archéologie l'avaient toujours attiré. Une circonstance particulière fournit un objet à ses investigations. Il avait possédé de très bonne heure et habitait, une partie de l'année, avec sa mère, l'ancien et curieux château de Dourdan, entre Etampes et Rambouillet, qu'un de ses parents avait sauvé de la Bande Noire en l'achetant de l'Etat vers le milieu du siècle dernier. Au centre de la ville de Dourdan, jadis capitale du Hurepoix, se dresse, avec son enceinte intacte, son donjon et ses tourelles, la vieille forteresse bâtie par Philippe-Auguste sur l'emplacement d'un antique château ; domaine particulier des ducs de France où était mort Hugues-le-Grand, berceau et rendez-vous des premiers Capétiens, douaire de Blanche de Castille, demeure de Saint-Louis, apanage successif des princes du sang, prison de la reine Jeanne de Bourgogne et de La Hire, témoin de sièges terribles, engagé tour à tour par la Couronne à l'amiral de Graville, à Anne de Piseleu, aux Guises, à Sully, héroïquement défendu sous la Ligue, séjour favori de Louis XIII et d'Anne d'Autriche, devenu apanage des d'Orléans, prison centrale, cachot de la bande d'Orgères, et finalement aliéné comme un vieux serviteur inutile.

C'était une histoire à faire : difficile, car tous les documents spéciaux étaient à trouver, intéressante, parce qu'elle se liait intimement à l'histoire même de la monarchie et se rattachait pour le jeune auteur à des souvenirs de famille, puisque deux de ses aïeux avaient été aux XVIe et XVIIe siècles lieutenants-généraux du bailliage. Pour être digne de sa tâche, Joseph Guyot, devenu solitairement d'abord archiviste et paléographe, se fit l'élève de tous les maîtres de la science et se mit au courant des sources comme des plus récents travaux de l'érudition.

A de longues et patientes recherches dans les archives nationales, départementales, hospitalières, paroissiales, il eut le bonheur d'ajouter de précieuses découvertes puisées dans les archives particulières de toutes les nobles maisons de la région, dans des papiers de famille voués à la destruction et dispersés loin de Dourdan par d'anciens officiers locaux. A la fin de 1869, il publiait, à ses frais, à Paris, chez Aubry, sous le titre de : *Chronique d'une ancienne ville royale. Dourdan capitale du Hurepoix*, un volume grand in-8° de 450 pages, d'une très belle exécution typographique, enrichi d'eaux-fortes par L. Gaucherel, de cartes, plans, coupes géologiques, et qui, tiré à 500 exemplaires, recherché en France et à l'étranger, bientôt épuisé, est devenu presque introuvable. Les témoignages les plus flatteurs des hommes compétents accueillirent ce livre qui fut donné, non seulement comme un modèle de monographie locale, mais comme un type à consulter et à généraliser pour l'histoire de la vie sociale et administrative d'une ville d'élection aux derniers siècles de l'ancien régime. L'intérêt très varié du sujet, doublé par des excursions dans toute cette contrée si curieuse du Hurepoix, la forme extrêmement littéraire, jointe aux plus consciencieuses données techniques, plurent à la fois aux gens du monde et aux érudits dont l'opinion fut alors résumée dans un long et sérieux article de la *Bibliothèque de l'Ecole des Chartes* (tome XXXI, p. 235), dû à la plume si autorisée de M. Henri Lot. L'opinion de l'Académie des Inscriptions venait à peine de s'affirmer en décernant à l'auteur la première mention au *Concours des antiquités de France*, quand la guerre de 1870 éclata.

En faisant courageusement son devoir de citoyen et en contribuant comme conseiller municipal à sauvegarder ou à défendre pied à pied les intérêts de la ville de Dourdan, ses habitants et ses édifices, l'historien n'oublia pas d'ajouter la chronique du présent à celle du passé, et composa heure par heure un fidèle *Journal de la Guerre*. Après la paix, l'archéologue se souvenant que l'archéologie ne consiste pas seulement à décrire les origines des monuments, mais à les entretenir ou à les réparer, entreprit parallèlement la remise en état de la remarquable église de Dourdan et de sa vieille forteresse. Pour cela, il ne recula pas devant des études pratiques. Architecte d'instinct, il s'attaqua aux deux monuments et, dès 1872, il put consigner ses premiers résultats dans une longue lettre à M. de Caumont, dont il était le jeune ami, qui fut insérée alors dans le *Bulletin monumental* et fit même l'objet d'un tirage à part.

La grande et belle église du XIIIe siècle, rendue méconnaissable par les injures des siècles et des hommes, reprit peu à peu sa solidité et sa beauté sous l'inspiration de Joseph Guyot qui présida pendant près de trente ans son conseil de fabrique. En même temps, le château voyait son donjon et ses tours intelligemment réparés, son enceinte mise à l'abri des atteintes du temps, son intérieur restauré et métamorphosé sans aucune fantaisie ni anachronisme, toutes les blessures cicatrisées, mais les cicatrices restées visibles, comme il convient de faire quand l'art est guidé par la science.

Tandis que par de scrupuleux *inventaires* et des visites régionales, il répondait aux questionnaires de la *Commission des Antiquités et des Arts de Seine-et-Oise*, le membre de la *Société archéologique de Rambouillet* tenait ses collègues au courant de ses études, et en 1887, en 1893, en 1898, les *Mémoires* de la Société enregistraient les réceptions hospitalières, les discours pleins de verve, de leur confrère de Dourdan.

Après la mort de sa mère, femme d'une rare distinction, qu'il n'avait jamais quittée, Joseph Guyot épousa une descendante de la famille du peintre Carle Vanloo, Mlle Marie Guibout, nièce du savant Dr E. Guibout, médecin en chef de l'hôpital Saint-Louis. C'est alors, qu'à l'exemple de son beau-frère, l'économiste Clément Juglar, de l'Institut, il fit, dans l'Europe centrale, plusieurs voyages dont il ne négligea pas de rédiger les souvenirs, s'il a négligé jusqu'à présent de les publier; entre autres un humoristique récit d'un séjour prolongé en Bavière : *Au pays des Kneippistes*.

En faveur de sa jeune enfant, l'historien qui, toute sa vie, avait cultivé la poésie, recueillit une partie des pièces plus ou moins dispersées qui étaient son œuvre, et, à la fin de 1901, fut imprimé, sous le titre de : *Les Feuilles envolées*, un gracieux volume de vers dédié à sa fille, petit chef-d'œuvre de bibliophile, qui est demeuré, comme un bijou de famille, dans un cercle d'intimes, mais dont François Coppée a bien voulu écrire « qu'à ce livre de famille, d'amitié, d'art « aussi, qui lui avait fait passer de bonnes « heures, le mot *pur* convenait trois fois : pour la « pureté des sentiments exprimés, la forme des « vers, et même la perfection typographique. » A des souvenirs d'enfance, à des paysages de la nature, à des impressions de voyage, viennent s'entremêler des impromptus aimables, de joyeuses enfantines, des rêveries poétiques, des sonnets historiques, des tableaux du passé, comme dans « Les échos d'un donjon », ou des essais d'esthétique comme dans « Les grandes orgues » et dans « Numismata », véritable poème sur la numismatique.

La *numismatique*, en effet, avait été, par la collection des types, la comparaison des styles, l'exécution même de délicats moulages, une des distractions favorites de l'enfant d'abord, plus tard de l'homme mûr. Grâce au modeste chercheur, quelques heureuses trouvailles ont enrichi le *Cabinet des médailles*, dont son maître Cohen et son savant parent Maurice Prou lui avaient ouvert les portes.

Joseph Guyot, en dépit d'une vue fatiguée par le travail, complète patiemment son œuvre par la reconstitution toujours poursuivie d'un passé qu'il a fait revivre ; par la recherche vigilante de toutes les traditions d'une région un peu dédaignée pour être trop voisine de Paris ; par des études particulières sur le poète *Regnard* dont Dourdan garde les cendres ; par le groupement dans un but didactique de pièces originales, de documents authentiques, de vénérables débris de toutes sortes pieusement recueillis ; par des relations suivies avec de distingués confrères ; par l'enseignement bienveillant offert à toutes les ignorances par la lutte courtoise opposée à tous les vandalismes ; par la vulgarisation des saines idées qui font le bonheur de la vie d'un homme et l'honneur de la vie d'un peuple : respect filial des croyances, des usages et des monuments de nos pères ; religion du souvenir ; culte de l'art ; amour de la patrie dont le sol devient plus cher à mesure qu'il est mieux connu.

MANDRE *(René-Marie-Edouard, de)*, O. ✠, ✠, né à Paris, le 20 juin 1868, écrivain et érudit français, membre de la *Société d'Archéologie lorraine*, du Musée historique lorrain, et de plusieurs sociétés savantes, philanthropiques, etc.

Adresse : 39, rue de Verneuil, VIIe, Paris.

M. de Mandre appartient à une vieille famille de l'ancienne chevalerie lorraine. La maison de Mandre — primitivement de Mandres — tire son nom de Mandres-sur-Vair, ou Mandres-aux-deux-Tours, ou encore Mandres-aux-trois-Tours, village haute-justice, dépendant du duché de Lorraine et de Bar.

Cette terre est citée en 1179 dans une bulle du pape Alexandre III pour le prieuré de Châtenois, et en 1204 dans un privilège du duc Simon pour le nouveau prieuré (Dom Calmet, *Hist. de Lorraine*, T. VI). Ce privilège cite *Milites de Mandres Balduinum, Tirricum et Matthæum*, et mentionne que Mathieu de Mandres a donné au dit prieuré un quartier de terre, près Gironcourt, pour le repos de l'âme de son fils Wiart.

La maison de Mandre se compose de deux branches principales : l'une, que nous appellerons « Branche du Bassigny », parce qu'elle était établie dans le département de la Haute-Marne et y avait la plupart de ses possessions dans les arrondissements de Chaumont et de Langres; l'autre « Branche de Montureux », parce qu'elle avait pour principale seigneurie celle de Montureux-les-Gray, qu'elle posséda depuis le commencement du XIVe siècle jusqu'au XVIIIe.

On a vu comme Seigneurs de Mandres-sur-Vair, en 1204, Baudouin, Thierry et Mathieu de Mandres, chevaliers. On doit leur ajouter comme parents :

1° Falcon de Mandres, cité en 1180 avec Thierry dans une bulle du pape Alexandre III pour l'abbaye de Mureau.

2° Wiart de Mandres, cité en 1204 comme fils défunt de Mathieu.

3° Jean de Mandres, cité en 1255 avec le comte Thibaut de Bar et d'autres seigneurs parmi les fondateurs de la ville de Surianville *(Doc. sur l'Hist. des Vosges*, II, 171).

Les premiers personnages de chacune des deux branches de la maison de Mandre sont :

I. En Bassigny :

1° Horric de Mandres, chevalier, seigneur de Mandres-en-Bassigny, qui fait hommage, en 1256, à Thibaut, roi de Navarre, comte de Champagne, et qui possédait des chasses à Montcharvot, relevant de la seigneurie d'Ormancey, appartenant à l'évêque de Langres, en 1263. Il est cité fils de Wiart de Mandres et de G. de Nogent ;

2° Horric de Mandres, fils du précédent, qui, en 1318, fait hommage à l'évêque de Langres pour ce qu'il tient de lui ;

3° Ruffin de Mandres, en 1333, cède à Edouard, comte de Bar, les gros dîmes de Graffigny, Chemin et Malaincourt.

II. — En Franche-Comté, la filiation remonte à Girard de Mandres, chevalier, seigneur de Mandres, vivant en 1214, par titres de l'abbaye de Tuelle, cité également la même année dans le *Cartulaire* de l'abbaye de Cherlieu.

Son fils, Guillaume, chevalier est qualifié seigneur de Mandres et autres lieux.

Son petit-fils, Jean, chevalier, seigneur de Mandres, Marnoy, Aigue-Pierre, Saint-Julien, Rosières-sur-Mance et La Mothe-Saint-Mammès, épousa C. de Montureux, dame du dit lieu.

D'où Huart de Mandres, chevalier, seigneur de Montureux, cité en 1349 et 1364.

La branche de Franche-Comté s'est éteinte à la fin du XVIIIe siècle. Elle portait : *D'or à la bande d'azur accompagnée de 7 billettes de même*, alias : *D'azur à la bande d'or accompagnée de 7 ou 4 billettes de même.*

La maison de Mandre s'est continuée par la branche restée en Bassigny où elle tenait les seigneuries de Outremécourt, Graffigny, Chaumont-la-Ville, etc... Elle se fixa dans l'arrondissement de Chaumont jusqu'à la fin du XVIIIe siècle.

Elle porte : *D'or à la fasce d'azur : L'écu : supporté par deux sauvages et timbré d'un casque grillé, taré en tiers et orné de lambrequins avec deux trompes pour cime.*

Devise : *Aliquid in minimo.*

**

Sans suivre depuis la filiation des de Mandre, nous citerons : 1° Jean de Mandre, né en 1695, cité les 19 avril et 21 décembre 1732, père de :

2° Nicolas de Mandre, né en 1725, mort le 3 floréal an VI, qui eut pour fils :

3° Nicolas de Mandre, né le 13 février 1752, maire-adjoint à Saint-Martin en 1801, mort le 13 août 1826.

4° Nicolas-Hilaire de Mandre, son fils, né en 1777, mort le 20 février 1835, père de :

5° Joseph-Charles-Hilaire de Mandre, né le 13 juillet 1814. Bon poète et savant grammairien, il fut régent du collège de Cherbourg. Il mourut le 15 mai 1856, laissant :

6° Abel-Marie-Joseph-Alexandre de Mandre, né le 17 mars 1843, officier et chevalier de plusieurs Ordres, qui suivit l'exemple de son père et s'adonna à la littérature. Après avoir été professeur de l'Université à Paris, il collabora au *Patron parisien*, à l'*Aquarelle*, aux *Débats*, au *Monde artiste* et au *Journal*, comme critique musical artistique et théâtral. Il épousa, le 9 mai, 1867, Blanche-Marie-Victorine Briquet, fille de Louis-Edouard Briquet et de Marie-Pauline de Chavigny, dont il eut :

a) René-Marie-Edouard de Mandre ;

b) Emile-Marie-Albert de Mandre, né le 21 septembre 1869, chevalier de Sainte-Catherine, artiste peintre, émaux ;

c) Louise-Eugénie-Maria, née le 4 décembre 1871.

**

M. René de MANDRE, comme son père et son grand-père, est un passionné des Belles-Lettres, de l'Histoire et de l'Erudition.

Ecrivain distingué, bien qu'il se défende d'être plus qu'un amateur, il a à son actif des œuvres qui témoignent d'un grand sens critique, de connaissances rares en héraldique et en histoire et d'un véritable talent littéraire.

Les lecteurs de nombreux journaux et revues de Paris : le *Triboulet*, l'*Echo des Sports*, le *Passant* ont pu apprécier son style sobre et vigoureux qui n'exclut pas à l'occasion la fantaisie, l'humour et le charme.

Membre de plusieurs Sociétés savantes, entre autres de la *Société d'Archéologie lorraine*, l'une des académies provinciales les plus réputées, du *Musée historique lorrain*, etc., il s'est occupé plus spécialement de l'ancienne Lorraine, berceau de sa famille, et dont l'histoire offre tant de problèmes curieux et captivants dont l'élucidation ne peut que servir l'histoire de notre pays.

Le *Journal de la Société d'Archéologie lorraine* contient plusieurs travaux intéressants dus à M. René de Mandre.

Un de ses travaux les plus importants, celui qui lui a coûté le plus de recherches et dans lequel il a montré toute sa sagacité d'historien, c'est sans contredit son volume : *Les Maisons de Mandres* (in-8°, Paris, 1900 ; Honoré Champion, éditeur, 9, quai Voltaire.)

Cette étude avait déjà tenté plusieurs érudits. Le meilleur travail antérieur était celui de M. Lefebvre : *Recherches sur les familles de Lorraine qui ont porté le nom de Mandres* (in. *Journal de la Société d'Archéologie lorraine,* janv. 1897.) Par ses recherches personnelles, M. René de Mandre est parvenu à rétablir la généalogie des deux seules branches de Mandre. Il a également suivi les diverses familles qui ont ajouté ou substitué le nom de Mandres à leur nom patronimique.

M. René de Mandre a en préparation d'autres œuvres littéraires et historiques dans lesquelles il trouvera certainement le même succès.

M. de Mandre, qui est officier et chevalier de plusieurs ordres étrangers, n'est pas qu'un écrivain et un savant, il est aussi un philanthrope passionné. On le trouve dans tous les Comités et toutes les associations qui se proposent un but charitable. C'est ainsi qu'il est membre de l'*Union française pour le Sauvetage de l'Enfance,* la *Société de Secours aux Blessés militaires* (Croix Rouge française), l'*Œuvre des enfants tuberculeux d'Ormesson,* etc.

LORET (Edouard), industriel, maire de Givry (Ardennes), né à Givry, le 29 août 1851.

Adresse : Givry, par Attigny (Ardennes).

Après d'excellentes études primaires, Ed. Loret devint pour son père un auxiliaire précieux dans l'exploitation de son commerce de vannerie.

Cette industrie, peu connue, occupe un grand nombre d'ouvriers dans la vallée de l'Aisne.

Cette belle rivière décrit sur son parcours de gracieux méandres et ses rives sont bordées d'oseraies magnifiques. A l'époque de la sève, l'osier est coupé, puis blanchi. Cette dernière besogne est surtout confiée aux femmes et aux enfants qui ôtent l'écorce de ces tiges flexibles, lesquelles ne tarderont pas à devenir la matière première des articles variés connus sous le nom de vannerie.

Cette industrie se subdivise en plusieurs branches : il y a la vannerie artistique, la vannerie fine, la vannerie ordinaire qui consiste surtout dans la fabrication des paniers qui doivent contenir le vin de champagne. C'est vers cette spécialité que M. Ed. Loret apporta tous ses soins quand son père lui confia la direction de sa maison.

Le jeune industriel ne tarda pas à donner un nouvel essor à son commerce. Son action ne se borna pas à occuper les ouvriers de Givry et de quelques villages environnants, mais les nombreux vanniers de la vallée de l'Aisne devinrent bientôt ses ouvriers. Les importantes commandes qu'il recevait journellement de la maison Moët et Chandon et d'audres maisons similaires, lui permirent d'occuper des légions d'ouvriers. Chaque jour il expédie des wagons de paniers à Epernay, à Ay et aux commerçants de la région.

D'une activité peu commune, M. Ed. Loret a su, depuis des années, conduire à bien une entreprise aussi difficile.

Secondé admirablement par sa femme, M. Ed. Loret, malgré ses occupations incessantes, a trouvé le temps nécessaire pour administrer sa commune.

Très au courant des questions municipales, M. Ed. Loret fait autorité dans le canton de Rethel et dans toute la région.

Nature robuste, élevé à la dure école de l'adversité, il ignore le découragement.

Cet homme de lutte personnifie bien ce type Ardennais que rien ne rebute et devant qui les obstacles disparaissent.

D'une loyauté à toute épreuve, M. Ed. Loret a toujours su conduire de pair ses intérêts et ceux de ses administrés. Il n'est pas de ceux qui ont fait de la politique une question de lucre, bien au contraire. Aussi son intégrité et sa grande compétence en affaires ont fait de lui, parmi ses nombreux amis, un arbitre aussi loyal que désintéressé. Cet homme de bien pourrait, s'il le voulait, avec le prestige dont son nom est entouré, étendre au loin son influence politique. Mais M. Ed. Loret est ennemi du faste et des grandeurs. Entouré de l'affection des siens et de ses administrés, il préfère la vie simple et modeste aux querelles et aux guerres intestines qui accompagnent trop souvent la vie politique. Homme de bien dans l'acception du mot, M. Ed. Loret a su répandre autour de lui le bien-être parmi ses administrés. Sa vie est un exemple que doivent suivre ceux qui veulent efficacement se rendre utiles à leur pays.

TISSOT (Victor-Ernest), né le 7 octobre 1859, à Sorans-les-Breurey (Haute-Saône), inventeur français.

Adresse : 29, rue de Londres, Paris.

La presse quotidienne et les périodiques français et étrangers ont entretenu le public de la « Montre du XIX° Siècle », imaginée et créée par M. V.-Ernest Tissot, horloger-mécanicien des plus habiles et savant aussi modeste que distingué.

La division du jour par 24 heures est admise par tous les peuples de la terre et son origine se perd dans la nuit des temps.

Des inscriptions trouvées dans les ruines de Ninive et de Babylone prouvent qu'elle était en usage chez les Chaldéens il y a cinquante siècles. *Comme le temps passe !* Il est même vraisemblable qu'elle leur venait d'ailleurs, d'Egypte ou des Indes, ou de ce Pamir, le Toit du Monde, plateau central de l'Asie où de confuses traditions placent le berceau de l'humanité.

Il semble que cette division du jour réponde aux besoins de la nature humaine, puisqu'elle a duré, alors que tout passait et croulait autour d'elle, et puisqu'elle a traversé les révolutions innombrables qui nous séparent de ces temps reculés.

Les civilisations antiques l'ont transmise aux civilisations actuelles. Nous la trouvons maintenant établie sur toute la terre, et l'entreprise serait vaine que d'essayer d'en déshabituer les peuples.

L'essai d'ailleurs a été fait et n'a pu réussir. Le 4 frimaire de l'an II la Convention Nationale rendit un décret par lequel le jour était divisé en 10 heures décimales, mais cette réforme ne fut pas acceptée par les populations. Elle est tombée dans le plus profond oubli.

Cette manière de compter, du reste, n'est admissible que dans le domaine de la science. Au point de vue civil, c'est différent.

Le tiers de la journée — ce que nous appelons 8 heures — est représenté dans le système décimal par le nombre incommensurable 3,3333 ; 6 heures par le nombre fractionnaire 2,5, 3 heures par 1,25, 2 heures par 0,8333. On conçoit que lorsqu'il s'agit de répartir le travail dans un atelier, une école, un bureau, de pareilles notations sont inacceptables.

Le jour décimal est une utopie. L'heure décimale est seule réalisable. Le problème posé ne comporte pas plusieurs solutions, mais une seule qui consiste en ceci :

Accepter la vingt-quatrième partie du jour comme unité de temps, et donner à cette unité des sous-multiples décimaux, en la divisant en 100 minutes, la minute en 100 secondes, etc.

La première chose qui apparaît quand l'on considère cette solution, c'est qu'elle n'introduit dans nos habitudes qu'une perturbation insignifiante. Le cadran de 24 heures est déjà en usage sur les chemins de fer belges, espagnols, italiens et sur ceux des Indes anglaises et du Canada. (En Espagne la numération par 24 heures est obligatoire depuis le premier janvier 1901 dans tous les actes officiels).

Il résulte des témoignages des Ingénieurs qui ont expérimenté le cadran de 24 heures, qu'il rend le service plus facile, les erreurs plus rares, et par conséquent moindres les chances d'accident.

En 1894 le Bureau des Longitudes a émis un vœu tendant à ce qu'il soit adopté en France, et le 1er janvier 1900 ce vœu a été réalisé et mis en pratique.

En ce qui concerne la division de l'heure en 100 minutes, elle sera adoptée par le public plus facilement encore que la réforme dont nous venons de parler : l'expression 16 heures 25 correspond à 4 heures 1/4 du soir. Dans cette expression ce qui nous étonne et nous déroute le plus c'est de rencontrer un nombre d'heures supérieur à 12, quant aux minutes les mesures métriques nous ont habitués déjà aux fractions centésimales, et désigner 1/4 d'heure par 0,25, une demi-heure par 0,50, trois quarts d'heure par 0,75 n'a rien qui soit nouveau.

Si les deux réformes se faisaient simultanément elles passeraient toutes les deux dans les habitudes du public, sans plus de difficulté qu'une seule.

La « Montre du XXe Siècle » réunit les deux

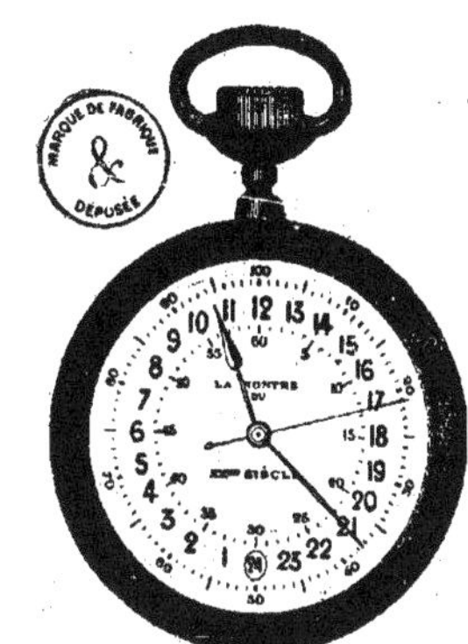

réformes, son cadran est de 24 heures et l'aiguille des heures ne fait qu'une fois le tour du cadran en 24 heures ; elle donne le 1/10000e (dix-millième) de l'heure en divisant l'heure en 100 minutes et la minute en 100 secondes, de plus, comme concession à la routine et pour rendre son emploi très pratique, elle conserve la division sexagésimale des minutes. Sur son cadran midi (12 heures), se trouve en haut, cela dérange moins les habitudes; le haut du cadran donne les heures du jour, le bas celles de la nuit, cette position est plus rationnelle : quand il est minuit le soleil éclaire les antipodes, quand il est midi il brille au milieu du ciel, la « Montre du XXe Siècle » donne la représentation exacte de ce phénomène naturel. Avec cette disposition lorsque l'on se tourne vers le Sud et que l'on regarde sa montre on peut observer que l'aiguille des heures est animée d'un mouvement parfaitement identique à celui du soleil ; elle s'élève, s'incline et s'abaisse avec lui.

Le grand succès qu'a remporté d'emblée la « Montre du XXe Siècle » prouve que le Public réserve un bon accueil à la nouvelle numération du jour et établit d'ores et déjà que cette montre (véritable pièce chronométrique) est et restera la plus grande transformation scientifique et pratique de l'horlogerie. La « Montre du XXe Siècle », dite chronographe avec compteur de minutes, donne le 1/20000e (vingt millième) de l'heure, l'aiguille indépendante donnant la demi-seconde centésimale.

MELIN (Mgr LOUIS-JEAN-BAPTISTE), né à Moulins (Allier), le 4 décembre 1836, protonotaire apostolique, A. I. P., vicaire-général honoraire et archiprêtre de la cathédrale de Moulins, écrivain et historien français.

Adresse : Avenue Victor-Hugo, Moulins (Allier).

Mgr Melin fit toutes ses études classiques au petit séminaire d'Yzeure d'où sont sortis tant d'hommes de valeur. Il n'en sortit en 1856 que pour entrer au Grand Séminaire de Moulins où il prit place parmi les plus studieux.

En 1860, il fut ordonné prêtre et nommé sous-diacre du chapitre de Moulins. L'année suivante, nommé vicaire de la cathédrale, il devint ensuite aumônier du Pensionnat Sainte-Thérèse. C'est à cette époque aussi qu'il participa à la fondation de la maîtrise de la cathédrale et qu'il prit le goût de l'enseignement. Pouvant juger de la valeur des ouvrages mis entre les mains des enfants, il eut l'idée de les réformer, ce qu'il devait faire plus tard d'une façon neuve et originale avec un succès justement mérité.

C'est avec Mgr de Conny, dont il devait être le collaborateur pendant plus de vingt ans, et avec quelques autres jeunes prêtres, que l'abbé Melin fonda la maîtrise de la cathédrale de Moulins. Il fut aussi l'un des créateurs de l'Externat Saint-Michel.

En 1868, nous retrouvons M. l'abbé Melin supérieur ecclésiastique de plusieurs maisons de religieuses enseignantes.

La guerre de 1870 survint. M. l'abbé Melin voulut servir son pays. Ne pouvant se mêler aux combattants, il se dévoua aux blessés.

Aumônier dans l'armée de la Loire, il fut l'un des organisateurs de l'ambulance du Bourbonnais, et il eut la direction d'une ambulance d'avant-postes à Saint-Lyé, en avant d'Orléans. Chargé du service d'évacuation des blessés, il ne cessa de se prodiguer, non sans risquer sa vie à maintes reprises.

Vice-Président du Comité de Secours aux Blessés, il fut, en 1871, après la paix, fondateur de l'*Œuvre des Orphelines de la guerre;* il eut ainsi la grande joie d'assurer l'avenir de cinquante-deux orphelines de soldats et de mobiles du département de l'Allier tombés sur le champ de bataille pour la défense de la Patrie.

L'année suivante, il fondait l'*Œuvre des jeunes ouvriers* qui ne devait pas tarder à prospérer et à rendre de grands services moraux et matériels à la population laborieuse de la ville.

En 1879, M. l'abbé Melin se révéla pédagogue en prenant la direction de l'École primaire libre des Frères des Écoles chrétiennes, de sa ville natale, au moment où ces religieux se voyaient enlever les écoles communales.

Ses services eurent leur récompense; en 1886, Mgr de Dreux-Brézé, évêque de Moulins, le nomma chanoine de la cathédrale. Et quand le distingué prélat mourut en 1892, M. l'abbé Melin remplit les fonctions de Vicaire-capitulaire du diocèse de Moulins.

Il fut Vicaire-général de Mgr Dubourg au début de son épiscopat, et nommé archiprêtre de la cathédrale.

Quatre ans plus tard, en 1896, S. S. le Pape Léon XIII élevait M. l'abbé Melin à la Prélature en le nommant Protonotaire apostolique *ad instar participantium.*

Mgr Melin, malgré ses travaux multiples, a su trouver le temps de se livrer aux recherches d'érudition et au culte des Lettres. Son œuvre est importante et variée.

Ce sont d'abord des ouvrages d'enseignement dans lesquels il a parcouru presque tout le cycle des connaissances que l'enfant doit emporter de l'école : *Histoire de France des Origines à 1889* (Moulins, 1re édition, 1875; 2e édit., 1895); — *Petite Histoire de France* (1876); — *Eléments de l'Histoire de France* (1876); — *Morceaux choisis de Littérature, avec Notes littéraires* (1877); — *Histoire contemporaine de l'Europe, 1789-1889* (1881); — *Histoire de l'Europe. Moyen-Age de 995 à 1270* (1882); — *Histoire de l'Europe dans les Temps modernes de 1270 à 1789* (2 vol.; 1883); — *Histoire romaine rédigée d'après les nouveaux programmes* (1884); — *Histoire ancienne des Peuples d'Orient* (1885); — *Histoire de la Grèce ancienne* (1885); — *Petite Histoire sainte,* cartes et texte, ou *Atlas universel* en 4 volumes, petit in-folio (1892-1894).

Comme on le voit, Mgr Melin n'a pas écrit cette collection que pour les écoles primaires. La plupart conviennent aux classes des lettres des collèges et vont de la sixième à la rhétorique et à la philosophie.

« Le texte, écrivait un professeur d'histoire appelé à examiner le *Cours d'histoire Melin,* est substantiel, sobre, précis, donné en bon style didactique. Les événements sont analysés avec une netteté qui jette heureusement la plus vive clarté jusque sur les époques les plus compliquées de l'histoire. L'esprit est excellent, ce qui ne peut surprendre dans l'auteur. Il ne craint pas de signaler les abus; il fait justice promptement et hardiment de toutes les calomnies historiques. »

Un autre ajoutait : « les événements sont racontés avec détail et précision ; les jugements sont modérés, sûrs et exacts. »

Enfin, un ancien et docte professeur de l'Université donnait cette appréciation : « L'on sait de quelle difficulté sont les ouvrages qui s'adressent à la jeunesse. Cette grande loi de l'écrivain : instruire est plaire, et surtout obligatoire pour l'auteur qui s'adresse aux écoliers. Il faut un rare talent, une connaissance approfondie du caractère de l'élève, ignorant à la fois et curieux, paresseux et avide de connaître ; et en même temps un savoir sérieux et solide en cette entreprise ardue ; M. Melin nous a paru avoir parfaitement réussi ».

Un professeur émérite d'Histoire et de Géographie, M. Lamy, exprime en ces termes son opinion au sujet des Atlas de Mgr Melin :

« J'ai étudié très attentivement l'*Atlas Melin*. J'ai été très satisfait et de la rédaction du texte et de la perfection des cartes. Cet Atlas est le complément indispensable des ouvrages historiques de M. Melin. Le résumé qu'il renferme aidera très puissamment l'élève à repasser ses matières au moment des examens. Dans les cartes historiques, il trouvera sans peine tous les noms de lieux cités dans l'histoire. *Quant à la partie géographique*, j'en suis, si je puis ainsi dire, plus pleinement satisfait encore. Au point de vue de l'enseignement géographique dans les classes, l'*Atlas Melin* comble absolument tous nos désirs. Laissant de côté tous les accessoires qui encombrent les autres Atlas, l'auteur a surtout considéré l'exactitude, la netteté, la précision, l'utilité de l'élève : ce dont je le félicite. Bien plus, et c'est l'avis de plusieurs professeurs compétents auxquels je l'ai communiqué, le texte géographique est assez complet pour que l'élève n'ait pas besoin d'un autre livre spécial de géographie. Ce texte et les développements donnés par le professeur suffiront largement aux élèves.

« En résumé, l'*Atlas Melin* sera, entre les mains des élèves qui se préparent au baccalauréat et à Saint-Cyr, un guide sûr et complet. »

Ce jugement a été partagé par bon nombre de professeurs d'Histoire et de Géographie. Aussi, bien que la publication des *Atlas Melin* soit encore fort récente, ces ouvrages se sont-ils répandus avec une étonnante rapidité et l'on peut prévoir que leur succès égalera et dépassera même peut-être celui des Manuels d'histoire du savant auteur, manuels qui sont en usage, aujourd'hui dans la presque totalité des Etablissements libres d'Instruction secondaire.

Le passé de sa ville natale a depuis longtemps attiré l'attention de cet historien. Dans cet ordre de recherches, il a publié : *Le Faubourg et l'Eglise de la Madeleine à Moulins* (1864) ; — *La rue de l'Oiseau à Moulins, ou les Chevaliers de l'Arquebuse* (1864) ; — *L'ancienne Académie de Musique à Moulins* (1862) ; — *Le Corps de Ville dans les anciennes processions à Moulins* (1864) ; — *La Ville de Moulins en 1820, lors de la naissance de Monseigneur le duc de Bordeaux* (1865), etc.

On doit encore à Monseigneur Melin trois excellentes biographies de *Monseigneur de Conny* (1893), *M. Frantz de Vaulx* et du *Vicomte Armand de Pons* ; — *L'Eloge funèbre de l'abbé de Panneveyre* ; — de nombreux discours de circonstances ; — *La Question des Frères à Moulins* (1871) ; — *L'Hymne du Bourbonnais au Sacré-Cœur* (1872) ;

— *Le Roi* (1872) ; — *Le Vandalisme dans la restauration et l'ornementation des églises* (1873) ; — *L'Eglise de Saint-Joseph à Clermont* ; — *La Couronne de Notre-Dame de Saint-Germain-des-Fossés* ; — *Une Crosse épiscopale de M. Armand Calliat, orfèvre à Lyon* ; — *Un Bougeoir épiscopal de M. Armand Calliat, etc., etc.*

Mgr Melin est membre de la *Société d'Emulation et des Beaux-Arts de l'Allier*.

Il est, depuis 1890, Vicaire-Général honoraire du diocèse de Moulins.

BAHIN (Charles), A. ✪, ancien Curé Archiprêtre de Château Thierry, chanoine de la Cathédrale, né à La Ferté-Milon (Aisne).

Adresse : Château-Thierry (Aisne).

C'est au pays de Racine que naquit M. Bahin et c'est dans celui de l'immortel fabuliste qu'il a exercé pendant un quart de siècle son laborieux apostolat.

Issu d'une riche famille d'agriculteurs, M. l'abbé Bahin aurait pu se créer une situation indépendante et mettre à profit les trésors de vie, d'activité et d'intelligence dont la Providence s'était plu à le combler. Il n'en fut rien.

Dès ses plus jeunes années, une force irrésistible le poussait au sacerdoce. Ce fut au séminaire d'Oulchy-le-Château (Aisne), qu'il commença ses humanités, pour les terminer ensuite à Soissons où il reçut la prêtrise.

Devenu prêtre, M. l'abbé Bahin débuta à Château-Thierry. Le souvenir qu'il laissa dans cette ville, lui marquait une place prépondérante dans l'avenir. Doué d'une force physique qui n'avait d'égale que son énergie, le jeune prêtre s'occupa des pauvres, des malades, des écoles, des patronages etc. ; en un mot rien ne fut négligé.

C'est au milieu de ce travail incessant, que M. l'abbé Bahin fut nommé Curé. Après avoir laissé un souvenir ineffaçable dans plusieurs paroisses du diocèse de Soissons, ses supérieurs le nommèrent Curé de l'importante paroisse de Marle où il séjourna de 1875 à 1879. Son zèle pour l'éducation de la Jeunesse lui faisait bientôt obtenir les palmes académiques ; nul n'en était plus digne. Mais si M. Bahin s'était révélé apôtre et éducateur de la jeunesse, il ne tarda pas à montrer de grandes qualités comme administrateur.

Les paroisses qui eurent la fortune de le posséder virent bientôt leurs églises transformées.

Doué d'un goût exquis et d'une haute compétence en architecture, il se mettait à l'œuvre avec une fermeté qui n'avait d'égale que sa patience. Son plan, laborieusement conçu, s'exécutait en dépit des obstacles. M. Bahin a toujours mis en pratique cet exiome de Mazarin : « Le temps et moi », sachant par expérience que rien ne résiste à une volonté énergique.

L'Eglise de Marle fut la proie d'un violent incendie occasionné par la foudre. La conduite de M. Bahin dans cette pénible circonstance fut au-dessus de tout éloge. N'écoutant que son zèle, il donna l'exemple à la population consternée et, malgré des dégâts considérables, l'édifice fut en partie préservé. Le clocher qui avait été le plus endommagé fut restauré et embelli. La ville de Marle doit également à M. Bahin une maison d'éducation confiée aux frères Maristes.

La cure de Château-Thierry étant devenue vacante, nul plus que M. Bahin n'était préparé à la vie de lutte qui attendait le nouvel archiprêtre. Que dire de la douleur des habitants de Marle, lorsqu'ils apprirent le départ de leur cher pasteur ! Ses supérieurs avaient parlé. M. l'abbé Bahin ne savait qu'une chose : « Obéir ».

Ce fut au milieu des incessants travaux de son nouvel apostolat, que M. Bahin, par une humilité digne de la primitive Eglise, refusa l'épiscopat. Il préféra vivre au milieu de ceux qui avaient eu les prémices de sa vie sacerdotale et leur prodiguer tout le zèle que renfermait son cœur d'Apôtre.

Malgré les travaux immenses entrepris par M. l'abbé Bahin, il sut, chose difficile, concilier le travail et l'étude. Homme de bureau, théologien, archéologue, il n'oublia jamais l'éducation de la jeunesse. Il fonda, au prix de nombreuses difficultés, le magnifique pensionnat Saint-Eugène, le plus joli de la région.

Ce fut grâce aux libéralités de Madame Gallice d'Epernay, qu'il dota la ville de Château-Thierry de cet établissement modèle, dont il confia la direction aux frères des Ecoles Chrétiennes.

En juin 1899, M. Bahin célébrait ses noces d'or au milieu d'un nombreux et sympathique clergé que présidait Mgr Deramecourt, Évêque de Soissons. La ville de Château-Thierry s'était portée en foule à cette imposante cérémonie, qui fut un véritable triomphe.

La magnifique église, restaurée par les soins de M. l'Archiprêtre ne pouvait contenir les nombreux fidèles, avides de témoigner à leur pasteur leur gratitude et leur amour.

M. l'Abbé Bahin a dû sa réussite et le couronnement de ses œuvres au bon sens essentiellement pratique dont il a toujours fait preuve.

Jamais rien au hasard, un programme mûrement réfléchi et patiemment élaboré ont appelé autour de lui le succès.

D'un abord facile, ami de la conciliation, sage, charitable et équitable, cette âme d'apôtre était destinée à vaincre d'autres obstacles.

MAUROY (Adrien-Charles, marquis de), G.O.✠, C. ✠, C. ✠, ✠, ✠, né à Troyes (Aube), le 18 octobre 1848, Ingénieur-breveté de l'Ecole Nationale Supérieure des Mines, Correspondant du Muséum d'Histoire naturelle, membre perpétuel et ancien Vice-Président de la *Société française de Minéralogie*, membre honoraire de la *Société I. minéralogique* de Saint-Pétersbourg ; Ingénieur, agriculteur, minéralogiste, écrivain et homme politique français.

Adresse : Hôtel des Capucins, à Wassy (Haute-Marne) : — et : Courcelles-Saint-Germain, près Troyes (Aube.)

M. de Mauroy appartient à l'une des plus anciennes familles de Troyes où elle était déjà l'une des plus considérables dès le commencement du XIII° siècle. Félizot de Mauroy, mort en 1331, était né vers 1270. La filiation authentique remonte jusqu'à lui, mais il y avait déjà des de Mauroy occupant de hautes situations à Troyes bien avant lui.

Depuis cette époque, la maison a sans interruption résidé en Champagne, à Troyes ou aux environs, y occupant toujours un rang honorable, souvent illustre. Les branches aujourd'hui éteintes ont possédé des seigneuries en Bourgogne, en Poitou et ailleurs.

Les Mauroy sont d'origine cambrésienne. Dans l'*Histoire du Cambrésis*, par Le Carpentier (1664) on trouve (S. V. Mauroy), que les branches de cette famille portaient les armoiries suivantes :

1° *D'azur, au lion d'argent, à la bordure d'or.* Cri : *Wallincourt* (Wallincourt portait : *D'argent au lion de gueules ; —* 2° *De sinople, à la croix d'argent, au lion de sable brochant sur le tout ; —* 3° *D'azur, au chevron d'or, accompagné de 3 couronnes royales de même ; —* 4° *D'argent, à la bande denchée par le bas, de gueules ; —* etc. Cet « etc. » indique que d'autres armoiries étaient portées par des Mauroy.

Pierre de Mauroy (Troyes, 1305), portait : *Une bande...* Guillaume de Mauroy (Troyes, 1354) : *Un lion chargé d'une bande lozangée ou denchée des deux côtés ; —* Jacquinot de Mauroy (1360-1397) : *Un lion avec la bande brochante, et une bordure ; —* la branche de Bourgogne, commençant à Regnauld, originaire de Troyes (milieu du XVI° siècle) : *De sinople à la croix d'argent, au lion de sable brochant sur le tout.* La branche subsistant seule en France porte : *D'azur au chevron d'or, accompagné de 3 couronnes royales de France, d'or,* posées *2 et 1*. Devise : *Dampné n'ez pas, sy ne le croys*. Cri : *Wallincourt*.

Les Mauroy de Troyes se fixèrent en Champagne vers 1192 (Cf. Moreri, s. v. Hennequin.)

Ces Mauroy étaient des puînés de l'illustre maison de Wallincourt, branche cadette elle-même des sires d'Oisy-Crèvecœur, descendants d'Eudes d'Aquitaine, sire d'Oisy, créé comte de Cambrai par Charlemagne vers l'an 800, et qui épousa Elissende, dame de Crèvecœur, Wallincourt, etc. Par cette filiation la maison de Mauroy descend en ligne directe des ducs et des rois d'Aquitaine, et par suite des rois francs de la première race, Clovis Ier et Mérovée, et, par Sainte-Clotilde, des rois des Burgondes.

Par Antoinette-Louise Le Féron des Tournelles, aïeule du chef actuel de la maison, ils descendent des comtes de Vexin, descendants de Pépin d'Héristal. Par Guillemette de Poitiers, femme de Guyot des Essarts, on trouve encore les trois races royales de France, des Empereurs d'Orient et presque toutes les grandes maisons anciennes.

En l'église de Dives (Calvados), on conserve la nomenclature des chevaliers qui, en 1066, s'embarquèrent avec Guillaume, duc de Normandie, pour la conquête de l'Angleterre. On y trouve un de Mauroy.

Parmi les alliances directes de cette maison, on peut citer : Hennequin, Molé, d'Origny, de Loynes, de Girardin, de Montigny, de Cléry, de la Porte, de Parenty, d'Aigremont, Le Féron, de la Rochefoucauld-Bayers, de Quincy, de Scorailles, de Mengin, de Tholozan, de Clérambault, Angenoust, de Foucauld Lardimalie, de Grassin, de Boucherat, de Crussol d'Uzès, de Magnac, de Voyer de Paulmy, etc. Tisseron a donné une liste de près de 80 fiefs possédés jadis par cette famille.

Citons parmi les personnages les plus connus de la maison de Mauroy :

1) Reynier de Mauroy, présent au tournoi d'Anchin (1096) qui prit part à la première Croisade ;

2) Antoine, chevalier de Rhodes (1484) ;

3) Antoine, chevalier de Malte (1543) ;

4) Adrien-Charles, reçu chevalier de Malte au titre d'Honneur et Dévotion, après preuves complètes (6 février 1897) ;

5) Nicolas, le Poète (1550) cité avec éloges par Moréri et Grosley ;

6) Jean, qui fonda en 1570 et 1580 l'Hôpital de la Trinité dans son Hôtel de l'Aigle, connu aujourd'hui sous le nom d'Hôtel de Mauroy, et classé comme monument historique ;

Un membre du Conseil Municipal de Troyes vient (le 7 mars 1903) de proposer de donner le nom de Jean de Mauroy à une rue de la ville ;

7) Séraphin, de la branche dite de Bourgogne, Intendant-Général des Finances, Grand-Maître des Eaux et Forêts, Ambassadeur à Rome, Conseiller d'Etat, décédé avant 1668 ;

8) Honoré (1557-1629), Secrétaire du Roy Henry IV, Intendant-Général, Trésorier-Général, Commissaire général des guerres en 1612, Conseiller d'Etat en 1615 ;

9) Denys-Simon, chevalier (1652-1742, Mestre de Camp, propriétaire du régiment de cavalerie de Mauroy, Chevalier de Saint-Louis, Lieutenant-Général des armées en 1718 ;

10) François-Denys, chevalier, puis comte de Mauroy, né en 1698, Lieutenant-général comme son père, en 1748, Chevalier de Saint-Louis en 1725 ;

11) Denys-Jean, chevalier, comte, puis marquis de Mauroy, né en 1737, Lieutenant Général des armées (22 juin 1814) et Grand-Croix de Saint-Louis (23 août suivant). Denys-Jean n'eut qu'une fille qui épousa le baron de La Rochefoucauld-Bayers, pair de France, Gouverneur de la 10e division militaire.

Le contrat de mariage de Denys-Jean, avec demoiselle de Grassin, fut signé par le roi et par la famille royale en 1769.

Par la mort en 1840 du vicomte de Mauroy, frère puîné du précédent, cette branche s'éteignait. La baronne de La Rochefoucauld et le vicomte de Mauroy avaient remis à Nicolas de Mauroy, chef de la branche troyenne, tous leurs titres et papiers de famille. Le titre de marquis et les titres de famille de cette branche sont ainsi passés à la branche seule survivante en France et dont le chef est Adrien-Charles, marquis de Mauroy, objet de cette notice.

Mentionnons encore : six maires de Troyes, plus de trente échevins, des juges-consuls, des prévôts et maîtres de la Monnoye à Troyes, un lieutenant-général du bailliage de Troyes, des baillis de Nogent, Brienne, Arcis, un Secrétaire du Roy, un grand-croix et douze chevaliers de Saint-Louis, des chevaliers de la Légion d'Honneur trois chevaliers de Malte, des pages du roi, des gardes-du-corps, des mousquetaires, des officiers généraux, des magistrats et des religieux, etc.

Les représentants actuels de la famille sont, outre le marquis de Mauroy et ses onze enfants (Pierre, Charles, Joseph, Geneviève, Madeleine, Cécile, Claire, Marie-Edmée, Marguerite, Thérèse, Elisabeth), le comte Henry de Mauroy et son fils le comte Albert de Mauroy.

On trouvera des documents complets sur cette famille dans : H. Tisseron, *Annales historiques*, T. LXIII ; — *Généal. de la Maison de Mauroy*, par Dom Caffiaux, MS des archives de la famille ; — D'Hozier, *Gén. manusc.* ; — *Mercure armorial* de Segoing ; — *Indice armorial* de Paillot ; — *Dictionnaire* de Moreri, dern. édit. ; — *Dict. de la Nobl.*, de la Chesnaye des Bois ; — *Archives de la Noblesse de France*, par Lainé ; — *Dict. de la Nobl. de Fr.*, de de Courcelles ; — *Hist. du Cambrésis*, de Le Carpentier ; — *Hist. de la Grande Chancellerie*, par Tessereau ; — *Chronologie militaire historique*, par Pinard ; — *Armorial* de Dubuisson ; — *Registres des Quartiers des Chevaliers de Malte du grand Prieuré de Champagne et Histoire de Malte*, par l'abbé de Vertot ; — *Traité de la Noblesse*, de La Roque ; — Tous les ouvrages historiques sur Troyes et la Champagne ; — Archives de la famille, très considérables, contenant les dossiers de plusieurs branches éteintes, en particulier celui du Marquis de Mauroy, celui de la branche de Montchevreuil, le dossier de la fondation de l'hôpital de la Trinité à Troyes, des chapelles de Saint-Sébastien et Saint-Pierre en l'église Saint-Jean de Troyes, et plusieurs sentences, jugements, mémoires et inventaires importants, la généalogie imprimée des Anthoine avec les lettres patentes du duc de Lorraine pour Jeanne-Martine, veuve de Georges Le Féron, établissant leur filiation des comtes du Vexin, etc., etc. Parmi les ouvrages modernes où l'on trouve à chaque instant le nom de Mauroy, il faut citer la *Statistique monumentale de l'Aube* de M. Charles Fichot.

.·.

Adrien-Charles, marquis de Mauroy, fit d'excellentes études au Collège de Saint-Dizier. Il continua les sciences à l'Ecole Sainte-Geneviève, de Paris, plus connue sous le nom d'Ecole de la rue des Postes. Bachelier ès-sciences, il entra à l'Ecole Nationale supérieure des Mines de Paris, en 1869. Il en sortit le premier, en 1872, comme Ingénieur breveté. Son travail à l'Ecole lui valut, en 1874, un prix de 200 francs du Ministre des Travaux publics sur la demande du Conseil de Perfectionnement de l'Ecole des Mines.

Il fut successivement ingénieur à Hénin-Liétard (Pas-de-Calais), à Montiers-sur-Saulx (Meuse), et Rachecourt-sur-Marne (Haute-Marne), puis à Neuves-Maisons, près Nancy, où il prit part à la construction du premier haut-fourneau de cette magnifique usine, devenue l'une des plus importantes de France. Il apporta à la construction des appareils à air chaud, système Siemens-Cowper, d'importantes modifications que les constructeurs anglais demandèrent à adopter à tous les appareils du même genre, car il en résultait, outre la solidité beaucoup plus grande, une augmentation de 20 à 30 p. %, dans le rendement utile. Il fut aussi chargé de la réfection de l'avant-projet du chemin de fer minier qui offrait de grandes difficultés, pour la demande en déclaration d'utilité publique.

Après la mort de son père, le Marquis de Mauroy revint habiter en 1876 une propriété de famille, à Courcelles-Saint-Germain, près de Troyes, qu'il fut appelé par les circonstances à exploiter lui-même. Il y fit, de 1876 à 1889, une série d'essais et d'expériences très nombreux sur l'emploi de la tourbe en agriculture, sur les engrais chimiques, sur les meilleures variétés de blés, avoines, orges, plantes fourragères, pommes de terre, sur les machines agricoles nouvelles ou perfectionnées, sur l'amélioration des terrains tourbeux, etc...

En 1883, il obtint, au Concours agricole régional de Troyes, une médaille d'or, 2 médailles de vermeil et plusieurs autres d'argent et de bronze. Il en fut de même dans les concours départementaux auxquels il prit part.

Il reçut (1883) du Ministère de l'Agriculture une médaille de bronze pour le zèle qu'il mit à s'acquitter des fonctions de Secrétaire de la Commission de statistique agricole décennale pour le 3e canton de Troyes.

Au commencement de 1884, le Comice départemental de l'Aube fonda un Syndicat pour l'achat des engrais chimiques. M. de Mauroy en fut élu le Président. Ses efforts furent couronnés d'un tel succès que, malgré les très sévères garanties exigées des fournisseurs, le Syndicat obtint, dès sa première adjudication, une diminution de 30 à 40 p. %, sur les prix pratiqués jusqu'alors. Il en résulta que plusieurs gros marchands d'engrais qui avaient été maîtres du marché jusque-là, écrivirent à M. de Mauroy des lettres — parfois peu polies —, mais ils durent céder, et, dès l'année suivante, ils se présentèrent à l'adjudication. Par contre, M. de Mauroy reçut un nombre considérable de lettres émanées des agriculteurs les plus éminents de tous les points de la France, lui demandant des renseignements détaillés sur l'organisation et le fonctionnement du Syndicat de l'Aube.

En 1884, le marquis de Mauroy publia un petit traité dont le titre : *Utilité, Composition et Emploi des Engrais chimiques*, indique et le but et la portée. En 1887, une nouvelle édition en parut à la Librairie Agricole de la Maison Rustique, rue Jacob, qui en avait acheté la propriété. Depuis cet ouvrage a été réimprimé. Il a été honoré d'une souscription de 200 exemplaires en 1897 et de 100 autres en 1898, par M. le Ministre de l'Instruction Publique.

Bien que peu disposé par tempérament à écrire, M. de Mauroy a cependant publié plusieurs séries d'articles agricoles dans différents journaux et périodiques. Nous citerons : dans le *Bulletin Agricole de l'Aube* : Les Assolements ; — l'*Emploi de la Tourbe comme engrais et litière* ; — la *Culture du Sarrazin* ; — Résultats des Cultures d'essai de différentes variétés de blé, d'avoine, etc. ; — dans le *Progrès National de l'Aube*, en feuilleton, un compte-rendu sur la *Création des Prairies temporaires en terrains secs* ; — dans la *Croix de la Haute-Marne*, une série d'articles en feuilleton pour répondre à toutes les objections contre les engrais chimiques ; — dans le *Cosmos* une notice sur les *Météorites*, etc. ; — dans la *Croix de la Haute-Marne*, en 1892, un article sur la *Révision* de l'évaluation du Revenu de la propriété bâtie, — etc.

Le marquis de Mauroy a fait *par lui-même tous les travaux agricoles*, ce qui lui permet de dire avec une certaine fierté qu'il a fait de l'agriculture « non avec les bras des autres, mais avec les siens ». Sa force peu commune lui a été d'une grande utilité en bien des occasions.

A plusieurs reprises, il a fait partie des Jurys du Comice de l'Aube, dans les concours pour les prix culturaux, pour les concours de faucheuses et moissonneuses, de semoirs à engrais, de labourage, etc.

En 1887, la *Société des Agriculteurs de France* lui a décerné le Prix Godard (médaille d'or et 800 fr.), pour « l'Amélioration de la Culture du Blé. »

En 1890, la *Société d'Encouragement à l'Industrie Nationale* lui a attribué un prix de 600 fr. pour l'emploi judicieux de la tourbe en agriculture.

En 1889, il vint se fixer à Wassy et fit plusieurs conférences publiques sur les engrais chimiques, notamment à Attancourt, Juzennecourt, Eurville et Wassy.

. .

En 1870, étant élève à l'Ecole des Mines, M. de Mauroy devança l'appel. Le 2 août, il était à Langres. Nommé sergent de la garde mobile peu après, il fut détaché au génie, et chargé de conduire et de surveiller des travaux de la défense : Redoute de Corlée, Baraquements, Fort de Buzon, etc. En octobre, il fut nommé lieutenant de la compagnie auxiliaire du génie formée avec des hommes de la mobile. Après la guerre, il passa devant une commission spéciale, réunie à Langres, un examen pour être admis comme officier du génie dans la réserve de l'armée active. Ses réponses furent telles que le colonel chargé de poser les questions lui dit : « Monsieur, ce serait plutôt à vous de me faire passer un examen ! » Une circulaire ministérielle ayant peu après réservé les places d'officiers du génie aux employés des Ponts et Chaussées, M. de Mauroy dut passer un nouvel examen à la suite duquel il fut nommé sous-lieutenant de réserve au 109e de ligne. Il passa ensuite avec le même grade au 52e territorial et démissionna en 1883 à cause de ses nombreuses occupations et de sa vue fatiguée.

Membre de la *Société française de Minéralogie* (1878), il en devint en 1886 membre à vie, puis membre perpétuel en 1896. Il en fut deux fois vice-président annuel (1894 et 1902). Il présenta et fit nommer à ses frais membres perpétuels la *Société impériale Minéralogique de Saint Petersbourg*, qui à l'unanimité le nomma membre honoraire, l'*Institut impérial des Mines de Russie*, qui obtint pour lui la croix de Sainte-Anne, et l'*Observatoire du Vatican*.

En 1896, M. de Mauroy fonda au Vatican un *Musée d'Histoire Naturelle* pour lequel il envoya une importante collection de minéraux et roches et un certain nombre d'ouvrages de minéralogie et de géologie. Il y joignit une somme suffisante pour la confection des vitrines destinées à exposer ses collections. A la suite de ses démarches, il avait obtenu de nombreuses personnalités et Sociétés des promesses de dons importants qui eussent fait de ce Musée, auquel s'intéressait fort Léon XIII, une œuvre des plus intéressantes. Malheureusement une fâcheuse circonstance que nous ne pouvons ni ne voulons juger, empêcha la réalisation de ces promesses. Sa Sainteté avait en effet ordonné de consacrer à ce Musée une galerie de 42 m. de longueur sur 7 m. de largeur, dépendante de l'Observatoire, et c'est là que sont déjà les huit vitrines doubles et la bibliothèque, dons de M. de Mauroy. C'est à la suite de cette fondation que le Pape ami des Sciences donna à M. de Mauroy la croix de commandeur de l'ordre équestre de Pie IX.

Pour remercier M. de Mauroy d'un don très considérable de météorites au Musée de l'Institut des Mines de Russie, S. M. le Tzar Nicolas lui fit remettre le brevet et les insignes de commandeur de Saint-Stanislas.

De même, à la suite d'un don à l'Ecole Supérieure de Belgrade de minéraux, roches, météorites et ouvrages sur l'Agriculture, le colonel Christitch, attaché militaire de Serbie à Pétersbourg, écrivit à M. de Mauroy que son Gouvernement l'avait décoré de la 2e classe de l'ordre de Saint-Sava (commandeur avec plaque).

M. le Marquis de Mauroy n'a pas été moins généreux envers les musées et écoles de son pays. Il a envoyé à près de cinquante de ces établissements des collections scolaires de 40 à 170 échantillons, ou des séries destinées à compléter les collections déjà existantes. Ainsi au musée de Troyes, il a donné environ 300 échantillons. A l'Ecole des Mines, il donné, outre de nombreux échantillons de minéraux, une magnifique météorite de haute valeur; au Muséum d'Histoire naturelle il a procuré ou donné des échantillons de 26 météorites que sa collection ne possédait pas. M. de Mauroy a été élu à l'unanimité Correspondant du Muséum.

En résumé, M. de Mauroy a déjà donné à des établissements publics d'instruction de toutes sortes plus de 7.000 échantillons dont plusieurs de très grande valeur, et plusieurs centaines de volumes.

Le goût de la minéralogie avait du reste été déjà la passion de M. de Mauroy dès son enfance. La collection commencée dès sa prime jeunesse compte environ 10.000 échantillons minéralogiques catalogués. Sa collection spéciale de météorites commencée seulement vers 1886 compte des spécimens de 302 chutes différentes (539 échantillons). Plusieurs de ces pièces sont de grande valeur et présentent des particularités très intéressantes pour les spécialistes.

M. de Mauroy a été, pendant des périodes plus ou moins longues, membre de la *Société des Agriculteurs de France*, de celle des *Lettres, Sciences*, etc., de Saint-Dizier, Trésorier de la Fabrique de l'Eglise de Wassy, de la 314e section des Vétérans, etc. — Il est actuellement Conseiller municipal de Wassy, administrateur de la Caisse d'Epargne de l'arrondissement de Wassy, Président du *Comité de Secours aux blessés militaires* de Wassy, membre fondateur de la *Société des Œuvres de mer*, membre de l'*Association des Chevaliers pontificaux*, fondateur de l'Association des *Anciens Elèves de l'Ecole des Mines*, membre honoraire du *Conseil héraldique de France*, du *Comice agricole de l'Aube*, de la *Société horticole et vigneronne de la Haute-Marne*, de la *Société d'Education et d'Enseignement*, etc., etc.

Le Marquis de Mauroy épousa, le 24 octobre 1876, mademoiselle Marie Hoppenot, fille d'un grand industriel troyen. Le mariage fut célébré en la cathédrale de Troyes; la bénédiction nuptiale fut donnée par Monseigneur Cortet, évêque de Troyes. Des 12 enfants issus de cette union, 11 sont vivants : 3 fils et 8 filles, dont l'aînée est novice aux Petites-Sœurs des Pauvres.

.

M. de Mauroy appartient à une famille où les sentiments d'honneur et de dévouement ont toujours été de tradition, et qui s'est montrée toujours honorable, désintéressée, charitable, patriote et libérale. Jusqu'à la mort du comte de Chambord, il a été l'un de ses fidèles. Depuis il s'est désintéressé de la forme gouvernementale ne demandant à l'État que de respecter les libertés de conscience, d'enseignement, d'association, de droit naturel.

Les observations que nous faisions naguère pour M. René Pocard de Kerviler pourraient s'appliquer à cet autre savant. Vivant loin de la capitale, n'appartenant à aucune côterie, aimant sa Province et sans ambition personnelle, il n'a pas à Paris la place qui lui reviendrait. C'est dans son pays seul qu'il a obtenu au concours et à l'élection des distinctions qui honorent ceux qui les lui ont accordées ; son désintéressement et sa dignité, ainsi que son indépendance, ne lui permettent point de solliciter des faveurs qui étaient des droits. — Et lorsque ces faveurs lui ont été offertes à des époques bien tristes, alors que nos décorations les plus respectées étaient mises à l'encan, le marquis de Mauroy fut sur le point de déposer une plainte au parquet.

C'est par ce trait que nous terminons cette brève notice sur un des hommes les plus éminents de nos vieilles Provinces.

SOURCES : Ouvrages cités précédemment ; — De Rienzi, *Profils contemporains* ; — Jouve, *Dict. départ. de l'Aube* ; — Curinier, *Dict. nat. des Notabilités contemp.* ; — Notes inédites, etc. — V. aussi : *Almanach du Petit Troyen*, 1903 : Notice sur l'*Hôtel de Mauroy*.

FIEFFÉ (CHARLES-PIERRE), I. ✪, né à Chatillon-en-Bazois (Nièvre), le 4 décembre 1839 ; licencié en Droit ; Juge au tribunal civil de Cherbourg ; écrivain et érudit français ; membre de plusieurs sociétés savantes.

Adresse : Cherbourg (Manche.)

M. Fieffé est le fils de Pierre Fieffé, entrepreneur de travaux publics, et de Marie-Anne Guignebard.

Après de bonnes études au Collège de Nevers, il alla à Paris et se fit inscrire à l'École de Droit. Il y fut reçu licencié le 5 mars 1863.

Il prit une étude de notaire à Chantelle, dans le département de l'Allier. Puis, ayant abandonné le tabellionnat, il fut nommé Conseiller de Préfecture à Nevers au mois de janvier 1878, et fut bientôt Vice-Président de ce même Conseil. Après trois ans de fonctions, M. Fieffé fut nommé, en janvier 1881, juge de Paix à Nevers, poste qu'il occupa jusqu'au mois d'août 1885, époque où il fut invité à démissionner pour soutenir une candidature à la députation posée en son absence par ses amis politiques, et acclamée par un Congrès réuni à Nevers.

De 1886 à 1889, M. Fieffé remplit les fonctions de Juge de Paix à Châteauroux, à la suite de l'insuccès électoral de la liste républicaine dont il faisait partie.

Depuis le 27 mai 1891, il est juge au tribunal civil de Clamecy.

Dans ses diverses résidences, M. Charles Fieffé a été chargé de fonctions administratives aussi nombreuses que gratuites. C'est ainsi qu'il fit partie du Comité de Défense nationale de l'arrondissement de Gannat, en 1870, qu'il fut chargé de la suppléance de la justice de Paix de Chantelle, Délégué cantonal à Nevers et à Châteauroux, membre du Conseil d'administration des Lycées de Nevers et de Châteauroux et du Collège de Clamecy, membre de la commission administra-

tive de l'Hospice de Nevers, du Bureau de Bienfaisance de Nevers et de Châteauroux, des Comités Départementaux de l'Indre et de la Nièvre en vue des Expositions universelles de 1889 et 1900.

M. Fieffé est aussi membre de la Commission de l'inventaire des Richesses d'art de l'Indre, de l'Association amicale des anciens Elèves des Collèges et Lycées de Nevers, dont il a été le Vice-Président de 1881 à 1885, du Conseil des Directeurs de la Caisse d'épargne de Clamecy, etc. Il a été conseiller municipal et adjoint au maire de Châteauroux en 1890 et 1891.

C'est aux études d'archéologie et plus spécialement de céramique que M. Fieffé a consacré les loisirs laissés par ses fonctions judiciaires.

« Il aime passionnément les faïences qu'il connaît à fond », a écrit de lui M. Victor Guéneau dans son *Dictionnaire biographique des Personnes nées en Nivernais ou revendiquées par le Nivernais*.

Il fut successivement Conservateur du Musée céramique de Nevers, de 1881 à 1886 ; membre de la Commission du Musée de Châteauroux, de

1887 à 1891 ; — Conservateur adjoint, puis titulaire au Musée de Clamecy ; — Conservateur adjoint, puis Directeur du Musée de Varzy.

M. Fieffé est membre de la *Société Académique du Nivernais*, l'une de nos plus intéressantes académies savantes de la province. Il est Président de la *Société scientifique et artistique* de Clamecy.

Il a constitué et fait ouvrir une salle spéciale aux faïences « *patriotiques* » au musée de Nevers. Cette collection ne comptait que 21 pièces à son arrivée dans cet établissement. Il en avait recueilli plus de 230 à son départ.

M. Fieffé a porté la partie céramique du musée de Clamecy de 123 à 450 pièces environ, et il a, notamment classé dans cette collection publique plus de 80 faïences « *patronymiques* ».

M. Fieffé a écrit dans les *Etrennes nivernaises* d'Achille Millien une forte intéressante étude sur *la Fabrique de faïences de Clamecy* et *l'Assiette à la Guillotine* (1896) ; — Dans *l'Intermédiaire des Chercheurs et des Curieux*, il a traité la question des *Faïences de Cosne* (28 février 1894).

Il a publié en 1885, à l'Imprimerie nivernaise, en collaboration avec son condisciple et ami Adolphe Bouveault : *Les Faïences patriotiques nivernaises*, (in-4° en feuilles dans un carton ; 60 planches en couleurs, avec un texte explicatif et un supplément). M. Adolphe Bouveault y a traité spécialement des *Faïenceries*, tandis que M. Fieffé s'était réservé la partie historique de l'œuvre.

Cet ouvrage fut accueilli avec faveur dans le monde des chercheurs et des collectionneurs, comme celui qui suivit : *Les Faïences patronymiques* nivernaises (Clamecy, Desvignes, libraire ; in-8° avec 52 planches en phototypie ; 1901).

Les *Faïences patriotiques*, épuisées en librairie depuis près de dix années, ont été l'objet des comptes-rendus les plus élogieux de la Presse française. On peut consulter à ce sujet : le *Journal des Arts*, art. de M. Dalligny (11 déc. 1885) ; — le *Courrier de l'Art*, art. de M. Paul Leroi (21 janv. 1886) ; — le *Gil Blas*, art. de Paul Ginisty (31 janv. 1886) ; — le *Dessin*, art. de F. Bournand (id.) ; — la *Chronique des Arts*, art. de Darcel (13 fév. 1886) ; — le *Figaro*, art. de Ph. Gille (17 fév. 1886) ; — le *Voltaire*, art. de Magen (20 fév. 1886) ; — le *Rappel*, art. de Louis Ulbach (id.) ; etc., etc.

Les *Faïences patronymiques* ont été l'objet d'une publicité très restreinte. Elles étaient, du reste, patronnées par le précédent travail. Tirées à 180 exemplaires, la moitié était souscrite à l'avance. On en trouvera des appréciations compétentes et très développées dans la *Revue du Nivernais*, de juillet 1901 ; — la *Tribune de Nevers*, du 26 juillet ; — l'*Echo de Clamecy*, du 8 sept. ; — le *Journal des Arts*, du 28 septembre.

M. Fieffé a collectionné, depuis vingt-cinq ans, les faïences dont le caractère historique, humoristique et les dates pouvaient être utilisées spécialement à l'étude des produits manufacturiers de la Nièvre.

Les types recueillis par lui et ayant servi à documenter ses précédentes publications, sont entrées progressivement et en grande partie dans es musées de Nevers et de Clamecy.

Il se prépare à donner en publications séparées ; *Les Faïences* « *parlantes* » *à métiers, légendes grivoises, etc.* ; — 2° un ouvrage d'ensemble destiné à préciser le style de chaque période nivernaise, en se basant sur les faïences « datées » dont il a déjà dressé une liste d'environ 700 pièces et reproduit lui-même à l'aquarelle ou fait copier plus de 300 types parmi les plus caractéristiques de nos Musées de France et des principales collections privées.

Il y a dans cet ensemble de travaux convergeant vers un même but, non seulement un vrai travail de bénédictin, mais l'œuvre d'un savant et d'un patriote épris de cette histoire locale sur laquelle s'édifiera bientôt notre grande histoire nationale si peu connue jadis, quand l'imagination seule, ou quelques récits erronés, en formaient les bases.

M. Fieffé est Officier d'Académie depuis le 12 juillet 1888. Il a été promu Officier de l'instruction publique, le 9 février 1903.

Au moment de mettre sous presse, nous apprenons que M. Fieffé est nommé juge au tribunal civil de Cherbourg (Manche).

CHOULLIER (Louis-Ernest), A. ✸, né à Troyes (Aube), le 21 janvier 1840 ; Membre de la *Société Académique de l'Aube* et de la *Société d'Archéologie de Seine-et-Marne* ; ancien greffier de justice de paix à Dourdan (Seine-et-Oise), 1865-1869, et à Donnemarie-en-Montois (Seine-et-Marne), 1869-1883.

Juge de Paix à Ervy (Aube) depuis 1883.

M. Ernest Choullier se passionna de bonne heure pour les recherches historiques et biographiques sur la Champagne et la Brie, principalement dans les départements de l'Aube et de Seine-et-Marne. Ecrivain laborieux, ses divers travaux, amplement documentés, se recommandent particulièrement par la scrupuleuse exactitude des détails historiques.

En 1878, il donna, sous le titre de *Chronique d'un village de Champagne, Vallant-Saint-Georges et le prieuré de Saint-Georges-en-Gaonnay*, la monographie d'un modeste village où l'attachaient, dit-il dans une préface, « des liens de parenté, de gratitude et d'affection ». C'est un travail de longues et patientes recherches où les nombreux registres, liasses d'archives et autres documents compulsés et analysés, sont très exactement indiqués, en renvois, par plus de deux cents annotations. L'Introduction : « *Recherches sur le lieu de la défaite d'Attila en Champagne,* » a valu à l'auteur les félicitations de l'historien Henri Martin.

En 1883, alors qu'il habitait encore Donnemarie-en-Montois (Seine-et-Marne), à proximité de Montigny-Lencoup, ancienne résidence de la famille Trudaine, M. Choullier publia, à l'aide de documents précis, une intéressante étude intitulée : *Les Trudaine*, sur cette remarquable famille, qui méritait d'être mieux connue, et dont les membres, revêtus des premières charges du royaume : Prévôt des Marchands de Paris, Conseillers d'Etat, Intendants généraux des Finances, Directeurs du Commerce et des Ponts-et-Chaussées, ont rendu des services et donné des exemples de probité, de désintéressement et de patriotisme dans un temps où ces vertus ont été plus rares.

L'un d'eux, Daniel-Charles, habile administrateur, économiste distingué, fondateur de l'Ecole des Ponts-et-Chaussées, était appelé, de son temps : *Le grand Trudaine*. Son fils, J.-Ch. Philibert, « dont le nom, inséparable de celui de Turgot, doit rester vénéré dans la mémoire des hommes » (1) proposa le premier, dans le conseil du roi, l'abolition de la corvée, qui frappait si injustement et si durement les campagnes. Ses deux fils, amis d'enfance d'André Chénier, périrent, comme ce dernier, sur l'échafaud révolutionnaire, en 1794.

Le regretté Jules Cousin, Conservateur de la Bibliothèque de Paris et du musée Carnavalet, a donné de cette étude un compte-rendu très détaillé (2).

Toutes les biographies indiquaient Donnemarie (Seine-et-Marne), comme lieu de la naissance de *Pierre Bertin*, introducteur et vulgarisateur de la sténographie en France. M. Ernest Choullier rectifia cette erreur des biographes et établit que Bertin était né à Provins. Il publia, à cet effet, un opuscule qui fut reproduit, en caractères sténographiques, dans la *Gazette Sténographique de Seine-et-Marne*, et, en langue allemande, dans les « *Archiv für stenografie* » imprimées à Weimar. La ville de Provins et le *Cercle Sténographiques* de la Brie firent alors placer une plaque commémorative sur la maison de naissance de Bertin. A cette occasion, des conférences, de grandes fêtes, eurent lieu dans la « ville des roses », sous la présidence de M. Lenient, professeur au Collège de France et député de l'arrondissement. M. Choullier reçut, ce jour-là, le titre de membre d'honneur du *Cercle sténographique de la Brie*, titre jusqu'alors seulement conféré aux Sénateurs, Députés et Préfet de Seine-et-Marne.

En 1886, M. Choullier publia une notice plus complète sur *Bertin, sténographe, littérateur et inventeur.*

M. Ernest Choullier occupe encore les loisirs que lui laissent ses fonctions de Juge de Paix, à des études paléontologiques et entomologiques ; il a réuni plus de huit cents espèces de lépidoptères, recueillis dans le seul canton d'Ervy.

Il a formé une collection de timbres fiscaux des anciennes Généralités de France comprenant aujourd'hui environ douze cents vignettes, de types et de prix différents. Ces timbres étaient frappés sur les parchemins et les papiers employés, de 1673 à 1791, par les notaires et pour les actes judiciaires.

-----

(1) Larousse, Grand. Dict. Univ. du XIX° siècle. Vo Trudaine.

(2) Paul Lacombe. — *Jules Cousin, souvenir d'un ami.* — Bibliographie n° 50. — Paris, gd in-8°, 1900.

BIBLIOGRAPHIE. — La plupart des notices et études ci-après, parues dans des périodiques, ont été publiées en brochures :

Les Champs de Méry. — *Recherches sur le lieu de la défaite d'Attila en Champagne* (Arcis-sur-Aube, Frémont, 1872, in-8°) ; — *Recherches sur un village disparu, Froide-Parois (Frigidi-Parietes), Commune de Chapelle-Vallon, Aube (Alm. de la Champagne et de la Brie*, Arcis, 1873, in-8°) ; — *Blires et ses Anciens Seigneurs (Alm. de la Champagne et de la Brie*, 1875, in-8°) ; — *Esquisse biographique.* — *Le sténographe Bertin, né à Provins (Alm. de de la Champ. et de la Brie*, 3 pages in-8° 1875) ; Reproduction en caractères sténographiques dans la *Gazette Sténographique de Seine-et-Marne*, juin 1882, et, en langue allemande, dans les *Archiv für stenografie*, imprimées à Weimar. Januar, 1878 ; — Compte-rendu dans *Feuille de Provins, Journal de Provins, et Publicateur de Seine-et-Marne*, juin 1882 ; — *Le Commandant Compagnon, né à Troyes, mort à Montigny-Lencoup, S.-et-M. (Alm. de Champ. et de Brie*, 1877) ; — *La Fontaine Trudaine à Montigny-Lencoup, S.-et-M. (Journal de Provins*, juillet 1877, 8 pages in°). — Reproduction dans *Revue de Champagne et de Brie*, Août 1878. — *Bibl. Nat. L. K. 7 19612* ; — *Recherches sur la vie du pape Martin IV, (Simon de Brion) né à Mainpincien*, paroisse d'Andrezel (Seine-et-Marne) XIII° siècle. *(Revue de Champagne et de Brie*, janvier 1878, 20 pages grand in-8°) ; — *Chronique d'un village de Champagne. Vallant-Saint-Georges et le Prieuré de Saint-Georges-en-Gaonnay* (Arcis-sur-Aube, Frémont, 1878 ; 94 pages g.-in-8°). Reproduction dans l'*Arcisien*, 1879. — Compte-rendu dans *Rev. de Champ. et de Brie*, Nov. 1879. — *Organisation des tutelles — scellés —. Lettre de M. Choullier à M. Jules Favre*, sénateur, auteur de la proposition de loi sur l'*organisation des tutelles.* — *Réponse de M. Jules Favre. (Journal des Greffiers de justices de Paix*, 1879. Bordeaux, Lamarque, 7 pages in-8°) ; — *Pierre Richard, dit le Saint de Savières (Annuaire de la Société Académique de l'Aube*, 1881, 25 pages grand in-8°. En collaboration avec M. Emile Choullier). — Le Saint de Savières était un simple berger, guérisseur et thaumaturge, qui eut, au XVIII° siècle, son moment de réputation. Compte-rendu dans *Revue de Champ. et de Brie*, Janvier 1881. — *Journal de l'Aube*, 2 Août 1881) ; — *Deux écrits inédits d'Hector de Saint-Maur*, notamment six strophes sur la cloche de Donnemarie, Seine-et-Marne. *(Feuille de Provins*, Juillet 1883) ; — *Les Trudaines. (Revue de Champagne et de Brie*, 1884, 62 pages grand in-8°. — Compte-rendu dans *Petit Moniteur Universel*, 2 Mai 1883, *Revue de Saintonge et d'Aunis*, Oct. 1884, janvier 1885, *Feuille de Provins*, signé : Jules Cousin, 22 Novembre 1884, *Journal de Seine-et-Marne*, 14 Mars 1884, *Journal de l'Aube*, 21 Mars 1884, *Moniteur des juges de Paix*, Avril 1885. — *Bibl. Nationale L. M 3 1803*) ; — *Pierre Bertin, Sténographe, littérateur et inventeur, 1754-1819 (Revue de Champ. et de Brie*, 1886, 14 pages grand in-8°)" ; — *Voltaire et Franklin à l'Académie des Sciences (Mémoires de la Société Académique de l'Aube*, 1898, 7 pages grand in-8°). Compte-rendu par *Revue des justices de Paix*, Mars 1900 ; — *Mons et le Montois (Seine-et-Marne), Esquisse géographique et Historique* (*Rev. de Champ. et de Brie*, 21 pages grand in-8°, 1890) ; Compte-rendu dans *Rev. des Justices de Paix*, Mars 1900, *Le Briard*, Provins, 23 Mai 1902.)

EN PRÉPARATION : — *Ervy artistique et lettré*, Essai de bio-bibliographie cantonale ; — Essai géographique sur les noms de lieux cités dans le *Promptuaire des Antiquités ecclésiastiques de l'Ancien diocèse de Troyes, 1637* ; — Dénombrement de la Châtellenie d'Ervy, en 1630, présenté au roi, par Ch. de Gonzague, duc-souverain de Mantoue et de Montferrat et baron d'Ervy. Document annoté ; — Les Archives de la baronnie de Montigny-Lencoup Seine-et-Marne, précédées d'une notice sur Montigny et ses anciens seigneurs. — La famille des Massues, en Champagne et en Brie.

TISSERANT (MARIE-AUGUSTE-HIPPOLYTE), né à Charmes-sur-Moselle (Vosges), le 25 août 1839 ; médecin-vétérinaire, membre de nombreuses Sociétés savantes, agricoles, littéraires, philanthropiques, etc.

Adresse : 3, rue Gilbert, Nancy (M.-et-M.).

M. Tisserant est le fils de Jean-Pierre-Gervais Tisserant, médecin-vétérinaire à Charmes pendant cinquante ans, praticien distingué, inventeur de la sonde œsophagienne à ressort à boudin et d'un traitement spécial du « crapaud », affection très rebelle du pied du cheval. Il est le neveu d'Eugène Tisserant, ancien professeur émérite de Zootechnie et de Police sanitaire, à l'Ecole vétérinaire de Lyon, créateur et fondateur de ces conférences agricoles dans les communes du département du Rhône, qui, depuis lors, ont servi de modèles à beaucoup d'autres faites en France ; il y traitait plus particulièrement des améliorations du sol par les engrais et le drainage, et de l'amélioration des bêtes de travail et de rente. Il est l'auteur de plusieurs ouvrages.

M. H. Tisserant fut élève et lauréat, pendant ses quatre années d'études, à l'Ecole vétérinaire de Lyon.

Il s'installa d'abord à Bayon en 1862, puis à Nancy, l'année suivante.

Membre de la *Société de Médecine de Nancy* (13 mai 1868), M. Tisserant prit une part sérieuse à ses études et à ses discussions. On trouve dans les comptes-rendus annuels des travaux de cette Société un certain nombre de mémoires importants, dus à sa plume, entre autres : *Observation de Congestion cérébelleuse par insolation* faisant marcher le cheval à reculons : une saignée abondante à la jugulaire, une friction d'essence de térébenthine dans les régions postérieures, amenèrent la guérison en une demi-heure (1867-68) ; — Mémoire *sur les affections charbonneuses, chez les animaux et leur origne microbienne* (1868-69) ; — Mémoire sur *Une grossesse ovarique*, chez une jument de bonne santé apparente, avec présentation de la pièce ; dans cette boule on trouvait pêle-mêle, des traces de membres, de crâne, de mâchoires et des dents volumineuses (1869-70) ; — Mémoire sur l'*Invasion d'un chenil par le pentastome* ou mieux la linguatule ténioïde (2 sujets sont morts d'abord, avec des symptômes imitant à la fois la rage et un catarrhe nasal) (1871-72) ; — Mémoire sur la *Rage et sa non spontanéité* ; plusieurs discussions consécutives (1874-75) ; — Proposition relative à la recherche de l'*origine de la tuberculose dans l'allaitement des enfants par les nourrices ou le lait des vaches* (1875-76).

A défaut de Société et d'organe de médecine vétérinaire, il a lu de nombreux travaux aux agriculteurs : *Empoisonnement suivi de la mort* d'un nombreux bétail, par l'absorption d'issues de moulin, chargées de nielle, *Agrostema* ou *Lychnis Githago* (*Bon cultivateur*, organe de la *Société centrale d'Agriculture de Meurthe-et-Moselle*, 10 fév. 1877) ; — *Symptomathologie et traitement du piétin* (5 mai 1877) ; — Etude sur la *Fièvre aphteuse*, ses moyens de propagation, la façon de l'éviter et de la guérir (23 fév. 1878) ; — Vœu en faveur de l'*assimilation de la péripneumonie au typhus des bêtes à cornes* au point de vue des indemnités (29 juin 1878) ; — *Mesures à prendre contre sa propagation*, (14 déc. 1878) ; — Mémoire sur l'*altération de l'atmosphère des écuries*, causant une grande mortalité, simulant des épizooties ; traitement approprié (22 mars 1879) ; — *Une invasion de clavelée en Lorraine* (21 mai 1879) ; — *Symptomatologie et traitement de la fièvre typhoïde du cheval* (9 juil. 1881) ; — *La rage, son origine, ses symptômes pathognomoniques et les moyens d'en arrêter la propagation* (5 fév. 1887).

Il a obtenu une médaille d'or pour l'*Emploi du bandage Tétard pour la guérison de la hernie inguinale du cheval* (année 1880).

M. H. Tisserant a fondé en mars 1882, la *Société des Vétérinaires Lorrains*, pour les trois départements de l'ancienne Lorraine. Cette société se réunit trois fois par an et publie trois fascicules sous le titre : *Bulletin vétérinaire du Nord-Est*. Il en a été secrétaire-trésorier pendant 6 ans, le président en 1895, et a pris une part des plus actives à ses travaux. En dehors des procès-verbaux des séances, il a présenté divers mémoires :

Une analyse et une critique de la *Loi de Police sanitaire* de 1881, et une étude sur le service des épizooties (Bulletin, n° 1, 1883) ; — un mémoire sur la *Péripneumonie contagieuse* du gros bétail, en 1880, aux environs de Nancy. (Cette véritable monographie de cette affection a fait l'objet d'un tirage à part, in-8°, 15 pages, petit texte, imprimerie Paul Sordoillet, 1884) ; — Un compte-rendu très important du *IV° Congrès international* de Médecine vétérinaire à Bruxelles. Il y a combattu l'origine spontanée de la péripneumonie contagieuse. (Sept. 1883 ; tirage à part, 1886) ; — Une communication sur les accidents provoqués chez le cheval par le *Blaps mortisaga*, ou porte-mort, coléoptère tétramère de la famille des Mélasomes de Latreille (n° 2, 1886) ; — Mémoire sur les *Maladies contagieuses des animaux domestiques*, en vue d'obtenir des indemnités pour les cas de morve, etc. après abattage et enfouissement, présenté au Congrès agricole régional du 27 juin 1894. (Tirage à part, Imp. centrale, 1894) ; — Compte-rendu d'une conférence de M. Nocard, professeur à l'École Vétérinaire d'Alfort, sur la *Recherche de la Tuberculose de l'espèce bovine* par l'injection de tuberculine ; sa nature et ses lésions ; autopsie d'une malade révélée par l'injection ; relation du banquet ; Nancy, février 1891, présidence de M. Tisserant. (Tirage à part, imp. nancéienne) ; — Monographie sur la *Fièvre aphteuse* au Congrès des sociétés Savantes, à Nancy, 1902 (tirage à part, Imp. nat.) ; — Monographie sur les *Maladies contagieuses en Lorraine*, leur nature, leurs symptômes, leurs traitements et les mesures sanitaires que la loi leur impose. Congrès des sociétés Savantes à Nancy, en 1902.

M. Tisserant a fait à Nancy un cours public gratuit d'hygiène et de zootechnie de 1867 à la guerre de 1870.

Membre de la *Société centrale d'Agriculture de Meurthe-et-Moselle*, et du *Comice de Nancy*, depuis 1864, il a été son secrétaire adjoint du 16 décembre 1874 au 27 janvier 1883 et son secrétaire général du 27 janvier 1883 au 6 mars 1897, époque où il donna sa démission.

En dehors des procès-verbaux de séances bimensuelles pendant huit mois de l'année, et durant 10 ans, de comptes-rendus annuels des nombreux Concours des Comices du département, et de départements voisins, des rapports sur les programmes des Concours régionaux, et sur leurs expositions et leurs Congrès, M. Tisserant a présenté divers mémoires et de nombreux rapports importants de Commissions instituées pour l'étude de sujets variés :

Tous ces travaux se trouvent publiés dans les *Annales de la Société centrale d'Agriculture de Meurthe-et-Moselle* dont le titre : *Bon Cultivateur*, a subsisté presque toujours depuis la fondation de la Société, il y a quatre-vingts ans environ. A citer de ce nombre : La *Ferrure, système Charlier et les ferrures à glace* (janv. 1867) ; — *Importance de la prédiction du temps en Agriculture et du système de Mathieu de la Drôme. (Bon Cultivateur de* Juin et Juillet, 1867) ; — Examen critique sur la *Loi des vices rédhibitoires* du 20 mai 1838, en vue du projet de Code rural (mai 1868) ; — Compte-rendu des achats et ventes de taureaux et de béliers améliorateurs, en 1869 ; — Rapports sur les primes à donner aux animaux dans les Concours de la Société ; sur les encouragements à donner à l'élevage et à l'amélioration des juments poulinières et du bétail (1874) ; — Compte-rendu du Concours général agricole de Luxembourg (12 février 1876) ; Compte rendu du Concours régional de Metz, Lorraine annexée, section animaux (21 Octobre 1876) ; — Exposé d'un vœu pour l'introduction de l'espèce chevaline dans les Concours régionaux (16 mars 1878) ; — Mémoire sur l'*Otiorhinque fiscipes et picipes*, Charançon du poirier et autres ; ses mœurs, sa reproduction et les moyens de le détruire (juin 1878 ; 13 mai 1893) ; — Etude complète de la *Boucherie*, à Nancy, dans ses relations entre l'intérêt du producteur et du consommateur (20 mars 1880) ; — Considération sur l'*Elevage du cheval* en Lor-

raine (30 avril 1881) : — Vœux pour obtenir son amélioration (13 mai 1882) ; — Etude d'un vœu en faveur de l'inscription de la *Tuberculose* dans la loi de police sanitaire (29 avril 1882) ; — Mémoire sur l'organisation du *Service sanitaire vétérinaire* au point de vue de l'agriculture (4 août 1883) ; — Compte-rendu du concours agricole de Château-Salins, Lorraine annexée (7 sept. 1883) ; — Exposé de considérations en faveur d'un *Congrès agricole* au prochain concours régional de Nancy (14 fév. 1885) ; — Analyse, avec tirage à part, du Comice Agricole de l'Aisne en réponse à celui de M. Risler sur la culture du blé (1885) ; — Compte-rendu, avec tirage à part, du Congrès agri-

cole et Concours régional de Nancy, juin 1885(In-8°, 300 pages, Imprimerie Paul Sordoillet à Nancy); — Mémoire sur un projet d'*Assurances à primes fixes* contre la grêle et la mortalité du bétail, sous forme de caisse d'épargne (du 6 mai, 1886) ; — Rapport sur un nouveau mode de *Culture de la vigne*, dit système Debard (5 mars 1887) ; — Etat de la récolte (octobre 1887) ; — Rapport sur les résultats des *Nuages artificiels* contre la gelée des vignes (1887) ; — Communications et rapports sur les dispositions et l'exécution de la loi sanitaire au sujet de la péripneumonie contagieuse et vœu concernant la nécessité d'exiger, à l'importation des viandes, les poumons attachés à un quartier (1887) ; — Exposé de vœux concernant le marché de la Villette à Paris, comme propagateur des maladies contagieuses (1887) ; — Etude comparative des *Maladies de la vigne* (octobre 1888) ; — Etude résumé sur les effets du *Sulfate de fer*, comme engrais (20 mars 1889) ; — Etude raisonnée sur les articles du Code rural, concernant la vaine pâture (28 décembre 1889) ; — Observation sur une chenille dévorant le grain de blé, *Apomea Casilinea*, papillon nocturne (15 mars 1890) ; — Etudes diverses et vœux au sujet de l'introduction du

Cheval de trait, dans les Haras et rôle de cette administration (27 fév. et 16 juillet 1892) ; — Compte-rendu du Congrès agricole et du Concours régional de Nancy, en juin 1894, (in-8° de 580 pages, 1895) ; — Mémoires et vœux concernant les ventes et échanges d'animaux de boucherie atteints de maladies contagieuses (juillet 1895) ; — Etude comparative sur les divers mélanges préconisés contre le *Mildiou* (5 juin 1896).

Membre de la *Société d'encouragement et de bienfaisance pour les campagnes* depuis sa fondation, son Secrétaire général depuis le 7 juillet 1901, il lui a présenté un mémoire qui a pour titre : *La lutte contre l'émigration et la dépopulation des campagnes en Lorraine.* (Imprimerie Crépin-Leblond, Nancy, 1902).

H. Tisserant a reçu une médaille de bronze à l'Exposition de 1889 pour ses travaux en agriculture ; une médaille et un diplôme commémoratifs à l'Exposition universelle de 1900.

Membre du *Conseil central d'hygiène et de salubrité* du département de Meurthe-et-Moselle depuis le 18 juillet 1871 jusqu'au changement de la loi sanitaire exécuté le 1er avril 1903, il a pris part à tous ses travaux et a fait de nombreux rapports, sur les questions les plus diverses, où il a toujours montré une grande compétence et un esprit judicieux.

Son secrétaire, depuis le 5 décembre 1885, il a publié annuellement un compte-rendu formant un in-8° de 400 à 600 p., contenant en outre du rapport au Préfet, des travaux du Conseil central et des Conseils d'arrondissements, (procès-verbaux mensuels et rapports), un résumé des travaux de la Commission des logements insalubres de la ville de Nancy, un extrait du rapport sur l'Assistance médicale et le service de la Vaccine dans le département, une étude sur les Épidémies, à Nancy, un travail sur le Service sanitaire des animaux dans le département de sa circonscription, la Statistique démographique du département et de la ville ; enfin des extraits des observations annuelles de la Commission météorologique de Meurthe-et-Moselle.

Il a reçu une médaille de bronze pour son travail de 1886, une médaille d'argent pour 1887, une autre pour 1888, une médaille de vermeil pour 1893.

Pendant dix ans il a fait partie de la Commission des logements insalubres de la ville où il a présenté de nombreux rapports sur l'état sanitaire des habitations et proposé bien des améliorations utiles.

Membre du Conseil de fabrique de la paroisse de St-Sébastien de Nancy depuis 1872, catholique sincère et pratiquant, préside M. H. Tisserant, depuis le 7 mai 1885.

Il est membre associé-correspondant de l'Académie de Stanislas et d'autres sociétés.

Depuis 1871, il a recueilli un certain nombre de textes prophétiques, dont il a interprété quelques-uns dans des publications spéciales, notamment cette assemblée :

1° Dans les *Annales du surnaturel.* (Nimes, livraisons de septembre, d'octobre et de novembre 1886) : — Texte et interprétation *des Prévisions* certaines *révélées par Dieu à un solitaire d'Orval pour la Consolation des enfants de Dieu;* ils donnent l'histoire résumée du siècle, les châtiments et les épreuves de l'époque actuelle et le triomphe prochain de l'Eglise sous un roi capétien ; — Texte et interprétation d'une prophétie allemande, dite *de Lehnim*, faisant connaître le retour des couvents en Allemagne après Guillaume Ier, le dernier roi protestant de la Prusse. (Guillaume II est avant tout empereur d'Allemagne).

2° Dans l'*Impartial de l'Est*, (12 juin 1898) : Le texte et l'interprétation de la prophétie dite du *Chêne populeux et du Bouleau* ; celle-ci montre, 1° la chute de l'Empereur Napoléon III au Chêne populeux près de Sedan, ce qui est arrivé ; 2° la destruction future de l'armée allemande et des nations coalisées après une bataille de trois jours près d'un *bouleau*, peu éloigné du Camp de Malmédy, nouvellement créé en avant de Cologne ; 3° le retour de l'Alsace-Lorraine à la France après une période *inférieure* à deux cycles lunaires, ou 36 ans environ de notre supputation.

Enfin, sous le nom : *Voici l'heure !* le texte et une interprétation détaillée de la prophétie d'Orval (plaquette de 60 pages in-8°, imprimerie Notre-Dame, à Pierre, par Toul, 1889). Dans cette interprétation est tracée l'histoire principale du siècle dernier jusqu'à nos jours et jusqu'aux derniers temps, relativement assez proches.

Elle montre pour le temps actuel que Dieu, pour se venger des méchants qui l'attaquent, frappe de « ses flèches » retrempées, depuis 1830, nos chefs d'Etat, avant de lancer contre eux et contre Paris les armées des royaumes coalisés de l'Europe ; ce foyer de révolution succombe dans le meurtre et le carnage tandis que la victoire revient aux catholiques par une protection spéciale et que la France « comme décabrée, va se rejoindre ». Ces événements qui *paraissent* devoir arriver 60 lunes après la loi du 1er juillet 1901, soit en 1905, ramèneraient un roi capétien.

Dans ce même opuscule se trouve l'interprétation d'une figure, extraite des œuvres de l'abbé Joachim de Corrazzo (XIIIe siècle). Celle-ci, tirée de beaucoup d'autres, est un cercle en forme de roue, appelée par l'auteur : « *Siècle de révolution* » ; il est traîné par un canard privé représentant Louis XVIII et porte à chaque rayon un emblème différent : le martinet de la Révolution, puis l'aigle impérial, le canard privé, puis deux lions représentant Charles X et Louis Philippe, puis une oie pour 1848 et un bœuf pour Napoléon III, enfin la grande figure du pape de 1870 à 1889. Le siècle commence par le martinet de 1789, 14 juillet, et se termine à la contre-révolution boulangiste, 14 juillet 1889. — A côté de cette fin se trouve une bannière royale qui s'élève haut en dehors du cercle.

A cela il faudrait joindre encore pour être complet un certain nombre de conférences sur les sujets les plus divers, scientifiques ou religieux à la *Fraternité*, société mutuelle dont il est le vice-président.

Enfin, esprit indépendant et travailleur, il n'a jamais eu d'autres guides que la justice, la vérité et la philanthropie. Père de six enfants il est toujours resté à l'écart de toutes les tracasseries de la politique ; il ne s'est enthousiasmé ni de l'Empire, ni de la République, quoiqu'il ait servi l'un et l'autre scientifiquement avec un dévouement sans réserve et sans reproche.

M. H. Tisserant, un des croyants les plus convaincus de l'évasion de Louis XVII et de sa survie dans la famille que l'on a appelée Naündorff, il a étudié et suivi cette question historique avec une conviction croissante depuis trente ans.

DABLIN (Paul-Victor) I ✪, né à Longjumeau (Seine-et-Oise) le 19 avril 1844 ; érudit, archéologue, numismate et écrivain français ; secrétaire général de la *Société Historique et Archéologique du VIII* arrondissement*.

Adresse : 25, rue Royale. Paris.

M. Paul Dablin, après avoir fait d'excellentes études secondaires au Lycée Bonaparte, d'où il sortit en 1862, fit son droit et succéda en 1872 à son père, M. Victor Dablin, comme huissier audiencier au Tribunal Civil de la Seine, fonction qu'il conserva jusqu'au 24 février 1898.

Ce qui domine chez lui, c'est le goût qu'il eut de bonne heure pour l'archéologie et les études historiques.

Dès le collège vers 1858, au lieu de jouer au ballon ou à la « paume » comme ses camarades, il leur tirait sa révérence, pour aller sur les quais, à la découverte de trésors de numismatique.

C'était avec la modique somme de vingt sous par mois, son argent de poche, qu'il parvenait à satisfaire en partie ses goûts de jeune numismate en achetant de vieilles monnaies romaines à un sou la pièce.

Son père lui ayant enfin généreusement augmenté sa petite pension, il put faire l'acquisition de l'objet de ses rêves : un ouvrage qui put le guider dans la connaissance et l'identification de ses collections.

Vers 1869, furetant dans le grenier de son père, rue Royale il découvrit de nombreux dossiers poussiéreux à demi rongés par les rats et les souris.

Le hasard lui avait fait rencontrer un véritable trésor, car il s'agissait de nombreuses lettres autographes de généraux de la République, de maréchaux de l'Empire et des principaux personnages du XVIII° siècle.

Émerveillé à juste titre de cette heureuse trouvaille, il emprunta ces documents à son père pour les consulter. Il ne put jamais se séparer par la suite de ces fameux dossiers qui restèrent dans sa mansarde d'étudiant.

Entre temps, la guerre survint, puis la Commune. La maison où habitait M. Dablin père fut incendiée avec tous les trésors archéologiques qu'elle contenait.

Les documents enlevés par M. Paul Dablin en 1869 ne s'y trouvant pas, le jeune collectionneur se fit ce raisonnement à la fois juridique et phylosophique que, s'ils étaient restés rue Royale, ils n'existeraient plus ; donc... ils lui appartenaient.

M. Dablin père approuva son fils et les dossiers devinrent la propriété de M. Paul Dablin.

Depuis son mariage, en 1872, jusqu'en 1898, époque à laquelle il quitta sa profession pour prendre une retraite bien méritée, M. Paul Dablin augmente journellement ses collections de toutes sortes.

M. Paul Dablin, qui est un profond observateur, a été à même d'étudier le monde des avocats et de la Basoche et de tirer de ses observations la matière d'un petit ouvrage qui doit paraître prochainement sous le titre de : *Souvenirs d'un vieil Huissier de Paris*.

Collaborateur très assidu de l'*Intermédiaire des Chercheurs et Curieux* il y a publié de nombreux articles de critique d'art et d'histoire sur le XVIII° et le début du XIX° siècle, études où il s'est appliqué à corriger bien des erreurs historiques en utilisant ses précieux dossiers.

M. Paul Dablin est administrateur de la Caisse nationale d'épargne, membre de la Commission des Bibliothèques municipales de la ville de Paris, commissaire du Bureau de Bienfaisance du VIII° arrondissement, etc...

En mars 1899, il a fondé avec le concours de MM. Paul Bourdeley et Quentin-Bauchart la *Société Historique et Archéologique du VIII° arrondissement de Paris*, qui prit en peu de temps un très grand développement et qui compte actuellement de nombreux adhérents.

A l'Exposition universelle de 1900, il fut nommé membre des Comités d'admission des Congrès internationaux, membre des Congrès d'admission et d'installation classe 15 (monnaies et médailles) où il se fit remarquer par son exposition des *jetons des corporations parisiennes marchandes et judiciaires*.

Comme exposant, il prit part en outre à quinze autres classes centennales en exposant les pièces les plus intéressantes provenant de ses collections personnelles.

Nommé Officier d'Académie en 1896 sur la proposition de Victorien Sardou, ce ne fut que le 9 février 1903 qu'il obtint la rosette d'officier de l'Instruction publique.

A l'heure où nous écrivons ces lignes, M. Paul Dablin vient de disperser à l'hôtel Drouot ses curieuses et intéressantes collections. Sa vente a été un événement dans le monde de l'érudition et du bibelot et a donné un produit de *30.707 fr.50*. Ses catalogues ont été rédigés de manière à en faire des œuvres qui survivront aux enchères. Il n'a pas voulu se séparer de ses merveilleux manuscrits sans leur dire un adieu. Il en a extrait un certain nombre de *souscriptions* et formé ainsi un recueil des plus intéressants. Cette brochure est intitulée : Les *Souscriptions des lettres dans la correspondance depuis le XVIe siècle jusqu'à nos jours*.

Nous nous faisons un plaisir de reproduire ici la charmante et trop courte préface de cet ouvrage, due à la plume autorisée de Georges Montorgueil qui est lui-même un fervent collectionneur et un érudit passionné.

« Adieu papiers, vendanges sont faites ! Le « vent d'enchères vous disperse, mais l'original « qui vous avait réunis pour sa délectation a « voulu conserver un souvenir de vous. Trente « ans, dans vos chastes chemises, que n'appro- « chaient point les mains indiscrètes, vous « avez gardé pour lui jalousement les trésors de « vos formes épistolaires. Il parlait de vous « souvent, s'il vous montrait peu. Il aimait votre « compagnie, à ses yeux d'autant plus choisie, « qu'il l'avait choisie lui-même, au hasard des « flaneries, ramenant dans « sa bauge » tantôt « un poète, tantôt un soldat, tantôt un roi.

« Il s'est résigné à la séparation, toutefois non « absolue puisque, vous tirant sa révérence, il « garde les vôtres ; il garde votre geste d'adieu « impérieux ou familial, votre politesse fleurie « en jolies épithètes sur la grâce déliée des « paraphes, tout un art perdu, en ce temps de « gens pressés dont la courtoisie sans style a « congédié le protocole.

« Aussi, chercherais-je en vain, papiers, com- « ment vous dire les sentiments avec lesquels « j'ai l'honneur d'être, de M. Paul Dablin, pour « ce qu'il m'a permis de vous saluer sur le seuil « au départ, son très reconnaissant et très « dévoué,

« Georges Montorgueil. »

M. Paul Dablin va maintenant prendre quelques mois de repos bien gagné.

Il se propose de publier avant la fin de l'année, avec le concours de M. le docteur Cabanès, une *Étude sur les trois dernières années de la vie de Napoléon à Sainte-Hélène*, d'après des documents inédits, notamment d'après le *Livre de Comptes de Pierron*, son maître d'hôtel.

Nous ne doutons pas du succès qu'obtiendra cet ouvrage à son apparition.

En préparation également pour paraître l'année prochaine (1904) : *l'Histoire de la Cocarde Nationale depuis le début de la Révolution jusqu'à nos jours*, avec de nombreuses gravures et planches en couleurs.

Pour terminer ces brèves notes nous reproduisons ici un extrait de la préface, précédant le catalogue de la vente des autographes, documents historiques et curiosités révolutionnaires composant les collections Dablin par M. le Dr Cabanès qui par ses nombreux travaux a su prendre place parmi nos meilleurs historiens :

« ... Les Collectionneurs d'autographes appar- « tiennent à deux catégories bien tranchées : « ceux qui communiquent, et les autres. Les « premiers, est-il besoin de l'ajouter, ont toutes « nos sympathies et personnellement nous leur « sommes redevables pour nos études histori- « ques, de bien des pièces qui ont peut-être « éclairé d'un jour nouveau la psychologie de « maint personnage.

« Ce sont des hommes comme Dablin qui ren- « dent aux travailleurs d'inoubliables services. « Nous déplorons seulement que l'occasion soit « trop rare de leur en témoigner notre gratitude.

« Ce n'est pas à des amateurs d'autographes « que nous aurons l'outrecuidance de vouloir « apprendre que ces papiers, plus ou moins jau- « nis par le temps, contiennent d'intéressantes « et instructives révélations. Aujourd'hui la « preuve est faite pour tous, qu'on ne saurait « étudier consciencieusement une époque, en « fixer les traits définitifs, sans l'appoint des « matériaux manuscrits.

« Les Mémoires sont, à coup sûr, de précieu- « ses dépositions de témoins plus ou moins in- « formés, plus ou moins sincères ; les Chroniques « sont souvent imprégnées de l'esprit de caste « ou de parti. L'historien, si l'on s'en rapporte « à l'avis d'un homme de haute autorité, doit s'en « servir avec une circonspection extrême.

« La vérité est, en tous cas, moins facile à y « découvrir, que dans les pièces faites au moment « où les événements se passent et destinées à les « préparer, à les accomplir, à les raconter. Ces « sortes de documents ne plaisent pas toujours « autant que les Mémoires, mais ils trompent « moins. Ils sont les vrais matériaux de l'his- « toire... L'histoire s'avance sûrement lors- « qu'elle s'appuie sur eux. C'est à leur clarté « qu'elle suit les événements et qu'elle pénètre « les desseins des hommes.

« Ces lignes de Mignet devraient être gravées, « en exergue, au fronton de tout cabinet d'ama- « teur d'autographes. Elles ne serviraient pas « seulement à justifier une passion, noble entre « toutes ; elles encourageraient ceux qui en fran- « chiraient le seuil à imiter l'exemple de Paul « Dablin, qui a su faire un emploi si intelligent « et si généreux de la fortune conquise par un « incessant et honnête labeur. »

INDEX ALPHABÉTIQUE

Les Notices **des Hommes de l'Est, du Nord, du Centre et de l'Ouest** paraîtront désormais dans le **Dictionnaire des Hommes de l'Est, du Nord, du Centre, de l'Ouest et du Midi** qui formera le Tome III de ces divers ouvrages.

HENRY CARNOY.

Professeur au Lycée Voltaire,

24, rue des Grands-Augustins,

Paris, 1er juin 1903.

Vannes. — Imp. LAFOLYE FRÈRES, 2, Place des Lices.

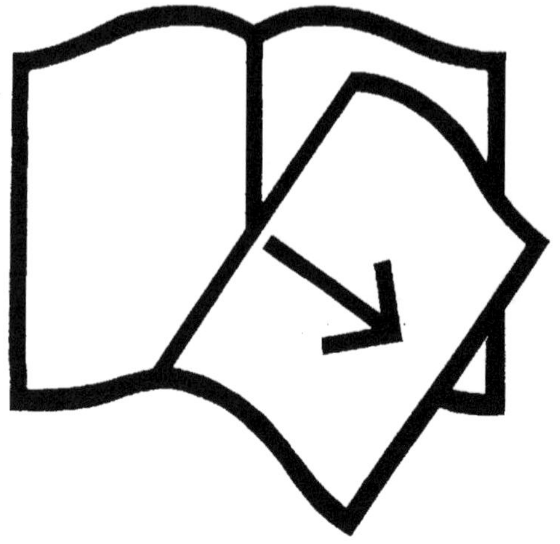

Documents manquants (pages, cahiers...)

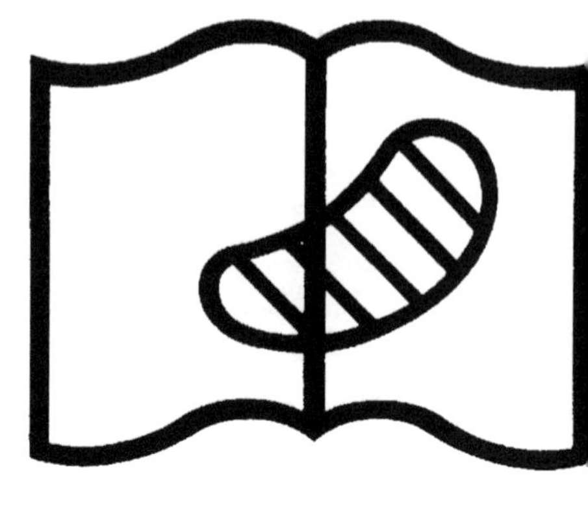

Original illisible